THE STORY OF FILM

세계 영화 읽기

무성 영화부터 디지털 기술까지

마크 커즌스 지음

윤용아 옮김

북스힐

Pavilion
An imprint of HarperCollinsPublishers 1 London Bridge Street London SE1 9GF

www.harpercollins.co.uk

HarperCollinsPublishers
Macken House
39/40 Mayor Street Upper Dublin 1 D01 C9W8 Ireland

추천사

류성희, 미술감독

영화사를 다룬 책은 셀 수 없이 많다. 그러나 이 책은 분명히 다른 결을 지닌다. 「세계 영화 읽기: 무성 영화부터 디지털 기술까지」는 단순한 연대기 혹은 명작 목록이 아니다. 마크 커즌스는 '영화'라는 예술의 역사를 하나의 거대한 이야기로 풀어낸다. 그는 누가 무엇을 먼저 시작했는가보다는, 하나의 장면이 다음 세대의 상상력을 어떻게 감염시키고 변화시켰는지를 따라간다. 그렇게 이 책은, 영화가 어떻게 끊임없이 스스로를 갱신해 왔는지에 대해 깊이 사유하는 유기적인 서사가 된다.

이 흐름 속에서 우리는, 한 시대의 숏이 또 다른 시대의 시선을 흔들고 잊혔던 이미지들이 낯선 빛 속에서 다시 떠오르는 과정을 마주하게 된다. 이 책은 영화의 중심이 아닌 가장자리에서 일어난 변화들에 집중한다. 주목받지 못한 영화들, 외면당한 시선들, 실험적인 시도와 낮은 목소리에 기울이는 그 애정은, 영화사의 기존 질서를 조용히 재배열한다. 모든 영화는 다른 영화에서 비롯되지만, 같은 방식으로 끝나지 않는다는 사실—그 당연하지만 잊힌 진실을, 이 책은 설득력 있게 되살려낸다.

숏과 컷, 화면의 질감과 조도, 시점의 이동과 리듬—이러한 영화적 언어의 요소들을, 이 책은 단순한 기술의 문제가 아닌 감각과 세계관의 진화로 읽어낸다. 스타일은 이곳에서 표면이 아니라 본질이며, 하나의 숏이 또 다른 시대의 숏을 낳고, 감독과 감독이 이미지로 조용히 대화를 나누는 과정이 경이롭게 펼쳐진다.

지금 우리가 만들어가고 있는 이야기도, 영화가 지나온 오랜 흐름의 연장선 위에 있다. 그리고 그 위에서, 오래된 숏이 낯선 시선으로 다시 태어나려 하고 있다.

류성희 미술감독은 영화 〈아가씨〉로 제69회 칸 영화제에서 한국인 최초로 벌칸상을 수상했다. 〈올드보이〉, 〈살인의 추억〉, 〈달콤한 인생〉, 〈아가씨〉, 〈헤어질 결심〉 등 다양한 작품에 미술감독으로 참여했으며, 최근에는 〈폭싹 속았수다〉, 〈작은 아씨들〉 등 드라마로도 활동 반경을 넓히고 있다.

차례

디지털 기술을 활용한 영화

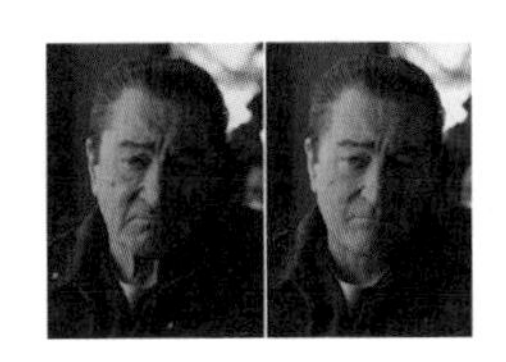

11. 스트리밍(2004~현재) 585

1. 〈라이언 일병 구하기〉의 오마하 해변 상륙 장면을 연출하고 있는 스티븐 스필버그(오른쪽에 모자 쓴 사람). 미국, 1998.

들어가며
위대함과 급격한 변화

예술가의 독창성에 관한 척도를 가장 간단히 정의하면 관습을 벗어난 예술적 선택이 얼마만큼 새로운 표준으로 확장될 수 있는지의 정도라고 할 것이다. 새로운 시대를 열거나 흐름을 만들어 내거나 또는 새로운 교육법을 출범시킨 모든 훌륭한 혁신은 이전의 스펙트럼에서 간과되었거나 무시되었던 요소들이 급부상하면서 이루어졌다. 모든 예술 형식의 역사에서 결정적인 전환점은… 이미 존재하던 것을 새롭게 발견하는 것이다. 그것은 파괴적이면서도 건설적인 '혁명'이 되고 우리에게 기존의 가치를 다시 평가하도록 만들며 이 영속적 게임의 새로운 규범을 제시한다.

– 아서 쾨슬러[1]

영화계는 개판이지만 영화 자체는 너무 매력 있는 매체다.

– 로렌 바콜[2]

이 책은 영화 예술과 관련된 이야기를 전한다. 무성의 영상에서 시작된 미래를 알 수 없었던 매체가 디지털 방식으로 진화하고 수십억 달러의 글로벌 비즈니스가 되기까지의 역사를 서술한다. 영화의 산업적 측면은 중요한 요소지만 어떤 영화가 얼마의 예산을 소비했으며 스튜디오는 어떻게 구성되고 또 어떻게 상품을 홍보하는지 등에 관한 내용은 미비하다. 나는 영화 산업보다는 영화라는 매체 자체에 비중을 둔 순수한 책을 집필하고 싶었다. 그래서 이 책을 읽어보면 지금까지 접하지 못했거나 앞으로도 접하지 못할 영화 작업 등에 관한 내용을 발견하게 될 것이다. 영화의 산업적 측면과 관련된 내용을 기대한 독자들에게 사과는 접어두기로 하겠다. 왜냐하면 나는 변화무쌍한 시장 논리에 의해 왜곡된 영화 역사를 전달하고 싶은 마음은 없기 때문이다. 주류 영화들에 대해 언급하지만 주로 시대와 국가를 막론하고 가장 혁신적인 영화들에 집중했다.

과도한 엘리트 의식 또는 방종이라고 느낄 수 있겠지만 나는 그렇게 생각하지 않는다. 영화는 접하기가 매우 쉬운 예술 중 하나이기 때문에 당신 같은 지성 있는 비전문인도 제작 과정의 어두운 이면을 이해할 수 있을 것이다. 오슨 웰스나 프랑수아 트뤼포의 영화를 보기 훨씬 전에 그들에 관한 책을 읽었을 때 나는 대단한 발견을 했다고 생각했다. 이 책 『세계 영화 읽기*The Story of Film*』는 영화별로 세세한 정보를 다루지는 않지만 그 내용을 보고 비슷한 영화들이 연상되면서 내가 언급한 영화들을 보고 싶은 욕구가 발동하기를 기대해 본다. DVD와 블루레이, 온라인 스트리밍의 시대에 그런 욕구는 더욱 값어치 있는 게 될 것이다.

당신이 좋아하는 영화들 중 일부는 이 책에서 언급되지 않을 수도 있다. 내가 좋아하는 영화들도 많이 없으니까. 나는 빌리 와일더의 〈아파트 열쇠를 빌려드립니다 The Apartment〉(미국, 1960)를 다른 어떤 영화보다도 많이 보았다. 결말에 셜리 매클레인이 길을 달려가는 장면은 내가 본 가장 아름다운 장면이다. 하지만 이 책에서 그 장면을 다루지는 않았다. 절세의 아름다움을 뽐내기는 하지만 그 시대 미국에서 만들어진 다른 영화들과 비교해 볼 때 혁신성이 떨어진다고 판단했기 때문이다. 예를 들어 이 영화의 풍자와 코미디의 절묘한 조합은 와일더의 영웅이자 훌륭한 감독인 에른스트 루비치로부터 나왔다. 영화 속 사무실의 묘사는 킹 비더 감독의 〈군중The Crowd〉으로부터 나왔으며(106쪽 참고), 익살스럽고 환희에 찬 인물 묘사에는 찰리 채플린을 흠모하고 동경하는 마음이 담겨 있다. 단순히 아름답거나 유명하거나 상업적으로 성공했다는 점보다는 혁신성에 중점을 둠으로써 나는 세계 영화들의 엔진에 접근해 보고자 한다. 혁신은 예술을 진보시키기에 나는 이 책에서 세계 영화사의 주요한 혁신적 요소들을 부각하려고 노력했다. 루비치와 비더, 채플린처럼 기존의 틀을 깨는 혁신적 사고를 한 사람들이 없었다면 길을 달려가는 셜리 매클레인을 연출한 빌리 와일더도 없었을 것이다.

이 글의 서두에 소개한 인용문에 따르면 이 책은 영화라는 **매체의 위대함**과 영화 역사에서 이루어진 **급격한 변화**에 관한 내용이다. 전 세계적으로 8000만 개의 표가 팔렸고 텔레비전과 DVD, 스트리밍 사이트를 통해 지금까지도 큰 상업적 성과를 내고 있는 스티븐 스필버그의 〈라이언 일병 구하기Saving Private Ryan〉(미국, 1998)를 예로 들어보자. 이러한 상업적 성공이 쾨슬러가 예견했듯 관습을 벗어나고 바콜이 '개판'이라고 설명한 영화계의 실태에서 예외라는 뜻은 아니다. 다만 제2차 세계 대전의 가장 중요한 순간 중 하나인 오마하 해변의 상륙에서 군인의 경험을 충격적으로 그려낸 도입부의 회상 장면(1)이 내 답을 대신할 뿐이다. 물론 과거에도 영화에서 이런 장면을 묘사한 적은 있었다. 그러나 이 영화에서의 놀라운 효과는 영화 언어 자체의 급격한 변화로 만들어진 것이다. 진동 효과를 위해 카메라에 드릴을 고정했으며, 필름은 새로운 방법으로 촬영되었다. 총소리는 그 어느 때보다도 선명하고 명확하게 창조되었다. 스필버그는 집에 앉아 있거나 누워 있거나 혹은 사막에서 운전하면서 이 장면을 어떻게 하면 차별화되게 표현할 수 있을지, 어떻게 하면 다르게 만들 수 있을지 궁리했다. 위대한 영화감독들은 아침의 촬영장에서나 잠 못 이루는 밤이나 친구들과 술 한잔을 하거나 영화제에 가서도 항상 똑같은 궁리를 한다. 이는 영화 예술의 핵심적인 화두이며 이 책은 영화감독들이 그것을 어떻게 해결했는지 설명한다.

최고의 음악감독, 배우, 작가, 프로덕션 디자이너, 프로듀서, 편집자, 촬영감독도 같은 생각을 하지만 이 책 『세계 영화 읽기』는 주로 영화 제작에서의 창의적인 인물에 집중한다. 이는 감독이 우리가 영화를 통해 보고 듣는 모든 것을 해냈다는 의미가 아니다. 많은 훌륭한 영화가 배우나 작가, 프로듀서, 편집자의 영향으로 창조되기도 하지만 감독은 시나리오를 시각화하는 연금술을 펼치기 위해 모든 요소를 조율하고 관장하는 인물이기 때문이다. 영화감독을 의미하는 프랑스 단어 réalisateur, 즉 실현하는 사람이 영화적 아이디어를 어떻게 실현할지 고민하는 감독의 역할을 잘 설명한다.

실현한다는 것은 영화라는 매체가 가지는 위대함의 근원이라고 생각한다. 카메라가 담아내는 객관적인 영상과 그 안에서 창작자가 추구하는 주관의 이원론이야말로 숏shot의 역량이자 영화의 핵심적 매력이 아닐 수 없다. 영화보다 덜 구상주의적인 음악은 더 정제되어 있고 환기적이며, 소설은 정신세계를 더 능란하게 구현할 수 있고, 회화는 표현이 더 직접적이고, 시는 훨씬 더 간략하다. 하지만 그 어느 매체도 영화처럼 양면성을 뚜렷이 가지지는 못한다. 이탈리아의 영화감독 피에르 파올로 파솔리니는 이런 사적이고도 현실적인 양면성을 '자유 간접 주관discorso libero indiretto'[3]이라는 말로 설명하고자 했으며 프랑스의 철학 용어인 '4인칭 단수'[4]는 사적이지만 객관적이고 무의식적인 이 역설을 잘 설명한다.

이 책에서 언급하는 위대한 영화감독들에게 이러한 역설은 창작의 동기가 되며 그들이 다양한 아이디어를 형성하는 이유가 된다. 페데리코 펠리니는 자신도 잘 모르는 어떤 남자가 자기 영화들을 연출하며 그 남자는 자신의 꿈속을 찾아들어 온다고 말했다. 데이비드 린치는 아이디어가 "우주에서 튀어나온다"고 주장했다. 모두 부정확한 설명이다. 하지만 내가 이 책의 '마치며' 부분에서 제시한 예(고릴라에 관한 내용인데 원하면 지금 찾아보기 바란다)는 최고의 아이디어가 예기치 않게 튀어나온다는 사실을 보여준다. 이 책에 소개된 다른 감독들의 창의성의 원천을 보다 보편적인 방법으로 설명할 수 있다. 식민주의에 분노한 세네갈의 지브릴 좁 맘베티는 프랑스 영화로부터 영감을 받았다. 키라 무라토바의 독특한 적막함은 소비에트 연방의 구속으로부터 왔다. 이탈리아계 미국인인 마틴 스코세이지의 부유한 유년 시절은 그의 상상력의 원천이다. 베르나르도 베르톨루치는 시인인 아버지와 작곡가인 베르디, 그리고 위대한 문학 작품과 영화로부터 영감을 받았다. 아녜스 바르다의 사진작가로서의 경력과 글쓰기에 대한 흥미는 그녀를 당대 최고의 '시각적 작가'로 성장하게 했다. 일본의 이마무라 쇼헤이는 일종의 무정부주의자로서 과도하게 공손한 일본의 문화와 영화를 증오했다. 미국의 빌리 와일더는 젊은 연인의 첫 만남을 독창적으로 표현하기 위해 매일 아침 글쓰기 훈련을 했다. 스필버그는 영화를 통해 젊은이들에게 우리의 선조가 얼마나 위대했는지 알려주고 싶었고 그것을 기존과는 다르게 해보고 싶었다. 그는 관객이 새로운 것을 선호할 거라고 믿었기 때문에 신기술을 총동원해 기존의 것을 뛰어넘는 시도를 했고, 그럴 수 있는 재능이 있었다.

아이디어를 떠올리는 방법이 무엇이든 간에 영화인들은 홀로 고립된 상태에서 하는 경우가 거의 없다. 다른 감독들의 영화를 보면서 장면을 어떻게 구성할지 씨름하고 오른쪽에 제시된 이미지(2)를 보면 알 수 있듯이 협업자로부터 아이디어를 얻기도 한다. 첫 번째 이미지는 1947년에 나온 영국 영화 〈심야의 탈출Odd Man Out〉의 한 장면이다. 갈등을 겪는 등장인물 한 명이 엎질러진 음료수의 거품 속에서 근간의 경험을 반추해 보는 장면이다. 감독인 캐럴 리드와 스태프는 인물이 겪는 내적 갈등을 어떻게 창의적인 방법으로 표현할 수 있을지를 고민했고 이와 같은 결과를 얻어냈다. 두 번째 이미지는 그로부터 20년 후인 1967년에 제작된 프랑스 영화 〈그녀에 대해 알고 있는 두세 가지 것들Deux ou trois choses que je sais d'elle〉의 한 장면으로, 첫 번째 이미지처럼 음료수 거품의 클로즈업은 마리나 블라디가 연기한 주인공의 관점을 보여준다. 이 영화의 감독인 장뤽 고다르는 캐럴 리드의 작품을 보았고 또 동경했기에 자신의 영화를 촬영할 때 〈심야의 탈출〉을 참고했을 것이다. 하지만 영화 기법은 리드의 시절보다 훨씬 더 발전했으므로 고다르의 이미지 사용법은 리드보다 더 세련되고 지적이다. 이제 마틴 스코세이지가 연출한 미국 영화 〈택시 드라이버Taxi Driver〉(1976)에 나오는 세 번째 이미지를 보자. 거품이 가득한 컵은 역시 주인공의 관점을 보여준다. 스코세이지도 고다르의 영화를 보았고 그러한 이미지가 얼마나 효과적인지 알았기에 주인공의 주관성과 병든 정신세계를 강조하기 위해서 유사한 이미지를 자신의 영화에 활용했다. 이것이 한 감독으로부터 다른 감독으로 이어지는 영화적 영향력이다.

2. 감독들은 서로에게 무엇을 배우는가. 캐럴 리드가 고안한 시각적 아이디어를(위) 장뤽 고다르가 활용하고(가운데), 마틴 스코세이지는 이를 확장했다(아래).

하지만 그 과정은 여기서 간단히 설명한 것보다 훨씬 더 복잡하다. 학자와 예술가는 오랜 시간 이에 대해 논의해 왔다. 미국의 평론가 해럴드 블룸은 1973년에 누군가로부터 창작적 영향을 받을 때 느끼는 예술가들의 불안함을 다룬 『영향에 대한

3. 이 책은 산업이나 관객에 관한 것이 아니라 말리의 술레이만 시세와 일본의 오즈 야스지로(오른쪽 위) 그리고 프랑스의 인상주의 감독 제르맨 뒬락(오른쪽 아래) 같은 감독들에 관한 것이다. 이들의 업적을 통해 영화 매체의 역사가 전해질 것이다.

불안*The Anxiety of Influence*』을 집필했다. 독일의 철학자 게오르그 헤겔은 예술이란 창작품과 관객이 교감할 수 있게 하는 언어와도 같다고 주장했다. 후에 하인리히 뵐플린은 예술적 언어란 시대의 생각과 기술의 결과라고 하며 헤겔의 주장에 의견을 더했다. 존 러스킨은 방향을 조금 틀어서 예술은 사회에 도덕적 의무가 있다고 말했다. 수전 손택은 이 주장에 반론을 제기했다. 그녀는 1966년에 출간된 저서 『해석에 대한 반감 그리고 다른 에세이*Against Interpretation and Other Essays*』를 통해 사회가 필요 이상 예술에 반영되고 있으며, 영화의 경우 영화의 물리성이나 영화가 예견하는 것 등의 형식이 본질이라고 주장했다. 보다 최근에 과학자 리처드 도킨스는 자신의 유명한 저서 『이기적 유전자*The Selfish Gene*』를 통해 예술을 한 예술가가 다른 예술가로부터 영향을 받으며 진화하는 언어나 도덕적 체계가 아닌 유전에 비교하며 논쟁의 용어를 다시 바꿨다. 그는 생명체의 근원이 유전자인 것처럼 예술과 문화의 근원은 '밈meme'이라고 말하며 유전자가 복제하고 진화하는 것처럼 밈도 마찬가지라고 주장했다. 캐럴 리드의 영화에 나오는 음료수 거품의 클로즈업은 밈이며 그것이 고다르와 스코세이지에 의해 복제되고 진화된 것이다. 밈은 때로 갑자기 많은 사람이 유행하는 팝송을 부른다거나, 1990년대 중반에 서양에서 만들어진 다수의 영화가 미국의 영화감독 쿠엔틴 타란티노의 〈저수지의 개들Reservoir Dogs〉(1992)이나 〈펄프 픽션Pulp Fiction〉(1994)의 유사 버전으로 느껴지는 것처럼 활성화되기도 한다.

영화를 언어처럼 진화하는 것이나 혹은 유전자처럼 복제되는 것으로 가정하면 영화에는 문법이 있고 때로는 돌연변이가 일어난다는 것을 이해하는 데 도움이 될 것이다. 하지만 영화를 공부하는 데 있어 헤겔과 뵐플린, 러스킨, 도킨스 그리고 그 외 학자들의 주장을 적용하는 것에는 문제가 있다. 첫 번째 이유로 그들은 모두 영화를 포함한 예술은 과거의 것으로부터 항상 진화하고 더 복잡해진다고 피력하는 듯 보이는데, 훌륭한 영화학자들은 그것이 진실이 아님을 잘 알고 있다. 이 책의 1장 '기술의 묘미' 부분을 보면 영화의 산업화 이후 복잡한 돌연변이로 탄생한 작품들로 인해 그 이전의 작품들이 사장되거나 한 것은 결코 아니다.

두 번째는 보다 실질적인 이유다. 영화는 다각적으로 해석할 수 있으며 러스킨이 주장한 도덕적 의무나 헤겔이 주장한 예술적 언어에 제한될 수는 없다. 제2차 세계 대전 이후의 유럽처럼 영화가 사회의 중대한 도덕적 문제를 제기한 시대가 물론 존재한다. 하지만 1920년대 프랑스에서는 영화의 기술적 요소나 그 수위가 우선시되었고, 1930년대 일본에서는 공간적 문제를 핵심으로 생각한 감독들이 존재했으며, 우크라이나의 라리사 셰피트코, 러시아의 안드레이 타르콥스키와 알렉산드르 소쿠로프의 작품에서처럼 영적 또는 종교적인 요소가 중요시되던 시대도 있었다. 화면에 무엇을 담아냈는지, 어떤 이야기를 펼쳤는지 등 내용의 차이가 중요한 것이 아니라 영화란 무엇이며 인간의 삶에서 어떤 기능을 하는지가 더 관건이다.

영화의 영향력에 관한 유용한 예는 소개 글에 "예술이란 없다. 예술가가 있을 뿐이다."라고 쓴 에른스트 곰브리치의 저서 『서양미술사*The Story of Art*』에서 찾아볼 수 있다. 회화, 건축, 조각의 역사에 관한 이 책에서는 다음과 같이 묻는다. 각 시대의 예술가들은 어떤 기술을 접할 수 있었는가? 그들은 그 기술을 어떻게 활용하고 확장했는가? 그 결과 예술은 어떻게 진화했는가? 『세계 영화 읽기』에서는 이렇게 묻고자 한다. 만일 영화에도 똑같이 적용한다면 어떻게 될까? 만일 영화는 없고 영화감독만 있다고 가정한다면? 이를테

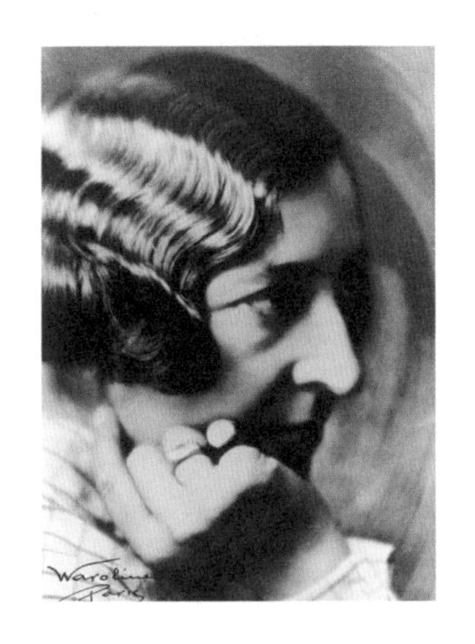

면 그리피스, 도브젠코, 키튼, 뒬락, 오즈, 리펜슈탈, 포드, 톨런드, 웰스, 베리만, 트뤼포, 우에드라오고, 시세, 혼카살로, 엔예디, 샤힌, 이마무라, 파스빈더, 아케르만, 스코세이지, 알모도바르, 마흐말바프, 스필버그, 타르, 그리고 소쿠로프 같은 감독들 말이다. 그들은 어떤 기술을 접할 수 있었는가? 그들은 그 기술을 어떻게 활용했고 또 어떻게 확장했는가? 그들은 영화라는 매체를 어떻게 변화시켰는가?

곰브리치는 예술적 영향은 '스키마schema와 수정correction'이 관건이라고 주장했는데 나는 '변이variation'라는 단어를 선호한다. 예술이 진화하기 위해서는 원본을 독창적으로 모방해야만 한다는 것이 곰브리치 주장의 핵심이다. 새로운 기술, 변화하는 스토리텔링 기법, 정치적 이상, 감성의 추세 등에 따라 원본이 수정되어야 한다는 것이다. 나는 이 책에서 영향의 연결 고리를 찾을 때 이 부분에 특히 주의를 기울일 것이다. 만일 A라는 영화가 원본이고 그것이 스키마를 아주 훌륭하게 정립했다고 가정했을 때(예를 들면 1986년에 제작된 데이비드 린치의 〈블루 벨벳Blue Velvet〉이 그랬던 것처럼) 영화 B, C, D, E는 그 영향의 흔적을 나타낼 것이다. 나는 A에 관해 논할 것이고 B, C, D, E도 언급할 것이다. 하지만 만약 D가 A로부터 받은 영향을 아주 독특하게 비틀어서 다른 방향으로 전개하고 F, G, H, I에 영향을 끼쳤다면 나는 A와 D에 관해서 논할 것이다.

일부 역사학자들은 회화 등과는 달리 기술이 매우 중요한 부분을 차지하는 영화 매체의 경우 스키마와 변이는 영화를 이해하는 용도로는 제한적이라고 이의를 제기하기도 할 것이다. 영화의 제작 기법이 사운드, 와이드 스크린, 새로운 필름, 카메라 이동 수단, 디지털화 등으로 시시각각 변하는데 감독들이 서로의 숏과 영상적 아이디어를 모방하고 변이시키는 것에 주목할 필요가 있겠냐는 뜻이다. 그것은 매우 잘못된 생각이다. 1900년대 영화의 스키마를 1990년대에 활용한 스코세이지나(538쪽 참고) 1920년대와 1940년대의 드레이어를 돌아본 동시대의 폰 트리에, 또는 1950년대에 성행한 시네마스코프 영화의 '빨랫줄' 구도와 1910년대 타블로tableau 영화의 구도 간 연관성에 대해 살펴보자. 기술이 영화인들이 추구한 창작적 변화의 주된 요인은 맞다. 하지만 매일 아침 영화인들이 현장에서 접했던 구도, 시점, 흐름, 서스펜스, 시간, 심리 등에 관한 깊은 사고는 놀라울 정도로 유사하다. 이것이 바로 스키마와 변이가 유효한 이유다. 저명한 영화학자들이 스키마와 변이가 반드시 영화 역사에 적용되어야 한다고 주장하는 이유다.[5]

곰브리치의 주장이 적용되기 힘든 상황도 물론 존재한다. 이 책은 영향력 있는 영화들을 다루지만, 영향력이 있을 수 있었던 영화들에 대해서도 다룬다. 미국의 〈시민 케인Citizen Kane〉(1941), 일본의 〈7인의 사무라이七人の侍〉(1954), 인도의 〈어머니 인도Bharat Mata〉(1957), 소비에트 연방의 〈전함 포템킨Bronenosets Potyomkin〉(1925) 등의 저명한 작품들은 전자에 속한다. 이 작품들은 다른 영화인들이 모방하고 확장한 스키마다. 물론 입증도 가능하다. 그런데 다른 훌륭한 영화들은 차세대 영화인들에게 지속적인 영향을 주지 못하는 걸까? 아프리카에서 만든 영화이기 때문에? 배급이 허술했기 때문에? 흥행이 되지 않았기 때문에? 여성 감독이 연출했기 때문에? 잘 이해하지 못했거나 상영이 금지되었기 때문에? 세네갈의 지브릴 좁 맘베티가 1973년에

4. 이것은 감독들이 어떻게 서로에게 영향을 미쳤는지에 관한 이야기다. 예를 들면 1957년에 제작된 메흐부브 칸의 〈어머니 인도〉는 국경을 초월해서 상영되었다.

연출한 영화 〈투키 부키Touki Bouki〉는 동시대에 가장 혁신적인 아프리카 영화임에도 불구하고 널리 배급되지 못했다. 심지어 아프리카 내에서도 말이다. 1994년에 나온 폴란드 감독 도로타 케드지에르자브스카의 〈까마귀들Wrony〉은 매우 아름다운 성장 영화임에도 접하기가 어렵다. 1971년에 키라 무라토바가 연출한 이혼녀와 그녀의 아들에 관한 이야기인 〈기나긴 이별Dolgie provody〉은 탁월한 연출력이 돋보이는 영화임에도 1986년까지 소비에트 연방에서 개봉되지 못했다. 그러면 이런 영화들은 논의에서 배제되어도 괜찮은 것인가? 절대 그렇지 않다. 좋은 이야기는 모두 아이러니가 있고 이 영화들은 우리 삶의 이야기에 씁쓸함을 더한다.

우리는 예술 창작을 논함에 있어 지역별 특성에 대해 주의를 기울여야 한다. 힌두교도인 감독이 스코세이지와 같은 가치관을 가질 수는 없는 것이다. 관점을 펼치는 방식이 모두 다를 수밖에 없다. 이를테면 스필버그의 관점이 남아시아에서는 통하지 않을 수도 있다는 말이다. 인도의 스토리텔링 성향은 서구에 비해 그 형식이 매우 자유로우며 공간과 시간에 크게 제약을 받지 않는다. 반면 아프리카의 스토리텔링 성향은 예술가가 창조하거나 변조하는 사람이라는 생각이 강하지 않다. 변조는 파괴와도 같은 것이다. 훌륭한 이야기꾼은 단지 이야기를 구성하고 전파한다. 일본은 적어도 20세기 초반까지는 예술적 독창성을 중요시하지 않았다. 아프리카와 마찬가지로 일본에서도 겸허히 전통을 따르고 그것을 재현하는 사람이 훌륭한 예술가였다.

이러한 차이점에도 불구하고 나는 일반 독자를 위해 이 책을 내가 16살 때 읽었다 해도 무리가 없을 정도로 너무 전문적이지 않고 접근하기 쉽게 쓰려고 했다. 지금은 모두가 매년 폭증하는 수천 편의 영화를 스트리밍이나 DVD 등을 통해 시청하기도 바쁘다. 이런 상황에서 이 책이 당신의 탐색에 가이드가 될 수 있기를 바란다. 이 책은 영화에 관한 이야기지 백과사전이 아니다. 영화 이론가들은 영화 역사를 이야기의 형태로 살펴보고자 시도하는 것이 그 역사를 공식화하는 것은 아닐까 우려한다. 그런 우려는 서사를 과소평가하는 것이다. 서사는 작가의 의지에 따라 매우 매끄럽고 다층적이며 주제와 상당히 부합할 수도 있기 때문이다. 그러므로 『세계 영화 읽기』는 영화 세계의 문을 활짝 열고 신뢰할 수 있는 길을 안내하고자 한다. 만일 그것이 성공한다면 독자는 크리스틴 톰슨과 데이비드 보드웰, 로버트 스클라 등이 집필한, 보다 세부적이고 전문적인 서적으로 쉽게 옮겨갈 수 있을 것이다.

그들의 저서에서는 내가 이 책에서 언급하거나 자세히 논하지 못했던 카트린 브레야, 조너선 드미, 아벨 페라라, 아모스 지타이, 마르셀 레르비에, 닐 조던, 에르만노 올미, 밥 라펠슨, 자크 리베트, 에릭 로메르, 조지 A. 로메로, 한스위르겐 지버베르크, 마리아 슈라더 등의 인물을 접할 수 있다. 그들은 너무나 훌륭한 작업을 했지만, 이 책의 분량으로는 소화할 수가 없었다. 에티오피아의 하일레 게리마 대신 프랑스의 에릭 로메르가 더 언급되어야 하지 않았냐며 나의 선택에 반기를 드는 분들도 꽤 있을 것이다. 하지만 영화에 대한 동아프리카의 공헌도를 기록하는 것은 매우 중요한 일이었으며 프랑스는 그래도 섭섭지 않게 논의되었다.

이것은 두 가지 궁금증을 불러일으킬 수 있다. 『세계 영화 읽기』는 얼마나 수정주의적이며 어떤 새로운 시각을 소개하는가? 수정을 위한 수정은 흥미롭지 못하고 기존의 연구에 대한 도전은 주제넘다는 것을 잘 알기에 그게 의도는 아니었다. 하지만 제시된 의견에 따라 몇 가지 조정은 불가피했다.

첫 번째로는 에티오피아의 예가 보여준 것처럼 이 책은 부족하기는 해도 서양 영화가 아닌 세계 영화에 관한 내용이다. 명분으로만 인종 차별 금지를 내세우는 것은 아니다. 예를 들면 이집트의 유세프 샤힌이 만든 종교와 민족에 관한 특별한 영화들은 사실상 서양 감독들의 관심사는 아닐 수 있다. 서양 영화가 아닌 영화는 영화 서적이나 영화제, 영화 기록, TV 프로그램, 여론 조사, 잡지 등으로부터 주목을 잘 받지 못했던 것이 현실이며 그것은 큰 손실이 아닐 수 없다.

3장에 있는 두 번째 조정 사항은 주류의 할리우드 영화를 다룬 보편적인 접근 방식이 고전적이라기보다는 낭만적이라는 데 있다. 많은 영화 서적에서 반복하는 '미국의 고전 영화' 또는 '미국 영화의 고전적 시기' 등의 어구에서 '고전'이라는 단어가 마치 흥행의 전성기나 산업적 황금기를 의미하듯 사용되지만, 단연코 그렇지 않다. 예술에 있어 고전은 형식과 내용이 조화를 이루는 시기를 의미하며 스타일과 표현하고자 하는 감정, 생각이 조화를 이룰 때를 의미하는 것이다. 미국 영화는 대부분 조화보다는 그 양에 초점이 맞춰지는 경향이 있다. 등장인물은 감정적이고 그들의

5. 초창기 영화의 생생한 예인 루이 르 프랭스의 〈리즈 다리〉. 영국, 1888.

이야기는 열망을 추구하므로 다소 길기는 하지만 보편적인 미국 영화 스타일을 설명하기에는 '폐쇄적인 낭만적 사실주의closed romantic realism'가 더 정확하다고 생각된다. 이것은 새로운 표현이며 시사하는 바가 상당하다. 나는 4장에서 일본의 거장 오즈 야스지로의 작품들이 영화적 고전주의라고 제언했다. 반감을 유발할 수 있는 제언이지만 나는 그것이 '고전'을 잘못 해석한 기존의 논리보다 더 가치가 있다고 믿는다.

세 번째로 나는 1990년대 영화들이 몰락은커녕 유례없는 부활을 이루었다고 제언했다.

이 책은 크게 '무성 영화(1895~1928)', '유성 영화(1928~1990)', '디지털 기술을 활용한 영화(1990~현재)'의 세 부분으로 이루어진다. 영화사의 세 가지 주요 변화를 연대순으로 구성한 것이다. 영화사에 많은 변화가 있었지만 1928년과 1990년의 변화가 가장 극적이다. 이 책은 그 시기의 많은 경향의 변화를 논한다. 미국 영화는 시작부터 활발했기 때문에 11개의 장 모두에 언급된다. 반면 아프리카 영화는 1950년대 후반부터 시작되었기에 그전까지는 언급이 없다. 특정 대륙이나 특정 국가의 영화에 관한 언급이 없다면 이는 간과한 것이 아니라 그 시기에 만들어진 영화가 없거나 또는 만들어진 영화들이 너무 정형화되었기 때문이다.

무성 영화 부분에서 나는 초창기 영화의 기술적 묘미를 다루고 그 묘미가 서양에서 어떻게 서사화되었는지, 그리고 제1차 세계 대전 이후 영화사들이 산업을 어떻게 주도했는지를 다루었다. 그 시기에 일본 영화는 다른 길을 걸었으며 나는 이에 대해서도 논했다. 유성 영화 부분에서는 먼저 아시아 영화와 할리우드 낭만주의 영화의 부흥, 사실주의 영화의 확산을 접하게 된다. 이후 두 장씩 총 네 장을 통해 아시아의 수작들과 1950~1960년대 서구 영화의 팽창 및 폭발에 대해 언급하고, 1970~1980년대 세계 영화의 대대적 일탈에 관해 설명했다. 마지막 디지털 기술을 활용한 영화 부분은 동시대를 아우르는 내용으로 채웠다.

이제 고백한다. 나는 이 책에서 언급한 거의 모든 영화를 다시 보았다. 하지만 불가능한 경우도 있었다. 그런 경우 나는 이전에 보았던 기억으로 대체할 수밖에 없었다. 그리고 언급한 영화 중 40여 편은 본 적이 없다. 자료가 아예 존재하지 않거나 혹은 내가 찾아내지 못해서였다. 그런데도 그 영화들을 포함한 이유는 영화인이나 영화학자가 그 영화들의 중요성을 주장했기 때문이다.

****

1888년도다. 우리는 한 산업 도시에 있는 다리 위에 서 있다. 프랑스도 아니고 미국도 아닌 영국이다. 그곳에서 세계 최초로 대중을 상대로 필름을 상영했다. 그 도시는 리즈Leeds고 한 남자가 거기서 촬영했으며 그 자료는 아직도 존재한다. 그것은 비록 한 명씩 볼 수 있는 기계를 통해 소개되었지만 우리가 일반적으로 첫 영화라고 받아들이는, 1895년 파리에서 상영된 영화보다 7년이나 앞선 것이었다.

****

변화한 부분에 대해 언급해야 할 것 같다. 내가 17년 전 이 책의 초판을 집필했을 때 에티오피아 영화 〈추수: 3000년Mirt Sost Shi Amit / Harvest: 3000 Years〉의 비디오테이프를 75달러에 배송료까지 지불하며 구매했다. 도착하는 데 2주가 걸렸고 내 기대감은 커졌다. 영화를 보고 나는 수작이라고 생각했고 『세계 영화 읽기』의 일부가 되어야 한다고 판단했다.

이 영화는 지금 그 명성과 함께 유튜브에서 찾아볼 수 있다. 불과 17년 전인데 그때는 영화가 구하기 어렵고 비쌌다. 그런데 지금은 클릭 한 번으로 가능하다. 영화를 접하는 희열을 예전처럼 미룰 필요가 없게 되었다.

그렇다고 영화를 찾는 일이 끝났거나 영화 역사가 다시 시작되거나 혹은 영화가 우리의 관심을 마냥 기다리고 있는 것은 아니다. 인도 영화는 아직도 구하기 힘든 것들이 많다. 2014년에 설립된 영화유산재단Film Heritage Foundation이나 1990년에 마틴 스코세이지에 의해 설립된 영화재단The Film Foundation의 관심에도 불구하고 인도의 수많은 보물은 아직도 미복원 상태거나 자막이 없거나 복잡하게 얽힌 판권 문제로 찾아볼 수가 없다. 다른 여러 나라의 영화도 비슷한 경우가 많다.

영화 탐색은 단지 우리가 잘 알고 있는 영화의 DVD나 온라인 파일을 구하는 것을 의미하는 게 아니라 들어보지 못한 영화를 찾는 것을 의미한다. 나는 지난 20년간 다른 나라를 방문할 때마다 영화 전문가나 기록 관리자에게 묻는다. 이 나라에서 유명한 여성 영화감독은 누군가요? 알바니아에서는 잔피세 케코라고 알려주었다. 불가리아 영상자료원의 팀장은 빈카 젤랴즈코바의 걸작들을 복사해서 보내주었다. 내가 루마니아 영화를 다룰 때 같은 질문을 했고 마르비나 우치아누라는 답변을 받았다. 그들의 영화는 영화에 대한 나의 사랑을 더 크게 만들었다. 나는 이 책의 초판을 30대에 집필했다. 그때도 많은 여성 감독에 대해 논했지만 21세기인 지금의 개정 증보판에서는 더 많은 여성 감독을 접할 수 있을 것이다. 영화 역사는 끊임없이 비밀을 드러낸다. 그리고 앞으로도 비밀은 마르지 않을 것이다. 내가 언제나 공부하는 초년생일 수 있는 이유다.

물론 지금의 나는 예전에 비해 영화 세계와 영화 역사에 대한 더 높은 접근성을 확보했지만 말이다. 나는 많은 TV 시리즈를 연출했고 그 덕분에 유명한 배우와 감독을 여럿 만났다. 이후 영화와 훨씬 더 가까워졌다. 나는 이 책의 영화 버전인 〈세계 영화 읽기: 대서사시The Story of Film: An Odyssey〉를 촬영하기 위해 카메라를 둘러매고 세계 곳곳을 다녔다. 〈길의 노래Pather Panchali〉를 촬영한 벵골의 마을을 갔고 〈택시 드라이버〉를 촬영한 뉴욕의 곳곳을 다녔으며, 〈사랑은 비를 타고Singin' in the Rain〉를 공동 연출한 스탠리 도넌과 오즈 야스지로의 〈동경 이야기東京物語〉에도 출연한 일본 최고의 여배우 카가와 쿄코도 인터뷰했다. 이 글을 쓰고 있는 이 순간, 나는 영화학도들에게 내가 만든 영화를 보여주고 그들과 영화에 대해 논하기 위해 벨라루스행 비행기에 타고 있다.

더 많은 스태프와 기술, 제작비 등 책의 영화 버전을 만드는 일은 책을 쓰는 것보다 규모가 컸다. 하지만 〈추수: 3000년〉이나 〈다크 나이트The Dark Knight〉 등의 부분을 편집하면서 영화가 더욱 친숙하게 다가왔다. 영화가 바로 내 앞에 있었고 모든 카메라 움직임과 컷을 볼 수 있었기 때문이다. 그런 작업을 하면서 나는 숏과 컷의 작동 원리나 무질서했던 직사각형의 프레임이 어떻게 질서정연하게 배치되는지에 대해 배웠다. 이러한 일들을 통해 지혜를 얻게 되면서 나는 영화와 영화인들이 펼치는 마술에 대해 더욱 존경하는 마음을 갖게 되었다.

영화를 사랑하는 사람들은 영화 언어라는 공통의 언어로 소통한다. 국가 간의 정치적 갈등이 고조될 때도 국경이 없는 영화는 조용하게 급진적이다. 인도인이 프랑스 영화를 보거나 동성애자가 이성애자의 영화를 보거나 청년이 노인에 관한 영화를 보거나 부자가 가난한 사람들에 대한 영화를 볼 때 익숙하지 않은 내용을 접하게 되지만 공통된 언어로 소통하기에 그것 역시 우리가 속한 세상의 일부가 된다. 영화는 시공간을 뛰어넘으며 몽상가, 소외자, 이상주의자, 절규하는 자, 소심한 자의 국제어다. 그들은 모두 그들만의 형태로 영화 역사와 함께할 것이며 영화의 즐거움도 마찬가지일 것이다.

무성 영화

1880년대 말부터 1928년까지

단편 영화 〈리즈 다리Leeds Bridge〉(영국, 1888)는 영국에 거주하던 프랑스인 루이 르 프랭스가 촬영했다. 말이 끄는 마차가 천천히 움직이고, 프레임의 오른쪽 아래에는 두 남자가 강을 내려다보고 있다(5). 〈리즈 다리〉를 보면 제일 먼저 알 수 있는 것이 무성 영화라는 점이다. 영화는 처음 등장한 이후 40여 년간 대부분 소리가 없이 제작되었다. 왜 그랬을까? 사람들의 목소리를 녹음하는 기술은 있었다. 하지만 움직이는 영상 자체가 창작자와 관객에게 엄청난 묘미를 선사했기 때문에 왜 소리가 없느냐고 아무도 불평하지 않았다. 이 '그림자 왕국'은 현실 같지 않은 동화처럼 신비로웠다. 무성 영화의 번성에는 언어 장벽이 없다는 현실적인 요인도 작용했다. 언어가 없는 초창기 영화는 진정한 국제적 창작물이었고 처음 10여 년간은 전 세계에서 상영되었다.

6. 초창기 영화는 무성 영화였지만 엄청난 영향력을 행사했다.
〈전함 포템킨〉, 소비에트 연방, 1925.

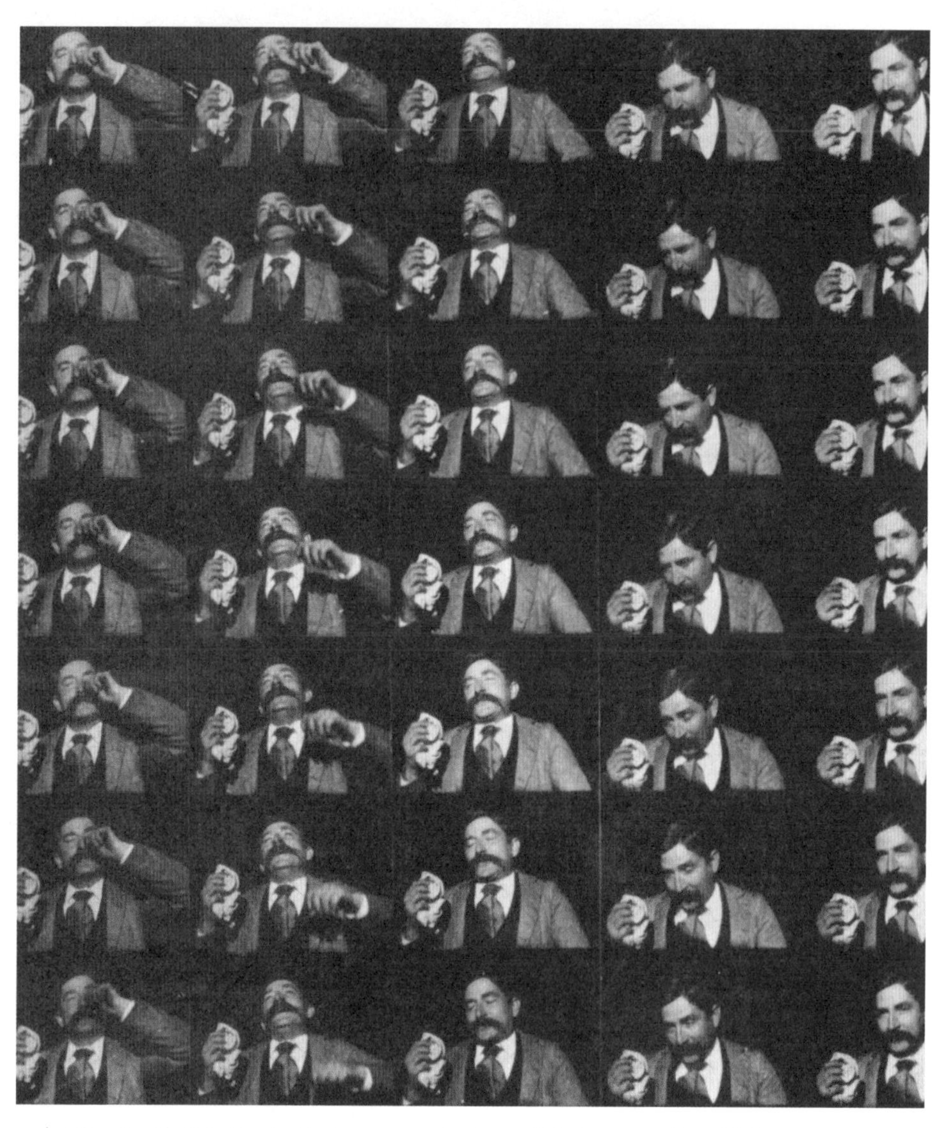

7. 〈프레드 오트의 재채기Fred Ott's Sneeze〉 속 남자가 재채기하는 모습이 담긴 사진들.
상영은 아직 불가했고 키네토스코프를 통한 핍쇼peep-show였다.
토머스 에디슨의 '블랙 마리아'에서 윌리엄 딕슨이 촬영했다.

1. 기술의 묘미(1895~1903)

돌풍을 몰고 온 초창기 영화

19세기 후반, 영화가 등장하기 직전의 세상은 어땠을까? 현재와는 상당히 달랐다. 미국은 계속 팽창하고 있었고 오스만 제국과 오스트리아·헝가리 제국이 여전히 존재하던 시기였다. 유럽의 제국들이 지구의 4분의 3을 지배하고 있었으며 인도는 영국의 가장 중요한 식민지였다. 그리고 이스라엘은 존재하지 않았고 이라크는 독립을 쟁취하지 못한 상태였다. 소비에트 연방의 창설은 이때로부터 약 30년 후에 이루어졌다.

산업혁명은 서구 도시인들의 삶을 바꿔놓았다. 도시 인구는 급증했으며 사람들은 기존의 소비에서 멀어지고 삶은 더 활동적으로 변했다. 증기 기관차의 등장으로 이동도 빨라졌다. 20세기 후반의 영화적 묘미에 견줄 만한 롤러코스터는 1884년경부터 있었다. 자동차는 막 개발되었으며 영화와 함께 엄청나게 발전하기 시작했다. 차후에 논쟁이 있기는 하지만 서구에서 문화나 인간의 지각은 본질적으로 변화가 없었던 데 반해 시각적 자극은 엄청났다. 사진 기술은 1827년부터 존재했다. 사람들은 150세기 동안 그림을 그려왔고 앞으로도 그릴 것이다. 필경사와 시인, 작가는 최소 50세기 동안이나 글을 써왔다.

그리고 프랑스인과 영국인, 미국인이 러시아의 작가 레프 톨스토이가 말한 "마치

8. 에디슨의 '블랙 마리아Black Maria'. 세계 최초의 영상 촬영 스튜디오로, 햇빛을 따라 돌아가도록 설계되었다.

인간 허리케인처럼… 찰칵찰칵하는 기계"를 앞다퉈 개발했다. 이것은 검은색 상자에 든 리본이 돌아가면서 사물 등을 기록하는 기계였다. 이후 이 리본에 빛을 쏘여 하얀 벽에 투영하면 기록된 영상이 그대로 재현되었다. 시차를 두고 촬영한 스틸 이미지를 빠르게 영사하면 인간의 뇌가 그것을 연속적인 동작으로 받아들이는데, 이러한 시각 잔상 효과로 인해 움직이는 듯한 영상을 보는 것이 가능했다. 이런 서구의 기이한 발명품의 개발은 혼란스러운 경주와도 같았다. 그리고 경주의 주자들은 토머스 에디슨, 조지 이스트먼George Eastman, 윌리엄 딕슨William K. L. Dickson, 루이 르 프랭스Louis Le Prince, 루이 뤼미에르Louis Lumière와 오귀스트 뤼미에르Auguste Lumière, 로버트 W. 폴Robert W. Paul, 조르주 멜리에스Georges Méliès, 프랑시스 두블리에Francis Doublier, 조지 스미스George Albert Smith, 윌리엄 프리즈그린William Friese-Greene, 토머스 인스Thomas Ince 등 익숙지 않은 이름들이었다. 누군가 앞서가면 누군가 쫓아오고 또 누군가가 새로운 발명품으로 앞서갔다. 그들은 맨해튼에서 허드슨강을 건너면 있는 뉴저지주, 남프랑스의 리옹, 지중해의 라시오타, 영국의 브라이턴과 리즈에서 작업했다. 이 지역들은 화려한 도시가 아닌 노동자 계층이 많은 곳이었다.

그들 중 어떤 특정 인물이 영화를 창시한 것은 아니며 영화의 탄생일도 명확하지 않다. 1884년에 뉴욕의 제조업자인 조지 이스트먼이 개별적 슬라이드가 아닌 두루마리 형태의 필름을 개발했다. 이 시기에 뉴저지 목재상의 아들인 발명가 토머스 에디슨과 그의 조수 윌리엄 딕슨은 상자 안의 스틸 이미지가 돌아가면서 연속된 동작처럼 느껴지는 착시 현상을 만드는 기구, 키네토스코프를 개발했다.[1]

1880년대 말 영국에 거주하던 프랑스인 루이 르 프랭스가 작은 냉장고 크기의 기계를 만들어 특허를 내고 리즈 다리를 비롯한 몇몇 장소에서 이 기계로 촬영했다.

이스트먼은 두루마리 형태의 필름 가장자리에 구멍을 뚫어 필름이 카메라 안에서 정확하게 돌아갈 수 있게 만드는 새로운 아이디어로 경주에 다시 합류했다. 엔지니어와 발명가, 제조업자가 직면한 주요 문제는 조리개가 열려 있는 렌즈 뒤에서 필름이 계속 돌아갈 수 없다는 점이었다. 필름은 짧은 순간이지만 촬영을 위해 멈춘 뒤 다시 돌아가는 간헐적 움직임을 취해야만 했다. 멈추고 촬영하고 다시 돌아가고, 멈추고 촬영하고 다시 돌아가는 움직임이다. 사진가 집안 출신의 뤼미에르 형제는 재봉틀이 유사한 움직임으로 작동하는 것을 보고 그 기술을 적용했다. 그들은 르 프랭스가 만든 커다란 카메라보다 좀 더 작게 만든 시네마토그래프로 촬영하고 영사하는 실험을 했다. 다음 문제는 필름을 돌아가게 하는 이러한 메커니즘이 필름을 훼손하지 않게 만드는 것이었다. 선구적 가족인 우드빌, 오트웨이, 그레이 래섬이 실패한 영사기 아이돌로스코프Eidoloscope로부터 이 문제의 간단한 해법을 고안해 냈다. 카메라나 영사기가 빨리 돌아가고 멈추기를 반복하며 지속적인 운동을 하는 동안 필름이 손상되지 않도록 필름을 장착할 때 장력을 흡수할 수 있는 느슨한 루프loop를 만들어 두는 것이다. 이런 점들은 영화가 한 사람에 의해 창조된 것이 아니라는 사실을 잘 보여준다. 영화가 세계적으로 돈을 거둬들일 수 있는 현상이라는 것을 알아차렸을 때 많은 선구자는 앞다퉈 자신들이 발명한 부분에 대한 저작권을 주장하기 시작했다. 이 전쟁은 필름에 뚫린 스프로킷 홀, 루프 등에 이르기까지, 모든 것에 대해 저작권을 주장하는 매우 치열한 경쟁이었다.

초창기 영화 중에는 뤼미에르 형제의 영화가 가장 많이 상영되었다. 그들은 1895년 12월 28일에 파리의 카퓌신 거리에서 짧은 다큐멘터리 영화와 극영화 〈물 뿌리는 정원사L'Arroseur arrosé〉 등을 유료로 상영했는데, 많은 역사가가 그날을 영화의 탄생일로 판단한다. 그날 상영한 영화 중에는 하나의 숏shot으로 구성된 너무도 유명한 영화 〈열차의 도착L'Arrivée d'un train en gare de La Ciotat〉이 있다(9). 철로 가까이에서 촬영했기에 다가오는 열차는 마치 관객을 덮칠 듯이 커졌다. 그러자 관객은 열차를 피해 머리를 숙이고 비명을 질렀으며 심지어 자리에서 일어나 나가버리기까지 했다. 그들은 마치 롤러코스터를 타는 것 같은 묘미를 경험했다.

뤼미에르 형제는 필름과 영사 기사를 모든 대륙에 급파했고 1~2년 사이에 전 세

9. 〈열차의 도착〉(프랑스, 1895)은 하나의 숏으로 이루어진 다큐멘터리 영화로 극적인 스크린 구성의 가능성을 보여주었다.

계의 관객은 이 유명한 열차 도착 장면을 볼 수 있게 되었다. 이탈리아의 토리노, 러시아의 상트페테르부르크, 헝가리의 부다페스트, 루마니아의 부쿠레슈티, 세르비아의 베오그라드, 덴마크의 코펜하겐, 캐나다의 몬트리올, 인도의 봄베이(지금의 뭄바이), 체코슬로바키아의 카를로비바리, 우루과이의 몬테비데오, 아르헨티나의 부에노스아이레스, 멕시코의 멕시코시티, 칠레의 산티아고, 과테말라의 과테말라시티, 쿠바의 아바나, 일본의 오사카, 불가리아의 뤼스, 태국의 방콕, 필리핀의 마닐라 관객들은 1896년에 이 영화를 관람했다. 다시 말하지만, 이것은 모두 1896년에 벌어진 일이며 상영된 영화는 모두 뤼미에르의 영화였다. 같은 해에 영국의 영화는 미국과 독일에서 개인이 만든 영화들과 함께 상영되었다. 1900년에 이르러 뤼미에르의 영화는 세네갈의 다카르를 비롯해 이란 카자르 왕조의 궁전에서도 상영되었다. 당시만 해도 영화는 대중적이기보다는 특권층만 누리는 전유물로 여겨졌다.

뤼미에르 공장의 직원으로 당시 17살이었던 프랑시스 두블리에는 러시아에서 영화를 상영하는 일을 담당했다. 루이 뤼미에르는 그에게 카메라를 주면서 "이 카메라는 왕에게도 보여주면 안 되고 아름다운 여자에게도 절대 보여줘서는 안 되네."[2]라고 단호하게 말했다. 젊은 두블리에는 뤼미에르의 새로운 영화를 뮌헨과 베를린에서 상영하고 이후 바르샤바, 상트페테르부르크, 모스크바까지 이동했다. 1896년 5월 18일에 50만 명의 러시아인들은 왕위에 오른 니콜라이 2세를 보기 위해 모스크바 인근에 집결했다. 몇 시간째 기다린 군중은 따분해했고 무료로 나눠주던 맥주가 동났다는 말이 퍼지자 우르르 이동했다. 두블리에는 카메라를 돌리기 시작했다. 그는 나중에 "우리는 황제 주변에서 악을 쓰고 밀치고 죽어가는 군중을 촬영하기 위해 필름을 세 롤이나 돌렸다."라고 말했다.[3] 족히 5000명은 사망했을 것이라는 소문이 돌았는데, 황제는 그날 밤 프랑스 대사관의 무도회장에서 밤새 춤을 추었다.

다음 달에 두블리에와 그의 동료들은 모스크바에서 뤼미에르의 영화를 상영했다. 그러나 황제 즉위식 행사를 촬영한 필름은 러시아 관료들이 압수했다. 영화 검열이 시작된 것이다. 라시오타역에 열차가 도착하는 모습이 담긴 영화는 전 세계 다른 국가들에서와 마찬가지로 아무런 문제없이 상영되었고 관객은 경탄했다. 러시아의 작가 막심 고리키는 〈열차의 도착〉을 보고 난 뒤 이 영화에 대해 설명하면서 '그림자 왕국'이라는 표현을 썼다.[4]

영국의 기술자 로버트 W. 폴은 초창기 영화의 핵심 인물이다. 폴은 1890년대 중반에 에디슨 및 뤼미에르 스타일의 카메라를 만들기 시작했다. 그는 카메라를 대여하기보다는 판매했고, 그래서 영국의 영화인들은 장비를 사용하는 것이 수월했다. 브라이턴대학교의 초창기 영화학도들이 만든 영화가 프랑스나 미국의 영화보다 혁신적일 수 있었던 이유다. 이 학교의 리더 격이자 영화사 초기에 가장 선구자적인 영화인으로 알려졌던 인물이 바로 사진작가 조지 스미스였다. 명성을 얻기 시작한 스미스는 두블리에가 동쪽으로 이동하는 동안 자기만의 카메라를 만들었다. 〈코르시카 형제The Corsican Brothers〉(영국, 1898)라는 작품에서 그는 혼령의 이미지를 만들어내기 위해 검은 벨벳을 배경으로 한 세트에서 촬영한 후 필름을 되감아 다시 본래의 세트에서 이중 노출을 했다. 그 결과 검은 벨벳을 배경으로 미리 촬영한 혼령은 마치 세트 위를 떠다니는 듯 보였다.[5]

10. 〈키스〉에서 조지 스미스는 움직이는 기차의 앞쪽에서 촬영했는데, 이러한 기법은 '팬텀 라이드'라고 불리기 시작했다.

스미스는 촬영한 필름을 거꾸로 돌려 상영한 최초의 인물로 꼽힌다. 1898년에 그는 '팬텀 라이드 phantom ride' 기법을 활용한 숏을 촬영했다(10). 움직이는 기차의 앞머리에 카메라를 고정해 촬영한 이 숏은 공중을 떠다니는 유령의 시점과도 같아 관객은 새로운 시각적 경험을 했다(11). 1899년에 스미스는 이 숏과 기차 세트에서 촬영한 한 커플의 숏을 병합했다. 이 커플이 키스하는 동안 기차는 터널을 통과했다. 하나 이상의 숏으로 구성된 영화는 1890년대 말에나 등장했고, 스미스의 실내 숏과 이동 숏의 병합은 '한편Meanwhile'을 의미하는 영화 기법을 최초로 시도한 것이다.

팬텀 라이드를 사용한 〈키스The Kiss〉는 〈열차의 도착〉보다 더 큰 기술적 묘미를 선사했다. 이후 팬텀 라이드는 관객을 극 중 여행객의 시점으로 안내하는 매우 효과적인 영화 기법의 하나로 자리 잡았다. 지금까지 이것을 가장 상업적으로 활용한 예로는 〈타이타닉Titanic〉(미국, 1997)의 "나는 세상의 왕이다" 시퀀스가 있으며, 가장 심오하게 활용한 예로는 대규모 다큐멘터리 영화 〈쇼아Shoah〉(프랑스, 1985)를 들 수 있다. 〈쇼아〉는 나치가 장악한 유럽에서 발생했던 유대인 말살에 관한 영화다. 감독인 클로드 란츠만Claude Lanzmann은 기차를 타고 학살된 유대인이 즐비했던 구간을 지날 때면 카메라를 기차의 앞머리에

11. 조지 스미스 등의 영화인들이 팬텀 라이드 숏을 촬영했던 방법. 촬영감독인 빌리 비처와 증기 기관차 앞머리에 장착된 삼각대 위의 카메라가 보인다.

설치하곤 했다. 기차의 '유령'은 트레블링카를 비롯한 강제 수용소에서 사망한 모든 유대인의 혼령이 된다.

같은 시기에 영국에서 로버트 W. 폴과 조지 스미스, 세실 헵워스Cecil Hepworth, 제임스 A. 윌리엄슨James A. Williamson 등이 필름의 창의적 영역을 실험했다. 이 시기 프랑스에서는 조르주 멜리에스와 대단한 실력에 비해 저평가된 알리스 기블라쉐Alice Guy-Blaché가 활동하고 있었다(12).[6] 기블라쉐는 레옹 고몽의 비서로 시작해서 최초의 극영화로 간주되는, 양배추밭에서 태어난 아기들에 관한 코믹한 판타지 영화 〈양배추 요정La Fée aux choux〉(프랑스, 1896)을 연출했다. 기블라쉐의 후기 영화인 〈부인의 갈망Madame a des envies〉(프랑스, 1907)은 한 임신부의 명랑한 모습을 그렸다. 이 작품은 처음에는 그녀의 일상적인 모습을 보여준다. 하지만 그녀가 갑자기 어린아이의 사탕을 먹고 싶어 한다거나 압생트를 마시고 싶어 할 때 기블라쉐는 전혀 다른 공간에서 사탕을 먹고 압생트를 마시는 그녀의 모습으로 편집한다. 기블라쉐는 음향 및 시각 효과를 넣거나, 심지어는 필름에 직접 그림을 그리는 등의 실험을 했다. 그녀의 몇몇 영화는 성서적 내용을 담고 있으며, 그녀는 조지 스미스처럼 필름을 거꾸로 돌리는 효과를 좋아했다. 기블라쉐는 1907년에 이민한 뉴욕주에서 초기의 영화 스튜디오

12. 700여 편의 단편 영화를 연출하고 초기의 영화 스튜디오 중 하나인 솔락스를 설립했던 알리스 기블라쉐(왼쪽에서 두 번째).

13. 알리스 기블라쉐와 동시대인인 조르주 멜리에스는 마술 같은 스타일의 가능성을 탐구하기 위해 연극 무대의 배경처럼 그린 그림과 특수 효과 촬영의 병합을 시도했다. 이러한 영화 제작 스타일은 1897년에 시도된 것으로 기록되어 있다.

중 하나인 솔락스Solax를 설립했다. 그녀가 연출한 단편 영화는 서부극과 스릴러를 포함해 총 700여 편으로 추정된다.[7]

초기 영화사에서 멜리에스의 역할은 잘 다루어지지 않았다. 마술 무대에서 일하기 시작한 그는 1895년 12월에 뤼미에르의 영화가 최초로 상영된 것을 보고 새로운 매체에 흥미를 느끼기 시작했다. 멜리에스가 파리에서 촬영할 때 카메라가 중간에 멈췄다가 다시 돌기 시작했다. 카메라가 멈춰 있던 동안에는 촬영된 장면이 없고 다시 돌기 시작했을 때는 전과는 다른 장면들이 촬영되었기에 그 필름을 영사했을 때 멜리에스는 없었던 차들이 갑자기 나타나고, 있었던 사람들이 갑자기 사라지는 현상을 목격했다. 이런 신기한 효과는 먼저 천문대가 보이다가 다음으로 연극 무대의 배경처럼 그린 달의 클로즈업 숏으로 바뀌면서 관객이 마치 망원경을 들여다보고 있는 듯한 느낌을 살린 〈1미터 앞의 달La Lune à un mètre〉(프랑스, 1898) 같은 영화를 제작하는 원동력이 되었다(13). 멜리에스는 뤼미에르의 현실적인 영화를 극장식 판타지로 바꾼 영화 마법의 위대한 탐구자였다. 마틴 스코세이지의 영화 〈휴고Hugo〉(미국, 2011)는 멜리에스를 폭넓게 재조명하는 계기가 되었다.

앞서 언급했던 곰브리치의 스키마와 수정처럼 뜻밖의 사건과 상상력, 혁신 그리고 끊임없는 도전과 실패를 통해 영화 매체는 호기심 많고 모험적이며 시각적 재능이 뛰어난 사람들에 의해 잠재력이 발견되고 또 발전되어 왔다. '탤리의 축음기 가게' 사진(14)이 설명하듯 미국 동부에서는 지금은 잊힌 에녹 J. 렉터Enoch J. Rector가 영화의 상업적 영역을 넓혔다. 그의 작품은 로스앤젤레스가 영화 제작의 핵심 지역이 되기 한참 전인 1897년에 촬영된 것으로, 영화가 손님을 끌기 위해 양옆에 늘어선 의류 가게 등과 경쟁하며 상점 간판에 영화 광고를 붙일 정도로 활성화되어 있었음을 보여준다. '탤리의 축음기 가게' 광고판에는 "위대한 코베트의 경기를 관람하시라."라고 적혀 있었다.[8] 이 권투 경기는 네바다에서 개최되었다. 렉터는 50년 후에나 주목받은 와이드 스크린 필름 포맷으로 이 경기를 촬영했다. 새로운 카메라를 직접 개발한 렉터는 그것을 베리스코프Veriscope라고 이름 붙였다. 대개 35mm 필름이 사용되던 이 시기에 렉터의 카메라에 사용된 필름은 63mm였다.

14. 로스앤젤레스의 전형적인 초기 영화관으로 모자 가게와 양말 가게 사이에 자리 잡은 '탤리의 축음기 가게' 광고판에 "위대한 코베트의 경기를 관람하시라."라고 적혀 있다.

이는 영화인이 좀 더 웅장한 광경을 담기 위해 필름의 크기를 변형시킨 첫 사례로 볼 수 있다. 편집은 최소한으로 하던 시기였기에 렉터는 마틴 스코세이지가 〈성난 황소Raging Bull〉(미국, 1980)에서 보여준 것과 같이 권투 경기를 여러 각도로 보여주지는 못했다. 〈코베트와 피츠시먼스의 경기The Corbett-Fitzsimmons Fight〉(미국, 1897)가 흥미로운 이유는 미국 사회에서 영화가 가지는 위상의 변화를 보여주기 때문이다. 지

15. 초창기 와이드 스크린 영화 〈코베트와 피츠시먼스의 경기〉. 감독: 에녹 J. 렉터. 미국, 1897.

역 신문인 『브루클린 아이*The Brooklyn Eye*』는 “미래를 예견한 사람… 지난달의 일이 사람들의 눈앞에서 생생하게 재현될 것이고, 번개가 그들을 비추고 움직일 거라고 예견한 사람은 미치광이로 취급되거나 혹은 마녀로 몰려 교수형을 당했을 것이다.”[9] 라는 기사를 실었다. “화면에서 권투의 냄새가 풍긴다… 청교도의 아메리카에서. 이 영화가 출현하기 전 영화의 미래는 불투명했다. 하지만 지금 영화는 서민의 보편적인 엔터테인먼트로 자리매김했다.”[10]라고 언급한 영화 이론가 테리 램지의 평은 더 흥미로웠다. 이 시기에 프랑스의 제작자들도 영화가 서민층 관객에게 호감을 산다는 사실을 자각했다. 하지만 그들은 중산층을 겨냥한 영화도 제작하기 시작했다. 프랑스의 영화 제작사 중 하나인 필름 다르Film d'Art는 상류층이 즐겨 보던 공연을 대체할 수 있는 영화를 만들기 시작했다. 스칸디나비아와 독일, 인도에서는 영화가 문학과 문화를 파고들었다. 미국에서는 〈코베트와 피츠시먼스의 경기〉(15)처럼 영화가 대중적인 방향으로 나아갔으며 지금도 그 방향을 유지한다. 미국이 세계의 대중 영화 시장을 장악하고 영화를 예술로 인식하기를 꺼리는 이유가 설명된다.

19세기 말은 영화가 급부상한 시기다. 영화는 ‘탤리의 축음기 가게’가 모자 가게와 양말 가게 사이에 자리 잡았던 것처럼 사람들의 생활에 파고들기 시작했다. 영화 관람은 대중의 사회적 관습이 되었고 영화를 만들기 위한 신진 영화인들의 시각적 상상력은 스키마가 되었다. '탤리의 축음기 가게'에서나 테헤란에 있는 샤Shah의 웅장한 궁전에서나 영사기는 보석으로 장식된 방의 미러볼처럼 그 빛을 흩뿌렸을 것이다. 그렇게 영화는 모든 것을 앞서갔다. 사회적으로, 기술적으로, 정치적으로, 예술적으로, 철학적으로, 초자연적으로, 영화를 저지하는 요소는 아무것도 없었다. 하지만 이야기꾼들이나 사업가들이 오래지 않아 이를 바꿨다. 제1차 세계 대전은 세계를 재정립했고 미국의 주도하에 영화 제작에 영구적인 영향을 끼쳤다. 하지만 영화인들은 작업을 멈추지 않았다. 그들은 현실의 연장선이자 시각적 기록으로 대변되는 '숏'을 발견했다. 오늘날에는 이런 기묘한 숏의 의미가 익숙함 때문에 퇴색되었다.

그리고 더 기묘한 컷이 소개되었다. 우리가 보고 있던 것이 갑자기 사라지고 다른 것으로 대체되었다. 멜리에스는 이런 마법을 자각했고 1898년에 이르러 다중의 숏이 "편집된" 영화를 소개하기 시작했다. 이해할 수 있거나 혹은 그렇지 못한 문법과 스테이징, 시적인 편집으로 의미를 전달하는 연결은 시대를 앞서갔다. 또 다른 명석하고 호기심 강한 인물인 에드윈 S. 포터Edwin S. Porter는 편집의 가능성을 발견하고 새로운 규정, 더 정확히 말하자면 기준을 만들었다.

일단 지금은 혼란스럽던 발견의 시기에 집중해 보자. 1899년에 영국의 로버트 W. 폴은 영화인의 감각적 도구인 달리dolly를 만들었다. 달리는 바퀴가 달린 판으로 그 위에 카메라를 설치해서 안정적으로 이동하는 것이 가능하다. 1914년에 소개된 이탈리아 영화 〈카비리아Cabiria〉의 경우를 보면 달리를 이용해 우아한 속도와 안정감을 지닌 숏을 만들어 냈는데, 미국에서는 그와 흡사한 숏을 '카비리아 움직임'이라고 불렀다. 전설적인 미국의 영화감독 데이비드 그리피스David Wark Griffith는 무성 영화 시대에 제작된 매우 치밀한 복합체 중 하나인 〈불관용Intolerance〉(미국, 1916)에서 이 숏을 더욱 개선했다. 독일의 거장 프리드리히 빌헬름 무르나우Friedrich Wilhelm Murnau는 트럼펫에서 청취자의 귀로 날아가는 소리를 표현하기 위해 달리 숏을 활용했다. 유성 영화 시대에 이르러서도 막스 오퓔스Max Ophüls, 스탠리 도넌Stanley Donen, 오슨 웰스

Orson Welles, 앨프리드 히치콕Alfred Hitchcock, 미조구치 겐지溝口健二, 구루 두트Guru Dutt, 안드레이 타르콥스키Andrei Tarkovsky, 라리사 셰피트코Larisa Shepitko, 미클로시 얀초Miklós Jancsó, 베르나르도 베르톨루치Bernardo Bertolucci, 아녜스 바르다Agnès Varda, 샹탈 아케르만Chantal Akerman, 벨라 타르Béla Tarr, 프레드 켈레멘Fred Kelemen 등의 영화인이 자신들의 이야기와 정치적, 정신적, 철학적 사고를 표현하기 위해 달리 숏을 활용했다. 영화에 관한 그들의 감각적 개념은 나중에 논하기로 하자. 그들은 서구의 영화학자들이 이야기하는, 자체적으로 설명되고 완성되는 '바로크적' 접근 방식의 숏 구성을 창조했다.

세기가 바뀔 때쯤에 더 많은 발명품이 쏟아져 나왔다. 조지 스미스의 〈다시 꿈꾸게 해줘Let Me Dream Again〉(영국, 1900)는 촬영 중 렌즈의 배럴을 조정해서 초점을 맞추거나 초점이 나가게 만드는 '포커스 풀' 기법을 활용한 첫 사례일 것이다. 이 영화에서 스미스는 아름다운 여성에게 키스하는 남자를 초점이 나가게 촬영한 숏 뒤에 초점이 나간 다른 이미지로 컷을 한다. 그런 후에 아내로 추정되는 다소 매력이 떨어지는 여성과 키스하는, 같은 남자의 초점이 맺힌 숏으로 컷을 한다. 싸구려 유머이기는 했지만, 이 기법은 이후에 꿈이나 욕망을 표현하고자 할 때 사용되기 시작했다. 같은 해 또 다른 영화적 혁신이 이루어졌다. 윌리엄 딕슨은 프레드 오트의 재채기 장면을 헤드 앤드 숄더 숏으로 처리했다(7). 그러나 영화 역사상 최초의 진정한 클로즈업 숏은 스미스의 〈할머니의 돋보기Grandma's Reading Glass〉(영국, 1900)에 등장했다(16). 이 영화는 아쉽게도 손자가 할머니의 돋보기로 "엄청나게 확대된 장면"을 본다고 적혀 있는 카탈로그를 통해서만 확인이 된다. 그전에 인간은 이렇게 확대된 이미지를 본 적이 있을까? 고대 그리스와 이집트, 페르시아에 거대한 조각상들이 있었고 르네상스 시대 이탈리아의 종교 미술에서는 성경에 등장하는 인물

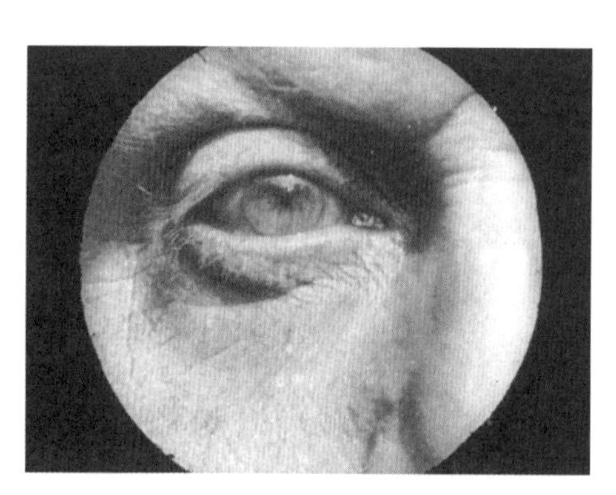

16. 1900년에 영국에서 제작된 조지 스미스의 〈할머니의 돋보기〉 속 이 장면에서와 같이 초창기 영화의 클로즈업은 등장인물이 열쇠 구멍을 들여다보거나 놀라운 광경을 쳐다보는 행동 등이 동기가 되는 경향이 있었다.

들을 거대하게 묘사하기도 했지만 확대된 이미지가 일반화된 것은 영화의 클로즈업 숏이 등장한 이후부터다.

〈할머니의 돋보기〉가 결정적인 클로즈업 숏의 사례를 보여주지는 않는다. 열쇠 구멍이나 망원경을 통해 촬영한 초창기 영화의 이미지와 마찬가지로 이미지가 왜 그렇게 큰지 설명하기 위해 돋보기를 사용한 것은 이미지를 선택적으로 확대하는 잠정적 첫걸음일 뿐이었다. 등장인물이 무언가를 들여다본다는 설정이 아니라 이야기의 특정 부분을 자세히 보여주려 한 최초의 클로즈업 숏은 역시 스미스의 영화에서 소개되었다. 스미스는 1901년에 〈꼬마 의사The Little Doctor〉(영국)라는 영화를 만들었는데, 현재 전해지지는 않는다. 그는 2년 후에 이 영화를 리메이크한 작품인 〈아픈 고양이The Sick Kitten〉(영국, 1903)를 발표했다. 이 영화의 마스터 숏에서 우리는 방에 앉아 있는 두 아이와 고양이를 볼 수 있다(17). 고양이에게 약을 먹일 때 스미스는 고양이의 클로즈업 숏으로 컷을 한다. 망원경을 들여다보는 사람은 아무도 없다. 스미스는 관객에게 이 모습을 더 크고 자세히 보여주는 것이 좋겠다고 판단한 것이다. 동시대 영화인들은 갑자기 이런 클로즈업 숏으로 컷을 하면 배우와의 거리가 변하지 않는 무대 관람에 익숙했던 관객이 혼란스러워하지 않을까 우려했다. 스미스는 그들의 우려가 걱정할 것이 아님을 입증했다. 영화는 공연이 아니며, 이 두 매체의 상관관계는 깨졌고, 강조와 밀접함의 영화라는 매체가 새로 탄생한 것이다. 이후 〈전함 포템킨〉(소비에트 연방, 1925)(18)의 출연진과 〈잔 다르크의 수난La Passion de Jeanne d'Arc〉(프랑스, 1928)에 등장했던 마리아 팔코네티, 〈젊은이의 양지A Place in the Sun〉(미국, 1951)에 나왔던 엘리자베스 테일러와 몽고메리 클리프트, 〈어머니 인도Bharat Mata〉(인도, 1957)의 나르기스, 〈페르소나Persona〉(스웨덴, 1966)의 리브 울만과 비비 안데르손, 〈옛날 옛적 서부에서C'era una volta il West/Once

17. 〈꼬마 의사〉를 리메이크한 〈아픈 고양이〉(1903)에서와 같이 영화인들이 극적 사건을 자세히 묘사하기 위해 클로즈업을 사용한 것은 더 이후의 일이다. 와이드 숏(위)에서는 고양이의 표정을 읽을 수가 없다.

Upon a Time in the West〉(이탈리아 · 미국, 1968)(19)에 등장했던 카우보이들, 그리고 라리사 셰피트코가 연출한 〈고양Voskhozhdeniye〉(소비에트 연방, 1977)의 가슴 찢어지는 클라이맥스에 나온 클로즈업 이미지 등 세계 영화의 기억될 만한 이미지는 대다수가 이런 배우들의 얼굴이 포함된 클로즈업 숏이었다. 배우들이 스크린 전면을 장식했던 것이다. 이런 장면들로부터 무비 스타가 생겨났고 영화광적인 요소들이 자라났다.

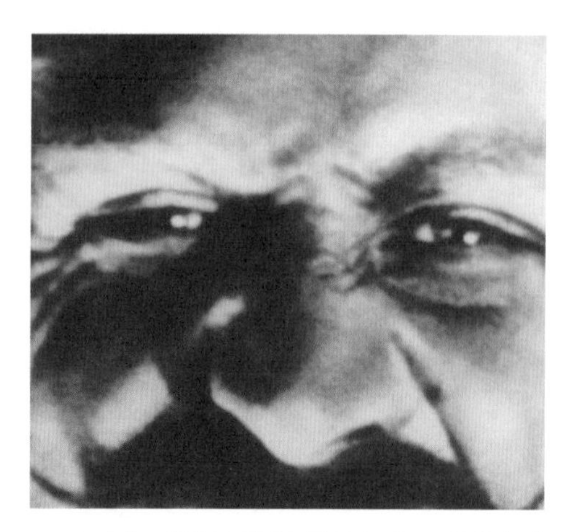

18. 소비에트 연방의 일부 감독들은 클로즈업을 논쟁의 도구로 사용했다. 〈전함 포템킨〉. 감독: 세르게이 에이젠슈테인. 소비에트 연방, 1925.

얼마 지나지 않아 세계 무역 박람회에 영화가 등장하기 시작했고 그야말로 화려했던 1900년 파리 만국 박람회는 영화 산업의 붐이 시작됨을 알리는 계기가 되었다. 뤼미에르는 수많은 관객 앞에서 가로 25m, 세로 15m의 대형 스크린에 그로부터 50년 후에나 빛을 보게 된 컬러 영화들을 상영했다. 이 와이드 스크린 영화들은 1950년대에 미국에서 만들어진 성서적 서사 영화들을 촬영한 필름보다 폭이 더 넓은 75mm 필름으로 촬영되었다. 대사가 녹음된 유성 영화들도 상영되었으며, 오늘날 3D 아이맥스 상영의 전신 격으로 관객이 원형의 영사실 위에 앉아 길이가 100m 가까이 되는 360도 스크린에 동시에 상영되는 열 개의 이미지를 관람하는 '시네오라마Cinéorama'도 있었다. 하지만 시네오라마 방식으로 상영하기

19. 클로즈업은 여전히 영화감독의 강력한 도구 중 하나다. 〈옛날 옛적 서부에서〉(이탈리아 · 미국, 1968)를 연출한 세르조 레오네처럼 클로즈업을 극적으로 잘 사용한 사람은 드물다.

위한 열 개의 영사기에서 엄청난 열이 발생했고 그 위쪽에 앉아 있는 관객은 그을릴 지경이었기에 시네오라마 방식을 통한 영화 상연은 단 두 번밖에 없었다.

초창기 영화의 숏, 컷, 클로즈업, 카메라 움직임 등은 짜릿한 재미를 위한 기술적 요소였다. 재채기, 기차, 달 여행, 양배추밭의 아기, 권투 경기, 아이와 고양이 등은 정감과 판타지, 스펙터클, 권선징악을 표현했다. 영화는 지금도 현실과 상상의 경계선에 존재한다. 초창기 단편 영화에서 재미있는 점은 등장인물이 가끔 관객을 바라보며 인사를 하는 등의 요소가 있었다는 것이다. 당시의 영화인들은 관객이 몰입했을 때 자신이 영화를 보고 있다는 사실을 망각할 수도 있음을 인지하지 못했다. 영화가 이야기를 전달하기 시작하면서부터 이런 요소는 사라졌는데, 올리버 하디와 스탠 로렐이 출연했던 미국 코미디 영화에서 이런 규칙이 깨진다. 하디가 한심한 단짝, 로렐을 경멸하며 카메라를 정면으로 바라본 것이다(178~179쪽 참고).

초창기 영화들은 뉴저지, 리즈, 리옹 등 서양에서 산발적으로 촬영되었고, 영화 산업이 본격적으로 자리 잡지는 않았다. 영화 매체는 비非서사, 비非산업으로 출발했다. 그것은 마치 서커스와도 같이 행위와 신기함이 우선시되었다. 하지만 1903년부터 영화는 팬텀 라이드의 묘미를 던져버렸고 관객을 향한 직접적 표현도 하지 않았다. 데이비드 그리피스, 예브게니 바우어Yevgeni Bauer 등의 감독들이 출현했고 무비 스타들이 나타났다. 이탈리아와 러시아의 영화인들은 미국의 영화를 모방했고 영국과 프랑스의 영화 역사는 복잡해지기 시작했다. 이 책의 2장(1903~1918)과 3장(1918~1928)에서는 이야기와 산업이 어떻게 영화에 스며들게 되었는지를 설명한다. 하지만 어쩌면 이 책에서 가장 중요할 수 있는 이 장에서 언급한 영화들은 긴장감 만점에 단순하고 논리에도 맞지 않는, 영화 역사상 가장 돌발적인 작품들이었다.

20. 스크린 속 테다 바라의 성과 에로티시즘.

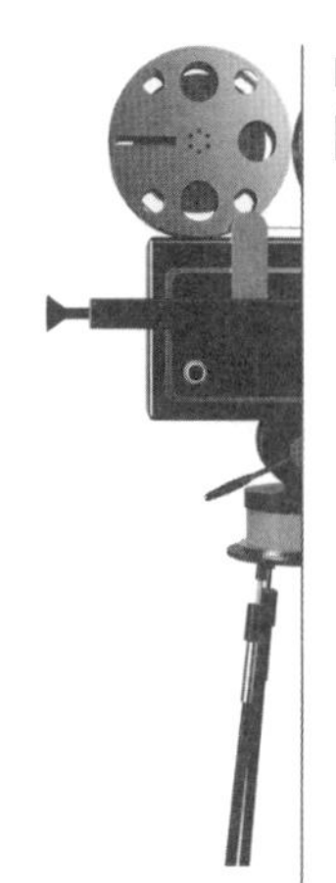

2. 이야기의 힘(1903~1918)

서사로 발전한 기술적 묘미

1903년에 세계 최초로 비행기가 날았다. 그리고 2년 후 알베르트 아인슈타인은 광속 불변의 원리를 주장한 특수 상대성 이론을 발표했다. 영국의 참정권론자들은 여성의 투표권을 얻어내기 위해 고군분투했다. 스페인의 화가 파블로 피카소는 1907년 작품 〈아비뇽의 여인들〉에 등장하는 다섯 명의 나체 여인 중 두 명의 얼굴을 마치 아프리카의 가면과도 같은 모습으로 처리해 스캔들을 일으켰다. 1908년 미국에서는 포드사의 자동차, 모델 T가 판매되기 시작했다. 1910년 즈음에는 뉴올리언스에서 재즈라는 새로운 음악 장르가 탄생했고, 그로부터 2년 후에는 초대형 여객선인 타이타닉호가 뉴펀들랜드 해안에서 침몰했다. 1914년에는 사라예보에서 울린 총성 한 발이 유럽에서 수백만 명의 희생자를 만들어 낸 전쟁을 유발했다. 1917년 러시아는 두 번의 혁명으로 황제를 폐위시키며 세계 최초로 노동자를 위한 혁명 국가를 수립했다.

정치와 과학, 예술이 혼란스러운 상황에 있던 이 시기 동안 영화가 사람들의 관심을 끌 수나 있을지 논란이 많았지만, 실상은 달랐다. 이 시기는 서구 영화가 기술로 인한 즉각적인 짜릿함에서 심리적으로 몰입할 수 있는 내용 중심으로 변화한 때였다. 1970년대 중반에서야 주류 영화는 다시 묘미를 선호하는 방향으로 기울었다.

1903년까지 평온한 할리우드 힐스에서 촬영된 영화는 단 한 편도 없었다. 조명의 사용도 드물었고 은막의 스타도 존재하지 않았다. 편집, 클로즈업, 달리 숏 등의 초창기 영화 기술은 아직 체계적으로 탐구되거나 적용되지 않던 때였으며, 영화라는 매체를 능란하게 다루는 대가들이 출현하기도 전이었다. 1918년이 되어서야 러시아의 야코프 프로타자노프Yakov Protazanov와 예브게니 바우어, 스웨덴의 빅토르 셰스트룀Victor Sjöström과 마우리츠 스틸레르Mauritz Stiller, 미국의 데이비드 그리피스와 찰리 채플린 같은 초기의 영화 예술인들이 출현했다. 이 장에서는 이런 인물들의 이력과 할리우드의 부상, 스타 시스템, 장편 영화 등에 대해 살펴보고 서양의 영화가 어떻게 이야기의 힘을 파악했는지 설명한다. 동양에서는 일본이 영화 문화를 주도했다. 하지만 일본은 서양과는 다른 길을 택했고 이는 영화 예술에 심오한 영향을 미쳤다.

관객은 초창기 영화가 선사한 기술적 묘미에 싫증나 있었고 영화계는 그들의 관심을 끌 새로운 돌파구가 필요했다. 그 결과 1903년 세인트루이스 박람회에서는 정지한 기차에 앉아 있는 방문객들에게 실제 기차를 타고 있는 듯한 느낌을 주기 위해 초창기 영화에 사용되었던 팬텀 라이드 기법으로 촬영된 영상을 보여주는 '헤일즈 관광'을 선보였다. 감독들은 예컨대 배우가 스크린 밖으로 시선을 옮기면 다른 장소로 바뀌도록 편집하는 등 여러 기술을 시험해 보면서 어떤 기술이 먹히고 또 어떤 기술이 안 먹히는지 고민하기 시작했다. 위에 예로 든 기술의 경우 당시에는 관객이 잘 이해하지 못하면서 곧 사라졌다. 반면 추격 시퀀스 등은 역동성을 선사할 수 있는 엄청난 잠재력이 있음을 파악하게 되었다. 영화인들은 "옛날 옛적에…", "그래서 이런 일이 벌어졌다…" 또는 "한편…" 등의 말을 자각하기 시작했다. 그들은 어떻게 긴장감suspense이나 예견의 기술을 발전시켰을까?

21. 세인트루이스 박람회의 방문객들이 정지해 있는 기차에 앉아 실제 기차에서 촬영된 영상을 관람하고 있다.

이에 대한 답의 시초는 펜실베이

니아주의 사업가였던 에드윈 S. 포터의 1903년 작품에서 찾아볼 수 있다. 1870년에 출생한 포터는 20대에 홍보 회사에서 일했다. 그는 1896년 4월 23일, 뉴욕의 코스터 앤드 바이알스 뮤직홀에서 있었던 초기의 영화 상영회 주최에 관여했다. 이후 〈대열차 강도The Great Train Robbery〉(미국, 1903) 등의 영화를 연출하기 시작했다. 같은 해에 연출한 작품 〈미국 소방수의 삶The Life of an American Fireman〉은 〈대열차 강도〉에 비해 시나리오는 빈약했으나 파급력은 더 컸다.

이 작품에서는 불타는 집 앞에 소방수가 도착하는 시퀀스(22)가 가장 유명하다. 이 시퀀스는 소방수가 방에서 엄마를 구조하는 장면으로 컷 되고 이후 길가에 서 있는 엄마의 장면으로 컷 된다. 그다음에 카메라는 다시 실내로 들어가 아들이 구조되는 장면을 보여주고 엄마의 경우와 똑같은 실외 장면이 연출된다. 오랫동안 영화학자들은 이 장면이 영화 역사상 최초로 순차 편집이 적용된 것이라고 주장해 왔다. 실외에서 실내로, 다시 실외로, 그리고 실내로 편집되는 이미지를 보면서 관객은 장소가 급작스럽게 바뀜에도 불구하고 서사의 구조를 따라갔다. 이런 장면 전환은 공연에서는 불가능했으며 1903년에 포터가 이루어 낸 혁신을 확인하기 전까지는 영화감독들도 이러한 공간적 점프가 관객을 혼란스럽게 할 것이라고 생각했다.

포터가 이 영화의 촬영과 편집으로 성취해 낸 결과물은 보이는 것보다 훨씬 더 복잡한 과정을 거쳤으며, 그것은 스토리텔링 기법의 진화를 깊이 있게 보여주었다.[1] 모든 실외 장면을 하나의 테이크로 보여주고 나서 같은 방법으로 모든 실내 장면을 이어 붙인 편집본도 존재한다. 영화학자들은 이 편집본이 포터가 아직 편집을 완성하지 않은 '러프 컷' 버전이라고 믿어왔다. 하지만 지금은 이 버전이 극장 상영용 원본과 거의 비슷하다는 사실이 밝혀졌다. 이후 교차 편집본이 발견된 뒤에야 포터나 혹은 다른 인물이 이 영화의 '개선된' 편집본을 만들었을 것으로 추측하기 시작했다. 이 교차 편집본은 시간의 흐름 순으로 편집되었고 다만 장소가 분산된 것뿐이었다. 장소가 바뀌어도 우리는 소방수의 다음 행동을 보고 서사의 흐름을 이해하기 때문에 거슬리지 않는다. 극장판은 장소를 분산시키지 않고 마치 다시 보기처럼 시간이 반복된다. 영화계는 공간이 변화해도 행동의 연속성이 가능하다는 것을 알게 되었다. 그리고 이것은 움직임을 더 자유롭게 표현하면서도 강조할 수 있는 추격 시퀀

22. 〈미국 소방수의 삶〉. 이 네 개의 이미지는 1903년과 1905년 사이에 제작된 교차 편집본에 나온다. 오른쪽 사진은 1903년에 제작된 원본 속 장면이다. 감독: 에드윈 S. 포터. 미국.

스를 가능하게 했다. 이 책에서 언급하는 영화의 거의 모든 장면에서 우리는 이러한 기초적인 스토리텔링 기법을 확인할 수 있다. 이런 연속성은 "그래서 이런 일이 벌어졌다."를 가능하게 한다. 〈미국 소방수의 삶〉 이후 10년간 포터는 사운드와 와이드 스크린, 컬러, 3D 영화 등이 성행하기 훨씬 전부터 이것들을 실험했다. 그는 1929년 월가의 붕괴로 파산하고 1948년에 사망한 후 세상으로부터 잊혀갔다.

〈미국 소방수의 삶〉은 스키마와 변이의 대명사가 되었다. 연극 형식의 영화는 역동적인 영화에 밀렸고 회화 같은 이미지는 바랜 것이 되었다. 그런 변화 속에서 그리피스를 필두로 서사를 중시하는 감독들이 탄생했다. 순차 편집은 장편 영화를 생산했다. 첫 장편 영화는 1906년 찰스 타이트Charles Tait가 연출한 〈켈리 갱 이야기The Story of the Kelly Gang〉였다. 1907년에 영화계는 혁신을 거듭했다. 샤를 파테Charles Pathé의 〈도망친 말〉은 포터의 〈미국 소방수의 삶〉으로부터 배운 것을 더 발전시켰다. 이 영화에서 흥분한 말이 집 밖의 물건들을 부수는데 집 안의 기수는 이 사실을 모르고 서성거린다. 파테는 포터가 했던 것처럼 집 밖과 집 안 장면을 번갈아 편집했다. 말과 기수의 행동은 따로 보여주지만 같은 시간에 일어나는 일이다. 포터의 순차 편집과는 달리 이것은 영화에서 "한편…"을 의미하는 병렬 편집이다. 이는 영화인들이 지금도 장면들을 비교하거나 긴장감을 조성하거나, 또는 두 이야기를 동시에 진행하거나 할 때 사용하는 기법이다. 앨프리드 히치콕 감독은 〈열차 안의 낯선 자들Strangers on a Train〉(미국, 1951)에서 테니스를 치는 인물과 그가 유죄인 것처럼 보이는 증거를 만들어 범죄자로 모함하려는 인물을 교차 편집하며 이 기

법을 활용했다. 스릴러 영화 〈양들의 침묵The Silence of the Lambs〉(미국, 1991)은 마치 잭 크로포드의 무리가 범인을 검거하는 듯 가장했지만 실상은 주인공인 클라리스가 범인과 혼자 대치하고 있는 플롯으로 병렬 편집을 교묘하게 활용했다.

1908년에는 더 많은 영화적 속임수를 찾아볼 수 있다. 이 시기에 화면의 깊이감을 더하기 위해 그림자를 만들어 내는 조명이 활용되기 시작했다. 미국 영화 〈유대인 소년The Yiddisher Boy〉(미국, 1909)에서 싸움에 휘말린 한 남자는 25년 전에 있었던 일을 떠올린다. 영화학자들은 이 숏이 영화 역사상 최초의 회상 장면이라고 인정한다. 1908년 앙드레 칼메츠André Calmettes와 샤를 르 바지Charles le Bargy는 프랑스의 영화사, 필름 다르에서 제작한 〈기즈 공작의 암살L'Assassinat du duc de Guise〉(23)을 연출했다. 필름 다르는 소설이나 희곡의 각색을 시도했던 최초의 영화사는 아니었지만 지향하는 바가 뚜렷한 지적인 영화로 연극 관객을 겨냥했다. 필름 다르의 영화는 다른 영화사의 영화보다 홍보도 잘되었고 성공적이었다. 1980년대와 1990년대에 영국의 영화 제작사인 머천트 아이보리가 만든 소위 유산 영화heritage film는 주로 문학 작품을 각색한 것으로 화법과 미술, 언어의 뉘앙스를 강조했는데, 이러한 점을 볼 때 〈기즈 공작의 암살〉의 후손 격이라고 할 수 있다.

〈기즈 공작의 암살〉을 비롯해 연극계의 스타 사라 베르나르가 출연했고 아돌프 주커Adolph Zukor에 의해 미국으로 수출되었던 한 시간 분량의 프랑스 영화 〈사랑Les Amours〉(앙리 데폰테이누·루이 메르칸톤, 1919) 등이 미친 사회적 영향은 컸다. 영화계는 그간의 터전이었던 니켈로디언nickelodeon, 상점 앞 임시 건물, 음악당의 강당보다 더 편안하고 세련된 영화관을 원하는 새롭고 부유한 관객에게 눈을 돌리기 시작했

23. 배우들이 카메라를 등지는 행위는 정면 숏 위주였던 연극 형식 영화의 종식을 알렸다. 〈기즈 공작의 암살〉. 감독: 샤를 르 바지. 프랑스, 1908.

다. 그들은 더 무겁고 난해한 주제를 요구했고 영화계는 이를 맞춰주기 시작했다. 그리고 머지않아 서민이 귀족이 된 듯 느껴지는 화려한 영화관, 감동과 흥분을 선사할 뿐만 아니라 사색도 가능하게 하는 영화가 상영되는 영화관이 들어서게 된다.

〈기즈 공작의 암살〉은 지금의 기준으로 보면 정적일 수 있으나 당시에는 왼쪽 사진에서 확인할 수 있듯이 촬영과 동선 등이 혁신적이었다. 이 시기 미국과 유럽의 기준으로는 카메라가 어깨높이에 있는 것이 일반적이었으나 이 영화의 경우 허리 높이에 있다. 카메라를 등지고 서 있는 몇몇 배우를 관찰해 보기 바란다. 이는 신선한 것이었다. 〈기즈 공작의 암살〉 이전의 영화들은 대부분 배우를 정면에서 촬영했고 배우는 카메라를 향해 연기했는데, 〈기즈 공작의 암살〉에서의 이러한 '배우의 자유로운 동선'이 미친 영향은 실로 컸다. 카메라를 등지고 있는 배우의 얼굴을 보려면 장면 중간에 카메라가 이동해서 관객과 배우 쪽으로 향해야만 했다. '리버스 앵글 촬영 reverse angle shooting'은 이로부터 4년이 지난 후에야 활용되기 시작했다. 하지만 연극 형식인 이 영화의 사진 한 장에서 그 기법이 왜 생겼는지 가늠해 볼 수도 있을 것 같다.

내가 "가늠해 볼 수도 있을 것 같다"라고 말한 이유는 일본에서는 영화가 전혀 다른 방식으로 발전되었기 때문이다. 다른 나라들과 마찬가지로 일본에서 처음으로 상영된 작품들 역시 뤼미에르의 1895년 단편작들이었다. 서구의 영향으로 일본의 자체적인 영화 제작도 빠르게 진행되었으며 1908년에 이르러서는 네 회사가 영화를 제작했다. 후발 주자로 출발했던 쇼치쿠는 지금까지도 존재하며 일본에서 가장 유명한 영화사다. 이 회사는 영화업에 진출하기 전에 연극을 제작했는데, 서양에서는 그런 전례를 찾아볼 수 없다.

일본의 영화가 연극에서 출발했다는 사실은 매우 중요하다. 이 장에서 다루는 시기에 제작된 일본 영화들은 대부분 당시에 유명했던 공연 형식, 가부키와 신파의 영화 버전이었다. 카메라는 모든 장면을 정면에서 촬영했다. 배우들은 전통 의상을 입고 분장을 했으며 남자 배우가 여성의 역할을 병행하기도 했다. 그리고 배우들은 격투 장면에서도 서로 접촉하지 않았고 특정 순간을 강조하기 위해 간간이 행동을 멈추기도 했다. 등장인물이 사망할 때마다 그들은 뒤로 공중제비를 돌았다. 더욱 두드러졌던 점은 변사가 스크린 옆 낭독대 뒤에 서서 등장인물 및 상황에 관해 설명하거나 때로는 음향 효과를 넣기도 했다는 점이다. 1908년에 이르러 시간이 더 많이 주어지는 긴 장면에서는 변사가 영화가 어떻게 제작되었는지에 대해서도 설명하기 시작했다. 변사 중에는 유명한 사람도 있었고 지역마다 선호하는 변사가 있기도 했다. 1930년대 말까지 변사들은 일본의 영화 상영을 주도했으며 그들이 출현한다는 것은 곧 배우들이 말을 하지 않는다는 것을 의미했다. 평론가 노엘 버치는 변사의 이야기가 때로는 영화의 흐름을 벗어나기도 했는데, 이는 일본 문화의 비서구적인 측면을 반영하는 것이라고 주장했다.[2] 영상과 언어가 분리되었던 사실은 자세한 그림과 함께 줄거리가 적혀 있는 옛 두루마리를 보면 알 수 있고, 이 둘을 통합하려 했던 시도는 없었다는 것을 짐작해 볼 수 있다.

24. 〈충신 이야기〉의 연극적 프레임과 연기 스타일. 감독: 마키오 쇼조. 일본, 1910년경.

포터를 비롯해 서양 감독들은 '내면으로부터'의 이야기를 다루기 시작했지만, 일본의 영화는 달랐다. 사진 24는 영화의 스틸이지만 우리가 보아왔던 연극 장면과 거의 일치한다. 1930년대까지 변사를 활용한 일본 영화의 상영 방식은 일본 영화인들이 게을렀기 때문이 아니라 공간이 서양과는 다른 역할을 담당했던 그들의 시각적 전통 때문이었다. 동시대 가부키 무대의 배경이 정교하게 그려진 그림이나 스크린, 인쇄물 등의 평면적인 배경이었던 것을 보면 그들은 원근법적인 시점을 추구하지 않았고, 이는 얕은 공간과 면에 집중했던 서양 화가들에게 영향을 주었다. 〈기즈 공작의 암살〉을 본 서양 관객은 '평면적'이라고 느꼈을 수 있으나 일본 관객의 반응은 달랐다. 일본 관객이나 영화인들은 서양 영화를 좋아했지만 1908년부터 1918년까지 서양 감독들이 그랬던 것과는 달리 관객을 이야기의 시각적 중심에 놓아야 할 필요를 느끼지 못했다. 일본 영화에서 서양 스타일의 스토리텔링이 성행한 것은 제2차 세계 대전에서 패전한 이후의 일이다.

미국의 산업화

미국의 영화인들이 영화 산업의 상업적 잠재력과 서사의 중요성을 깨닫게 되면서 저작권 전쟁이 시작되었다. 에디슨이 이 새로운 매체에 대한 소유권 확보가 핵심이라는 것을 자각하면서 특허 전쟁(1897~1908)이 시작되었다. 에디슨이 필름 자체를 발명한 것은 아니었기에(조지 이스트먼이 발명) 그는 필름이 카메라에서 원활히 돌아갈 수 있게 뚫어놓은 구멍, 스프로킷 홀에 대한 특허권을 냈다. 스프로킷 홀이 있는 필름을 사용하는 사람(모든 사람이라고 보아도 좋다)은 모두 에디슨에게 대가를 지불해야 했다.

그때까지 미국 동부에서 활동했던 영화 제작자들은 이에 화가 치밀었고 대다수가 돈을 지불하는 것을 거부했다. 그래서 에디슨은 오랜 숙적이었던 영화사 아메리칸 뮤토스코프 앤드 바이오그래프와 손을 잡았으며 자신의 권리 행사에 힘을 싣게끔 했다. 그 결과 칼 레믈Carl Laemmle 같은 유대인 영화 제작자를 도태시키려는 의도로 백인 위주의 보수적 단체인 영화특허회사MPPC가 설립되었다. '더 트러스트The Trust'라고도 알려진 MPPC의 설립은 사실상 특허 전쟁을 종식했지만 기득권을 누리던 경쟁사 사이의 분쟁은 지속되었다. 1910년에 레믈은 MPPC를 인정하지 않았고 법정은 그들의 사례를 채택해 스프로킷 홀에 대한 MPPC의 권리 주장을 금지함으로써 '트러스트 전쟁'이라고 불린 2차 법정 다툼이 벌어졌다. 진흙탕 싸움이 이어졌고 1912년에 MPPC의 스프로킷 홀 권리 주장과 관련해 재판이 열렸다. 트러스트 전쟁은 결국 1918년에 끝이 났다. 수년간의 법정 다툼 끝에 법원은 MPPC의 권리 주장이 불법이라는 판결을 했지만 이에 대응한 MPPC의 역공은 역사적인 결과를 낳았다. 독립영화사들은 루프의 사용 등에 관한 고소를 피하려고 동부에서 최대한 멀리 이주했다. 그들의 정착지는 한적한 캘리포니아주 남쪽에 있는 천사의 도시, 로스앤젤레스였다. 그곳은 세금을 적게 부과했고 성행하는 영화관도 많아 다른 어떤 도시보다 장점이 많았다. 오늘날의 할리우드는 이 개척자들에 의해 발전된 것이다. 레믈은 1915년에 유니버설 스튜디오를 설립했고, 그로부터 20년 후 이 스튜디오를 500만 달러에 매각했다.

MPPC는 자사를 브랜드화하기 위해 스크린에 "모두 오셔서 MPPC 영화를 보세요"라는 구호를 내걸었다. 이에 영화배급·판매회사MPDSC도 무언가 해야겠다고 생각했고, 차별화를 위해 방법을 살짝 달리했다. 그들은 회사 자체를 브랜드화하지 않고 자사의 영화에 출연한 배우들을 브랜드화했다. 그전까지 배우들을 전면에 내세우는 예는 좀처럼 없었으며 그들의 신상이 관객에게 전달되지도 않았다. MPPC와의 치열한 싸움이 한창이던 1910년, 레믈은 미국의 독립 영화 여성Independent Motion Picture Girl 또는 '아이엠피 걸IMP Girl'이 사망했다고 언론에 거짓으로 발표했다. 그녀는 레믈의 많은 영화에 출연했던 익명의 여배우다. 하지만 그녀가 자신의 죽음은 사실이 아니라는 것을 알리기 위해 기적적으로 모습을 드러냈을 때 레믈은 이 사실을 안 성난 군중이 그녀의 옷을 찢어버렸다고 신문에 발표했다. 이 또한 사실이 아니었지만 이러한 일련의 일들은 이 여배우의 이름, 플로렌스 로렌스를 대중의 머릿속에 각인시켰다. 로렌스는 대스타가 되었고 1912년에 8만 달러를 벌어들였다. 2년 후 그녀는 심각한 사고를 당했고 인기는 급락하기 시작했다. 1930년대에 이르러 로렌스는 엑스트라급으로 전락했으며 52세가 되던 1938년에 개미 살충제를 먹고 자살했다.

스타 시스템은 그 모든 화려하고 공허한 영광 속에서 탄생했으며 우리는 지금도

25. 1920년 파리에서 당시 가장 유명했던 두 배우, 메리 픽포드와 더글러스 페어뱅크스가 차에 탄 채 팬들에게 둘러싸여 있다.

그 유혹에 현혹되기도 하지만 초창기 스타메이커들의 냉소주의는 혀를 내두를 만했다. 테오도시아 굿맨은 원래 휴양지 레퍼토리 극단의 배우였는데 할리우드는 그녀의 이름을 '아랍의 죽음Arab death'의 철자 순서를 바꿔 만든 테다 바라Theda Bara(42쪽의 사진 20 참고)로 명명했다. 바라는 신시내티 출신이었는데 할리우드는 대중에게 그녀가 "스핑크스의 그늘에서 태어났다"라고 홍보했다. 그녀는 어두운 파란색을 써서 화장을 했고 뱀을 쓰다듬으며 인터뷰했다. 인종적, 성적, 계급적 전형성으로 홍보되었던 테다 바라는 할리우드의 이국적이고 에로틱한 상상의 핵심으로 남아 있다. 영화배우에 대한 대중의 집착은 심해졌다. 미국의 로렌스 현상과 맞물려 프랑스에는 미스탱게트가 스타로 부상했다. 하지만 덴마크의 아스타 닐센이 이 두 사람보다 세계적으로 더 유명했다. 닐센은 덴마크뿐만 아니라 러시아와 독일에서도 유명했다. 세계적인 스타 메리 픽포드와 그녀의 남편 더글러스 페어뱅크스가 모스크바를 방문했을 때 그들을 보기 위해 30만 명의 인파가 몰렸다. 픽포드는 연간 35만 달러를 벌어들이며 당시 세계에서 가장 많은 수입을 올린 여성으로 등극했다. 할리우드의 젊은 영국인 찰리 채플린은 1916년에 52만 달러와 보너스까지 거둬들이며 그해 가장 많은 돈을 벌어들인 남성이 되었다.

영화 산업의 모든 요소가 스타 시스템의 영향을 받았다. 대중이 로렌스와 닐센, 미스탱게트 등의 스타에게 집중하면 할수록 영화인들은 그들의 아이돌이 무슨 생각을 하고 또 어떤 감정을 느끼는지 더 자세히 보여주어야만 했다. 즉 배우들의 얼굴을 더 부각해야만 했다. 〈할머니의 돋보기〉(영국, 1900) 등의 작품에서 사용되기는 했지만 그로부터 수년 동안 클로즈업은 잘 사용되지 않았다. 1908년까지도 전신을 보여주는 풀 숏이 관행이었다(48쪽의 〈기즈 공작의 암살〉 사진 참고). 하지만 영화학자 배리 솔트Barry Salt가 언급했던 것처럼 1909년에 미국 영화들은 머리부터 무릎까지 보여주는 프레임을 사용하기 시작했다(26). 그리고 이와 같은 숏을 유럽에서는 '아메리칸 숏'이라고 불렀다.

관객은 배우의 얼굴뿐만 아니라 그들의 생각에도 관심을 가졌다. 무성 영화 시절에는 배우의 목소리를 들을 수 없었지만, 영화인과 작가는 관객이 배우의 감정 및 생각을 알 수 있다면 영화에 더 몰입할 것이라는 사실을 이해하기 시작했다. 포터의 영화에서 집에 불이 난 사실을 안 소방수가 급히 출동하는 것처럼 무성 영화 시절에는 행동의 원인이 대부분 외부의 압력이나 사고였다. 불난 집에 갇혔던 등장인물들은 익명의 배우들이었고 1903년의 관객은 그 배우들에 관해 아무것도 알지 못했다. 그로부터 10여 년 후를 생각해 보자. 불난 집에 갇힌 배우가 만약 관객이 잡지 등에서 보았던 플로렌스 로렌스였다면? 관객은 아마도 그녀가 두려워하는지, 안전한지, 어떤 감정을 느끼는지 알고 싶어 했을 것이다. 이를 더욱 세밀하게 표현하기 위해서 영화인들은 카메라를 배우에게 더 가까이 가져갔고 배우의 감정을 보다 잘 표현할 수 있는 숏과 편집을 연구했다.

26. 〈데이지Daisies〉(1910)의 이 장면을 통해서 미국 감독들이 배우에게 더 가까이 다가가기 위해 머리부터 무릎까지 보여주는 프레임을 사용하기 시작했다는 것을 알 수 있다.

스타 시스템하에서 영화의 원동력은 배우, 즉 등장인물의 심리였고, 미국 영화의 경우는 특히 더 그랬다.

영화인들이 초창기 영화에서 보여주었던 가벼운 기술적 묘미에서 벗어나려 했다면, 또한 더 길고 심리적으로 보다 복잡한 영화를 만들려고 했다면, 가치 있는 새로운 소재가 필요했을 것이다. 그들은 새로운 아이디어를 내기보다는 관습적인 방식으로 이를 채웠다. 1909년부터 1912년까지 찰스 디킨스의 소설 『올리버 트위스트』를 소재로 한 영화가 8편이나 제작되었다. 1910년에 제작된 모든 영화 중 3분의 1가량은 연극 대본을, 4분의 1가량은 소설을 원작으로 한 것이라고 집계된다. 셰익스피어의 『햄릿』은 이 장에서 다루는 15년의 기간 동안 이탈리아와 프랑스, 덴마크, 영국, 미국에서 총 20편의 영화로 제작되었다. 같은 기간 동안 영국 탐정 셜록 홈스를 다룬 영화는 50편 이상 제작되었다. 제작자들은 나폴레옹 보나파르트, 조지 워싱턴, 에이브러햄 링컨, 지저스 크라이스트, 시어도어 루스벨트 등 실존 인물들의 삶을 다룬 영화 제작을 꺼리지 않았다.

스타 시스템의 부상, 특허 전쟁, 할리우드로의 이동으로 미국 영화는 1908년에서 1912년에 호황기를 누린다. 할리우드의 영향력이 곳곳으로 파고들며 세계 시장을 주도했다. 하지만 제1차 세계 대전 전까지는 상업적으로나 예술적으로 다른 나라 영화들의 영향력이 더 컸다. 프랑스 영화 산업은 더 이상 소규모가 아니었다. 1907년까지만 해도 미국의 니켈로디언에서 상영되는 영화의 40퍼센트는 프랑스의 영화사 파테가 제작한 것들이었다. 프랑스의 고몽 역시 영화를 제작, 배급, 상영했다. 프랑스의 세 번째 영화사 에클레르는 파테처럼 미국에 스튜디오까지 설립했다. 앙드레 디드가 출연한 영화들을 시리즈로 상영했던 파테를 통해 프랑스 영화의 산업화를 엿볼 수 있다. 이러한 성공은 디드가 프랑스에서 이탈리아로 이주한 뒤 촬영했던 이탈리아의 '크레티네티Cretinetti' 시리즈 등의 성공에 일조했다. 이런 시리즈물 중에서 가장 괄목할 만한 것은 제1차 세계 대전 전까지만 해도 세계에서 가장 유명했던 코미디언 막스 랭데가 출연한 작품들이었다. 랭데의 출연작들은 1905년부터 1910년까지 페르디낭 제카Ferdinand Zecca, 알베르토 카펠리니Alberto Capelini 같은 감독들이

27. 벤야민 크리스텐센은 〈복수의 밤〉에서 극적인 효과를 더하는 측면 조명을 선보였다. 덴마크, 1916.

기획하고 연출했다. 1911년부터는 랭데 자신이 연출도 겸했으며 후에 맥 세넷Mack Sennett과 찰리 채플린이 이 선례를 따랐다.

스칸디나비아의 영화도 제1차 세계 대전 전에는 발전하고 있었다. 이 시기에 조명을 매우 혁신적으로 사용한 감독 중 한 명으로 덴마크의 벤야민 크리스텐센Benjamin Christensen을 꼽을 수 있다. 예컨대 그의 작품 〈복수의 밤Hævnens nat〉(덴마크, 1916)에서 볼 수 있는 것처럼 낮은 각도로 비추는 일광은 인물의 이미지에 윤곽을 만들었고 인공조명은 방의 문이 닫히거나 램프가 켜지는 등의 효과를 내기 위해 사용되었다(27). 스웨덴 감독 마우리츠 스틸레르, 빅토르 셰스트룀, 게요르 아프 클렉겔Georg af Klercker 등의 초창기 영화는 주로 문학적 소재를 바탕으로 한 작품으로, 고요하고 우아한 광경을 담았으며 동시대 영화인들의 작품과 비교해 볼 때 운명과 죽음에 관한 주제를 보다 신중하게 표현했다. 셰스트룀과 스틸레르는 스타 감독이 되었고 각각 1923년과 1925년에 다른 유럽 출신의 감독들처럼 할리우드의 영화사와 계약을 맺었다.

인도에서는 1912년에 일부 학자들이 인도 최초의 영화라고 꼽는 〈푼달릭Pundalik〉이 제작되었다. 힌두교 성인의 삶을 그린 이 영화는 P. R. 팁니스P. R. Tipnis와 N. G. 치트레N. G. Chitre가 봄베이에서 촬영했다. 초창기 인도 영화의 제작은 산스크리트 학자의 아들로 예술적 감각이 있던 D. G. 팔케D. G. Phalke가 주도했다(28). 미술과 건축을 공부했던 30세의 팔케는 1910년에 런던으로 갔고 월턴 스튜디오의 세실 헵워스에게 영화 기술을 배웠다. 그리고 1912년에 봄베이로 돌아와서 팔케 영화사를 설립했고 40편이 넘는 장편 무성 영화를 제작했다. 그는 애니메이션을 활용한 혁신적인 시퀀스를 사용하기도 했고, 유성 영화인 〈강가의 후예Gangavataran〉(인도, 1937)를 연출하기도 했다. 1911년에 봄베이에서 프랑스 영화 〈그리스도의 삶〉을 보고 영감을 받은 팔케는 (기원전 400년부터 기원후 400년 사이에 수집된) 『마하바라다』에 나오는 옛 인도 신화를 각색해 영화로 제작하기 시작했다. 그는 오늘날까지도 이어져 내려오는 신화 장르 영화의 창시자다. 팔케의 첫 신화 장르 영화인 〈하리쉬찬드라 왕Raja Harishchandra〉(1913)은 존경받는 왕이 신비한 나라로 이끌려 가서 세 영적 존재들에 의해 정직함을 시험받게 된다는 이야기다. 신이 나타나 모든 시험은 그의 덕행을 가늠하기 위한 것이었다고 설명하면서 하리쉬찬드라 왕의 고통은 줄어든다.

이 시기에 인도에서 후세대 영화 문화에 영향을 미치게 되는 네 가지 유형의 영화들이 제작되었다. 첫 번째는 〈푼달릭〉 같은 성인을 다룬 신앙적 영화, 두 번째는 팔케의 〈하리쉬찬드라 왕〉 같은 신화적 영화, 세 번째는 소설 및 통속극에서 따온 역사적 영화, 네 번째는 개혁적인 연극에서 따온 사회적 영화였다. 인도 영화의 스타일이나 의미는 서양 영화와는 매우 다른 방향으로 갔지만 신앙과 전기, 과잉 감정, 신화의 활용 등은 당시의 할리우드 영화와 매우 흡사했다.

28. 〈하리쉬찬드라 왕〉 촬영 현장에서의 팔케. 인도, 1913.

같은 시기인 1911년에서 1917년까지 멕시코에서 100만 명 이상이 희생된 것으로 추정되는 내란에서 영화는 중요한 역할을 했다. 1896년에 뤼미에르 공장의 용감한 직원인 프랑시스 두블리에가 모스크바에서 그랬던 것처럼 멕시코 북부의 카메라맨들은 혁명가 판초 비야의 전투를 촬영했다. 〈반란의 현장La vista de la revuetta〉(멕시코, 1911)은 멕시코시티와 몬테레이에서 상영되었으며 비야를 지지하라는 의도로 서민들에게 무료 티켓을 나눠주었다. 담력을 보인 비야는 몇 년 안에 유명 인사가 되었고 북미의 감독 라울 월시Raoul Walsh는 그의 선거 운동을 촬영하기 위해 독점권을 샀다. 혁명군은 월시의 카메라에 더욱 호소력 있게 보이도록 하기 위해 전투 계획이나 공격을 촬영 일정에 맞춰 조율했다.[3] 이것은 주객이 전도된 유일한 사례는 아니었으며 1997년에 제작된 미국 영화 〈왝 더 독Wag the Dog〉은 전쟁이 정치 및 영화와 어떻게 결탁하는지를 잘 보여주었다. 20세기 내내 현실과 영화는 불편한 파드되를 추었다. 멕시코의 중요한 초기 픽션 영화들은 1930년대에 만들어졌고 그 주제는 판초 비야였다.

이 시기의 이탈리아 영화는 상징 및 기술의 혁신으로 두각을 나타냈다. 솔트는 마리오 카세리니Mario Caserini가 연출한 〈악마의 풀La mala pianta〉(1912)의 오프닝 숏에서 창세기 또는 그 이전부터 악의 상징이었던 뱀이 미끄러지듯 등장하는 모습을 최초의 영화 속 상징으로 꼽는다. 1914년에 조반니 파스트로네Giovanni Pastrone는 〈악마의 풀〉보다 훨씬 더 혁신적이었던 〈카비리아〉를 발표했다. 〈카비리아〉는 근육질의 노예 마치스테에 의해 계속 구조되는 시칠리아의 노예 소녀 카비리아에 관한 이야기로, 파스트로네는 이미 12편 정도의 전작이 있었지만 〈카비리아〉만큼 야심 차게 만든 작품은 없었다. 그는 태양신의 제물이 될 뻔했던 카비리아, 카르타고에서 펼쳐지는 마치스테의 모험, 코끼리와 함께 알프스를 건너는 한니발 등의 장면을 촬영했다. 며칠이면 영화 한 편을 완성하던 시기에 그는 촬영만 6개월을 했다. 영화학자 조르주 사둘은 1965년에 "이 영화의 기술적 혁신과 웅장한 장면은 영화에 대변혁을 가져왔다."[4]라는 글을 썼다.

〈카비리아〉의 제작 규모는 어마어마했으며 컴퓨터 그래픽 이미지가 성행하는 요즘의 기준으로 보아도 놀랍다(29). 다른 대작 〈그리스도의 삶〉(프랑스, 1910), 〈쿼바디스Quo Vadis?〉(엔리코 구아조니, 이탈리아, 1912), 〈하리쉬찬드라 왕〉 등은 웅장한 장면을 위해 회화적인 고정 숏을 사용한 후 화각이 좁은 세부적인 숏으로 편집했다. 하지만 파스트로네는 달리를 이용해 카메라를 장면 가까이 가져가거나 사선으로 움

29. 〈카비리아〉의 웅장한 세트는 수년 동안 대작들의 기준이 되었다. 감독: 조반니 파스트로네. 이탈리아, 1914.

직였다. 와이드 숏에서 컷 없이 미디엄 숏으로 가는 방법을 고안해 냈던 것이다. 상영이 시작되면서 〈카비리아〉는 일본과 유럽, 그리고 1장에서 이런 이동 숏이 '카비리아 움직임'이라고 불렸다고 언급했던 미국에서 센세이션을 일으켰다. 로버트 W. 폴이 만든 간단한 도구인 달리는 영화 촬영에 있어서 핵심적인 도구로 떠올랐다.

폴의 발명품으로 매력적인 웅장함을 표현했던 곳은 이탈리아뿐만이 아니었다. 파스트로네가 촬영하고 있던 시기에 러시아의 황제 니콜라이 2세는 영화는 "공허하고 쓸모없을 뿐만 아니라 심지어 해로운 엔터테인먼트다… 이런 바보스러운 것에 관심을 가져서는 안 된다."[5]라고 말했다. 그러나 전직 만화가이자 화가였던 48세의 예브게니 바우어는 폴의 초창기 트래킹 숏을 더 진화시킨 영화 〈여성 영혼의 황혼 Sumerki zhenskoi dushi〉(1913)을 만들고 있었다. 이후 그가 4년간 만든 80여 편의 작품 대부분이 그렇듯이 〈여성 영혼의 황혼〉도 19세기 후반 러시아 문학의 자극적인 숙명

론적 자연주의에서 파생된 것이다.

바우어의 영화에서 느껴지는 암울한 분위기는 1913~1914년에 러시아와 미국의 영화에서 나타난 흥미로운 차이점의 전조였다. 1914년에 러시아가 제1차 세계 대전에 참전하면서 국경이 봉쇄되었고 더 이상 해외 영화가 상영되지 않았다. 러시아 혁명 전에 이렇게 고립되었던 3년 동안 바우어와 야코프 프로타자노프 같은 러시아 감독들은 위대하고 침울한 영화들을 만들었는데, 그 작품들은 최근에야 재발견되었다. 〈에프터 데스Posle smerti / After Death〉(1915), 〈어 라이프 포 어 라이프Zhizn za zhizn / A Life for a Life〉(1916), 〈더 다잉 스완Umirayushchiy lebed / The Dying Swan〉(1917), 그리고 프로타자노프의 걸작 〈퀸 오브 스페이드Pikovaya dama / Queen of Spades〉(1916)는 스칸디나비아 영화와 러시아 문학의 황량함 덕분에 탄생했다. 알렉산드르 푸시킨의 단편 소설을 각색해 만든 〈퀸 오브 스페이드〉(30)는 악마에게 영혼을 판 러시아 장교가 나오는 이야기다. 위에 언급한 작품들에서 인간의 욕망은 운명과 자연의 위대함으로 인해 좌절된다. 결말은 암울할 정도로 비관적이지만 이 작품들은 러시아의 유료 관객에게 큰 인기를 얻었다.

30. 1910~1920년대 소비에트 연방의 영화들은 주로 비극과 절망을 주제로 다루었다. 야코프 프로타자노프의 걸작 〈퀸 오브 스페이드〉. 러시아, 1916.

러시아 영화가 절망을 캐내고 있을 때 미국의 작곡가들은 곡을 쓰기 시작했는데, 그들의 작품은 유성 영화 시대에 할리우드 낙천주의의 대명사가 된다. 1911년 어빙 벌린은 「알렉산더의 래그타임 밴드」로 세계적 히트를 기록했고 이후 「블루 스카이즈」, 「쇼처럼 즐거운 인생은 없다」, 「갓 블레스 아메리카」 등의 전설적인 곡들을 작곡했다. 「쇼처럼 즐거운 인생은 없다」의 "얼굴을 들고 계속 미소를 지어"라는 메시지는 희망의 찬가가 되었으며 「알렉산더의 래그타임 밴드」처럼 영화의 소재가 되기도 했다. 이프 하버그는 전설적인 미국 영화 〈오즈의 마법사The Wizard of Oz〉(1939)의 닻을 올린 계기가 된, 자기 계발에 관한 내용의 진보적 발라드 「썸웨어 오버 더 레인 보우」의 가사를 썼다. 그리고 알 더빈은 한 코러스 걸이 기회를 얻어 대스타가 된다는 내용의 작품 〈42번가42nd Street〉(1933)에 나오는 곡들의 가사를 썼다. 벌린과 하버그, 더빈의 곡들과 그 주제는 미국의 유성 영화를 세계에서 가장 낙관적인 문화 산업으로 이끌었으며 미국 영화에 특징을 부여했다. 그 특징은 때로는 모호하기도 했으며 오늘날 영화인들은 그것이 억압적이라고 생각하기도 한다. 그런데도 벌린과 하버그, 더빈을 바우어 및 프로타자노프와 함께 다루는 이유는 그들 또한 러시아 출신이기 때문이다.

1913년과 1914년은 분열의 전쟁이 시작됨과 동시에 영화가 큰 인기를 얻기 시작한 때이므로 영화 역사에서 매우 중요한 시기다. 1913년에 뉴욕시에는 986개의 영화관이 있었고, 세실 B. 드밀Cecil B. DeMille이라는 당찬 감독이 할리우드에서 첫 장편 영화를 찍었다. 〈카비리아〉는 영화적 상상력의 스케일을 확장했고, 러시아 영화인들은 어두운 주제를 탐구했다. 사실상 전쟁 이전에 러시아에서 미국으로 수출되었던 영화는 미국의 관객에게 맞추기 위해 결말이 재편집되었다. 전쟁 이후에도 많은 영화의 결말이 이와 같이 재편집되었다. 우리는 여기서 세계 영화의 잠재적 흐름을 가늠해 볼 수 있다. 인간의 취향은 다양하고 광범위하기에 미국, 스칸디나비아, 이탈리아, 러시아는 각기 다른 부분들에 호소하기 시작했다.

1913년에 미국 영화계의 인종적 관습이 깨지는 일이 있었다. 〈기차 짐꾼The Railroad Porter〉은 쫓고 쫓기는 코미디로 인기를 얻었는데 출연진은 모두 흑인이었고 감독인 빌 포스터Bill Foster 역시 흑인이었다. 1930년대에도 다른 흑인 개척자들이 있었지만 미국에서는 1970년대가 되어서야 흑인 영화인들이 본격적으로 영화 제작에 참여하는 것이 가능했고 다음 흑인 영화는 미국이 아닌 영국에서 만들어졌다. 아프리카에서는 영화가 처음 상영된 지 70여 년이 지난 1966년이 되어서야 아프리카인에 의한 최초의 흑인 영화인 〈흑인 소녀La noire de…〉가 제작되었다.

1913년에 미국의 영화 제작 방식에 또 다른 큰 변화가 일어났다. 랠프 인스Ralph Ince가 연출한 〈그의 마지막 결투His Last Fight〉 속 두 장면(31) 중 첫 번째 장면에서 배 위의 여주인공이 어딘가를 보고 있고 두 번째 장면에서는 그녀가 보고 있는 두 선원이 결투하는 모습이 나온다. 현재의 시각에서 보면 이 장면들은 전혀 이상할 것이 없지만 이런 리버스 앵글 편집은 당시에는 보편적인 기술이 아니었으며, 솔트는 영화의 3분의 1가량이 보는 사람과 보고 있는 대상에 관한 숏으로 구성되어 있다고 주장했다.[6] 인스는 혁신가였다. 먼저 등장인물을 보여주고 그/그녀의 시점으로 넘어간 뒤 그/그녀의 반응을 보여주고 나서 다시 그/그녀의 시점으로 돌아가는 방법으로 인스는 관객이 등장인물의 시점에서 이야기를 따라갈 수 있도록 만들었다. 스타에 대한 관객의 관심이 커질수록 감독들은 이런 방법으로 영화를 만들었다. 1920년대에 리버스 앵글 편집('숏/리버스 숏 페어'라고 불리기도 한다)은 주류 영화의 가장 중요한 기술로 자리 잡았다. 그 이후 서양 영화 역사에서 유명한 영화들은 모두 이 기법을 활용했다.

31. 지금은 익숙한 기술이지만 이 장면은 초창기 리버스 앵글 편집 기술을 보여준다. 먼저 카메라는 주인공을 비추고(위) 다음으로 그녀가 보고 있는 것을 비춘다(아래). 〈그의 마지막 결투〉. 감독: 랠프 인스. 미국, 1913.

지금까지 몇 차례 언급했던 데이비드 그리피스는 이 시점에서 핵심적인 인물로 주목받는다. 그리피스는 1875년 빈곤해진 정치인의 아들로 태어났는데, 그의 아버지는 전쟁 영웅이었다. 배우로 시작했던 그는 극본을 쓰기도 했고 에드윈 S. 포터에게 글을 팔려는 시도도 했다. 1908년부터 1913년까지 그리피스는 〈커튼 봉The Curtain Pole〉(미국, 1909)을 포함한 400여 편의 단편 영화를 연출했다. 〈커튼 봉〉은 그의 작품 중에는 보기 드문 코미디 장르로서 파격적인 스타일을 구사했고 무성 영화 시대의 남은 기간 동안 코미디 영화의 대명사로 존재했다. 그리피스에게는 릴리언 기시, 블랜치 스위트, 도널드 크리스프 등 그를 추종하는 배우 사단이 생겨났고, 그는 당시 최고의 촬영감독으로 인정받던 프로덕티브 바이오그래프 스튜디오 출신의 빌리 비처Billy Bitzer와 작업했다. 기존의 해상도가 높은 영화 촬영 방식을 좋아하지 않았던 비처는 렌즈에 후드를 끼워 사물의 가장자리를 어둡게 처리했고 이를 "영상에 품격을 더한다."[7]라고 표현했는데, 그 촬영 방식은 후대에 많은 영향을 끼쳤다. 초기 영화학자들과 그의 홍보 담당자의 주장에도 불구하고 그리피스가 창조한 핵심적인 영화 언어는 없다. 하지만 그는 다른 어떤 영화감독보다도 영화에 인간적인 면을 부여했다. 그리피스는 기존의 영화 기법에 더 큰 감정적 세련미를 적용했고 여배우들의 동작을 최소화하고 부드러움과 격렬함을 대조시키며 그들과 훌륭하게 협업했다. 그는 렌즈의 초자연적인 표현력을 이해했고 비처에게 빛의 산란과 역광을 탐구하게 해서 배우의 머리카락에 후광을 줌으로써 배우가 배경으로부터 분리되어 두드러지게 보이도록 만들었다(32).

그리피스는 무성 영화 시기에 가장 유명하고 논란이 많았던 영화 〈국가의 탄생The Birth of a Nation〉(미국, 1915)을 연출했다. 이 영화는 그리피스의 대다수 작품처럼 고향

32. 촬영감독 빌리 비처는 배우가 배경으로부터 분리되어 두드러지게 보일 수 있도록 배우의 머리카락에 후광을 더했다.

인 켄터키주에서 촬영되었으며 아버지로부터 물려받은 미국 남부에 대한 애정이 담겨 있다. 역사 영화인 〈국가의 탄생〉은 필름 다르의 영화에 익숙했던 중산층뿐만 아니라 흥미로운 대서사시에 몰려드는 사람들도 흡수하기 위한 작품이었다. 또한 언론이 사설에서 논할 수 있는 선동적인 작품이기도 했다. 〈국가의 탄생〉은 남북 전쟁에서 남쪽을 지지하는 캐머런가와 북쪽을 지지하는 스톤맨가의 아들과 딸이 사랑에 빠진다는 이야기다. 북군이 승리하자 캐머런가의 한 아들은 백인 우월주의 단체인 KKK의 간부가 된다. 그와 일당은 엘시 스톤맨을 한 적극적인 혼혈 구혼자로부터 성공적으로 구출하고, 이 백인 커플은 결혼한다.

이 작품에는 〈카비리아〉 못지않은 제작비가 투입되었다. 전례 없는 6주간의 리허설이 펼쳐졌으며 11만 달러의 제작비가 소요되었고, 버전과 영사 속도에 따라 편차가 있기는 했지만 상영 시간이 거의 3시간이었다. 광활한 공간에서 인상적인 대전투 장면(33)을 촬영할 때는 색 깃발을 사용해 연출 신호를 보냈다. 그러한 장면들은 감정이 세심하게 조절된 다른 장면들과 번갈아 편집되었다. 영화에서 한 남군 장교가 불타고 폐허가 된 집으로 돌아온다. 여동생이 그를 반기며 안아주는데, 장교는 여동생의 드레스에 붙어 있는 흰담비 털이 면모로 만든 가짜임을 알아차린다. 그는 어머니를 마주하러 현관으로 간다. 그가 어머니에게 안겨 있을 때 어머니의 얼굴은 보이지 않게 처리되었다. 그녀의 기쁨과 슬픔은 얼굴이 보이지 않아 더 뭉클하게 느껴진다. 그때까지 스키마는 시간이 지나면 묵은 게 되고 따라서 새롭게 변형해야 한다는 것을 이해하고 제시하는 영화인은 아무도 없었다. 이후에 미국의 명감독 존 포드John Ford는 〈순례 여행Pilgrimage〉(미국, 1933)이라는 작품에서 어머니가 기차의 창문 밖으로 손을 뻗을 때 이 장면을 오마주했다. 엘시 스톤맨을 연기했던 그리피스의 뮤즈, 릴리언 기시의 연기와 바그너의 음악과 함께 편집된 승리의 추격 시퀀스는 당시의 대통령인 우드로 윌슨의 마음을 샀고 그는 "마치 빛으로 역사를 쓴 것 같다."라고 말했다.

줄거리에서 알 수 있듯이 〈국가의 탄생〉은 섬뜩할 정도로 인종 차별적이다. 이 작품에서 흑인 상원 의원들은 더러운 알코올 중독자로 묘사된다. 〈국가의 탄생〉이 상영된 후 이 영화를 반대하는 집회들이 열렸다. 많은 사람이 이 영화에서 묘사된 흑

33. 남북 전쟁에 대한 그리피스의 영화 〈국가의 탄생〉(미국, 1915)에 나오는 선동적이고 놀라운 전투 장면.

인의 모습에 대해 항의했고, 또 어떤 사람들은 흑인 관객을 공격하기도 했다. KKK의 해산 명령은 이미 1877년에 내려졌는데 말이다. 역사학자 케빈 브라운로우는 “1915년 추수감사절 저녁에 애틀랜타의 스톤마운틴에서… 2500명에 달하는 전 KKK 단원들이 피치트리가에서 이 영화의 개봉을 축하하는 행진을 벌였다.”[8]라는 글을 썼다. 1920년대 중반에 KKK 단원은 400만 명에 육박했다.

그리피스는 〈국가의 탄생〉을 완성하고 1년 후에 파스트로네의 〈카비리아〉를 관람했다. 그는 큰 감명을 받았는데, 특히 달리 숏을 격찬했다. 〈카비리아〉와 찰스 디킨스의 소설에서 영감을 받아(“디킨스가 장면 삽입 기법을 활용했으니 나도 할 것이다.”라고 말했을 정도였다) 그리피스는 아버지로부터 물려받은 켄터키 사람으로서의 과도한 자긍심을 버리고 “역사를 둘러싼 처절한 사랑”에 관한 세 시간 반짜리 영화를 만들며 관점을 확장했다. 오른쪽 및 아래의 이미지는 〈불관용〉에 대한 그리피스의 시각적 아이디어를 보여준다. 첫 번째 이미지(34, 위)는 〈카비리아〉의 한 장면이고, 두 번째 이미지(34, 아래)는 그리피스가 할리우드 대로 근방에 세웠던 거대한 바빌론 세트의 철거 전 모습으로 이 세트는 2001년에 부분적으로 재건되었다. 다른 감독들과 마찬가지로 그리피스 또한 서양화로부터 많은 시각적 영감을 얻었다. 뒤에 나오는 사진 및 그림(35, 위와 아래)은 그 영감이 얼마나 직접적이었는지를 잘 보여준다.

34. 그리피스의 〈불관용〉(미국, 1916)에 펼쳐진 바빌론 세트(아래)는 파스트로네의 〈카비리아〉(위)에서 영향을 받았음을 명확히 확인할 수 있다.

이 영화는 릴리언 기시가 아마겟돈을 예감하며 흔들던 요람을 멈추는 장면에 기원전 5세기경 바빌론에서 벌어졌던 벨사살의 향연, 그리스도의 수난, 16세기 프랑스에서

일어난 성 바로톨로메오 축일의 학살 그리고 근대의 폭력 장면들을 삽입하며 역사를 둘러싼 불관용의 주제를 탐구했다. 그리피스는 바빌론 시퀀스를 영화 역사상 최초로 열기구에 장착된 카메라를 활용해 마치 공중에서 움직이는 달리 숏처럼 촬영했다. 그의 스토리텔링은 매우 혁신적이었다. 그리피스는 A 줄거리를 보여주다가 멈추고 B 줄거리로 가서 이야기를 진전시키다가 다시 A 줄거리로 돌아와 남은 이야기를 전개했다. 이런 스토리텔링은 많은 관객을 혼란에 빠트렸고 그래서 〈불관용〉은 〈국가의 탄생〉보다 흥행 성적이 저조했다.

35. 그리피스의 〈불관용〉은 구도와 스케일, 프리즈frieze풍의 배경, 엑스트라의 배치, 의상을 볼 때 아래 에드윈 롱의 1875년 작품 「바빌론의 결혼 시장」에서 영감을 받았음을 확실히 알 수 있다.

36. 〈불관용〉의 평행적 스토리텔링은 일본 감독 무라타 미노루에게 깊은 인상을 남겼고, 무라타는 1921년에 이런 스토리텔링 기법을 모방해 〈길 위의 영혼〉을 만들었다.

〈불관용〉은 현재의 시각에서는 지루한 영화일 수 있지만 당시로서는 특이점이 많았다. 첫 번째로 이 영화는 장면 삽입 편집을 파테의 〈도망친 말〉보다 한 단계 더 진화시켰다. 그리피스의 장면 삽입은 "한편…"을 의미하는 것이 아니었다. 그는 같은 시간대에 진행되지 않는 다른 장면들을 삽입했다. 그리피스는 액션 위주(포터)나 시간 위주(파테)가 아닌 주제 위주로 편집했다. 그는 "사건들은 모두 다르지만 인간의 습성[불관용 또는 이루어질 수 없는 사랑]을 보여주는 것은 마찬가지야."라고 말했다. 편집이 주제를 전달하기 위한 도구가 될 수 있다는 점, 그로 인해 관객에게 액션이나 이야기를 전달할 뿐만 아니라 전체 시퀀스의 의미도 전달할 수 있다는 점은 〈불관용〉이 영화의 역사에 공헌한 요소다. 두 번째로 이 영화는 다른 많은 영화인에게 큰 영향을 미쳤다. 소비에트 연방의 세르게이 에이젠슈테인Sergei Eisenstein은 〈불관용〉을 분석한 글을 썼다. 오스트리아 빈 태생의 미국인 감독 에리히 폰 슈트로하임Erich von Stroheim은 이 영화를 뛰어넘으려는 시도를 했다. 무라타 미노루村田實는 〈불관용〉을 본 이후인 1921년에 기존의 일본 영화와 달리 평면적이지 않고 변사도 없는 영화를 만들었다.

무라타는 일본 영화의 근대화를 이끈 선구자 중 한 명이었으며, 일본 신생 영화 문화의 주요 요소였던 사극을 넘어서고자 했다. 〈길 위의 영혼路上の靈魂〉(일본, 1921)(36)은 무일푼으로 집에 돌아온 아들, 사람들이 친절을 베푸는 두 명의 죄수에 관한 이야기 등 총 네 개의 줄거리를 엮어서 만든 영화다. 시간대별 장면 삽입은 〈불관용〉보다 훨씬 더 복잡한 형태였다. 마지막에 두 죄수가 눈밭에 죽어 있는 아들을 발견하면서 모든 이야기가 합쳐진다. 〈길 위의 영혼〉은 일본 영화 역사상 최초의 획기적인 작품이라고 할 수 있다.

〈불관용〉은 흥행 면에서는 참패였다. 당시 200만 달러로 어마어마한 제작비가 투입되었던 이 영화에 그리피스도 투자했으며, 그 결과 그는 여생 동안 빚쟁이로 살게 되었다.

1903년부터 1918년까지 이야기 중심의 서양 영화는 순차 편집, 클로즈업, 평행 편집, 풍부한 조명, 미묘한 연기, 리버스 앵글 편집 등 인상적인 기법으로 가득했다.[9] 하지만 한 가지가 빠졌는데, 어쩌면 가장 중요한 것이다. 그것이 어디서부터 유래되었는지 밝혀지지는 않았지만, 이 시기 끝에 등장했다. 바로 '시선 일치'다.

왼쪽의 두 이미지는 시선 일치가 어떻게 작용하는지와 그 중요성을 보여준다(37). 이들 이미지는 1911년에 제작된 영화 〈더 로퍼The Loafer〉(미국)의 장면들로 초기의 미숙한 리버스 앵글 편집을 보여준다. 이 장면들을 세밀하게 검토해 보면 무언가 이상하다. 첫 번째 장면의 배우는 프레임의 왼쪽을 보고 있고(37, 위), 두 번째 장면의 배우는 프레임의 오른쪽을 보고 있다(37, 아래). 이 두 장면을 이어 붙이면 그들은 서로 다른 곳을 보고 이야기하고 있는 것으

37. 1911년까지도 시선 일치는 완전하지 못했다. 〈더 로퍼〉에 등장하는 두 남자는 서로 마주 보고 대화하는 설정이지만 반대 방향을 응시하고 있다.

로 느껴진다. 만일 두 번째 남자가 오른쪽이 아닌 왼쪽을 보았더라면 두 배우는 화면에는 보이지 않는 왼쪽 어딘가를 보고 서로 대화하는 듯한 혼란을 빚었을 것이다. 첫 번째 남자가 오른쪽을 보고 두 번째 남자가 왼쪽을 보며 대화했더라면 공간에 대한 설명이 더 명확해지고 그들의 시선도 일치했을 것이다. 서양 영화는 이러한 절대적인 명확성을 위해 노력해 왔고 대다수의 영화인은 1920년대 중반까지 이야기가 중심인 내러티브 영화의 이 마지막 중요 요소를 터득했다. 오직 일본 영화와 이후의 현대 영화에서만 시선 일치가 기준이 되지 않았다.

제1차 세계 대전 기간 동안 족히 천만 명은 희생되었을 것이라고 추산된다. 아르메니아인들은 오스만튀르크인에 의해 대량 학살을 당했고 독일과 러시아, 오스트리아·헝가리 제국, 오스만 제국은 무너졌다. 독일은 1916년부터 영화를 포함한 모든 해외의 예술품에 국경을 닫았고, 러시아는 1914년부터 닫았다. 1917년에 혁명을 피해 고국을 떠난 러시아인들은 디아스포라를 형성해 프랑스를 비롯한 다른 나라에 정착했다.

이 장에서 다룬 시기 동안 영화 매체는 성숙해졌고 매우 야심만만해졌다. 그리고 이야기의 힘을 간파했으며 서사를 구축하는 복잡하고 다양한 방법들을 진화시켰다. 또한 우연히 창조된 스타 시스템으로 로맨스 장르와 웅장함을 추구했다. 로스앤젤레스에 그라우만의 백만 달러 극장Million Dollar Theater 같은 영화 궁전도 지어졌다(38). 이곳의 스크린은 그리피스 등 특출난 감독의 영화와 그 외 정형화된 영화를 상영하는 엔터테인먼트 영화의 성지가 되었다. 영화계는 벌써 훌륭한 재주꾼들로 넘쳐났다. 프로타자노프, 셰스트룀, 스틸레르, 바우어, 팔케, 무라타 같은 이 시기 개척자들의 영화는 각자의 나라에서 많은 관객을 동원하곤 했지만 그중 바우어와 팔케, 무라타의 영화는 상대적으로 그리 널리 상영되지는 못했다.

이는 부분적이기는 하지만 이러한 감독들의 문화적 특수성 때문이었다. 더 중요한 요인은 제1차 세계 대전 동안의 할리우드 기회주의였다. 할리우드는 1914년부터 1918년까지 영화를 거의 수입하지 않고 북미의 엔터테인먼트 시장을 독과점했다. 세기 초부터 발전하기 시작했던 프랑스 등 유럽 국가의 영화 산업은 전쟁으

38. 제1차 세계 대전이 끝나갈 즈음에 영화관은 '탤리의 축음기 가게'(35쪽 참고) 같은 상점 옆의 평범한 건물이 아니라 대성당 같은 모습으로 변모했다. 그라우만의 백만 달러 극장, 로스앤젤레스.

로 인한 위급한 상황으로 멈춰 섰고 그사이 할리우드는 급속도로 강력해졌다. 이후 1918년에 전쟁의 안개가 걷히고 북미에서는 월가의 금융 논리로 철저히 조정되는 엔터테인먼트 독재 체제가 자리 잡았다. 그 첫 번째 행보는 유럽 영화를 침수시키는 것이었다. 유럽의 토착 산업은 이에 대응할 수 없었다.

이후 10년간 전 세계적으로 퍼진 영화 매체의 위상을 확인할 수 있다. 관객은 무리 지어 극장을 찾았고 스타들은 뜨거운 관심을 받았다. 1920년대는 영화 역사상 가장 윤택하고 창조적인 10년이었다.

39. 프리츠 랑의 작품 〈메트로폴리스〉의 규모와 세트 디자인은 여러 세대를 거쳐 많은 영화인에게 영감을 주고 있다. 독일, 1927.

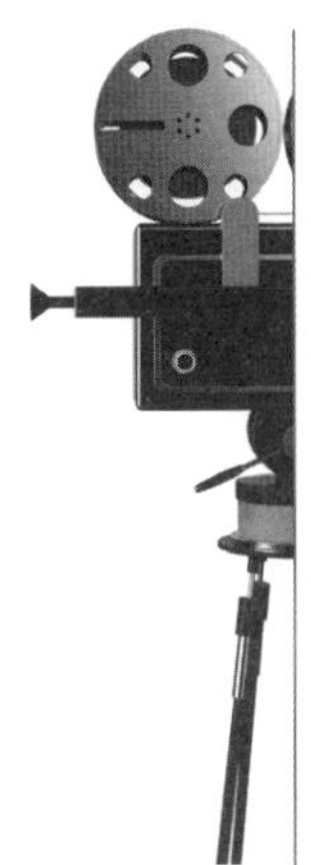

3. 영화 스타일의 범세계적 확장(1918~1928)

영화사와 개인의 괴리

1918년의 영화계는 제1차 세계 대전이나 러시아 혁명 같은 현실을 온전히 반영할 수 있을 만큼 성숙하지 못했다. 〈불관용〉과 같은 영화는 관념의 세계에 빠진 것이었고, 격동의 전쟁 기간에 영화를 선전 목적으로 사용한 것 외에 시대의 역사적 격변을 신중하게 다룬 작품은 거의 없었다.[1] 염두에 둘 점은 월가가 연방 정부 및 외교 정책에 도전하기를 꺼렸으며, 특히 양측의 이익이 일치했을 때 더욱 그랬다는 것이다. 이러한 보수주의는 높은 곳에서부터 영화계의 지휘 구조를 따라 내려왔고 야심 있고 급진적인 영화인들이 작품에서 까다로운 역사적 문제를 제기하는 것을 어렵게 만들었다.

1929년 월가의 붕괴로 인한 미국의 경제 침체로 문화적 풍토에도 변화가 왔다. 불과 10여 년 만에 영화는 세계적으로 가장 인기 있는 엔터테인먼트가 되었고 인간 영혼의 진중한 기록물이 되었다. 단순한 숏과 원초적인 정면 연기, 빠른 액션으로 점철된 1910년대 초반의 원시적 영화는 새로운 취향과 기대를 추구하는 중산층의 극성으로 마치 고래처럼 깊은 바닷속으로 빠져들고 있었다. 1950년대 미국의 〈자니 기타Johnny Guitar〉(1954) 같은 멜로드라마와 샘 풀러Sam Fuller의 영화 등을 통해 조짐은 보였지만 아프리카와 라틴 아메리카 영화, 피에르 파올로 파솔리니Pier Paolo Pasolini

가 만든 파격적인 영화, 언더그라운드 영화는 1960년대에 가서야 주류 영화계를 파고들었다. 유사한 요소를 가진 이란의 영화는 과도하게 복잡해진 1980~1990년대 영화계에 등장하기 시작했다. 1910년대의 영화풍이 복귀했던 것이다.

1918년에서 1928년에 영화인들은 웃음을 유발하는 직관, 우리가 보고 듣는 것, 소외된 사람들의 삶, 도시의 활력과 도시 속에서의 삶, 삶에 대한 무의식적이고 추상적인 질문, 과학과 미래 등의 복잡한 요소들을 영화에 불어넣었다. 영화 매체가 이런 복잡한 것들을 다룰 수 있다는 사실을 자각한 세계의 영화인들은 창작의 한계를 탐구하기 시작했고 새로운 창조물로 사람들을 놀라게 했다. 1960년대까지 영화의 스타일에 무수한 혁신이 있었고, 1920년대 영화의 신선함은 오늘날까지도 뚜렷이 남아 있다.

이 장은 미국에서 새로운 영화 산업이 자리 잡는 지점으로부터 출발한다. 차후에 세세히 다루겠지만 그 시기의 가장 혁신적인 작품인 찰리 채플린, 해럴드 로이드Harold Lloyd, 버스터 키튼Buster Keaton의 코미디 등이 새로운 영화 산업의 특징을 잘 보여준다. 이런 영화 스튜디오 시스템에 저항하는 스칸디나비아의 자연주의, 프랑스의 인상주의, 독일의 표현주의, 소비에트 연방의 편집, 일본의 정면 촬영 스타일 등도 차후에 논할 것이다. 그리고 그 과정에서 영화 역사의 획기적인 지점들과 작품들을 마주하게 될 것이다.

할리우드 황금기의 시작

이 시기에 영화에 대한 투자는 열 배나 증가했다. 1917년에 법원의 명령은 영화특허회사MPPC를 소멸시켰고 에디슨의 숙적이었던 독립 영화인들은 왕국을 건설하기 시작했다. 영화 제작사들이 설립되었고 영화는 마치 포드사의 자동차인 모델 T의 생산 설비 같은 프로덕션 시스템하에서 조립되었다. 이제는 특허로부터 자유로웠고 모든 게 공짜였다. 영화만 제작하던 사람들이 사업적 무기인 배급에도 투자하기 시작했다. 자연스럽게 다음 단계는 자신들이 제작한 영화를 상영할 수 있는 영화관을 확보하는 것이었다. 자금은 뉴욕의 은행과 사업가로부터 흘러들어 왔고, 그 결과는 다른 산업과 마찬가지로 '수직적 통합'이라고 부르는 시스템으로 지속적인 생산을 보장했다.

교육을 제대로 받지 못했던 서민 출신의 몇몇 유대인 사업가가 이를 주도했다. 예를 들면 헝가리 이민자 출신의 아돌프 주커는 처음에는 모피 무역 사업을 했지만 이후 자신이 설립한 영화사 페이머스 플레이어스가 〈기즈 공작의 암살〉 등을 모방해 만든 영화들로 일확천금을 벌었다. 이후 뮤지컬 공연 제작자였던 제시 L. 래스키와 결탁해 페이머스 플레이어스-래스키 법인을 설립했고, 이는 후에 할리우드 영화 스튜디오 중에서 가장 유럽 색이 짙었던 파라마운트 픽처스가 된다. 제1차 세계 대전이 끝나고부터 1945년까지, 소위 할리우드의 황금기라고 불리는 이 시기에 파라마운트의 스타급 배우와 감독은 마를레네 디트리히, 조셉 폰 스턴버그, 게리 쿠퍼, 에른스트 루비치, 프레드릭 마치, 밥 호프, 빙 크로스비, W. C. 필즈, 메이 웨스트 등이었다. 이후에 빌리 와일더, 버트 랭커스터, 커크 더글러스 등이 출현했으며, 1970년대에 걸프 앤드 웨스턴이 파라마운트를 인수하고 난 뒤 규모를 축소한 스튜디오에서 〈대부The Godfather〉(미국, 1972/1974) 시리즈, 〈그리스Grease〉(미국, 1978) 등의 영화를 제작했다. 1980년대에 파라마운트 픽처스는 〈비벌리힐스 캅Beverly Hills Cop〉(미국, 1984), 〈탑건Top Gun〉(미국, 1986), 〈크로커다일 던디"Crocodile" Dundee〉(호주, 1986), 〈위험한 징사Fatal Attraction〉(미국, 1987) 같은 박스 오피스 히트작들을 세작했다.

1923년에 오락장 사업으로 돈을 번 폴란드계 미국인 4형제가 자신들의 이름을 딴 워너 스튜디오를 설립했다. 그들의 영화는 파라마운트의 영화보다 덜 고급스러웠다. 그들은 신문의 머리기사로부터 소재를 발굴했으며, 이 영화사에 소속된 배우로는 베티 데이비스, 제임스 캐그니, 에롤 플린, 험프리 보가트, 올리비아 드 하빌랜드 등이 있었다. 하빌랜드는 나중에 회사를 상대로 소송을 제기해서 미국의 스튜디오 시스템을 붕괴시키는 데 일조했다. 워너 스튜디오는 유성 영화 기술에 투자했던 최초의 영화사로 할리우드에서 수십 년간 성공 가도를 달렸는데, 1989년에 출판 제국인 타임사에 인수되었다. 타임 워너는 이후 AOL 타임 워너로 바뀌었고 영화 역사상 가장 많은 수익을 올린 〈해리 포터〉 시리즈를 기획하기에 이른다. 이 회사는 2018년에 텔레콤 거물, AT & T에 인수되었다.

세 번째로 소개할 영화 스튜디오인 메트로 골드윈 메이어(즉, MGM)는 1924년에 설립되었고 천국보다 더 많은 스타가 있다는 말을 들으며 가장 큰 스튜디오로 우뚝 섰다. MGM의 원동력은 고철상 집안의 거만한 러시아 이민자, 루이스 B. 메이어였다. 그는 〈국가의 탄생〉을 배급해서 막대한 돈을 벌었으며 MGM에 있는 동안 125만 달러에 더해 보너스까지 받으며 미국에서 가장 돈을 많이 버는 인물이 되었다. 메이어는 그레타 가르보, 조앤 크로퍼드, 제임스 스튜어트, 클라크 게이블, 엘리자베스 테일러 등의 스타를 배출했다. 으르렁거리는 사자가 로고인 이 영화 스튜디오는 〈탐욕Greed〉(1924), 〈군중〉(1928), 〈오즈의 마법사〉(1939), 〈바람과 함께 사라지다Gone with the Wind〉(1939), 〈파리의 미국인An American in Paris〉(1951), 〈사랑은 비를 타고〉(1952) 등 영화 역사에 길이 남을 작품들을 제작했다.

40. MGM 스튜디오의 공장과도 같은 큰 건물들은 할리우드가 얼마나 산업화했는지를 잘 보여준다.

주커, 워너 형제, 메이어 그리고 20세기 폭스, 유니버설, 컬럼비아, 유나이티드 아티스츠 등 다른 영화 스튜디오의 운영진들은 배우들에게 황금 수갑을 채워 통제했다. 영화사와 계약함으로써 조앤 크로퍼드는 막대한 돈을 벌었지만 잠자리에 들어야 하는 시간까지 계약서에 명시되었다. 올림픽 수영 선수였던 조니 와이즈뮬러가 출연했던 영화 〈타잔〉의 계약서에는 몸무게가

41. 그레타 가르보가 출연했던 〈육체와 악마〉(1926)의 한 장면. 이 사진은 산업화한 영화 현장에서 집중이 필요한 장면을 촬영할 때에도 얼마나 많은 스태프가 참여했는지를 잘 보여준다.

190파운드를 넘어가면 1파운드마다 벌금을 물리는 조항까지 있었다. 이런 불합리한 계약 조건은 영화 스튜디오들이 영화를 마치 포드 차의 생산 공정처럼 일련의 청사진에 따라 조립하기 위해 얼마나 배우들을 통제하고 운영의 모든 부분을 표준화하려고 했는지를 보여준다. 각 공정의 기술자들은 전문가가 되었고 자신이 맡은 부분을 완료하면 다음 공정으로 넘겼다. 무성 영화 시기의 보편적인 영화 제작 공정은 다음과 같았다. 최고 경영자가 회사에 소속된 스타급 배우를 염두에 둔 주제를 정하고 이를 프로듀서에게 전달한다. 주류 영화 스튜디오에는 1931년부터 RKO에 있었던 데이비드 O. 셀즈닉David O. Selznick 같은 전문가들과 일하기를 좋아하며 검증된 평을 보유한 프로듀서들을 중심으로 형성된 제작 부서가 따로 존재했다. 주제를 전달받은 프로듀서는 전체 줄거리와 상영본에 자막으로 처리할 대략의 대사 등이 있는 '포토플레이photoplay'나 스크립트를 작성할 작가를 고용한다. 스크립트가 완성되면 미술팀은 촬영할 세트를 디자인하고 세우는데, 대부분의 경우는 이미 스튜디오의 '야외 촬영장back lot'에 있는 기존의 세트를 고쳐서 재활용한다. 그와 동시에 감독이 선임된다. 〈어리석은 아낙네들Foolish Wives〉(1922)의 에리히 폰 슈트로하임, 〈군중〉(1928)의 킹 비더King Vidor, 〈위대한 맥긴티The Great McGinty〉(1940)의 프레스턴 스터지스Preston Sturges와 같이 영향력 있는 감독들은 시나리오를 직접 쓰기도 했다. 의상팀은 선정된 배우들의 의상을 제작하고 분장팀은 그들이 최대한 매력적으로 보일 수 있게 메이크업을 한다. 배우들이 대사를 외우고 나면 감독과 리허설을 한다. 이로써 사전 준비 단계인 '프리프로덕션pre-production'이 끝난다.

'프로덕션'은 촬영 과정이다. 선임된 촬영감독은 이제 감독과 함께 숏을 구성하고 조명을 설계한다. 〈멋진 검객Beau Sabreur〉(1928)의 한 장면을 보여주는 사진 42를 보면 게리 쿠퍼가 클로즈업 숏 사이즈를 유지하는 거리에서 달리에 장착되어 뒤로 이동하는 카메라를 따라간다. 달리 위에서 파이프를 물고 있는 사람이 촬영감독인 찰스 에드거 쇼엔바움Charles Edgar Schoenbaum이다. 촬영감독 밑으로는 배우와 카메라의 거리를 재는 촬영 조수가 있다(사진을 보면 쿠퍼가 카메라로부터 항상 같은 거리를 유지해서 초점이 맞을 수 있도록 달리에 나무 막대를 달아놓았다). 주로 카메라 오퍼레이터가 촬영감독의 지시에 따라 촬영을 진행하는데 이 사진에는 오퍼레이터가 없다. 스크

42. 촬영감독인 쇼엔바움이 촬영을 하고 있으며 그립grip은 달리를 뒤쪽으로 밀고 있다. T자 모양의 나무 막대는 배우인 게리 쿠퍼가 카메라의 렌즈로부터 항상 같은 거리를 유지할 수 있도록 해준다. 〈멋진 검객〉, 미국, 1928.

립트 슈퍼바이저 또는 콘티뉴이티 슈퍼바이저(한국에서는 흔히 '스크립터'라고 부른다-옮긴이)는 원활한 편집을 위해 각각의 '테이크take'가 좋았는지 아니었는지, 시나리오의 어느 부분까지 촬영을 완료했는지, 숏마다 액션을 일치시키기 위해 다음 테이크나 장면에서 반복해서 촬영해야 할 부분은 어디인지를 기록한다.

조명감독인 '개퍼gaffer'는 촬영감독의 지시에 따라 조명을 설치한다. 카메라가 이동해야 하면 '그립grip'(사진 42에서 흰 중절모를 쓴 사람)이 달리를 밀거나 끈다. 특수효과를 담당하는 사람은 촬영장에서 연기를 피우거나, 또는 세트로 만들거나 직접 가기에는 비용이 너무 많이 드는 촬영지의 경우 카메라 앞에 그림으로 그린 미니어처 배경을 설치하기 위해 현장에 머물기도 한다. 그리고 카메라 프레임에 들어오는 물체를 배열하거나 옮기기 위해 소품팀이 항시 대기하며, 분장팀도 현장에서 대기한다.

촬영이 종료된 뒤, 혹은 촬영 중간이라도 촬영된 분량은 주로 여성인 편집자에게 넘어가는데, 이는 후반 작업인 '포스트프로덕션post-production'을 알리는 신호탄이 된

43. 〈벤허〉의 제작사는 할리우드의 제작 공정 모델을 그대로 따라 했다. 미국, 1925.

다. 편집자는 이야기가 최대한 생생하고 매력적으로 느껴지도록 필름을 자른다. 무성 영화 시기에는 제작 규모가 큰 영화들의 경우만 작곡가를 선임해 음악을 입혔다. 편집이 종료된 영화는 대부분 소리가 없는 상태로, 피아니스트나 오르가니스트가 고용되어 선별된 장면에 어울리는 음악을 만든다. 유성 영화가 시작되고 난 후부터는 작곡가가 첫 번째 편집본인 '러프 컷'을 보며 작곡을 하고, 녹음을 위해 오케스트라가 동원된다. 그리고 사운드팀에 소속된 기술자들이 추가적인 사운드트랙을 더한다. 그동안 편집자는 제작자와 프로듀서, 감독으로부터 편집본에 대한 승인을 받고 한 장면에서 다음 장면으로 넘어가는 디졸브dissolve나 와이프wipe 같은 시각 효과를 어디에 넣을지 결정한다. 이후 현상소는 편집자의 지시에 따라 촬영 원본인 네거티브를 자르고 그것을 수백 벌 복사해서 전 세계 영화 시장에 배급한다.

〈동부 저 멀리Way Down East〉(데이비드 그리피스, 1920), 〈삼총사The Three Musketeers〉(프레드 니블로, 1921), 〈네 기수의 묵시록The Four Horsemen of the Apocalypse〉(렉스 잉그램, 1921), 〈로빈 후드Robin Hood〉(앨런 드완, 1922), 〈십계The Ten Commandments〉(세실 B. 드밀, 1923), 〈노틀담의 꼽추The Hunchback of Notre Dame〉(월레스 워슬리, 1923), 〈바그다드의 도둑The Thief of Bagdad〉(라울 왈쉬, 1924), 〈벤허Ben-Hur〉(프레드 니블로, 1925)(43), 〈돈 주앙Don Juan〉(앨

런 크로슬랜드, 1926), 〈육체와 악마Flesh and the Devil〉(클래런스 브라운, 1926), 〈날개Wings〉(윌리엄 웰먼, 1927) 등은 모두 이런 방식으로 제작되었고 대모험이나 사랑 이야기를 다루어 흥행을 노렸던 작품들이다. 이 영화들은 공간 및 심리를 명확하게 표현하려고 했고 관객의 감정 이입을 도모했으며 실제보다 더 낭만적인 삶을 그렸다. 실제 대중의 삶보다 더 화려하고 매력적으로 그리기는 했지만, 괴리감이 느껴지지 않을 정도로 현실감도 부여했다. 이러한 특성을 설명하기 위해 '고전적classical'이라는 단어가 종종 사용되기는 했지만, 이는 너무 모호한 단어다. 예술에서의 고전주의는 형식과 내용 사이의 균형, 지적 가치와 감정적 가치가 조화를 이루는 질서 상태를 의미하지만, 1920~1930년대의 할리우드 스튜디오 영화들은 이러한 균형 및 조화를 거의 이루지 못했다. 존 포드 감독은 종종 할리우드의 대표적인 고전주의자로 묘사되지만 〈황야의 결투My Darling Clementine〉(1946)나 〈황색 리본을 한 여자She Wore a Yellow Ribbon〉(1949)는 고전적이라기보다는 낭만적이다.

대부분의 할리우드 영화는 현실보다 훨씬 더 감정의 폭이 크다. 낭만적인 시나 그림에서처럼 주인공에게는 먹구름이 드리워져 있고, 운명을 거스르는 이야기로 구성된다. 할리우드에서 제작된 영화는 다른 부류의 세계 영화와 차별화되는 과잉 감정의 요소가 있고, 그것은 매우 성공적인 할리우드의 브랜드가 되었다. 이 책에서는 이런 할리우드 사조를 '폐쇄적인 낭만적 사실주의closed romantic realism'로 표현할 것이다. 내가 '폐쇄적인'이라는 단어를 사용한 이유는 할리우드 영화는 누군가 보고 있다는 사실을 인지하지 않은 듯한 세계를 창조하는 경향이 있고 배우들은 마치 카메라가 없는 것처럼 행동하기 때문이다. 신인 배우들은 카메라를 쳐다보지 말라는 말을 자주 듣는다(일본과 인도의 영화처럼 예외도 있다). 할리우드 영화는 또한 불확실성이나 대안적 의미 찾기에 개방적이지 않다. 내가 '사실주의'란 표현을 쓴 이유는 할리우드 영화가 신이나 다른 행성, 또는 상징적 인물 등을 거의 다루지 않기 때문이다.

폐쇄적인 낭만적 사실주의 작품들은 단지 그 분위기와 구성뿐만 아니라 숏의 길이 또한 독특했다. 물론 작품에 따라 편차가 있기는 했지만 산업화하면서 할리우드 영화의 숏 길이는 유럽 영화보다 짧아졌다. 1918년부터 1923년까지 할리우드 영화의 평균 숏 길이는 6.5초였는데 유럽 영화는 그보다 30퍼센트 정도 더 긴 8.5초였다. 할리우드 영화뿐만 아니라 산업화된 체제에서 제작되었던 영화는 프로듀서나 편집자가 원하는 방향으로 호흡이 맞춰졌고 이야기를 수월하게 구성하기 위해 여러 각도로 촬영되었다.

1920년대에 폐쇄적인 낭만적 사실주의 영화의 숏 스타일이 변했다. 특히 미국의 감독들은 여배우의 이미지를 더 부드럽고 화사하며 사랑스럽게 만들기 위해 렌즈 앞에 거즈를 대고 촬영했다. 이런 기법을 일찍이 시도한 촬영감독 중 하나가 데이비드 그리피스와 자주 작업했던 빌리 비처로, 그는 〈흩어진 꽃잎 Broken Blossoms〉(미국, 1919)에서 이 기법을 사용했다. 망원 렌즈의 사용 또한 배우를 배경으로부터 분리하면서 매혹적인 분위기를 더욱 강조했다. 스웨덴 태생의 미국 영화배우 그레타 가르보의 클로즈업 숏은 기존의 50mm 렌즈가 아닌 새로운 75mm 또는 100mm 렌즈로 촬영했다. 〈육체와 악마〉(미국, 1926)에서 배경이나 가르보의 머리카락보다 눈과 코, 입술에 더 초점을 맞춰 크고 매혹적이며 돋보이는 이미지를 창조했다(44).

44. 〈육체와 악마〉에서 그레타 가르보와 존 길버트는 75mm 또는 100mm 렌즈로 촬영되었다. 그 결과 이런 밀접하고도 화사한 이미지는 로맨틱 장르 영화의 표준이 되었다. 감독: 클래런스 브라운. 미국, 1926.

이때는 무성 영화 시기였고 따라서 영어권이 아닌 나라에서도 이해할 수 있었기에 희망적이고 현실 도피적이며 감성적인 할리우드 영화가 세계 영화 시장을 휩쓸었다. 1918년에서 1928년에 미국은 연간 500~700편의 영화를 제작했고, 이 기간 동안 6000여 편의 영화를 시장에 공급했다. 이렇게 기술적 완성도가 높고 매끄러우며 유토피아 지향적인 영화는 다른 나라에서 자국 영화보다 인기가 높았다. 소비에트 연방은 할리우드 영화의 수입을 막았지만 영국은 "이기지 못할 바에는 차라리 동지가 돼라."는 식으로 폐쇄적인 낭만적 사실주의를 받아들였다. 프랑스의 경우 연간 제작되는 영화의 수는 현저히 줄어갔다.

소설가 헨리 밀러는 이러한 할리우드 제작 방식을 두고 "예술가를 침묵하게 하는 독재"[2]라고 표현했다. 영화에 관한 글을 쓰고자 했던 전 세계의 많은 지식인 및 문화 평론가는 이 말에 동의했다. 그들은 영화가 포드사의 모델 T 같은 자동차와는 달리 예술의 범주에 들어가며 그래서 산업적으로 접근하는 것은 옳지 않다고 판단했다. 영화사 전반에 걸쳐 일본, 인도, 멕시코, 이탈리아, 영국, 중국, 홍콩, 한국, 프랑스 등의 스튜디오 시스템 역시 냉소적이고 반복적인 소재의 작품들을 생산했지만 전 세계적으로, 그리고 영화사 전반에 걸쳐 엄격하게 통제되었던 제작 시스템들도 위대한 영화, 즉 마르셀 카르네Marcel Carné(프랑스, 1930년대), 존 포드(미국, 1930~1940년대), 호금전胡金銓(홍콩, 1960년대), 버스터 키튼(미국, 1920년대), 빈센트 미넬리Vincent Minnelli(미국, 1960년대), 오즈 야스지로小津安二郎(일본, 1920~1950년대)의 작품 등을 만들 수 있을 만큼 유연하고 정교했다. 이런 작품들은 통제가 심한 영화 스튜디오의 경영진이 한눈을 팔 때만 만들어졌던 것이 아니라 이 공장 같은 시스템이 예술가의 전문성과 취향을 존중할 때 경영진이 지켜보는 앞에서도 버젓이 만들어졌다. 포드 같은 감독들은 자신들이 원하는 방향으로 영화 스튜디오를 설득하는 방법을 알고 있었다. 포드는 〈역마차Stagecoach〉(미국, 1939)와 〈황야의 결투〉 등의 서부 영화를 촬영할 때 카메라 옆에 앉아 있다가 자신이 원하고 요구했던 장면이 촬영되고 나면 나머지 장면을 촬영할 때는 일부러 렌즈 앞에 주먹을 뻗치곤 했다. 편집 작업 시 제작자나 프로듀서가 자신이 원했던 숏만 사용하도록 그 이외의 숏들을 고의로 망친 것이다. 스튜디오 시스템의 폐쇄적인 낭만적 사실주의는 세계적 영화 스타일의 스키마였고 스튜디오 감독들은 그것을 완전히 거부할 수 없었다. 하지만 최고의 감독들은 그것을 변형시키고 향상했는데, 특히 1918년부터 1928년까지의 할리우드 코미디에서 더욱 활발히 이루어졌다.

할리우드 코미디

유머에 대한 할리우드의 탐구는 자유분방함과 기술적 전문성이 더해져 타의 추종을 불허했다. 시나리오 작가에서 광대가 된 찰리 채플린은 영국 출신으로 한동안 빈곤층 아이들을 위한 런던의 보육원에서 성장했고, 21세가 되던 1910년에 미국으로 갔다. 미국에서 채플린은 바이오그래프와 키스톤이 제작했던 슬랩스틱의 조잡함에 경악을 금치 못했다. 단정한 신사복 차림으로 자신의 영화를 직접 연출했던 우아한 프랑스의 코미디언 막스 랭데로부터 영감을 받았던 채플린은 그리피스가 서사 영화에 공헌했던 것 못지않게 코미디 영화를 높은 수준으로 발전시켰다. 그의 영화에는 인간애와 감동, 섬세한 스토리텔링이 있었다. 그는 다른 감독들보다 더 긴 촬영 기간을 요구하며 스튜디오 시스템을 자신에게 유리한 쪽으로 끌고 갔다. 채플린은 자기 영화의 시나리오 작가이자 프로듀서, 작곡가, 주인공, 감독이었다.

채플린의 이력이야말로 스키마와 변이의 완벽한 예다. 두 번째 작품인 〈베니스에서의 어린이 자동차 경주Kid Auto Races at Venice〉(미국, 1914)에서 그는 자신의 상징이 된 꾀죄죄하고 자루처럼 헐렁한 바지에 중산모를 쓰고 커다란 신발을 신고 지팡이를 짚은 채 출연했다. 그 이후 평론가 월터 커가 평했던 것처럼 "그는 시행착오와 외면의 내면을 찾는 즉흥적인 영감으로 일관했다."[3] 그의 의상은 무일푼의 부랑자의 것이었지만, 동시에 신사이자 호사가의 것이기도 했다. 이런 모호함은 채플린이 자신의 영화를 통해 현혹적인 우아함과 동시에 비통한 유년 시절을 탐험할 수 있게 했고 그가 상상했던 모호한 부랑자를 섬세하고 예민한 인물로 그릴 수 있게 했다. 그는 원하는 것을 얻기 위해 테이크를 20번, 30번, 또는 40번 촬영했고 때로는 촬영을 멈추고 더 고민하기도 했다. 그에게는 아이디어가 1순위였다.

채플린의 영화적 발전과 시각적 아이디어의 원천은 아일랜드계 캐나다인으로 프로듀서이자 감독, 배우였던 맥 세넷으로부터 찾아볼 수 있다. 세넷은 1100편이 넘는 영화를 제작했던 프로듀서로서 1912년에 코미디 영화만 제작했던 키스톤을 공동 설립했고 후세에 길이 영향을 미친 슬랩스틱 톤을 정립했다. 세넷은 무대에 섰던 채플린의 재능을 알아보았고 1912년에 그를 고용했다. 하지만 자신과 맞지 않는 스튜디오의 스타일에 채플린은 26개월을 못 버티고 키스톤을 떠났다. 그의 후기 작품들을 통해서도 명확히 알 수 있고 또한 역사학자 사이먼 루비쉬가 주장했듯이 "낡아빠진 키스톤의 세트가 아니었다면 게으름뱅이, 쓸모없는 놈, 폭력적인 바람둥이, 순박한 젊은 촌놈, 무례한 아줌마, 허풍쟁이 등의 괴짜 캐릭터들 그리고 트램프tramp, 즉 부랑자 채플린은 결코 태어나지 못했을 것이다. 채플린은 한동안 카르노의 팬터마임 형식을 자기 세계로 끌어들여 왔지만, 그 내용은 전염성 높고 과민하며 항상 빠른 속도로 흘러가는 세넷의 미국이었다. 지팡이를 빙빙 돌리고 작은 것에도 귀를 기울이는 행동 등 트램프라는 캐릭터의 매너리즘을 구성했던 모든 요소는 키스톤의 카오스 상태가 반영된 결과였다."[4]

키스톤을 나가고 얼마 후인 1915년에 채플린은 스타가 되었다. 1916년에 그는 주당 만 달러에 엄청난 보너스까지 벌어들였으며, 결정적으로 영화의 최종 편집본인 '파이널 컷'에 대한 편집권까지 거머쥐었다. 1919년에는 메리 픽포드, 더글러스 페어뱅크스, 데이비드 그리피스와 함께 유나이티드 아티스츠를 설립했다. 세계 영화계에서 영향력이 가장 컸던 네 사람이 뭉쳐 창작자가 주도하는 제작·배급사를 설립했지만, 이를 소유하지는 않았다. 이 영화사는 이후 〈사냥꾼의 밤The Night of the Hunter〉(1955), 〈뜨거운 것이 좋아Some like it Hot〉(1959), 〈아파트 열쇠를 빌려드립니다〉(1960) 그리고 제임스 본드 영화 시리즈 등을 제작했다. 아이러니하게도 채플린과 매우 흡사하게 완벽주의 성향을 지녔고 제작 규모가 큰 영화를 좋아했던 마이클 치미노 감독이 연출한 화려한 마르크스주의식 서부 대서사시, 〈천국의 문Heaven's Gate〉(1980)은 흥행에 크게 실패한 영화 중 하나로 영화 역사에 기록되었고 유나이티드 아티스츠의 문을 닫게 만든 계기가 되었다.

채플린은 1921년에 자신의 첫 장편 영화 〈키드The Kid〉를 연출했다. 이 영화에는 채플린 사단의 에드나 퍼바이언스가 어린 아들을 버리게 되는 상황에 처한 미혼모로 출연했다. 트램프 역을 맡은 채플린이 그녀의 아들을 발견하고 키우게 된다. 재키 쿠건이 연기한 어린 아들은 양아버지인 채플린의 일을 돕는데, 채플린이 계속 갈아 끼울 수 있도록 유리창을 깬다. 결국 이 아이는 사회복지사에 의해 보육원으로 보내지고 채플린은 아이를 다시 빼내기 위해 고군분투한다. 쿠건은 이 작품에서 영화 역사에 남을 훌륭한 아역 연기를 펼쳤다.

채플린의 영화 대부분이 그렇듯이 〈키드〉를 보면서 웃지 않을 수도 있다. 하지만 작품의 깊이를 간과하는 것은 불가능하다. 〈키드〉 속 몇몇 이미지는 채플린 자신의 유년 시절에서 가져온 것이다. 가로등은 유년 시절에 살았던 런던의 가로등을 재현했으며 주유기의 미터기는 쿼터가 아닌 실링으로 표시되어 있다. 아버지와 아들이 기거하는 방은 채플린이 유년 시절에 기거했던 공간을 재현한 것이다. 영화를 만드는 동안 채플린은 모든 순간을 깊이 있고 세련되게 다듬었으며 거기에 혁신적인 디테일을 더했다. 아버지 같은 트램프는 항상 아이를 보듬고 아이가 안락한 삶을 살 수

45. 영화에서 채플린과 함께 호흡을 맞춘 쿠건은 무성 영화 시기 최고의 아역 연기로 찬사를 받았다.

46. 채플린의 유년 시절 기억으로부터 소환된 〈키드〉 속의 공간과 스타일. 감독: 찰리 채플린. 미국, 1921.

있도록 지도한다. 한 장면에서 채플린은 오래된 담요로 나이트가운을 만들어 입는데, 관객의 눈에 그 가운은 편안하고 포근하게 보인다. 이러한 점만 보아도 감독과 배우로서 채플린이 얼마나 창의적이었는지 느껴진다. 이 영화는 흥행 수익으로 250만 달러를 벌어들이며 크게 히트했다.

채플린의 〈황금광 시대The Gold Rush〉(미국, 1925), 〈시티 라이트City Lights〉(미국, 1931), 〈모던 타임즈Modern Times〉(미국, 1936) 그리고 히틀러를 풍자했던 〈위대한 독재자The Great Dictator〉(미국, 1940)는 그를 영화 역사의 초창기 40년 동안 가장 영향력 있는 영화인 중 한 명으로 등극시켰다. 조지 버나드 쇼는 그를 두고 "영화판에서 자생한 유일한 천재"라고 극찬했다. 채플린은 영화의 시각적 요소뿐만 아니라 영화의 사회학적 관점과 영화 문법도 변화시켰다. 채플린의 사회 비판적 시각에 그가 공산주의자라는 소문이 돌았고 소비에트 연방은 이를 반겼다. 그 결과 채플린은 1952년 자신의 신작 〈라임라이트Limelight〉(미국, 1952)를 위한 프리미어 행사에 참석하기 위해 영국에 갔다가 돌아오는 길에 40년이나 살았던 제2의 고향, 미국에 입국하는 것을 거부당했다. 채플린 이후 차세대 코미디언들은 코믹한 페르소나를 표현하기 위해 일종의 유니폼을 착용하기 시작했다. 1940년대 말부터 프랑스의 자크 타티는 자신의 스키마에 세심한 변화를 주며 채플린의 발자취를 좇았다. 1940년대와 1950년대에 이탈리아 나폴리 출신의 코미디언 토토는 유니폼을 착용하지는 않았지만 채플린의 비애감에서 신랄함을 끌어내며 대스타가 되었다. 이탈리아의 여배우 줄리에타 마시나는 〈길La strada〉(이탈리아, 1954)과 〈카비리아의 밤Le notti di Cabiria〉(이탈리아, 1957)에서 채플린을 본뜬 토끼 눈의 아이 같은 연기를 선보였다. 더욱 흥미로웠던 것은 1960년대의 유명 배우 장피에르 레오가 무성 영화의 채플린처럼 빠른 속도로 연기했으며, 코너를 돌 때면 채플린이 악당에게 쫓길 때 했던 것처럼 껑충껑충 뛰며 속도를 줄이기도 했다는 점이다.

47. 〈길〉은 채플린의 〈키드〉가 나오고 30년도 더 지난 뒤의 작품이지만 작품 속 줄리에타 마시나의 의상과 표정은 채플린이 지녔던 비애감의 영향을 받은 것임을 보여준다. 감독: 페데리코 펠리니. 이탈리아. 1954.

해럴드 로이드를 보면 채플린으로부터 직접적인 영향을 받았음을 명확히 알 수 있다. 네브래스카주 출신으로 사진사의 아들로 태어난 로이드는 19세였던 1912년에 에디슨이 제작한 영화 〈늙은 수도사의 이야기The Old Monk's Tale〉로 데뷔했다. 이후 수년 동안 그는 채플린에 못지않은 코믹한 페르소나를 찾기 위해 고군분투했다. 4년간 100편이 넘는 단편 코미디물에 출연했던 로이드는 은퇴의 위기에서 프로듀서의 조언으로 그의 스크린 페르소나의 첫 번째 요소인 크고 둥근 검은 테 안경을 착용했다.[5] 호전적이지만 서정미가 있고 체력이 돋보이는 배짱 두둑한 몽상가의 이미지가 각인된 것은 5년이나 더 지나고 나서였다. "나의 묘책은 채플린의 의상과 반대로 가는 것이었다… 그의 옷은 너무 컸고 내 옷은 너무 작았다." 하지만 그의 묘책은 단순히 채플린의 의상과 반대로 가는 것에 그치지는 않았다. 로이드는 채플린 못지않게 우스꽝스러운 모습이었다. 그는 자신의 영화를 직접 연출하지는 않았지만 창작에 있어 핵심적인 역할을 했고 특정한 연기 요구나 카메라 앵글 등을 종종 거부하기도 했다. 그의 스크린 페르소나는 전반적으로 온화했지만 엄청난 에너지와 분노로 갑자기 폭발하기도 했다. 그는 예측하기 힘든 이웃집 청년이었다.

로이드는 오늘날까지 그의 트레이드마크가 된 '파리 인간' 스턴트로 기억된다. 〈안전 불감증Safety Last!〉(미국, 1923)은 큰 백화점에서 허드렛일을 하지만 고향의 여자 친구에게는 자기가 매니저라고 큰소리치는 한 촌뜨기의 등장으로 시작한다. 판매가 부진하자 그는 누군가가 건물의 벽을 기어오를 거라는 홍보 사기를 꾸민다. 하지만 정작 건물에 오를 것을 강요당하자 의기양양함은 사그라지고 만다. 이 영화는 로이드가 기획했지만, 그가 여러 번 작품을 함께 했던 세넷의 키스톤이 영화의 묘미를 제공했다. 현기증 증세가 있던 로이드는 〈헌티드 스푹스Haunted Spooks〉(미국, 1920)를 촬영할 때 불붙은 폭탄을 잘못 다뤄 엄지와 검지를 잃었을 정도로 저돌적인 사람이었다. 〈안전 불감증〉 초반부의 속임수 장면들도 기발했지만, 결말 부분에 20분간 건물을 타고 오르는 장면은 독창적인 수직적 구성으로 지금까지도 박수갈채를 받고 있다. 한 층씩 올라갈 때마다 건물 아래의 도로가 숏에 보이고 로이드는 밧줄, 총, 그물, 개, 쥐, 널빤지, 시계와 마주친다. 그는 속임수 없이 프레임 밖의 폭이 좁은 발판에 올라 이러한 장면을 촬영했다. 쥐가 다리를 타고 오를 때 로이드는 건물 외벽의 약간 돌출된 부분 위에서 우스꽝스럽게 몸을 꿈틀거린다. 마침내 옥상에 다다랐을 때 돌아가는 풍속계에 머리를 얻어맞은 그는 춤추듯 비틀거리고 돌며 중력에 저항한다. 그리고 결국에는 떨어지지만, 깃대의 밧줄에 발목이 감기면서(48) 상공에서 호弧를 그리다가 결국 사랑하는 여인으로 분한 밀드레드 데이비스의 두 팔에 안착한다. 로이드는 이후 밀드레드 데이비스와 실제로 결혼했으며 그녀가 사망한 1969년까지 함께했다. 1920년대 코미디 영화의 이 잊을 수 없는 장면은 너무도 신비롭게 구성되었다. 1920년대 후반의 가장 섬세한 감독인 일본의 오즈 야스지로는 로이드에게 실로 깊은 영향을 받았다.[6]

로이드의 영화는 채플린의 영화보다 더 큰 흥행 성적을 냈고 1920년대에 채플린이 4편의 장편 영화를 만들었던 것에 반해 로이드는 11편이나 만들었다. 채플린이나 로이드보다 기술적으로 더 뛰어나고 한층 더 실험적이었던 인물이 바로 웃음기 없는 얼굴의 버스터 키튼이었다. 스페인의 시인 페데리코 가르시아 로르카는 키튼에 대해 "그의 슬프고 깊은 두 눈은… 마치 유리잔 바닥과도 같고 성난 아이의 것 같기도 하다. 타조의 눈처럼 매우 못생겼고 매우 아름답다. 침울함을 가장 잘 대변할 수 있는 인간의 눈이다."[7]라고 표현했다.

1895년에 캔자스주에서 태어난 그의 본명은 조셉 프랭크 키튼이며 버스터라는 별칭은 탈출 곡예에 능했던 마술사 해리 후디니가 지어준 것이다. 영화는 모두 '탤리의 축음기 가게'에서 상영했던 권투 영화와 별반 차이가 없다고 생각해서 키튼은 처음에 영화를 좋아하지 않았다. 하지만 1917년에 이러한 생각을 바꾸게 되는 일이 벌어졌다. 그는 맨해튼의 영화 스튜디오를 방문했다가 코믹 배우이자 감독인 로스코 '패티' 아버클Roscoe "Fatty" Arbuckle을 만났고 그를 평생의 멘토로 삼았다. 아버클은 키튼이 카메라를 살펴보는 것을 허락했는데 키튼은 그 기술에 심취하고 말았다. 후에 키튼의 전기 작가는 그가 "카메라 안으로 기어들어 갔다."라고 표현했다.

아버클과 15편의 단편 영화를 만들고 난 후 그때까지도 웃는 얼굴을 자주 보였던

48. 해럴드 로이드는 탁월한 운동 감각과 세련된 스턴트로 영화의 새로운 지평을 열었다. 〈안전 불감증〉에서 풍속계에 머리를 얻어맞은 직후의 이 장면은 중력에 저항하며 건물을 오르는 중에 최대의 고비를 맞는 부분이다. 미국, 1923.

49. 배우이자 감독, 작가인 버스터 커튼은 〈극장〉의 이 장면에서 두 인물을 동시에 연기했다. 이 장면은 키튼이 꼼꼼하고 영화 기술에 얼마나 능숙했는지를 보여준다. 미국, 1921.

키튼은 단편 코미디 영화를 직접 연출하기 시작했다. 일주일 동안 벌어지는 어느 신혼부부의 이야기를 그린 〈일주일One Week〉(미국, 1920)은 신의 계시와도 같았다. 주요 시퀀스에서 기울어진 부부의 집은 토네이도로 인해 빙빙 돌고 키튼은 건물의 반대편으로 튕겨 나간다. 또 다른 장면에서 키튼은 목욕하는 부인을 가려주기 위해 카메라 앞에 손을 갖다 대기도 한다. 〈극장The Playhouse〉(미국, 1921)은 더 창의적이었다. 어느 극장을 방문한 키튼은 자신이 무대 관리자, 연주자, 지휘자, 배우 그리고 성별과 나이가 다양한 관중의 역할까지 모두 맡아야 한다는 사실을 깨닫는다(49). 이러한 효과를 내기 위해 그는 프레임을 정확히 계산해서 촬영했고 필름을 되감아 촬영한 부분을 가린 뒤 다시 새로운 인물을 촬영하는 방식을 반복했다.

1921년에 키튼의 친구였던 아버클은 그가 파티에서 성폭행했다고 전해졌던 여성인 버지니아 래피가 방광 파열로 사망한 후 살인 혐의로 기소되었는데, 결국 무죄 판결을 받았다. 이 사건은 전 세계 언론의 머리기사를 장식했다. 아버클의 경력은 거기서 끝이 났고 그는 1933년에 사망했다. 그 스캔들 이후로 배우이자 감독인 윌리스 리드의 모르핀 중독, 윌리엄 데스먼드 테일러 감독의 살해 사건 등이 영화계를 충격에 빠뜨렸고, 이에 1922년 우정공사 총재였던 윌 H. 헤이즈Will H. Hays를 필두로 성적이고 폭력적인 이미지와 이야기, 주제를 검열하는 자율 규제 기구가 설립되었다. 1920년대 후반에 '헤이즈 오피스'로 칭했던 이 기구는 헤이즈 강령으로 알려진 엄격한 금지 규정을 마련했고 가톨릭품위군단Catholic Legion of Decency 등의 압력 단체와 함께 할리우드가 성, 인종, 사회 문제를 현실적으로 다루는 것을 거의 30년 동안 억압했다. 비윤리성을 비난했던 세실 B. 드밀 같은 감독들도 때로 성적이고 퇴폐적인 장면을 묘사했지만 그런 행동에 탐닉하는 작품 속 인물들에게 대가를 치르도록 했던 것처럼 미국의 폐쇄적인 낭만적 사실주의의 다른 세상과도 같았던 순수함은 부분적으로는 이런 금지 영역에서 기인했다고 볼 수 있다. 헤이즈 강령은 1950년대에 접어들면서 완화되었지만 1960년대 중반까지도 유효했다.

단편 영화의 성공은 키튼을 화려한 몸동작과 정교한 구성의 장편 영화로 인도했다. 〈손님 접대법Our Hospitality〉(미국, 1923)은 시나리오부터 기발했다. 키튼은 그를 살해하려는 한 가족의 집에 머물게 된다. 하지만 그 가족은 남부 특유의 친절로 키튼을 손님으로 잘 대접한다. 그래서 키튼은 그 가정의 불편한 환대에 갇히게 된다.

〈항해자The Navigator〉(미국, 1924)에서 삭제되었던 장면은 키튼의 번뜩이는 창의력을 잘 보여준다. 영화 속에서 그는 가라앉은 배를 용접하다가 거대한 물고기 떼가 서로 충돌하리라는 것을 알아차리고 한 무리가 헤엄칠 때 다른 무리가 대기하도록 지휘하며 해저 교통경찰이 된다. 이런 시각적 유머가 드러나는 장면을 촬영하기 위해 그는 1500개의 고무 물고기를 만들어 격자에 고정한 뒤 카메라 앞에서 흔들어 마치 그 물고기들이 헤엄치는 것처럼 보이게 했다. 편집된 장면이 예고편을 통해 소개되었을 때 관객은 웃음을 터트렸지만, 최종 영화에 잘 버무려졌을 때에는 아무도 웃지 않았다. 왜냐하면 키튼이 물속에서 교통정리를 하고 있을 때 배 위에 혼자 있던 여주인공에게 식인종들이 접근하고 있었기 때문이다. 키튼이 물속에서 아무리 웃긴 장면을 연출해도 관객은 여주인공이 걱정되어 웃지 못했다. 로이드의 〈안전 불감증〉처럼 긴장과 유머가 동시에 펼쳐졌던 것이다. 긴장과 유머가 한 시퀀스에서 교차 편집되었을 때 상반된 효과를 낳았고, 키튼은 그런 고급스러운 유머를 원했던 것이다.

키튼은 〈제너럴The General〉(미국, 1926)을 연출하면서 코믹 효과를 최대한 뽑아내는 방법을 터득했다. 키튼이 남부의 기관사로 출연했던 이 영화는 그가 기차에 뻔히 타고 있는데도 기차와 연인을 도둑맞는다는 내용이다. 영화 전반부에 그는 도둑들이 숨어 있는 북쪽으로 향하고 후반부에는 연인과 재회한 후 남쪽으로 도주한다. 이 시나리오는 조지 밀러 감독의 재기 넘치고 역동적인 〈매드 맥스: 분노의 도로Mad Max: Fury Road〉(호주·미국, 2015)에 반영되어 있다. 〈제너럴〉의 전반부에서 펼쳐지는 키튼의 시각적 유머와 설정은 후반부에서 역순으로 반복되고 증폭되며, 관객은 그 패턴을 읽을 수 있게 된다. 월터 커는 이 영화의 클라이맥스를 "코미디 영화 역사상, 아니 장르를 불문하고 가장 멋진 장면이다."라고 말했다. 키튼은 고향인 남부로 기차를 돌리는데, 적인 북군이 추격하자 전략상 중요한 다리에 불을 지른다. 불타는 다리는 기차의 무게에 못 이겨 결국 강물 속으로 무너져 내린다(50). 이 장면은 속임수 없이 실제의 모습을 촬영한 것이고, 부서진 기차는 이후 수년 동안 오리건주의 코티지그로브에서 볼 수 있었다. 이 장면은 방대한 제작 규모로 야기된 경외감으로 대변되는, 1920년대 영화의 '웅장함'을 보여주는 대표적인 예다. 이런 웅장함이 가능했

50. 무성 코미디 영화의 스케일은 컴퓨터 그래픽이 성행하는 현재 못지않게 압도적이었다. 키튼의 〈제너럴〉(미국, 1926)의 클라이맥스에서 기차가 실제로 불타는 오리건 다리를 지나간다.

51. 소비에트 연방에서 홍보했던 〈제너럴〉(미국, 1926)의 포스터를 보면 기계에 관한 버스터 키튼의 관심과 기계적 요소들이 어떻게 구성되어 있는지가 나타나 있다.

던 몇 가지 이유가 있다. 그 당시 미국의 임금은 매우 낮았고, 월가는 건재했으며, 엄청난 상상력은 제한이 없었고, 제작사들은 감독이 펼치는 비전에 관대한 편이었기 때문이다.

로이드와는 달리 키튼의 박스 오피스 수익은 제작 규모에 걸맞지 않았다. MGM은 키튼을 해고했고 결국 그는 알코올 중독자가 되어 〈어 서던 양키A Southern Yankee〉(미국, 1948), 〈넵튠의 딸Neptune's Daughter〉(미국, 1949) 등과 같은 영화의 개그 작가로 활동했다. 1950년경에 〈손님 접대법〉과 〈제너럴〉의 상영본이 분실되었으나 1952년 당시에 키튼의 집을 소유하고 있던 영국 배우 제임스 메이슨이 숨겨진 찬장에서 각각의 상영본을 찾았다. 그러한 영화들이 서서히 순환되기 시작했고, 1965년에 키튼은 베니스 영화제의 회고전에 참석해서 기립 박수를 받았다. 그는 이듬해 사망했다.

키튼 역시 채플린처럼 소비에트 연방에서 인기가 많았으며(51), 영화의 엄격한 구조를 비롯해 공간 및 대지에 대한 그의 감각은 큰 칭송을 받았다. 키튼의 영향은 소비에트 연방 최고의 작품 중 하나인 〈병기고Арсенал / Arsenal〉(소비에트 연방, 1929)에 잘 나타나 있다. 공간에 관한 그의 유머는 프랑스의 자크 타티에게 채플린보다 더 많은 영감을 주었다. 키튼은 엔터테인먼트적 가치와 영화적 발명을 융합하는 데 성공했으며, 이는 영화 제작에 대한 산업적 접근을 한층 더 가능하게 했다. 폐쇄적인 낭만적 사실주의의 모든 요소가 제자리를 잡은 지 채 10년도 지나지 않아 미국의 위대한 코미디 영화감독들은 초현실주의와 불가능할 것 같았던 몸동작을 그 한계까지 확장하고 있었다.

폐쇄적인 낭만적 사실주의에 대한 거부

할리우드 등의 스튜디오 제작 시스템을 질타한 것은 헨리 밀러와 같은 박식한 평론가들만은 아니었다. 감독들은 분노했고, 스타들은 하대받는다고 느꼈으며, 윌리엄 포크너와 레이먼드 챈들러 같은 작가들은 자신들이 어떻게 영혼을 팔았는지 잊기 위해 술을 마셨다. 그레타 가르보, 마우리츠 스틸레르, 프리드리히 빌헬름 무르나우, 오토 프레밍거 등 다른 나라의 영화계에서 온 이민자들은 영화 산업의 야만성에 좌절했다. 채플린과 로이드, 키튼 같은 독불장군을 제외하고 1920년대에 영화 스타일의 진정한 세계적 확장을 가능하게 한 것은 폐쇄적인 낭만적 사실주의의 부작용에 대한 거부 때문이었다. 명확한 서사, 배우의 시선 일치 그리고 숏/리버스 숏의 문법으로 일관된 폐쇄적인 낭만적 사실주의는 1918년 무렵에 자리를 잡았고 세계 영화인들은 그것에 대한 불만을 쏟아내기 시작했다. 인기 있는 주류 엔터테인먼트 영화들은 많은 나라에서 여전히 관객을 현혹했지만, 이 장의 나머지 부분에서는 같은 시기에 폐쇄적인 낭만적 사실주의에 대한 불만으로 영화적 대안을 주장한 일곱 개의 영화인 그룹에 관해 설명할 것이다. 이 그룹에 속한 영화인들은 그리 많이 언급되지도, 대단한 영향력을 행사하지도 않았지만 기존의 영화 제작 틀을 벗어나는 실험적 가능성의 토대를 만들었다. 그들 중 일부에게는 폐쇄적인 낭만적 사실주의가 실험적인 코미디를 인정하지 않은 사실 자체가 대안을 주장한 동기가 되기도 했다. 예를 들어 스칸디나비아, 인도, 미국의 자연주의 영화인들에게 폐쇄적인 낭만적 사실주의는 사회적 진실을 담아낼 만큼 현실적이지 못했다. 프랑스의 핵심적 인상주의 감독들에게 그것은 덧없는 현실에 관한 인식을 심어주기에는 너무 평범했다. 스칸디나비아의 자연주의 감독들에 더해 독일의 표현주의 감독들에게 그것은 표면적 현실로만 느껴졌고 원초적이고 색다른, 삶의 숨겨진 이면을 파헤치지 못한다고 생각되었다. 소비에트 연방의 영화인들은 폐쇄적인 낭만적 사실주의가 정치적으로 너무 보수적이고 이러한 사조의 경향을 띤 영화의 편집은 너무 부르주아적이라고 생각했다. 예술가적 기질이 강했던 영화인들에게 폐쇄적인 낭만적 사실주의는 추상적인 삶의 질문과 도무지 섞이지를 않았다. 일본에서 그것은 그저 서양의 신기한 사조일 뿐이었고 일본인들은 지난 10년처럼 여전히 정면 촬영과 변사의 활용을 이어갔다.

할리우드 시스템 밖의 코미디 영화인들은 위에 언급된 일곱 개의 영화인 그룹과 비교하면 비교적 덜 반체제적이었다. 채플린과 로이드, 키튼의 여성 캐릭터는 제대로 구축된 적이 없었다. 성적 이슈를 차치하면 우리는 그들의 반체제적 성적 코미디 속에서 아버클 사건 이후 미국 검열의 허용치보다 더한 혁신성을 발견할 수 있다. 이런 접근 방식의 대가는 베를린에서 양복 재단사의 아들로 태어난 에른스트 루비치Ernst Lubitsch였다. 전직 배우였던 그는 26세에 독일에서의 첫 번째 의미 있는 작품인 〈미라의 눈Die Augen der Mumie Ma〉(독일, 1918)을 연출했다. 〈미라의 눈〉은 "이 영화의 제작비는 엄청나다. 두 그루의 야자수가 나오고 이집트라는 설정으로 [베를린 인근에 있는] 루데스도르프 석회 산에서 촬영했다."라는 조롱 섞인 자막으로 시작한다. 이 자막은 동시대 영화계를 풍자하는 분위기를 만들었다. 루비치에게 첫 상업적 성공을 안겨준 작품은 〈굴 공주Die Austernprinzessin〉(독일, 1919)였으며 같은 해에 폴라 네그리가 루이 15세의 정부로 열연했던 〈마담 뒤바리Madame Dubarry〉(독일, 1919)로 찬사를 받았다. 루비치는 치켜올린 눈썹이나 신랄한 표정 등 시각적으로 짜릿한 면을 보여줌으로써 단기간에 명성을 쌓았고 메리 픽포드는 자신의 영화를 연출할 감독으로 그를 미국에 초대했다. 미국으로 가기 전 독일에서 만든 그의 마지막 코미디 영화는 새로운 보직을 맡아 마을을 떠나야 하는 한 난폭한 중위의 이야기를 그린 〈들고양이Die Bergkatze〉(독일, 1921)였다. 중위의 옛 연인들의 무리가 중위를 둘러싸고 또 그들의 딸들이 아버지에게 작별을 고하는, 성적 풍자로 가득한 장면으로 이 영화는 곧 할리우드에서 상영이 금지되었다. 이동 중에 중위는 강도의 딸과 사랑에 빠지게 되는데, 놀라운 환상 장면에서 그는 자신의 심장을 빼주고 그녀는 그것을 먹고 눈사람은 춤을 춘다. 필름의 일부를 가리고 촬영했던 루비치의 기법과 초현실적인 영화 미술은 〈들고양이〉에서 특히 더 대담하게 반영되었으며 그는 할리우드에 가서도 파괴적인 영화적 비틀기를 이어갔다. 예를 들면 〈포비든 파라다이스Forbidden Paradise〉(미국, 1924)에서 상관과 그가 불신하는 장교들의 대립이 일련의 클로즈업으로 표현된다. 한 장교가 상관을 향해 칼을 뽑는데 상관은 상의 속으로 손을 집어넣는다. 이때 카메라는 갑자기 도전적 행위를 멈추는 장교를 보여준다. 상관이 더 무시무시한 무기를 꺼낸 걸까? 아니다. 그는 수표를 꺼낸 것이다. 대립은 굉장히 사무적으로 해결된다.

중산층의 살롱, 고급 클럽, 큰 무도회장은 루비치가 삼각관계와 불륜 등의 이야기를 펼칠 때 사용하는 장소였다. 그의 영화는 욕망의 환희를 다소 대담하게 표현한 것으로, 그리피스가 연출했던 미국 영화에서의 소심하고 새침한 성적 묘사와 극명한 대조를 이루었다. 루비치의 성공적인 작품 〈결혼 철학The Marriage Circle〉(미국, 1924)에서 정신과 의사와 그의 부인이 아침 식사를 한다. 달걀이 클로즈업되고 커피잔이 보인다. 의사의 손이 달걀 껍데기를 깨고 부인의 손은 커피를 젓는다. 그러다가 그들의 손이 갑자기 사라진다. 식욕보다 강한 욕구가 발동했던 것이다. 하지만 루비치는 그들의 성관계를 직접 보여주지 않았다. 그는 장면과 관련된 사물로 성적인 것을 암시하는 데 있어 달인이었다.

모스크바에서 출생한 보리스 바르넷Boris Barnet의 저평가된 영화들은 루비치의 영화들과 분위기가 매우 흡사하다. 권투 선수였던 바르넷은 1926년부터 영화를 연출하기 시작했고 10년 전의 바우어와 프로타자노프처럼 러시아와 소비에트 연방의 자연스러운 연기법을 구축하는 데 일조했다. 바우어와 프로타자노프의 비극과 비교하면 바르넷의 〈모자 상자를 든 소녀Devushka s korobkoy〉(소비에트 연방, 1927)는 모자를 만들어 모스크바의 판매상에게 파는 시골 소녀 나타샤에 관한 쾌활하고 불경한 이야기다(52). 그녀는 방을 같이 얻기 위해 한 학생과 결혼한 것처럼 속인다. 셋방 장면에서는 부부처럼 보이기 위한 독특한 방법들이 동원되는데, 특히 그들의 관계를 의심한 집주인이 카펫을 포함한 가재도구를 치우는 부분에서 더욱 두드러진다. 그들이 잠자리를 같이하고 있다는 암시는 루비치나 채플린도 연출할 수 있었겠지만, 바르넷은 이들보다 더 대담하게 표현했다.

52. 보리스 바르넷의 〈모자 상자를 든 소녀〉(소비에트 연방, 1927)는 소비에트 연방에서는 매우 드물게 에른스트 루비치의 계보를 잇는 코미디 영화다.

여기서 마지막으로 언급할 미국인이 아닌 코미디 영화감독은 파리 비누 판매상의 아들로 태어난 르네 클레르René Clair다. 시와 연극에 심취했던 클레르는 매우 영향력 있는 무성 코미디 영화인 〈이탈리아의 밀짚모자Un chapeau de paille d'Italie〉(프랑스, 1927)를 연출했다. 이 영화에서 자신의 결혼식장으로 향하던 한 신사의 말이 내연남과 소풍 가던 어느 유부녀의 밀짚모자를 먹는다. 신사가 유부녀의 일탈을 감춰주기 위해 똑같은 밀짚모자를 구하려는 과정에서 환상적인 사건들이 계속 벌어진다. 클레르는 스크린의 가장 재치 있는 몽상가 중 한 명이며 그의 시각적 묘사와 익살, 패러디, 매력이 〈이탈리아의 밀짚모자〉에서 빛났다.

1920년대에 미국과 영국, 인도, 프랑스 주류 영화의 도피주의에 불만을 품고 삶

53. 타자기 앞에 앉아 있는 작가 겸 감독, 로이스 웨버는 세계에서 연출료를 많이 받는 감독 중 한 명이었다. 그녀의 사회복지사 경력은 이야기에 현실감을 더했다.

의 소외된 요소에 관한 영화를 만들고자 했던 세계의 영화인들이 독립적으로 각양각색의 방법론과 주제를 다루며 영화적 자연주의를 탐구할 수 있는 기회를 모색했다. 로이스 웨버Lois Weber(53)는 세계에서 매우 많은 연출료를 받던 감독 중 하나였으며, 1918년도에는 연출료가 가장 높았던 여성 감독이었다. 피츠버그와 뉴욕의 빈민가를 담당하는 사회복지사로 일하기도 했던 그녀는 "우리는 공공의 마음에 좋은 영향을 미칠 것입니다."[8]라고 선언하며 영화의 시나리오를 쓰고 연기와 제작을 하고 또한 연출도 했다. 시작부터 그녀는 폐쇄적인 낭만적 사실주의 영화가 담아내지 못하는 주제를 다루었다. 그녀의 걸작인 〈더 블롯The Blot〉(1921)에서 가난한 그릭스 부인은 아픈 딸에게 줄 닭을 살 돈이 없다. 그녀는 이웃집 창을 통해 닭을 보게 되고 웨버는 엄마의 비통한 마음과 닭을 훔치려는 충동 그리고 단념을 시각적 기법과 편집을 통해 훌륭하게 표현했다.

미국의 탐험가로 광산업자의 아들이었던 로버트 플라어티Robert Flaherty도 사회 운동 차원에서 주류 영화에 도전장을 내밀었지만 접근 방법이 완전히 달랐다. 루이 르 프랭스와 뤼미에르의 직원, 멕시코 혁명을 촬영했던 카메라맨들처럼 플라어티도 배우를 기용하지 않았다. 그 결과 다큐멘터리 영화의 시초라고 할 수 있는 〈북극의 나누크Nanook of the North〉(미국, 1922)가 탄생하게 되었다. 이 작품은 알래스카 에스키모 이티비누이트 부족의 유명했던 사냥꾼인 나누크를 다루었다. 플라어티는 1913년부터 혹독한 추위의 북극에서 촬영했는데 이야기나 주제가 없이는 촬영한 분량이 긴박감과 드라마적 요소가 너무 부족하다는 것을 자각하게 되었다. 1920년에 북극에서 돌아온 그는 보다 전통적인 영화 제작 방식을 택하며 나누크와 그의 가족의 이야기에만 집중하기 시작했다. "백인들이 에스키모의 문화뿐만 아니라 인종까지 파괴

하기 전에 그들의 위엄과 특성을 보여주는" 것이 플라어티가 원하는 바였다. 그는 이티비누이트 부족이 바다코끼리를 사냥하고 이글루를 만드는 장면 등을 더 이상 잘 사용되지 않는 전통적인 방식으로 설정해서 촬영하기도 했다. 이런 설정된 촬영이 전례가 없었던 것은 아니다. 앞서 2장에서(57쪽 참고) 미국의 영화인들이 판초 비야의 전투를 어느 정도 설정해서 촬영했다고 언급했다. 플라어티는 일부 숏의 구도를 에스키모의 그림(54, 아래)에서 따왔고, 편집된 결과물은 무성 영화 시기에 자연에 도전하는 인간의 가장 위대한 장면 중 하나가 되었다. 이 영화는 국제적으로 명성을 얻었다. 나누크의 이름을 딴 아이스크림도 출시되었고 2년 뒤 나누크가 기아로 사망했을 때 세계 언론의 머리기사로 보도되었다. 플라어티는 1940년대 후반까지 영화를 만들었고 자신의 작품 〈북극의 나누크〉가 개척한 다큐멘터리 영화 시장이 꽃피는 장면을 목격할 만큼 오래 살았다. 다큐멘터리 영화는 1990년대까지 투자가 잘 안되거나 상영이 어려웠지만, 존 휴스턴John Huston의 〈빛이 있으라Let There Be Light〉(미국, 1946), 포루그 파로흐자드Forugh Farrokhzad의 〈검은 집Khaneh siah ast〉(이란, 1962), 클로드 란츠만의 〈쇼아〉(프랑스, 1985), 하라 카즈오原一男의 〈천황의 군대는 진군한다ゆきゆきて、神軍〉(일본, 1987), 막시밀리안 셸Maximilian Schell의 〈마를린Marlene〉(독일, 1983), 타판 보세Tapan Bose의 〈보팔Bhopal〉(인도, 1991), 유리스 포드니엑스Juris Podnieks의 〈젊은 게 쉬운가요?Vai viegli būt jaunam?〉(라트비아, 1987), 빅토르

54. 다큐멘터리 영화 〈북극의 나누크〉의 감독 로버트 플라어티는 장면(위)을 구성하기 위해 에스키모의 그림(아래)을 활용했다. 미국, 1922.

55. 〈예스타 베를링의 전설〉에서 엘리자베스 역을 맡았던 젊은 그레타 가르보. 이 장면에서 볼 수 있는 자연스러운 조명은 당시 스웨덴 영화의 특징이었다. 감독: 마우리츠 스틸레르. 스웨덴, 1924.

코사코프스키Viktor Kossakovsky의 〈스레다Sreda〉(러시아, 1997)처럼 감동과 여운이 짙은 작품들이 세계적으로 많이 탄생했다.

스웨덴의 빅토르 셰스트룀과 마우리츠 스틸레르는 1920년대에도 계속해서 자연주의적인 영화를 만들었다. 1919년부터 미국의 주류 영화들은 인공조명을 비춘 어두운 공간에서 촬영되었다. 하지만 스칸디나비아에서는 이런 블랙박스 형식의 촬영을 따라 하지 않았고 분산시킨 자연의 빛을 사용하는 것을 선호했다. 이후 이러한 기법은 더욱 자연스럽고 섬세한 영상을 만들었고 스벤 닉비스트와 네스토르 알멘드로스 등 세계 정상급 촬영감독들의 열정으로 인해 지켜졌다.

2시간 버전으로 난도질 되었던 스틸레르의 〈예스타 베를링의 전설Gösta Berlings saga〉(스웨덴, 1924)은 셀마 라겔뢰프의 소설을 매끄럽게 각색해 만든 작품으로 장중한 사실주의적 영상을 보여준다(55). 젊은 그레타 가르보는 엘리자베스 역으로 스타가 되었고 무성 영화 시기에 가장 수수께끼 같은 인물로 주목받았다. 같은 소설가의 작품을 각색해 만든 영화인 〈유령 마차Körkarlen〉(스웨덴, 1921)에서 셰스트룀은 주인공 역할도 겸하며 강렬한 장면들을 통해 이 시기에 그가 왜 최고의 감독으로 꼽히는지를 여실히 보여주었다. 〈유령 마차〉는 〈불관용〉(미국, 1916)과 〈길 위의 영혼〉(일본, 1921)의 구성을 더욱 발전시킨 것으로, 다비드 홀름이 새해 전야에 공동묘지에서 그를 데리고 가는 저승사자의 유령 마차에 술에 취한 채 앉아 웃는 장면이 나온다(56). 그리고 다비드가 살면서 저지른 비행을 보여주는 다섯 개의 이야기가 시간대별로 펼쳐진다. 이를 반영한 긴 회상 장면이 나오는데, 다비드가 공동묘지에서 유령 마차를 접촉하고 난 이후의 일들이 중간중간에 플래시 포워드로 펼쳐지기도 한다. 우리는 다비드의 아내가 아이들을 죽이고 자신도 자살할까 고민하는 모습을 이중 노출된, 그가 아내를 바라보는 장면으로 확인할 수 있다. 시간상으로 매우 복잡한 이 장면에 대해 한 평론가가 "1960년대 이전에는 세계 어느 영화에서도 확인된 바 없는 독특한 효과이며, 그것은 전체적으로 대단하다."라고 언급했다. 셰스트룀은 촬영감독 율리우스 야엔존Julius Jaenzon과 함께 자신의 작품 〈사랑의 갈등Ingeborg Holm〉(스웨덴, 1913), 〈죽음의 흙Ven Dömer〉(스웨덴, 1922)을 비롯한 동시대 스웨덴 영화들에서처럼 황량한 자연의 아름다움을 포착했는데, 이는 다비드가 허우적거리는 사회와 대조되었다. 셰스트룀 작품의 암울한 종교적 영향력은 덴마크 감독 라스 폰 트리에Lars von Trier 등 후세대 영화인들에게 영향을 미쳤다. 이러한 점은 폰 트리에의 작품 중 특히 〈브레이킹 더 웨이브Breaking the Waves〉(덴마크·영국, 1996) 속 스코틀랜드의 스카이섬을 묘사한 부분에서 뚜렷이 볼 수 있다.

56. 셀마 라겔뢰프의 소설 『유령 마차』를 각색해 만든 작품. 감독: 빅토르 셰스트룀. 스웨덴, 1921.

미국의 작가이자 감독이며 프로듀서였던 오스카 미쇼Oscar Micheaux는 1920년대에 영화를 제작할 때 스튜디오 영화와는 달리 현실적이고 사실적인 접근 방식을 취했다. 미쇼는 1884년에 해방된 노예의 아들로 태어났다. 그는 1919년부터 1948년까지 40여 편의 영화를 제작했는데, 자신의 작품에 대한 지분을 공동체에 팔거나 흑인 영화 지지자들에게 작품을 선판매하는 방식으로 제작비를 모았다. 그의 영화는 외

57. 흑인 영화의 개척자 중 한 명인 오스카 미쇼의 〈육체와 영혼〉(미국, 1924)에 나온 폴 로브슨. 이 영화는 현재 소수만 전해지는 미쇼의 작품 중 하나다.

설적이기도 했고 기술적으로 허술하기도 했지만 보통 노예 제도와 노예에 가한 폭력을 주제로 삼았는데, 거의 전해지지 않는다. 〈우리 문 안에서 Within Our Gates〉(미국, 1920)는 북부 후원자의 도움으로 흑인 아동을 위한 학교를 운영하려다가 처참한 결과를 맞게 되는 젊은 흑인 여성을 다룬 작품이다. 이 작품에서 솔직하게 묘사된 인종 차별에 대한 반발은 5년 전에 만들어진 〈국가의 탄생〉에 대한 미쇼의 응답이었을지도 모른다. 그의 다른 작품 〈육체와 영혼 Body and Soul〉(미국, 1924)에는 유명한 흑인 배우이자 가수였던 폴 로브슨이 교회에 다니는 흑인들의 신앙심을 이용하는 목사로 출연했다(57). 만일 미쇼가 워너 브라더스 같은 스튜디오에 영입되어 경력을 쌓았다면 흑인 영화가 어떻게 발전했을지 무척 궁금하다.

1920년대 인도는 성인의 삶을 다룬 영화를 꾸준히 제작했고 차후에 '올 인디아 All India'라고 불린 영화들은 특정한 신조나 지역적 특색이 없이 대륙의 다양한 지역과 종교, 공동체, 카스트에 어필하기 위한 판타지 영화였다. 이런 영화에 만족할 수 없었던 영화인들은 그 흐름을 거부했고, 빠르게는 1924년부터 사회적 인식이 높았던 감독들이 반체제적인 방향으로 가닥을 잡았다. 1920년대에 유명한 인도의 감독 중 하나인 호미 마스터 Homi Master는 팔케의 초창기 영화들(56쪽 참고)을 홍보하러 유럽에 갔다. 그는 1924년에 〈20세기 Bismi Sadi〉를 연출했는데, 이 작품은 인간의 문제를 묘사함으로써 사회 변화를 주장하는 개혁주의적 멜로드라마 장르를 개척했다. 이 영화의 주인공인 노점상은 봄베이에서 큰돈을 벌고 악덕 고용주가 되어 영국의 식민지 지배자들에게 아첨한다.

전직 공예가이자 화가였던 바부라오 파인터 Baburao Painter는 인도 영화의 주제에 마스터보다 더 큰 영향을 미쳤는데, 이러한 현상은 특히 마하라슈트라의 중앙 및 서부 지역에서 더 두드러졌다. 마스터처럼 그 역시 팔케의 〈하리쉬찬드라 왕〉(인도, 1913)으로부터 많은 영감을 받았으며 인도 영화에서 역사적·사회적 장르를 강조했다. 파인터는 그림을 배경으로 사용했고 렌즈 앞에 필터를 장착해서 영화의 회색과 검은색 색조를 조정했다. 인도 최초의 사회적 장르 영화는 〈인도의 샤일록Savkari Pash〉(인도, 1925)으로, 고리대금업자에게 땅을 빼앗기고 쫓겨난 소작농(V. 샨타람)이 고된 도시의 삶을 경험한다는 내용이다. 〈인도의 샤일록〉 속에서의 연기는 멜로 연기의 범주를 벗어나지 못했지만, 사회 문제를 부각하려는 개혁주의 성향은 이 작품을 당시 스튜디오 영화의 틀에서 벗어날 수 있게 했다.

58. 인도 최초의 사회 개혁주의적 영화로 꼽히기도 하는 〈인도의 샤일록〉의 한 장면. 감독: 바부라오 파인터. 인도, 1925.

미국에서도 이와 비슷한 목적을 가진 규모가 큰 영화가 제작되었다. 〈탐욕Greed〉(미국, 1924)은 제목 자체가 그 의도를 잘 설명해 준다. 이 작품의 시나리오를 쓰는 데 참여하기도 한 에리히 폰 슈트로하임 감독은 모든 반체제적 자연주의자가 공유하는 희망을 다음과 같이 표현했다. "영화로 훌륭한 이야기를 다루는 것은 가능하다… 관객이 현실이라고 믿을 수 있는… 그런 방법으로 말이다."

폰 슈트로하임은 오스트리아 빈 출신으로 귀족적 허세가 있는 밀짚모자 공장의 노동자였다. 1909년에 미국에 이민한 후 그는 배우가 되었는데, 특히 제1차 세계대전 기간에는 가학적인 프로이센의 장교 역을 맡기도 했다. 감독으로서 폰 슈트로하임의 첫 영화는 부유하고 문명화된 인간의 타락 및 도덕적 부패를 탐구했는데, 그것들을 최대한 사실적으로 묘사하려는 그의 집착이 반영되었다. 폰 슈트로하임의 스타일에는 자연주의 못지않게 상징주의와 표현주의가 동반된다. 그는 〈탐욕〉의 원작인 미국 작가 프랭크 노리스의 자연주의적 소설 『맥티그*McTeague*』의 모든 장면을 세심하게 촬영했다. 9개월간 촬영했던 이 작품의 제작비는 150만 달러가 들었고

59. 에리히 폰 슈트로하임의 〈탐욕〉에서 탐욕에 눈이 먼 아내를 연기한 자수 피츠. 초기 상영본의 이 장면에서 그녀가 몸에 문지르는 금화는 모두 필름에 금색을 입힌 것이었다. 미국, 1924.

첫 번째 편집본은 10시간 가까이 되었다. 폰 슈트로하임의 대표작인 〈탐욕〉은 삶의 어두운 면과 사랑 없는 결혼이라는 요소를 다룬다. 샌프란시스코에 사는 치과 의사 맥티그의 아내가 복권에 당첨되는데, 그녀가 탐욕에 사로잡힐수록 남편은 술에 찌들고 무일푼이 되어간다. 결국 그는 아내를 살해하고 데스밸리에서 촬영된 유명한 클라이맥스 장면에서 자신을 파산하게 만든 숙적을 죽이지만, 그 시체에 수갑으로 묶여버리게 된다. 〈탐욕〉은 희망을 그리지 않았던 미국 영화였다. 많은 평론가가 〈탐욕〉을 통해 인간에 대한 진실을 꾸밈없이 드러냈던 폰 슈트로하임의 시각을 19세기 러시아 문학과 비교했다. 한 놀라운 장면에서 맥티그의 아내는 벌거벗은 몸에 금화를 문지른다(59). 금화와 액자, 금니, 심지어 카나리아까지 영화에 등장하는 모든 금색의 요소는 필름에 손으로 직접 칠을 한 것이다. 또 다른 장면에서 맥티그는 썩은 고기를 내온 아내를 구타한다.

MGM은 10시간 가까이 되는 폰 슈트로하임의 〈탐욕〉을 못마땅해했고 이 영화를 4분의 1 분량으로 편집하도록 강요했다. 현존하는 버전은 그것보다는 조금 더 긴데 여전히 놀라운 작품이다. 하지만 보석과도 같았던, 거의 10시간에 달하는 원래 버전의 상실은 영화 역사에서 크나큰 손실이 아닐 수 없다. 1950년 파리에서 잘려 나간 버전을 관람했던 폰 슈트로하임은 "이는 내게 마치 시체 발굴과도 같았다. 작은 관 속에서 나는 수북한 먼지와 고약한 냄새, 작은 등뼈와 어깨뼈를 발견했다."[9]라고 흐느끼면서 말했다. 같은 해에 폰 슈트로하임은 빌리 와일더 감독의 〈선셋 대로Sunset Boulevard〉(미국, 1950)에서 퇴물이 된 여배우의 집사이자 전직 감독으로 분해 인상적인 연기를 펼쳤다. 팬레터를 거짓으로 꾸미고 그녀의 애완용 원숭이가 죽었을 때 성

대한 장례식을 치르는 등 그들의 세계는 너무나 작위적이었다. 폰 슈트로하임은 씀씀이가 커서 영화사는 그의 성에서 첫 자인 S를 $로 표기하기도 했다. 그는 영화 속에서 졸라나 도스토옙스키의 소설 못지않은 세세한 묘사로 인간의 본성을 보다 현실적으로 표현하려고 시도했다.

〈탐욕〉이 나오고 4년 뒤 MGM의 또 다른 영화가 동시대 미국을 폐쇄적인 낭만적 사실주의 영화보다 더 솔직하게 그렸으며 월가 붕괴 이전의 사회적 문제를 다룬 최고의 영화로 주목받았다. 킹 비더가 연출한 〈군중〉(미국, 1928)은 뉴욕으로 몰려든 이들 가운데 사무직 근로자 존과 그의 아내 메리의 이야기를 그렸다. 두 사람은 결혼해서 딸을 낳는데, 딸은 곧 사망한다. 그 사실을 받아들이지 못하는 존은 가슴을 울리는 한 장면에서 아기가 죽었다는 사실을 망각하고 아기가 깨지 않도록 도시의 소음을 막으려 한다. 그는 희망이 사라지자 자살하려고 마음먹지만 결국 샌드위치 가게의 광고물을 메고 다니는 보드맨으로 취직한다. 이 영화의 심오한 자연주의는 큰 능력과 욕망이 없는 남자가 상류층에 진입할 수 있다고 생각하지만 결국은 도달하지 못하는, 지극히 평범한 이야기를 당당하게 다룬다. 아메리칸드림은 망상이며 존이 매일 만나는 사람들은 그런 집착으로 인해 삶이 망가진다.

1894년 텍사스에서 부잣집 아들로 태어난 비더는 〈불관용〉을 보고 사랑에 빠졌으며 그와 같이 인간의 본질을 정면으로 보여주는 영화를 만들고 싶었다. 그는 영화계의 초기 지식인 중 한 명으로, 파리에서 어니스트 헤밍웨이와 제임스 조이스 등의 작가를 만났으며 감독 생활 후반기인 1964년에 만든 한 작품에 '형이상학 개론'이라는 부제를 붙이기도 했다. 비더의 작품은 여러 가지 면에서 매우 독특했다. 악당이 등장하는 법이 없었고, 그의 영화 중 그가 시나리오를 직접 쓰지 않았던 작품의 3분의 2는 여성이 쓴 것이었다. 이러한 사실은 비더가 남성과 여성, 모두의 시각을 그리는 게 가능했던 이유일 수도 있다. 남성적인 작품으로는 〈더 텍사스 레인저스The Texas Rangers〉(미국, 1936), 〈노스웨스트 패시지Northwest Passage〉(미국, 1940), 〈스타가 아닌 사나이Man without a Star〉(미국, 1955) 등이 있고 여성적인 작품으로는 〈스텔라 달라스Stella Dallas〉(미국, 1937)와 〈백주의 결투Duel in the Sun〉(미국, 1947) 등이 있다.

비더는 끊임없이 영화를 탐구했다. 〈군중〉은 뉴욕시를 주된 배경으로 촬영한 최

60. 하나의 시각적 아이디어를 세 명의 감독이 각자의 취향에 따라 발전시켰다. 위 사진은 각각 킹 비더의 〈군중〉(1928), 빌리 와일더의 〈아파트 열쇠를 빌려드립니다〉(1960), 오슨 웰스의 〈심판〉(1962)에 나오는 무미건조한 사무실 공간을 보여준다.

초의 영화로 꼽히기도 한다. 비더는 현실감을 더하기 위해 몰래카메라를 활용하기도 했다. 그리고 제임스 머레이라는 무명 배우를 주인공으로 발탁했다. 비더는 매우 복잡한 오프닝 숏을 설계했는데 이는 독일 감독들의 영향을 받은 것으로 이 부분에 대해서는 뒤에서 다시 설명할 것이다. 이 숏은 크레인에 달린 카메라로 사무실 건물을 드나드는 사람들로부터 틸트업 해서 건물의 창문을 통과해 많은 책상이 놓여 있는 사무실 공간으로 들어간 뒤에(60, 위) 주인공인 존의 책상으로 달리 인 한다. 이 시퀀스는 대도시 사무실의 불특정 다수를 매우 성공적으로 포착했으며, 와일더는 〈아파트 열쇠를 빌려드립니다〉(미국, 1960)에서 이와 같은 비더의 달콤하고 씁쓸한 삶의 묘사를 재현하기도 했다(60, 가운데). 오슨 웰스는 〈심판 Le Procès/The Trial〉(프랑스, 1962)에서 이 숏을 더욱 과장해 표현하기도 했다(60, 아래). 〈군중〉은 다른 나라의 영화에도 많은 영향을 끼쳤다. 소비에트 연방은 채플린의 영화에 대해서도 그랬듯이 〈군중〉을 자본주의에 대한 혁신적인 질타로 인지했다. 체탄 아난드Chetan Anand 등의 인도 감독은 〈군중〉을 〈택시

드라이버Taxi Driver〉(인도, 1954) 같은 서민의 삶을 그린 힌디어 영화의 시작점으로 잡기도 했다. 이 작품에 대한 불만이 팽배했던 MGM은 비더에게 일곱 가지의 다른 해피 엔딩을 촬영하도록 강요했다. MGM이 선택한 결말은 극장에서 존과 그의 아내가 가난한 실직자로 분한 광대를 보며 웃는 장면이었다. 자신들이 처한 상황이 무대 위에서 펼쳐지는 것을 보며 웃으면 카메라가 멀어지면서 그들은 관객 속에 섞인다.

〈군중〉은 두 차례의 세계 대전 사이의 영화사를 잘 함축하고 있다. 서민으로 구성된 군중 사회라는 주제는 비더의 영화뿐만 아니라 머빈 르로이Mervyn LeRoy의 뮤지컬 영화 〈1933년의 황금광들Gold Diggers of 1933〉(미국, 1933)과 프랑스의 르네 클레르, 장 비고, 마르셀 카르네 같은 감독의 영화에서도 찾아볼 수 있다. 도시의 역동성과 리듬 그리고 구도는 카메라라는 서구의 기계와 찰떡궁합이었다. 독일의 프리츠 랑Fritz Lang과 발터 루트만Walter Ruttmann, 소비에트 연방의 지가 베르토프Dziga Vertov 같은 영화인들은[10] 각각 〈메트로폴리스Metropolis〉(독일, 1927), 〈베를린: 대도시 교향곡Berlin: Die Sinfonie der Großstadt〉(독일, 1927), 〈카메라를 든 사나이Chelovek s kinoapparatom〉(소비에트 연방, 1929) 등 도시를 소재로 한 영화를 만들 때 가장 창조적이었다.

마지막으로 소개할 반체제적 자연주의 영화도 다른 많은 영화들처럼 일부분만 보존되어 있는데, 바로 플로리안 레이Florián Rey의 〈저주받은 마을La aldea maldita〉(스페인, 1929)이다. 파인터의 〈인도의 샤일록〉처럼 〈저주받은 마을〉 역시 도시로 이주하는 한 가족에 관한 이야기로, 변치 않는 전원의 가치를 기리며 많은 사람을 두렵게 만들었던 도시화라는 국가적 문제를 건드렸다. 스페인의 우익 정치인들은 이런 두려움을 사회의 현대화와 그로 인한 도덕적 퇴폐를 공격하는 데 이용했다. 이 영화 속 시골 풍경은 단순하면서도 회화적으로 촬영되었지만, 도시가 배경인 후반부에 접어들면서 편집의 속도는 증가한다. 그러나 레이가 주류 영화의 통상적인 허용치보다 더 강렬한 강도로 현실 세계를 응시했던 것은 몇몇 시퀀스에서였을 뿐이다.

웨버와 플라어티, 셰스트룀, 미쇼, 마스터, 파인터, 폰 슈트로하임, 비더, 레이의 영화는 형식이나 내용 면에서 볼 때 주류 영화와는 사뭇 달랐다. 그러나 그들의 사회적 인식이나 인류학적 야망, 자연주의적인 디테일에 대한 세심한 의식, 자본주의와 배타주의에 대한 불안감을 통해 그들의 영화는 폐쇄적인 낭만적 사실주의 영화에 투영된 세계의 관점이 얼마나 불완전한 것인지를 보여주었다. 이 감독들은 대부분 서로 만난 일도 없었고 사회적 친화력이나 결속력도 떨어졌다. 그러나 이 감독들이 연출한 작품은 그들이 도전했던 세계관을 가진 영화 스튜디오들이 자사의 명성을 알리는 데 사용하기도 했다. 폐쇄적인 낭만적 사실주의에 도전하면서 그들은 사람들 대부분이 영화에 적합하다고 생각했던 공간을 넘어서는 공간을 지향했다. 그 공간은 1930년대의 영국 감독들, 1945년 이후의 이탈리아 감독들, 1960년대 후반과 1970년대의 아프리카와 중동의 감독들에 의해 확장되었다. 그들의 형식적이고 사회적이며 자연주의적인 작품은 어떤 면에서 도피주의적인 영화보다 더 오래 살아남았다.

1920년대에 프랑스의 상업 영화는 위기를 겪었다. 1926년에 할리우드는 725편의 영화를 제작하며 시장을 주도했고 독일도 200편 넘게 제작했지만, 프랑스는 55편에 그쳤고 대부분은 작은 영화사에서 제작한 것들이었다. 영화 역사의 흐름으로 볼 때 성공했던 영화들은 대부분 제작 규모가 작고 멜로 영화를 탈피하고자 했던 독특한 작품들이었다. 하지만 1920년대 프랑스의 경우 자연주의가 대세는 아니었다. 클로드 모네와 카미유 피사로 같은 인상파 화가나 샤를 보들레르 같은 작가의 영향으로 제르맨 뒬락Germaine Dulac, 아벨 강스Abel Gance, 장 엡스탱Jean Epstein, 마르셀 레르비에Marcel L'Herbier 등의 영화인들이 현실 세계에 대한 인식의 복잡성과 눈앞에서 떠오르고 반복되는 심상을 포착하려고 노력했다.

뒬락은 비더 못지않은 지식인이었다. 부유한 집안 출신인 그녀는 〈적 같은 자매Les Sœurs ennemies〉(프랑스, 1916) 등의 작품을 만들게 되었으며 1917년에 그녀의 조력자가 되는 영화 이론가 루이 들뤼크Louis Delluc를 만났다. 그들은 세계 영화사에서 자의식적으로 혁신적인 영화 운동인 초창기의 아방가르드를 함께 발전시켰다. 들뤼크는 정신 분석학자인 지크문트 프로이트의 주장이 영화에 영향을 미칠 수 있다고 생각한 최초의 이론가였다. 뒬락은 자신의 영화를 상영한 후 "나는 외치고 싶어요. 문학과는 별개인 영화를 내버려 두라고."[11]라고 말했다. 『마담 보바리』 같은 이야기인 뒬락의 명작 〈미소 짓는 마담 보데La Souriante Madame Beudet〉(프랑스, 1923)에서 열정적인 보데는 일 중독자인 세일즈맨과 결혼해 시골 마을에 산다. 뒬락은 배우의 연기와 이

61. 〈미소 짓는 마담 보데〉는 주인공의 감정을 반영하기 위해 왜곡된 시각으로 느껴지는 기법을 사용해 촬영했다. 감독: 제르맨 뒬락. 프랑스, 1923.

야기 속 사건을 통해서뿐만 아니라 렌즈 앞에 거즈를 대고 카메라를 조작해서 주인공의 에로틱한 몽상과 분노의 감정을 표현했다(61). 보데가 어지러움을 느낄 때 렌즈 앞의 거즈는 그녀의 시점을 몽환적으로 표현하는 것을 가능하게 했다. 이는 그리피스가 배우를 아름답고 비현실적으로 보이도록 표현하기 위해 거즈를 사용했던 것과는 용도가 달랐다. 보데가 잡지에서 잘생긴 남자를 훔쳐보는 장면은 슬로 모션으로 촬영되었는데, 이는 마치 관객이 보데의 눈을 통해 환상을 보는 것과 같은 효과를 주었다. 시각적 왜곡은 그녀의 분노를 표현했다.

〈바퀴La Roue〉(프랑스, 1923)는 〈미소 짓는 마담 보데〉가 나온 직후에 제작된 영화로 몇몇 시퀀스에서 뒬락의 인상주의를 확장했다. 창작욕이 넘쳤던 파리의 영화인 아벨 강스가 시나리오를 쓰고 연출 및 편집까지 했던 〈바퀴〉는 그를 주목하게 만든 첫 작품으로, 〈기즈 공작의 암살〉(프랑스, 1908)을 만든 필름 다르에서 제작했다. 강스는 제1차 세계 대전 동안 군대에서 몇 달을 보냈던 경험을 토대로 파시즘에 관한

62. 아벨 강스는 〈나폴레옹〉에서 유명한 파노라마 장면을 펼치기 위해 세 대의 카메라가 각기 촬영했던 장면들을 이어 붙였다. 각 장면 사이에 이어 붙인 자국이 어렴풋이 보인다. 프랑스, 1927.

세 시간짜리 명상적 영화 〈나는 고발한다J'accuse〉(프랑스, 1919)를 연출했는데 〈바퀴〉는 그보다 더 혁신적이었다. 이 영화는 철도청 직원인 시시프와 그의 아들 엘리, 그리고 시시프가 입양한 딸 노르마 사이에 벌어지는 복잡 미묘한 삼각관계에 관한 이야기다. 알프스에서 엘리와 노르마의 남편이 다툰 후에 엘리는 절벽 끝에 혼자 남겨진다. 엘리의 지난 삶이 주마등처럼 스쳐 가는 것을 표현하기 위해 강스는 그와 노르마가 함께했던 순간들을 한 프레임씩 편집해서 붙였다. 각각의 프레임은 1/24초의 속도로 지나갔다. 이러한 효과로 영화에서 엘리의 과거는 빠른 순간에 혼란스럽고도 희미하게 표현되었다. 강스는 관객이 빠르게 지나가는 각각의 프레임을 명확히 보지 못할 것이라는 사실을 알고 있었지만 이를 통해 패닉 상태의 주인공이 느끼는 혼란스러움을 표현하고자 했다. 그 장면은 가히 혁명적이었고 예술가이자 시인이며 영화인이었던 장 콕토Jean Cocteau는 "피카소 이전의 회화와 이후의 회화가 있

듯이 영화도 〈바퀴〉 이전과 이후로 갈린다.”라고 극찬했다.

그때까지 이런 영화는 없었으며 〈바퀴〉는 무성 영화 시기의 영향력 있었던 영화 중 하나다. 제2차 세계 대전 이후에 활동한 일본의 영화감독 구로사와 아키라黒澤明는 〈바퀴〉에 대해 자기가 본 최초의 중요한 영화라고 말했다. 소비에트 연방의 감독 프세볼로트 푸도프킨Vsevolod Pudovkin, 세르게이 에이젠슈테인, 알렉산드르 도브젠코Alexander Dovzhenko는 모스크바에서 이 영화를 공부했다. 그리피스는 〈바퀴〉에서 사용된 기술이 매우 훌륭했다고 말했다. 이후 4년간 강스는 18세기에서 19세기에 걸친 생을 살았던 프랑스의 혁명가이자 국가적 리더이며 군인이었던 나폴레옹의 젊은 시절의 이야기를 통해 비극적 영웅의 삶을 다룬 4시간짜리 영화의 시나리오를 쓰고 연출과 편집까지 맡았다. 강스는 첫 번째 결투, 승마, 무도회, 전투 지휘 그리고 해상에서의 폭풍우 등 한 남자의 역동적인 인생의 순간들을 포착하기 위해 카메라의 이동을 거듭 연구했다. 그의 카메라는 단지 빠르고 흔들리며 돌격하는 장면뿐만 아니라 마치 나폴레옹의 인생처럼 구르고 휘청거리고 다시 일어나 질주하는 장면도 담아냈

63. 말의 안장에 카메라를 장착했던 기술은 〈나폴레옹〉의 위대한 이미지를 만들어 내는 데 일조했다. 감독: 아벨 강스. 프랑스, 1927.

다. 『로스앤젤레스 타임스』는 이 작품에 대해 "모든 영화의 영구적인 기준이 될 영화"라고 극찬했다.

〈나폴레옹Napoléon〉(프랑스, 1927)은 사관학교 시절의 소년 나폴레옹이 등장하는 프롤로그로 시작한다. 이 시퀀스에서 소년들은 스크린을 향해 주먹을 날리는데, 이 장면을 촬영할 때 강스는 혹시 모를 충격을 방지하기 위해 렌즈 주변을 털로 덮인 스펀지로 감싸는 기발한 방법을 사용했다. 이는 〈멋진 검객〉에서 게리 쿠퍼가 검을 휘두르는 장면에 사용된 방법보다 훨씬 더 진보된 것이다(78쪽의 사진 42 참고). 강스는 〈바퀴〉의 클라이맥스에 사용했던 기술을 〈나폴레옹〉의 대단원 시퀀스에 다시 사용해, 24프레임으로 구성된 1초의 액션 분량에 미소 짓는 소년 나폴레옹의 얼굴을 한 프레임씩 여섯 번이나 편집해 넣었다. 또한 코르시카섬에서 말을 타고 추격하는 장면을 찍을 때 말의 안장에 압축 공기식 카메라를 장착했다(63). 이 영화의 가장 유명한 부분에서 그는 폭풍우 속에서 작은 배를 타고 있는 나폴레옹의 모습을 혁명 협약 장면 속에 삽입했다. 폭풍우 장면은 스튜디오의 수조 안에 있는 배에 물을 퍼붓고 배의 측면은 엄청난 양의 물로 때려가며 촬영했다. 강스는 이러한 장면 삽입을 통해 혁명 협약이 정치적 압력의 폭풍우였다는 메시지를 전달했다. 이를 시각적으로 강조하기 위해 그는 거대한 추에 널빤지를 매달았다. 그리고 카메라를 이 널빤지에 장착하고 좌우로 호를 그리듯 흔들었다. 이 영화의 클라이맥스는 나폴레옹이 이탈리아에 입성하는 장면이다. 이 시퀀스에서 강스는 세 대의 카메라를 쌓아 올려 촬영함으로써 전설적인 〈카비리아〉와 〈불관용〉의 이미지를 능가하는 이미지를 만들었다. 카메라는 조금씩 다른 각도로 설치되어 전투 장면을 촬영했으며 나중에 각각의 카메라가 촬영한 장면들을 이어 붙여 동시에 상영해 하나의 큰 파노라마 뷰를 만들어 냈다(62). 1900년 파리 만국 박람회에서 좌절을 안겨주었던 파노라마 이후에 이런 장면은 없었으며 관객은 이 광경을 다 보기 위해 고개를 돌려야만 했다. 세 개의 스크린이 사용되었던 이 기술은 후에 엄청나게 넓은 스크린에 몇 대의 영사기를 동원했던 시네라마Cinerama 기술의 원동력이 되었으며, 이런 방식으로 처음 상영했던 영화는 〈서부 개척사How the West Was Won〉(미국, 1962)였다.

〈나폴레옹〉은 드물게 원래의 포맷인 파노라마로 환호와 갈채 속에 상영되었지만, 막대했던 제작비는 강스의 자립을 어렵게 만들었다. 프랑스 영화계의 선봉적 리더였지만 강스는 결국 프랑스 영화 스튜디오를 위해 일하며 인상주의 영화 운동을 전개한 이들과 마찬가지로 자신의 스타일을 수정했다. 1950년대에 여러 버전의 〈나폴레옹〉이 존재했지만, 영국의 역사학자 케빈 브라운로우가 이 작품의 네거티브를 복원해 1979년 콜로라도주에서 열린 텔루라이드 영화제에서 상영하면서 예전의 명성을 되찾게 되었다. 90세였던 강스는 이 영화제에 참석했다. 텔루라이드 영화제나 이후 런던 및 뉴욕의 프리미어 행사에서 이 상영본을 본 많은 관객이 역사상 가장 위대한 영화라고 극찬했다. 강스는 프랜시스 포드 코폴라가 후원했던 〈나폴레옹〉의 뉴욕 프리미어 행사가 있은 지 2주 후에 92세의 나이로 사망했다. 코폴라의 〈지옥의 묵시록Apocalypse Now〉(미국, 1979)은 규모나 제작 방식 면에서 〈나폴레옹〉과 유사한 과정을 밟아갔던 영화였다.

〈나폴레옹〉이 소개되기 2년 전, 전직 평론가였던 독일의 영화감독 E. A. 뒤퐁E. A. Dupont은 독일에서 영화를 만들었는데, 그 영화는 어느 나라에서 만들었는지에 상관없이 프랑스 인상주의 색이 짙었다. 〈버라이어티Varieté〉(독일, 1925)는 감옥에서 시작해서 감옥으로 끝나는 영화로, 곡예사로 분한 독일의 유명한 배우 에밀 야닝스가 자신의 지나간 삶을 회상하는 내용이다. 그는 공중그네 곡예사와 눈이 맞아 달아나는데, 이후 그녀가 젊은 남자와 사랑에 빠지는 것을 목격하고 그 남자를 살해한 뒤 경찰에 자수한다. 촬영은 카를 프로인트Karl Freund가 담당했다. 오스트리아 출

64. 뒤퐁의 〈버라이어티〉에서 반半추상적인 이미지를 창조했던 촬영감독 카를 프로인트. 독일, 1925.

신의 촬영감독인 그는 1920년대에 괄목할 만한 영화들을 촬영했고 독특한 표현주의 영화 〈미이라The Mummy〉(미국, 1932)를 연출했으며, 이후 1950년대에 미국의 텔레비전 코미디물을 촬영하고 은퇴했다. 프로인트는 강스 못지않게 사적이고 주관적으로 카메라를 사용했다. 야닝스가 다른 남자와 함께 있는 자기 여자를 질투 가득한 얼굴로 주시할 때 클로즈업된 그의 눈을 보면 마치 조명이 변화하는 듯 느껴진다. 이후 카메라는 초점이 나간 흐릿한 배경 앞의 여자를 비춘다. 동일한 숏에서 초점은 그녀의 옆에 있는 내연남에게로 옮겨간다. 이것은 시선과 갈망의 복잡한 기하학적 구도를 보여주는 많은 시퀀스 중 하나다. 이후에 공중그네 위에 장착된 카메라는 관중의 머리 위를 왔다 갔다 하며 〈나폴레옹〉의 혁명 협약 장면에서처럼 좌우로 움직였다. 그네 아래의 관중은 쳐다보거나 동요하지 않고 아주 태평하게 서로 웃고 떠든다. 이 효과는 놀랍도록 현대적이다. 공중그네 곡예사들은 마치 반사되는 물질로 만든 옷을 입은 듯 높은 공중에서 밝게 흔들리며 추상화와도 같은 효과를 냈다. 〈버라이어티〉는 미국에서 다른 인상주의 영화들보다 더 널리 상영되었고, 촬영감독들이 카메라를 더 많이 움직이기 시작한 계기가 되었다.

1920년대의 자연주의자들이 영속하는 현실감을 영화에 불어넣은 데 반해 프랑스 인상주의자들의 혁신성은 1928년을 기점으로 사멸되었다. 왜 그랬을까? 그 이유는 그들이 탐구했던 이미지 인지에 필요한 속도가 인간의 시각적 인지 능력에 맞춘 영화의 속도보다 훨씬 더 빠른 것이었기 때문일지도 모른다. 프랑스 인상주의자들의 영향은—주로 강스의 작품을 통해서였지만—에이젠슈테인 등 소비에트 연방의 감독들에게 가장 파급력이 컸고, 그들의 빠른 편집(〈미소 짓는 마담 보데〉의 평균 숏 길이는 5초로 당시 미국 영화의 평균 숏 길이보다 짧았다)은 순간적인 슬로 모션과 빠른 패닝panning이 사용된 뮤직비디오의 영향을 받은 1980년대 미국 영화 제작 기술의 전신이었다고 주장해 볼 수도 있을 것이다.

이웃 나라인 독일에서는 영화를 보다 심오한 용도로 활용하려고 시도했다. 뒬락과 강스는 작품을 통해 순간적인 감정 및 숨어 있는 감정을 표현하려는 시도를 했지만, 로베르트 비네Robert Wiene, 프리츠 랑, 프리드리히 빌헬름 무르나우는 인간의 원초적이고 억눌린 면에 관심이 더 많았다. 섬세함과는 대조적으로 비뚤고 파편적인 작업을 했던 표현주의 화가 및 무대 디자이너로부터 영감을 받은 그들은 표현주의 영화를 만들었다. 30편 남짓만 제작되었지만 그 영화들은 1918~1928년에 가장 주목할 만한 작품들이었으며 세계 곳곳으로 수출되었다. 독일은 끔찍한 전쟁에서 패했고 경제는 바닥으로 곤두박질쳤지만 영화 산업은 오히려 프랑스보다 더 확장되었다. 전쟁이 시작될 즈음에는 25개밖에 없던 영화사들이 1918년에는 130개로 급증했다. 독일은 1916년에 해외 영화의 반입을 금지했고 그 방침은 1920년까지 유지되었다. 그러므로 이 기간에는 자국의 영화인들을 위한 시장이 보호되었고 영화사들은 영화를 활발하게 제작했다. 엉망진창이 된 전쟁 이후의 국가 경제와 인플레이션으로 화폐 가치가 떨어졌고 그만큼 독일 영화는 해외에 싼값에 수출되었던 반면 해외 영화의 반입은 상대적으로 비용이 많이 들었다. 이런 현상이 수입보다는 수출을 독려했다. 어려운 시기에도 독일 정부는 영화 산업을 적극적으로 지원했다.[12]

이것이 독일 표현주의 영화를 활성화한 동기가 되었을 뿐만 아니라, 서구에서 폐쇄적인 낭만적 사실주의에 처음으로 도전한 영화로 평가받는 작품이 만들어졌던 배경이다. 로베르트 비네가 연출한 〈칼리가리 박사의 밀실Das Cabinet des Dr. Caligari〉(독일, 1920)은 채플린이 첫 장편 영화를 만들기 전, 미키 마우스가 탄생하기 전, 투탕카멘의 무덤이 발견되기 전, 레닌이 사망하기 전, 일본의 히로히토 천황이 즉위하기 전에 제작되었다. 사진 65는 〈칼리가리 박사의 밀실〉이 얼마나 논란거리였는지를 보여준다. 미국과 영국, 프랑스의 영화 스튜디오들은 자연광을 모두 차단한 세트 촬영을 지향했고 스칸디나비아는 그 반대였는데, 비네와 미술감독 헤르만 바름Hermann Warm, 발터 라이만Walter Reimann, 발터 로리그Walter Röhrig는 세트 및 자연광 촬영과는 또 다른 방식을 발견했다. 그들은 세트의 조명은 그저 밋밋하게 해놓고 그 대신 벽과 바닥에 직접 빛줄기와 그림자를 그렸다. 이러한 효과는 자연주의적 영화 조명에 스타일을 더한 것으로 마치 자연주의적 조명법을 비웃기라도 하는 것 같았다.

이야기는 상자 안에 상자, 또 그 상자 안에 상자가 있는 것 같은 구성이었다. 학생인 프란시스가 박람회장에서 본 몽유병 환자, 체사레에 대해 이야기한다. 체사레는 밤에 프란시스의 친구 중 한 명인 알란을 포함해 자신의 주인 칼리가리 박사의 적들을 살해한다. 미모의 젊은 여성을 납치하는 과정에서 체사레는 죽고 프란시스는 지역

65. 로베르트 비네의 명작 〈칼리가리 박사의 밀실〉의 세트에 그린 빛줄기와 그림자. 독일, 1920.

정신 병원에 가게 되는데, 그 병원의 원장이 바로 칼리가리임을 알게 된다. 카를 마이어Carl Mayer와 한스 야노비츠Hans Janowitz는 정치적인 관점에서 이 영화의 시나리오를 집필했다. 칼리가리는 악의적이고 지배적인 독일 정부를 의미했고 체사레는 그 정부에 의해서 농락당하는 일반 서민을 상징했다. 비네와 프로듀서 에리히 포머Erich Pommer는 영화의 도입부뿐만 아니라 프란시스가 이야기를 완성하고 정신 병원으로 돌아와서 체사레가 죽지 않았다는 사실을 자각하는 결말을 추가함으로써 영화의 정치색을 희석하려고 했다. 프란시스는 이러한 사실이 드러나자 두려움에 떤다. 프란시스는 당시에 감금되어 있었고 친절한 의사인 척하는 칼리가리 박사는 그를 도울 수 있다고 주장한다. 영화 전체가 결국 정신 이상이 있는 프란시스의 꿈으로 밝혀진다. 독일의 유명한 배우였던 비네의 아버지는 말년에 정신 이상 증세를 보였고 이는 비네가 영화 속에서 사회적 문제보다 정신병을 더 크게 다루었던 이유였을지도 모른다.

저예산 영화인 〈칼리가리 박사의 밀실〉은 촬영하는 데 채 3주도 걸리지 않았다. 세트는 대부분 그림을 그린 캔버스를 이용했고 의상도 저렴하게 제작했다. 극도의 표현주의적 이미지는 영화에 관한 근본적인 질문을 불러일으켰다. 영화의 이미지는 과연 누구의 관점을 대변하는가? 만일 관객의 관점을 대변한다면 등장인물의 행동이 계속 비현실적이거나 미친 듯하더라도 관객이 미친 것은 아니기에 이미지는 정상적이고 자연스럽게 보여야 했다. 만일 19세기 소설의 내레이터와 흡사한, 객관적이며 모든 것을 보는 이야기꾼의 관점을 대변한다면 이 이야기꾼은 세상을 왜곡되게 보지 않을 것이다. 어쩌면 감독은 몽유병자에 대한 자신의 관점을 피력했는지도 모른다. 하지만 비네는 정신적인 문제가 없었고 1950년대 후반에 각종 영화적 스타일이 폭발적으로 증가하기 전에는 관객도 감독의 시각처럼 세상을 명확히 바라볼 수 있었을 것이다. 앞서 제기한 질문에 대한 답은 결국 이 영화는 정신 이상자인 프란시스가 한 이야기였음을 보여주는 포머와 비네의 새로운 도입부와 결말에 깔려 있을지도 모른다. 칼리가리의 이미지, 잘린 공간, 비뚤어진 빛줄기, 비비 꼬인 선들, 힘이 들어간 행동, 마치 정지된 듯 멈춰 있는 순간들은 프란시스의 정신 상태를 표현한 것이다. 그러나 끝부분에서 관객이 프란시스의 왜곡된 시점에서 빠져나오고 그를 정상적인 시각으로 관찰할 때도 이미지는 여전히 정상적이지 않게 표현된다. 영화 전체가 등장인물의 정신 상태를 반영한다는 생각 자체에 모호함이 많다. 영화 자체도 일정 부분 불안정하다고 생각하면 마음이 편하다.

최근에 복원된 상영본을 보면 〈칼리가리 박사의 밀실〉은 무성 영화 중 가장 아름다운 영화다. 이 영화는 베를린에서 선풍적인 인기를 끌었고 프랑스에서도 막강한 영향력을 발휘했으며 이후 미국에서도 그랬다. 비네는 유명한 독일 감독 중 유일하게 할리우드로 건너가지 않았지만, 이후에 프리츠 랑, 빌리 와일더, 마이클 커티즈, 로버트 시오드맥 등 유럽 출신의 감독들이 할리우드에서 만들었던 어두운 스릴러

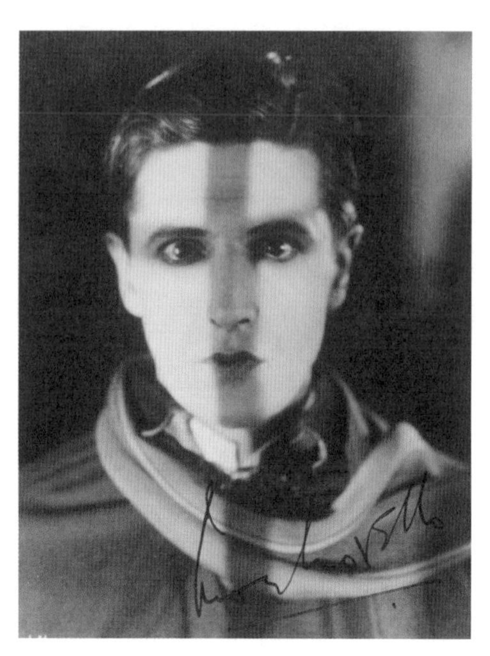

66. 앨프리드 히치콕은 〈하숙인〉(영국, 1926)을 촬영할 때 독일에서 보았던 그림자를 사용한 조명법을 활용했다.

는 영화 이미지의 관점이 등장인물의 것이거나 관찰자의 것이거나 모두 모호할 수 있다는 중요한 교훈을 남겼던 〈칼리가리 박사의 밀실〉의 영향이 없다고 말하기는 불가능하다. 영화는 형식과 내용에서 점점 더 복잡해지고 있었다.

유럽에서 〈칼리가리 박사의 밀실〉을 필두로 한 표현주의 영화 운동은 프리츠 랑과 프리드리히 빌헬름 무르나우 같은 감독들의 영화에 영향을 미쳤다. 1924~1925년에 독일에서 일했던 앨프리드 히치콕은 그 영향을 받아 처음으로 그의 독특함이 돋보였던 영화 〈하숙인The Lodger〉(영국, 1926)을 연출했다(66). 1920년대에 비서구적인 평면적 화면 구성과 변사를 활용했던 일본의 영화도 표현주의의 영향을 강하게 받았다. 기누가사 데이노스케衣笠貞之助는 1918년에 일본의 전통적인 방식대로 여자 흉내를 내는 배우로 영화계에서 일을 시작했다. 1922년에 접어들면서 그는 개인적으로 곰브리치의 주장에 입각한 서양의 영화 제작 방식을 도입하고자 했던 몇 안 되는 일본 감독이 되었다. 그것은 〈불관용〉의 영향을 받아 〈길 위의 영혼〉을 만들었던 무라타도 성취하지 못했던 것이다. 일본 영화사 전문가인 노엘 버치는 "일본 영화계도 알았다… 서양의 창작 방식에 반응하는 예술가 중에 기누가사가 최초라는 것을."[13]이라고 말하며 이를 강조했다.

〈칼리가리 박사의 밀실〉과 〈바퀴〉를 모두 관람한 뒤 기누가사는 〈미친 한 페이지狂った一頁〉(일본, 1926)를 연출했다.[14] 이 작품은 아기가 물에 빠져 죽은 후 자살을 시도했던 아내가 수용된 정신 병원에서 일하는 한 노인에 관한 이야기다. 노인은 거기서 일하면 아내를 도울 수 있을 것이라고 생각했지만 그의 정신은 피폐해져만 간

다. 오른쪽 사진(67)에서 볼 수 있듯이 〈미친 한 페이지〉는 〈칼리가리 박사의 밀실〉처럼 형식적으로 디자인되지는 않았다. 〈칼리가리 박사의 밀실〉과의 공통점은 뒤죽박죽인 정신병원의 이미지, 겹치는 이미지, 회상장면 그리고 상징적인 이미지가 정신적으로 피폐해진 남편의 시점을 대변하는 것은 아니라는 사실이다. 남편이 창문을 통해서 보는 장면들은 그의 전생의 기억으로 읽을 수도 있지만, 단지 등장인물뿐만 아니라 영화 전체가 혼란스럽고 모호하다. 〈칼리가리 박사의 밀실〉과 〈미친 한 페이지〉는 실제 세계와 정신세계의 이야기를 동시에 펼침으로써 주류 영화의 명확함에 도전장을 던졌다. 〈미친 한 페이지〉의 필름은 오랜 시간 동안 유실된 것으로 알려져 있었는데 기누가사는 1971년 자신의 정원에 있는 창고에서 필름을 발견했다. 그가 음악 작업도 다시 한 새로운 상영본을 만들고 세계 곳곳에 배급했을 때 많은 사람은 그 영화가 1920년대에 만들어진 가장 사적인 일본 영화라고 생각했다.

67. 정신 병원이 배경이 된 또 하나의 영화. 아내가 수용되어 있는 정신 병원에서 일하는 한 노인의 이야기를 그린다. 〈미친 한 페이지〉. 감독: 기누가사 데이노스케. 일본, 1926.

혁신적인 1920년대 영화계에는 정신병을 주제로 한 영화가 유행했다. 독일에서는 빈 출신 건축가의 아들인 프리츠 랑이 칼리가리 박사 유형의 또 다른 의사를 창조했다. 랑이 창조한 의사는 마부제 박사였다. 랑의 이색적인 모험극 〈거미Die Spinnen〉(독일, 1919/1920)가 성공을 거두자 프로듀서인 포머는 랑에게 〈칼리가리 박사의 밀실〉의 연출을 제안했지만, 그는 일부 사전 작업에만 참여했다. 1922년에 개봉한 〈마부제 박사Dr. Mabuse, der Spieler〉는 정신은 온전하지만 범죄자인 인물을 묘사한다. 마부제 박사는 백작 부인을 납치하고 도박으로 그녀의 백만장자 남편을 파산하게 만든다. 이후 그는 자신을 기소한 검사에게 자살을 유도하는 최면을 건다. 마침내 법망이 마부제 박사를 조이고 그는 미쳐버린다. 〈칼리가리 박사의 밀실〉과 마찬

68. 프리츠 랑의 〈메트로폴리스〉 포스터에서 미래가 아르 데코Art Deco를 만난다. 이 영화의 성공은 직선적 디자인과 도시 이미지를 대중화했다. 독일, 1927.

가지로 〈마부제 박사〉는 도덕성이 추락하고 무법 지대가 된 1920년대의 독일을 비판하려는 의도였지만 시각적 스타일은 〈칼리가리 박사의 밀실〉보다 못했다. 그 대신에 〈거미〉에서 그랬던 것처럼 랑의 서사적 섬세함은 표현주의적이었다. 마부제의 본능은 과도하며 등장인물들의 풍요롭고 퇴폐적인 삶 이면에는 원초적인 욕구가 깔려 있다. 랑은 나치를 피하기 위해 새로운 독일 영화계의 요직을 거부한 채 고국을 떠났고 그 이후에 연출했던 미국 영화들에서 볼 수 있듯이 표면적 가벼움보다는 사회구조의 긴장감을 강조했다.[15]

이러한 영화들은 건축학적 요소를 상기시켰다. 그중에서도 〈메트로폴리스〉(독일, 1927)는 말 그대로 복잡한 사회 구조에 관한 것이었으며 무성 영화 시대의 가장 인상적인 영화가 되었다. 2000년이 배경인 이 영화는 대도시의 노동자와 고용주 사이의 충돌을 그린다. 노동자의 분노는 마리아라는 성녀 같은 젊은 여성의 이상한 힘으로 해소된다. 마부제와도 같은 산업 고용주는 마리아를 연상케 하는 로봇을 제작함으로써 노동자 사이에 내란을 조성한다

(72쪽의 사진 39 참고). 로봇은 대중을 농간하는 데 성공하고 그들의 혼란을 부추긴다. 그러나 마리아와 산업 고용주의 아들이 도시를 구하고 노동자와 고용주는 다시 협력한다. 〈메트로폴리스〉는 촬영 기간만 18개월 가까이 소요되었고 200만 피트에 더해 추가적으로 3만 6000피트의 필름을 사용했다. 촬영은 뒤퐁의 〈버라이어티〉를 촬영했던 카를 프로인트가 맡았다. 이 영화의 특수 효과를 담당했던 오이겐 슈프탄Eugen Schufftan은 거울을 이용해서 미니어처 세트를 렌즈에 반사시키고 전경에는 인물을 배치해 같이 촬영하는 기법인 '슈프탄 프로세스'를 고안했다. 그는 나중에 촬영감독이 되었으며 〈안개 낀 부두Le Quai des brumes〉(프랑스, 1938)와 〈허슬러The Hustler〉(미국, 1961) 등의 영화를 촬영했다.

이 시기 독일 영화의 핵심적 주제는 사회적 통제와 정신적 피폐였다. 〈메트로폴리스〉의 도시 배경, 로봇 공학, 지하 세계를 그린 도상, 착취와 도시의 파라다이스에 관한 관심 등은 후세대 공상과학 영화에 많은 영향을 미쳤다. 〈군중〉을 통해 표현주의적 성향을 보였던 비더도 〈메트로폴리스〉를 인상 깊게 보았다. 이 영화는 복원된 후 최근 수십 년간 몇 번이나 재개봉했으며, 한번은 에너지 강한 댄스 음악을 배경음악으로 입히기도 했다. 1970년대 후반에 시작된 폭발적인 미국의 팝 문화도 이 영화를 자원으로 사용했다. 〈스타워즈Star Wars〉(조지 루카스, 미국, 1977)에 등장하는 로봇인 C3PO와 〈블레이드 러너Blade Runner〉(리들리 스콧, 미국, 1982)의 미래 도시 그리고 〈배트맨Batman〉(팀 버튼, 미국, 1989) 속의 많은 요소도 〈메트로폴리스〉에서 가져왔다. 데이비드 핀처가 연출한 마돈나의 「익스프레스 유어셀프Express Yourself」 뮤직비디오도 마찬가지였다. 〈메트로폴리스〉는 아돌프 히틀러도 좋아했던 영화이며 전설적인 세트 디자인은 건축가 알베르트 슈페어에게도 많은 영감을 주었다. 1943년, 마우트하우젠 나치 강제 수용소의 수감자들이 거대한 경사로 건설에 동원되었을 때, 그들은 이를 〈메트로폴리스〉와 비교했다.[16]

프랑스 영화 평론가들이 영화 역사상 최고의 작품으로 꼽은[17] 독일의 마지막 위대한 무성 영화는 미국에서 만들어졌다. 〈일출Sunrise〉(미국, 1927)을 연출한 프리드리히 빌헬름 무르나우는 무성 영화 시기의 가장 재능 있는 감독일 것이다. 그는 예술과 문학을 공부했고 이후 몽환적인 뱀파이어 영화 〈노스페라투Nosferatu〉(독일,

69. 〈메트로폴리스〉와의 차이점은 이보다 더 명백할 수 없다. 〈일출〉의 자연주의적 배경과 낭만적인 조명. 감독: 프리드리히 빌헬름 무르나우. 미국, 1927.

1922)와 도어맨에 관한 풍자 드라마 〈마지막 웃음Der letzte Mann〉(독일, 1924)을 연출하며 자신을 알렸다. 〈일출〉은 마스터와 비더, 레이 등의 감독들이 만든 1920년대 영화처럼 시골과 도시의 가치를 비교하는 내용이다. 이 작품에서의 삼각관계도 강스의 〈바퀴〉와 뒤퐁의 〈버라이어티〉에서처럼 매우 상투적이다. 행복한 결혼 생활을 하고 있던 한 시골 남자가 도시 여자에게 유혹당하는데, 그 여자는 남자에게 아내를 물에 빠뜨려 죽이라고 사주한다. 차마 그렇게 할 수 없었던 남자는 아내와 함께 강 건너 도시로 여행을 가고 그들은 매우 행복한 하루를 보낸다. 다시 시골로 돌아오는 길에 아내는 폭풍우로 인해 물에 빠지고 생사를 알 수 없게 된다. 비탄에 잠긴 남자는 도시 여자의 목을 졸라 죽이려고 한다.

이러한 대강의 줄거리는 〈일출〉의 기본적인 요소는 설명할 수 있어도 작품의 시적인 느낌은 묘사하지 못한다(69). 무르나우는 이 작품을 원래 독일에서 촬영할 생각이었지만 특이하게도 할리우드는 그에게 미국의 거대한 도시 배경과 막대한 조명 장비 등을 제시하며 연출을 제안했다. 〈칼리가리 박사의 밀실〉의 표현주의적 기법을 염두에 두고 실내의 벽은 비스듬히 세웠으며 등장인물의 왜곡된 시각을 반영하기 위해 천장은 비탈지게 만들었다. 사실상 영화에 대한 무르나우의 관념은 단정 지어 설명하기 어렵다. 이후 무르나우는 로버트 플라어티와 협업해서 다큐멘터리 같은 영화 〈타부Tabu〉(미국, 1931)를 만들었으며 1930년대 프랑스의 시적인 사실주의자들은 그를 자신들의 스승으로 생각했다. 〈일출〉은 이후 존 포드가 연출한 〈네 아들Four Sons〉(미국, 1928)과 〈밀고자The Informer〉(미국, 1935) 등 미국의 표현주의 영화에 많은 영감을 주었다.

이제 동쪽으로 눈을 돌려보면 소비에트 연방에서 폐쇄적인 낭만적 사실주의와 가장 뚜렷하게 상반되는 1920년대의 마지막 영화적 움직임을 포착할 수 있다. 1924년부터 1930년까지 마르크스주의적 성향을 지닌 젊은 영화인들은 관객의 지적 호기심을 자극할 수 있는 편집의 힘에 심취해 있었다. 상업 영화가 시작된 뒤 20년간 발전되어 왔던 영화 편집의 연속성과 숏/리버스 숏 배치 등을 거부하고 이야기나 행동의 관습적인 흐름 속에서 서로 상관없는 숏들을 병치하기 시작했다. 서로 상관없는 숏들이 병치되어 있을 때 관객은 동요하지만, 대신에 그 숏들 사이의 상관관계를 정치적이거나 은유적인 요소로 파악하고자 하는 지적 호기심이 발동한다는 것이 그들의 논리였다. 이런 상관관계는 사람의 사고 체계를 가동하므로 영화는 서민을 계몽하고 또 복종하도록 만들기에 이상적인 매체라고 할 수 있는 것이다.

앞서 우리는 예브게니 바우어, 야코프 프로타자노프, 보리스 바르넷 등 이미 세 명의 러시아 영화감독에 대해 언급했다(58~59쪽, 97쪽 참고). 바우어는 1917년에 새로운 영화의 촬영지를 찾던 중 사망했다. 1917년 혁명 이후에 프로타자노프는 러시아를 탈출해야 한다고 직감했고 다른 많은 사람처럼 프랑스에서 영화 제작을 도모했다. 하지만 그는 귀국을 권유받았고 1924년에서 1943년까지 〈지참금 없는 여인Bespridannitsa〉(소비에트 연방, 1936) 같은 멜로드라마와, 오늘날 잘 상영되지는 않지만 높은 평가를 받는 〈토르초크의 재단사Zakroyshchik iz Torzhka〉(소비에트 연방, 1925) 등의 코미디를 연출했다. 바르넷은 혁명 전까지 영화계에 발을 들여놓지 않았다. 앞서 1920년대 코미디 영화에 관한 부분에서 언급했던 〈모자 상자를 든 소녀〉가 그 시기 바르넷의 최고 작품이다. 그는 1950년대와 1960년대에 정부나 평론가 또는 자신이 만족할 수 있을 만한 영화를 만들지 못했다. 바르넷은 1965년에 자살했다. 이 감독들 외에 전직 배우였던 올가 프레오브라젠스카야Olga Preobrazhenskaya가 1916년부터 영화를 만들기 시작했다. 그녀는 선구적인 여성 장편 영화 감독이 되었다. 그녀의 작품 〈랴잔의 여자들Baby ryazanskie〉(소비에트 연방, 1927)은 루비치 영화들의 신선함 그리고 생생한 비극적 감성을 갖췄다.

볼셰비키는 '프롤레타리아 독재'를 수립해 국가 전체의 삶을 재정비하려고 시도했다. 새로운 정권하에서 영화는 주력 산업이 아니었지만, 리더였던 레닌이 1922년에 "우리에게는 모든 예술 중에 영화가 가장 중요하다."라고 언명했다. 그 이후에, 특히 1924년 이후에 소비에트 연방의 영화 세계는 실험적이고 두뇌 집단과 밀착된 요소들을 다루었다. 그 근거지는 전직 패션 디자이너 레프 쿨레쇼프Lev Kuleshov가 이끌었던 모스크바 영화 학교였는데, 쿨레쇼프의 목표는 새로운 사회 질서에 맞는 영화적 실험을 하는 것이었다. 쿨레쇼프는 새로운 영화 기법의 '설계'를 언급했는데 그가 은유한 것은 기계였다. 우크라이나 등 소비에트 연방에 속하는 다른 공화국의 영화인들이 기계화된 일부 철학을 인간화하기는 했지만, 세계 영화계의 가장 위대한 혁신은 이 영화인들이 스키마를 확장하려 했을 때뿐만이 아니라 그것을 조각조각 해체하려 했을 때에도 이루어졌다.

그 진행 속도는 참으로 흥미롭다. 1919년 객차에 극장과 영화관이 있는 아지프로agitprop(선동과 선전) 기차가 모스크바에서 출발했다(70). 아지프로 기차는 레닌의 개혁과 교육, 위생, 금주령을 포함한 새 정권의 정책을 선전하기 위해 인쇄물을 배포했고 공연을 했으며 영화를 상영했다. 영화 부문은 21세의 강인한 스웨덴 출신의 촬영감독 에두아르 티세가 주도했다. 그는 곧 소비에트 몽타주 시기의 가장 유명한 영화를 촬영하게 된다. 이 기차의 용도 중 하나는 다큐멘터리 영화 상영뿐만 아니라 촬영이었다. 티세 작품의 편집을 담당했던 20세의 시인이자 음악가 다비트 카우프만은 자신의 이름을 우크라이나어와 러시아어를 합친, '회전하는 팽이'라는 의미의 지가 베르토프로 바꾸기도 했다. 다음 해에 베르토프의 진화와 다른 영화인들의 방법론에 지대한 영향을 미치게 될 중요한 작품이 외국에서 들어왔다. 〈불관용〉의 상영본이 해외 수입의 봉쇄망을 뚫고 들어오게 된 것이다. 그 작품을 본 레닌은 그리피스에게 바로 전신을 보내 같은 해 8월에 국영으로 바뀐 소비에트 영화 산업을 맡

70. 소비에트의 아지프로(선동과 선전) 기차. 객차에는 영화관이 자리하고 있었다.

아달라고 했다. 영화학자인 제이 레이다는 “이후 10년간 제작된 소비에트의 주요 영화는 〈불관용〉의 영향권에서 완전히 벗어난 적이 없다.”라고 적었다. 1920년 22세의 라트비아 출신 공학도 세르게이 에이젠슈테인은 전공을 연극으로 바꾸고 쿨레쇼프의 제자가 되었다. 1923년 쿨레쇼프는 모스크바와 워싱턴에서 촬영된 장면들을 섞어서 편집했는데, 이는 니콜라이 고골의 유명한 모스크바 기념비가 백악관 앞에 자리하고 있음을 암시하는 것이었다. 실험을 거듭하던 그는 한 배우에게 감옥에 있고 배고픈데 수프를 배급받았다고 상상해 보라고 지시한 뒤 그의 얼굴을 촬영했다. 배우는 배고픔과 기대감을 표출하기 위해 노력했다. 이후 쿨레쇼프는 같은 배우에게 막 감옥에서 풀려나 새와 구름을 바라보는 상상을 하라고 지시한 뒤 그의 얼굴을 촬영했다. 쿨레쇼프는 이 두 영상을 사람들에게 보여주었는데, 사람들은 배우의 얼굴에서 차이점을 구분하지 못했다. 그는 연기만 가지고는 빵과 자유도 구분하지 못하는 것을 보고 만일 배우가 생각을 전달하지 못한다면 편집으로라도 전달해야 한다고 깨닫게 되었다.

레닌이 사망한 해인 1924년에 세상을 휘젓던 베르토프와 그의 형제는 종종 경찰차에 장착된 몰래카메라로 길거리의 삶을 촬영하며 키노아이Kino-Eye 뉴스 영화를 만

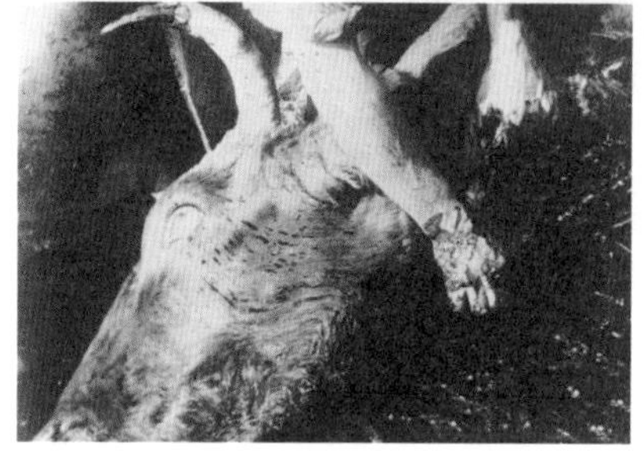
71. 은유적 편집. 세르게이 에이젠슈테인의 〈파업〉에서 경찰의 만행과 소의 도살 장면이 교차 편집된다. 소비에트 연방, 1925.

들기 시작했다. 이러한 방식은 21세기 미국의 많은 텔레비전 쇼의 선례가 되었다. 에이젠슈테인은 노동자의 자살 장면으로 시작하는 〈파업Stachka〉(소비에트 연방, 1925)을 촬영했다. 이 영화의 후반부에 경찰의 잔혹한 공격이 나오는데, 그 장면은 베인 목에서 혀가 뽑히는 소의 잔인한 도살 장면과 교차 편집되었다. 〈파업〉은 두뇌 집단의 과격한 사고를 증명한 첫 번째 주목할 만한 영화가 되었다. 〈불관용〉에서 장면 삽입을 통해 생각을 전달할 수 있었다는 그리피스의 주장과 쿨레쇼프의 빵과 자유에 관한 편집 실험은 〈파업〉의 속도감 있는 편집을 가능하게 했고, 이 영화는 경찰이 결국 도살자나 다름없다는 생각을 전달하는 데 성공했다. 소비에트 연방의 주요 신문은 〈파업〉을 "우리 영화의 첫 번째 혁명적인 창조물"[18]이라고 불렀다.

그리고 1925년에 〈전함 포템킨〉(소비에트 연방, 1925)이 완성되었다. 에이젠슈테인은 1904년부터 1905년까지 이어진 러일전쟁 장면으로 시작하고 상트페테르부르크에서의 폭동을 클라이맥스로 하며 그사이의 여러 사건을 다루는 영화를 만들고 싶어 했다. 그런데 항만 도시인 오데사에 있는 계단을 보고는 영화적 잠재력을 인지하게 된다. 오데사는 흑해 인근에 정박해 있던 전함의 반란군 수병들과 군대 사이에 총격전이 벌어졌던 장소였다. 에이젠슈테인은 마치 그랜드 오페라의 기울어진 무대 장치처럼 오데사의 계단을 활용해 폭동이 벌어지는 장면을 찍기로 한다. 시나리오에서 한 페이지를 차지했던 폭동 장면은 서서히 영화 전체의 초점이 되기 시작했다. 에이젠슈테인은 나중에 이렇게 말했다. "언제 한 에피소드가 이야기 전체를 논리적이고 완벽하게 대신할 수 있을까? 세부 묘사가… 전형적일 때만 가능하다. 다시 말해 마치 조각난 거울처럼 한 조각이 전체를 연상하게 만드는 것 같은 에피소드일 때

가능하다."[19] 오데사에서의 폭동은 차르 정권의 억압을 반영한 하나의 깨진 거울 조각이었던 셈이다.

이 영화의 촬영감독이었던 티세는 계단 왼쪽에 트랙을 깔았고 소비에트 연방의 영화로는 드물게 다수의 달리 숏을 사용했으며 같은 시기에 강스가 프랑스에서 하고 있었던 것과 같이 촬영 조수의 몸에 부착된 지지대에 또 다른 카메라를 추가로 장착했다. 오데사 계단 시퀀스(72)는 군인들의 총격 장면으로 시작된다. 카메라는 뒤이어 한 아이가 사망한 모습을 보여주고 난 뒤 계단으로 옮겨가 행군하는 군인들의 군화를 보여준다(72, 위). 그리고 얼굴에 상처를 입은 안경 낀 할머니의 모습을 보여주다가 계단에서 꿀렁꿀렁 굴러 내려오는 유모차로 이동하고(72, 가운데), 죽은 아들을 안은 채 계단을 오르는 한 엄마를 비춘다(72, 아래). 같은 액션을 여러 번 촬영하고 반복해서 편집함으로써 에이젠슈테인은 영화 배경의 규모를 배로 늘리는 데 성공했다. 그는 촬영한 필름을 총성과 발소리의 리듬에 맞춰 편집했다. 〈전함 포템킨〉의 컷 수는 결국 1300여 컷이 되었는데, 당시 같은 길이의 미국 영화 평균 컷 수는 700컷이었고 독일 영화는 430컷이었다. 〈전함 포템킨〉의 평균 숏 길이는 3초였다. 프랑스 인상주의 영화와 미국 영화의 평균 숏 길이는 5초, 독일 영화는 9초였다.

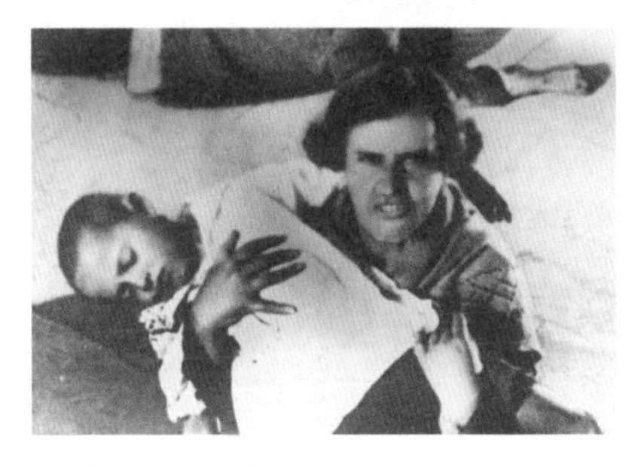

72. 〈전함 포템킨〉의 오데사 계단 시퀀스의 요소들. 감독: 세르게이 에이젠슈테인. 소비에트 연방, 1925.

〈전함 포템킨〉은 모스크바, 베를린, 암스테르담, 런던에서 상영되며 평단의 극찬을 받았다.[20] 그리고 1948년과 1958년에 26개국의 역사학자들로 구성된 심사위원들로부터 역사상 최고의 영화로 평가받았다. 제임스 조이스와 알베르트 아인슈타인도 격찬을 아끼지 않았다. 〈전함 포템킨〉은 1930년대 영국의 다큐멘터리 운동에 지대한 영향을 끼쳤고 존 그리어슨John Grierson은 이 영화를 너무나 좋아한 나머지 미국판을 만드는 것을 돕기도 했다. 앨프리드 히치콕은 브리태니커 백과사전의 영화 제작 부분에 에이젠슈테인의 몽타주 편집 이론에 관한 글을 썼고, 그와 함께 일했던 미술감독 로버트 보일Robert Boyle은 작업 시에 히치콕이 〈전함 포템킨〉을 거론했다고 말했다. 미국의 스타 더글러스 페어뱅크스는 1926년에 〈전함 포템킨〉을 미국으로 가져왔고, 미국에서도 이 영화는 많은 갈채를 받았다. 당시 MGM의 부사장이었고 후에 역사상 가장 유명한 영화 중 하나인 〈바람과 함께 사라지다〉(미국, 1939)를 제작하는 데이비드 O. 셀즈닉은 MGM의 모든 직원에게 이 영화를 보라고 추천했고 그들은 "루벤스나 라파엘급"이라며 극찬했다. 〈전함 포템킨〉은 소비에트 연방이 붕괴된 오늘날 보면 과도하게 위협적으로 느껴지는 부분도 있지만 1925년에는 대단히 인간적이고 혁신적으로 보였다.

쿨레쇼프의 또 다른 제자인 프세볼로트 푸도프킨은 1926년에 〈어머니Mat〉(소비에트 연방, 1926)를 연출했다. 파업을 배경으로 한 이 영화는 투쟁 중인 아들이 어디에 숨었고 그 무리의 아지트가 어디에 있는지를 경찰에 밀고함으로써 아들을 배신하는 어머니에 관한 이야기다. 아들은 결국 구속되고 어머니는 자신의 실수를 자각하는데, 탈출한 아들을 다시 만나 함께 무자비한 군대에 저항한다. 〈어머니〉는 〈전함 포템킨〉 못지않은 수작이었다. 에이젠슈테인의 맞수였던 푸도프킨은 후에 이 영화의 음악적 구성을 에이젠슈테인의 편집과는 매우 다른 알레그로-아다지오-알레그로로 수정했다. 〈어머니〉는 클로즈업을 주로 사용했으며, 밴드가 나오는 술집 장면은 현실의 삶을 생생하게 보여주었다. 아들이 파업을 잠재우려는 세력에 저항하며 총을 들려고 하는 장면에서 1/2초 간격으로 디졸브 되는 어머니는 아들의 죽음을 상상한다. 어머니가 일어서고, 짧은 두 숏은 공포에 질려 비명을 지르는 그녀의 모습을 보여준다(73, 위). 푸도프킨은 죽은 것으로 보이는 아들의 몸을 따라 카메라를 이동한다. 영화의 끝부분에서 어머니가 지나가던 차르 기병의 총격으로 사망하기 전에 공포에 질린 그녀의 얼굴이 다시 나오는데, 16프레임 동안만 나온다. 베라 바라노프스카야가 어머니 역할을 통해 강렬하고 극한 연기를 보여주지만 영화의 인간적인 면은 잔혹함으로 훼손된다. 바라노프스카야를 높은 앵글에서 촬영할 때 푸도프킨은 그녀에게 비애감을 표현하도록 요구했고, 낮은 앵글에서 촬영할 때 그녀는 숭고하게 보인다(73, 아래). 1920년대 소비에트 연방의 영화 대다수를 오염시킨 이데올로기적 자만심은 푸도프킨의 작품이 부각되는 것을 저해했다.

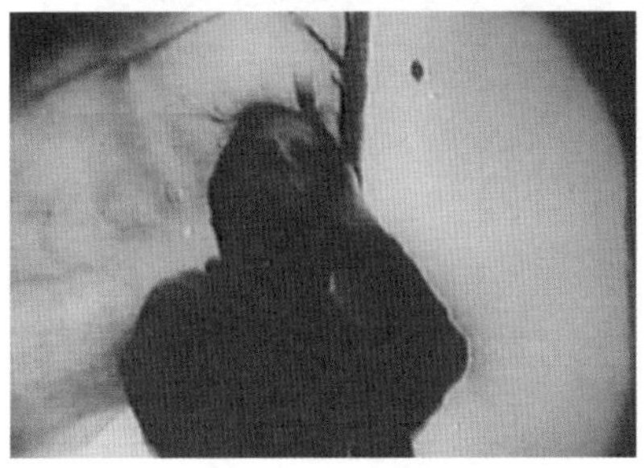

73. 푸도프킨의 〈어머니〉에서 배우 베라 바라노프스카야가 놀라는 모습을 찍은 두 숏. 그녀는 이 짧은 숏들에서 훌륭한 연기를 보여준다. 소비에트 연방, 1926.

알렉산드르 도브젠코 감독에게 같은 비평의 잣대를 들이대는 것은 불가능하다. 그는 우크라이나에서 문맹인 소작농의 아들로 태어났다. 시적인 그의 영화는 에이젠슈테인이나 푸도프킨의 영화처럼 즉각적인 반응이 있지는 않았지만 1970년대와 1980년대 그리고 1990년대까지 소비에트 연방의 영화에 지대한 영향을 끼쳤다. 도브젠코는 쿨레쇼프 두뇌 집단의 일원이 아니었으며 영화 연출을 시작하기 전에 그리 많은 영화를 보지도 못했다. 에이젠슈테인과 푸도프킨은 도브젠코의 중요한 첫 작품으로 꼽히는 〈즈베니고라Zvenigora〉(소비에트 연방, 1928)의 시사회에 참석했는데, 에이젠슈테인은 그날에 대해 이렇게 적었다. "〈즈베니고라〉는 스크린 위에서 비약했다. 엄마야! 지금 무슨 일이 일어나고 있는 거지?" 당시 그 어떤 영화감독도 이런 꿈같은 이미지를 만들어 내지 못했다. 도브젠코의 자유로운 표현 방식과 조화에 비교하면 1920년대 소비에트 연방의 영화들은 대부분 지적 구속 상태에 있는 듯 느껴진다.

도브젠코의 다음 영화 〈병기고〉(소비에트 연방, 1929)는 그가 왜 뛰어난지에 대해 답해준다. 복잡한 줄거리는 제1차 세계 대전 이후 우크라이나 정치 운동의 출현과 1918년 1월 키예프에서의 참담한 폭동으로 이어진다. 영화는 "어머니가 있었다", "전쟁이 있었다"라는 자막으로 시작한다. 우크라이나 여성들이 생명이 느껴지지 않

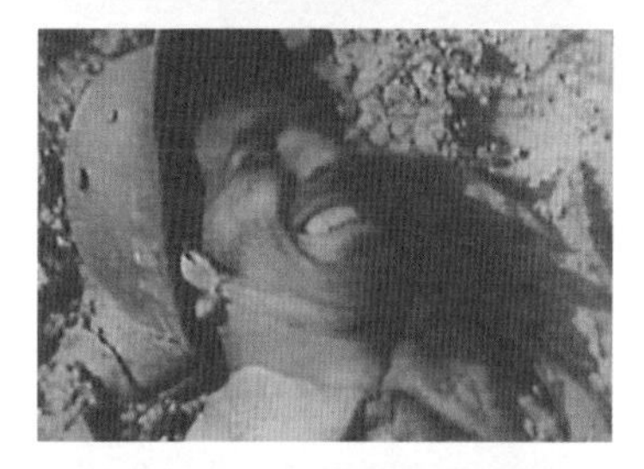

74. 〈병기고〉. 감독: 알렉산드르 도브젠코. 소비에트 연방, 1929.

는 마을에서 햇빛 아래 꼼짝하지 않고 서 있는 장면들은 폭격과 살인의 카오스와 교차한다. 한 남자로부터 채찍질 당하는 말의 다음과 같은 말이 자막으로 나오기도 한다. "힘을 낭비하고 있습니다, 영감님. 때려야 할 건 내가 아니에요." 폭격 현장에서 한 독일군이 웃음 가스에 취해 비틀거릴 때 "이 가스 정말 재밌어요."라는 자막이 나온다. 그리고 죽은 채 반쯤 땅에 묻혀 있지만, 미소를 짓고 있는 군인의 놀라운 모습이 보인다(74, 세 번째). 영화 후반부에는 파업으로 혼란스러워하는 공장주가 우유부단한 표정으로 카메라를 쳐다보는 장면이 나오는데(74, 맨 아래), 잠시 후 같은 얼굴이 아홉 개의 점프 컷으로 등장한다. 그는 먼저 왼쪽을 보고, 오른쪽을 보고, 정면을 본다. 그리고 클로즈업 숏이 나오고 정지된 클로즈업 숏으로 이어진다. 이는 장뤽 고다르가 연출한 〈네 멋대로 해라À bout de souffle〉(프랑스, 1959)에 나오는 유명한 점프 컷보다 30년이나 앞선 것이다. 영화가 끝날 무렵 한 군인은 집에 가서 묻히고 싶은 마음에 말을 타고 마법처럼 눈을 헤치며 돌진한다. (미국 감독 스티븐 스필버그의 1982년 영화 〈이티E.T.〉에 등장하는 소년들의 자전거처럼 말이 하늘로 솟구치는 것을 기대하게 만든다.) 군인의 어머니는 텅 빈 무덤 앞에 서서 그를 기다린다. 도브젠코는 〈병기고〉가 "100퍼센트 정치적"이라고 설명했다. 이 영화는 또한 속도와 풍경, 햇빛에 관한 기차 여행이기도 하다.

이 시기에 영화는 지적인 유행이었고 예술가와 사상가는 영화에 몰입했다. 화가와 조각가도 영화를 그들의 예술과 동등하게 여기기 시작했으며 예술 학교도 서로 앞다퉈 영화를 다루었다. 이 모든 열렬한 관심의 결과물이 1920년대 반체제적 영화의 마지막 범주인 실험 영화였다.

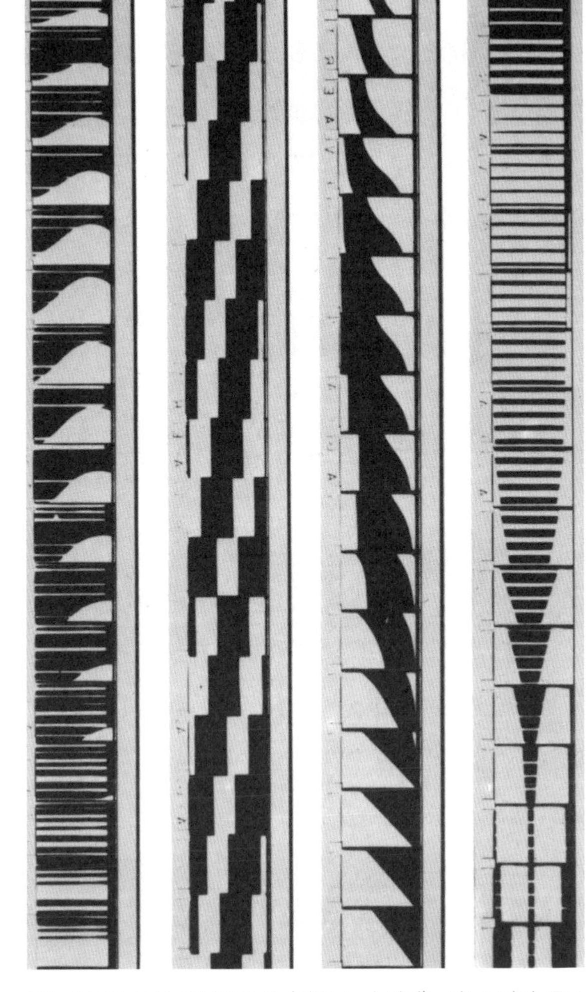

75. 최초의 추상 애니메이션 〈작품 1, 승리자〉. 감독: 발터 루트만. 독일, 1923.

화가이기도 했던 발터 루트만은 바실리 칸딘스키 같은 표현주의 화가의 영향을 받았다. 루트만은 유리에 직접 그림을 그리고 그것을 촬영했다. 이후 그는 아직 마르지 않은 그림을 문지르고 더 많은 색을 추가한 뒤 재촬영을 해서 〈작품 1, 승리자Opus 1, Die Sieger〉(독일, 1923)를 만들었다. 이 작품은 최초의 추상 애니메이션이라고 할 수 있다(75). 루트만은 곧 전직 무용수로 초기의 장편 애니메이션 〈아흐메드 왕자의 모험Die Abenteuer des Prinzen Achmed〉(독일, 1926)을 연출한 로테 라이니거Lotte Reiniger와 함께 작업했다. 라이니거의 공들인 작업 기법은 빅토리아 시대의 실루엣 초상화 방식을 포함했다. 그녀는 프레임을 손으로 일일이 잘랐고 그 과정은 3년 가까이 걸렸다.

애니메이션 감독인 블라디슬라프 스타레비치Wladyslaw Starewicz는 1882년에 폴란드의 빌노(당시에는 러시아, 현재는 리투아니아의 영토)에서 출생했다. 그는 1910년부터 인형의 모습을 미세하게 변화시켜 한 프레임씩 촬영하는 스톱 프레임 애니메이션 기법을 세계 최초로 영화에 활용해 색다른 어린이 영화를 만들기 시작했다. 스타레비치는 1920년에 프랑스로 이주했고 개구리들이 주피터 신에게 임금님을 내려달라고 기원하는 이솝 우화를 동명의 애니메이션 영화 〈개구리 임금님〉(프랑스, 1922)으로 만들었다. 신은 처음에 나무토막을 내려주는데 그것에 만족하지 못하고 또 다른 임금님을 요구하는 개구리들에게 개구리를 잡아먹는 황새를 내려보낸다. 자신들의 요구대로 개구리들은 꿈에 그리던 군주를 얻지만, 곧 이를 후회하게 된다는 이야기다.

1924년에 전통적인 가치를 부정하는 허무주의적 예술 운동 다다이즘이 영화계에도 자리를 잡았다. 이 운동의 핵심 인물이었던 프란시스 피카비아Francis Picabia는 파괴적인 발레 작품 「휴식Relâche」을 무대에 올리며 이에 관한 단편 영화를 제작하기 위해 후에 〈이탈리아의 밀짚모자〉를 연출하는 르네 클레르를 고용했다. 〈막간극Entr'acte〉(프랑스, 1924)이라는 이 영화는 발레 공연의 막간에 상영되었다. 이것은 최초의 주목할 만한 다다이즘 영화로, 피카비아와 함께 만 레이, 조르주 오리크, 마르셀 뒤샹 같은 다다이스트들이 출연했다. 〈막간극〉은 낙타와 대포, 풍선 머리를 한 인형(76) 등이 등장하는 엉뚱한 추상적 익살극으로 맥 세넷의 추격 코미디의 영향을 받았다. 피카비아는 〈막간극〉에 대해 "이 작품은 창작의 기쁨을 추구한 것이며 배꼽

76. 〈막간극〉에 등장하는 풍선 머리를 한 인형들. 감독: 르네 클레르. 프랑스, 1924.

잡는 웃음을 유발하는 욕구만을 존중한다."라고 말했다. 출연자 중 한 명인 만 레이는 강스의 〈바퀴〉에 영향을 받은 프랑스 예술가 페르낭 레제Fernand Léger의 연출작 〈기계적 발레Le Ballet mécanique〉(프랑스, 1924)에 나오는 사진을 촬영하기도 했다. 〈기계적 발레〉에는 추상적으로 촬영한 갖가지 금속성 물체와 기계가 때로는 무질서하게, 때로는 질서정연한 안무대로 움직인다.

유리에 그린 추상 애니메이션을 만들고 몇 년 후에 루트만은 대도시의 약동을 표현한 영화를 만들기 위해 카를 프로인트(지금까지 이 장에서 세 번이나 언급되었다)를 촬영감독으로 기용했다. 〈베를린: 대도시 교향곡〉(독일, 1927)의 구조는 〈막간극〉과 〈기계적 발레〉의 영향을 많이 받았다. 〈기계적 발레〉는 당시 가장 인상적인 실험 영화였을 뿐만 아니라 가장 긴 영화이기도 했다. 영화에서는 어느 봄날 동틀 때부터 해 질 녘까지 베를린이라는 도시에서 볼 수 있는 사물의 움직임과 그 리듬을 반복해서 보여준다. 루트만의 이 인상적인 작품은 사람이 거의 등장하지 않았고 에이젠슈테인의 편집 기법을 활용했다. 브라질의 영화감독 알베르토 카발칸티Alberto Cavalcanti는 파리에 관한 작품 〈오직 시간만이Rien que les heures〉(프랑스, 1926)를 연출했는데, 이 영화는 시학과 혁신에서 루트만의 영화를 앞섰다.

1920년대에 가장 유명하고 놀랄 만한 실험 영화는 〈막간극〉보다 훨씬 더 충격적인 〈안달루시아의 개Un chien andalou〉(프랑스, 1929)일 것이다. 〈안달루시아의 개〉는 꿈과 비논리성을 강조한 예술계 초현실주의의 영향을 받은 최초의 영화다. 이 작품의 감독은 스페인 대지주의 아들인 루이스 부뉴엘Luis Buñuel로, 그는 20세가 되던 해인 1920년에 마드리드에 세계 최초라고 할 수 있는 영화 클럽을 세웠다. 이 시기에 부뉴엘은 후에 초현실주의의 거장이 되는 화가 살바도르 달리를 만났다. 1926년 이후 언젠가 달리와 부뉴엘은 자신들의 꿈과 무의식적인 욕구에 대해 3일 동안 대화를 나눈 뒤 부부의 이별과 화해에 관한 시나리오를 집필한다. 부뉴엘이 연출하고 편집한 이 영화가 바로 17분 분량의 〈안달루시아의 개〉다. 영화는 부뉴엘의 흡연 장면으로 시작한다. 그리고 칼과도 같은 얇은 구름이 달을 지나가면서 어느 여인의 안구가 면도칼로 잘린다(77). 이후 한 남자의 손에 개미가 기어다니고, 잘린 손이 나오며, 그 뒤로 벌거벗은 가슴과 엉덩이가 보이고, 죽은 당나귀들이 얹혀 있는 피아노 두

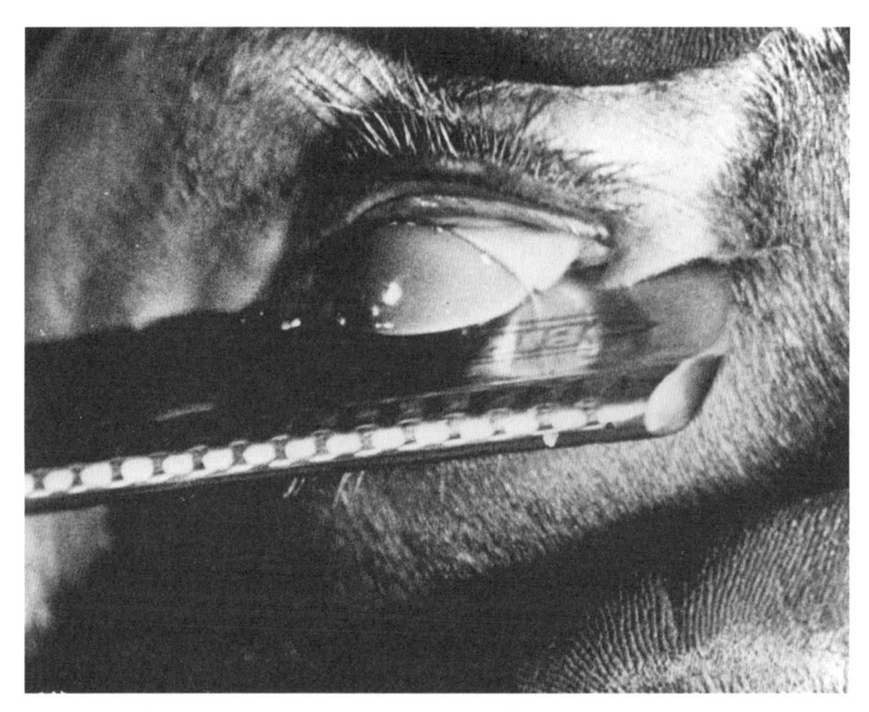

77. 〈안달루시아의 개〉의 충격적인 장면과 메타포. 감독: 루이스 부뉴엘. 프랑스, 1929.

대가 나온다. 자막에는 '16년 전'이라고 쓰여 있지만, 영화는 그대로 진행된다. 손에 개미가 붙은 남자는 자기 입이 털로 막혀 있는 것을 발견하는데, 이 장면은 면도한 여자의 겨드랑이와 대비된다. 결국 남자와 여자는 모래 더미에 묻힌다. 이 허무맹랑한 영화는 데이비드 린치의 〈블루 벨벳〉(476~477쪽 참고)을 비롯한 여러 영화에 직접적인 영향을 주었다. 〈블루 벨벳〉의 기묘하게 에로틱한, 개미가 붙어 있는 잘린 귀의 발견이 특히 그렇다(78). 부뉴엘은 이후 스페인, 프랑스, 미국, 멕시코를 오가며 작업하는 국제적인 예술 영화 감독으로 거듭난다. 이후 중요한 실험 영화 운동이 지속적으로 있었지만 1920년대의 루트만, 클레르, 레제, 부뉴엘이 그 토대를 제공했다고 해도 과언이 아니다.

세계 영화사에 있어 1918년부터 1928년까지는 무척이나 떠들썩한 시기였다. 영화 산업이 자리 잡았고 거대한 영화 스튜디오들은 자신만의 스타일을 만들어 갔다.

78. 미국 영화계에서 가장 주목할 만한 초현실주의자 데이비드 린치의 작품 〈블루 벨벳〉의 한 장면. 남자 주인공 제프리(카일 맥라클란)가 달리 풍처럼 느껴지는, 개미가 붙은 귀를 발견한다. 미국, 1986.

이러한 스타일은 전례 없던 일련의 영화 운동에 의해 확장되고 도전받고 거부되었으며, 이는 영화 미학을 전 세계적으로 확장했다. 도시, 삼각관계, 오만, 기계, 광기가 이러한 확장을 가져오는 데 가장 큰 원동력이었다.

〈잔 다르크의 수난〉(프랑스, 1928)의 한 장면을 보여주는 사진 79에는 1920년대 영화의 국제주의, 기술적 탁월함, 인간적 야망이 결합되어 있다. 〈잔 다르크의 수난〉은 15세기 조국 프랑스의 구세주였던 소녀가 마녀로 선고받고 말뚝에 묶인 채 화형당하는 역사적 이야기를 다룬 것으로, 사진 속 장면은 영화의 후반부에 나온다. 이 영화는 엄격한 개신교 교육을 받은 덴마크인 칼 테오도르 드레이어Carl Theodor Dreyer가 연출했다. 잔 다르크를 연기한 마리아(르네라고 부르기도 한다) 팔코네티는 〈잔 다르크의 수난〉 이전에 영화에 출연한 적이 없었고 그 이후에도 없었다. 팔코네티의 얼굴에는 화장기라고는 없고 대형 스크린에서는 주근깨도 볼 수 있다. 영화에서 그

79. 〈잔 다르크의 수난〉에서 볼 수 있는 순수하고 프레임의 중앙을 벗어난 이미지. 감독: 칼 테오도르 드레이어. 프랑스, 1928.

녀의 눈꺼풀은 나비의 날개처럼 떨렸지만, 평상시 그녀의 얼굴은 거의 무표정했다. 화면은 깊이가 거의 없고 배경에는 아무것도 없다. 〈잔 다르크의 수난〉은 흑백 영화였지만 반사된 빛에 팔코네티의 얼굴이 과다 노출되지 않도록 세트의 벽은 분홍색으로 칠해졌다. 이 영화는 폴란드의 크라쿠프 태생으로 헝가리에서 성장했던 루돌프 마테Rudolph Maté가 촬영했다. 그는 다음 장에서 언급하게 될 저명한 할리우드의 감독들과 일하기 전에 프리츠 랑과 르네 클레르 등과 함께 작업했다. 이 영화의 미술은 〈칼리가리 박사의 밀실〉에서 그림자를 그렸던 독일인 헤르만 바름이 맡았다. 팔코네티는 위 사진 속 장면을 촬영하기 직전에 삭발했다. 현장은 쥐 죽은 듯 조용하고 엄숙했으며 몇몇 조명 기사는 눈물을 흘리기도 했다. 영화의 일부 장면에서 그녀는 마치 프레임을 탈출하려는 듯 프레임의 끝에 걸려 있다. 자막으로 다 나오지는 않지만 팔코네티를 비롯한 배우들은 영화 내내 잔 다르크의 재판에서 기록되었던 말을 정확하게 읊조린다. 그것은 유성 영화의 예견과도 같았는데, 〈잔 다르크의 수난〉을 촬영하고 있던 시기에 워너 브라더스는 사운드트랙이 있는 영화 〈재즈 싱어The Jazz Singer〉(미국, 1927)를 발표했다. 몇몇 노래와 대사가 담긴 것이 고작이지만 이 영화는 무성 영화의 종식을 알렸다.

영화의 재탄생이 다음 장의 주제다. 존 포드 감독은 이러한 재탄생이 이루어진 때를 "할리우드가 거의 공황에 빠질 뻔한 시기"였다고 말했다. 이런 영화 산업의 변화가 너무 중대해서 때때로 이 위대한 과도기의 다른 획기적인 사건들은 간과되기도 한다. 예를 들면 1928년은 미키 마우스가 〈증기선 윌리Steamboat Willie〉(미국)라는 단편 애니메이션을 통해 데뷔를 한 해다. 하지만 워너 브라더스와 〈재즈 싱어〉의 반대편 세상에서는 여전히 변사가 영화의 줄거리를 전달하고 연극처럼 정면에서 촬영하는 등 진정한 영화의 고전주의가 부각되고 있었다.

유성 영화

우리는 〈리즈 다리〉에서 다리를 건너는 마차의 소리나 〈국가의 탄생〉에서 KKK단이 질주하는 소리, 〈칼리가리 박사의 밀실〉에서 광분한 체사레의 소리, 〈안전 불감증〉에서 해럴드 로이드가 건물을 오를 때 들리는 도시의 차 소리, 〈나폴레옹〉에서 영웅이 바다를 건너는 소리, 〈전함 포템킨〉에서 유모차가 오데사의 계단을 구르는 소리, 〈잔 다르크의 수난〉에서 팔코네티가 숨 쉬는 소리를 듣지 못했다. 이러한 이미지의 에너지나 포근함은 표현의 힘이 있지만, 현실과 같지는 않았다.

이와 같은 영화의 비현실감은 영화 기술의 신기원이 이루어진 1927년부터 사라지기 시작했다. 세계 영화는 이후 8년에 걸쳐 하나둘씩 말을 하기 시작했다. 초기 유성 영화의 관객은 미비한 장비로 인해 듣기 거북한 대화 소리, 노랫소리, 문 닫히는 소리, 개 짖는 소리 등을 들었다. 대화를 녹음하기 위해서는 조용한 공간이 필요했기에 대부분의 영화 촬영은 실내로 옮겨가게 되었다. 그러자 예상치 못한 일이 벌어졌다. 영화인들은 등장인물의 생각을 말로 하게 함으로써 관객에게 더욱 친밀한 영화를 만들 수 있다는 사실을 발견한 것이다. 그들은 소리를 활용해서 관객을 영화 속으로 끌어들이고 감정 이입을 하게 만들었다. 관객은 스타 배우들이 더 이상 자신들의 환상 속에서만 존재하는 것이 아니라 일상생활 속에 들어와 있다는 느낌을 받기 시작했다.

소리는 "황금 길을 걷던 영화 매체를 주춤하게 만들었던 발견"이었다. 영상은 더 이상 유일한 주된 요소가 아니었다. 하지만 주류 영화가 소리의 효과 자체를 철학적인 주제로 삼기까지 약 45년이라는 시간이 더 소요되었다. 프랜시스 포드 코폴라의 〈컨버세이션〉(미국, 1974)은 사람들의 대화에 집착하는 한 남자가 결국 파국을 맞는다는 이야기를 다룬 영화다.

80. 〈컨버세이션〉에서 도청 전문가인 해리 카울을 연기한 진 해크먼.
감독: 프랜시스 포드 코폴라. 미국, 1974.

81. 안무가인 버스비 버클리의 군무와 에로티시즘에 대한 관심이 이와 같은 이미지를 만들어 냈다. 이 장면은 25명의 코러스 걸이 바이올린을 연주하는 모습을 부감으로 촬영한 것이다. 〈1933년의 황금광들〉. 감독: 머빈 르로이. 미국, 1933.

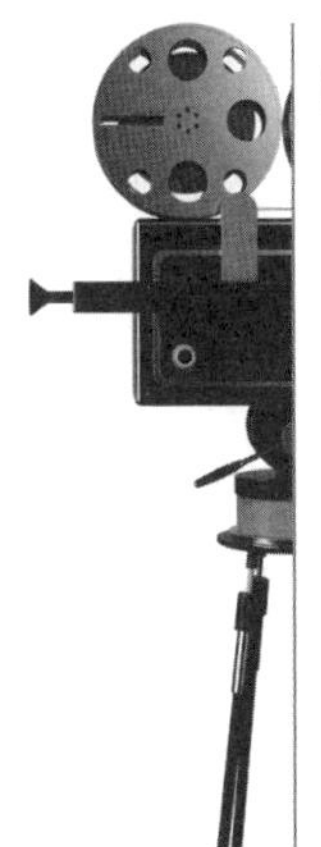

4. 일본의 고전주의와 할리우드의 로맨스(1928~1945)

영화의 황금기

1928년에서 1945년에 영화계가 들썩이기 시작했다. 전보다 다섯 배나 많은 관객이 매주 영화관을 찾았다. 영화는 세계적인 엔터테인먼트가 되었다. 대중음악과 타블로이드 신문도 도피주의를 조장했지만 영화만큼은 아니었다. 한 영화학자는 오락 영화의 "풍성함, 에너지, 투명성, 공동체 의식"이 관객에게 파고든 이유에 대해 언급했는데, 이는 실제 삶의 "결핍, 피로, 따분함, 분열"과는 정반대이기 때문이라고 주장했다.[1] 이것이 바로 인간의 결여된 감정을 채워주는 엔터테인먼트의 원리다. "유토피아가 어떻게 구성되는지보다는 어떤 느낌인지를 보여주는 것이다."[2]

이 장은 영화가 이런 유토피아적[3] 느낌을 전달하기 위해 어떤 시도를 했는지에 관해 살펴본다. 이집트와 중국, 브라질, 폴란드 등의 국가들도 처음으로 주목받는 영화를 만들기 시작했으며 영화인들은 사운드를 창조적으로 사용하는 방법을 익히기 시작했다. 일본의 거장 오즈 야스지로, 나루세 미키오, 미조구치 겐지 같은 감독들은 그들을 영화사의 고전주의자로 분류할 수 있는 엄격한 방식으로 이야기를 풀어갔다. 이 시기의 가장 큰 변화는 영화의 이미지를 평면적이고 낭만적으로 다루어 오던 서양의 주류 영화들이 공간을 시각적 깊이라는 차원에서 탐구하기 시작했다는 것이다. 마지막 장에서 스타일별로 분류한 영화들을 설명하겠지만, 이 장에서는 시간순으로 시대를 탐구하며 영화사에서 중요한 사건 및 요소에 대해 알아보고자 한다.

미국과 프랑스의 창조적인 사운드 활용

1927년 말 〈재즈 싱어〉가 개봉되기 이전에도 유성 영화를 제작하려는 시도는 있었다. 다만 〈재즈 싱어〉는 투자도 충분히 유치되었고 그만큼 홍보도 잘 되었을 뿐이다.[4] 이 영화는 성공을 거두었고 그 결과 미국 영화관과 이를 좇아가던 다른 나라의 영화관은 스크린 뒤에 스피커를 설치하기 시작했다. 이 신기술이 소개되자마자 미국에서는 즉각 천만이 넘는 영화표가 팔려나갔다. 채플린을 비롯해 여러 영화감독은 사운드가 영화의 신비로움을 파괴한다고 판단해서 신기술의 도입을 최대한 늦췄다. 일본을 포함한 많은 국가의 영화 산업은 1930년대 중반이나 말까지 유성 영화 기술에 투자하지 않았다. 유성 영화 촬영은 영화인들에게 기존과는 완전히 다른 게임이었다. 감독이 '액션'을 외치자마자 근처에서 누군가가 도로 공사를 시작하고 철공소에서 쇠망치 두드리는 소리가 들려왔기 때문에 이제 실제 장소에서 촬영하는 것은 어렵게 되었다. 감독과 프로듀서는 어쩔 수 없이 촬영장을 '검은 상자' 형태의 스튜디오로 옮길 수밖에 없었는데, 지금은 이러한 스튜디오를 '사운드 스테이지'라고 부른다.

오른쪽 사진(82)은 이 새로운 시스템이 얼마나 까다로웠는지를 잘 보여준다. 이 장면은 한 커플이 공원 벤치에 앉아 대화하는 아주 간단한 것이다. 배우들은 사진 오른쪽 끝에 자리 잡았고 그들 앞에는 옷장만 한 커다란 상자가 세 개 있다. 유성 영화 초기에는 카메라의 소음이 녹음되는 것을 방지하기 위해 '블림프blimp'라고 부르는 이런 상자 안에 카메라를 넣었다. 각각의 상자는 다시 큰 담요 등으로 덮어 소음을 재차 줄였다. '붐 오퍼레이터boom operator'가 가장 왼쪽에 있는 카메라 상자 위에 앉아 있는 것이 보인다. 붐 오퍼레이터는 낚싯대 같은 긴 '붐'을 들고 있고 그 끝에 설치된 마이크로 배우들의 대사를 녹음하는데, 배우들이 말하는 방향에 따라 붐을 움직이지만 이때 절대로 카메라 프레임 안에 붐이 들어가게 해서는 안 된다. 놀랍게도 배우들이 대화할 때 왼쪽에 있는 오케스트라가 곡을 연주한다. 1933년에 이르러서야 영화 음악은 편집이 끝난 후 사운드트랙에 따로 추가할 수 있게 되었다. 그전까지는 믿거나 말거나 사진에서 보는 것처럼 촬영과 동시에 음악을 녹음할 수밖에 없었다. 실제 길거리 등에서 촬영이 불가했던 명백한 이유가 아닐 수 없다.

무성 영화 시기에는 다시 촬영하기 힘든, 규모가 큰 스턴트 등을 촬영할 때만 다수의 카메라를 동원했는데 간단한 벤치 장면을 촬영하면서 왜 카메라를 세 대나 동원했을까? 답은 역시 사운드를 녹음하는 과정과 관련된다. 이 장면을 처음에 와이드 숏, 이후에 남녀의 클로즈업 숏 등으로 촬영했다면 편집하거나 각 숏마다 사운드를 일치시키기가 매우 어려웠을 것이다. 오케스트라와 대사는 매우 정확하고 신속하게 서로 속도를 맞춰가며 진행되어야 했다. 만일 이것에 실패하면 편집자가 와이드 숏에 클로즈업 숏을 편집해 붙일 때 사운드가 맞지 않게 된다. 이런 문제에 대한 해법

82. 워너 브라더스 영화의 촬영 현장 사진으로 유성 영화 초기의 촬영 방식을 보여준다. 담요로 덮인 세 개의 커다란 상자 안에는 카메라가 들어 있다. 붐 오퍼레이터가 배우의 머리 위로 긴 붐을 들고 있고 그 옆에서는 오케스트라가 연주하고 있다.

으로 카메라를 세 대 동원해 한 대(사진 속의 가운데 카메라)는 와이드 숏을 촬영하고 다른 두 대(사진 속 붐 오퍼레이터가 앉아 있는 카메라와 맨 오른쪽에 있는 카메라)로는 남녀 주인공의 클로즈업 숏을 촬영했던 것이다. 그러면 배우는 촬영을 중단할 필요 없이 전체 장면을 연기하면 되고 각 카메라의 사운드는 서로 정확히 맞아떨어지게 되었던 것이다.

이 신기술은 배우의 연기에 영향을 주었다. 무성 영화 시기와는 달리 유성 영화 시기의 감독은 더 이상 촬영 중에 배우들에게 이야기할 수 없었다. 그리고 유성 영화 초기의 배우들은 열악한 장비로 인해 녹음을 성공적으로 하기 위해서는 부자연스러울 정도로 정확하게 발음할 수밖에 없었다. 미국에서는 1932년, 다른 나라들에서는 더 나중에 특정한 각도 안의 사운드만 녹음이 가능한 지향성 마이크를 개발했다. 벤치에 앉아 있는 커플을 밝히는 빛은 세 대의 카메라 양옆에 설치된 커다란 두 대의 조명기밖에 없다는 점을 주목하기 바란다. 무성 영화 시기의 말에는 클로즈업할 때 매력적인 얼굴 그림자와 분위기 있고 로맨틱한 배경을 만들기 위해 조명기를 따로 설치하는 것이 보편적이었다. 하지만 사진에서 볼 수 있듯이 보통 배우의 앞이나 옆에 설치했던 조명기가 여기서는 화단 때문에 들어갈 자리가 없다. 그렇게 설치했다면 클로즈업 숏과 동시에 촬영되는 와이드 숏에 조명기가 나왔을 것이다.

감독들은 이런 장애물 때문에 난감해 했고 이를 해소할 방안을 모색하기 시작했다. 도로시 아즈너Dorothy Arzner는 1929년 〈와일드 파티The Wild Party〉를 촬영할 때 스타 배우인 클라라 바우가 세트장에서 신기술이 허용하는 공간보다 더 자유롭게 움직이기를 원했다. 따라서 아즈너는 그녀를 따라가며 녹음하기 위해 낚싯대 같은 작대기의 끝에 마이크를 달았다. 러시아의 감독 루벤 마물리안Rouben Mamoulian은 위대한 연기 지도자, 콘스탄틴 스타니슬랍스키Konstantin Stanislavski의 제자 신분으로 미국에 갔다. 창조적인 무대 덕분에 그는 파라마운트에 고용되었으며 첫 영화인 〈박수갈채Applause〉(미국, 1929)는 유성 영화의 창작성을 한층 더 확대했다. 나이 든 엔터테이너가 딸을 위해 희생한다는 줄거리는 그리 혁신적인 것은 아니었지만 몇몇 장면은 영화계의 주목을 받았다. 한 장면에서 딸이 지내는 수녀원의 조용한 분위기와 그녀가 엄마를 만나러 간 뉴욕시의 혼잡한 도시 소음이 대비된다. 마물리안은 딸의 혼란스러운 감정을 반영하기 위해 사운드의 대비를 활용했다. 다른 장면에서는 더욱 대담한 기술적 혁신이 돋보인다. 침실이 다 보이는 와이드 숏으로 촬영된 밤 장면에서 엄마가 신경이 곤두서 있는 딸을 진정시키려고 하는 모습이 나온다. 카메라는 달리를 이용해 엄마와 딸에게 다가가 그들의 투 숏을 보여준다. 그 프레임에서 1분간 대사가 진행된 후 더욱 가까이 다가간 투 숏이 나온다. 뒤이어 두 개의 미디엄 클로즈업 숏으로 전환되고 이후 엄마가 자장가를 부르는 동안 기도하는 딸의 단독 클로즈업 숏이 나온다. 그리고 카메라는 다시 뒤로 빠져나오고 아빠의 그림자가 침실에 드리운다.

녹음팀은 마물리안에게 기도와 자장가 소리를 동시에 녹음할 수 없다고 했다. 둘 중의 하나만 들을 수 있거나 둘이 섞인 소리는 들을 수 있지만 이 두 소리를 동시에 명확하게 들을 수는 없다고 했다. 마물리안은 마이크를 배우마다 따로 설치해서 녹음한 뒤 프린트 과정에서 합쳐보자고 제안했다. 녹음 기사는 힘들 거라고 말했고 화가 난 마물리안은 촬영장에서 나가버렸다. 영화사의 대표인 아돌프 주커는 녹음 기사에게 마물리안이 제안한 대로 하라고 지시했고 결국 그 방법은 성공했다. 〈박수갈채〉의 한 장면이 영화에서 동시에 여러 소리를 내는 게 가능함을 입증했던 것이다. 새로운 스키마가 열렸고 이제 감독들은 관객에게 하나의 소리를 들려줄 것인지 아니면 동시에 여러 소리를 들려줄 것인지를 결정해야 했으며, 또한 장면 안에서의 소리만 넣을 것인지 아니면 장면에는 보이지 않는 외부의 소리도 넣을 것인지를 고민해야 했다. 배경 소음, 소리의 공간감, 위협이나 경고의 소리 등은 이런 과정에서 탄생하게 되었다.[5]

3년 후 마물리안은 폭발적인 혁신성으로 뮤지컬 영화 한 편을 연출했는데, 이 작품은 동시대의 주요 영화들을 마치 오래된 영화처럼 느껴지게 만들었다. 〈러브 미 투나잇Love Me Tonight〉(미국, 1932)은 프랑스의 한 성에서 무료한 일상을 보내는 공주(지넷 맥도널드)가 용감무쌍한 파리의 재단사(모리스 슈발리에)와 사랑에 빠진다는 이야기다. 마물리안은 한 장면에서 실시간 동작 뒤에 슬로 모션 동작을 이어 붙였는데, 이는 당시에 매우 드문 기술이었다. 이런 기술 등은 매우 흥미로웠지만, 촬영이 시작되기 전에 음악을 녹음하는 마물리안의 방식 때문에 배우들의 창의성은 약해졌다. 오페라의 경우에는 무대가 시작되기 전에 음악을 미리 녹음하는 것이 보편적

83. 〈러브 미 투나잇〉에서 모리스 슈발리에의 움직임이 음악에 완벽하게 맞춰졌다. 감독인 루벤 마물리안은 미리 녹음해 둔 음악을 촬영 중에 틀었다. 미국, 1932.

84. 혁신적인 초기의 뮤지컬 영화 〈러브 미 투나잇〉에서 무료한 표정으로 발코니에 서 있는 지넷 맥도널드.

이었으나 영화계에서는 선례가 없었던 것이다. 마물리안은 촬영할 때 미리 녹음해 둔 음악을 틀며 슈발리에가 성에 처음 방문했을 때의 움직임을 음악과 완벽하게 맞출 수 있었다. 슈발리에는 걷고 있지만 마치 춤을 추듯이 넓디넓은 공간을 둘러본다(83).

감독은 사운드에 대한 새로운 접근 방식을 통해 시각적 리듬과 우아함뿐만 아니라 신랄한 풍자도 추구했다. 그는 시나리오에만 의존한 것이 아니라 나이 든 여인들이 등장하는 한 장면에서는 개가 요란하게 짖는 소리를 추가하기도 했다. 마물리안은 또한 파리의 재단사가 '로맨틱하지 않나요?'라고 노래 부르는 소리를 마을을 떠나는 한 행인이 듣도록 만드는데, 결국 홀로 있는 공주가 노랫소리를 들을 때까지 다른 사람들에게 퍼지게 만듦으로써 도시와 시골을 연결하는 장치로 활용하기도 했다(84). 사운드가 여행의 은유로서 작용하며 시퀀스를 결합한 것이다. 〈러브 미 투나잇〉은 마물리안의 "최초의 흠잡을 데 없는 걸작"[6]이라고 불렸다.

〈러브 미 투나잇〉의 쾌활한 로맨티시즘은 1932년까지 할리우드에서 거의 10년간 활동했던 에른스트 루비치의 영향을 받은 것으로 보이지만, 르네 클레르가 유성 영화인 〈백만장자Le Million〉(프랑스, 1931)와 〈우리에게 자유를À nous la liberté〉(프랑스, 1931) 등의 작품을 통해 보여준 조소로 미루어 볼 때 그의 영향도 받았을 것으로 추정된다. 〈백만장자〉는 100만 프랑의 복권에 당첨된 남자가 복권을 잃어버린다는 내용의 영화다. 클레르는 〈백만장자〉에서 복권 당첨자를 제외한 모든 배우가 노래하게 했는데, 이는 명백하게 〈러브 미 투나잇〉 음악성의 영향을 받았다고 할 수 있다. 〈우리에게 자유를〉에서 종 모양의 꽃이 떨리는 모습을 보여주는 클로즈업 숏과 노랫소리의 결합은 마치 꽃이 노래를 부르는 것 같은 효과를 냈다. 이러한 소리의 은유적인 사용은 감독들을 소리의 언어로 인도했고 분명 마물리안을 개 짖는 소리로 이끌었다.

1928년 소비에트 연방의 프세볼로트 푸도프킨, 세르게이 에이젠슈테인과 그의 동료인 그리고리 알렉산드로프Grigori Alexandrov는 클레르와 매우 비슷한 선언을 했다. "오직 사운드의 대위법적인 사용만이 영화의 발전과 완벽을 위한 새로운 가능성을 열어줄 것이다… 그것은 가장 복잡한 문제들을 표현하고 해결하는 새롭고도 엄청나게 강력한 수단을 제공한다." 소비에트 연방의 영화계는 사운드의 잠재력을 펼칠 만큼 기술이 발전되지는 못했지만, 영화인들은 마물리안과 클레르처럼 사운드가 그저 대사나 노래를 들려주는 것보다 훨씬 더 많은 것을 할 수 있다는 사실을 인지하고 있었다.

사운드에 대한 인도의 접근 방식

2장에서 살펴보았던 것처럼 무성 영화 시기의 인도 영화는 역사, 사회, 신화, 그리고 멜로와 같은 할리우드의 장르와 흡사하게 분류되었다. 1920년대에 카스트 제도, 착취, 도시 생활의 빈곤 등에 대한 사회적 우려는 많은 영화인에게 영향을 미쳤다. 1930년, 비폭력 무저항 운동을 이끌었던 마하트마 간디는 영국이 소금에 대한 세금을 다시 부과하는 것에 반대하는 소금 행진을 끝냈고, 영국 식민지 통치를 수용할 것인지에 대한 중요한 국가적 논쟁으로 나라가 떠들썩했다. 그러나 영국이 철수하기까지는 그로부터 17년이나 더 걸렸고 그사이 인도 영화는 역사상 가장 중요한 문턱을 넘고 있었다. 인도 역시 사운드를 도입한 것이다.

1930년대 초반 인도는 한 해에 200편이 넘는 영화를 제작했지만 사운드가 도입되기 전까지는 인도 문화유산의 핵심적 요소가 빠져 있었다. 바로 춤과 노래다. 그러나 1931년에 아르데시르 이라니Ardeshir Irani가 유성 영화인 〈알람 아라Alam Ara〉를 연출하면서 상황이 바뀌게 되었다. 〈알람 아라〉는 이 장을 시작하면서 언급했던 공원 벤치 장면에서의 녹음 방식처럼 총 일곱 곡이 촬영과 동시에 녹음되었다. 이 영화는 크게 흥행했다. 서양인들에게는 놀라울지라도 1950년대 초까지 인도에서 제작된 수천 편의 영화 중 중간중간에 음악이 없는 영화는 거의 없을 것이다. 인도 영화 전체가 하나의 큰 뮤지컬 장르가 되었다. 그중 매우 유명하고 소위 '올 인디아All India'라고 불렸던 영화들은 공식어인 힌디어로 제작되었고 대부분이 봄베이에서 촬영되었다.

뮤지컬 곡을 라이브로 촬영하는 것은 상당히 까다로운 일이어서 인도의 감독과 프로듀서는 마물리안처럼 카메라를 보다 자유롭게 움직일 수 있는 방법을 모색했다. 1935년에 음악을 재생할 수 있는 시스템이 소개되면서 문제가 해결되었다. 노래는 라타 망게쉬카르 같은 가수가 사전에 녹음하고, 촬영할 때는 녹음한 노래를 틀고 배우들은 노래에 맞춰 입을 움직였다. 녹음된 노래는 라이브와는 달리 변수가 없기에 이제는 카메라를 달리로 움직이거나 카메라 방향을 급격하게 틀 수 있었으며, 중간에 촬영을 멈출 수도 있었고, 다양한 각도로 촬영할 수도 있었다.

이런 방법으로 촬영된 인도 영화 최초의 고전은 〈데브다스Devdas〉(인도, 1935)로, 이 영화는 여전히 영향력 높은 남아시아 영화 중 하나다. 〈데브다스〉는 귀족 출신의 아삼인으로 31세가 되던 1934년부터 영화감독으로 활동한 프라마테시 찬드라 바루아Pramathesh Chandra Barua가 연출했는데, 바루아는 그로부터 17년 후에 사망했다. 그는 루비치와 클레르의 영화를 공부했으며 1929년에 자신의 회사를 설립했다. 바루아의 가장 유명한 작품의 배경은 본인이 익숙했던 귀족 사회였지만, 그가 표현한 귀족 사회는 루비치스러운 아이러니도 느껴지고 어떤 면에서는 매우 쓸쓸하기도 하다. 미조구치와도 흡사한 바루아의 표현적인 카메라 스타일은 연기를 억누른 그의

85. 걸작으로 인정받는 인도 영화 〈데브다스〉는 술에 빠져드는 한 젊은 남자의 이야기를 다룬다. 촬영감독인 비말 로이는 주인공의 부도덕함을 강조하기 위해 녹색 필터를 사용했다. 감독: 프리마테시 찬드라 바루아. 인도, 1935.

연출 스타일과 균형을 이루었다. 아시시 라자드야크샤와 폴 윌먼은 "정적인 이야기와 감정 없이 무표정한 배우의 모습은 풍경을 훑는 팬 숏 등 그가 활동하던 시기의 인도 영화에서 가장 역동적이고 주관적이었던 카메라 움직임과 대조를 이루었다."[7] 라고 언급했으며 그런 정적인 연기 스타일과 역동적인 카메라 움직임 사이의 긴장감은 나중에 일본 영화에도 반영되었다.

〈데브다스〉는 어릴 적 연인과의 이루어질 수 없는 사랑으로 인해 술에 빠져드는 한 젊은 남자에 관한 이야기로, 사라트 찬드라 차토파디아야의 유명 소설을 각색해 만든 작품이다(85). 이 영화는 여러 번 리메이크되었으며 전 세계적으로 인도 출신 이주민들이 늘어나면서 세계 곳곳에서 상영되었다. 대담한 촬영감독인 비말 로이Bimal Roy는 데브다스가 도덕적으로 옳지 않고 그래서 동정이 안 가도록 만들기 위해 녹색 필터를 사용했다. 그는 후에 주류 감독이 되었으며 1930년대의 사치성과 이탈리아의 영향을 받은 네오리얼리즘(신사실주의)을 결합했다. 로이는 라즈 카푸르Raj

Kapoor와 메흐부브 칸Mehboob Khan과 함께 인도 영화계에 존재하던 시각적 허상과 현실이라는 반대되는 두 요소를 결합했다. 이는 동서고금을 막론하고 매우 드문 일이었다.

무성 영화를 유지한 일본

미국의 사운드 혁명, 마물리안과 클레르의 눈부신 활약, 에이젠슈테인의 지적 엄격함, 바루아의 호화스러운 뮤지컬이 펼쳐지고 있을 때 일본은 사운드의 가능성에 무관심했다는 사실은 놀랄 만하다. 일본은 연간 400편 이상의 영화를 제작하고 있었고 1920년대 후반과 1930년대에 미국과 유사한 규모의 영화 산업 시스템을 갖추고 있었다. 하지만 그 산업은 프로듀서가 아닌 감독이 이끌었고 변사는 여전히 영화를 해설하고 있었다. 새로운 영화 제작 방식에 대한 명백한 거부는 당시 일본에 팽배했던 정치적 보수주의와 무관하지 않았다. 국수주의 성향은 점점 더 심화했고 아시아의 문화가 서구의 문화보다 우월하다는 사고가 강조되었다. 일본은 20세기의 진화로부터 심리적 후퇴를 했으며 그것은 동양의 파시즘으로 이어졌다. 1931년 일본은 동양에 미치는 서구의 영향을 차단하기 위해 만주를 점령했고 광적인 애국주의를 강요했다. 이후 몇 년간에 걸친 중일전쟁으로 인해 3000만 명이 넘는 사람들이 희생되었다.

매우 불편한 진실이기는 하지만 일본 영화는 기술적 변화에 천천히 반응했음에도 불구하고 비열한 역사적 사건이 벌어지는 동안 예술적으로 비상했다. 정치적, 기술적, 예술적으로 고립된 이 시기에 주옥같은 일본 영화가 제작되었다. 침략 전쟁 시기가 가장 안정적이고 마음으로 연출한 작품들이 탄생했던 일본 영화의 황금기였다. 오즈 야스지로는 결혼도 하지 않았고 공장에서 근무한 적도 없었으며 대학을 다니지도 않았지만 30년 넘게 기혼자와 공장의 노동자, 학생의 일상에 관한 영화를 만들었다. 당시의 일본 문화는 자신을 표출하는 것에 가치를 두지 않았고, 그래서 영화감독들은 개인적 경험을 영화화하지 않았다. 어쩌면 오즈가 자전적 이야기를 거부했기에 그의 작품들이 보다 객관적일 수 있었던 것인지도 모른다.

오즈는 1903년에 도쿄에서 비료 판매상의 아들로 태어났고 10살 때부터 어머니와 함께 시골에서 살았다. 그는 학교에서 반항아였고 결국 퇴학을 당했다. 오즈는

1920년대에 해외 영화에 대한 일본의 규제에도 불구하고 수백 편의 미국 영화를 저돌적으로 섭렵했다. 1927년에 그가 감독으로 데뷔했을 때 그 노력의 영향을 확인할 수 있었다. 클레르의 〈백만장자〉와 〈우리에게 자유를〉이 발표되고 1년 후인 1932년, 오즈는 서양 영화의 영향을 떨쳐버리고 오늘날까지도 독특하게 남아 있는 자신만의 스타일과 영화 세계를 발전시켰다. 오즈의 첫 번째 흥행작은 〈태어나기는 했지만大人の見る繪本 生れてはみたけれど〉(일본, 1932)으로 그의 흥미로운 영화 세계를 소개해 주는 작품이다. 〈태어나기는 했지만〉은 재미있고 현명하고 신선한 영화로, 새로운 학교에 진학해 괴롭힘을 당하며 삶의 힘이란 내가 얼마나 강하고 얼마나 많은 비둘기 알을 먹을 수 있는지로부터 온다고 자각하는 형제의 이야기다. 이러한 생각을 가진 형제는 결국 자신들이 다른 학생들을 괴롭히는 가해자가 되고, 아버지인 요시이가 고용주에게 비굴하게 행동하는 것을 보고 부끄러워하며 단식 투쟁을 벌인다. 그들은 서서히 돈과 지위가 존경을 얻는 길이라는 어른들 세계의 중요한 교훈을 이해하게 된다. 오즈의 많은 영화는 평범한 가정의 부모와 자녀의 관계를 다룬 것이다. 〈태어나기는 했지만〉은 아들들이 결국 아버지가 짊어진 삶의 무게를 더 깊이 이해하게 된다는, 대다수 오즈 영화의 주제를 보여주는 작품이다. 오즈 영화의 주제는 젊은이들이 곧 변화의 주체이며 그들의 에너지가 가정으로부터 멀어진다는 개인적인 소재를 다룬 서양 영화의 주제와는 반대다. 화해의 귀재였던 오즈는 아들들의 반항을 잠재운다. 그의 첫 번째 유성 영화인 〈외아들一人息子〉(일본, 1936)은 마지막에 엄마가 "우리 아들은 정말 잘됐어요. 그리고 좋은 아내를 얻었어요. 이제 죽어도 여한이 없어요."라고 말하면서 끝난다. 그로부터 한참 뒤에 나온 작품인 〈초여름麥秋〉(1951)의 피날레에서 아내는 "우리 진짜 행복했어요."라고 말하고 남편은 "흠…"이라고 하며 얼버무린다. 이는 다소 비관적이고 심지어 보수적인 순간일 수도 있지만, 할리우드의 해피 엔딩이나 러시아의 비극적인 결말을 대체할 수 있는 아름답도록 차분한 대안을 제공한다. 오즈의 영화는 일본인이 주장하는 '모노노아와레物の哀れ'(사물의 슬픔, 비애의 정 등을 의미한다-옮긴이)에서 출발했으며, 그것은 삶이란 원초적으로 정적이고 슬픈 것이라는 감성을 대변했다. 오즈는 인간사를 부모와 자식 간의 균형으로 보았을 뿐만 아니라 희망과 절망, 다수와 개인의 균형으로도 보았다.

놀랍게도 몇 안 되는 영화인들만 이런 가치관에 공감했다. 그들의 매체는 '영화'라고 불렸고 그들이 생각하는 삶이란 무언가 움직이는 것이었다. 한 영화학자는 "드라마로 슬픔과 행복을 끌어내는 것은 어렵지 않았다."라고 썼으며, 그것은 "캐릭터와 삶의 근본적인 진실을 덮어버렸다."라고 덧붙였다.[8] 폐쇄적인 낭만적 사실주의는 과잉된 감정을 추구했지만 오즈는 이를 피하려고 노력했다.

오즈는 감정의 표현뿐만 아니라 플롯 자체도 최소화하고자 했다. 지금까지 우리는 대부분 영화인들이 이야기를 어떻게 전달했는지에 관해 논했는데 이제는 "플롯에 싫증이 나고 플롯 자체를 싫어했던"[9] 감독을 접하게 되었다. 오즈는 〈태어나기는 했지만〉, 〈만춘晩春〉(1949), 〈초여름〉(1951) 그리고 그의 가장 유명한 작품 〈동경 이야기〉(1953) 등을 통해 가정에서, 사무실에서, 찻집에서, 그 외 많은 장소에서 일어나는 풍성한 이야기를 제공했다. 그의 등장인물들은 영화의 끝부분에 가서 삶에 대해 무언가를 배우기는 해도 미국의 배우와 감독이 삶에 변화를 가져오는 심리적 과정을 표현하기 위해 활용했던 '여정'의 압박을 받지는 않았다.

오즈는 감정과 이야기에 스타일을 추가했다. 1920년대 후반부터 "오즈는 등장인물들이 직면하는 치명적으로 단순한 일상의 여백으로 자신의 스타일을 갈고닦았고 다듬었다."[10] 1932년 〈태어나기는 했지만〉을 찍을 즈음 그는 디졸브와 페이드아웃 같은 기법을 거부하고 달리 숏도 현저히 줄이기 시작했다. 남은 것은 숏과 컷뿐이었는데 그마저 오즈만의 독특한 방법으로 만들었다는 것은 잘 알려져 있다. 〈태어나기는 했지만〉의 숏들은 정말 아름답고 서양 영화의 시퀀스들과는 달랐다. 이 숏들은 일반적인 서양 영화의 숏들과는 다른 높이에서 촬영된 것이고, 촬영감독이자 편집자였던 시게하라 히데오가 사용했던 삼각대의 다리는 그리피스와 비더, 루비치를 비롯해 이전 장들에서 언급된 어느 누가 사용했던 것보다도 길이가 짧았다.[11] 이러한 방식은 오즈가 활동하는 내내 유지되었다. 카메라가 아버지인 요시이나 그의 아들들을 향할 때 그들은 카메라 위쪽을 본다. 이것은 괄목할 만한 일이다. 1907년부터 몇 년간 프랑스 영화사 파테는 카메라를 허리 높이에 두고 촬영했는데(86), 이후 성인의 어깨높이나 눈높이가 영화의 표준이 되었다. 이러한 높이는 만일 촬영장 끝에서 액션이 벌어지는 곳을 보고 있다고 가정했을 때 성인 관찰자의 시선과 비슷했

86. 파테는 오즈 이전에 카메라를 허리 높이에 두고 촬영하던 매우 드문 영화 제작사였다. 이 장면에서 삼각대의 다리는 일반적인 삼각대의 다리보다 짧으며 카메라는 살짝 위로 향하고 있다.

다. 낮은 앵글을 고수했던 오즈의 경우 이같이 설명할 수는 없으며 일부 평론가들은 오즈가 어린아이의 시선에서 촬영했기 때문이라는 단순한 해석을 하기도 했다. 하지만 그는 아이가 등장하지 않는 다른 영화에서도 낮은 앵글을 사용했기 때문에 이런 주장은 신빙성이 떨어진다. 사진 87을 보면 아이들이 그들의 눈높이보다 낮은, 가메라 위쪽을 보고 있다. 다른 평론가들은 낮은 카메라 위치와 주로 앉은 채 등장하는 인물들이 좌식 생활을 하는 일본의 문화를 반영한 것이라고 주장하기도 한다. 하지만 사람들이 서 있는 실외 장면에서도 낮은 높이에서 촬영된 숏이 발견되는데, 만일 이 시각적 높이가 일본의 문화에 뿌리박혀 있는 것이라면 일본의 다른 영화감독들은 왜 그 높이에서 촬영하지 않았을까?

오즈의 낮은 시선은 세 가지의 공간적 효과를 가져왔다. 첫 번째로 그것은 프레임의 중앙에 중력의 영향을 받는 인체의 중심점(1492년 레오나르도 다빈치가 그린 그림의 배꼽 부분[88])을 잡았다. 그 결과 오즈와 시게하라의 프레임은 세계 영화사의 어떤 이미지보다도 안정적이며 불안정하거나 뒤틀린 것 같은 느낌이 없었다. 두 번째로 등장인물을 바라보는 카메라가 살짝 위로 향함으로써 미디엄 숏이나 와이드 숏에서 지면이 부산하지 않았다. 영화를 연출하는 내내 이것을 반복함으로써 오즈는

87. 홍보용 사진이기는 하지만 오즈가 등장인물들을 그들의 눈높이보다 아래에서 카메라를 살짝 위로 향하게 하여 촬영했음을 보여준다. 그것의 공간적 의미는 심오하다. 〈태어나기는 했지만〉. 감독: 오즈 야스지로. 일본, 1932.

등장인물들에게 중력의 지배를 받는 영화 전통에는 없는 무중력을 선사했다. 세 번째로 실내에서 천장이 보이는 등 카메라 위의 새로운 공간을 열었다. 오즈는 세트를 지을 때 천장까지 짓기를 원했던 세계 최초의 감독이라고 할 수 있다. 평단은 인간이 영화의 서사와 심리적 요소에 반응할 뿐만 아니라 서부 영화의 지리적 공간, 로드 무비의 리본과도 같은 선형 공간, 에이젠슈테인과 푸도프킨의 입체파 그림과도 같은 해체된 공간 등 복잡한 공간 또한 직관적으로 인지할 수 있다는 주장을 펼쳐왔다. 만일 그것이 사실이라면 나는 영화 역사를 놓고 볼 때 오즈의 영화가 공간적으로 가장 독창적이고 독특하다고 생각한다.

오즈의 대표작인 〈동경 이야기〉는 이후의 장에서 다시 다루겠지만 전 세계 영화감독들의 다양성을 고려하는 사람이라면 〈태어나기는 했지만〉이 서양에서의 상영에 실패했음에도 불구하고 작품의 공간적, 스타일적, 인간적 균형은 심오한 의미와 함께 오즈의 성숙기를 예고하는 요소로 볼 수 있을 것이다. 이전에는 누구도 오즈처럼 인간을 중심에 놓는 방법을 발견하지 못했고, 정지와 움직임 사이의 만족스러운 균형을 발견하지 못했으며, 45도 앵글 숏을 거부하고 90도 및 180도 앵글 숏에 관심을 두지 않았다. 그리고 오즈만큼 인간의 고조된 감정을 보여주기를 꺼린 이들도, 삶의 문제를 차분히 고려하면서 사람의 얼굴을 촬영하려고 시도했던 이들도 드물었다.

이런 오즈의 시선을 고려하면 서양 고전 예술의 가치를 떠올릴 수밖에 없다. 그리스와 로마의 조각물 및 건축물은 행동보다 질서와 휴식을 중시했고 강조와 과장을 거부했다. 고대 그리스인과 로마인은 기본적으로 엄격한 스타일을 요구했다. 그리고 시각적으로 최고의 균형을 창조하며 건축물을 지었고 인간을 소외시키지 않았다. 그것은 오즈의 시각과 정확히 일치한다. 이를 염두에 두고 세계 영화의 미학적 지도를 고찰하는 것은 그 의미가 크다. 만일 오즈의 영화가 고전주의적 깊이가 있다면 이 지도에서 그는 어디에 위치할까? 한 가지는 분명하다. 1918년 무렵부터 경제적으로나 기술적으로 미국이 세계 영화를 주도하는 동안 세상은 그 엔터테인먼트의 가치에 매료되었으며 다른 영화 스타일을 이해할 수 있는 축이 된 적이 없었다. 할리우드의 화려함과 간헐적 만행을 영화의 표준으로 판단해서는 안 된다. 어쩌면 오즈의 미학은 폐쇄적인 낭만적 사실주의 측면과 로베르 브레송, 앤디 워홀, 샹탈 아케르만, 벨라 타르 등 준엄하거나 미니멀리스트적인 영화감독들의 표현적 측면 중간에 있는 영화 미학의 개념적 중심에 더 가깝다. 다른 영화들과 비교해 볼 때 만일 오즈 영화의 등장인물들이 더 명확히 영화의 공간적 중심에 있다면, 그리고 세상을 바라보는 오즈의 시각과 사회적·심리적 변화의 가능성에 대한 그의 감각적 깊

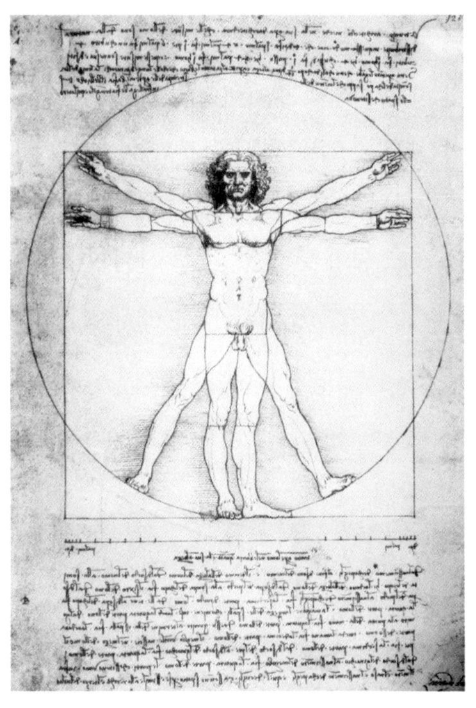

88. 인간의 신체를 구도의 중심에 놓는 오즈의 기법에 대한 서양의 선례. 레오나르도 다빈치의 '인체 비례도'. 펜과 잉크. 아카데미아미술관, 베네치아.

이를 측정한다면, 그의 작품들은 그 어떤 작품들보다 지도의 중심에 있을 것이다.

모든 영화학자가 이 생각에 동의하지는 않을 것이며, 오즈가 영화 역사상 가장 영향력 있는 감독이었다는 의미도 아니다. 1950년대까지 그의 영화는 일본 밖에서 상영되지 않았으며 그만큼 주목을 받지도 못했다. 앞서 언급했던 감각을 기준으로 할 때 오즈가 세계의 영화감독 중에 가장 고전적이라고 할지라도 일본인으로서 그의 문화적 뿌리는 잘 설명되지 않는다. 서양 영화에 매료되었지만, 그는 형식과 내용의 균형을 고대 그리스에서 가져오지 않았으며 그의 연출에는 완전히 비고전적인 매우 독특한 측면이 있었다.

서양 영화에서는 새로운 장면, 특히 새로운 촬영지를 배경으로 한 것이면 도시의 와이드 숏이라든가 길거리 또는 건물이 설정 숏으로 나온 뒤 다음 장면이 따라온다. 주로 이야기를 전개하는 등장인물이 그런 장면에서 걸어가고 이후 중요한 세부적인 숏으로 전환된다. 하지만 오즈는 다른 방법을 취했다. 〈태어나기는 했지만〉부터 그는 장면을 전환할 때 아주 흥미로운 방법들을 사용했다. 〈태어나기는 했지만〉의 한 장면에서 요시이와 그의 아들들은 전신주를 지난다. 그리고 다음 장면에서 우리는 롱 숏으로 찍은, 그것과 비슷한 전신주를 보게 되는데 이전 장면에 나왔던 전신주와의 관련성을 파악할 수가 없다(89). 다음 숏에는 장대가 받치고 있는 빨랫줄에 셔츠 등이 널려 있고, 그 사이에서 스트레칭을 하는 요시이가 나온다. 이후 오즈와 편집자는 전경에서 운동하는 아버지 요시이의 숏으로 컷 한다. 배경에는 지난 숏에서 보았던 장대는 보이는데 빨래는 보이지 않는다. 이 장면 전환은 서양 영화의 시퀀스처럼 우리를 순차적인 명확한 상황으로 안내하지 않는다. 전신주 및 장대가 나오는 네 개의 숏 사이에 시각적 연결성은 보이지만 시점이나 이야기 전개의 명확한 의도성은 파악되지 않는다. 이 숏들은 등장

89. 오즈의 '중간 공간' 숏 중 하나. 이 숏은 장소를 명확히 설정하는 것도 아니고 새로운 장면을 소개하는 것도 아니다.

인물의 시점을 대변하는 것도 아니고 관객에게 공간감을 제시하기 위한 객관적이고 일반적인 시점도 아니다.

오즈가 '중간 공간' 또는 '필로우 숏pillow shot'으로 명명된 이러한 숏을 사용하는 것에 대해 많은 논쟁이 있었다. 〈택시 드라이버〉(미국, 1976)와 〈성난 황소〉(미국, 1980)의 시나리오를 집필한 영화 평론가이자 감독 폴 슈레이더는 그것이 선불교의 무無와 비슷한 철학적 개념이라고 썼다. "… 존재의 부정, 허무, 공허감의 개념… 무는 꽃꽂이의 가지 사이의 공백을 의미하는 문자다."[12] 그는 오즈의 영화 속 이미지를 누군가의 시점이나 이야기의 객관적인 개념으로 이해하려고 하는 것은 분류할 수 없는 동양의 접근 방식을 서양의 방법으로 분류하려고 하는 것과 같다고 주장했다. 스크린에 나오는 것을 등장인물의 시점도 아니고, 그렇다고 오즈의 시점도 아닌, 세상의 시점으로 보는 것이다. 이야기는 흐름을 멈추고 거기에는 우아한 추상적 순간이 도래한다.

오랜 세월 동안 서양은 오즈의 선불교적 고전주의에 침묵했다. 일본 영화들은 구로사와의 〈라쇼몽羅生門〉(일본, 1950)이 베니스 영화제에서 대상을 받은 1951년 이후에나 국제적으로 알려지기 시작했다. 하지만 1970년대에 이르러 독일 영화의 부활에 핵심적인 역할을 한 빔 벤더스가 오즈는 영화계가 목격한 가장 위대한 감독이라고 주장했다. 벨기에의 영화감독 샹탈 아케르만은 그녀의 가장 유명한 영화 〈잔느 딜망Jeanne Dielman, 23, quai du Commerce, 1080 Bruxelles〉(벨기에·프랑스, 1975)을 오즈의 영화처럼 낮은 카메라 삼각대를 써서 촬영했다(90). 1950년대 후반에는 고국인 일본조차 오즈를 거부했는데 말이다. 오즈의 수습생 중 하나로 반항적인 의사의 아들이었던 이마무라 쇼헤이今村昌平는 오즈의 전통성을 거부했다. 이마무라는 1958년부터 영화를 만들기 시작했고 그의 영화는 고요한 오즈의 영화와는 달리 저속하고 성적이며 무례했다. 이마무라와 스즈키 세이준 같은 감독들은 슈레이더가 서술했던 선불교의 성향으로부터 거리를 두고 어떻게든 그것을 거부하려고 했다. 이 영화감독들에 대해서는 나중에 다시 언급하겠지만, 영화가 쏟아져 나오던 1950년대에 이마무라는 자기 세대에서 가장 유명한 감독 중 한 명이 된다.

1930년대에 오즈만이 일본의 상징적인 감독은 아니었다. 다른 두 명의 감독도

90. 오즈가 그랬듯이 수십 년 후 샹탈 아케르만은 〈잔느 딜망〉을 허리 높이에서 촬영했다. 벨기에 · 프랑스, 1975.

영화 분야에서 자신의 영역을 넓혀가고 있었다. 나루세 미키오成瀬巳喜男는 서양에서 상영된 일본 최초의 유성 영화로 인상적인 제목이 붙었던 〈아내여, 장미처럼妻よ薔薇のやうに〉(1935)을 연출했다. 나루세는 영화 역사상 가장 가난하게 태어난 감독일 것이다. 나루세의 가족은 빈곤했고 그는 15살에 학교를 그만두고 일을 해야만 했다. 나루세는 영화 산업에 처음 발을 디뎠을 때 무척이나 처량하고 외로웠다. 오즈와는 달리 그의 걸작들은 자신의 경험을 바탕으로 한 것이다. 그는 "어릴 때부터 우리가 사는 세상은 우리를 배신한다고 믿었다… 나는 여전히 그렇게 생각하고 있다."[13]라고 말했다. '아내여, 장미처럼'이라는 외침에도 불구하고 이 작품은 삶에 대해 느끼는 그의 쓸쓸함을 반영했다. 영화에서 기미코는 소신대로 자기가 선택한 남자와 결혼하려고 한다. 그녀의 아버지 야마모토는 그 계획에 동참한다. 야마모토의 첩은 뒤에서 도움을 주고, 기미코의 생모인 전 부인은 야마모토보다 지적이다(91).

이런 설정은 매우 나루세스럽다. 자의식 강한 여성들에게 둘러싸여 있는 나약한 남성이지만 그래도 사회 통념상 상황을 주도하려 하는 그런 설정 말이다. 나루세의 모든 영화가 〈아내여, 장미처럼〉이나 1950년대에 만든 작품들만큼 훌륭하지는 않

91. 한 남자가 자의식 강한 여성들에게 둘러싸여 있는 이러한 장면은 나루세 미키오의 영화에서 흔히 볼 수 있다. 〈아내여, 장미처럼〉. 일본, 1935.

지만, 그는 적어도 삶의 굴곡과 과정을 살펴보는 오즈와 가장 흡사한 성향을 보여준 감독이다. 그의 영화는 매우 쓸쓸하고 또 아름답게 절제된다.

이것은 나루세와 동시대에 활동했던, 그보다 더 잘 알려진 일본의 영화감독 미조구치 겐지의 영화에 대한 적절한 설명일 수도 있다. 미조구치의 작품도 남성이 여성에게 둘러싸여 있는 상황이 많은데[14] 나루세나 오즈와는 달리 이런 장면은 주로 여성의 선택과 주장이 더욱 억압되었던 지난 세기말쯤의 과거 장면이다. 미조구치는 여성을 사랑하기도 했고 또 증오하기도 했다고 알려져 있으며, 그래서인지 작품에서도 그와 비슷한 줄다리기를 한다. 그것은 〈오사카 엘레지浪華悲歌〉(1936)와 〈기온의 자매祇園の姉妹〉(1936)로부터 시작되는데, 미조구치는 이 작품들에 대해 "내가 만들었기 때문에 인간을 명료하게 그릴 수 있었다."라고 말했다. 이러한 그의 방식은 영화의 내용과 기가 막히게 대비되는 형식을 만들어 냈다. 미조구치는 당시 일본 영화에는 매우 드물었던 사실주의 요소를 도입했는데, 그것은 1920년대 후반의 좌파 영화와 연관성이 있다. 〈기온의 자매〉에 등장하는 자매는 교토의 게이샤다. 한 명은

92. 이 장면에서처럼 여성이 카메라로부터 등을 돌리고 멀어지는 등 미조구치 겐지의 영화에서 감정 표현은 매우 절제되어 있다. 〈오사카 엘레지〉. 일본, 1936.

전통적이고 다른 한 명은 보다 현대적이지만 둘 다 심리적으로 깊이 파고드는 방식으로 다뤄진다. 〈오사카 엘레지〉에서 미조구치는 자신의 트레이드마크가 되는 길게 흐르는 숏을 사용하기 시작했다. 이러한 숏은 등장인물의 감정적 흐름과는 반대 방향으로 가는 경우가 많기에 매우 인상적이다. 깊은 감정적 고통을 겪는 여성이 등장하는 장면에서 여성은 카메라로부터 등을 돌리거나 멀어지거나 아니면 미조구치가 카메라를 인물로부터 멀리 이동시키는 경우가 많았다(92). 오즈의 영화에서처럼 균형의 효과라고 볼 수 있다.

1930년대의 중국 영화

1930년대에 일본은 국제적 만행을 저질렀지만 일본의 예술은 부흥했는데 이는 중국의 관점에서는 소름 끼치는 일이었다. 1912년 청나라 마지막 황제의 퇴위 전에 중국은 영화를 거의 만들지 않았으며 확인할 수 있는 첫 영화는 1922년에 장스촨張石川이 연출한 〈노동자의 사랑勞工之愛情〉일 것이다. 1928년과 1931년 사이에 최소 400편의 영화가 만들어졌으며 대부분 민간 설화와 차후에 영향력이 커진 경극을 영화로 만든 것이다. 중국이 본격적으로 영화를 제작한 것은 일본이 만주를 침략했던

93. 중국의 그레타 가르보라고 불린 롼링위. 〈도화읍혈기〉. 중국, 1931.

1931년부터이며 이후 6년간 500여 편의 영화가 제작되었다. 대부분은 일본처럼 무성 영화였으며 폐쇄적인 낭만적 사실주의를 토대로 했다. 그중 최고는 일본의 침략뿐만 아니라 장제스가 이끄는 신흥 중국 민족주의자들도 거부했던 영화감독들이 만든 것이었다. 그들의 작품은 10년도 더 지난 뒤에 번성한 이탈리아의 네오리얼리즘을 연상케 한다.[15]

〈도화읍혈기桃花泣血記〉(1931)가 그 한 예일 수 있다. 이 작품은 세계적으로 유명한 국제도시 중 하나인 상하이 출신의 복만창 감독이 연출했다. 한 소녀와 복숭아나무가 서로 은유의 대상이 되는 평행적인 이야기다. 오늘날 이 영화는 중국의 그레타 가르보라고 불렸던 놀라운 주연 배우 롼링위(완령옥)로 인해 주로 기억된다(93). 롼링위의 극적인 삶은 그녀와 비교되던 그레타 가르보를 능가했다. 롼링위는 중국 초기의 영화배우 중 한 명으로 〈도화읍혈기〉와 〈작은 장난감小玩意〉(1933) 등의 작품에 출연했다. 그녀는 사회에서의, 보다 광범위하게는 현대 중국에서의 여성의 역할에 관한 논쟁을 불러오는 인물들을 연기했다.[16] 나루세와 미조구치는 대부분 동시대의 일본 여성에게 초점을 맞췄고, 독일의 영화감독 더글러스 서크Douglas Sirk도 1950년대의 미국 영화를 통해 유사한 시도를 했다. 1960년대의 프랑스 영화감독들 역시 잔 모로와 아나 카리나 같은 여배우 뮤즈를 통해 현대의 삶이 어떻게 변화되어

가는지를 탐구했다.

중국의 영화감독들에게는 롼링위가 그런 역할을 담당했다. 〈신여성新女性〉(1935)에서 그녀는 언론의 공격으로 자살을 시도하는 배우 겸 작가를 연기했다. 당시 상하이의 선정적인 신문들은 〈신여성〉으로 위협을 느꼈고 그래서 그 작품과 좌파인 롼링위을 공격했다. 이에 대한 롼링위의 반응은 비극적이었다. 그녀는 약을 먹고 자살했다. 그녀의 장례 행렬은 5킬로미터나 이어졌으며, 장례 기간에 세 명의 여성 팬이 자살했다. 이는 9년 전 할리우드에서 루돌프 발렌티노의 장례가 치러지자 상심한 팬들이 스스로 목숨을 끊은 것과 유사한 사건이다. 『뉴욕 타임스』는 1면에 "이번 세기에 가장 장관인 장례식이었다."라고 썼다.

1937년 일본은 중국을 점령했다. 같은 해에 당시 중국을 대표하는 감독이었던 위안무즈袁牧之는 종종 최고의 중국 영화로 선정되는 〈길 위의 천사馬路天使〉를 발표했다. 이 영화는 "1935년 가을. 상하이 최하층의 세계에서"라는 오프닝 타이틀로 시작한다. 그리고 한 젊은 트럼펫 연주자가 만주의 선술집 가수에게 반하고, 일제 강점기 상하이 하층민들이 고통을 겪는 이야기가 펼쳐진다. 위안무즈는 〈길 위의 천사〉를 통해 민족주의 정부를 비판하고자 했으며, 이 작품의 성공은 민족주의 정부에게는 위협적이었다. 그는 일본의 침략을 피해 1937년에 옌안에서 공산주의 지도자 마오쩌둥을 위해 일했는데, 그곳에서 중국 공산당은 국민당을 피하기 위한 '대장정' 이후 재집결했다. 상하이는 국가에서 승인했던 전통적인 영화 제작의 중심지였지만 1938~1939년에는 본토 남부 해안의 작은 영토였던 홍콩이 광둥 영화 혁신의 중심지가 되었다.

미국의 새로운 유성 영화 장르

1931년에 미국에서는 유니버설, 파라마운트, 유나이티드 아티스츠, 워너 브라더스, 디즈니, 컬럼비아, MGM, RKO, 폭스(1935년에 '20세기 폭스'로 변경되었다) 등 1920년대에 자리를 잡았던 아홉 개의 영화사가 업계를 조종하는 과두제를 형성했다. 할리우드는 오렌지나무 숲이 있고 산 고양이가 살던 한적한 곳에서 아르 데코 양식의 영화관과 첨단 기술을 갖춘 스튜디오가 있는 붐 타운(94)으로 변모했을 뿐만

94. 1930년대에 들어 할리우드에는 거대한 과두제가 형성되었다. 이 항공 사진은 파라마운트 스튜디오를 보여준다.

아니라 신화도 쌓아갔다. 운명이 바뀌었다. 그곳은 세계 최고의 재즈 음악 본거지가 되었고 웅장한 영화관은 이집트의 궁전을 본떴으며 그라우만스 차이니스 극장은 상하이풍의 화려한 건물에 보도에는 스타 배우 및 감독의 손과 발 모양을 찍어 전시하기 시작했다. 할리우드 힐스에는 수영장들이 자리 잡았고 묘지는 스타도 불멸의 존재는 아니라는 충격적인 사실을 일깨워 주었다. 내림세였던 할리우드 배우와 거물급의 스타는 이러한 실존적 몰락의 고통을 느끼기 시작했다. 책을 좋아했던 양성애자 이탈리아인 알폰조 구글리엘미는 1921년부터 1925년까지 단 5년이라는 짧은 시간 안에 이 지역의 유명 인사가 되었다. 그는 할리우드의 도도하고 저속하고 에로틱한 이미지로 살았으며, 31세의 나이로 사망했을 때 묘비에는 루돌프 발렌티노라는 보다 친숙한 이름이 새겨졌다.

과두제는 캘리포니아 남부에서 유혹한 아름답고 미성숙하며 소모적인 스타와 신인을 성적 상징으로 만들고 이상화했다. 그들은 궁전을 지었으며 그 궁전은 한 세대가 지나기 전에 무너지기도 했다. 또한 그들은 화려한 옷을 입었고, 일정한 시간(주로 오후 5시 50분)에 마티니를 마셨으며, 모하비 사막의 호수를 마르게 한 담청색 수영장에 모여 자기들끼리 결혼하고 성공한 모습을 서로에게 투영하며 미소와 이두박

근을 뽐냈다. 그들은 할리우드 힐스를 토스카나의 환영으로 바꾸려 했다.[17] 그들이 애초에 캘리포니아 남부의 불모지로 가기를 미루었던 이유는 원활한 영화 제작을 위해서였다. 우리는 뮤지컬 장르가 사운드 기술의 잠재력으로부터 탄생했다는 것을 안다. 하지만 갱스터 영화, 서부 영화, 스크루볼 코미디, 공포 영화, 전쟁 영화, 애니메이션, 진지한 드라마 등 다른 장르와 다른 측면의 영화 제작도 이 시기에 꽃을 피웠다. 이 중 처음에 언급된 네 장르는 가장 두드러진 미국 영화 장르다. 아홉 개의 거대 영화사는 이제 여덟 가지 유형의 영화들을 제작하기 시작했으며 1950년대까지 서양 엔터테인먼트의 모체가 되었다.

공포 영화는 이미 1920년대부터 제작되어 왔다. 〈칼리가리 박사의 밀실〉(로베르토 비네, 1920), 〈골렘Der Golem, wie er in die Welt kam〉(파울 베게너·칼 뵈제, 1920), 〈노스페라투〉(프리드리히 빌헬름 무르나우, 1922) 등 인상적인 작품은 독일 영화였다. 할리우드의 유니버설 스튜디오는 1925년에 루퍼트 줄리안이 연출하고 론 채니가 오싹한 연기를 펼쳤던 〈오페라의 유령The Phantom of the Opera〉으로 그 계보를 이어갔는데, 1931년 두 작품이 흥행에 큰 성공을 거둔 이후에야 공포 영화를 하나의 장르, 즉 고유의 배우와 스타일이 있는 재미있는 영화 장르로 밀기 시작했다.

흥행에 성공한 그 두 작품은 제임스 웨일James Whale의 〈프랑켄슈타인Frankenstein〉과 토드 브라우닝Tod Browning의 〈드라큘라Dracula〉였다. 브라우닝의 영화에 말이 거의 없으며 정적인 모습의 뱀파이어로 출연했던 벨라 루고시는 그야말로 관객의 숨을 멎게 했다. 이 작품은 개봉 첫날부터 관객에게 충격을 안겨주었지만, 오늘날에는 그보다 약 10년 전에 나온 〈노스페라투〉만큼 사람을 불안하게 만드는 힘은 덜했다. 〈드라큘라〉처럼 〈프랑켄슈타인〉(95)도 메리 셸리의 원작 소설보다는 연극 대본을 토대로 해서 제작이 진행되었다. 이 영화의 감독인 제임스 웨일은 영국 출신으로 전직 배우이자 만화가, 미술감독이었으며 동성애자였다. 브라우닝과는 달리 그는 독일 표현주의가 할리우드의 공포 영화에 충격적인 스타일과 분위기를 부여할 것이라고 판단했다. 웨일과 시나리오 작가들은 〈골렘〉과 〈칼리가리 박사의 밀실〉의 요소들을 연극적 이미지와 조합했고 인간의 신체 부위로 괴물을 만들어 낸 과학자의 이야기를 외형적인 혐오감 때문에 사회에서 외면당하는, 말 못 하는 외톨이의 성숙한 이야기

95. 제임스 웨일의 〈프랑켄슈타인〉에서 괴물로 분한 보리스 칼로프. 이 홍보용 사진은 박해받는 모습을 연기한 칼로프와 함께 웨일 감독의 영화에 여전히 남아 있던 독일 표현주의 그림자의 영향도 보여준다. 미국, 1931.

로 승화시켰다. 보리스 칼로프의 부드러운 연기는 배척이라는 주제에 깊이를 더했다. 〈프랑켄슈타인〉은 미국의 초기 유성 영화로 편견에 관한 위대한 에세이이며 상업적 스튜디오 장르의 작품도 의미가 깊을 수 있다는 것을 보여주었다. 또한 이 작품은 소설을 각색하는 일반적인 방법을 대담하고 놀라운 방식으로 뒤집었다. 셸리의 소설 속 괴물은 간간이 말도 하고 발음도 또렷하다. 더욱이 소설이 영화의 원작일 경우 대개 등장인물들은 대화하고 그들의 생각은 밖으로 드러난다. 하지만 웨일과 시나리오 작가들은 괴물이 말을 하지 못하게 만들어야 한다고 확신했다.

〈프랑켄슈타인〉은 여러 면에서 많은 영향을 끼쳤다. 칼로프는 스타가 되었고 이후 40여 년간 서양 영화계에서 가장 유명한 공포 영화 배우로 남았다. 칼로프가 〈골렘〉, 〈버라이어티〉, 〈메트로폴리스〉를 촬영했던 카를 프로인트가 연출하고 유니버설 스튜디오가 제작한 〈미이라〉(미국, 1932)의 주인공을 맡으면서 독일과 미국의 영화적 공포는 계속 교차했다. 공포는 유니버설 스튜디오의 상징이 되었고 지금도 테마파크 투어에서 〈프랑켄슈타인〉의 세트를 볼 수 있다. 〈프랑켄슈타인〉과 〈드라큘라〉의 성공은 스릴과 공포를 상업 영화의 새로운 인기 요소로 만들었다. 〈킹콩King Kong〉(메리언 C. 쿠퍼·어니스트 B. 쇼드색, 미국, 1933), 〈얼굴 없는 눈Les Yeux sans visage〉(조르주 프랑주, 프랑스, 1959), 〈싸이코Psycho〉(앨프리드 히치콕, 미국, 1960), 〈오니바바鬼婆〉(신도 카네토, 일본, 1964), 〈엑소시스트The Exorcist〉(윌리엄 프리드킨, 미국, 1973), 〈블레어 위치The Blair Witch Project〉(다니엘 미릭·에두아르도 산체스, 미국, 1999), 〈바바둑The Babadook〉(제니퍼 켄트, 호주, 2014) 등의 작품은 공포에 대한 관객의 갈망을 시험했을 뿐만 아니라 영화 역사에서 미학적·기술적 상징으로 자리 잡았다. 〈프랑켄슈타인〉은 리메이크가 반복되면서 값싼 웃음으로 변질되기도 했지만, 이 작품의 예술적 유산은 원래 웨일과 칼로프가 〈프랑켄슈타인〉을 통해 보여주었던 애정과 부드러움으로 보존된다. 오리지널 〈프랑켄슈타인〉이 출시되고 40여 년 후에 빅토르 에리세Victor Erice는 스페인의 한 소녀가 〈프랑켄슈타인〉 영화를 보고 괴물이 그녀의 마을로 들어오는 상상을 한다는 내용의 〈벌집의 정령El espíritu de la colmena〉(스페인, 1973)을 연출했다. 프란시스코 프랑코가 스페인 내전에서 승리한 직후를 배경으로 삼은 에리세는 이 괴물을 새로운 우익 정치 체제에 의해 비난받은 아웃사이더의 상징으로 사용했다. 〈갓 앤 몬스터 Gods and Monsters〉(미국, 1998)는 웨일의 배우들에 대한 복잡한 사랑의 감정을 탐구했다.

갱스터 영화 또한 관객에게 충격을 주었고 그들을 매혹했는데, 공포 영화와는 달리 유럽에 뿌리를 두고 있지 않았다. 1930~1931년에 갱스터 영화 역시 그 영화만의 스타, 줄거리, 이미지, 주제를 지닌 하나의 장르로 인식되었다. 이것이 왜 순수한 미국의 장르인지는 금세 알 수 있다. 1920년부터 1933년까지 미국에서 술의 제조 및 판매는 불법이었지만 범법 기업인과 갱단은 여전히 시골과 도시를 오가며 술을 날랐다. 주로 이탈리아계나 아일랜드계였던 이들은 가족처럼 제국을 형성했으며 시카고, 뉴욕 등의 도시에서 유명한 인물이 되었다. 명성과 범죄, 가족, 민족의 조합을 할리우드는 거부할 수 없었다. 이런 요소들을 온전히 흡수했던 첫 번째 영화는 〈리틀 시저 Little Caesar〉(머빈 르로이, 1931)로, 에드워드 G. 로빈슨이 숙적들[18]과 전쟁을 벌이고 여자로 인해 몰락하는 이탈리아 마피아 두목을 연기했다(96, 위). 이야기는 매우 폭력적이었으며 로빈슨은 같은 시기 갱스터의 아이콘이었던 제임스 캐그니처럼 자신의 역할을 무감정하게 연기했다. 1931년 캐그니는 주류 밀매를 통해 조폭이 되는 중산층 청년 역을 맡았다. 〈공공의 적 The Public Enemy〉(윌리엄 웰먼, 1931)은 〈리틀 시저〉보다 더 폭력적이었으며, 그 시대에 논쟁의 여지는 있었지만 주인공에 대한 저주는 덜했다. 전직 무용수였던 캐그니는 영화 속에서 내내 우아하게 움직였고 열정적으로 대사를 내뱉었다. 그는 매력이 있었고 미국의 많은 단체는 그의 매혹적인 자질에 의존한 영화를 비난했다. 이것이 오늘날까지 이어지는 갱스터 영화에 대한 윤리적 논쟁의 시초였다. 로빈슨이 연기한 리코와 캐그니가 연기한 파워스라는 인물은 각각 이탈리아인과 아일랜드인이다. 가톨릭교와 기독교의 가족적이고 정중한 요소는 그 이후 갱스터 영화의 중심에 자리 잡았다. 그로부터 40여 년 후 영화 역사에서 가장 유명하고 도덕적으로나 시각적으로 매우 어두운 갱스터 영화가 그 계보를 이었다. 프랜시스 코폴라[19]의 〈대부〉 3부작은 이탈리아 출신의 가톨릭교도인 등장인물들의 독실한 면과 살인도 불사하는 잔인한 면을 지속해서 대조했다. 〈대부〉는 설득력 있는 영화였지만 1930년대 초에 그랬던 것처럼 할리우드 영화가 갱스터 장르의 부흥으로 파시스트적으로 오염되었다는 반론도 있었다.

96. 1920년대 갱스터의 사회적 · 심리적 요소를 처음으로 다룬 영화 〈리틀 시저〉의 에드워드 G. 로빈슨. 감독: 머빈 르로이. 미국, 1931.
아래 사진은 〈스카페이스: 국가의 수치〉의 한 장면. 영화 속에서 주인공인 토니 카몬테의 성적 무능함이 강조된다. 감독: 하워드 호크스. 미국, 1932.

러시아계 유대인으로 뉴욕 출신의 기자 벤 헥트Ben Hecht는 초기 갱스터 영화 두 편의 시나리오를 썼고 여느 감독처럼 장르의 주제를 설정했다. 〈암흑가Underworld〉(조셉 폰 스턴버그, 1927)는 한 갱스터와 그 애인의 도덕적 궤적에 관한 이야기로, 이러한 주제는 이후 몇 년 동안 갱스터 장르의 필수 요소가 되었다. 〈암흑가〉는 이런 주제를 가진 영화들을 선도한 작품이라고 할 수 있다. 하워드 호크스Howard Hawks가 연출한 〈스카페이스: 국가의 수치Scarface: The Shame of a Nation〉(미국, 1932)는 그 시기의 가장 대표적인 갱스터 영화다. 이 작품은 표현주의적인 조명과 상징을 활용하는 등 다른 작품들보다 스타일적으로 더 대담했다. 〈스카페이스〉는 성 밸런타인데이 대학살과 같은 실제 사건을 저널리즘적으로 상세하게 재현했지만 사건 자체보다 등장인물의 내면적인 측면에 더 관심을 보였다. 즉 가톨릭교도인 주인공 토니 카몬테의 성적 무능함을 강조했던 것이다. 할리우드 역사상 가장 성공적인 시나리오 작가로 꼽히기도 하는 헥트는 세련된 감정과 삶의 아름다움을 무시하는 매우 냉소적인 시나리오를 썼고, 검열 기관은 감독인 하워드 호크스에게 카몬테를 비난하는 장면을 추가하도록 강요했다.

〈스카페이스〉는 1983년에 브라이언 드 팔마에 의해 리메이크되었다. 그는 등장인물들이 어느 지점에서 체인 톱을 들고 싸우게 만드는 등 폭력을 증폭시켰다. 원작의 카몬테 역은 리메이크작에서 플로리다로 건너가 코카인을 팔며 마약왕이 되는 쿠바 출신의 흉악범으로 둔갑했다. 탐욕이 선하다는 사조는 소비주의적인 1980년대에 너무나 적절했다. 드 팔마는 호크스와 헥트의 영화에서 "세상은 당신 것이다"(97, 위)라고 쓴, 관광객을 위한 홍보 문구 아래서 카몬테가 죽는 장면을 따와 아주 특별한 숏으로 승화시켰다. 즉, 리메이크 영화의 중간에 "세상은 당신 것이다"(97, 가운데와 아래)라고 적힌 거대한 풍선이 나오는데, 크레인에 부착된 카메라가 풍선에서부터 인공적인 해안선까지 내려오면 그 문구를 멍하니 올려다보는 알 파치노가 보인다.

할리우드는 1930년부터 1932년까지 이 영화 장르가 시작되고 3년간 최소 70편의 갱스터 영화를 제작했다. 이 영화들은 관객을 현혹했고 평론가를 우려하게 만들었으며 그 주제와 스타일은 1940~1960년대 프랑스, 1950년대와 1970년대 영국, 1940년대부터 일본, 1960년대부터 홍콩, 그리고 1970년대부터 인도와 중동 영화에 영향을 미쳤다. 미국에서는 아브라함 폴론스키Abraham Polonsky가 연출한 복잡한 설정의 영화 〈포스 오브 이블Force of Evil〉(미국, 1948)이 흥행에 도박을 걸었고, 이 작품의 등장인물들은 영화 역사상 가장 시적인 대사를 읊었다. 〈워터프론트On the Waterfront〉(엘리아 카잔, 미국, 1954)는 노동조합의 행패에 맞선 전직 권투

97. 카몬테의 비극은 그가 관광객을 위한 홍보 문구를 믿은 것에서 출발한다. 오리지널 〈스카페이스〉(위)와 드 팔마의 1980년대 리메이크작(가운데와 아래) 속의 장면.

선수를 그리스도와 같은 순교자로 만들었다. 같은 해 나온 〈7인의 사무라이〉(구로사와 아키라, 일본, 1954)는 갱스터 영화 및 서부 영화의 주제를 전통적인 일본의 검객과 마을 사람들의 이야기와 조합한 것으로, 큰 영향력을 미치는 영화가 되었다. 〈고독Le Samouraï〉(장피에르 멜빌, 프랑스, 1967)은 구로사와의 스타일에 미국의 갱스터 영화 및 서부 영화의 주제를 섞었다. 〈퍼포먼스Performance〉(니콜라스 뢰그·도널드 캠멜, 영국, 1970)는 정체성에 관한 날카로운 탐구를 위해 갱스터를 배경으로 활용했다. 〈대부〉(프랜시스 포드 코폴라, 미국, 1972)에서는 등장인물들이 마치 네덜란드의 화가 렘브란트의 인물화에서처럼 어둠에 덮였다. 이 장르의 새로운 대가 마틴 스코세이지는 〈비열한 거리Mean Streets〉(미국, 1973)로 데뷔했으며 제임스 조이스의 종교적인 언어를 인용하며 갱스터의 가톨릭교적인 요소를 강조했다. 〈불의 여인〉(리나 베르트뮬러, 이탈리아, 1978)은 소피아 로렌을 슬픔과 진실에 관한 마피아 이야기의 중심에 놓았다. 〈원스 어폰 어 타임 인 아메리카Once Upon a Time in America〉(세르조 레오네, 미국·이탈리아, 1984)는 〈포스 오브 이블〉 이후 가장 복잡한 스타일의 갱스터 영화였다. 그리고 〈저수지의 개들〉(쿠엔틴 타란티노, 미국, 1992)은 영향력 높은 작품으로 고전 연극의 요소를 갖춘 수다쟁이 드라마였다(98).

98. 〈스카페이스〉가 나오고 60년이 지난 뒤에도 영화 제작자와 관객은 갱스터에 매혹되어 있었다. 〈저수지의 개들〉. 감독: 쿠엔틴 타란티노. 미국, 1992.

악당에 대한 관객의 두려움은 〈프랑켄슈타인〉의 성공 이후 영화인들에게 새로운 주제가 되었다. 초기 갱스터 영화 이후에 무법적 권력욕은 세계의 영화 제작자들에게 매력적인 대상이 되었다. 그들은 갱스터를 실존적 영웅, 파시스트, 사회적 희생자 그리고 불가사의하고 오만하며 비극적인 존재로 인식했다. 갱스터 영화의 사회적·미학적 풍성함은 1930년대 초반 미국의 스키마에서 그 뿌리를 찾아볼 수 있다.

1930년대에 뮤지컬 영화와 공포 영화, 갱스터 영화의 제작은 크게 증가했으나 미국의 폐쇄적인 낭만적 사실주의 안에서 다른 장르는 쉽게 끼어들기 어려웠다. 1928년부터 1945년까지 많은 서부 영화가 제작되었지만, 서부 영화는 1940년대 후반의 전성기에 더 많이 탐구되었다. 그러나 서부 영화와 갱스터 영화가 서로 많이 비교될 수 있다는 점은 짚어봐야 할 요소다. 갱스터에 관한 대다수 영화는 부패한 사회와 법 위반의 결과를 반영한 것이다. 그리고 대부분의 서부 영화는 신흥 사회와 무법 및 법 제정의 결과를 반영한 것이다. 서부 영화는 주로 1860~1900년대를 배경으로 하는데, 이 시기는 영화를 만들기 시작한 시기와 맞물린다. 초기 서부 영화의 카우보이는 엑스트라나 스턴트맨이 많았다. 버펄로 빌로 더 잘 알려진 윌리엄 프레더릭 코디는 그의 삶을 전설로 승화시킨 영화인들에게 매우 친숙했다.

〈포장마차The Covered Wagon〉(제임스 크루즈, 1923)와 〈철마The Iron Horse〉(존 포드, 1924) 등 몇몇 서부 영화 대작은 1920년대에 제작되었으며, 1935년에 신설된 작은 영화사 리퍼블릭 픽처스는 본 영화 전에 상영할 B급 서부 영화 및 그 시리즈물을 제작하기 시작했다. 저예산으로 만들어진 저렴하고 유쾌한 세계와 이에 대한 관객의 뜨거운 반응 덕분에 미국 영화계는 다른 어떤 영화보다 이 장르의 영화를 더 많이 만들 수 있었다. 그런 영화에 출연했던 몇몇 배우는 주류 영화사에서 제작하는 A급 서부 영화에 출연할 기회를 얻기도 했다. 그중 한 명은 가장 유명한 서부 영화 스타가 되었을 뿐만 아니라 미국의 남성성과 이상주의의 아이콘이 되었다. 그에게 이런 기회를 가져다준 영화는 이 장의 후반부에서 다시 설명하기로 하자. 그의 이름은 존 웨인이었다.

미국 무성 영화 시기의 위대한 장르였던 코미디는 유성 영화 초기에 방향을 바꿨고 스타 감독들의 운명은 다양하게 흘러갔다. 채플린은 〈시티 라이트〉(1931)와 〈모던 타임즈〉(1936) 등 주옥같은 영화를 계속해서 만들었지만, 로이드와 키튼은 점차 사그라져 갔다. 가장 예상치 못했던 변화는 코미디의 여성화였다. 루비치의 영향과 일부는 초기 페미니즘 운동의 결과로 여성은 배우(예컨대 메이 웨스트, 캐서린 헵번, 캐럴 롬바드 등)로서뿐만 아니라 1930년대 코미디의 영감이자 대상으로서 중요한 존재가 되었다.[20] 전직 편집자였으며 영화계의 고위직 감독 중 유일한 여성이었던 선구적인 도로시 아즈너의 영화에는 코믹함이 있었지만, 그녀는 결혼과 여성의 우정에 대한 기존의 가치에 극적이고 전복적인 도전을 가했다.

남녀 간의 성 대립은 작가와 감독에게 훌륭한 소재가 되었고, 그것은 여성 코미디 배우가 이야기 자체나 남성 배우를 유쾌하게 찢어발기는 이유 같지 않은 이유가 되었다. 이러한 영화들에서 두드러진 점은 대사의 어조가 익살스럽고, 매우 빠르게 진행되며, 1910년대 추격 영화의 활기찬 스타일을 이어받았으며, 희가극 및 해학극의 어지러운 속도로 구성되었다는 것이다. 이런 새로운 코미디 영화의 첫 작품은 〈뉴욕행 열차 20세기Twentieth Century〉(미국, 1934)이고 가장 웃기고 빠르게 전개되는 작품은 〈베이비 길들이기Bringing Up Baby〉(미국, 1938)다. 두 작품 모두 미국 영화계의 카멜레온 같은 감독 하워드 호크스가 연출했다. 그는 1930년대 할리우드의 가장 중요한 감독이라고 할 수 있다(99). 호크스는 1896년에 미국 인디애나에서 출생했으며 1906년경에 온 가족이 캘리포니아로 이주했다. 그는 공학을 공부했고 16세에 자동차와 비행기 프로 레이서가 되었다. 그리고 1912년 무렵 페이머스 플레이어스-래스키에서 여름 동안 일하게 되면서 영화 산업에 첫발을 디디게 되었고 편집 및 시나리오 부서를 거쳐 감독이 되었다. 그는 26세에 자기 주머니를 털어 몇몇 단편 영화를 만들었으며 무성 영화 시기가 끝나갈 무렵에 장편 영화 현장에서 일했다. 호크스는 헥트와 한 팀이 되어 〈스카페이스〉, 스크루볼 코미디 〈뉴욕행 열차 20세기〉, 험프리 보가트와 로렌 바콜의 조합으로 만든 초기의 뛰어난 누아르 작품인 〈소유와 무소유To Have and Have Not〉(1944)와 〈명탐정 필립The Big Sleep〉(1946), 대표적인 서부 영화 〈붉은 강Red River〉(1948)과 〈리오 브라보Rio Bravo〉(1959), 영화사에서 가장 경쾌한 뮤지컬 영화로 꼽히기도 하는 〈신사는 금발을 좋아해Gentlemen Prefer Blondes〉(1953)를 연출했다. 그는 로렌 바콜과 몽고메리 클리프트를 발굴하는 등 스타

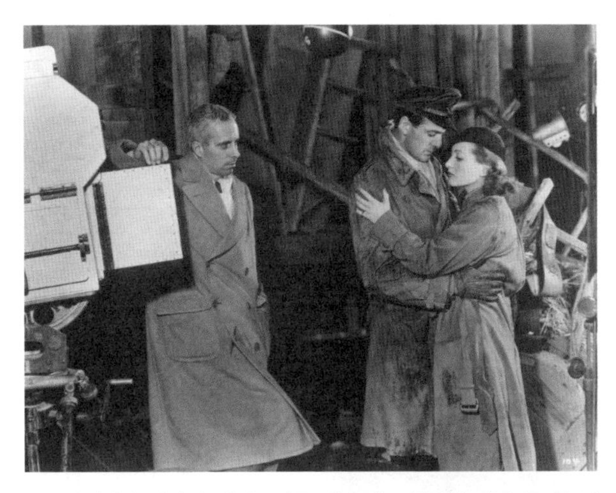

99. 폐쇄적인 낭만적 사실주의를 대표하는 훌륭한 감독 중 한 명인 하워드 호크스(왼쪽)는 카메라를 절제해서 사용했고, 남녀 관계에 대한 독특한 관점을 가지고 있었으며, 다양한 영화 장르를 그 누구보다 능숙하게 다루었다.

를 알아보는 안목도 탁월했다.

호크스는 43년 동안 40편의 영화를 연출했는데, 제작자와 시나리오 작가를 겸한 작품들도 많다. 또한 다른 프로젝트들에 일조했으며 장르를 넘나들었다. 어느 누가 시카고 갱스터의 권력에 대한 냉소적 욕망을 표현하고, 미친 듯 숨이 멎을 것 같은 스크루볼 코미디를 창조하며, 액션을 걷어내고 우정과 동지애에 초점을 맞춘 서부 영화를 만들고, 제인 러셀과 마릴린 먼로의 자매 같은 다정함을 신빙성 있게 연출할 수 있단 말인가? 인터뷰 중에 이러한 질문을 받자 그는 다음과 같이 겸손하게 답했다. "몇몇 좋은 장면을 만들고 관객을 짜증나게 만들지 않을 뿐이다." 시나리오 작가들은 영화 속 깊은 곳에서 삶과 사람에 대한 통합적 관점을 모색함으로써 이런 질문에 답하고자 했다. 동료애와 전문성은 〈신사는 금발을 좋아해〉부터 〈리오 브라보〉까지 다수의 영화에서 의심할 여지 없이 중요한 요소다. 호크스의 영화에서 여성은 때로는 터프하게 그려지며, 남성은 망신을 당하는 모습으로 나오기도 한다. 호크스는 몇몇 영화에서 거의 유사한 대사를 반복하기도 한다. 험프리 보가트와 함께한 영화들에서 그는 느긋하고 쉽게 흥분하지 않는, 남성의 보다 폭넓은 성향을 보여주었다.

100. 호크스는 로렌 바콜을 발굴했고, 험프리 보가트의 스크린 페르소나를 키웠다.

이것은 삶에 대한 확고한 관점 같지만, 그 '관점'이 무엇을 의미하는지에 대해서는 이견이 많다. 한 저명한 평론가는 호크스를 두고 "영화 산업이 만들어 낸 최고의 낙천주의자"[21]라고 말했다. 또 다른 평론가는 호크스의 "독특하게 씁쓸한 삶의 관점"[22]에 대해 언급했는데, 이런 모호함은 그의 개인사에 깔려 있다. 호크스는 〈소유와 무소유〉를 위해 18세의 로렌 바콜(100)을 발굴했는데, 그녀는 후에 유대인 경영진이 운영하는 영화 스튜디오에서 호크스가 반유대주의적 발언을 했다고 언급했다. 또 다른 사람들은 대단한 바람둥이였던 그가 양성애자였을지도 모른다고 말했다. 호크스의 삶이 복잡했든 그렇지 않았든 그러한 것들은 결코 그의 영화 스타일에 흠을 내지 않았다. 호크스는 가장 순수했던 폐쇄적인 낭만적 사실주의자였으며 그것을 대표하는 인물이자 그것의 수호성인이었다. 호크스의 영화는 사람들이 심리적으로 실존하는 평행 세계에서 펼쳐졌지만, 역사는 간과되었다. 1930년대 미국의 대공황 속에서도 그의 영화 속 인물들은 대부분 일을 했다. 호크스는 회상 장면을 거의 사용하지 않았으며 필요한 부분에서만 달리 숏을 사용했고 대부분 어깨높이에서 촬영했다. 그의 영화에는 미조구치의 공들인 트래킹 숏 같은 것도 없었고 그리피스의 장면 삽입 같은 기교도 없었으며 표현주의적 요소나 인상주의적 요소도 없었다. 그는 영화 언어에 다른 어떤 것도 추가하지 않았으며, 스키마 변조도 없었다. 느리고 쉰 웃음소리를 내는 '늙은 회색 여우'(은빛 머리 때문에 생겨난 별명)는 자기 작품의 신중한 프로듀서였고, 대중의 취향을 직시하는 뛰어난 능력자였으며, 마지못해 인터뷰에 응하고 예민한 질문은 외면해 버리는 인물이었다. 호크스는 자신이 '쓸 만한 만능선

수'에 불과하다는 인식을 부추겼지만, 프랑스 평론가들은 〈스카페이스〉 이후로 그를 매우 존경했다. 차후에 감독이 되는 자크 리베트Jacques Rivette는 1953년 『카이에 뒤 시네마』에 그에 관한 중요한 글, 「하워드 호크스의 천재성」을 기고했고, 그 후 유럽에서 호크스의 인지도가 높아졌다. 보기는 쉽지만 정의하기 어려운 그의 위대함에 대한 수수께끼는 공장식 스튜디오 시스템 안에서 창작의 본질에 대한 평론가들의 이론적 탐구를 촉발했다.

나는 호크스가 영화 언어에 다른 어떤 것도 추가하지 않았다고 말했다. 하지만 1930년대의 영화를 세심히 분석해 보면 이 말이 전적으로 옳다고 할 수는 없다. 〈뉴욕행 열차 20세기〉에는 뛰어난 배우 존 배리모어가 출연했는데, 그는 여배우(캐럴 롬바드)와 기차에 같이 타서 브로드웨이로 돌아오라고 그녀를 설득하는 무대 연출가 역을 맡았다(101, 위). 호크스는 채플린과 키튼으로부터 습득한 자연스럽지만 빠른 코미디 연기를 원했다. 〈뉴욕행 열차 20세기〉를 촬영할 때 호크스가 캐럴에게 지시한 것들은 다음과 같았다. "그녀에게 연기를 했다간 바로 잘라버리겠다고 했다… 그녀가 얼마나 빠르게 대사를 뱉었는지 존은 어쩔 줄 몰라 할 때가 많았다. 너무 빨라서 나도 어쩔 줄 모를 때가 많았다."[23] 조셉 맥브라이드와의 인터뷰에서 호크스는 "〈뉴욕행 열차 20세기〉를 찍기 전까지 존 배리모어는 망가지는 연기를 하지 못했다."[24] 라고 말했다.

헤이거 와일드Hager Wilde의 이야기를 토대로 한 〈베이비 길들이기〉는 다음과 같이 각색되었다. 결혼을 앞둔 고생물학자가 공룡 뼈가 발견되었다는 소식을 듣는다. 한 백만장자 여성이 그에게 자신의 애완용 표범 '베이비'를 코네티컷까지 데리고 가는 것을 도와주면 박물관에 전시할 수 있도록 공룡 뼈를 사주겠다고 제안한다(101, 아래). 여자는 그와 사랑에 빠지는데, 표범은 이 사랑의 행로를 어렵게 만든다. 결국 그는 박물관으로 돌아오고 결혼은 취소된다. 그리고 여자는 공룡 뼈와 함께 거기 도착한다. 이 아수라장에서 아무것도 진지한 게 없으며, 배리모어를 깎아내렸던 호크스의 비열한 세계관은 답답한 고생물학자를 연기한 캐리 그랜트 역시 비슷하게 욕보인다. 호크스의 단도직입적인 말이 이 상황을 잘 설명한다. "여배우를 이용해서 당신이 연기하는 교수의 체면을 짓밟아버리는 거야."[25] 여기서 혁신적인 점은 호크스가 "여성이 더 우위에 있다."[26]라는 것을 확인시켜 줄 뿐만 아니라 영화 전체를 통해 캐리 그랜트와 캐서린 햅번의 대사가 서로 맞물린다는 것이다. 이런 기법이 이처럼 단호하게 표현된 적은 없었다. 그 후 이 기법은 코미디나 드라마 연기에 사실

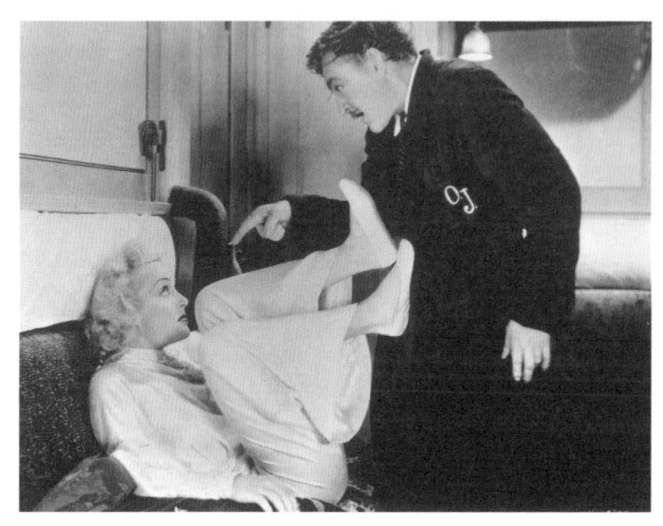

101. 〈뉴욕행 열차 20세기〉의 새롭고 빠른 연기 스타일은 채플린과 키튼의 영향을 받은 것이다.

〈베이비 길들이기〉는 속도감 있는 전개를 유지했으며 초현실적인 요소를 더했다.

성을 더했다. 〈베이비 길들이기〉는 그 역동성으로 유명하며 미친 존재감은 프랭크 태쉴린Frank Tashlin이 연출하고 제리 루이스, 딘 마틴 등이 출연한 1950년대 미국 코미디 영화의 원동력이 되었다.[27] 이 작품의 정신은 감독이자 영화학자였던 피터 보그다노비치Peter Bogdanovich가 〈왓츠 업 덕?What's Up, Doc?〉(미국, 1972)으로 소생시켰다(102).

102. 피터 보그다노비치는 〈왓츠 업 덕?〉을 통해 스크루볼 코미디 세상을 재창조했다. 미국, 1972.

전쟁 영화와 진중한 드라마는 1930년대 중반 할리우드에서 볼 수 있는 또 다른 장르였지만 이에 대해서는 나중에 제2차 세계 대전과 관련해서 다시 다루고자 한다. 폐쇄적인 낭만적 사실주의의 거장들에 대한 논의가 끝난 이 지점에서 또 하나 놀라운 사실은, 이 시기에 미국의 스튜디오 영화 제작이 헤이즈 강령과 당시의 정치, 종교 및 기업 세력에 어느 정도 순응했음에도 불구하고 1930년대에 폐쇄적인 낭만적 사실주의가 자체의 규칙을 어겼던 때가 있었다는 점이다. 그 규칙 위반은 현실과 비슷하기는 했지만 훨씬 더 즐겁고 단호했던 폐쇄적인 낭만적 사실주의의 봉인된 평행 우주를 산산조각 내기도 했다. 세 가지 예가 이를 설명한다. 스탠 로렐과 올리버 하디의 코미디, 버스비 버클리Busby Berkeley의 뮤지컬, 조셉 폰 스턴버그의 멜로드라마다.

로렐과 하디가 코믹 듀오로 함께 일하게 된 것은 1927년부터다. 그들이 코믹 듀오로 두각을 보인 첫 작품은 〈푸팅 팬츠 온 필립Putting Pants on Philip〉(미국, 1927)으로, 로렐이 킬트를 바지로 바꿔야 하는 스코틀랜드인을 연기한다. 재단사가 다가오자 그는 울먹이기 시작하고 이어 밀고 당기기가 시작된다. 하디는 스스로를 예의 바르고 고상하며 교양 있는 남부 사람으로 생각하고(103) 남자가 치마를 입는 것은 상스럽다고 주장한다. 그는 채플린처럼 과대망상을 지녔지만, 고삐 풀린 망아지 같은 열정도 겸비했다. 하디는 로렐을 안심시키고 "내가 해볼게."라고 하며 걸음을 내딛자마

103. 로렐과 하디의 느린 코미디는 빠르게 전개되는 스크루볼 코미디 못지않게 인기가 있었다. 〈푸팅 팬츠 온 필립〉. 미국, 1927.

자 물웅덩이 속으로 빠진다. 로렐은 그를 내려다보며 어리둥절해한다.

로렐과 하디는 소년처럼 행동했고 아내가 두려웠으며 선견지명이나 통찰력도 없었다. 이 코미디에는 놀라움도 없었고 그저 무슨 일이 일어날지 기대하는 즐거움만 있었다. 로렐과 하디가 맨홀에 빠질 것이 분명한데도 그들은 길거리의 사람들에게 인사하고 모자를 들어 올리느라 바빠 우연히 이를 피할 수 있게 된다. 그러나 결국 맨홀에 빠지는데 뒤이어 또 다른 맨홀에 빠지는 등 기대하면 할수록 웃음은 커져만 간다. 단편 영화인 〈빅 비즈니스Big Business〉(미국, 1929)에서 이 코믹 듀오는 거부하는 집주인(제임스 핀레이슨)에게 크리스마스트리를 팔려고 한다. 집주인이 트리를 사려고 하지 않자 로렐과 하디는 그의 집을 엉망으로 만들기로 작정한다. "그는 교훈을 얻게 될 거야, 스탠리.", "맞아, 올리."라고 말하는 그들의 유치한 심술은 유쾌하고 전염성이 있다. 로렐은 하디가 야구 방망이로 칠 수 있게 꽃병을 던지기도 한다. 핀레이슨은 보복으로 그들의 차를 박살낸다. 1920년대에 거장으로 꼽히는 세 명의 코미디언이 있지만 나는 그들의 후계자였던 로렐과 하디에 관해 쓸 때만 웃음이 나온다.

두 사람 중에 로렐이 혁신가였다. 채플린처럼 그는 영국에서 유명했던 프레드 카

104. 배우들은 통상적으로 카메라를 직시하지 않는다. 왜냐하면 카메라를 똑바로 쳐다보는 것이 관객에게 거는 드라마의 마법을 깨뜨릴 수 있다고 믿었기 때문이다. 하지만 코미디 영화의 경우 이러한 응시는 하나의 표본이 되었다. 올리버 하디만큼 카메라를 자주 직시한 배우는 드물었다.

노Fred Karno의 코미디 극단에서 일했으며 한동안 채플린의 대역을 맡기도 했다. 영국 랭커셔의 작은 집에서 태어나 할리우드 대스타가 되었던 로렐이 반짝이는 태평양이 보이는 캘리포니아주 샌타모니카의 작고 초라한 아파트에서 생을 마감한 사실을 생각하면 할리우드 드림이 어떤 것인지 짐작할 수 있을 것이다. 울버스톤에 있는 로렐과 하디의 박물관을 방문하면 그들의 영화를 보면서 킬킬 웃는 노인들과 어린 소녀들을 발견할 수 있을 것이다. 폭소가 쏟아지는 가운데 사고가 연이어 발생하는 마지막 순간, 혼돈 속에서 하디는 10초, 15초, 20초 동안 카메라 렌즈를 똑바로 응시한다(104). 그 응시는 "나한테 이런 일이 일어나다니 믿을 수 있나요? 왜 항상 나만 당하죠?"라는 의미다. 이것은 폐쇄적인 낭만적 사실주의가 아니다. (때로는 로렐과도 병치되는) 하디의 이런 표정은 관객과 소동이 벌어지고 있는 스크린 사이의 간격을 메운다. 1940년대와 1950년대에 코미디언 밥 호프도 카메라 렌즈를 바라보며 청중에게 재치 있는 말을 하기도 하고 스토리라인의 불합리성에 대해 이야기하기도 했다. 코미디 영화의 정신은 무질서이기에 수작이라고 해도 규칙을 어길 수 있다고 주장할 수 있다. 하지만 이런 주장은 로렐과 하디의 경우 매우 복잡한 양상을 띤다. 왜냐하면 그들의 모험은 주로 혼란과 파괴로 치달아도 그들의 코믹 페르소나 자체에는 무질서함이 전혀 없기 때문이다. 비교해 보자면 주류 서사 영화에서는 관객을 바라보고 말을 하는 경우가 거의 없다. 왜냐하면 서양의 스토리텔링의 논리 자체가 관객을 이야기 속으로 끌어들여서 영화를 보고 있다는 사실을 망각하게 만드는 것이기 때문이다. 1903년에 나온 에드윈 S. 포터의 〈대열차 강도〉에서 한 살인 청부업자는 카메라를 똑바로 쳐다보며 관객을 향해 총을 쏜다. 하지만 이것은 영화가 폐쇄적이고 평행적인 서사의 세계로 변모하기 훨씬 전의 일이었다. 극작가인 베르톨트 브레히트Bertolt Brecht가 시나리오를 쓴 〈쿨레 밤페Kuhle Wampe〉(독일, 1932)는 배우가 관객을 바라보는 경우가 매우 드물었던 1930년대 영화에서 예외적인 작품이다. 한 등장인물이 사망한 뒤 여배우가 얼굴을 카메라로 돌리고 "실직자가 한 명 더 줄었군."이라고 말한다. 이후에 조너선 드미 감독이 〈양들의 침묵〉(미국, 1991)에서 같은 기법을 활용했다. 그는 조디 포스터(105)와 앤서니 홉킨스로 하여금 카메라를 똑바로 바라보게 했다. 또한 마틴 스코세이지는 〈좋은 친구들GoodFellas〉(미국, 1990)에서 포터의 영화 속 총격 장면을 답습했다.

폐쇄적인 낭만적 사실주의의 규칙을 어긴 것은 코미디 영화만이 아니었다. 뮤지컬 영화는 태생적으로 청중에게 답례하는 부분에서 배우들에게 재량적 여유를 부여했는데, 댄스 루틴이 끝날 때 배우들은 마치 무대 위의 공연이 끝나고 청중에게 인사하듯 카메라를 똑바로 쳐다보기도 했다. 이후 영화 문법은 다시 폐쇄적인 낭만적 사실주의로 이어지며 배우들은 마치 아무도 보고 있지 않는 것처럼 계속 연기했다. 몇몇 뮤지컬 영화는 한스 리히터Hans Richter의 추상 영화나 르네 클레르의 〈막간극〉에서 따온 것 같은 더욱 놀라운 기법을 사용하기도 했다. 그중 논란의 여지가 있는 작품들은 모두 버스비 버클리가 안무를 맡았던 〈42번가〉(미국, 1933)와 〈1933년의 황금광들〉(미국, 1933)이다. 〈1933년의 황금광들〉에서 수록곡인 「그림자 왈츠」에 맞춰 군무가 나오는 장면을 보면 마치 꽃이나 아티초크처럼 보인다(140쪽의 사진 81 참고). 이 장면은 바이올린을 연주하는 코러스 걸들을 사운드 스테이지의 천장에서 아래를 내려다보며 촬영한 것이다. E. A. 뒤퐁은 〈버라이어티〉(독일, 1925)에서 공

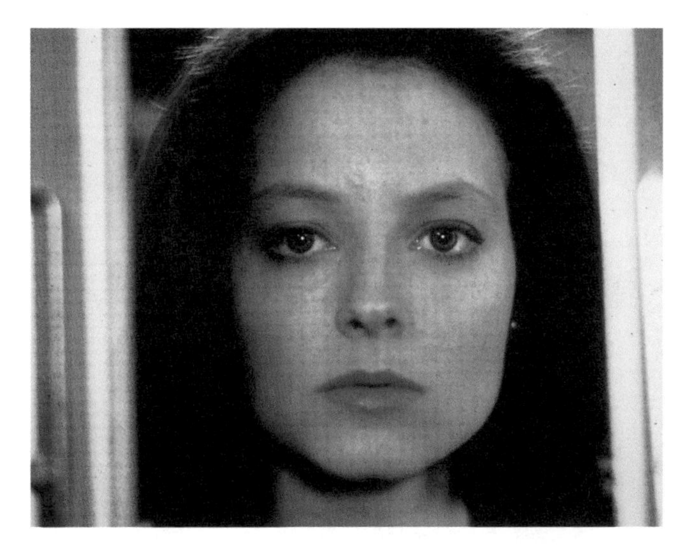

105. 조너선 드미는 촬영감독에게 카메라를 배우의 정면에 설치하라는 주문을 공공연히 하곤 했다. 〈양들의 침묵〉의 이 장면에서 조디 포스터는 관객을 정면으로 쳐다보지만 그 효과는 코믹한 것과는 한참 거리가 있다. 미국, 1991.

중그네에 카메라를 매달아 흔들었고 강스는 〈나폴레옹〉(프랑스, 1927)에서 마치 카메라가 어디에나 있는 것처럼 다각도로 움직이며 촬영했지만, 장면을 머리 꼭대기에서 촬영해 추상적인 이미지를 만들어 낸 경우는 거의 없었다. 이러한 혁신의 중심에 있었던 인물이 로스앤젤레스에서 출생한 안무가 버클리였다. 그는 마물리안처럼 뉴욕의 무대에서 일했었고 다양한 각도로 촬영하는 것을 좋아했다. 버클리는 두 가지 요소로부터 영향을 받았다. 첫 번째로 그는 제1차 세계 대전 중 프랑스에 주둔했던 미군으로서 군사 훈련 및 행군의 극적 요소와 규율 그리고 무대적 요소에 매료되었다. 그의 후기 안무 중 많은 것들이 리처드 다이어Richard Dyer가 언급한 방식으로 에로틱하게 묘사되고 추상화되고 이상화된 단순한 군대적 루틴이었다. 두 번째로 그는 매일 아침 30분간 목욕을 했고, 목욕을 하는 중에 꿈을 꿨다. 이러한 군대 시절의 기억과 한가로운 목욕 시간은 영화계가 '버클리 부감 숏'이라고 불렀던 독특한 결과를 가져왔다. 〈1933년의 황금광들〉은 대공황에 관한 할리우드 최고의 뮤지컬 영화였고 20세기 전반기의 야릇한 작품 중 하나였다. 이 작품의 사회적 관심사와 사람의

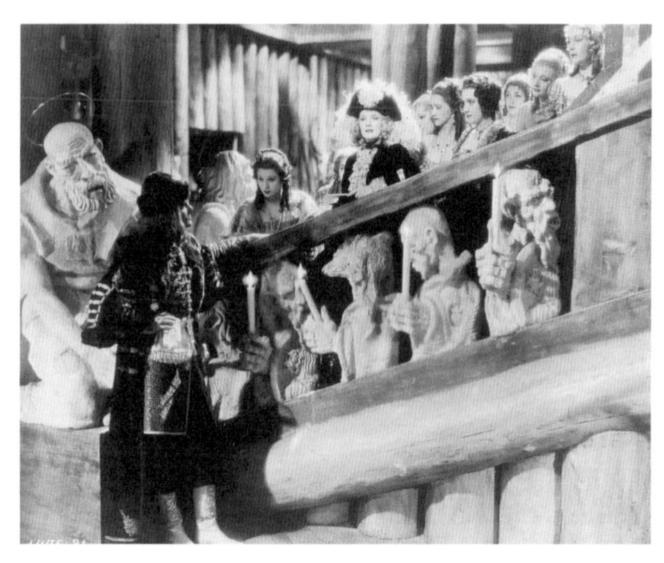

106. 〈진홍의 여왕〉 속 이미지는 과도한 스타일이 더해짐으로써 초현실주의의 경계선까지 갔다. 감독: 조셉 폰 스턴버그. 미국, 1933.

몸을 이용한 추상적인 패턴은 버클리의 군대적, 기하학적, 성애적, 원예적 이미지 속에서 포착된다.

조셉 폰 스턴버그의 영화는 할리우드에서 또 다른 유형의 시각적 과잉을 반영했다. 1894년 빈의 가난한 유대인 가정에서 태어난 폰 스턴버그는 독일의 스타인 마를레네 디트리히의 베일에 싸인 관능적인 에로티시즘을 고안한 것으로 유명해졌다. 감독과 스타는 〈푸른 천사Der blaue Engel〉(독일, 1930), 〈진홍의 여왕The Scarlet Empress〉(미국, 1933), 〈악마는 여자다The Devil is a Woman〉(미국, 1935) 등의 영화를 통해 위 사진(106)에서 볼 수 있듯이 필터와 모피, 베일, 소품, 가발, 의상 그리고 엄청난 조명을 사용하며 협업했다. 할리우드의 조명 및 미술 부서는 관객의 관심을 끌기 위해 필요 이상으로 영화를 장식하는 경향이 있었지만 〈진홍의 여왕〉에서 그 경향은 거의 광기로 변했다. 사진을 보면 영화의 중경은 배우들과 조각품들로 채워져 있다. 그 이미지는 중세기의 회화에서처럼 원근감 없이 사람들로 겹쳐 있다. 요란한 촛대는 마치 노트르담의 외벽에 장식된 괴물의 석상과도 같다. 중앙에 서 있는 마를레네 디트리히의 깃털 장식에 후광이 비치는데, 렌즈에 씌운 거즈의 안개 효과에 의해 깃털의 질감은 더 부드럽게 보인다. 초현실주의자들이 이 영화의 혼란스러운 공간과 매혹적인 조명, 질감 및 표현에 대한 과도한 강조가 할리우드 영화의 이면에 존재하는 에로틱하고 불안정한 충동을 시사한다고 주장할 만하다.

관객을 쳐다보는 하디, 버클리의 추상적 이미지, 폰 스턴버그의 시각적 과잉은 모두 호크스가 섭렵했던 장르 시스템으로 무장한 봉인된 할리우드에 생긴 작은 균열이었다.

유럽의 아방가르드

할리우드가 추상 영화와 실험 영화의 제작을 시도하고 있을 때 진정한 아방가르드는 다른 곳에서 꽃피고 있었다. 1920년대만큼 실험적이지는 않았지만 그래도 핵심적인 영화들이 제작되었다. 루이스 부뉴엘은 〈안달루시아의 개〉 못지않게 파괴적인 〈황금시대L'Âge d'or〉(프랑스, 1930)를 연출했다. 그리고 스페인 내전이 일어나기 전 스페인과 포르투갈의 국경 지대에 사는 사람들의 상상하기 힘든 가난을 강렬하게 묘사한 다큐멘터리 영화 〈빵 없는 세상Las Hurdes〉(스페인, 1932)을 만들었다. 1930년 프랑스로 돌아간 노아유 백작은 〈황금시대〉의 후원자였으며, 시인이자 예술가였던 장 콕토가 〈시인의 피Le Sang d'un poète〉(1930)를 비롯해 그 이후 〈미녀와 야수La Belle et la Bête〉(프랑스, 1946), 〈오르페Orphée〉(프랑스, 1950)를 만들 수 있도록 자금을 조성해 주었다. 〈시인의 피〉는 조르주 멜리에스의 영혼을 담아 영화를 마치 일종의 마술 묘기처럼 취급했다. 거꾸로 돌아가는 동작, 뒤집힌 세트, 겹친 이미지 등을 이용하고 신화를 참조해서 이 작품은 의인화된 조각상으로부터 영감을 받은 한 시인이 거울을 통해 지하 세계로 들어가는 이야기를 전해준다. 거울을 통해 지하 세계로 들어가는 장면은 특히 효과적으로 표현되었다. 시인이 상의를 벗은 채 거울 앞에 서 있는데 컷이 바뀌면 거울은 갑자기 직사각형의 수영장으로 변하고 그는 남자들의 포효 속에서 물에 첨벙 빠진다.

여전히 프랑스에서 우리는 장 콕토의 작품에서 느껴지는 번뜩이는 창조적 에너지를 파리지앵 장 비고의 작품에서 발견할 수 있다. 혁명가의 아들로 태어난 비고는 결핵 치료에 도움이 되었던 프랑스 남부에서 자신의 첫 번째 실험 영화 〈니스에 관

107. 장 비고의 〈품행 제로〉에 나오는 베개 싸움 장면. 보리스 카우프만의 촬영이 돋보인다. 프랑스, 1933.

하여À propos de Nice〉(프랑스, 1930)를 연출했다. 비고의 세 번째 영화 〈품행 제로Zéro de conduite〉(프랑스, 1933)는 45분 분량으로, 한 기숙 학교 소년의 반항에 관한 내용을 담고 있다. 이 작품은 구슬을 숨기는 한 소년의 장난으로 시작해 초현실주의 정신에 따른 폭동으로 발전하지만, 명백한 정치적 의도가 있었다. 소비에트 연방의 감독 지가 베르토프의 동생인 보리스 카우프만Boris Kaufman이 촬영한 작품으로, 가장 인상적인 장면은 슬로 모션으로 처리된 기숙사 소년들의 베개 싸움 장면이다(107). 마치 실내에 눈이 오는 것 같은 착각이 드는 이 장면은 모리스 조베르가 작곡을 한 후 음표를 반대 순서로 표기해서 연주한 음악과 어우러져 그 효과가 증폭된다. 〈품행 제로〉는 프랑스 학교에 가해지는 정치적 공격으로 해석되며 그런 이유로 1940년대 중반까지 상영이 금지되었다. 이 작품은 영국 영화 〈만약If…〉(린지 앤더슨, 1968)에 영감을 주었다. 이후 1934년 비고는 29세의 나이에 백혈병으로 숨지기 전, 시적인 로맨스 〈라탈랑트L'Atalante〉(프랑스)를 연출했다. 그는 이 시기 프랑스 영화계에서 가장 재능 있는 인물이었다.

지구 다른 지역의 미숙한 영화 산업은 저예산의 아방가르드 영화가 국제적인 영화 문화권에 진입할 수 있는 효과적이고 생산적인 방법이라는 것을 터득했다. 예를 들어 1930년에 브라질의 한 영화감독은 자국 최초의 아방가르드 영화일 뿐만 아니라 라틴 아메리카 최초의 주목할 만한 영화로 꼽을 수 있는 작품을 연출했다. 1890년대 중반부터 브라질에도 영화가 배급되었고, 브라질 최초의 장편 영화는 1906년에 제작되었다. 하지만 당시 제작된 100편 남짓의 영화 중 각인되는 영화는 없다. 이는 마리오 페이소토Mario Peixoto의 〈리미트Limite〉(1931)로 인해 바뀌었다. 감독은 20대 초반에 불과했는데 세르게이 에이젠슈테인은 바다에서 길을 잃은 두 남자와 한 여자의 시각이 "매우 아름답다"라고 표현했다. 페이소토는 에이젠슈테인뿐만 아니라 아벨 강스로부터도 영향을 받았는데, 특히 그의 주관적 카메라 워크에 많은 영향을 받았다. 3년 후 아담한 포르투갈 여배우 카르멘 미란다는 버스비 버클리와 함께 일하게 될 할리우드로 건너가기 전에 브라질에서 몇 편의 영화에 출연했다. 브라질은 1950년대 초가 되어서야 다시 스타일적으로 혁신적인 영화들을 제작하기 시작했고, 그 작품들은 매우 훌륭했다.

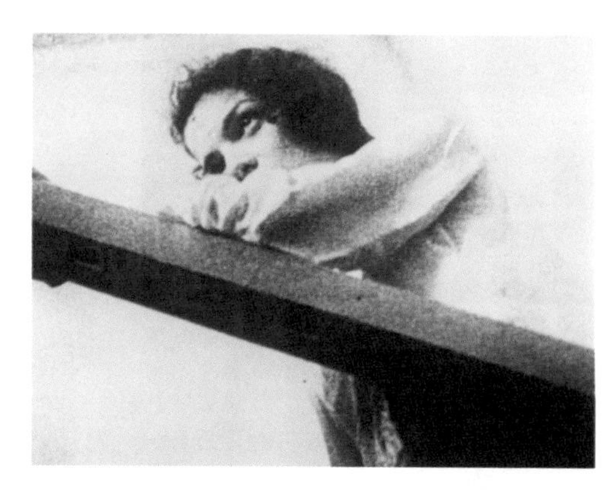

108. 마리오 페이소토의 〈리미트〉. 브라질, 1931.

프란치슈카 테메르손Franciszka Themerson과 스테판 테메르손Stefan Themerson이 연출한 아방가르드 영화 〈유로파Europa〉(1932)가 자국 최초의 주목할 만한 영화였던 폴란드도 브라질과 유사한 패턴을 밟아갔다. 그 이전에도 영화는 제작되었고 1920년 바르샤바에 폴란드 최초의 영화 제작 스튜디오가 설립되기도 했지만 처음으로 주목을 받은 영화감독은 테메르손 부부였다. 〈유로파〉(109)는 스타일이 돋보이는 영화였고 아나톨 스테른이 쓴 시의 대담하고 성공적인 각색이었다. 감독들은 초기의 영화 제작 협동조합 중 하나였던 SAF의 핵심 구성원이었다. 그들은 그림에 대한 리히터의 추상적 아이디어와 〈유로파〉에도 적용된, 필름을 긁는 기법을 발전시켰다. 다음으

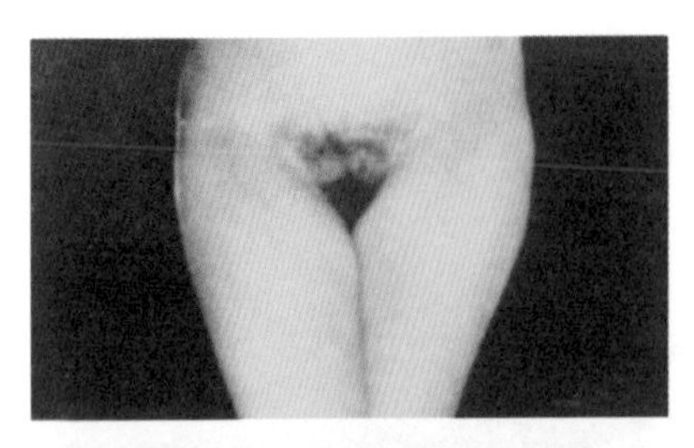

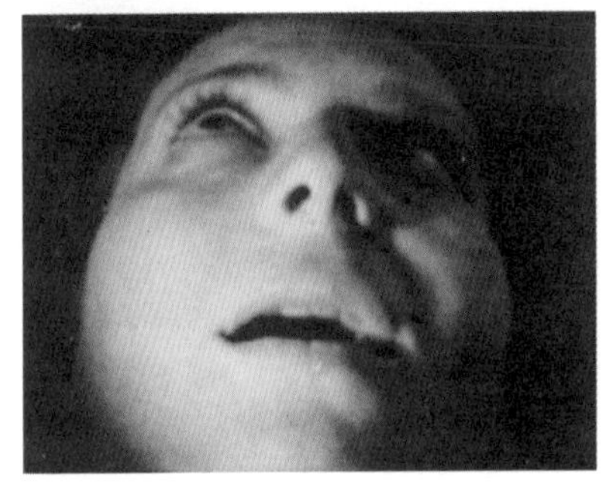

109. 프란치슈카 테메르손과 스테판 테메르손이 연출한 〈유로파〉. 폴란드, 1932.

로 주목할 만한 폴란드의 현대 영화는 유게니우시 체칼스키Eugeniusz Cękalski와 스타니스와프 볼Stanisław Wohl이 연출한 〈쇼팽의 세 가지 연습곡Trzy etiudy Chopina〉(폴란드, 1937)이었으며, 이후 1950년대 중반까지 폴란드 영화계는 침묵의 시기를 보냈다.[28]

〈쇼팽의 세 가지 연습곡〉이 발표되고 2년 뒤에 폴란드는 이웃인 독일에 점령당했다. 1933년 아돌프 히틀러는 독일의 수상이 되었고 그의 정당인 나치는 영화 산업에 유대인이 종사할 수 없다는 법을 제정했다. 유대인이나 현대를 주제로 한 책 2만 권이 공개적으로 불태워졌고 1930년대 전반에 걸쳐 유대인의 인권 박탈이 가속화되었다. 영화인과 예술가의 대다수가 프랑스나 영국, 또는 미국으로 피신했고 앞서 언급했던 촬영감독 카를 프로인트와 오이겐 슈프탄, 그리고 영화감독 E. A. 뒤퐁도 독일을 떠났다. 막스 오퓔스와 빌리 와일더, 로버트 시오드맥 등 이후의 장에서 중요하게 언급될 많은 영화인도 다른 나라로 떠났다. 프리츠 랑은 1934년에 할리우드로 갔고 에른스트 루비치는 그보다 11년 전에 이미 떠났다.

나치는 1934년에 독일의 영화 산업을 완전히 장악했고, 1930년대 중반에 나치와 관계를 맺고 있던 경이적인 재능의 영화인 레니 리펜슈탈Leni Riefenstahl은 20년 전 〈국가의 탄생〉처럼 중요하고 경악할 만한 두 편의 영화를 연출했다. 〈의지의 승리Triumph des Willens〉(1935)와 〈올림피아Olympische Spiele / Olympia〉(1936)(110)는 모두 외견상 다큐멘터리 영화였다. 전자는 1934년 나치당 집회에 대한 과장된 기록이었고 후자는 1936년 베를린 올림픽에 관한 기록으로 전직 아방가르드 영화감독이었던 발터

110. 레니 리펜슈탈의 〈올림피아〉에서 볼 수 있는 버스비 버클리 스타일의 대규모 부감 숏. 독일, 1936.

루트만이 리펜슈탈을 보조했다. 전직 무용수이자 배우였던 리펜슈탈은 이 영화들을 찍을 당시 30대였으며, 그녀의 첫 연출작은 1932년에 만들었던 〈푸른 빛Das blaue Licht〉이었다. 연출 경력이 몇 년에 불과했지만 이 두 편의 영화로 그녀는 〈불관용〉 시절의 그리피스나 〈나폴레옹〉 때의 강스에 버금가는 재원을 지원받았다. 그 결과는 강스나 버클리에 견줄 수 있는 영화 기술이었다. 카메라는 풍선에 장착되거나 지면 아래에 설치되거나 움직임을 따라 이동했다(111). 1932년부터 초점 거리를 바꾸며 사물을 당기거나 미는 효과를 낼 수 있는 줌 렌즈가 상용화되기 시작했고, 리펜슈탈은 줌 렌즈를 군중의 세세한 부분을 잡아내는 데 사용했다. 〈올림피아〉의 인상적인 하이 다이빙 시퀀스에서 그녀는 공중을 가르는 한 선수의 활강과 그 곡선을 잡아냈으며 그가 입수하기 직전에 다른 선수들의 끝없는 활강으로 컷을 했다. 그것은 비행하는 인간의 모습이었으며, 뮤지컬에서나 꿈꿀 수 있던 희망 사항이었다.

리펜슈탈은 촬영 대상을 보다 예술적으로 표현하기 위해 대칭과 비율, 슬로 모션,

111. 아벨 강스처럼 리펜슈탈(가운데)은 카메라 움직임을 정교하게 만드는 방법과 시각적인 구도를 고안했다.

낮은 앵글, 긴장감 및 신비함을 활용했다. 〈의지의 승리〉와 〈올림피아〉는 군인과 운동선수의 신체적 완전성을 동일하게 숭배했다. 버클리처럼 리펜슈탈은 일사불란한 군사 훈련의 형태와 그 집단성으로 인한 개인성 및 의구심의 상실을 탐구하고 이를 에로틱하게 묘사한 것이었다. 그녀는 대상을 마치 그리스의 신처럼 촬영했으며, 고용주의 정치 성향을 수용하거나 아니면 그것을 의식하지 않았다. 리펜슈탈은 여기서 오슨 웰스와 앨프리드 히치콕 다음으로 가장 기술적 재능이 뛰어난 서양의 영화감독으로 고려되지만, 그녀의 부족한 융통성과 자신의 미적 감각을 의심하는 무능력에는 짜증이 날 정도다. 그녀는 폴란드 침공을 촬영해 달라는 의뢰를 받았고, 죽는 날까지 인정하지 않았지만 자신의 영화 〈저지대Tiefland〉(1954)에 강제 수용소에 수감되었던 사람들을 엑스트라로 이용한 듯 보인다. 그녀의 삶은 불멸인 것처럼 보였다. 차 사고에서도 살아남았고, 누바족을 촬영하기 위해 아프리카를 누볐으며, 90대까지 스쿠버 다이빙을 즐겼다. 리펜슈탈은 2003년에 101세 생일을 맞고 몇 주 뒤 사망했다.

이 시기에 다소 재능이 덜한 다른 독일 감독들도 등장했다. 파이트 하를란Veit Harlan이 연출한 〈쥬 수스Jud Süß〉(1940) 같은 영화들은 비열한 비방이었고 인간적인 내용은 없었다. 당시에 그런 노골적인 선전 영화는 드물었다. 나치는 인간이 상상할 수 있는 가장 극단적인 산물(트레블린카와 아우슈비츠-비르케나우의 살상용 가스실)에 대해 전혀 동요하지 않았다. 그들의 조직적인 대량 학살을 포착한 필름은 단 1피트도 없었다.

1920년대에 영국에서는 영화가 거의 제작되지 않았다. 로버트 W. 폴과 조지 스미스 같은 선구자들이 여전히 생존해 있었지만(각각 1943년과 1959년에 사망했다), 그들은 자신들이 이루어 놓은 혁신을 다른 나라가 따라잡는 것을 목격해야 했다.

1920년대 중반에 영국에서 상영된 영화 중 단 5퍼센트만이 자국에서 제작한 것이었고 이를 개선하기 위해 영국 정부는 자국 영화의 최소 상영 일수를 규정하는 스크린 쿼터를 통과시켰다. 그 결과 미국 인구수의 7분의 1 정도가 거주했던 이 나라의 영화 제작은 네 배 증가했고, 이후에도 여러 번 그랬듯이 미국의 스튜디오 시스템을 모방하려고 시도했다. 당시 영국에서 제작된 영화들은 대개 저예산 영화였지만 어찌 되었건 1930년대는 영국 영화사에서 가장 창의적인 시기였다. 이러한 성공의 핵심에는 세 명의 주요 인사들이 있었다. 감독인 앨프리드 히치콕과 프로듀서인 알렉산더 코르더Alexander Korda, 다큐멘터리 영화 감독인 존 그리어슨이다.

히치콕의 영화 경력은 독일에서 형성되었고 3장에서 언급했던 것처럼 그의 무성 영화 〈하숙인〉은 1920년대 독일 표현주의의 흔적을 담고 있다. 런던에서 과일 및 닭고기 판매상의 아들로 태어난 히치콕은 똑 부러지게 말을 잘했다. 그는 경력을 쌓기 시작한 때부터 타고난 재능을 보였다. 하지만 1960년대 전까지만 해도 그가 파블로 피카소와 어깨를 나란히 하는 시각 예술가가 되리라고 예상한 사람은 거의 없었다. 히치콕의 영화를 본 적이 없는 사람이라면 지금 당장 이 책을 덮고 〈나는 비밀을 알고 있다The Man Who Knew Too Much〉(영국, 1934), 〈39계단The 39 Steps〉(영국, 1935), 〈레베카Rebecca〉(미국, 1940), 〈오명Notorious〉(미국, 1946), 〈열차 안의 낯선 자들Strangers on a Train〉(미국, 1951), 〈현기증Vertigo〉(미국, 1958), 〈북북서로 진로를 돌려라North by Northwest〉(미국, 1959), 〈싸이코Psycho〉(미국, 1960), 〈마니Marnie〉(미국, 1964)를 보기 바란다. 이 영화들을 통해 당신은 서양의 유성 영화에 대한 모든 것을 알게 될 것이다. 이 작품들은 영화의 기술적 언어를 이 시기의 다른 어떤 영화보다 더 우아하게 말하며, 매혹적으로 정확하다. 또한 영화의 즐거움과 보는 것에 대한 두려움 그리고 형이상학에 관한 수업이다. 히치콕은 오즈 야스지로 못지않게 위대하지만, 오즈 영화의 결말이 그의 영화의 시작이다. 오즈의 영화는 평범한 일상에서의 필수적인 휴식에 관해 다루고 있는데, 히치콕의 영화에서 그것은 등장인물의 성과 죽음에 관한 충동을 유발하는 매개일 뿐이며 이는 어쩌면 서구 사회의 요구 때문이었는지도 모른다.

히치콕의 영국 영화들은 히치코키언Hitchcockian으로 알려진 서스펜스와 성, 코미디의 조합이었지만 그가 미국에서 연출한 영화들만큼 심리적 깊이를 지니지는 못했다. 〈나는 비밀을 알고 있다〉는 어느 부부가 한 외교관의 암살 음모에 관한 이야기를 우연히 듣게 되고, 부부의 입을 막으려는 자들에게 딸이 납치된다는 내용이다. 영화는 스위스의 알프스에서 시작되고 이후 런던으로 촬영지를 옮긴다. 콘서트장에서 암살이 벌어지려 하는 클라이맥스도 그렇고 이 작품의 시각적 대비는 매우 히치코키언스럽다. 어느 날 히치콕은 잡지에서 한 남자가 아침에 일어나 일을 하러 가고 오케스트라의 자기 자리에 앉은 뒤 음 하나를 연주하고 바로 집으로 돌아가는 만화를 보았다. 히치콕은 생각했다. 만일 외교관을 암살하기 위한 총알이 발사되는데 총성이 심벌즈가 한 음을 연주하는 그 순간에 울린다면? 그는 작품에 이를 반영했다. 납치된 아이의 엄마도 콘서트장에 있고 서서히 내막을 파악하게 되는데, 심벌즈가 소리를 내기 직전에 그녀는 귀를 째는 듯한 비명을 지른다(112). 그로 인해 신중히 계획되었던 암살 시도는 실패로 돌아가고 결국 외교관의 생명을 구하게 된다.

히치콕은 1954년에 이 영화를 미국에서 다시 만들었는데, 두 영화 모두 인상 깊었던 점은 총성이 울리기 전까지 그가 사건의 모든 시퀀스를 얼마나 신중하게 계획

112. 〈나는 비밀을 알고 있다〉의 유명한 콘서트장 장면. 납치된 아이의 엄마가 외교관에 대한 암살 시도가 곧 있으리라는 사실을 자각하고 자리에서 일어서서 비명을 지른다. 감독: 앨프리드 히치콕. 영국, 1934.

했는지였다. 키튼이 〈제너럴〉에서 코믹 효과를 노리고 그랬던 것처럼 히치콕은 관객이 영화의 구성을 알 수 있도록, 그리고 그들이 기대감을 높일 수 있도록 짧은 음악을 반복적으로 사용했다. 그런 장면에 대해 논할 때 히치콕은 "칸타타를 두 번 반복하는 이유는 다가올 사건에 대해 관객을 혼란스럽게 만들지 않기 위함이다."[29]라고 했다. 〈나는 비밀을 알고 있다〉는 영국과 미국에서 대성공을 거두었다. 히치콕은 다음 영화인 〈39계단〉에서 매 장면을 독립적인 짧은 이야기로 구성하는 영화적 아이디어를 냈다. 구성적으로 철저히 계산된 이 영화는 리처드 해니라는 캐나다인의 런던 아파트에서 한 여인이 살해되고 남자는 범인을 찾기 위해 스코틀랜드로 간다는 내용이다. 스코틀랜드 농장의 오두막을 배경으로 무르나우의 영화와도 같은 장면에서 젊고 성적으로 굶주린 아내를 둔 한 남아프리카 남자의 이야기가 나온다. 영화의 유명한 피날레에서 음악당의 나이 든 남자가 첩보 조직인 '39계단'의 비밀을 무심코 발설하는 와중에 구성원 중 한 명이 쏜 총에 맞는다. 각각의 독립적인 이야기는 〈나는 비밀을 알고 있다〉의 칸타타가 나오는 클라이맥스와 맞먹을 정도로 명료하게 만들어졌다. 하지만 히치콕은 극적이고 느낌이 풍부한 다음 이야기로 부드럽게 넘어가기를 바랐기에 최대한 빠르게 장면을 전환했다. 그는 쉴 시간이 없었다. 히치콕은 계속해서 시나리오의 드라마적 요소가 약한 부분을 삭제하며 모든 순간, 목적 그리고 숏이 욕망과 불안이라는 그의 시스템의 일부가 될 때까지 몇 년이고 정제했다. 1930년대 말에 그는 미국으로 갔으며 세계에서 가장 유명한 감독이 되었다. 미국에서 만든 히치콕의 영화들은 나중에 논하기로 하자.

알렉산더 코르더는 서양 영화계의 유목민 중 한 명이었다. 1893년에 헝가리에서 태어난 코르더는 18세부터 영화를 연출하기 시작했다. 그는 헝가리의 영화 산업을 국영화하는 데 일조했고, 영국에 정착하기 전에 할리우드와 프랑스에서 일했으며, 1932년에 런던 필름 프로덕션을 설립했다. 다음 해 코르더가 제작, 연출한 〈헨리 8세의 사생활The Private Life of Henry VIII〉(영국, 1933)은 영국 최초로 국제적인 명성을 얻었던 영화다. 런던 필름 프로덕션이 제작한 〈렘브란트Rembrandt〉(알렉산더 코르더, 영국, 1936)와 함께 이 영화는 오스카 남우주연상을 받은 찰스 로튼의 연기를 떠올리게 한다. 두 작품 모두 1950년대의 배우들에게 많은 영감을 주었는데, 그중에서도

113. 〈헨리 8세의 사생활〉의 주인공인 찰스 로튼. 이 장면은 로드 스테이거에게 깊은 인상을 남겼고 1990년대에 스테이거는 로튼의 연기를 자신이 본 가장 뛰어난 연기였다고 칭송했다. 감독: 알렉산더 코르더. 영국, 1933.

미국에서 유명했던 로드 스테이거는 후에 닭다리를 뜯는 로튼(113)의 연기는 자신이 본 가장 뛰어난 연기였다고 말했다. 코르더는 1936년에 영국에서 가장 큰 영화사인 데넘Denham을 설립했다. 그의 성공은 1934년에 브리티시 내셔널 필름을 설계하고 1960년대와 1970년대에 제임스 본드 영화의 근거지가 된 파인우드 스튜디오를 설립한 J. 아서 랭크에게 본보기가 되었다. 코르더는 영국 출신의 영화감독 캐럴 리드와 데이비드 린의 영화를 제작했으며 〈제3의 사나이The Third Man〉(캐럴 리드, 영국, 1949)의 제작을 총지휘하기도 했다. 그의 영화 제작사는 영국 영화들은 품격이 높다는 국제적 인식을 얻을 수 있게 했으며 그 인식은 현재까지도 유지되고 있다.

영화 프로듀서로 때로는 연출을 하기도 했던 존 그리어슨은 매우 다른 유형의 영화를 들고나왔다. 그리어슨은 스코틀랜드에서 철학을 공부하고 미국에서 커뮤니케이션을 전공했으며 1927년에 영국으로 돌아오기 전, 영국 정부로부터 플라어티의 〈북극의 나누크〉(미국, 1922) 같은 형식의 영화들에 대한 제작 지원을 받았다. 그는 이와 같은 영화들을 '다큐멘터리 영화'라고 불렀고 1928년부터 엠파이어 마케팅 보드, 1933년부터는 제너럴 포스트 오피스에서 이런 영화들의 제작을 담당했다. 그리어슨은 이 중 일부를 직접 연출했을 뿐만 아니라 배질 라이트Basil Wright, 폴 로사Paul Rotha, 루비 그리어슨Ruby Grierson 등 사회적 의식이 있고 시적인 경향이 있는 젊은 영화인들의 작품 활동을 도왔다. 라이트와 해리 와트Harry Watt는 주류 예술가들과 협업해 런던에서 스코틀랜드로 가는 우편열차의 여정을 인상주의적으로 표현한 〈야간 우편열차Night Mail〉(영국, 1936)를 연출했다(114). 음악은 저명한 작곡가인 벤저민 브리튼이 맡았고 해설은 시인인 W. H. 오든이, 환기적인 음향은 브라질 사람인 알베르토 카발칸티가 담당했다.

라이트와 와트는 소비에트 연방 출신의 편집자였던 에스퍼 슈브Esfir Shub로부터 영향을 받았다. 다큐멘터리 영화 감독인 아서 엘턴Arthur Elton과 에드거 앤스테이Edgar Anstey는 사회의식이 담긴 사진에서 보이는 새로운 사실주의로부터 많은 영감을 얻었다. 〈주택난Housing Problems〉(영국, 1935)은 실제 노동자 계층을 인터뷰한 최초의 영화라고 할 수 있다. 단순하게 촬영되었지만 런던 시민들의 생활상을 묘사한 장면들은 이후

114. 시적인 사운드트랙과 런던에서 스코틀랜드까지 가는 우편열차의 여정을 선명하게 표현한 드라마적 구성은 〈야간 우편열차〉를 훌륭한 다큐멘터리 영화로 인정받게 했다. 감독: 배질 라이트와 해리 와트. 영국, 1936.

좌파를 비롯해 개혁주의적 영화 제작에 큰 영향을 끼쳤고, 〈야간 우편열차〉의 시적인 기법에 반하는 산발적인 다큐멘터리 제작 기법인 인터뷰 기반 다큐멘터리 영화의 시작을 알렸다. 10여 년 후 영화감독 존 휴스턴은 제2차 세계 대전으로 인해 트라우마가 생긴 군인들을 인터뷰했다. 그 날것과도 같은 결과인 〈빛이 있으라〉(미국, 1946)는 미군의 심기를 불편하게 했고, 1970년대까지 이 영화의 상영은 금지되었다.

1907년에 영국에서 출생한 험프리 제닝스Humphrey Jennings는 초현실주의 화가로도 활동했다. 그는 그리어슨의 무리 중에서 가장 축복받은 재능의 영화인이었다. 시적인 그의 단편 및 중편 다큐멘터리 영화는 〈주택난〉보다 〈야간 우편열차〉의 전통에 더 가깝다. 〈리슨 투 브리튼Listen to Britain〉(영국, 1942), 〈불은 시작되었다Fires Were Started〉(영국, 1943), 〈티모시를 위한 일기A Diary for Timothy〉(영국, 1945)는 여러 계층의 영국 사람들과 그들의 삶, 도시와 지방, 전쟁의 실상 등을 담았다. 제닝스의 음향 디자인은 〈야간 우편열차〉에서 카발칸티의 음향 디자인 못지않게 시적이었고 시간을 초월한 영국의 문명화를 성공적으로 포착했다. 거창한 것보다는 작은 것에 관한 제닝스의 관심, 과장이나 불안감이 없는 스타일은 작품에 품위를 더했다. 1939년에서 1945년에 나온 그의 작품은 레니 리펜슈탈의 영화가 독일인의 장대한 고귀함을 담아냈듯이 영국인의 드러내지 않는 고귀함을 묘사했다.

1930년대 초반과 중반에 소비에트 연방에서도 뮤지컬 영화와 코미디 영화를 제작했지만, 사실주의 영화는 논쟁거리가 되었다. 이오시프 스탈린은 1924년에 레닌의 뒤를 이어 국가 원수가 되었고 곧 그의 농장 집단화 정책으로 수백만 명이 사망했다. 예술 분야는 실험적인 것에 대해 호의적이지 않았다. 1916년 〈퀸 오브 스페이드〉를 연출했던 야코프 프로타자노프를 비롯한 여러 감독은 이 시기에 중요한 뮤지컬 영화와 코미디 영화를 제작했지만, 영웅적이고 낙천주의적인 영화를 선호했던 스탈린은 모범적인 노동자의 행복한 삶을 그려내기를 원했다. 에이젠슈테인은 그런 진부한 한계 내에서 작업하는 것에 심기가 불편했고 스탈린이 그의 작업에 간섭하기 시작했을 때, 4년 전 더글러스 페어뱅크스와 메리 픽포드가 미국으로 가자고 했던 제안을 받아들여 1930년에 미국으로 향했다. 도브젠코는 〈병기고〉 이후 더욱 시적인 걸작 〈대지Zemlya〉(소비에트 연방, 1930)를 연출했는데, 이 작품은 문화부로부터 공격을 받았다. 에이젠슈테인은 곧 할리우드 스튜디오의 창작적 한계에 실망했지만, 채플린과 플라어티와의 만남을 통해 기운을 얻었다. 이후 그는 멕시코에 가서 결국은 완성하지 못한 영화 〈멕시코 만세!Que viva México!〉를 연출했고 1932년에 모스크바로 돌아갔다. 1934년 소비에트연방작가협회는 '사회주의적 사실주의'만이 혁명적 예술에 적합한 방식이라는 것을 공표했다. 영웅을 추앙하는 태도, 삶을 이상적으로 바라보는 관점 그리고 노동과 국가가 규범 및 정책이 되었다. 몇 달 뒤에 에이젠슈테인의 더욱더 실험적이고 시적인 기법은 영화인조합회담에서 비판의 대상이 되었다. 이 회담의 기록은 강요된 순응을 반영하며 오늘날에도 매우 우울하게 읽힌다.

작품 수가 줄어들기는 했지만, 에이젠슈테인은 〈알렉산더 네브스키〉(소비에트 연방, 1938) 그리고 오래전에 필름이 분실되어 현장 사진(115)밖에 남지 않은 〈베진

115. 프레임 끝에 자리 잡은 이상한 구도와 카메라 가까이에 배치된 배우 등의 특징이 보이는 현장 사진, 세르게이 에이젠슈테인의 〈베진 초원〉, 소비에트 연방, 1937.

초원Bezhin lug〉(소비에트 연방, 1937) 등의 창의적인 작품을 연출했다. 알렉산드르 메드베드킨Aleksandr Medvedkin의 〈행복Schastye〉(소비에트 연방, 1935)은 다채롭고 재미있는 작품이기는 하지만 스탈린과 공영화를 지지하는 감성은 작품에 씁쓸함을 더한다. 제목 그대로 연방의 전 리더를 위한 세 노래를 소재로 한 베르토프의 〈레닌에 대한 세 곡의 노래Tri pesni o Lenine〉(소비에트 연방, 1934)도 마찬가지다. 첫 번째 노래는 「내 얼굴은 어두운 감옥에 있었다」로, 이에 관한 부분에서는 '자유화와 계몽' 후에 더 이상 부르카로 얼굴을 가릴 필요가 없는 동구 소련의 이슬람 여성들을 보여준다. 두 번째 노래는 레닌의 죽음에 관한 「우리는 그를 사랑했다」로, 자막에는 '레닌은 불멸의 존재'라고 적혀 있다. 세 번째 노래는 「돌로 된 큰 도시에서」로, 건설과 댐 그리고 붉은 광장에 있는 레닌의 시체로 몰려드는 사람들에 관한 것이다. 그러나 정치적 구호 이면에 베르토프가 진정으로 관심을 가졌던 것은 사람과 공간감, 드라마였다. 적어도 다섯 번 이상 반복되는 후렴에 담긴 진보의 의기양양한 자랑, '레닌이 지금의 우리나라를 볼 수만 있다면'은 매우 역설적으로 들린다.

소비에트 영화의 강요된 낙관론은 같은 시기의 프랑스 영화와 대조된다. 프랑스의 그 10년은 클레르의 음향적 재치와 콕토 및 비고의 파괴적 마술로 시작했지만, 곧 장 르누아르Jean Renoir같은 주류 감독은 다른 장르들을 탐구했다. 유명한 예술가 피에르 오귀스트 르누아르의 아들인 장 르누아르는 아버지의 유산으로 첫 영화를 만들었다. 르누아르는 젊은 시절 수학과 철학을 공부한 뒤 무성 영화 시기에 영화계에서 경력을 쌓기 시작했다. 그는 자신의 영화에 대해 "내면적으로 현실과 시의 경계선에 있다."[30]라고 설명했다. 주목할 만한 그의 첫 번째 작품은 파리의 예술인 구역에 사는 사실주의자의 이야기인 〈암캐La Chienne〉(1931)다. 이 작품과 〈익사 직전에 구조된 부뒤Boudu sauvé des eaux〉(1932) 모두 비범한 배우 미셸 시몽이 주인공으로 출연했다. 시몽은 노동자 계층에 체구가 크며 연극에 걸맞지 않은 배우로, 르누아르는 그의 거친 성향을 어떻게 포착할지 잘 알았다. 르누아르는 "스타 배우 등의 특정 요소로 관객의 관심을 인위적으로 끈다는 것은 순전히 낭만적인 생각이다. 고전주의에는 낭만주의에 더 이상 존재하지 않는 평등함에 관한 고찰이 담겨 있다."[31]라고 말했다. 르누와르는 어쩌면 오즈에 대해 이야기한 것일 수도 있지만, 그는 스타에게 특별한 비중을 두지 않았으며 그래서 스타로 포장하지 않은 자신의 스타일을 의미한 것이었다.

채석장에서 일하는 이탈리아 이민자들의 이야기가 담긴 〈토니Toni〉(프랑스, 1935)는 르누아르의 작품에 사실주의적 요소를 더했다(116). 전문 배우를 쓰지 않았고 세트와 메이크업도 사용하지 않았던 〈토니〉는 폰 슈트로하임의 〈탐욕〉 이후 픽션 영화의 자연주의를 부각한 매우 중요한 작품이다. 이 영화는 널리 상영되지 못했으며 1940년대 이탈리아의 사실주의적 감독들에게 그다지 큰 영향을 발휘하지 못했다. 이와 대조적으로 르누아르의 〈위대한 환상La Grande Illusion〉(1937)은 국제적으로 성공한 작품이었다. 이 작품에는 당시 연출보다 연기에 더 심취해 있던 폰 슈트로하임이 제1차 세계 대전 중에 세 명의 프랑스군이 수용되어 있는 수용소의 독일군 사령관으로 출연했다. 시나리오는 르누아르가 친구들한테서 들은 이야기를 기반으로 한 것으로, 거창함은 지양하고 세심한 관찰을 통해 남자들 사이의 미묘한 관계를 그렸다. 각 등장인물의 인간성이 탐구되고, 마치 영화가 멈춘 듯 느껴지는 지점에서는 남자들이 유대인을 향한 관대함의 의미에 대해 토론하기도 한다. 관대함이야말로 르누아르가 스크린을 통해 인간에게 접근하는 방식의 핵심이었다. 지금은 유명해진 그의 작품 〈게임의 규칙La Règle du jeu〉(1939)은 시사회에서 야유를 받았고 재정적으로 큰 손해를 끼쳤다. 이에 대해서는 1939년과 관련된 내용이 나올 때 상세히 설명할 것이다(209~210쪽 참고).

116. 장 르누아르의 〈토니〉는 주류 영화의 낭만주의에 도전하기 위해 아마추어 배우를 출연시키고 실제 로케이션 장소에서 자연광을 이용해 촬영했다. 프랑스, 1935.

1930년대 중반에 일부 프랑스 영화는 이처럼 극적인 공평함을 시도했으며 그중 최고의 영화는 그 시대에 기인했던 비관주의를 공유했다. 이 시기에 장 가뱅과 미셸 모르강 같은 스타는 잊힌 사람들이 암울한 아침이나 저녁 빛 속에서 목적 없이 마주하고 잠시 서로의 회사에서 활기를 찾다가 다시 자기 자리로 돌아가 비관주의에 빠진다는 내용 등의 영화에서 주연을 맡았다. 이런 분위기가 성행한 데는 몇 가지 이유가 있다. 1914~1918년의 유혈 사태에서 약세였던 프랑스는 독일의 부활에 대한 두려움이 있었던 것이다. 1935년 50만 명에 가까운 프랑스인이 실직 상태였다. 곧 프랑스에 대공황이 들이닥쳤는데, 그 어느 곳보다 오래 지속되었으며 정치적으로는 매우 불안정했다. 세기 초반에는 우익 정당이 지배적이었지만 다음에는 불안한 좌익 정당들의 동맹인 인민전선이 짧은 기간 동안 집권했다. 산업 자체도 매우 불안정했다. 가뱅과 모르강은 이 희망 없는 시절을 포착한 것이다. 두 배우 모두 험프리 보가트처럼 감정이 없는 우울한 얼굴이었다.

오른쪽 사진(117)은 1930년대 프랑스 시적 사실주의의 핵심적 작품이자 가뱅과 모르강이 처음으로 함께 출연했던 〈안개 낀 부두Le Quai des brumes〉(1938)의 한 장면이다. 가뱅은 외인 부대의 탈영병을, 모르강은 폭력적인 보호자를 둔, 고아가 된 젊은 여인을 연기했다. 주로 1936년 르아브르 항구의 카페를 배경으로 한 이 영화는 가뱅이 여자의 보호자를 총으로 쏘면서 절정에 달하는데, 그가 탄 배가 항구를 떠나려는 순간 현지 악당에게 살해당한다. 이 작품은 시인인 자크 프레베르Jacques Prévert와 자신의 영화를 낭만적 비관주의라고 정의했던 감독 마르셀 카르네Marcel Carné가 시나리오를 쓰고 연출했다. 그들은 〈새벽Le Jour se lève〉(1939)과 19세기 파리의 연극 무대에 관한 잊지 못할 서사 〈천국의 아이들Les Enfants du paradis〉(1945)도 함께 만들었다. 지나치게 세심했던 카르네의 스튜디오 촬영 스타일은 1950년대 후반에 환영받지 못했지만, 그는 80대까지 건강하게 살았고 〈천국의 아이들〉이 프랑스 영화사에서 가장 즐길 수 있는 영화로 소생하고 〈안개 낀 부두〉가 탁월한 분위기의 작품이라고 재평가받는 것을 모두 다 목격했다. 후자의 안개가 자욱한 영상은 〈메트로폴리스〉의 시각효과 디자이너로 참여했던 오이겐 슈프탄이 나치를 피해 미국으로 가는 길에 프랑스에서 잠시 머물던 중 촬영한 것이다. 이 시기의 프랑스 문화에 〈안개 낀 부두〉가 얼마나 중요한 의미가 있었는지는 프랑스 비시 정부 대변인의 말로 가장 잘 요약된다. "우리가 전쟁에서 졌다면 그것은 〈안개 낀 부두〉 때문이었을 것이다." 카르네는 폭풍이 왔다고 기압계를 탓할 수는 없다고 반박했다.

가뱅이 〈안개 낀 부두〉에서처럼 사랑하는 여인과 함께 탈출하기 직전에 죽는, 그런 고립된 인물을 연기한 것은 처음이 아니었다. 〈망향Pépé le Moko〉(프랑스, 1937)에 나오는 도시는 알제이고 소녀는 미레유 발랑이 연기했다. 감독인 쥘리앵 뒤비비에Julien Duvivier는 호크스의 〈스카페이스〉에서 많은 시각적 아이디어를 가져왔다. 영화 스타일이 대서양을 건넌 예로서 〈망향〉은 처음에는 〈알제Algiers〉(존 크롬웰, 미국, 1938)로, 이후에는 〈카스바Casbah〉(존 베리, 미국, 1948)로 리메이크되었다.

117. 탈영병인 장 가뱅과 고아가 된 젊은 여인 미셸 모르강. 이 유명한 사진은 마르셀 카르네의 〈안개 낀 부두〉의 비관주의를 포착하고 있다. 프랑스, 1938.

영화 역사에서 작지만 재미있는 우연에 관한 이야기를 하려고 한다. 프랑스와 미국의 영화인이 같은 시기에 북아프리카의 카스바를 세트로 재현하려고 시도할 때 아랍 최초의 영화 촬영소가 문을 열었다. 1935년 카이로에 설립된 미스르Misr는 아프리카 대륙 최초의 영화 촬영소로, 이집트가 중동 전체의 영화 제작 센터가 되는 것을 도왔다. 이집트에서 영화가 최초로 상영된 것은 1897년 뤼미에르 형제에 의해서였지만 이집트 영화인들이 영화를 직접 제작하기 시작한 것은 미스르가 설립된 후부터였다. 이후 연간 20편 정도의 영화가 제작되다가 1940년대 중반부터 1980년대까지 50편으로 증가했다. 〈엘 애지마El azima〉(이집트, 1939)는 초창기 미스르 영화 중에 가장 인상적인 작품이다. 카이로 빈민가에 사는 이발사의 아들인 모하메드에 관한 이야기로 이국적 정취보다는 북아프리카의 현실에 더 집중했다. 하지만 연기는 〈망향〉보다 더 연극 같았다. 〈망향〉에서 가뱅은 알제 위쪽에 사

118. 〈안개 낀 부두〉가 발표되기 1년 전에 가뱅은 알제가 배경인 〈망향〉에 출연했다. 이 영화가 제작되기 전에 아랍 최초의 영화 촬영소인 미스르가 카이로에 건립되었다.

는데 우울해 보인다. 반면 모하메드(후세인 시드스키)는 카이로의 경제적 상황에 맞서 싸운다. 이 작품의 감독 카말 셀림Kamal Selim은 32세에 사망했지만, 북아프리카 영화의 사실주의에 다가갔던 그의 첫발은 이집트의 위대한 감독 살라 아부 사이프Salah Abu Seif에게 영향을 미쳤다.

사실주의에 대한 프랑스와 이집트의 매우 다른 접근 방식이 비교된 곳은 북아프리카 말고는 세계 어디에도 없다. 1930년대 후반에 미국을 비롯한 전 세계 최고의 박스 오피스 스타는 인형처럼 생긴 캘리포니아 출신의 소녀, 셜리 템플이었다. 템플은 6살이 되던 해인 1934년에 폭스 영화사의 작품을 통해 춤추고 노래하며 스타가 되었다. 그녀가 불렀던 가장 유명한 곡은 「온 더 굿 십 롤리팝On the Good Ship Lollipop」이었다. 템플은 수익 보증수표였지만 1937년에 미국 회사인 월트디즈니사는 그녀의 인기를 능가하는 영화를 만들었다. 〈백설 공주와 일곱 난쟁이Snow White and the Seven Dwarfs〉(총감독 데이비드 핸드, 미국, 1937)는 몇 세대에 걸쳐 회사의 명성을 이어갈 수 있을 만큼 성공적이었다. 월트디즈니사는 40년간 엄청난 수익을 낸 아홉 편의 미국 영화를 제작했다. 특히 〈피노키오Pinocchio〉(1940), 〈밤비Bambi〉(1942), 〈피터 팬Peter Pan〉(1953), 〈101마리의 달마시안 개One Hundred and One Dalmatians〉(1961), 〈메리 포핀스Mary Poppins〉(1964)는 다른 영화들의 두 배, 세 배, 심지어는 네 배의 수익을 올리며 대성공을 거두었다.

월트 디즈니는 1901년에 시카고에서 태어나 1966년에 사망했다. 그가 그림으로 영화를 만든 최초의 인물은 아니었다. 그런 작업은 이르게는 1896년부터 시도되었으나 그 기술은 J. 스튜어트 블랙톤의 〈유쾌한 얼굴Humorous Phases of Funny Faces〉(1906)과 윈저 맥케이의 〈공룡 거티Gertie the Dinosaur〉(1909)가 나오기 전까지 발전되지 못했다. 세계 최초의 장편 애니메이션 영화는 현재 전해지지 않지만 5만 8000장의 그림으로 12개월에 걸쳐 만든 〈엘 아포스톨El apóstol〉(페데리코 발레, 아르헨티나, 1917)이라고 주장되고 있다. 디즈니는 10대 소년일 때 로버트 루이스 스티븐슨의 소설을 읽고 채플린의 영화를 보았다. 이후 뉴욕의 광고 삽화 스튜디오에서 일하며 네덜란드 이민자였던 어브 아이웍스를 만났는데, 훗날 그는 디즈니의 핵심 조력자가 되었다. 디즈니가 개그를 떠올리면 아이웍스는 뉴욕의 선구적인 애니메이션을 본떠서 그것을 그렸다. 디즈니는 에드윈 S. 포터처럼 동기가 강한 인물이었다. 1923년에 디즈니와 아이웍스는 로스앤젤레스로 갔고 몇 번의 값비싼 시행착오를 거친 뒤 뉴욕 애니메이터들의 대표적인 캐릭터였던 고양이와 개에 대적할 수 있는 새로운 만화 캐릭터를 창조하기로 결심한다. 디즈니는 그 캐릭터를 크고 원기 왕성한 쥐로 결정한 뒤 몰티머라는 이름을 붙였다. 하지만 디즈니의 아내가 그 이름을 싫어했기에 미키가 되었다. 아이웍스는 최초의 미키 마우스 영화, 〈미친 비행기Plane Crazy〉(미국, 1928)를 만들기 위해 매일 70장의 그림을 그렸다. 사운드의 도입과 함께 미키의 인기가 급상승했다. 디즈니와 아이웍스는 키튼의 〈스팀보트 빌 주니어Steamboat Bill, Jr.〉(미국, 1928)를 본뜬, 꿈에 그리던 미키 영화 〈증기선 윌리〉(미국, 1928)를 발표했다. 1929년에 수천 가지의 미키 상품이 나왔다. 이 쥐가 그레타 가르보보다 더 유명했으며 디즈니는 미국의 영화 역사상 가장 중요한 브랜드가 되었다. 혁신보다는 다듬고 확장하는 데 더 심혈을 기울였던 디즈니는 그리피스가 실사 영화에서 했던 것과 흡사한 역할을 했다.

119. 미키 마우스가 최초로 등장한 영화인 〈미친 비행기〉. 감독: 월트 디즈니와 어브 아이웍스. 미국, 1928.

1929년 월가가 무너진 이후 미키 마우스는 마치 서민을 달래주는 위로주와도 같았다. 그해에 전 세계 4억 7000만 명의 사람들이 미키 마우스를 보러 영화관을 찾았다. 뉴욕의 유명 백화점 메이시스에서는 하루 만에 1만 1000개의 미키 마우스 시계가 팔렸다. 에이젠슈테인을 비롯해 심리학자 카를 융, 소설가 E. M. 포스터 모두 반은 인간이고 반은 동물인, 성별이 거의 없는 이 영화 아이콘에 대해 논했다. 미키의 유명세가 절정에 달했을 때 아이웍스는 이러한 공식이 되풀이되는 것을 피하려고 월트디즈니사를 떠났다.

아이웍스와의 결별은 디즈니를 힘들게 했고 그는 제작 공정을 수정하기 시작했다. 그는 월트디즈니사를 포드의 자동차 생산 공장과는 다른 예술 학교로 생각하며 애니메이터(모두 남성)를 그림 수업에 보냈다. 1934년에 디즈니는 도널드 덕을 선보였고 이어서 그림 형제의 『백설 공주』를 장편으로 제작하는 야심 찬 프로젝트를 시작했다. 준비 과정에서 그는 300명이 넘는 애니메이터를 위해 야외 조망에 관한 수업을 마련했고 할리우드에서 진행되는 모든 발레 공연과 개봉되는 모든 영화를 보게 했다. 〈백설 공주와 일곱 난쟁이〉는 월트디즈니사 최초로 백설 공주라는, 의인화되지 않은 인간 캐릭터가 등장하는 영화였다. 그 제작 공정은 의상을 입은 실제 여배우를 촬영하고 이후 그 이미지를 각각 셀룰로이드지에 옮기는 방식이었는데, 이것은 21세기 모션 캡처 기술의 선구자 격인 셈이었다. 이미지의 심도를 높이기 위해 여러 개의 그림을 끼워 넣을 수 있는 선반들이 장착된 거대한 수직의 구조물이 만들어졌다. 그리고 한 장면 안에서 전경, 중경, 배경이 되는 다양한 이미지 층들을 그 안에 끼워 넣었는데, 배경은 바닥 쪽, 전경은 위쪽에 배치한 후 이 모두를 한꺼번에 위에서 촬영했다(120). 〈백설 공주와 일곱 난쟁이〉는 계획했던 예산의 여섯 배나 소요되었다. 이 작품의 시사회에는 주디 갈런드와 마를레네 디트리히 등의 스타들도 참석했으며, 영화가 끝나자 기립 박수가 이어졌다. 그리고 영화 역사상 최고라고 할 수 있는 좋은 논평도 받았다. 평론가들은 〈백설 공주와 일곱 난쟁이〉는 풍부한 질감과 색감 등으로 매혹하는 찬연한 영화라고 하며 극찬했다. 디즈니가 망할 일은 없을 것 같았다. 이탈리아의 동화를 영화로 만든 〈피노키오〉도 이런 성공을 반복했으며, 〈밤비〉는 오늘날까지도 디즈니의 가장 감성적인 영화라는 평을 받는다.

제2차 세계 대전은 회사 수익의 거의 반을 차지했던 해외 시장 문을 닫게 했다. 미키는 옆으로 밀려났고 디즈니는 전쟁을 위해 정부가 요청한 영화들을 만들었다. 그는 직원을 천 명이나 고용했는데, 그의 예술 학교 에토스에도 불구하고 그 사람들 중 많은 이들이 급여가 적다고 생각했다. 결국 파업이 일어났고 노동 조건을 둘러싼 갈등이 원만히 해결되었다고 노사 모두 체감하지 못한 채 모호한 결과를 도출했다. 이후 디즈니는 정치적으로 더욱 노골적인 태도로 나갔고, 심지어 공산주의에 동조한다는 소문이 있던 영화업계 인사들의 경력을 단절하기 위해 전후 마련된 일련의 미국 의회 청문회에서 증언을 하기까지 했다. 그 와중에 〈백설 공주와 일곱 난쟁이〉는 일본어, 중국어, 그 외 수많은 언

120. 〈백설 공주와 일곱 난쟁이〉에 사용된 복잡한 다중 프레임 시스템. 카메라는 전경(위), 중경(중간), 배경(아래)으로 구성된 다중의 이미지 위에 설치되어 있다. 그 결과 환상적인 시각적 깊이를 얻을 수 있었다.

121. 개와 사물의 윤곽선을 명확하게 표시한 〈101마리의 달마시안 개〉. 스타일의 변화를 볼 수 있다. 미국, 1961.

어로 더빙되며 디즈니 왕국을 확장했다. 하지만 창의력이 확장을 따라가지 못했다. 회사는 실사 영화와 텔레비전 드라마, 그리고 테마파크로 다원화되었다. 그림을 복사할 수 있는 시대가 오면서 〈백설 공주와 일곱 난쟁이〉처럼 셀룰로이드지에 일일이 그림을 그린 후 촬영해서 이미지의 심도를 높이는 방식을 사용하지 않게 되었다. 이에 따라 제작 공정은 더 단순화되고 제작비는 보다 저렴해졌다. 〈101마리의 달마시안 개〉의 경우 셀룰로이드지에 그린 그림을 촬영해서 얻어낸 인물과 사물의 심도 차이로 경계를 구분하는 대신 프레임 안의 모든 요소에 윤곽선을 그렸다(121).

1930년대에 월트디즈니사의 창작 공식은 성공적이었다. 순수라는 주제에 초점을 맞춘 이야기를 선택하고, 초현실적인 터치로 그림을 그리고, 항상 조연 캐릭터를 이용하며, 기술의 혁신을 강조하고, 디즈니가 '관객 가치'라고 부르는 것을 적용했다. 이후의 작품에서는 초현실주의적 요소는 줄어들었고 관객 가치는 1960년대의 부모들이 디즈니 영화는 아이들이 보기에 정치적으로 너무 보수적이라고 생각하게 만드는, 촌스러운 애국심으로 변했다. 이 점을 강조하기라도 하듯 미 상원과 하원은 디즈니가 "가족의 가치를 증진하고 시민적, 도덕적 교훈을 주기 위해 만든 캐릭터"를 활용한 것에 대해 칭송하는 법안을 통과시켰다. 1940년대 초에 창작의 바통은 월트디즈니사에서 분위기는 불경하고 로맨스나 마법의 숲이 없는 워너 브라더스와 MGM의 애니메이션 부서로 넘어갔다. 작품의 전개 속도와 내용의 엉뚱함이 영향력을 발휘했고, 그로 인해 프랭크 태쉴린, 척 존스Chuck Jones, 텍스 에이버리Tex Avery의 애니메이션이 번성했다.

월트 디즈니는 1966년에 사망했지만 그와 같은 이름의 영화사는 계속되었다. 월트디즈니사는 차후에 미국의 방송국인 ABC, 〈토이 스토리Toy Story〉와 〈니모를 찾아서Finding Nemo〉 등의 작품을 만든 혁신적인 컴퓨터 애니메이션 회사인 픽사, 20세기 폭스, 마블과 스타워즈 프랜차이즈, 내셔널 지오그래픽을 인수했다. 2020년에 월트디즈니사는 세계의 스토리텔링과 엔터테인먼트를 주도하는 대형 복합 기업이 되었다.

1930년대는 미국 엔터테인먼트 영화의 황금기였다. 1939년 유럽에서 전쟁이 발발했을 때 세 여성에 관한 세 편의 영화가 삶의 쾌락과 도피에 관한 논쟁을 유발했다(122). 그 영화들은 창작 시나리오로 제작한 코미디 〈니노치카Ninotchka〉(MGM에서 에른스트 루비치가 연출)와 어린이 고전을 바탕으로 만든 뮤지컬 판타지 〈오즈의 마법사〉(MGM에서 빅터 플레밍 등이 연출), 베스트셀러 소설을 바탕으로 제작한 로맨틱 대서사시 〈바람과 함께 사라지다〉(MGM에서 데이비드 O. 셀즈닉이 제작하고 빅터 플레밍 등이 연출)이다. 이 중 어느 한 작품도 영화 제작의 스키마를 변형시키지는 않았지만, 각 영화는 삶의 우선순위에 대해 평가하려는 시도를 했다.

〈니노치카〉의 재치 있는 시나리오를 쓴 빌리 와일더와 찰스 브래킷은 공산주의의 음침함을 패러디했다. 보리스 바르넷의 〈모자 상자를 든 소녀〉(소비에트 연방, 1927)에 경의를 표하는 이 영화는 그레타 가르보가 연기한 니노치카(122, 위)라는 소비에트의 한 냉담한 여인에 관한 이야기를 들려준다. 그녀는 혁명의 위업을 진척시키는데 필요한 장비를 사기 위해 보석 판매를 위임받은 무능한 세 동료의 행적을 파악하고자 파리로 간다. 니노치카는 파리에서 모자를 사고, 사랑에 빠진다. 그리고 서양의 얄팍한 즐거움에 유혹당했다고 생각한다. 샴페인을 너무 많이 마셔서 비틀거리며 니노치카는 연인에게 자기는 반역자라고 말한다. 그에게 키스함으로써 그녀는 러시아를 배신하게 된 것이다. 그는 호텔 방 벽에 니노치카를 일으켜 세우고 그녀의 눈을 냅킨으로 가린 뒤 보석 중에서 왕관을 집어 그녀의 머리 위에 얹는다. 니노치카는 "동지들이여, 전 세계의 사람들이여. 혁명이 진행 중입니다. 전쟁이 우리를 덮칠 것입니다. 폭탄이 떨어질 것입니다. 모든 문명은 무너질 것입니다. 하지만 아직은 아닙니다. 잠깐, 기다려. 뭐가 급해? 우리를 행복하게 해주세요. 우리에게 시간을 달라고."라고 말한다. 니노치카가 말하는 동안 그는 샴페인의 코르크를 따는데 그 소리를 들은 그녀는 자기가 총에 맞은 줄 알고 바닥에 고꾸라진다. 이 사랑스러운 순간은 가장 재치 있고 인간적이었던 1930년대의 할리우드를 보여준다. 이 작품은 세상이 완벽한 것처럼 가장하지는 않지만 적어도 황홀한 순간은 가능하며, 반공주의는 1938년부터 미국에 뿌리내리고 1945년에 공식화될 악성 변종과는 다르다고 주장한다.

〈오즈의 마법사〉에서 도로시를 연기한 주디 갈런드(122, 가운데)는 〈니노치카〉의 가르보처럼 암울한 현실의 고향을 떠나 신비한 나라 오즈에 가게 된다. 영화의 줄거리를 보면 17세기 영국 작가 존 버니언의 분위기가 느껴지는데, MGM이 거기에 갖가지 요소를 첨가했다. 흑백의 캔자스로부터 테크니컬러의 오즈의 마법 정원까지 도로시의 여정은 1930년대 할리우드에 팽배했던 도피주의가 만연하다. 하지만 춤과 노래의 땅, 평온한 초원, 큰 건물들이 우뚝 솟은 오즈의 초록빛 도시는 잘못된 허상이었다. 그런 유희는 그곳에서 맞닥뜨린 인간적 문제를 해결해 주지 못하고 도로시는 "이 세상에 집보다 더 좋은 곳은 없다."라는 사실을 깨닫는다. 〈오즈의 마법사〉는 1930년대의 도피주의에 질문을 던지며 도피주의와 그

122. 집과 도피라는 주제는 1939년 할리우드의 가장 두드러진 세 등장인물을 통해 탐구되었다. 니노치카를 연기한 그레타 가르보(위), 도로시를 연기한 주디 갈런드(가운데), 스칼렛 오하라를 연기한 비비안 리(아래).

보다 더 겸허하고 전통적인 가치를 놓고 점잖게 저울질했다. 그렇게 함으로써 이 작품은 동시대의 인도 영화를 연상케 한다.

123. 세피아 톤으로 그려진 고향 캔자스를 떠나 테크니컬러의 오즈로 가게 된 도로시.

마거릿 미첼의 유명한 소설을 각색해 만든 영화 〈바람과 함께 사라지다〉(미국, 1939)는 디즈니의 그 어떤 영화나 〈성의The Robe〉(미국, 1953), 〈벤허Ben-Hur〉(미국, 1959) 등의 1950년대 대작보다도 더 좋은 흥행 성적을 기록했으며, 블록버스터 공포 영화 〈엑소시스트〉(미국, 1973)가 발표되기 전까지 그 기록을 유지했다.[32] 이 작품은 미국의 남북 전쟁 시기에 결국은 사랑하게 된 남자, 레트 버틀러를 비롯해 모든 것을 잃게 되는 건방지고 이기적인 스칼렛 오하라(122, 아래)에 관한 이야기로, 〈오즈의 마법사〉와 〈니노치카〉처럼 삶에 대한 도피주의적인 관점과 보다 진실한 이해 사이의 관계를 탐구하면서 발전하는 한 젊은 여성의 여정을 보여준다. 〈오즈의 마법사〉와 〈니노치카〉는 주인공이 실수를 거듭하며 세상의 현실을 깨닫도록 상냥하게 허용하는 반면 〈바람과 함께 사라지다〉는 자기중심적인 사고와 그것을 인정하지 않는 스칼렛을 벌한다. 인종 차별주의적 요소가 내포된 이 이야기는 지금의 시각으로 보면 미국에 경종을 울릴 만한 것으로 생각할 수 있다. 〈바람과 함께 사라지다〉는 일본의 진주만 폭격으로 인해 미국이 제2차 세계 대전에 개입할 수밖에 없는 상황으로 돌입하기 2년 전에 발표되었음에도 전쟁의 현실성이 부족하다는 점이 분명히 보이고, 그때까지 제작되었던 영화 중 도피주의적 성향이 가장 강한 영화의 하나로 평가됨에도 그 내용은 명백히 도피주의를 공격하고 있다.

〈바람과 함께 사라지다〉의 형식도 문제가 된다. 이 작품은 새로운 영화 기법이 사용되지는 않았지만 선명하고 감성적인 세계와 풍부한 시각적·청각적 경험을 창출함으로써 영화의 씁쓸한 메시지를 어느 정도 가렸다. 여주인공을 벌하는 영화가 왜 여성들에게 꾸준히 인기를 얻었는지에 대해 논한 책들이 출간되어 왔다. 이 질문에 대한 답은 영화의 내용이 아니라 그 형식, 또는 영화의 제작 규모에 기인한다. 자동차 수리점 직원이었다가 그리피스 밑으로 들어가 영화에 대해 배웠던 빅터 플레밍 Victor Fleming이 이 영화의 연출을 대부분 맡아서 했지만, 그 규모나 색감, 느낌 등은 영향력이 엄청났던 프로듀서 데이비드 O. 셀즈닉이 조정했다. 이 작품에서 매우 인상적인 장면은 유리 위에 그린 이미지를 겹쳐서 합성하는 기법을 통해 만든 것으로 멀리 오하라의 집, 타라가 보이는 장면이다. 영화에서 펼쳐진 황금기의 끝에 보이는 극적인 일몰은 타라의 이미지 위에 겹쳐진 두 번째 이미지다. 그리고 세 번째로 그 전경에 18세기 유럽의 풍경화처럼 스칼렛이 자기 세계를 조망하는 이미지가 겹쳐진다. 마지막인 네 번째로 겹쳐진 이미지는 커다란 나무로, 영원할 것 같은 시간의 느낌을 만들어 낸다(124). 이와 같은 복합식 이야기책 이미지는 집과 사랑이라는 상징으로 로맨스와 책략을 떠올리게 하기에 〈바람과 함께 사라지다〉의 핵심 요소라

124. 스칼렛 오하라가 자신이 사랑하는 타라를 관망하는 이 복합적 이미지는 감성적, 우화적으로 작용한다. 몽환적인 이야기책 이미지, 열망의 묘사, 그리고 한 시대가 끝나가고 있다는 느낌은 모두 할리우드 낭만주의 미학의 핵심 요소들이다.

고 할 수 있다. 영화가 시작될 때 책에서나 볼 수 있는 이곳은 '잊지 못할 꿈'에 불과하며 '문명이 바람과 함께 사라진' 곳이라는 자막이 나온다. 데이비드 O. 셀즈닉, 디자이너 윌리엄 캐머런 멘지스, 미술감독 라일 휠러, 촬영감독 어니스트 홀러와 레이 레나한은 이 잊지 못할 꿈을 성공적으로 창조해 관객은 실제 전쟁의 비극을 망각한 채 스칼렛과 함께 고통받고 이별에 아파하며 강렬한 서사의 경험을 하게 된다. 그 결과 이들 모두가 오스카상을 수상했다.

〈바람과 함께 사라지다〉는 1939년 12월 15일에 조지아주의 애틀랜타에서 최초로 개봉되었다. 주지사는 개봉 3일 전부터 휴일을 선포했고 모든 학교와 공공 기관은 문을 닫았다. 배우인 클라크 게이블과 비비안 리를 잠깐이라도 보기 위해 25만 명이 넘는 인파가 대기했다. 게이블은 "MGM의 바람과 함께 사라지다"라는 엠블럼이 있는 비행기를 타고 그곳에 도착했다. 시장은 '흑인 출연자'들을 위한 시민 행사에서 박수를 유도했다. 하지만 그 흑인 출연자들은 모든 행사의 참여를 허락받지 못했다.

1939년에 평단의 갈채를 가장 많이 받은 영화는 미국이 아닌 프랑스에서 제작되었다. 장 르누아르는 〈위대한 환상〉을 발표하고 2년 뒤에 〈게임의 규칙〉을 연출했다. 〈바람과 함께 사라지다〉와 흡사한 주제를 가졌지만, 전쟁 전날 밤 대저택에서 펼쳐지는 부자들의 삶과 사랑을 그린 이 작품은 플레밍과 셀즈닉의 영화와는 많이 달랐다. 〈게임의 규칙〉은 흑백 영화로 풍자적이고, 배우는 말을 많이 하지 않으며 빠르고 고조된 스타일로 연기했다. 등장인물은 도덕적으로 공허한 쾌락을 추구하며 중첩되는 삼각관계에 빠져 있다. 대저택의 아래층 주방에서 하인들이 노골적으로 반유대주의적 성향을 보일 때는 경솔하기도 하고 또 어떨 때는 사악하기도 한 이 영화의 어조는 무엇이라고 정의 내리기가 어렵다. 르누아르는 이미지의 공간감을 더 확장할 수 있는 새로운 방법들을 고안했고(이에 대한 더 자세한 내용은 215쪽 참고), 딱딱한 느낌의 피사체를 부드럽게 만들기 위해 렌즈에 거즈를 댔다. 익살스럽고 사악하며 로맨틱하고 고전적인 이 영화의 유명세는 이러한 복잡한 내면의 저울질에서 얻었다. 영화에서 실패한 예술가로 등장하는 르누아르는 자주 인용되는 다음의 대사를 말한다. "누구나 거짓말을 하고 누구나 이유는 있어. 이건 그럴 때 보이는 표시

125. 〈바람과 함께 사라지다〉와 달리 장 르누아르의 〈게임의 규칙〉은 낭만적 요소와 고전적 요소 사이에서 보기 드문 균형을 이루었다. 프랑스, 1939.

야." 등장인물에 대한 묘사와 어쩌면 영화가 피력하는 계급의 균등함 때문에 영화 시사회에서 중상류층 관객은 화가 머리끝까지 나서 의자를 박살 냈으며 한 남자는 선동적으로 불붙은 종이를 강당에 던졌다. 반유대주의에 대한 묘사는 시기적절했고 인민전선의 몰락과 독일의 위협에 기인한 프랑스의 비관주의적 분위기를 〈게임의 규칙〉은 잘 포착했다. 이 영화는 마지막 대사처럼 '오늘날'의 자화상이었던 것이다.

〈게임의 규칙〉의 명성은 세월이 지나면서 더 커졌고, 평론가 레이먼드 더그냇은 이 영화에 대해 "자발과 관습 그리고 자기기만에 대한 심문"[33]이라고 고상하게 말하며 대중의 생각을 대변했다. 르누아르는 오슨 웰스(그의 작품에 대해서는 215~219쪽 참고)가 좋아했던 감독이며 1950년대 후반과 1960년대 프렌치 뉴 웨이브의 수호성인이었다.

우리가 마지막으로 소개할 1939년도 영화는 〈역마차Stagecoach〉(미국, 1939)다. 이 작품의 감독은 아일랜드계 미국인으로, 100편이 넘는 영화를 연출했고 다른 어떤 감독보다 오스카상을 여러 번 수상했다. 그의 이름은 원래 숀 앨로이시어스 오피니였는데 부르기 쉬운 존 포드로 바꿨다. 포드는 미국 동부 출신이지만 1913년에 할리우드로 갔고 처음에는 유니버설의 창립자이자 플로렌스 로렌스 홍보 사기의 주역인 칼 레믈 밑에서 일했다. 시작부터 그는 구도를 보는 눈이 있었고 아메리칸드림을 향한 아일랜드인의 야심이 있었다. 포드는 그리피스처럼 대작을 선호했다. 한 평론가는 그에 대해 "삶의 꿈틀거림과 전설의 그림자"를 포착한다고 언급했는데, 이러한 점에 더해 설득력 있는 등장인물은 작품의 전면을 생생하게 만들었다. 그는 1895년에 뤼미에르 형제가 썼던 기차의 충격 효과를 발전시켜 서부 영화인 〈철마〉에서 선로 밑에 구멍을 파고 그곳에서 위로 지나가는 기차를 촬영하는 기법을 고안했다. 하지만 그런 것이 포드를 상징하는 숏은 아니었다. 포드는 아주 단순한 앵글과 최소한의 카메라 움직임을 선호했는데, 아일랜드인의 감수성이 아니었다면 그런 간소함은 그를 오즈처럼 고전주의자로 분류하게 했을 것이다. 포드와 오랫동안 협업했던 시나리오 작가 더들리 니컬스는 그의 정적인 스타일을 '연구된 상징주의'라고 일컬었다.

기 드 모파상의 이야기를 토대로 니컬스가 시나리오를 쓴 〈역마차〉는 서로 잘 안 맞는 사람들이 함께 역마차를 타고 길을 떠나게 된 이야기다. 그들은 매복해 있던 인디언에게 습격당하기 직전에 말이 없이 다니는 카우보이 링고 키드와 합류한다. 포드의 신화적이고 능력주의적인 서부극에서 술집에서 일하는 매춘부인 한 승객은 사회적 신분이 높은 사람들로부터 따돌림을 당하지만 결국 링고와 함께 새로운 삶을 찾아 떠난다. 링고는 포드와 니컬스의 협업 작품에 많이 등장하는, 결함 있는 정의의 사도 중 한 명이다. 그 역은 이미 12년 동안이나 영화배우로 일했지만 무명이었던 존 웨인이 맡았는데, 〈역마차〉는 그를 스타로 만들었다. 점차 포드와 웨인은 매우 영향력 있는 영화가 된 〈수색자The Searchers〉(미국, 1956)처럼 작품에서 링고와 같은 남자들의 품위보다는 그들의 외로움을 강조했다.

〈역마차〉가 발표된 이후 7년 동안 포드는 최소 여섯 편의 뛰어난 영화를 연출했다. 〈링컨Young Mr. Lincoln〉(미국, 1939), 〈분노의 포도The Grapes of Wrath〉(미국, 1940), 〈머나먼 항해The Long Voyage Home〉(미국, 1940), 〈미드웨이 해전The Battle of Midway〉(미국, 1942), 그가 해군에 있을 때 촬영했던 다큐멘터리 영화로 린지 앤더슨 감독이 "포드의 가

126. 애리조나주 모뉴먼트 밸리의 산은 카우보이와 개척자가 나오는 존 포드 영화의 영원한 배경이 되었다. 감독은 〈역마차〉를 통해 처음으로 이곳에서 영화를 촬영했다. 미국, 1939.

장 사적인 영화이며 어쩌면 그의 최고작"[34]이라고 말한 〈데이 워 익스펜더블They Were Expendable〉(미국, 1945), 서부 개척지의 문명화에 관한 거의 신화에 가까운 영화 〈황야의 결투〉(미국, 1946) 등이다.

포드는 〈역마차〉를 만들 때 애리조나주의 웅장한 모뉴먼트 밸리에서 처음으로 촬영했는데(126), 그 배경은 존 웨인과 마찬가지로 그의 영화를 상징하는 요소가 되었다. 포드는 〈역마차〉 외에 여덟 편의 영화를 그곳에서 촬영했다. 도시와 마을은 영화인들에 의해 상상할 수 있는 모든 방법으로 촬영되어 왔지만, 포드 이전에 광활한 공간을 작품의 중심에 놓았던 감독은 드물었다. 1910년대 후반에서 1920년대 초반의 스웨덴 감독들 이후에 어떤 영화인도 풍경에 대한 느낌을 강하게 표현하지 않았다. 아이러니하게도 포드의 목가주의는 주요 서부 영화 감독들에게 영향을 준 것으로 파악되지만 놀랍게도 서양 영화의 영향권에서 멀리 떨어져 있던 1950년대 일본의 구로사와 아키라, 1960년대 브라질의 글라우버 로샤Glauber Rocha (127), 1990년대 세네갈의 우스만 셈벤Ousmane Sembène, 부르키나파소의 다니 쿠야테Dani Kouyaté 등의 감독들에게도 영향을 미쳤다.

스타의 탄생, 스토리텔링에서 역할이 증대되는 심리학, 점점 짧아지는 숏 길이, 클로즈업과 모든 색에 민감한 팬크로매틱 필름 사용의 증가 등은 초창기 영화의 싱글 와이드 숏 역할을 반감시켰다. 하지만 포드는 그런 이미지의 힘을 이해했고 각 등장인물이 느끼는 감정을 깊은 공간감을 통해 극적으로 표현할 수 있다는 것을 알았다. 〈역마차〉 중반부에 술집 여자인 댈러스가 밖으로 나가는 것을 바라보는 링고를 보여준다. 잠시 후 그는 그녀를 따라가고 대담한 눈빛을 교환하며 평생 함께하자고 프러포즈한다. 조명은 1920년대 표현주의 영화와 유사하고, 전경에 있는 링고와 배경에 있는 댈러스는 멀리 떨어져 있다. 포드는 이 시퀀스를 링고의 클로즈업 숏과 멀어지는 댈러스의 단독 숏 등으로 구성하지 않고 하나의 숏만 사용했다. 영화의 모든 시퀀스가 이런 방식으로 구성되었고 이는 〈역마차〉를 그해에 가장 독특한 영화로 만들었다. 시각적 깊이에 관한 이런 탐구는 매우 중요했다. 초창기 영화인들은

127. 미국의 색이 짙지만 포드의 서부 영화는 – 특히 그가 풍경을 촬영하는 방법은 – 브라질의 글라우버 로샤 감독이 연출한 〈검은 신, 하얀 악마〉(1964)를 비롯해 전 세계 감독들의 작품에 많은 영향을 주었다.

마치 무대를 보는 것처럼 장면을 멀리서 촬영했다. 〈기즈 공작의 암살〉(47~48쪽 참고)에서 배우들은 카메라로부터 다양한 거리에서 연기했다. 하지만 1910년대 후반과 1920년대 서양의 주류 영화는 영상을 평면적이고 부드럽고 낭만적으로 보이도록 촬영하는 것이 유행이었다. 〈육체와 악마〉에서의 가르보의 사진(81쪽 참고)은 그 대표적인 예다.

〈역마차〉는 1920년대와 1930년대의 낮은 심도의 평면적인 영화 이미지를 급격하게 바꿨다. 하지만 포드가 처음으로 그렇게 했던 감독은 아니었다. 빠르게는 1929년에 에이젠슈테인이 그의 유명한 편집 이론의 대안으로 깊이 있는 화면을 구성하면 관객은 전경을 보고 배경을 본 뒤 다시 전경을 보며 일종의 심적 편집이 일어날 수 있다고 주장했다. 그의 영화 〈낡은 것과 새로운 것Staroye i novoye〉(소비에트 연방, 1929)은 이 이론을 뒷받침한다. 관객의 눈이 배경에 있는 농부와 전경에 있는 트랙터 사이를 왔다 갔다 하며 두 개의 요소를 동시에 보기가 어렵게 된다. 이후 에이젠슈테인은 그의 미완성작인 〈베진 초원〉에서 이와 비슷한 심도 깊은 화면을 구성했다. 프랑스의 르누아르는 〈게임의 규칙〉과 사진 129에서 볼 수 있듯이 〈랑주 씨의 범죄Le Crime de Monsieur Lange〉(프랑스, 1935)에서 유사한 기법을 사용하기도 했다. 이 두 영화의 특정 장면들에서 액션이 렌즈 가까이와 멀리서 벌어지는데, 르누아르는 전경과 배경이 모두 초점이 맞아야 한다고 생각하지는 않았다. 미조구치가 연출한 〈오사카 엘레지〉의 보기 드문 이미지(128)를 보면 전경의 액션이 포드나 에이젠슈테인의 작품에서보다 훨씬 더 급진적으로 카메라 가까이에서 벌어진다.

128. 미조구치는 동시대의 다른 감독들에 비해 전경의 액션은 카메라를 더 가까이에 두고, 배경의 액션은 더 멀리에 두고 촬영했다. 〈오사카 엘레지〉, 일본, 1936.

에이젠슈테인과 미조구치, 르누아르, 포드는 1930년대에 깊이 있는 화면을 구성했던 핵심적인 감독들인데, 당시 미국에서 그런 화면 구성을 추구했던 주요 촬영감독으로 그레그 톨런드Gregg Toland가 있었다. 톨런드는 에이젠슈테인이 '숏 안의 편집' 이론을 설명하던 해인 1919년에 영화 산업에 발을 들였다. 이스트먼 코닥과 아그파는 1938년에 감도가 64부터 120 ASA인 새로운 필름을 출시했다. 이 감도는 당시 일반적인 필름에 비하면 세 배에서 여덟 배까지 빠른 것이었다. 톨런드는 만일 필름이 빛에 더 민감하게 반응한다면 렌즈의 조리개를 더 닫아도 정상적인 노출이 가능하다는 것을 빠르게 눈치챘다. 촬영감독 및 감독이 액션을 카메라 가까이나 멀리 배치하더라도 조리개를 더 닫을 수 있다면 초점이 맞아 보이는 거리가 늘어나기 때문에 초점을 잃지 않을 수도 있었다. 사진 42에서 보았던, 게리 쿠퍼와 카메라 사이의 거리를 일정하게 유지하기 위해 사용된 나무 막대가 더 이상 필요하지 않을 수도 있게 된 것이다. 톨런드가 〈역마차〉를 촬영하지는 않았지만 포드와 함께 〈분노의 포도〉(미국, 1940)를 촬영했고, 깊이 있는 화면의 가능성을 확장한 것으로 유명한 기념비적 영화 〈시민 케인〉(미국, 1941)도 촬영했다.

〈시민 케인〉은 오손 웰스가 연출한 첫 번째 장편 영화다. 이 영화를 준비하는 동안 그는 영화 제작에 관한 공부를 하기 위해 〈역마차〉를 서른 번도 더 보았다. 〈시민 케인〉의 한 장면에서 비극적인 언론사 거물로 분한 웰스가 타자기 앞에 앉아 있는데, 아마도 카메라로부터 1m도 안 되는 거리일 것이다. 조셉 코튼이 그로부터 2m 정도 뒤 중경에 있고 코튼의 뒤로 에버렛 슬론이 아주 멀리 있는데 아마 크기를 재보면 그는 웰스의 코보다도 작을 것이다. 이런 스타일 또는 '표현주의'에 입각한 깊은 화면은 〈칼리가리 박

129. 르누아르가 심도 깊은 화면의 모든 요소를 초점이 맞아 보이게 하려고 시도하지는 않았지만, 그는 관객이 전경 조금 뒤에 있는 여성(왼쪽)과 배경에 모자를 쓰고 있는 남성(중앙)을 동시에 볼 수 있도록 유도했다. 〈랑주 씨의 범죄〉, 1935.

사의 밀실〉의 그림자에 견줄 만한 요소다. 톨런드는 영화계에서 통상적으로 50mm 렌즈를 사용하고 그레타 가르보의 클로즈업 숏 같은 부드러운 느낌의 클로즈업 숏은 100mm나 그 이상의 렌즈도 사용하지만 이런 숏을 얻기 위해 자신은 24mm 렌즈를 사용한다고 즐겨 말하곤 했다. 24mm 렌즈는 이미지의 중앙은 부풀리고 배경은 카메라로부터 멀리 떨어지게 만들어 실제보다 작게 보이도록 하는 '풍선 효과' 등의 시각적 왜곡 현상을 만든다. (휴대전화 카메라의 렌즈는 대부분 이런 광각 렌즈이며 셀카 사진의 가장자리가 왜곡되어 보이는 것은 이러한 이유에서다.) 톨런드는 새로운 아크 조명기로 보다 많은 빛을 확보해 조리개를 더 닫을 수 있었고 그렇게 해서 보다 깊은 화면을 만들어 낼 수 있었다.

웰스와 톨런드가 지나친 공간 실험으로 영화계와 동료, 대중을 놀라게 하려 했다는 느낌이 없지 않아 있지만, 타자기 앞에 앉아 있는 웰스의 모습이 새롭고 역동적인 방식으로 촬영되었다는 톨런드의 암시는 어쩌면 오해의 소지가 있다. 극적인 이 시퀀스와 그 외 〈시민 케인〉의 몇몇 시퀀스는 보다 전통적인 과정을 통해 만들어졌다는 사실이 최근에 밝혀졌다. 타자기 장면에서 코튼과 슬론은 톨런드의 광각 렌즈 기법으로 촬영되었으며, 이후 그 장면을 케인으로 분한 웰스가 앉아 있는 곳 앞에 설치된 스크린에 영사하고 그것을 재촬영한 것이다. 그렇게 해서 특출나게 깊은 피사계 심도를 얻었다. 〈시민 케인〉은 그 어떤 작품보다도 1920년대 미국 영화의 시각적 스키마로 되돌아갔던 영화다. 그러면 누가 이런 영화적 게임을 했을까? 웰스는 1915년에 위스콘신주의 개성이 강한 집안에서 태어났다. 그의 아버지는 발명가였고 어머니는 피아니스트였다. 그들은 웰스가 8살, 12살이 되던 해에 각각 사망했다. 웰스는 4살 때 셰익스피어의 작품을

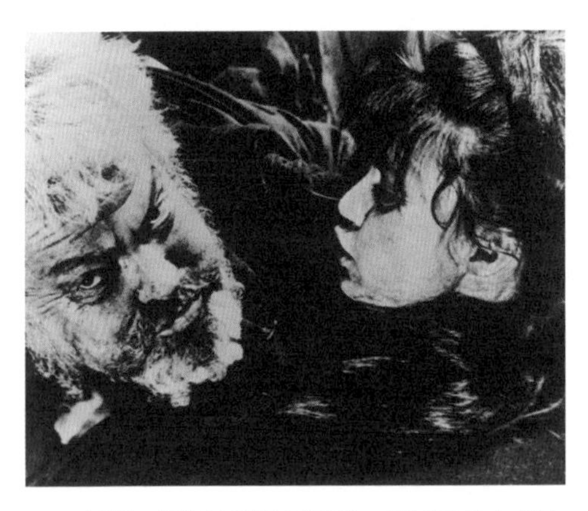

130. 〈시민 케인〉의 많은 장면이 그렇듯이 오슨 웰스의 후기 영화인 〈한밤의 차임벨〉 속 이 장면에서도 액션이 광각 렌즈 가까이에서 벌어진다. 스페인 · 스위스, 1966.

무대에 올렸고 음악으로 유명한 사립 학교에서 교육받았다. 그는 17살에 주연으로 더블린의 무대에 섰고, 19살에 브로드웨이에 입성했으며, 22살에 유명한 머큐리 극단을 설립했다. 그리고 23살에 라디오 방송 '세계의 전쟁War of the Worlds'(1938)으로 센세이션을 일으켰고 이와 함께 국가적 혼란을 초래했으며, 1930년대에 유명한 연극들을 연출했고, 26살에 많은 사람이 영화 역사상 최고의 작품으로 꼽는 〈시민 케인〉을 연출했다.

웰스를 잘 아는 사람들과 장시간 대화를 나눠본 결과 그들은 이 책에서는 아직 한 번도 나오지 않았던 단어, '천재'를 자주 사용했다. 웰스는 물론 다른 감독들보다 뛰어난 재능을 가졌으며 이 재능은 다른 사람들보다 훨씬 더 어린 나이에 발전되고 꽃을 피웠다. 어릴 때부터 붙은 천재라는 꼬리표가 반지성적인 할리우드 영화계로 하여금 그를 경력 초기부터 경계하게 했다는 사실은 많이 알려져 있다.[35] 웰스는 영화의 저변을 확대하고 사람들을 이끄는 유성 영화 시대의 그리피스가 되어야 했다. 사실 50년 가까이 작품 활동을 하는 동안 그는 네 개의 주류 할리우드 스튜디오를 위해서는 단 1피트의 필름도 사용하지 않았다.

웰스의 당혹스러운 성취와 그 이면의 동기는 영화를 넘어서는 것이었다. 시각적 공간의 활용에 대한 그의 관심은 마치 르네상스 시기의 이탈리아 화가와도 같았다. 그리고 왕과 재계의 거물, 발명가 등 권력 구조의 상위에 있는 사람들에 대한 그의 관심은 셰익스피어와도 같았다. 웰스는 작품에서 자신이 연기할, 권력에 열광하는 거물급 인물의 본보기를 찾기 위해 종종 민주주의와 자유주의 이전의 시대를 돌아보았다. 웰스의 첫 번째 장편 영화인 〈시민 케인〉은 언론계의 거물이며 자신을 이탈리아 르네상스 시대의 메디치나 인도 무굴 제국의 황제 또는 이스탄불 톱카프 궁전의 오스만 제국 왕자쯤으로 생각했던 찰스 포스터 케인에 관한 이야기다. 권력을 갈망하지만 취향이 없는 그는 자신이 발행하는 신문을 이용해 세계의 사건에 영향을 미치려 하고, 비현실적인 규모의 궁전 같은 집을 짓고, 예술 작품을 구매 및 배송하고, 모든 방을 고전적인 유럽풍으로 꾸민다(131). 이 영화는 캘리포니아에 그리피스의 〈불관용〉 또는 파스트로네의 〈카비리아〉 세트와도 흡사한 허스트 캐슬이라는 호화로운 집을 지은 실제 재벌, 윌리엄 랜돌프 허스트의 자만심과 영적 공허함을 강력하게 비난했다.

허스트의 장엄한 열망은 1920년대 초 할리우드의 거침없는 상상에 힘입은 것이었고, 허스트가 열망을 성취했을 때 채플린과 같은 할리우드 스타들은 그에게 아첨하고 궁전 같은 그의 저택을 방문했으며 그의 황금 수영장에서 휴식을 취했다. 유년 시절에 세계를 여행했고, 상하이에 살았으며, 쇠퇴한 황제의 부서진 대궁전을 방문했고, 셰익스피어를 공부했으며, 권력이 뭔지 알고 있던 기이한 소년, 웰스를 생각해 보자. 그래서 그는 어떻게 한다고? 웰스는 애초에 허스트의 상상력을 부풀리고 이후 그의 자만심에 불붙인 세계가 존재하는 영화라는 매체를 허스트라는 다층 구조에 적용해 보기로 결심했던 것이다. 〈시민 케인〉의 평행적 세계는 폐쇄적인 낭만적 사실주의의 화려하고 완벽한 세계와는 동떨어져 있었다. 케인의 아이디어는 방대하고 공허했기 때문에 그의 대저택 제너두의 방은 광대하고 비어 있어야 했다. 그래서 웰스는 〈역마차〉를 서른 번도 넘게 보았고, 깊은 화면에 빠져들었으며, 당시 최고이자 가장 혁신적인 촬영감독 톨런드를 고용했고, 그렇게 이들은 스크린의 공간을 그 한계 이상으로 확장했다.

웰스의 시각적 힘과 인간에 대한 사고는 그의 자료가 되었던 셰익스피어와 메디치, 무굴, 오스만 제국 그리고 〈역마차〉만의 결과는 아니었다. 두드러진 그의 신체와 목소리도 거기에 일조했다. 웰스의 부모는 모두 앵글로·색슨이었는데 그는 그렇게 보이지 않았다. 웰스는 머리가 컸고 미간이 넓었으며 눈두덩은 깊었고 실제보다 나이가 더 들어 보였다. 그가 청년이나 20세기의 평범한 남자를 연기하는 것은 불가능했다. 웰스는 주로 28mm 렌즈가 장착된 카메라 가까이에서 촬영해

131. 찰스 포스터 케인의 보물 창고. 깊은 공간감은 오슨 웰스의 심미안과 등장인물의 과대망상을 표현했다. 〈시민 케인〉. 미국, 1941.

자신이 얼마나 큰지와 자기가 탐구하는 주제가 얼마나 무거운지를 강조했는데, 그것은 특히 〈악의 손길Touch of Evil〉(1958)과 〈한밤의 차임벨Campanadas a medianoche/Chimes at Midnight〉(1966)에서 더욱 두드러졌다. 그는 클로즈업 장면에서의 속삭임이나 먼 거리의 메아리 또는 〈시민 케인〉에서 꽥꽥거리는 앵무새 등의 음파 충격을 라디오 방송 경험에서 가져왔으며, 하워드 호크스 코미디의 중첩된 대사를 확장해 영화 전체를 덮었다.

톨런드와 웰스의 시각적 아이디어는 존 휴스턴과 윌리엄 와일러 등의 감독들에게 많은 영향을 미쳤다. 〈말타의 매The Maltese Falcon〉(존 휴스턴, 미국, 1941)의 한 장면(132, 위)은 〈시민 케인〉과 같은 해에 촬영되었다. 1930년대 후반에 이미 톨런드와 함께 작업한 경험이 있었던 와일러는 〈작은 여우들The Little Foxes〉(미국, 1941)을 만들 때도 같이 일했고, 웰스처럼 배우들을 렌즈로부터 다양한 거리에 배치했지만 화자를 강조하기 위해 초점을 변경했다. 톨런드는 〈우리 생애 최고의 해The Best Years of Our Lives〉(미국, 1946)에서 같은 감독과 작업하며 디프 포커스deep focus 촬영을 했는데 촬영장은 엄청난

132. 할리우드에 만연했던 디프 포커스 화면 구성. 존 휴스턴은 〈말타의 매〉(위)를, 윌리엄 와일러는 〈우리 생애 최고의 해〉(아래)를 이런 방식으로 촬영했다. 아래의 장면에서 중요한 액션은 전경의 피아노 연주가 아니라 배경의 전화 통화다.

조명 장비로 빛이 채워졌다. 예를 들어 사진 132(아래)를 볼 때 만일 줄거리를 모른다면 이 장면이 전경에 있는 피아노 치는 사람들에 관한 것으로 생각할 수 있다. 하지만 배경 맨 끝의 작은 전화 부스 안에서 이루어지는 데이나 앤드루스의 전화 통화가 이 장면에서 중요한 액션이다. 극적인 강조를 위한 웰스의 과격하게 왜곡된 원근감이나 에이젠슈테인의 '숏 안의 편집' 개념은 여기서 극도로 확장된 것이다.

〈시민 케인〉과 〈작은 여우들〉을 비롯한 깊은 화면 구성의 영화(초점이 맞는지 안 맞는지와 상관없이 액션이 카메라 가까이에서, 그리고 멀리서 동시에 벌어지는 영화)는 전쟁 후에 프랑스에서 개봉되었다. 그 결과 프랑스 감독들에게 많은 영감을 주었고 영화 이미지에 대한 새로운 이론이 탄생했다. 깊은 화면 구성과 디프 포커스 기법은 특히 내용이나 주제가 강렬한 영화에서 계속 사용되었다. 세계 영화사의 기념비적인 작품인 잉마르 베리만Ingmar Bergman의 〈페르소나〉, 마이 제털링Mai Zetterling의 강렬한 사이코드라마, 자크 타티의 후기 코미디 영화, 허우샤오셴侯孝賢의 대만 영화, 미하엘 하네케Michael Haneke의 호주 영화, 헝가리 감독인 벨라 타르의 영화(133), 그 외 무수한 작품이 그런 시각적 아이디어를 채택하고 확장했다. 영화의 깊은 화면 구성은 디프 포커스 효과를 내기에는 빛에 그리 민감하지 않았던 컬러 필름과 와이드 스크

133. 깊이 있는 화면 구성은 영화인들에 의해 지속적으로 사용되었는데, 벨라 타르의 거작 〈사탄탱고〉 같은 심오한 작품들에서 잘 사용되었다. 헝가리, 1994.

린 필름의 개발로 1950년대 미국 영화에서 다시 주춤해졌다. 1960년대와 1970년대에 초점 심도는 얕아지고 이미지는 편평해지는 매우 긴 망원 렌즈가 시각적 스펙트럼의 반대편에 있는 형식의 가능성을 열었다. 이러한 새로운 종류의 렌즈와 뮤직비디오 스타일의 촬영은 1990년대에 극단적으로 얕은 피사계 심도의 시기를 창조했다(134).[36] 영화 화면의 깊이는 감독이 선택한 렌즈, 조명, 필름 감도 등의 정보를 제공할 뿐만 아니라 시대의 변화에 따른 시각적 스키마의 흐름을 보여주기 때문에 영화 역사에 있어서 매우 중요한 요소다.

134. 수십 년 후 망원 렌즈의 평면적이고 얕은 심도의 효과가 다시 유행했다. 〈히트〉의 이 이미지는 감독인 마이클 만과 촬영감독인 단테 스피노티가 배우인 알 파치노의 강렬한 눈빛으로 관객의 시선을 유도하기 위해 이 기법을 활용했음을 보여준다. 미국, 1995.

클레르, 마물리안, 에이젠슈테인, 오즈, 미조구치, 루비치, 르누아르, 포드, 히치콕, 웰스 등 제2차 세계 대전 시기와 그 이후에도 계속 영화를 만든 혁신적인 영화감독들은 사운드와 이미지의 경계를 확장했으며 그들의 업적은 전후 영화에 영향을 미쳤다. 그 외 같은 시기에 활동했던 도로시 아즈너, 프라마테시 찬드라 바루아, 마르셀 카르네, 조지 큐커, 마이클 커티즈, 알렉산드르 도브젠코, 빅터 플레밍, 알렉산더 코르더, 나루세 미키오, 프레스턴 스터지스, 제임스 웨일, 윌리엄 와일러는 전쟁이 끝날 무렵 자신의 최고작을 만들었으며, 빈센트 미넬리와 로버트 시오드맥, 빌리 와일더는 이미 명성이 높은 감독이었다. 전쟁은 모로코의 미국인 카페 주인이 냉소주의를 버리고 옛 연인이 나치를 피하도록 돕는 〈카사블랑카Casablanca〉(마이클 커티즈, 미국, 1942) 같은 오락성 서양 영화의 배경이 되었다. 뮤지컬 영화는 너무 도피적으로 흘렀고 드라마는 너무 감상적이었으며, 그런 작품들의 화려하고 종교적이며 애국적이고 위안이 되는 이야기만 전쟁과 해외 파견 군인 그리고 국가적 불확실성에 맞서 적절하게 이해되고 양해될 수 있었다.

제2차 세계 대전 동안 혁신이 이어졌던 다른 두 사례가 있다. 러시아계 유대인으로 1922년 부모를 따라 뉴욕에 이민한 마야 데렌Maya Deren은 강렬한 실험 영화 〈오후의 올가미Meshes of the Afternoon〉(미국, 1943)를 연출했는데, 이는 유럽 중심이었던 아방가르드 영화 제작을 미국으로 이동시키는 데 공헌했다. 이 작품은 꿈을 꾸는 한 여인에 관한 내용을 담고 있다. 하지만 〈오즈의 마법사〉와는 달리 확실성도 없고 익숙한 세상으로의 귀환도 없다. 꿈은 외로운 경험이며 그녀의 기억은 그 꿈을 따라 흘러간다. "주인공은 외부 세계가 독립적으로 남아 있다는 주관적인 망상에 시달리지 않는다… 그녀는 실제로 상상의 행동에 의해 파괴된다."라고 데렌은 말했다. 〈오후의 올가미〉의 공간적 전위는 프랑스의 알랭 레네Alain Resnais와 아녜스 바르다 영화의 출현을 예고했으며 데렌의 시각적 스타일은 네스토르 알멘드로스 등의 주류 촬영감독들에게도 영향을 미쳤다.

다른 대륙의 '인도 인민 연극 프로젝트'는 더 실험적이었다. 1943년에 시작된 이 프로젝트는 인도 공산당과 관련된 급진적인 연극 운동으로 전국적으로 진행되었는데, 특히 북동부의 벵골과 남서부의 케랄라에서 전통문화를 정치적 행동주의 및 실험주의에 대한 현대적 아이디어와 결합하는 역할을 했다. 그것은 연극계뿐만 아니라 문학계와 영화계에도 널리 영향을 미쳤으며 그 영향은 특히 벵골에서 두드러졌는데, 인도의 중요한 반체제 영화인이었던 리트윅 가탁Ritwik Ghatak의 작품을 통해 볼 수 있다(254~255쪽 참고).

1944년 8월, 자유를 찾은 파리에서 처음 상영된 미국 영화는 〈바람과 함께 사라지다〉였다. 1945년에 출연 배우 중 한 명이었던 올리비아 드 하빌랜드는 워너 브라더스를 상대로 했던 3년간의 법정 공방에서 승리했다. 그녀가 별 관심이 없는 영화의 배역을 거절하면 계약을 연장하는 고용주의 버릇은 이제 더 이상 허용되지 않았다. 이 선례는 배우와의 계약 기간은 7년을 넘을 수 없으며 배우가 자기 경력에 대해 더 많은 통제권을 갖는다는 것을 의미했다. 이는 그때까지 제작 및 배급 체계에 다른 장애물도 많았던 영화사에 큰 손실이었고, 그 손실이 몇 년 안에 더 커질 수도 있음을 예고했다.

제2차 세계 대전 기간에 한 독특한 조직은 영화적 실험과 흥미로운 서사를 설명하기 힘든 방법으로 결합했다. 영국의 영화사인 아처스는 1942년에 설립되었고 재능 있는 영국인 감독 마이클 파월Michael Powell과 나치로부터 탈출해서 알렉산더 코르더와 일했던 헝가리의 시나리오 작가 에머릭 프레스버거Emeric Pressburger가 같이 작업하도록 했다. 그들은 〈직업 군인 캔디 씨 이야기The Life and Death of Colonel Blimp〉(영국, 1943)에서 작가, 프로듀서, 감독으로서 함께 작업했고, 이어서 〈캔터베리 이야기A Canterbury Tale〉(영국, 1944)와 〈천국으로 가는 계단A Matter of Life and Death〉(영국, 1946) 등 영국의 신화적 특성에 관한 영화를 만들 때도 함께 일했다. 그들은 노골적인 선전을 피했고 주로 신비주의와 목가주의가 가미된 이야기를 통해서 페어플레이 그리고 정치적 극단주의에 대한 경계 같은, 영국의 영속적인 가치에 관한 그들의 인식을 묘사했다. 〈천국으로 가는 계단〉(135)에서는 제2차 세계 대전 중 뇌 손상을 입은 폭격기 조종사의 이야기가 펼쳐진다. 아직 만난 적이 없는 여인과 사랑에 빠지게 된 그는 하늘이 자신의 생명을 연장해 줄 거라고 믿는다. 이 영화는 〈오즈의 마법사〉처럼 컬러와 흑백을 넘나들며 진행된다. 이 장에서 언급했던 영화 중에서 형식적인 대담함에 사회적 관련성을 혼합한, 위험 부담이 큰 드라마를 다룬 영화—어쩌면 미국의

135. 부드러운 색감과 지평선을 바라보는 배우의 눈빛은 〈천국으로 가는 계단〉의 낙관론을 포착하고 있지만 이 영화는 또한 다른 어떤 영화들보다 전쟁의 복잡성을 영리하게 다루고 있다. 킴 헌터와 데이비드 니븐이 출연했으며 마이클 파월이 연출했다. 영국, 1946.

〈1933년의 황금광들〉과 인도의 〈데브다스〉 정도—는 몇 안 된다. 많은 평론가에게 아처스의 영화가 저속해 보이게 만들 수 있는 대대적인 변화가 세계 영화계에 다가오고 있었지만, 사실주의에 대한 파월과 프레스버거의 낭만적 거부는 미래의 영화계에 영향을 미쳤다.

1930년대에 영화계는 더 이상 개선할 것이 없다고 느꼈고 1920년대보다는 분위기가 덜 진중했다. 세계 인구의 5분의 1 이상이 실직하자 영화계는 사운드에 직접적으로 의존할 수 있는 유일한 장르였던 오락 영화와 뮤지컬 영화에 집중했는데, 이는 그들이 생각하는 새로운 방법이었다. 그러나 1945년부터 이탈리아의 영화인들은 침략 시기의 오염을 뿌리 뽑고 과거의 자연주의 영화를 무기로 삼아 폐쇄적인 낭만적 사실주의의 산물이었던 뮤지컬 영화와 도피주의 영화에 도전하는 것을 목표로 삼았다. 그들은 동시대 사회에 관심이 더 많았고, 이는 영화계의 판도를 완전히 바꿔놓았다.

136. 로베르토 로셀리니의 작품 〈독일 영년〉은 네오리얼리즘 시기의 초기작으로 매우 독창적인 영화다. 이탈리아 · 프랑스 · 독일, 1947.

5. 전쟁의 상흔과 새로운 영화 언어(1945~1952)

사실주의 영화의 범세계적 확장

제2차 세계 대전으로 인한 상흔에 대해 영화인들은 어떻게 반응했을까? 일본, 독일, 이탈리아에서는 아침에 문을 열어보니 파괴되고 황폐한 시가지가 보였다. 몇몇 사람들은 다큐멘터리 카메라를 들고 나가 보이는 것을 기록했다. 전선에서 후송되어 온 사람들도 신문을 읽었고 할리우드의 망명자들도 뉴스를 통해 본국이 얼마나 망가졌는지 확인했다. 영화인들 역시 이 역사적 사건들로부터 열외는 아니었다. 이 장에서는 영화인들이 예술가로서 이런 사건들에 어디까지, 그리고 어떻게 개입했는지를 설명한다.

새로운 시작

전쟁 기간에 일본에서는 1400여 개의 영화관이 문을 닫았다. 연합군의 승리 직후 미국의 새로운 지휘권자는 모든 영화를 검열했고 국수주의적이고 전통적인 주제는 금지했는데, 이전 장의 중심적 인물이었던 오즈 야스지로를 포함한 일부 감독들은 이전과 같이 영화 작업을 했다. 새로운 미국의 검열단을 자극하기에는 오즈의 작품이 너무 친절하고 가정적이었다. 12일 만에 시나리오가 완성된 영화 〈셋방살이의 기록長屋紳士録〉(일본, 1947)은 어느 집 없는 소년의 이야기다. 소년은 그를 받아들이

137. 오즈가 전후에 연출한 첫 번째 영화인 〈셋방살이의 기록〉은 고아가 된 소년을 받아들이는 한 미망인의 감동적인 이야기다. 일본, 1947.

기를 꺼리는 가정들 사이에서 따돌림당하다가 결국 미망인인 오타네가 마지못해 소년을 받아들인다(137). 그들의 관계는 달콤하고 씁쓸하며 공허한 거리에서 오타네가 소년을 찾는 장면은 오즈의 작품을 통틀어 가장 아름다운 장면이다. 마지막 부분에서 소년이 담배꽁초를 주워 팔고 오타네는 현대인의 이기심에 대해 연설하며 전후 일본의 현실을 신중하게 다루었다.

독일의 상황은 매우 달랐다. 가장 유명했던 감독들인 리펜슈탈과 하를란은 나치에 동조했기 때문에 그들을 철저히 배제하는 조치가 필요했다. 연합군은 독일의 분단을 밀어붙이기 위해 4년 동안 서독의 영화 산업을 일본보다 훨씬 더 철저하게 관리했다. 일부 감독들의 작업은 저지되었고 다른 감독들은 온건하거나 해가 되지 않는 영화를 만들었다. 전쟁 직후에 가장 인상적인 영화는 분단된 독일의 공산주의 산하였던 동독에서 나왔다. 볼프강 슈타우테Wolfgang Staudte는 배우였고 〈쥬 수스〉(독일, 1940)에 출연했다. 슈타우테는 전쟁 기간 중에 연출을 시작했는데 그의 영화 〈우리 중에 살인자가 있다Die Mörder sind unter uns〉(독일 민주 공화국, 1946)는 반나치주의 성향을 강하게 띠었다. 그는 자신의 이야기를 들려주기 위해 화려하지만 과장된 리펜슈탈의 스타일을 거부하고 그나마 신뢰할 수 있었던 독일 영화의 표현 양식 중 하나인 1920년대 표현주의로 눈을 돌렸다. 소수가 참여하는 슈타우테의 영화 제작 방식은 지금은 트루머필름Trümmerfilm 또는 '러블 필름rubble film'이라고 불리는 제작 방식이 되었다.

1930년대 이탈리아 영화는 선전주의보다는 도피주의에 가까웠지만, 여전히 무솔리니의 파시스트 이상에 오염되어 있었다. 독일처럼 검열과 전문성의 마비를 겪지는 않았지만, 이탈리아도 독일과 같이 새로운 스키마를 찾아야만 했다. 변화하는 현실을 반영한 새로운 주제와 스타일을 찾는 과정에서 그들은 새로운 영화 언어를 개발했다.

〈무방비 도시Roma città aperta〉(이탈리아, 1945)와 〈움베르토 디Umberto D.〉(이탈리아, 1952) 사이의 영화들은 이러한 새로운 영화 언어가 반영된 핵심적 작품들이다. 그 작품들은 색달랐고 이를 관람하는 경험 또한 새로운 것이었다. 또한 그 작품들은 폐쇄적인 낭만적 사실주의의 평행 세계를 깨부수고 나왔고 시간과 드라마의 섭리를 구성하는 영화의 관념을 바꿨다. 현실의 변화에 부응하며 그 작품들은 라틴 아메리카, 인도, 이란 그리고 그 외 지역에서 탈식민지적 세계 영화의 가능성을 창출하는 데 큰 영향을 미쳤다. 그런 영화들의 움직임에는 새로운 사실주의란 의미의 '네오리얼리슴(신사실주의)'이라는 명칭이 붙었다.

무솔리니가 무너졌던 현실이 이탈리아가 영화를 다시 생각하게 된 유일한 계기는 아니었다. '백색 전화white telephone' 영화 같은 반질반질한 유흥 영화를 비롯해 마리오 카메리니Mario Camerini, 알레산드로 블라세티Alessandro Blasetti 같은 감독들의 영화를 제작하던 시설이 전쟁으로 인해 손상을 입었고 로마의 주요 촬영 스튜디오 치네치타는 막사로 사용했기 때문에 감독들은 길거리에 나가서 촬영할 수밖에 없었다.

도덕적 양심이 있던 영화인들은 거리에서 일어났던 일을 언급하거나 표현했다. 그들의 혁신에 대한 토대는 10년 전부터 형성되어 왔다. 1935년에 매우 혁신적인 기관인 이탈리아 국립영화연구소Centro Sperimentale di Cinematografia가 문을 열었고 『비앙코 이 네로*Bianco i Nero*』를 포함한 중요한 영화 잡지가 출판되기 시작했다. 이 잡지들은 이탈리아 영화의 싱크 탱크였으며 장 르누아르의 1930년대 사실주의 영화, 세르게이 에이젠슈테인의 실험 영화 그리고 킹 비더 등의 감독이 연출한, 윤리적으로 진중한 미국 영화를 소개했다. 대표적인 네오리얼리즘 감독인 루키노 비스콘티Luchino Visconti는 르누아르가 연출한 〈시골에서의 하루Une partie de campagne〉(프랑스, 1936)의 조감독으로 일했으며, 또 다른 네오리얼리즘 감독인 로베르토 로셀리니는 르누아르로부터 큰 영향을 받았다.

네오리얼리즘적 성향을 지닌 시나리오 작가 중 가장 두드러진 이는 소설가이자 이론가, 저널리스트였던 세자르 자바티니Cesare Zavattini다. 그는 당시에 가장 영향력 높았던 세 편의 영화로 비토리오 데 시카Vitorio De Sica가 연출한 〈구두닦이Sciuscià〉(이탈리아, 1946), 〈자전거 도둑Ladri di biciclette〉(이탈리아, 1948), 〈움베르토 디〉(이탈리아, 1952)의 시나리오를 집필했다. 1953년 인터뷰에서 그는 "이전에는 누군가 영화 소재를 생각하면, 예를 들어 그게 파업이라면 즉각 플롯을 만들어 냈다. 그리고 파업 자체는 영화의 배경에만 깔려 있었다. 지금은… 파업 자체에 관해 설명한다… 우리는 사물과 사실 그리고 사람에 대한 무한한 믿음이 있다."[1]라고 말했다. 자바티니의 발언에 다소 과장이 있다고 하더라도 플롯의 해체는 네오리얼리즘이 만든 혁명적인 변화였다. 실직한 남자가 허드렛일이라도 할 수 있는 유일한 수단인 자전거를 도둑맞는다는 내용의 〈자전거 도둑〉에 이런 변화가 잘 녹아들어 있다(138). 그는 자전거를 찾기 위해 아들과 함께 로마를 샅샅이 뒤진다. 그러다가 지친 남자는 자전거 없이 일을 구할 수 없다는 두려움에 다른 자전거를 훔치기로 마음먹는다. 아들은 그런 아빠를 목격하고 그 순간 아빠의 수치심이 드러난다. 절망으로 빠져드는 이 영화는 매우 감동적이지만 그 이야기는 특정 장면의 사건이 다음 장면으로의 연결을 불가피하게 만드는, 원인과 결과의 연결 고리가 명확한 주류 영화의 관습을 따르지 않고 작은 사건들이 나열되는 방식으로 구성되었다. 한 장면에서 남자의 아들은 길을 건너다가 거의 차에 치일 뻔하는데 아빠는 이를 보지 못한다. 언급만 되고 결국은 제작되지 않은 할리우드 리메이크작에서 데이비드 O. 셀즈닉은 캐리 그랜트가 아빠 역을 맡을 수도 있다고 말했다. 할리우드가 이 이야기를 어떻게 다루었을지 생각해 보는 것은 흥미로운 일이다. 아빠는 아마도 아들이 사고를 당할 뻔한 장면을 목격하거나 아니면 이에 대해 나중에라도 알게 될 것이다. 그리고 자신이 아들을 얼마나 사랑하는지 깨닫거나 아니면 자전거를 찾기 위해 그런 복잡하고 험한 도시에 아들

138. 비토리오 데 시카의 걸작 〈자전거 도둑〉에서 자전거를 도둑맞는 순간. 이탈리아, 1948.

을 데려와서 위험에 빠뜨린 것을 후회할 것이다. 〈자전거 도둑〉은 아들이 차에 치일 뻔한 그 사건을 다시 돌아보지 않는다. 스토리텔링 차원에서 이것은 매듭을 짓지 않고 넘어간 부분이지만 현실에서는 그런 일이 빈번히 일어난다. 그런 일은 현실 세계 사람들의 것이지 영화의 평행 세계 속 사람들의 것이 아니었다. 자바티니와 데 시카는 히치콕의 압축된 이야기 방식과는 반대로 갔고 그 대신 공간을 창출하기 위해 서사를 확장했다. 크리스틴 톰슨과 데이비드 보드웰은 이 기법을 영화의 '탈드라마' 기법이라고 불렀다.[2]

이것은 네오리얼리즘이 불러온 엄청난 변화로, 이해하기가 어려울 때도 있다. 관습적인 영화학자들은 데 시카와 비스콘티, 로셀리니(모두 파시스트 시기에 영화를 만들기 시작했다)의 영화는 주로 자연광을 사용했고 시각적으로 거칠었다고 주장하지만, 〈구두닦이〉나 네오리얼리즘의 위대한 선구적 영화 〈강박관념 Ossessione〉(루키노 비스콘티, 이탈리아, 1943)은 스타일이 뛰어난 조명으로 가득하다. 그리고 이 영화들은 감독들이 때로 주장하듯이 실제 길거리에서만 촬영했거나 비전문 배우들만 출연했던 것이 아니었다. 그러나 영화를 대하는 태도는 새로웠다. 자바티니는 "장면을 구상할 때 우리는 그 안에 '머물러야' 할 필요성을 느낀다. 왜냐하면… 그것에는 너무도 많은 메아리와 여운이 있을 수 있기 때문이다."[3]라고 말했다. 〈움베르토 디〉의 유명한 시퀀스(139)에서 젊은 가정부(마리아 피아 카실리오)가 부엌에 들어가 침묵 속에서 불을 피우고 창밖을 내다보고 물을 끓이고 커피 원두를 갈기 시작한다. 우리는 이야기와는 상관없는, 혼자 생각에 잠겨서 행하는 그녀의 일상적인 일과를 목격한다. 카메라는 장면을 지킨다. 할리우드 주류 영화에서 이런 세세한 묘사는 히치콕이 "삶의 밋밋한 부분은 잘라낸다."라고 반복해서 말했던 것처럼 가차 없이 잘려 나갔을 것이다. 많은 이탈리아 영화에서는 삶의 밋밋한 부분이 확연히 남겨졌고 결과적으로 시간은 확장되었다.

로마 건축가의 아들로 39세였던 로베르토 로셀리니는 그가 말한 "우리 시대의 고통"을 표현하기 위해 자바티니와 데 시카의 탈드라마 이론을 확장했다. 〈무방비 도시〉와 〈전화의 저편Paisà〉(이탈리아, 1946), 〈독일 영년Germania anno zero〉(이탈리아·프랑스·독일, 1947)(226쪽 사진 136 참고)에서 로셀리니는 자바티니가 "오늘, 오늘, 오늘"[4]이라고 했던 충격적인 이야기들을 전한다. 각각의 영화는 다음과 같은 내용을 담고 있다. 저항군은 로마를 점령한 독일군에 의해 잔인하게 살해된다. 해방 후 이탈리아 시민과 미군은 이탈리아에서 공존하기가 어렵다. 한 소년이 나치의 영향으로 아버지에게 극약을 먹이고 자기도 먹는다. 인간적 드라마도 충격적이었을 뿐만 아니라 로셀리니는 거의 영화 역사 최초로 변기 솟을 보여주며 주류 영화의 보편적인 취향에 도전장을 던졌다. 그는 격한 감정의 극적인 순간을 의도적으로 보여주지 않았는데, 이는 이야기의 굴곡을 밋밋하게 만들었다. 로셀리니는 "실수로 아름다운 장면을 촬영하면 나는 그것을 잘라냈다."[5]라고 썼다. 그렇게 함으로써 드라마나 시각적 허영 등 대중이 영화표를 구매하는 이유를 제거했다. 로셀리니는 1920년대 반체제 영화를 국가적, 정치적 영화 운동으로 키웠지만—어쩌면 당연하게도—이런 단호함은 흥행 수익 면에서 볼 때 호평받지 못했다. 1947년에 폴란드에서 러블 필름이 제작되었는데, 그 작품은 네오리얼리즘 스타일을 따르지는 않았지만 놀라운 영화였다. 반다 야쿠보프스카Wanda Jakubowska는 반나치 활동으로 아우슈비츠에 갇히게 되었다. 그녀는 풀려나고 1년 뒤 아우슈비츠에서 크레인 숏과 복잡한 구도를 이용한 놀라운 작품 〈마지막 무대Ostatni etap〉(폴란드, 1947)를 연출했다.

로셀리니와 데 시카, 비스콘티, 자바티니의 성취는 영화의 새롭고 흥미로운 시작 같았지만 그로부터 20여 년 후에 이탈리아의 페사로 회담에서 주류 영화에 대한 그들의 도전은 독창적이지만은 않다고 재고하게 되었다. 리노 미치체Lino Micciche 등의

139. 〈움베르토 디〉의 가정부는 영화의 플롯과는 큰 상관이 없지만 사실주의를 강화하는 일상적인 집안일을 한다. 이런 탈드라마는 진지한 영화인들의 환심을 샀지만 대중의 환심을 사지는 못했다. 감독: 비토리오 데 시카. 이탈리아, 1952.

평론가는 그들의 영화에서 무솔리니는 언급되지 않았고 영화 음악은 1930년대 이탈리아 영화에서처럼 오페라 같았다고 말했다. 다른 평론가들은 네오리얼리즘이 다른 외양으로 파시스트적 멜로드라마 같은 영화를 이어간 것뿐이며 대중적 믿음에 도전한 것도 아니고 사회가 개선될 수 있는 방향을 제시한 것도 아니라고 말했다. 멕시코에서 활동하고 있던 루이스 부뉴엘은 "네오리얼리즘적 현실은 부분적이고 공식적이며 무엇보다 합리적이다. 하지만 거기에는 시와 미스터리가 부족하다."[6] 라고 말했다. 이런 재평가 중 일부는 타당성이 있지만, 네오리얼리즘이 세계적인 영향력을 행사했고 그 영향력은 수년에 걸쳐 입증되었다는 사실을 부인하는 것은 아니다.

전후 영화의 내용은 패전국으로부터 멀어질수록 다양해졌다. 많은 프랑스 영화는 저항군에 관한 이야기를 했다. 〈철로변 전투La Bataille du rail〉(프랑스, 1945)는 〈독일 영년〉과 궤를 같이했다. 다큐멘터리 영화 감독인 르네 클레망René Clément이 연출한 이 작품은 저항군이 독일군 기차를 탈선시켰던 실제 사건을 세세히 묘사했다. 클레망은 스타일이 매우 다른 영화 〈미녀와 야수〉(장 콕토, 프랑스, 1946)에 대해 기술 관련 조언을 했다. 나치 지향적인 비시 정부에 유독 관대했던 콕토는 1930년에 〈시인의 피〉를 연출했는데, 무려 16년의 공백이 있었지만 그의 새 영화는 첫 영화와 마찬가지로 매우 비범했으며 멜리에스의 작품과 같은 스타일이었다. 이후 콕토의 작품은 데이비드 린치와 조너선 글레이저Jonathan Glazer 등의 감독들에게 많은 영향을 주었다.

할리우드 영화는 4년간 상영되지 않았는데 이제 파리의 관객은 미국 영화를 실컷 볼 수 있게 되었다. 〈바람과 함께 사라지다〉 이후 1946년 7월에만 오슨 웰스의 〈시민 케인〉, 존 휴스턴의 〈말타의 매〉, 빌리 와일더의 〈이중 배상〉, 윌리엄 와일러의 〈작은 여우들〉과 〈우리 생애 최고의 해〉가 수입되었다. 심도 깊게 촬영된 이러한 영화들의 향연은 장 르누아르의 고국에서도 하나의 계시였다. 평론가인 앙드레 바쟁의 주장에 따르면 이런 영화들의 깊은 화면 구성은 실제 세상의 복잡한 현실을 표현하는 것을 가능하게 했다. 바쟁은 〈칼리가리 박사의 밀실〉처럼 천진난만한 스타일로 가득한 영화를 혐오했고, 기독교도이자 뼛속 깊이 윤리적인 평론가로서 그는 깊은 화면을 거의 예배나 초월적 우주 앞에 무릎을 꿇는 것에 비유했다. 할리우드 영화는 유럽 지식인들의 지지를 얻는 듯했고 특정 프랑스 영화인들도 곧 깊은 화면 구성을 추구하기 시작했다. 장피에르 멜빌Jean-Pierre Melville의 〈바다의 침묵Le Silence de la mer〉(프랑스, 1949)에서 당시 파리에서 상영된 웰스의 〈위대한 앰버슨가The Magnificent Ambersons〉(미국, 1942)의 한 장면을 유사하게 모방한 것 등이 그 한 예다.

반면 미국에서는 심도 깊은 화면과 연관된 것 중 하나를 탐구하고 있었다. 바로 길이가 긴 숏, 즉 롱 테이크long take였다. 롱 테이크는 감독이 숏을 충분히 길게 끌고 가서 관객으로 하여금 장면의 드라마적 구성을 온전히 이해할 수 있도록 하는 것과 액션을 렌즈로부터 다양한 거리에 배치하는 것을 가능하게 했다. 전후 최초의 롱 테이크는 의외의 작품에서 나왔다. 그 작품은 〈오즈의 마법사〉로 스타가 된 주디 갈런드가 출연한 〈더 클락The Clock〉(미국, 1945)이다. 그녀는 연인이며(1945년부터는 남편) 1년 전 향수를 불러일으켰던 뮤지컬 영화 〈세인트루이스에서 만나요Meet Me in St. Louis〉를 위해 함께 작업했던 빈센트 미넬리 감독에게 이 영화를 연출해 달라고 했다. 〈더 클락〉은 그녀가 처음으로 영화 속에서 노래를 부르지 않았던 작품이다. 미넬리는 마물리안처럼 브로드웨이에서 뮤지컬 무대 감독을 하며 경력을 쌓았다. 그는 군인의 사랑 이야기인 〈더 클락〉의 배경이 도시이기를 원했다. 미넬리는 주로 광각 렌즈로 촬영한 화면이 깊은 숏들을 사용했는데, 숏의 평균 길이가 19초나 되었다.[7] 미넬리의 흐르는 숏 스타일은 미조구치의 영향이 꽤 컸지만, 히치콕의 〈로프Rope〉(미국, 1948)나 〈염소자리Under Capricorn〉(미국, 1949)와 견줄 수는 없었다.

히치콕은 1939년에 미국으로 갔고 1940년부터 1948년까지 10여 편의 영화를 연출했다. 그는 〈레베카Rebecca〉(1940), 〈서스피션Suspicion〉(1941), 〈의혹의 그림자Shadow of a Doubt〉(1943), 〈스펠바운드Spellbound〉(1945)를 통해 이미 영국에서 보여주었던, 보는 이와 보이는 이 사이의 간격, 사물의 매혹적인 힘, 가시적 세계에 대한 비신뢰성 등의 실험적 관심을 확장했다. 이 네 작품 속에서는 일상에서 흔히 접하는 그림, 우유 잔, 검은 연기, 직물의 주름 등이 등장인물의 마음속 깊은 곳에서 괴물로 변한다. 새로운 심리적 탐구와 함께 히치콕은 서사 영화가 가지는 기존의 한계를 탐구하기 시작했으며 〈로프〉는 그것의 극단적인 예였다. 그는 미넬리의 숏 길이를 기술이 허락하는 한계치까지 끌고 갔다. 당시 영화의 평균 숏 수는 600~800개였는데

〈로프〉는 영화 전체가 고작 11개의 숏으로 구성되었다. 당시 영화의 평균 숏 길이는 대략 10초였지만 히치콕의 숏은 필름 한 롤 전체가 돌아가는 시간인 10분이었으니 평균 길이보다 60배나 길었던 것이다. 히치콕은 이러한 극단적인 접근 방식이 신중히 선택한 이미지로 편집하는 것은 공감적 영화의 핵심 기술이라는 그의 믿음을 위반하자 이후에 이런 접근 방식을 거부하고 이를 '무의미한 짓'이라고 했다.[8] 그는 〈로프〉를 '사전 편집한' 영화라고 불렀다. 히치콕의 카메라가 세트장의 이곳저곳을 누비면서 에이젠슈테인의 '숏 안의 편집' 개념을 다양화했다는 의미다.[9] 이것은 매체의 기법을 활용하고자 한 히치콕의 욕구를 충족했지만 긴 숏의 서스펜스 효과는 무엇인지에 관한 질문도 제기했다. 반드시 그런 것은 아니고 대부분의 사람은 명확하게 알아채지 못하지만 대개 컷 없이 숏이 길어지면 배우들은 쉼 없이 더 길게 '실제'처럼 연기하며 상황을 더 흡수하게 된다. 카드로 피라미드를 쌓듯 우리는 긴 숏에서 누적된 성과와 드라마를 볼 수 있게 된다. 서스펜스에 대한 히치콕의 깊은 관심이 자연스럽게 그런 실험들을 시도하게 했던 반면 후세대 감독인 헝가리의 벨라 타르, 프랑스의 샹탈 아케르만, 러시아의 알렉산드르 소쿠로프Aleksandr Sokurov는 롱 테이크를 보다 철학적인 의도로 사용했다.

깊은 화면 구성의 또 다른 파생물은 말 그대로 어두운 영화인 '누아르 영화'였다. 누아르 영화의 스타일과 주제의 뿌리는 특히 복잡하며 그 탄생은 서로 다른 영화감독들이 비슷한 시기에 같은 지점에 도착하게 된, 영화 역사에서 교차점을 만들어 냈다. 1941년부터 1959년까지 최소 350편의 누아르 영화가 제작되었으며 대부분은 제2차 세계 대전이 끝나고 10년이 지난 후부터 제작된 것들이었다. 오른쪽 사진은 매우 영향력 있던 초기의 누아르 영화인 〈이중 배상Double Indemnity〉(미국, 1944)의 한 장면이다.[10] 여배우와 복도 끝의 벽이 모두 초점이 맞아 보인다. 1930년대 르누아르와 미조구치, 포드, 톨런드, 웰스의 깊은 화면 구성은 모두 이 사진의 선례다. 영화의 플롯에서 프레드 맥머리가 연기한 보험사 직원 월터 네프(가운데)는 바버라 스탠윅이 연기한, 그의 고객의 매력적인 아내인 필리스 디트릭슨(왼쪽)에게 마음을 빼앗긴다. 그녀는 그에게 남편을 살해하는 것을 도와주면 보험금의 일부를 주겠다고 유혹한다. 한편 에드워드 G. 로빈슨이 분한 맥머리의 상사 바튼 키스는 스탠윅이 살인

140. 팜므 파탈과 나약한 보험 회사 직원 그리고 의심을 품고 있는 그의 상사. 초창기 누아르 영화 중 하나인 빌리 와일더의 〈이중 배상〉에서 긴장감이 흐르는 장면. 미국, 1944.

범일지도 모른다고 의심하고 이에 대해 이야기하고자 맥머리의 아파트를 찾아간다. 그가 만일 맥머리의 아파트에서 스탠윅을 보았다면 맥머리가 범죄에 연루되었다는 사실이 발각되었을 것이고 사건은 종결되었을 것이다. 긴장감이 최고치인 이 순간에 스탠윅은 맥머리의 아파트 현관문 뒤에 숨는다.

이 장면에서 미국의 영화 스타일, 문학적·시각적 전통, 개인적 감성을 포함해 최소 여섯 개의 다른 스키마를 확인할 수 있다. 이 작품의 감독인 빌리 와일더는 오스트리아 태생의 유대인으로 전직 지골로이자 시나리오 작가였다. 베를린에서 성장한 그는 1933년에 나치를 피해 미국으로 갔고 루비치가 연출하는 〈니노치카〉의 시나리오를 공동 집필했으며, 후에 추앙받는 미국의 영화감독 중 하나가 되었다. 프리츠 랑, 로버트 시오드맥, 오토 프레밍거, 마이클 커티즈, 자크 투르뇌르 등 주요 누아르

141. 샘 풀러의 〈사우스 스트리트의 소매치기Pickup on South Street〉 속 이 장면처럼 수평을 벗어난 숏은 누아르 영화에 등장하는 인물의 정신적 불안감을 표현한다. 미국, 1953.

영화를 연출한 이주자들처럼 와일더는 미국의 자유와 과장되지 않음을 사랑했다. 하지만 황금만능주의에 매우 냉소적이었으며 미국의 그런 면을 영화를 통해 신랄하게 묘사했다. 한 중요한 평론가는 이런 태도를 가진 감독들을 두고 집이 유럽도 아니고 햇빛 쨍쨍한 캘리포니아도 아닌 '이중 소외자'[11]라고 지칭했다. 대부분의 누아르 영화는 그런 소외에 관한 것이었다. 1930년대 영화들은 주로 외형적으로 밝았던 반면 누아르 영화들은 미국을 문제 있고 모호한 곳으로 묘사했다. 이 작품들은 돈이나 여자를 갈망하는 남자들을 그렸고 그 갈망은 그들을 문명 세계의 한계선 너머로 인도했다. 〈이중 배상〉은 이런 요소를 고전적으로 묘사했다. 이 작품은 평범한 직장을 가지고 있던 미국인 맥머리로 시작해 즐거웠던 삶에서 추락하는 과정과 결국 피투성이로 죽어가는 모습을 묘사한다.

누아르 영화를 연출했던 이주자 대다수는 1920년대의 독일 표현주의 시대를 살았거나 아니면 그 영향을 받았다. 와일더는 죽을 때까지 〈이중 배상〉은 로버트 비네나 프리츠 랑으로부터 직접적인 영향을 받지 않았다고 부인했지만, 이 영화를 비롯해 누아르 영화의 조명은 주로 표현주의를 대표하는 격자 형태의 강한 직사광선과 짙은 그림자다. 사진 140에서 배우들의 그림자가 짙게 드리워져 있는 것이 보인다. 〈이중 배상〉의 초반부는 이러한 현상이 더욱 두드러진다. 그런 짙은 그림자의 이면에는 세트를 보다 저렴하게 지을 수 있다는 경제적인 이유도 있었다.

하지만 표현주의는 외형뿐만 아니라 등장인물도 중요했다. 랑과 비네의 주요 영화에 등장하는 인물들은 정신 병원이나 협박이 배경인 혼란스러운 사람들이었다. 누아르 영화의 방향도 유사하며 수면 아래의 욕망이나 악몽이 드러날 정도로 삶이 망가지는, 히스테리에 가까운 장면들을 자주 보여주었다. 느와르 영화 속 등장인물의 세계관은 매우 오염되어 있었으며 이미지들도 〈칼리가리 박사의 밀실〉처럼 상당히 불균형했다. 표현주의 영화가 절대로 그리지 않았던 것은 행복하고 정상적이며 균형 잡힌 세계였다. 누아르 영화는 할리우드의 숨 막히는 이상주의와는 거리가 멀었으며, 그것에 대한 반체제적 대응이었다.

이런 영화들에 미치는 독일 미학의 영향은 잘 알려졌지만, 소설도 한몫했다. 〈이중 배상〉의 시나리오는 시카고 태생의 소설가 레이먼드 챈들러 등이 공동 집필했는데, 그의 소설은 대실 해밋의 소설과 함께 누아르 영화 감독들이 자신의 어두운 면과 감성을 적용한 많은 캐릭터 유형 및 상황을 만들어 냈다. 챈들러의 가장 대표적인 캐릭터는 악명 높고 '억센' 말투가 꽤 잘 어울리는 필립 말로였다. 챈들러 소설의 해설자는 말로였는데 이는 누아르 영화에서 빈번하게 사용되는 보이스 오버의 원형이었다. 그의 첫 번째 역작인 『명탐정 필립』은 1939년에 출판되었고 하워드 호크스는 1946년에 이 소설을 영화화했다. 많은 배우가 탐냈던 말로 역은 험프리 보가트가 맡았다(142). 〈명탐정 필립〉은 〈이중 배상〉 이후 가장 영향력 있는 누아르 영화였는데, 거기에는 두 가지 이유가 있다. 첫째, 이 작품의 매우 복잡한 플롯은 차세대 감독들이 자신의 작품을 〈칼리가리 박사의 밀실〉의 광기 어린 서사 방향으로 대담하게 밀어붙일 수 있도록 북돋웠다. 둘째, 이 작품의 시나리오는 많은 추리 소설을 썼던 작가 리 브래킷 등이 공동 집필한 것이다. 〈명탐정 필립〉, 〈리오 브라보〉, 〈제국의 역습The Empire Strikes Back〉(어빈 커슈너, 미국, 1980) 등 미국에서 가장 오락적인 영화 세 편의 시나리오를 공동 집필한 브래킷은 영화 역사에서 매우 흥미로운 인물이다. 그녀의 〈명탐정 필립〉 시나리오의 공동 집필은 누아르 영화가 여성 캐

142. 혼란스러운 플롯으로 구성된 하워드 호크스의 누아르 영화, 〈명탐정 필립〉에서 필립 말로로 분한 험프리 보가트. 미국, 1946.

릭터를 어떻게 다루는지에 관한 질문을 던지게 만든다. 〈이중 배상〉의 바버라 스탠윅, 〈명탐정 필립〉의 로렌 바콜, 〈킬러스The Killers〉(로버트 시오드맥, 미국, 1946)의 에바 가드너, 〈과거로부터Out of the Past〉(자크 투르뇌르, 미국, 1947)의 제인 그리어는 늘 이 영화들을 따라다닌다. 영화 속에서 그들은 항상 남자들 사이에서 화젯거리고, 남자들을 조롱하고, 그들이 추락하는 원인이다. 이 여성들은 자신의 성적 매력이 남성의 마음과 판단을 조종하는 힘을 준다는 사실을 잘 알고 있으며, 이를 쉽게 달성한다. 전시의 여성 해방은 의심할 여지 없이 이 영화들에 반영되어 있지만, 적극적인 여성 곁에는 나약하거나 성적 상상력이 억압된 남성이 동반되기에 그 여성은 성적으로 매력적일 수밖에 없다. 약해진 남성은 강한 여성에게 눈이 먼다. 이것은 여성에게 비치는 강한 후광과 그녀의 얼굴에 진 그림자 등의 시각적 암시로 표현되기도 한다(143).

수백 편의 미국 누아르 영화 중에 여성 감독이 연출한 작품은 단 한 편뿐이며 그 감독은 아이다 루피노Ida Lupino다(144). 1918년에 런던에서 태어난 루피노는 배우가 되기 위해 미국에 갔다. 그녀는 일종의 반항기가 있었고 올리비아 드 하빌랜드의 정신으로 역할이 성향에 맞지 않으면 영화사가 거액을 준다고 유혹해도 배역을 거절했다. 루피노는 1949년에 참여하던 영화의 남자 감독이 촬영 사흘째 되던 날 심장마비로 사망하자 그때부터 저예산 B급 영화를 연출하기 시작했다. 스태프는 화려한 줄만 알았던 영화배우가 영화 제작에 대한 지식이 상당히 많다는 사실에 감명을 받았다. 그녀의 대표작 〈히치하이커The Hitch-Hiker〉(미국, 1953)는 두 점잖은 낚시꾼의 차에 히치하이킹하는 잔혹한 살인마에 관한 누아르 영화다. 살인마는 잘 때도 파충류처럼 한쪽 눈을 뜨고 잔다. 실제 이야기를 바탕으로 한 이 작품은 경제적으로 숏을 구성했고, 경쟁하는 남성들 사이의 팽팽한 긴장감 묘사는 시대를 앞서간 것이다. 불가리아의 선구적이며 혁신적인 여성 감독 빈카 젤랴즈코바Binka Zhelyazkova는 전쟁을 소재로 한 누아르 영화 〈우리는 젊었었다A byahme mladi〉(1961)를 연출했고, 노르웨이에서는 에디스 칼마르Edith Carlmar가 〈죽음은 애무다Døden er et kjærtegn〉(1949)를 연출했다.

143. 누아르 영화에 등장하는 여성의 얼굴에 진 그림자는 미스터리와 윤리적 어둠을 표현한다. 자크 투르뇌르의 〈과거로부터〉 속 제인 그리어. 미국, 1947.

〈이중 배상〉의 와일더와 그의 팀은 다른 문화적 맥락도 흡수했다. 에드워드 G. 로빈슨의 존재는 그가 핵심적 배우로 활약했던 갱스터 영화에 대한 1930년대 초반의 열광을 누아르 영화가 어떻게 다시 일깨웠는지를 상기시켰다. 미국 영화에서 보기 힘들었던 누아르 영화 감독들의 비관주의는 마르셀 카르네와 자크 프레베르 등의 감독들이 연출했던 1930년대 프랑스의 시적 사실주의 영화의 산물이기도 했다. 외국어 영화의 배급은 제한적이었기 때문에 이 영화들은 많은 미국인 관객이 관람하지는 못했지만, 영화 단체 등에서 상영 프로그램을 만들기도 했다. 이 영화들의 영향을 받았다는

144. 누아르 영화를 연출한 유일한 미국 여성 감독인 아이다 루피노(왼쪽)의 현장 사진.

145. 몰래카메라로 찍은 것처럼 보이게 해서 진짜 뉴스로 착각하게 만든 〈시민 케인〉의 가짜 뉴스 영화 시퀀스(위)는 〈92번가 집〉(아래) 같은 반半다큐멘터리 영화의 출현을 예고했다.

증거로 프리츠 랑이 르누아르의 〈암캐〉(1931)를 에드워드 G. 로빈슨이 출연한 〈스칼렛 거리Scarlet Street〉(미국, 1945)라는 누아르 영화로 리메이크했다는 사실을 들 수 있다.

만일 〈시민 케인〉의 깊은 화면 구성이 누아르 영화에 영향을 주었던 요소 중 하나라면, 이것 또한 미국 영화가 스타일적으로 다양해지는 데 발판이 되었다고 볼 수 있다. 웰스의 영화는 찰스 포스터 케인이라는 거물의 삶을 묘사하는, 정교하게 조작된 가짜 뉴스 영화로 시작한다(145, 위). 이 가짜 뉴스 영화를 만든 프로듀서 중 한 명인 루이 드 로슈몽Louis de Rochemont은 실제 장소에서 촬영한 반半다큐멘터리 첩보 드라마 〈92번가 집The House on 92nd Street〉(헨리 헤서웨이, 미국, 1945)에 조언자로 참여했다(145, 아래). 이러한 촬영 작업의 선례로 킹 비더와 지가 베르토프는 1920년대에 거리에서 몰래카메라를 사용하기도 했다.[12] 〈이중 배상〉이 발표되고 1년 후에 와일더는 알코올 중독자에 관한 영화 〈잃어버린 주말The Lost Weekend〉(미국, 1945)에서 같은 기법을 사용했으며, 이탈리아 네오리얼리즘 감독들도 동일한 기법을 사용해 스토리텔링의 영역을 확장했다. 줄스 다신Jules Dassin의 〈네이키드 시티The Naked City〉(미국, 1948)는 그 시기에 실제 장소에서 촬영된 가장 유명한 '반다큐멘터리' 영화가 되었다. 이 작품의 성공은 12년 후에 같은 제목의 텔레비전 시리즈로 이어졌다.

이 시기에 가장 이상주의적인 미국의 일부 영화는 계속해서 현실과 환상에 대한 논쟁을 불러일으켰다. 그 논쟁은 〈니노치카〉와 〈오즈의 마법사〉로 인해 처음 시작되었지만 심지어 이 작품들도 비관주의적 요소와 시각적인 어둠을 담고 있다. 〈멋진 인생It's a Wonderful Life〉(미국, 1946)은 서양 영화사에서 가장 감동적인 영화 중 하나로, 아처스에서 제작한 〈천국으로 가는 계단〉처럼 현세와 사후 세계를 떠도는 남자에 관한 이야기다. 이 작품은 전직 개그 작가였다가 영화감독으로 전향해서 1930년대를 대표하는 감독 중 하나가 된 프랭크 카프라Frank Capra가 연출했다. 그는 미국 포퓰리즘의 본질에 관한, 즉 미국인의 정서에 깊이 자리 잡힌 희망과 절망에 관한 수사학적 영화를 매우 효과적으로 연출했다. 〈멋진 인생〉은 크게 흥행하지는 못했지만 카프라의 최악의 영화가 아닌 가장 의미 있는 영화인 이유는 그가 윌리엄 와일러, 조지 스티븐슨과 공동으로 설립한 독립영화사, 리버티 필름스Liberty Films가 제작했기 때문이다. 제임스 스튜어트가 베드포드폴스라는 작은 마을에 사는 평범한 남자로 경제적 어려움으로 인해 자살까지 기도하는 조지 베일리를 연기했다. 조지가 다리에서 뛰어내리려고 할 때 수호천사가 나타나 만일 그가 없었다면 베드포드폴스가 얼마나 엉망이었을지를 보여준다. 자신이 운영하는 협동조합형 대출 회사에서 돈이 사라졌다는 사실을 알게 된 그의 얼굴에는 절망이 감돈다. 앞서 조지는 아버지에게 "건물과 현대적인 도시를 설계하고 싶어요… 도망가지 않았다면 터져버렸을지도 모르겠어요."라고 말한다. 영화의 이 지점에서 그는 유럽으로 가는 꿈을 꾸는 코즈모폴리턴이었지만, 그가 품고 있던 현대적인 성향은 수호천사의 등장으로 도전을 받는다. 수호천사는 만일 그의 영향이 없었다면 고향은 술집과 전당포(유대인을 암시), 술집 여자, 재즈 피아노를 연주하는 흑인 그리고 공격성으로 가득한 곳이 되었으리라는 것을 보여준다. 이와 같은 것들은 누아르 영화를 구성하는 요소다. 카프라의 감동적인

146. 프랭크 카프라의 〈멋진 인생〉은 기분이 좋아지는 영화로 기억되지만 제임스 스튜어트가 정신병 증세를 보이는 등 그 안에는 누아르 영화의 요소들이 존재한다. 그런 한 장면(위)에서 카프라와 촬영감독 조셉 비로크는 카메라 가까이에 배우가 다가올 수 있게 하려고 광각 렌즈를 사용했다. 미국, 1946.

이야기는 도시의 삶에 대해 깊게 의심하고 있으며 조지에게 방랑벽과 고향을 증오하는 것에 대한 교훈을 준다. 이 작품의 결말은 〈오즈의 마법사〉와 매우 흡사하다. "이 세상에 집보다 더 좋은 곳은 없다." 미국은 누아르 영화 속 세계가 아니라는 안도감의 표현이 아닐 수 없다.

존 포드의 〈황야의 결투〉(미국, 1946)는 〈멋진 인생〉과 같은 해에 개봉되었다. 여러 면에서 영화적 형제다. 작품 속의 전설적인 카우보이 와이어트 어프(147)는 개척 마을인 툼스톤이 도덕적으로 타락하고 술집과 윤락녀로 가득하다는 것을 발견한다. 그는 툼스톤의 질서를 회복하고 법과 품위를 마을의 두 가지 초석으로 삼는다. 카프라는 우리에게 타락한 마을을 상상해 볼 수 있게 해주지만 포드는 예전에는 그런 마을이었지만 변화하게 된 시점을 향수에 젖어 돌아본다.

미국의 영화인들이 서사적 영혼을 탐색하는 시기를 거친 것은 놀랄 만한 일이 아니다. 전쟁이 삶에 대한 그들의 긍정적인 관점을 어둡게 만들었을 뿐만 아니라 그들 고향의 영화 산업도 변화하고 있었기 때문이다. 에른스트 루비치는 1947년에 사망했다. 미국 영화의 선구자로 깊은 화면 공간을 실험했던 그리피스와 톨런드, 프랑스의 루이 뤼미에르, 소비에트 연방의 에이젠슈테인도 1948년에 사망했다. 〈오즈의 마법사〉와 〈바람과 함께 사라지다〉를 연출한 빅터 플레밍도 이듬해에 사망했다. 올리비아 드 하빌랜드가 처음 시작했던 스튜디오 시스템에 대한 도전은 계속되었다. 티켓 판매는 줄어들었고 사람들은 교외로 이주했으며 영화보다는 새로운 소비재에 돈을 썼다. 1947년에 50명의 영화 스튜디오 대표들과 프로듀서들은 정부의 새로운 반공주의 기관인 반미활동조사위원회HUAC에 협력하지 않는 직원을 해고하는 데 동의했다. 1948년에 다섯 개의 주요 영화 스튜디오들이 '독과점 공모'로 연방 대법원에 의해 탄핵당했고 그 첫 대상이었던 파라마운트는 판결에 따라 보유하고 있던 1450개의 극장을 매각해야 했다. 1949년에 HUAC의 위원장이었던 존 파넬 토머스는 횡령 혐의로 투옥되었다.

프랑스에서는 주요 배우들이 미국 영화의 수입을 반대하는 시위를 벌였다. 복잡한 논쟁 후 미국의 영화 산업은 수출하는 미국 영화에 대한 세금을 줄이기 위해 영국에 돈을 지급하기 시작했으며, 멕시코와 브라질은 반反수입 정책을 펼쳤다. 집단

147. 카프라는 올바른 남자가 무법에 도전하지 않으면 어떻게 되는지를 묘사했는데, 포드의 〈황야의 결투〉에서는 그런 남자에 의해 질서가 회복된다. 미국, 1946.

적 감정으로 인한 전면전의 필요성은 정점에 이르렀고, 사람들의 거실에는 작고 곤충의 눈처럼 생긴 새로운 스크린이 등장하기 시작했다. 초기에는 미약했지만 곧 급증한 텔레비전의 보급, 입법 그리고 미국 영화에 대한 국제적인 반감은 할리우드의 과두제를 무너뜨렸다.

미국의 영화 스튜디오를 소유하고 있던 뉴욕의 은행들이 극동 아시아의 상황을 알았더라면 그 시기에 중국에서 벌어지고 있던 상황으로부터 달갑지 않은 위안을 얻었을 것이다. 마오쩌둥이 국민당을 몰아냈을 때인 1949년에 4700만 명의 중국인이 영화관을 찾았다. 10년 후 초기 소비에트 연방의 아지프로 기차를 기반으로 중국 정부가 만든 순회 영화관이 도입된 뒤 연간 관객 수는 최대 40억 명에 이르렀다. 중국의 폭증한 영화 관람은 공산주의 정부에 의해 촉진되었으며 이는 HUAC에 편승했던 미국 은행과 영화 스튜디오에는 잊지 못할 아이러니였다. 독재자 히틀러나 스탈린과 마찬가지로 마오쩌둥도 영화를 예술로서가 아닌 통제와 이데올로기 주입을 위한 도구로서 관심을 가졌다. 마오쩌둥은 〈길 위의 천사〉를 연출한 감독이자 배우인 위안무즈(506쪽 참고)를 새로운 영화위원회의 수장으로 임명했다. 〈까마귀와 참새烏鴉與麻雀〉(정쥔리, 중국, 1949)는 공산주의의 성공을 반영한 최초의 영화이자 최고의 중국 영화로 평가되기도 한다. 이 작품은 상하이의 한 공동 주택에서 세입자와 악독한 민족주의자 집주인 간에 벌어지는 갈등에 관한 이야기다. 이야기는 1949년 춘절에 마오쩌둥의 승리를 축하하며 끝을 맺는데, 중국의 미래를 생각해 보면 이 승리는 모순이 아닐 수 없다. 그러나 마치 강요하듯 묘사된 사실주의적 장면들(148)은 중국도 이탈리아, 프랑스, 미국과 마찬가지로 전후 영화의 자연주의에 일조했다는 사실을 보여준다.

공산주의의 발흥은 자유로운 사고방식을 가지고 있던 많은 상하이 영화인에게는 감당하기 어려운 일이었기에 어떤 이들은 러시아 혁명 전이나 나치가 기승을 부리기 전에 일부 영화인들이 그랬던 것처럼 고국을 떠났다. 그들의 종착지는 1930년대에 일본이 침략했을 때 중국 영화인들이 처음 피신했던 홍콩이었다. 1940년대 말부터 1950년대 초까지 이주의 물결은 더욱 두드러졌고 만다린어로 제작된 걸작들도 그들에 의해 만들어졌다. 왕웨이이는 1940년대 말에 홍콩에서 〈주장강의 눈물珠江淚〉을 연출했고, 당대 중국 최고의 영화감독 중 하나였던 주스린朱石麟은 걸작이 된 〈청궁비사淸宮秘史〉(홍콩, 1948)와 〈일판지격一板之隔〉(홍콩, 1952)을 연출했다. 주스

148. 정쥔리 감독의 〈까마귀와 참새〉에서 집주인과 세입자 간 싸움의 강렬한 묘사는 중국 영화에 미친 사실주의의 영향을 보여준다. 중국, 1949.

린은 선구자였고 1930년대 중국의 사실주의 영화 전통을 진보시켰다(그는 1930년대의 위대한 스타 롼링위가 출연했던 영화들의 시나리오를 집필했다). 그의 작품들은 사회적 비판은 덜했지만, 감성으로 빛나는 1950년대 광둥 멜로드라마의 선두주자 격이었다. 주스린과 왕웨이이의 영화는 1950년대와 1970년대에 폭발적으로 증가한 홍콩 영화 제작의 초석을 다졌다.

다른 나라들에서는 탈식민지화로 인해 이전에는 금지되었던 내용의 작품을 만들 수 있는 토대가 마련되었다. 미국이 철수하고 1~2년 후 필리핀의 감독 마뉴엘 콘데Manuel Conde는 〈칭기스칸Ang Buhay ni Genghis Khan〉(필리핀, 1950)을 연출했다. 1952년에 베니스 영화제에서 주목받았던 이 영화는 할리우드에서 존 웨인을 주인공으로 리메이크되었으나 결과물은 형편없었다. 필리핀 영화계는 1950~1960년대 전까지 자립하지 못했다. 멕시코는 타도할 식민지 개척자가 없었지만 1930년대 영화는 1911~1918년 혁명 기간의 역사를 대중적으로 재현한 것이었다. 1931~1932년에 에이젠슈테인은 이 나라에서 〈멕시코 만세!〉를 연출하는 시도를 했다. 이 작품은 비록 미완성작이 되었지만 그 상징성은 당시 멕시코 영화의 스타일과 개념에 상당한 영향을 끼쳤다. 멕시코 정부는 1940년대 초에 영화 학교들을 설립했다. 그리고 1940년대 말에는 두 부류의 주요 토착 영화들이 출현했는데, 에이젠슈테인의 영향을 받은 것으로 멕시코에서의 삶을 신성하게 다룬 설화적 영화들과 이와는 대조적으로 유흥가와 카바레가 나오는 도시 영화들이었다. 전자의 초창기 영화로는 〈마리아의 초상María Candelaria〉(에밀리오 페르난데스, 멕시코, 1943)이 있고 후자의 대표적 영화로는 〈항구의 여인La mujer del puerto〉(에밀리오 고메스 무리엘, 멕시코, 1949)을 들 수 있다. 1920년대 후반에 유럽의 영화감독들이 도시와 시골 간 삶의 격차를 묘사하는 데 집착했던 것처럼 에밀리오 페르난데스 같은 토착 멕시코 감독들은 자국의 현대화에 관한 논쟁을 위해 이 두 장르를 활용했다. 멕시코 영화의 사실주의적 뿌리는 수십 년간 지속된 신앙과 멜로드라마 간의 난투에 기를 펴지 못했다. 1940년대 후반에 멕시코에서 상영된 총 100편이 넘는 영화 중에 이 두 장르는 4분의 1을 차지했고 그 외는 대부분 미국이나 스페인 영화였다. 1940년대 브라질 영화 중에서 가장 표현주의적인 작품은 길다 데 아브레우Gilda de Abreu의 〈주정뱅이O Ébrio〉(1946)로, 그녀는 가슴 저미는 노래를 부르지만 모든 걸 잃는 문제 있는 남자로 남편을 출연시켰다.

영국의 영화는 전반적으로 서양 영화의 사조를 따라갔으며 스타일적으로 그림자를 많이 활용하는 표현주의적 요소도 있었지만, 그 이상의 무언가도 있었다. 1949년에 영국은 역사상 가장 복잡한 참화 영화를 제작했다. 〈제3의 사나이〉는 영화 역사의 중추다. 이 작품은 처음으로 전체 분량을 실제 장소에서 촬영한 영국의 스튜디오 영화로 꼽히기도 하는데, 잘 알려진 알렉산더 코르더와 〈바람과 함께 사라지다〉의 데이비드 O. 셀즈닉이라는 보기 드문 조합의 영화인들이 제작했다. 시나리오와 연출 또한 각각 가톨릭교도인 소설가 그레이엄 그린과 배우의 사생아로 태어나 영국의 스튜디오 시스템 속에서 바닥부터 올라온 캐럴 리드라는 특별한 조합의 영화인들에 의해 이루어졌다.

〈제3의 사나이〉의 시나리오도 매력적이다. 폭격 맞은 빈에 있는 미국인 홀리 마틴스는 그의 신비한 친구, 해리 라임이 죽었는지 아닌지를 파악하고자 한다. 그 과정에서 홀리는 해리의 여자 친구인 아나와 연결되고, 해리가 살아 있을 뿐만 아니라 그가 부도덕한 페니실린 부정 거래업자라는 사실도 알게 된다. 그린은 오슨 웰스가 연기한 해리를 아이들에게 놀아가야 할 페니실린을 빼돌려 암시장에서 거래하며 부당 이익을 챙기는 악마 같은 인물로 창조했다

149. 표현주의와 전후의 주제가 강하게 섞인 캐럴 리드의 누아르 영화에서 해리 라임으로 분한 오슨 웰스. 〈제3의 사나이〉, 영국, 1949.

(149). 2년 전에 걸작인 〈심야의 탈출〉(영국, 1947)을 막 완성했던 리드는 이 이야기의 무게감을 좋아했다. 그 우울한 비관론은 리드가 동경했던 1930년대 프랑스 영화들을 상기시켰다. 그는 전쟁 다큐멘터리 영화를 연출했고 이탈리아나 미국의 일부 감독들처럼 영화가 보다 사실적이어야 한다고 생각했다. 강렬한 치터 연주로 가득했던 전후의 빈은 슈트라우스의 가벼운 왈츠 도시와는 거리가 멀어졌으며 프랑스, 영국, 러시아, 미국 지구로 나뉘었다. 리드는 여러 이야기를 조합한 히치콕의 접근 방식을 취했으며 훌륭한 촬영감독 로버트 크래스커는 영화 대부분을 수평을 벗어난 앵글로 촬영했다. 1920년대의 독일 영화인들은 정신적인 불안정을 표현하기 위해 이 기법을 사용했다. 빈 역시 표현주의 선구자인 비네와 기누가사의 정신 병원 못지

150. 〈제3의 사나이〉에서 홀리 쪽으로 걸어가는 아나의 디프 포커스 숏. 주류 영화의 결말 중에서 가장 대담한 결말로 꼽히기도 한다. 영국, 1949.

않은 광기를 품고 있었다. 웰스는 자신이 나오는 장면의 시나리오를 직접 썼고 일부 사람들은 그도 이 영화의 시각적 스타일에 영향을 주었다고 주장했다.

이 영화의 원동력은 친구인 해리에 대한 홀리의 사랑이다. 그들 이름의 유사성은 영화 속 다른 등장인물들을 혼란스럽게 만들며 감독이 이 두 사람의 도덕적 차이점을 부각하는 것을 가능하게 해주었다. 하지만 홀리의 사랑은 아나에게로 옮겨간다. 그린은 아나가 홀리의 품에 안기는 해피 엔딩을 구상했지만, 리드의 생각은 달랐다. 주류 영화의 역사에서 가장 대담한 결말을 가진 영화로 꼽히기도 하는 이 작품에서 리드는 멀리서부터 카메라 가까이에 서 있는 홀리에게로 걸어오는 아나를 디프 포커스로 연출했다(150). 그녀는 홀리 가까이 왔을 때 약하지만 품위 있는 그보다 불량한 해리와의 추억을 마음에 두고 있는 듯 그냥 프레임 밖으로 나가버린다. 낭만적이지 않은 이 피날레는 정치 시스템의 배경 못지않게 스타일적 스키마가 풍부한 이 영화의 마지막을 장식한다.

아나가 마지막으로 걸어가는 장면을 자르지 않고 실시간으로 보여준 리드의 고집에서 이탈리아 네오리얼리즘의 흔적을 발견할 수 있다. 탈드라마로 삶의 질감을 포착한 이 개념은 빠르게 퍼졌다. 1928년 상파울루에서 출생한 브라질의 영화감독 넬슨 페레이라 도스 산토스Nelson Pereira dos Santos는 1940년대 후반에 파리에서 공부하면서 로셀리니와 데 시카의 영화를 보았다. 그들은 매우 중요한 영향을 끼쳤다. 페레이라 도스 산토스의 첫 번째 장편 영화인 〈리우 40도Rio, 40 Graus〉(브라질, 1955)는 네오리얼리즘적 스토리텔링과 빈민가 촬영지의 조합으로 중산층보다는 노동자 계층에 초점을 맞췄던 작품이다(151). 또한 축구 경기와 삼바 레슨 등의 일상을 묘사한 대중성을 포함하기도 했다. 페레이라 도스 산토스는 1960년대 브라질의 시네마 노보Cinema Nôvo 또는 뉴 시네마 운동의 아버지라고 할 수 있다. 그는 어느 정도 경력이 쌓였을 때 네오리얼리즘은 감독들이 상업적인 브라질의 주요 영화 스튜디오를 건너뛰고 "물질과 경제 기구에 주의를 기울이지 않으면서"[13] 자신의 영화를 만드는 것을 가능하게 해주었기 때문에 그에게는 돌파구가 되었다고 말했다. 브라질의 시네마 노보 운동은(379~380쪽 참고) 스튜디오 영화 스타일인 폐쇄적인 낭만적 사실주의에 도전을 제기하기 위해 프랑스, 이탈리아, 일본, 동유럽, 스웨덴, 아르헨티나, 북아프리카, 아메리카, 인도의 운동에 합류했다.

151. 넬슨 페레이라 도스 산토스의 〈리우 40도〉는 노동자의 일상을 다룬 대중적인 영화다. 브라질, 1955.

인도는 스토리텔링의 네오리얼리즘 혁명을 받아들일 준비가 더 되어 있었다. 인도의 국토는 광활했고 그중 일부 지역은 이탈리아 못지않게 황폐해졌다. 1947년에 영국은 식민 통치를 끝냈으며 국토는 지금까지 인도라고 부르는 힌두 중심 지역과 각각 북동과 북서로 나뉜 이슬람 영역이자 총괄적으로 파키스탄이라고 부르는 두 개의 국가로 갈라졌다. 새롭게 형성된 국가들 사이에서 천만 명의 인구가 이동했으며 계속된 전쟁과 그로 인한 참화로 백만 명이 사망한 것으로 추산된다. 평화 운동가 마하트마 간디가 1948년에 암살되었고, 지주들의 착취가 만연했으며, 인도 정부의 현대화 목표가 전통적인 카스트 제도와 충돌하고 있었다.

'인도 인민 연극 프로젝트'는 좌파와 개혁가들에게 활력을 주었고(222쪽 참고) 이 프로젝트에 의해 제작된 첫 번째 영화인 〈지구의 아이들Dharti Ke Lal〉(1946)은 의미가 매우 크다. 이 작품은 자기 땅에서 강제로 쫓겨나 캘커타로 이주하는 벵골의 한 가족에 관한 이야기다(152). 라무는 일을 구하려다 실패하고 그의 아내는 매춘을 하게 된다. 그리고 라무의 아버지는 도시의 유혹을 뿌리치고 벵골의 농부들은 농장을 집단화한다. 〈지구의 아이들〉이 소비에트 연방에서 많은 관객을 끌어모은 최초의 인도 영화인 것은 그리 놀랄 만한 일이 아니다. 이 작품은 사회 변화의 묘사에 충실했으며 동시대의 멕시코 영화처럼 그러한 묘사를 멜로드라마적 줄거리와 희망 및 절망의 강력한 상징과 결합했다. 〈지구의 아이들〉은 물론 뮤지컬 영화였고 인도인민연극협회의 창설 멤버인 크와자 아마드 아바스Khwaja Ahmad Abbas가 시나리오를 쓰고 연출했다. 아바스는 인도에서 이탈리아의 네오리얼리즘 작가인 자바티니와 같았다. 5년 후에 그는 〈방랑자Awaara/The Tramp〉(1951)의 시나리오를 썼다. 〈방랑자〉는 걸작으로 평가받는 인도 영화로, 영화 제목은 우연히 지어진 것이 아니다. 이 작품의 감독이자 주인공 그리고 프로듀서였던 라즈 카푸르는 채플린의 트램프tramp를 본보기로 삼아 연기했고 채플린처럼 오락과 사회적 주제를 결합하는 시도를 했다(153). 방랑자는 부

152. 희망과 절망에 관한 강렬한 상징을 보여준 좌파적 영화 〈지구의 아이들〉은 마오쩌둥이 좋아하는 영화가 되었다. 감독: 크와자 아마드 아바스. 인도. 1946.

유하고 유명한 판사를 살해했다는 누명을 쓰지만, 법원에서 판사의 피보호자였던 젊은 변호사 리타의 변호를 받는다. 리타는 당시 23세였던 나르기스가 연기했고 그녀는 얼마 지나지 않아 인도 최고의 인기 영화배우가 되었다. 〈방랑자〉의 대서사적 사랑 이야기는 거의 세 시간 가까이 펼쳐지는데, 이는 인도 영화의 평균 상영 시간 정도였다. 이 작품의 뮤지컬 곡은 부자와 빈자의 삶을 신랄하게 대조하는 장면들에 번갈아 사용되었다. 인도에서 어느 정도의 성공은 거두었지만 〈방랑자〉는 〈지구의 아이들〉처럼 소비에트 연방에서 더 큰 인기를 끌었는데, 북극에 주둔했던 군인들에게까지 상영본을 보냈을 정도였다. 작품 속에 담긴 사회적 이상주의는 마오쩌둥도 흡족하게 만들었다.

아바스는 인도의 불공평한 경제 상황에 관심이 있었지만 카푸르는 "사회적 반란

153. 매우 유명한 인도 영화 〈방랑자〉는 채플린의 영향을 많이 받은 작품이다. 〈지구의 아이들〉을 연출한 크와자 아마드 아바스가 시나리오를 썼고 주인공인 라즈 카푸르가 연출과 제작을 겸했다. 인도, 1951.

이라는 주제에 서양 스타일의 로맨스를 섞었으며, 그 결과는 부랑자가 지구를 상속받은 셈이 되었다."[14] 채플린은 이를 무언으로 달성했지만, 이 시기 인도 영화를 더욱 복잡하고 흥미롭게 만든 것은 이탈리아의 네오리얼리즘이 이미 사회적인 문제와 영화적 아이디어가 혼재해 있는 인도에 추가적인 영향을 미쳤다는 점이다. 1952년에 데 시카의 〈자전거 도둑〉과 〈밀라노의 기적Miracolo a Milano〉(이탈리아, 1951)이 봄베이에서 열린 제1회 인도 국제 영화제에서 선보였고 거기에 참석했던 리트윅 가탁, 사티야지트 레이Satyajit Ray, 므리날 센Mrinal Sen 등 인도의 주요 감독들이 이 영화들을 관람했다. 인도에서 가장 문학적이며 유명한 영화감독인 레이는 〈자전거 도둑〉이 자기 작품에 "직접적인 영향을 주었다"라고 말했다. 이에 대한 자세한 내용은 다음 장에서 언급할 것이다. 아바스가 직접 연출했거나 카푸르 및 다른 감독들을 위해 시나리오를 썼던 영화들이 그가 이탈리아 네오리얼리즘의 영향을 얼마나 받았는지를 보여주었다면, 지금까지도 인도의 가장 실험적인 감독으로 평가되는 리트윅 가탁의 작품들은 〈자전거 도둑〉과 〈밀라노의 기적〉으로부터 받은 영향을 노골적으로 보여준다.

가탁은 급진적인 인도인민연극협회의 심장부인 인도 북동부의 벵골 출신으로, 이 협회의 극작가가 되었고 이후 1950년에 영화 산업에 발을 디뎠다. 네오리얼리즘의 영향을 받은 그는 벵골의 분할 이후 캘커타로 강제 이주하는 가족을 그린 자신의 첫 번째 영화 〈시민Nagarik〉(1952)을 연출했다(154). 가탁이 변화무쌍하고 화려한 이력을 쌓는 동안 그의 광각 렌즈 사용법도 발전했다. 작품을 촬영하던 가탁은 일을 중단했다. 그는 영화 판권을 술과 바꿨고 프로듀서를 증오했으며 사랑하는 벵골의 분할에 분노하고 요양원에서 술판을 벌였다. 가탁은 자기가 "기만당한 세월"을

154. 인도의 이단자 리트윅 가탁이 연출한 첫 번째 영화 〈시민〉은 이탈리아 네오리얼리즘 영화의 영향을 받았다. 인도, 1952.

살았다고 말했고 인도의 분할은 "원초적 죄악"이라고 설명했다.[15] 〈구름에 가린 별Meghe Dhaka Tara〉(인도, 1960)은 그의 대표작이며, 알코올에 중독된 지식인으로 직접 출연했던 자전적인 영화 〈추론, 토론 그리고 이야기Jukti Takko Aar Gappo〉(인도, 1974)는 스타일적으로 인도 영화 중 가장 창의적인 작품이라고 평가된다. 가탁은 51세에 사망했다.

155. 〈고랑〉은 사실주의 영화가 브라질, 쿠바, 인도 같은 좌파 성향의 국가들뿐만 아니라 프랑코가 통치한 스페인에서도 제작될 수 있다는 것을 보여주었다. 감독: 호세 안토니오 니에베스 콘데. 스페인, 1951.

인도보다는 덜했지만, 브라질처럼 쿠바의 영화계는 네오리얼리즘 기법의 활용이 사회상을 잘 그려낼 수 있다는 것을 발견했다. 가장 유명한 쿠바의 감독 토마스 쿠티에레스 알레아Tomás Gutiérrez Alea는 1950년대 초반에 이탈리아 국립영화연구소에서 공부하며 네오리얼리즘을 흡수했다. 그의 동료 감독인 움베르토 솔라스Humberto Solás도 같은 마법에 걸렸다. 브라질과 인도, 쿠바의 정부는 모두 좌익이었다. 그렇다면 1939년에 프랑코 장군이 정권을 잡은 이후 극우 성향으로 치달은 스페인 같은 나라에서는 어떻게 네오리얼리즘이 성행할 수 있었을까? 네오리얼리즘은 실제로 스페인 영화계에 영향을 미쳤으며, 네오리얼리즘이 본질적으로 좌파적 영화 운동은 아니라는 페사로 회담의 요점을 보여주는 사례일 것이다. 〈고랑Surcos〉(스페인, 1951)은 스페인에서 제작된 최초의 네오리얼리즘 영화다(155). 이 작품은 데 시카의 영화에서 따온 것 같은 도시 외곽의 빈민가가 배경이다. 하지만 예상하기 어려웠던 점은 감독인 호세 안토니오 니에베스 콘데José Antonio Nieves Conde가 보수주의자였다는 사실이다. 그의 영화는 빈민가의 생활상을 예리한 공감을 통해 묘사했지만, 프랑코주의에 가까운 작품의 메시지는 그런 사회 문제를 야기한 것이 스페인의 근대화를 서둘

렀기 때문이라는 것이다. 콘데는 이야기의 중심에 있는 농민 가정이 종교적이고 남성 중심적인 가치를 유지할 수 있다면 스페인의 다른 가정들도 그럴 수 있다고 주장했다. 〈자전거 도둑〉이 마드리드에서 개봉되었을 때 검열단은 아버지와 아들의 구슬픈 결말 장면에 다음과 같은 자막을 넣도록 강요했다. "하지만 안토니오는 혼자가 아니었다. 그의 어린 아들 브루노는 아버지의 손을 꼭 쥐면서 자기 장래는 밝고 희망적이라며 아버지를 안심시켰다." 두 문장이 영화의 메시지를 거꾸로 뒤집었다.

가장 유명한 스페인의 네오리얼리즘 감독인 루이스 베를랑가Luis Berlanga가 전후 미국이 유럽의 금융에 개입한 것에 관한 날 선 비판인 〈웰컴 미스터 마셜Bienvenido Mister Marshall〉(스페인, 1952)을 연출했을 때 30살이었다. 콘데와 달리 베를랑가는 좌파였다. 그의 작품들은 당시 스페인 영화 중에 가장 두드러졌다. 그 시기에 같은 스페인 사람인 루이스 부뉴엘은 영화적 방황을 계속하고 있었다. 살바도르 달리와의 초현실적 협업 후 그는 1938년에 할리우드로 갔다. 미국의 주류 영화 스튜디오인 MGM에서 믿기 어려운 두 번의 작업을 한 후 부뉴엘은 뉴욕에서 영화 기록학자로 활동하다가 프랑스로 여행을 갔고 이후 멕시코에 가서 〈잊혀진 사람들Los olvidados〉(1950)을 연출했다(156). 영화계의 가장 독보적인 초현실주의자는 어쩌면 당연하게도 그가 불신한 네오리얼리즘에 대항이라도 하듯 멕시코시티 빈민가의 어린 범법자들의 이야기를 꿈 시퀀스들로 표현했다. 소설가인 옥타비오 파스는 "부뉴엘은 시계와도 같이 정교하고 꿈처럼 환각적이며 조용히 흐르는 용암처럼 막기 어려운 영화를 만들었다. 이것이 바로 사람이 죽이고 죽고 사랑하고 창작하는 이유다."[16]라고 말했다.

만일 파스의 말이 맞고 또한 "현실은 견디기 힘든 것"이라면 이는 부뉴엘이 네오리얼리즘 영화의 사물 및 사건에 대한 길고 냉담한 응시와 탈드라마를 거부한 이유가 될 수 있을 것이다. 네오리얼리즘이 인도와 스페인에 큰 영향을 미쳤던 1951년에 41세의 사무라이 전사 집안의 자손, 구로사와 아키라 감독의 영화 〈라쇼몽〉(일본, 1950)이 감독 자신도 알지 못하는 사이 베니스 영화제에서 소개되었다. 이 영화는 네오리얼리즘의 스타일적 신조를 받아들이지 않았고 그 움직임을 뒷받침하는 유일한 사회적 진리의 개념에 의문을 던졌다. 〈라쇼몽〉은 센세이션을 일으켰고 나아가 오스카상을 수상했으며 오즈나 나루세, 미조구치라는 이름을 한 번도 들어보지

156. 네오리얼리즘에 대한 루이스 부뉴엘의 도전이라고 할 수 있는, '꿈처럼 환각적인' 영화 〈잊혀진 사람들〉. 멕시코, 1950.

못했던 서양의 까다로운 감독들에게 일본 영화를 알리는 계기가 되었다. 그 과정에서 〈라쇼몽〉은 미국의 누아르 영화와 이탈리아의 네오리얼리즘에 이어 전후 세계 영화가 진화하는 데 큰 역할을 했다.

구로사와는 화가가 되고 싶었으나 광고계를 접한 후 영화계에 발을 디뎠고 나루세의 제3 조감독을 거쳐 일본에서 가장 성공한 상업 영화 감독이었던 야마모토 카지로山本嘉次郎의 제1 조감독으로 활동했다. 구로사와는 존 포드, 하워드 호크스, 아벨 강스 등의 서양 영화감독들로부터 많은 영향을 받았다. 그는 1943년부터 영화 연출을 시작했으며 첫 영화는 유도 유단자와 그의 스승 사이의 충돌을 그린 〈스가타 산시로姿三四郎〉(일본, 1943)다. 이 작품은 서양의 역동적인 편집 스타일과 심도 깊은 화면의 동양 무술 액션이 결합된 것으로 1950년대 홍콩 액션 영화에 많은 영향을

157. 삶의 진실은 유일하다는 네오리얼리즘에 도전한 영화를 촬영 중인 구로사와 아키라(중앙에서 약간 오른쪽에 있는 모자 쓴 남자). 〈라쇼몽〉은 1951년 베니스 영화제에서 센세이션을 불러일으켰고 서구에서 일본 영화의 인지도가 높아지는 계기가 되었다. 일본, 1950.

미쳤다.

〈라쇼몽〉은 12세기에 사무라이를 살해하고 그의 아내를 성폭행하는 도적의 이야기다(157). 법정에 선 도적, 아내, 무당을 통해 불러온 사무라이의 혼령, 그리고 그 사무라이의 시신을 발견한 나무꾼이 각자의 시선에서 증언을 한다. 그들의 증언은 서로 엇갈리고 처음 세 명은 벌어진 일에 대해 하등의 후회가 없다. 〈라쇼몽〉은 그보다 30년도 더 전에 만들어진 그리피스의 〈불관용〉의 방식을 빌려온 지적 퍼즐이며, 기억과 진실에 관한 더 모호한 영화 〈지난해 마리앙바드에서L'Année dernière à Marienbad〉(알랭 레네, 프랑스·이탈리아, 1961)의 초석이 되었다. 도적 역할은 미후네 토시로가 연기했는데, 그는 존 웨인이 존 포드의 아이콘이 되었듯이 구로사와에게 그런 존재가 되었다. 〈라쇼몽〉의 게임과도 같은 개념은 지금은 더 이상 놀라울 게 없지만, 아직도 독창적이라고 할 수 있는 것은 영화의 심미성이다. 비가 내리는데 나무꾼을 비롯한 사람들이 법정을 회상한다. 그들의 머리에 맺힌 빗방울은 네덜란드

정물화의 포도나 유리잔 같기도 하고, 마쓰야마 가즈오의 흑백 사진 속 빛이 새어 나오는 숲 같기도 하다.

〈네이키드 시티〉의 사실주의에 직접적인 영향을 받아 도쿄의 실제 동네에서 촬영한 〈들개野良犬〉(일본, 1949) 같은 구로사와의 초창기 영화들(1943~1950)이 보여주는 사회에 대한 자각은 〈라쇼몽〉과 〈요짐보用心棒〉(일본, 1961)의 실험주의로 대체된다. 구로사와의 영화에서 초점은 사무라이나 외로운 남자 등의 고립된 인간이 되었으며 그는 이를 포드보다 더 깊이 있게 끌고 갔다. 참전하지는 않았지만 구로사와는 뉴스 영화와 신문을 통해 비극을 접했고 자기 보존보다는 자기희생적 성향에 더 관심을 두게 되었다. 그는 "인류애는 우리가 본능적인 이기심을 버리고 다른 관점으로 세상을 바라볼 때 시작된다."라고 말했다. 구로사와는 포드의 짙은 목가적 개인

158. 〈라쇼몽〉에서 도적에 의한 사무라이의 죽음은 진실에 관한 법정 공방으로 이어진다. 일본, 1950.

주의 스키마에 패전국의 성찰을 더했다.

이것은 그의 영화들에 이상한 존엄을 심었다. '이상'하다고 한 이유는 구로사와가 만든 영화들은 대부분 사람이 어떻게, 그리고 왜 싸우는지에 관한 액션 영화였기 때문이다. 〈7인의 사무라이〉(일본, 1954)는 최첨단의 망원 렌즈로 매우 선명하게 촬영되었으며 훌륭한 편집에 잘 조율되고 동기화된 액션으로 1950년대 매우 영향력 있는 작품 중 하나가 되었다(〈7인의 사무라이〉는 1960년에 존 스터지스가 연출을 맡아 〈황야의 7인The Magnificent Seven〉이라는 영화로 미국에서 리메이크되었다). 또한 이 작품은 액션 영화 자체에 대한 정당화이기도 했다. 구로사와의 영화 중 서양의 감독들이 왕성하게 흡수한 것은 〈7인의 사무라이〉뿐만이 아니었다. 세르조 레오네Sergio Leone는 〈요짐보〉를 이탈리아 서부 영화인 〈황야의 무법자Per un pugno di dollari〉(이탈리아·독일·스페인, 1964)로 리메이크했으며, 조지 루카스가 〈숨은 요새의 세 악인隠し砦の三悪人〉(일본, 1958)의 많은 부분을 각색해 〈스타워즈〉에 적용했다는 사실은 잘 알려져 있다.

오즈가 고전 영화 양식의 중심부에 있었다면, 액션과 고독한 인간에 대한 구로사와의 관심은 그를 서부 영화의 영웅 중심적 양식 안에서 가장 유명한 비서양인 감독으로 등극시켰다. 그럼에도 인류애는 마침내 구로사와를 떠났고 이후 장들에서 살펴보겠지만 그의 주제는 더 어두워졌다. 구로사와의 영화는 절망이라는 주제를 탐구했고 그는 자살을 기도하기도 했다. 〈8월의 광시곡八月の狂詩曲〉(일본, 1991) 등 그의 말기 작품들은 주제가 소진된 느낌을 준다. 영화감독으로서의 경력 말기에 그는 프랑스의 인상주의 화가 클로드 모네처럼 색의 역할과 효과에 관한 질문으로 돌아섰다. 구로사와는 사회와 인간에 대한 희망을 포기하고 미학 그 자체에만 집중했다.

누아르 영화 및 네오리얼리즘 영화와 반대되는 성향의 흐름이 무엇이었는지 알아보기 위해 다시 할리우드로 가보자. 그 흐름에 속하는 영화들 중 일부는 유럽의 이주자들이 만든 것이 아니다. 세 편의 영화가 그 흐름을 집약적으로 설명한다. 〈페일페이스The Paleface〉(노먼 Z. 맥레오드, 1948), 〈파리의 미국인〉(빈센트 미넬리, 1951) 그리고 〈사랑은 비를 타고〉(스탠리 도넌·진 켈리, 1952)이다.

〈이중 배상〉의 할리우드가 밥 호프와 함께 신나는 총천연색 코미디 영화를 제작했다는 점이나 누아르 영화 사이클을 만들어 낸 할리우드가 진 켈리가 주연한 가장 도피주의적인 뮤지컬 영화 두 편을 제작했다는 사실은 그리 놀라운 일이 아니다. 제2차 세계 대전의 승자는 현실 세계의 잔해, 빈곤, 분열, 불확실성으로부터 등을 돌렸는데, 미국 태생의 앵글로·색슨 영화인들이 특히 그랬다. 〈원더 맨Wonder Man〉(브루스 험버스톤, 1945)의 대니 케이와 〈페일페이스〉의 밥 호프(159)는 정말 배꼽을 잡게 만든다. 그들은 로렐과 하디의 성인 버전으로 그들과 마찬가지로 소심하고 여성과 친숙하지 않으며 카메라를 들여다보길 즐겼다. 미국 대부분의 지역은 전쟁에 직접적으로 영향을 받지 않았기 때문에 즐겁게 유흥을 이어갈 수 있었고, 호프와 케이의 경우 남성의 소년미를 비웃었다. 채플린 못지않게 품위 있고 재능 있는 코미디언이

159. 코미디 영화 〈페일페이스〉에서 비겁하고 무능한 치과 의사 페인레스로 분한 밥 호프와 컬래미티 제인으로 분한 제인 러셀. 감독: 노먼 Z. 맥레오드. 미국, 1948.

었던 케이는 좌익이었고 결국은 유니세프에서 일하게 되었다. 호프의 코미디는 케이처럼 숨을 멎게 하지는 않았다. 그는 정치 스펙트럼의 오른쪽에 있던 평범한 남자로 타이밍이 좋았을 뿐이었다.

〈파리의 미국인〉과 〈사랑은 비를 타고〉는 마물리안의 선구적인 초창기 뮤지컬 영화 〈러브 미 투나잇〉(미국, 1932)의 세련된 총천연색 후예다. 두 작품 모두 피츠버그 태생으로 교육받은 현대 무용가이자 안무가인 진 켈리가 주인공이다. 그리고 두 작품 모두 초창기 예술에 관한 것으로 전자는 프랑스의 인상파 그림, 후자는 무성영화를 주제로 다루었다. 각각의 작품은 MGM 안에서 마치 화가의 아틀리에처럼 반半독립적인 배우 집단을 운영했던 작사가이자 프로듀서, 아서 프리드Arthur Freed가 관리 감독했다. 작품은 물론 프로듀서가 주도했지만 프리드의 팀은 1930년대와 1940년대 일부 일본 영화 스튜디오의 하위 부서와는 그 역할이 달랐다. 프리드와 팀원들은 코즈모폴리턴이었고 그들은 마물리안이 다른 영화들을 벤치마킹한 것이라는 사실을 알았을 뿐만 아니라 그의 영화들이 르네 클레르의 영향을 받은 것이라는 사실도 알았다. 그들은 미국의 뮤지컬 영화에 혁명을 일으켰는데, 〈러브 미 투나잇〉의 판타지 세계를 벗어나 세트장 밖으로 나갔으며 〈춤추는 대뉴욕On The Town〉(스탠리 도넌·진 켈리, 1949)의 경우 몇몇 장면은 도시의 거리에서 촬영했다. 아처스에서 제작한 〈분홍신The Red Shoes〉(마이클 파월·에머릭 프레스버거, 영국, 1948)은 미국에서 대성공을 거두었고, 이에 고무된 그들은 〈파리의 미국인〉의 발레 피날레를 촬영하는 데 50만 달러 이상을 썼다.[17] 〈사랑은 비를 타고〉는 다른 예술 형식과 유럽의 아이디어에 대한 의존도가 덜했다. 그것은 즐겁고 전염성이 있는 미국 문화, 그 자체였다.

이러한 뮤지컬 및 코미디 영화는 전쟁으로 인해 황폐화된 이후 수년 동안 가장 오락적인 영화였으며, 이 두 장르는 새로운 아이디어와 기술로 계속 변화하고 수정되었다. 이 시기의 규모가 큰 영화의 유행은 주류 영화계가 성숙해져 가는 과정이었다. 누아르 영화와 네오리얼리즘 그리고 〈라쇼몽〉, 이 세 가지는 영화적 진중함이 진보한 것이었고 각각의 이면에 있는 이야기는 세계적인 영향의 하나였다. 이 시기 이후 영화 스타일의 복잡한 진화는 다른 어떤 시기보다도 더 여러 대륙의 미학적 아이디어를 교배시킨 결과였다. 멕시코, 브라질, 홍콩, 인도의 영화는 확실히 독특해졌으며 세계 영화에 대한 전망은 좋아 보였다. 지금은 9퍼센트에 불과하지만 이 시기에는 미국 인구의 60퍼센트가 여전히 정기적으로 영화를 관람했다. 1950년대 초반에 텔레비전의 보급은 영화 산업을 위협했으나 영화계는 자가적인 시각적 재창조로 대응했다.

160. 1950년대에 서양의 영화 관객은 드디어 아시아 영화를 볼 수 있는 기회를 얻게 되었다. 그 벽을 허문 영화 중 하나는 사티야지트 레이의 〈길의 노래〉였다. 인도, 1955.

6. 비장한 이야기(1952~1959)

1950년대 영화의 분노와 상징

제2차 세계 대전에 반대했던 친서방 성향의 근대주의자 요시이다 총리는 1950년대 초 일본의 핵심 정치인이었다. 미국의 아이젠하워 대통령은 제2차 세계 대전에서 유럽 연합군의 활동을 주도했고 1953년에 집권한 공화당원이었다. 영국에서 교육받은 사회주의자 네루는 1947년 인도가 독립한 때부터 1964년 사망할 때까지 인도 총리를 지냈다. 요시이다는 일본이 경제적으로 조숙하고 침략국으로서의 비극적인 세월을 후회하며 곧 자립할 수 있을 것으로 내다보았다. 아이젠하워는 미국을 중산층 가정을 중심으로 한 백인 기독교도들이 모여 사는 교외 지역으로 상상했다. 많은 사람은 당장 필요하지 않은 것에 쓸 여유 자금이 있었다. 광고계는 물건을 사고 싶도록 포장했고 사람들은 그들이 소유한 것으로 인격과 지위를 표현했다. 여성들은 재닛 리처럼 옷을 입을 수 있었고 남성들은 영화 속 주인공의 차와 별반 다르지 않은 차를 운전할 수 있었다. 부유한 나라의 삶은 적어도 표면적으로는 도피주의 영화의 유토피아적 세계를 닮아갔다. 한편 인도는 종교에 심취했고 사회적으로 불평등했지만, 네루는 무신론적이고 카스트 제도에 반하는 정치 강령이 있었다.

일본의 두 번째 황금기

제2차 세계 대전으로 조롱당하고 파괴된 일본의 경제는 1950년대에 급성장했다. 광고 지출은 열 배나 증가했고, 국가적 야망은 미국발 소비주의 사회로부터 영향을 받은 '밝은 삶'이었다. 1955년에 일본의 정치인들은 "전후 시대는 끝났다."라고 선언했다. 구로사와가 연출한 〈라쇼몽〉(1950)의 세계적인 성공은 일본의 국제적 자신감을 끌어올렸다. 곧 매해 500편이 넘는 일본 영화들이 쏟아져 나왔다.

이 장에서 소개되는 일본 영화는 1953년에 제작된 것부터 시작하며 그 영화들은 미국 영화사의 1939년 영화들처럼 매우 훌륭한 작품이다. 미조구치 겐지의 〈우게츠 이야기雨月物語〉, 기누가사 데이노스케의 〈지옥문地獄門〉, 오즈 야스지로의 〈동경 이야기〉는 앞서 언급했던 이 세 감독의 최고 작품이다. 그리고 다나카 기누요田中絹代의 〈연애편지恋文〉는 수많은 일본의 고전 영화에 출연했던 배우의 감독 데뷔작이다. 앞서 이야기했듯이(159~160쪽 참고) 미조구치는 〈오사카 엘레지〉와 〈기온

161. 〈오사카 엘레지〉를 만든 지 약 20년 만에 미조구치 겐지는 그의 77번째 영화인 〈우게츠 이야기〉로 드디어 서구 영화계의 주목을 받았다. 일본, 1953.

의 자매〉 등 사랑과 인내로 남성을 구원하는 여성의 감정적으로 억제된 시기의 이야기를 펼치기 위해 매우 역동적인 카메라 움직임을 구사했다. 〈우게츠 이야기〉는 미조구치의 영화 중 가장 주목을 받았으며 〈라쇼몽〉처럼 베니스 영화제에서 상을 받은 작품이다. 이 영화는 부를 꿈꾸지만, 아내의 영적 인도를 받는 16세기 도공의 절제된 이야기를 담고 있다. 훌륭한 촬영감독 미야가와 가즈오宮川一夫가 액션과는 대담하게 분리된 흐르는 듯한 롱 테이크로 절묘하게 촬영한 작품이다. 불만을 품은 도공이 집에 돌아갔을 때 집은 부서지고 아내는 죽었다는 사실을 알게 되는 〈우게츠 이야기〉의 결말은 영화 역사상 가장 잔잔한 결말 중 하나다. 그가 여정 중에 만났던 여인은 바로 아내의 영혼이었다. 그녀는 이렇게 말한다. "드디어 내가 원했던 남자가 되셨군요."

세월의 흐름에 대한 슬픔 또는 '모노노아와레'는 이전 장에서 언급했던 것처럼 오즈 영화의 핵심이었다. 오즈는 1930년대의 고전적인 스타일을 갈고닦아서 1953년에 자신의 가장 유명한 작품인 〈동경 이야기〉를 연출했다. 부모와 자식의 관계라는 오즈의 상징적 주제를 담은 것으로 그의 영화 중에서 가장 감동적인 작품이다. 한 노부부가 자녀를 방문하기로 한다. 그런데 그들의 자녀는 각자 생활이 바쁘고 힘들어 노부부를 등한시한다. 집으로 돌아가는 기차 안에서 어머니는 병이 나고 그 후 얼마 안 있어 죽는다. 영화는 아버지가 집에서 홀로 앉아 아내를 그리워하며 삶이란 결국 이런 거라고 수긍하는 모습에서 끝난다. 〈태어나기는 했지만〉에서 보여준 모든 기법이 이 작품에 고스란히 남아 있다. 카메라는 대부분 눈높이보다 아래쪽에 있고(162) 거의 이동하지 않으며, '중간 공간' 또는 '필로우 숏'은 시퀀스 사이에서 서술적으로 중립적이고 균형 잡힌 이미지를 만든다. 그러나 〈태어나기는 했지만〉보다 유머는 덜하다. 오즈의 고전주의가 더 침울해졌다.

미조구치는 다나카 기누요의 연출 데뷔를 만류했지만 〈연애편지〉는 미조구치가 큰 실수를 할 뻔했다는 것을 입증했다. 이 작품은 전쟁 이후 일본의 암울하고 체념적인 상황을 훌륭하게 포착하고 있으며 앨프리드 히치콕이 전성기에 했을 법한 기차 추격 장면을 보여준다. 기누가사의 형식에 대한 복귀는 더 먼 과거에서 온 것이었다. 그의 작품 〈미친 한 페이지〉(1926)는 〈칼리가리 박사의 밀실〉로부터 시작된 1920년대 광기 영화의 일부다(115~117쪽 참고). 1930년대와 1940년대에 그의 작품은 더욱 관습적이 되었지만, 〈지옥문〉(1953)은 절묘한 총천연색으로 만들어진 12세기의 이야기다. 〈라쇼몽〉과 〈우게츠 이야기〉처럼 이 작품도 국제 영화제에서 축배를 들었으며 통상적인 화면보다 더 넓은 화면으로 다른 작품과 차별화되었다. 1953년까지 영화의 스크린은 대부분 넓이가 높이보다 3분의 1 더 길었으며 그것은 대략 서양의 풍경화가들이 쓰던 캔버스의 비율과 같았다. 강스의 〈나폴레옹〉(111~113쪽 참고)이나 다음에 언급할 앙리 크레티앵Henri Chrétien의 실험과 같은 특수한 경우를 제외하고 다른 영화들은 모두 '아카데미' 비율이라고 부르는 이 화면 크기를 따랐다. 1950년대에 영화인들은 25년 전 무성 영화를 버렸던 것처럼 아카데미 비율을 버렸고, 그 결과 카메라 렌즈와 필름 그리고 영화관의 스크린도 이에 맞춰야 했다. 영화 산업의 대표들은 영화를 텔레비전과 차별화시키기 위한 여러 방법을 고민했다. 그들의 해법은 스크린을 더 크게, 가로로 더 길게, 내용을 더 '대작'으로 만드는 것이었다.

162. 일본의 또 다른 거장 감독이 1953년에 뒤늦게 주목받았다. 오즈 야스지로의 〈동경 이야기〉는 바쁜 삶을 살아가는 자식들을 찾아간 어느 노부부의 이야기로, 오즈의 46번째 작품이었다. 〈태어나기는 했지만〉 이후 20여 년이 지났으나 오즈는 여전히 카메라를 눈높이 아래에 두었다.

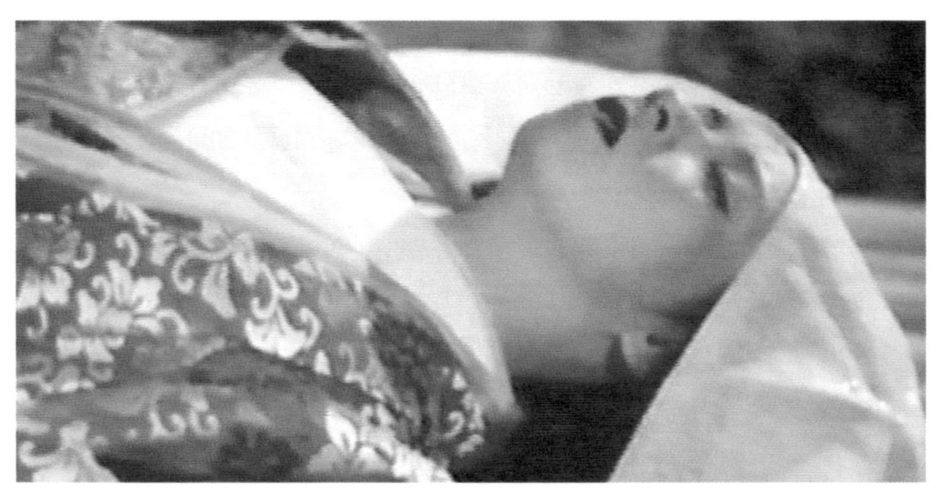

163. 일본 최초의 와이드 스크린 영화인 〈지옥문〉의 한 장면. 베테랑 감독 기누가사 데이노스케는 〈지옥문〉 전체를 다 연출하지는 않았지만 그와 촬영감독인 스기야마 코헤이는 아름다운 영상을 창조했다.

일본과 미국의 와이드 스크린

1927년에 프랑스인 앙리 크레티앵은 와이드 스크린의 개발에 선구적인 역할을 했다. 그는 카메라를 세 대나 동원하지 않고도 강스의 〈나폴레옹〉에 일부 선보인 초대형 화면을 만들어 내기를 원했다. 그는 양쪽으로 넓은 장면을 보통의 필름 안에 모두 담아낼 수 있도록 장면을 압축할 수 있는 렌즈를 카메라에 설치했다. 그리고 영화관에서 필름을 영사할 때 압축된 영상을 다시 넓게 풀 수 있는 렌즈를 영사기에 설치했다. 1950년대 일본의 영화감독과 촬영감독은 이 기술을 열광적으로 수용했는데, 아마도 그들의 나라에는 서양과 달리 가로형의 두루마리 그림과 하나의 큰 직사각형 이미지를 형성하는 세 폭 목판화의 오랜 전통이 있었기 때문에 새로운 와이드 스크린의 전체 너비를 역동적으로 채울 수 있었을 것이다.

이 책에서 처음 언급하는 일본의 영화감독 이치카와 곤市川崑은 기누가사의 구도적 스키마를 더 확장했다. 이치카와는 1940년대 말에 코미디 장르로 영화를 시작했다. 그의 첫 인상적인 영화로는 일본의 현대화를 풍자한 〈푸상プーサン〉(1953)을 들 수 있다. 〈어느 배우의 복수雪之丞変化〉(1963)는 개봉되고 몇십 년 후에 서양에서 성공적으로 재개봉되었는데, 와이드 스크린을 활용한 이치카와의 방식은 사람들을 놀

라게 만들었다. 한 시퀀스에서 등장인물이 화면 왼쪽의 윗부분에서 작은 빛처럼 등장한다. 나머지 95퍼센트쯤 되는 화면은 암전이다. 글로 설명하기는 어렵지만 이 책을 펼쳤을 때 왼쪽 면의 첫 글자를 제외하고 모두 비어 있다고 생각하면 이해가 빠를 것 같다.

B급 영화 사이클에서 최초의 영화는 원자폭탄에 의해 눈을 뜬 티라노사우루스 같은 피조물에 관한 〈고지라ゴジラ〉(혼다 이시로)로, 이 작품은 1954년에 일본에서 개봉되었다. 국제적으로 가장 잘 알려진 일본 감독인 구로사와 아키라는 그때까지 와이드 스크린을 적용하지는 않았지만 〈7인의 사무라이〉(1954)에서 보여준 또 다른 혁신은 그 작품을 지금까지도 그의 가장 성공적인 영화로 각인시켰다. 〈7인의 사무라이〉가 사무라이에 관한 일본 최초의 영화는 아니었지만 제2차 세계 대전에서 패한 후 일본을 휩쓸었던 서부 영화의 영향을 받은 것이었다. 특히 〈역마차〉를 비롯한 존 포드의 영화로부터 영향을 받은 구로사와는 고상한 자기희생과 영화적인 실험에 관한 관심으로 사무라이 이야기에 서부 영화의 스키마를 혼합했다. 영화는 도적들에게 시달리던 16세기 어느 마을 사람들의 이야기다. 마음이 따뜻한 시마다를 제외하고 다른 사무라이들은 마을 사람들을 도울 생각이 없다. 시마다는 사무라이 자격을 갖추지는 못했지만 검술이 뛰어난 키쿠치요를 비롯한 여섯 명을 모은다. 여러 전투에서 그들은 마을 사람들을 보호하는데, 키쿠치요를 포함한 세 명은 죽음을 맞이한다. 결국 마을 사람들은 삶을 위해 다시 모를 심고 남은 사무라이들은 마을을 떠나면서 죽은 동료들의 무덤을 지나간다.

〈7인의 사무라이〉는 동서의 영화 서사를 섞었을 뿐만 아니라 전투 장면을 촬영하기 위해 구로사와가 처음으로 여러 대의 카메라를 동원했다는 점에서 혁신적인 작품이다. 그럼으로써 촬영의 호흡을 더 길게 가져갈 수 있었고 그렇게 얻어낸 시퀀스는 발전하고 진화할 수 있었다. 또한 감독은 후반 작업에서 서로 다른 카메라 앵글로 촬영된 장면을 편집함으로써 다양한 컷을 얻을 수 있었으며 이와 동시에 연속성을 유지할 수 있었다. 그는 핵심적인 장면에서 150mm 이상의 망원 렌즈를 사용해 사진 164와 같이 공간을 평면적으로 압축했다.

영화의 장엄함을 강조하고자 했던 20세기 폭스는 1950년대 들어서 최초로 제작

164. 1950년대 동양과 서양의 영화를 잇는 가장 두드러진 가교는 구로사와 아키라의 영화들이었다. 그의 작품 〈7인의 사무라이〉는 존 포드의 서부 영화들을 참조했으나 거기에 수평적 구도와 망원 촬영을 추가했다. 일본, 1954.

된 와이드 스크린 영화인 〈성의The Robe〉(헨리 코스터, 1953)를 선보였다(165). 이 영화는 크레티앵의 선구적인 기술을 변형시킨 시네마스코프로 촬영되었다. 1897년에 에녹 J. 렉터는 〈코베트와 피츠시먼스의 경기〉를 촬영하면서 와이드 스크린 촬영 방법을 고안했고(35~36쪽 참고), 이는 영화 매체를 부흥시키는 데 큰 역할을 했다. 그로부터 50년이 훌쩍 지난 후에 20세기 폭스는 이와 비슷한 효과를 기대하며 〈성의〉를 적극적으로 홍보했다. 다른 영화 스튜디오들도 그 뒤를 따랐다.

미국의 많은 영화인은 와이드 스크린의 창조적 영향에 겁을 먹었다. 스크린은 더 이상 인간의 시야에 맞춰지지 않았다. 일부 서양화가 그런 구도를 제공하기도 했다. 스크린에 가까이 앉은 관객은 전체를 보기 위해 고개를 좌우로 돌려야만 했다. 전보다 배나 넓은 클로즈업 숏으로 관객을 혼란스럽게 만들 수 있다는 우려에 미국의 감독들은 처음에는 카메라를 배우로부터 멀리 설치했으며 배우들을 마치 관광객 행렬처럼 스크린에 쭉 펼친 형태로 배치했다(166). 이러한 배치는 두 번째 시네마스코프 영화인 〈백만장자와 결혼하는 법How to Marry a Millionaire〉(진 네글레스코, 1953)에서도 반복되었는데, 때로는 '빨랫줄' 구도라고 불리기도 했다. 영화인들은 그런 큰 스크린에 영화가 상영될 때 편집이 관객에게 시각적 방해 요소가 되지 않을까 우려해서 연극 무대 같은 숏들을 더 많이 촬영했다. 그 결과 숏의 평균 길이는 11초에서 13초로 늘어났다. 평균 촬영 길이가 늘어났던 1940년대를 떠올리면 이러한 초기 와이드 스크린 영화의 화면 심도는 더 깊어질 것으로 예상되었다. 하지만 사진 165와 166에 보이는 배우들은 카메라로부터 대략 같은 거리에 있다. 그 이유 중 하나는 이 시기부터 컬러 필름을 사용했기 때문이다. (당시에 텔레비전은 아직 흑백이었다.) 컬러 필름은 빛에 덜 민감했기 때문에 이전의 누아르 영화의 경우보다 카메라의 조리개를 더 열어야 했다. 조리개를 열수록 초점은 얕아졌고 그만큼 화면의 깊이도 얕아졌으며, 이는 당시 대부분의 와이드 스크린 영화의 표준이 되었다.

이 시기에 미국에 출현한 스테레오스코픽 영화 또는 '3D' 영화는 예외였다. 이러한 영화에는 인간이 무언가를 두 눈으로 보는 방식을 본떠서 깊이 있게 구성된 장면을 두 대의 인접한 카메라로 거의 같은 각도에서 촬영하는 기술이 사용되었다. 이와 같이 촬영된 약간 다른 두 이미지의 조합과 특수 안경의 사용은 전경은 전진하고 배경은 후퇴하는 듯한 놀라운 영상을 만들었다. 〈브와나 데블Bwana Devil〉(아치 오볼러, 미국, 1952)은 최초의 3D 영화였다. 장비는 영화인들에게 어색했고 카메라는 이동시키기 어려웠다. 조리개를 닫기 위해 밝은 세트가 필요했고 따라서 많은 조명 장비가

165. 무성 영화 시기 이후에 영화가 이처럼 연극 무대 같았던 적은 없었다. 와이드 스크린 포맷은 최초의 시네마스코프 영화인 〈성의〉부터 대세 포맷이 되었다. 감독: 헨리 코스터. 미국, 1953.

166. 〈백만장자와 결혼하는 법〉에서 상투적인 '빨랫줄' 구도로 앉아 있는 베티 허튼, 로리 칼훈, 로렌 바콜, 캐머런 미첼, 마릴린 먼로. 감독: 진 네글레스코. 미국, 1953.

동원되었다. 그 결과 촬영장은 한증막과도 같았다. 감독들은 유성 영화 초기에 그랬던 것처럼 이와 같은 제약에 좌절감을 느꼈으나, 성가시지만 새로운 방식의 지적이고 극적인 가능성을 탐구하고자 하는 르네 클레르나 루벤 마물리안 같은 인물은 나타나지 않았다. 더글러스 서크의 〈코치스의 아들 타자Taza, Son of Cochise〉(미국, 1954), 안드레 드 토스André De Toth의 〈밀랍의 집House of Wax〉(미국, 1953)(더욱 놀랄 만한 점은 감독이 한쪽 눈만 보여서 3D 효과를 볼 수 없었다는 사실이다), 앨프리드 히치콕의 억제되고 연극 같은 작품, 〈다이얼 M을 돌려라Dial M for Murder〉(미국, 1954) 등의 흥미로운 3D 영화들이 제작되었다. 안경을 착용하는 것이 어색했던 관객은 3D 영화를 거부했고 1955년에 제작이 중단되었다. 그러나 이후에 산발적으로 부활하기도 했다. 1990년대에 대형 소니 아이맥스 3D 영화관들이 건립되었고 이후 많은 주류 영화가 2D와 3D로 동시에 제공되었다. 이러한 영화 기술의 혁신적인 요소들에 대해서는 11장에서 다루고자 한다.

미국과 남아시아의 긴장과 멜로드라마

이 시기의 일본 영화와 미국 영화의 가장 중요한 차이점은 각각의 영화 스타일을 분석하는 것만으로는 찾을 수 없다. 그보다는 각국에서 그런 스타일이 사회 변화에 어떻게 반응했는지를 살펴봐야 한다. 이 장의 핵심적 주장은 1950년대 영화들이 시대의 긴장을 반영했다는 점이다. 오즈와 미조구치, 다나카는 전쟁의 막대한 영향과 요시이다 총리의 근대화 운동을 우려하고 체념하는 마음으로 관망했지만[1] 미국의 영화 제작은 아이젠하워 집권 시기의 기운에 편승했다. 미국의 많은 영화인은 이 시기 미국인의 삶에 대한 관습적이고 소비적이며 낙관적인 영화들에 대해 흡족해 했고 그에 걸맞은 영화 세계를 창조했다. 향수를 자극하는 겨울 뮤지컬 영화 〈화이트 크리스마스〉(마이클 커티즈, 미국)는 1954년에 최고 흥행 기록을 경신했고, 4년 뒤에는 즐거운 섬을 배경으로 한 뮤지컬 영화 〈남태평양South Pacific〉(조슈아 로건, 미국)이 그 뒤를 따랐다.

그러나 미국의 주요 영화인들은 '10대teenager'라는 존재의 출현과 소비에트 연방과의 '냉전'의 공포로 인해 미국이 보기보다 응집력이 훨씬 더 떨어졌다는 사실을 무시할 수 없었다. 또한 흥미롭게도 그들은 1940년대 후반과 1950년대 초반 미국 영화의 잠정적인 성숙이 새로운 스키마와 기발한 방식의 시나리오 작법 및 촬영 기법을 개척하고 있었다는 점을 간과할 수 없었다. 영화인들은 영화가 더 극적으로 복잡하고 깊이 있게 연출될 수 있고, 연기는 더 날것 같고 날카로울 수 있으며, 조명은 더 자연스러울 수 있고, 행복한 결말만이 흥행을 보장하는 유일한 길은 아니라는 판단으로 두 가지 철학을 모두 수용하려고 노력했다. 그들은 아이젠하워의 비전을 수용하고 자신들의 영화가 그 어느 때보다도 재미있고 다채롭다는 것을 보장함으로써 줄어드는 관객의 흐름을 막으려고 시도했다. 하지만 이와 동시에 그 영화들이 심리적으로나 사회적으로 정직하기를 바랐다. 그 결과 그들의 작품은 1950년대에 폭발적인 인기를 얻었다.

대중문화는 1950년대에 시대에 순응하는 듯 보였지만 수면 아래에서는 급격한 변화를 겪고 있었다. 1952년 로베르토 로셀리니의 〈기적Il miracolo〉(이탈리아, 1948) 사건을 고려해 미국 대법원은 영화도 다른 예술 형식과 마찬가지로 표현의 자유를

167. 니컬러스 레이의 이 와이드 스크린 영화는 10대의 반항이 사회적 박탈로 인한 것이 아니라는 메시지로 새로운 지평을 열었다. 〈이유 없는 반항〉의 제임스 딘. 미국, 1955.

누려야 한다고 판결했다. 그 판결이 영화에 즉각적인 영향을 미치지는 않았지만, 영화를 당시 팽배했던 자기표현의 개념과 연결했다. 1954년에 빌 헤일리 앤드 더 코메츠의 노래 「록 어라운드 더 클락Rock Around the Clock」은 그 당시 대중음악에 새로운 기운을 불어넣었고 부모 세대보다는 10대를 더 열광시켰다. 독립 영화 감독인 오토 프레밍거가 제작하고 연출한 〈푸른 달The Moon is Blue〉(1953)은 '처녀'와 '내연녀' 같은 단어를 사용하면서 무너져 가는 영화 스튜디오의 제작 코드를 조롱했다. 같은 해 〈위험한 질주The Wild One〉(라슬로 베네덱, 1953)는 반항적인 폭주족이 작은 마을을 초토화하고 그 대가도 치르지 않은 채 도주하는 모습을 보여주었다. 10대의 비행과 방향성의 부재는 이후에 〈이유 없는 반항Rebel without a Cause〉(니컬러스 레이, 1955)(167)과 〈에덴의 동쪽East of Eden〉(엘리아 카잔, 1955)을 통해 보다 직접적으로 탐구된다. 두 영화의 주인공은 24살의 제임스 딘으로 뉴욕에 있는 혁신적인 액터스 스튜디오의 일원이었다. 그는 두 영화가 개봉한 해에 자동차 사고로 사망하며 단기간에 형성된 그의 명성을 확고히 했다.

두 번째로 논란이 많은 오토 프레밍거의 영화로 〈푸른 달〉 이후 2년 만에 나온 〈황금팔을 가진 사나이The Man with the Golden Arm〉(1955)에는 마약 중독 장면이 나온다. 프레밍거보다 재능이 많았던 감독 스탠리 큐브릭도 그처럼 인생을 부정적인 시각으로 바라보았다. 전직 사진작가였던 큐브릭은 영화계에서 일을 시작하자마자 촬영에 관한 거의 모든 것을 꼼꼼하게 통제했다. 그의 세 번째 장편 영화 〈킬링The Killing〉(1956)은 강도 사건과 관련된 긴박한 내용을 담고 있고 〈영광의 길Paths of Glory〉(1957)은 제1차 세계 대전 당시 장교들의 무심에 관한 것이다. 큐브릭은 단기간 내에 주요 영화 예술가로 자리매김했다. 그는 유동성이나 자유주의가 없는 웰스였으며 유쾌함이 없는 키튼이었다. 큐브릭은 '아이젠하워주의'에 동조하지 않았고, 스크린에 펼쳐지는 물리적 세계를 매우 잘 이해했으며, 그 견고한 이해로 등장인물의 영적 공허함을 묘사했다.

텔레비전도 아이젠하워의 비전을 갉아먹었다. 평범하고 뚱뚱한 정육점 주인에 관한 텔레비전 드라마 〈마티Marty〉(미국, 1953)는 센세이션을 일으켰는데, 1955년에 델버트 맨이 외로움, 낮은 자존감, 절망의 주제가 약간 희석된 영화로 리메이크했다. 텔레비전은 새롭고 보다 현실적인 주제를 제공했을 뿐만 아니라 주의를 필요로 하는 영화 세계에 참신한 감독들을 소개하기도 했다. 그런 감독들로는 델버트 맨을 비롯해 시드니 루멧, 로버트 올드리치, 로버트 패리시 등이 있었다. 이듬해 미시시피 태생으로 21살이었던 엘비스 프레슬리는 빌 헤일리의 역동적인 음악에 블루스와 재즈를 혼합해 성적으로 승화시켰고 세계에서 가장 인기 있는 가수가 되었는데, 10대는 열광했고 부모들은 분노했다. 1956년 베테랑 서부 영화 감독인 존 포드는 〈수색자〉의 인종 차별적인 떠돌이 역으로 존 웨인을 캐스팅했다. 일본과 같이 미국에서도 제작비는 저렴하나 인기 있고 흥미로운 공상과학 영화들이 출현했다. 영화 속에서 나라는 물론이고 평범한 미국인들도 외계인의 침략을 두려워했다.

엘리아 카잔 감독은 지그문트 프로이트의 정신 분석 이론과 모스크바의 연극 연출가인 콘스탄틴 스타니슬랍스키의 연기 이론이 다소 뒤죽박죽된 두 기둥을 기반으로 뉴욕에 액터스 스튜디오를 공동 설립했다. 배우들은 액터스 스튜디오에서 내면의 두려움과 욕망에 접근한 다음 그것을 억제하는 법을 배웠다. 새로운 연기법인 메소드Method를 통해 배우들은 실제의 자신을 드러내지 않고 배역에 이입해 연기했다. 〈위험한 질주〉의 주인공인 네브래스카 태생의 말런 브랜도는 그런 반反할리우드적인 연기법으로 뉴욕의 무대에서 영향력 있는 스타 배우가 되었으며, 자신의 평범함을 혐오했던 그는 〈더 맨The Men〉(프레드 진네만, 1950)부터는 단편적인 문제 해결식 무대 연기를 영화에 적용했다. 현대적이고 서구적이며 불완전하고 성적인 개성이 탄생했던 것이었다. 브랜도는 와이드 스크린 컬러 영화에서 연기했고 제임스 딘의 두 영화도 이 기법으로 촬영되었다. 일상적인 텔레비전 영상에 대응하기 위한 시각적 스키마인 와이드 스크린은 현실 세계와 도피주의적인 평행 세계와의 거리를 늘리기 위해 영화 스튜디오의 대표들이 도입한 기법이며 영화 역사상 가장 사실적인 연기를 담아내는 데 사용되기도 했다.

그러한 연기를 보여준 영화 목록은 참으로 길고, 그 목록은 당시 미국 대중 예술의 주제와 주장 그리고 대상의 근본적인 변화에 해당한다. 프레밍거와 카잔 같은 감독들은 미국 영화가 인종, 청춘, 성, 노동조합주의 등 동시대의 주제를 다루기를 원했다. 1950년대가 시작될 때 아이다 루피노는 〈아웃레이지Outrage〉(미국, 1950)에서 한밤중의 추격이나 젊은 회사원의 성폭행을 마치 소비에트 연방의 영화처럼 잘게 쪼갠 장면으로 묘사했다. 〈워터프론트〉(1954)에서 브랜도는 사장에게 배신당한 전직 권투 선수로 노동조합의 행패에 맞서는 인물을 연기했는데, 카잔은 브랜도를 길거리에서 얼굴을 비추는 조명 없이 촬영하기도 했다(168). 카잔은 1920년대 이후

168. 〈워터프론트〉에서 강력한 노동조합에 항거하는 한물간 권투 선수 역을 연기한 말런 브랜도. 그의 메소드 연기는 로버트 드 니로 등 다음 세대의 뉴욕 배우들에게 영향을 주었다. 감독: 엘리아 카잔. 미국, 1954.

인간의 삶에 대한 할리우드의 이상화되고 감정적인 관점인 폐쇄적인 낭만적 사실주의에 대항하기 위한 공성 망치로 메소드 연기 이론을 이용했다. 말런 브랜도, 몽고메리 클리프트, 셸리 윈터스, 칼 말든, 로드 스테이거를 비롯해 카잔이 설립한 액터스 스튜디오에서 교육받은 많은 이들은 서양 영화계에서 매우 영향력 있는 배우가 되었다.[2]

〈빅 나이프The Big Knife〉(로버트 올드리치, 1955)는 이 시기 미국 영화와 연기 발전의 단면을 보여주었다. 이 작품에서 로드 스테이거는 영화 산업의 불확실성과 대면하고 사생활에서 성적 욕망에 의문을 가지는 스튜디오 대표를 연기했다. 스테이거는 백화점을 돌아다니며 넥타이와 구두, 주방용품 등이 자신이 맡은 배역에 어떤 의미가 있는지 스스로 질문해 보기로 결심했다. 백화점의 여러 매장을 돌아다닌 끝에 그는 물음표 모양의 넥타이핀을 발견했고 자신이 맡은 배역은 '물음표' 같은 인물임을 자각했다. 그는 배역의 물리적 상징 같은 그 핀을 구매해서 촬영하는 내내 착용했다. 이런 실험적인 심리 탐구는 로버트 드 니로, 더스틴 호프만, 메릴 스트립 등 현대 미국 영화에서 많은 갈채를 받는 배우들의 연기 기술에 큰 영향을 미쳤다.

많은 영화 역사가의 주장에 따르면, 1950년대 중반의 가장 흥미로운 미국 영화감독들은 전형적인 와이드 스크린 멜로드라마를 통해 심리적이고 사회적인 질문을 던진 사람들이다. 특히 그중 세 감독은 주류 엔터테인먼트의 외양 아래서 자신들의 영화 속 등장인물의 분노와 히스테리를 탐구했다. 그들의 놀라운 영화는 처음에는 관객에게 외면당했으나 나중에는 그 시기의 가장 영향력 있는 작품으로 인정받았다. 그들 중 첫 번째 인물은 이미 언급했던 빈센트 미넬리다. 〈더 클락〉(1945)의 흐르는 듯한 숏들은 히치콕의 〈로프〉(1948)에 나오는 10분짜리 테이크에 길을 열어주었다. 미넬리는 〈파리의 미국인〉(1951)도 연출했다. 미넬리의 예술적 관심의 폭은 다른 미국의 영화감독들보다 훨씬 넓었다. 그는 뉴욕에서 오랫동안 살았고 거기서 유럽 영화를 관람했으며, 특히 막스 오퓔스의 영화로부터 여러 장면을 어떻게 하나의 긴 숏으로 통합하는지 배웠다. 또한 미넬리는 프로이트의 글을 읽고 초현실주의에도 관심을 가졌다. 그의 영화 〈거미줄The Cobweb〉(1955)은 이런 지적 고민에서 나온 작품이다. 커튼을 살지 말지를 놓고 정신 병원 직원과 환자가 벌이는 기이한 이야기는 우스꽝스럽고도 신경 쇠약적인 소우주를 묘사했다. 1920년 〈칼리가리 박사의 밀실〉의 이미지는 등장인물의 정신적 왜곡을 각인시켰지만 〈거미줄〉의 확연히 정상으로 보이는 이미지에 그런 그림자는 나타나지 않았다. 그 대신 미넬리와 촬영감독 조지 폴시는 와이드 스크린의 새로운 가능성을 활용해 숏을 시각적 연결들로 과도하게 채웠으며 주인공의 정신적 긴장을 표현하도록 설계했다.

니컬러스 레이 감독은 이보다 더 나아갔다. 사회적 의식이 있고 양성애자로서 혼란스러웠던 레이는 위스콘신 태생으로 프랭크 로이드 라이트와 함께 건축을 공부했으며 〈그들은 밤에 산다They Live by Night〉(1948)와 〈고독한 영혼In a Lonely Place〉(1950) 등 전후 미국의 가장 획기적인 영화들을 연출했다. 레이는 1954년에 트루컬러Trucolor라는 새로운 필름을 사용해서 저예산 서부 영화인 〈자니 기타〉를 연출했다(169). 그는 시나리오를 직접 다시 썼으며 앨버커키 외곽에서 철도가 놓이기를 기다리는 술집 주인의 이야기에 거세고 새로운 정치색과 반反마녀사냥 느낌을 불어넣었다. 1930년대와 1940년대 자칭 '할리우드의 여왕'이라고 했던 아담한 체구의 조앤 크로퍼드

169. 니컬러스 레이의 〈자니 기타〉에서 악인 패거리에 맞서는 술집 주인을 연기한 조앤 크로퍼드. 〈자니 기타〉는 당시 대부분의 미국 평론가들로부터 비난을 받았지만 그 열정과 시각적 강렬함으로 인해 일부는 이 영화를 미국 영화 역사상 가장 위대한 작품으로 평가한다. 미국, 1954.

가 건달이나 꾸밀 법한 계략을 짜는 지역 은행가와 법조인에 맞선 원칙적이고 독립적인 여주인공 역을 맡았다. 남성성이 강한 이 배역은 성 정체성이 유동적이었으며 이 역할의 비중이 커질수록 스털링 헤이든이 맡은 주인공, 자니 기타의 비중은 상대적으로 줄어들었다. 그들은 효과적으로 역할을 바꿨고 마지막에 총격전을 벌이는 이들은 크로퍼드와 라이벌 여걸인 머세이디스 매케임브리지였다.

〈자니 기타〉는 미국에서 혹평받았다. 크로퍼드는 언젠가 이렇게 말했다. "영화가 이렇게 안 좋은 데에는 핑곗거리가 있을 수 없다." 하지만 이 영화는 역사상 가장 훌륭한 영화의 하나는 아닐지라도 적어도 가장 훌륭한 서부 영화의 하나다. 프랑스의 감독이자 평론가인 프랑수아 트뤼포François Truffaut는 〈자니 기타〉를 거부하는 사람은 "다시는 영화를 보지 않아야 한다… 그런 사람들은 영감이나 숏, 아이디어, 좋은 영화, 어쩌면 영화 자체를 인지하지 못할 것이다."라고 썼다. 이는 사랑 이야기의 성숙도와 악인들에 대한 비난, 크로퍼드를 비롯한 배우들의 정신 이상의 수위, 이 까다로운 스타 배우가 이 아름다운 영화를 만드는 데 이바지했다는 느낌, 인물들을 마치 체스판의 말처럼 배치하고 공간을 건축적으로 사용한 레이의 감각, 통상적이지 않으며 환상적인 색의 사용, 그리고 남자란 무엇이며 왜 여자를 두려워하는지에 대한 히스테리 때문이다. 오늘날 와이드 스크린으로 다시 보아도 이 영화는 여전히 짓눌린 감정으로 가득하다.

미국의 불안을 주류 엔터테인먼트 영화로 위장한 더글러스 서크의 방식도 매우 흥미롭다. 1897년에 덴마크에서 태어나 독일에서 성장한 서크는 20대에 연극 연출가가 되었고 이후 영화로 전향했다. 독일에서 아홉 편의 장편 영화를 연출한 후 그는 나치를 피해 독일을 떠났고 결국 1943년 할리우드에 정착해서 영화감독으로 새 출발을 했다. 지식인으로서 서크는 영화 스튜디오의 시나리오가 제한적이라고 판단했고 3D 영화인 〈코치스의 아들 타자〉 이후 미국 중산층의 성적 이면에 관한 매우 성공적이고 매끄러운 멜로드라마들을 연출했다. 그중에서 가장 영향력이 컸던 작품은 정원사와 교제를 시작하자 지인들로부터 따돌림을 당하는 미망인에 관한 〈순정에 맺은 사랑All That Heaven Allows〉(미국, 1955)이다. 서크가 열서너 살이 되었을 때 아버지로부터 헨리 데이비드 소로의 목가적인 저서 『월든*Walden*』을 받았다. 서크는 이 책을 무척이나 좋아했고, 그래서 편견에 관한 그의 이야기 속에 끼워 넣었다(170). 그는 정원사를 중심으로 자연을 상징하는 일련의 이미지를 만들고 이를 미망인의 비판적인 친구들의 메마른 삶과 대조했다. 서크는 아이젠하워 집권 시기 미국 중산층의 세세한 부분을 다른 세상으로 기막히게 묘사했다. 미망인은 점차 이 이상향으로 인해 더 제약받게 되고, 서크는 이상향에 대한 순응과 그 이면의 사악함을 드러낸다. 주변에서는 정원사가 너무 젊고 노동자 계층이므로 그녀와 사귈 수 없다고 생각한다. 미망인의 성적 욕망과 이에 대한 표현은 그들을 분개하게 만든다. 그들은 그녀가 내면의 삶을 승화시켜 커튼이나 잔디 손질에 대한 걱정으로 바꾸기를 바란다. 영화의 충격적인 후반 장면에서 미망인은 자녀들로부터 텔레비전을 선물로 받는다. "대다수 여성분들이 텔레비전을 보면 시간 가는 줄 모른다고 합니다."라고 판매원이 말할 때 서크는 텔레비전의 브라운관에 갇힌 듯한 미망인의 반사된 모습을 담아냈다. 〈순정에 맺은 사랑〉은 체제 전복적인 주류 영화로 가장 많이 인용되며, 독일

170. 더글러스 서크 감독은 〈순정에 맺은 사랑〉에서 아이젠하워 집권 시기 미국의 숨 막힐 듯한 현실 세계를 묘사했다. 미국, 1955.

171. 〈파 프롬 헤븐〉의 줄리앤 무어. 이 영화는 토드 헤인즈가 서크의 고전 〈순정에 맺은 사랑〉에서 많은 것을 따와서 현대적으로 재해석한 작품으로 오스카상을 수상했다. 미국, 2002.

의 영화감독 라이너 베르너 파스빈더Rainer Werner Fassbinder는 1950년대 미국의 관점을 부정과 편견의 문제가 있는 1970년대 독일의 관점으로 업데이트했다(429쪽 참고). 미국의 독립 영화 감독인 토드 헤인즈는 〈파 프롬 헤븐Far From Heaven〉(2002)으로 〈순정에 맺은 사랑〉의 많은 요소를 재창조했다(171). 이 작품에서 여주인공은 동성애자와 결혼한 여자로, 정원사는 흑인으로 설정되었다. 〈순정에 맺은 사랑〉이 발표되기 4년 전에 노르웨이의 저명한 감독인 아스트리드 헤닝옌센Astrid Henning-Jensen은 아름다운 영화 〈크라네의 제과점Kranes Konditori〉(1951)에서 비슷한 주제를 다루었는데, 서크가 이 영화를 보았는지 아닌지는 알려져 있지 않다.

이 당시 인도는 매해 약 270편의 영화를 제작했는데, 500편 정도 제작했던 일본에 비하면 수가 현저히 떨어졌다. 270편 중에 반이 안 되는 작품들이 공용어인 힌디어로 제작되었다. 1970년대 중반에 접어들면서 제작되는 영화의 수가 500편 이상으로 증가했고 그로부터 10년 후에는 배로 뛰었다.

1950년대 중반에 제작된 인도 영화의 대부분은 여전히 틀어놓은 음악에 맞추는 형식이었지만 스타일적으로 멜로드라마가 미국에서보다 훨씬 더 중요했다. 미국의 더글러스 서크와 빈센트 미넬리처럼 특히 메흐부브 칸과 구루 두트가 이 장르의 중축이었다.

메흐부브 칸은 1930년대 말부터 사망한 해인 1964년까지 인도에서 전설적인 인물이었다. 인도의 북서부에 위치한 구자라트의 농촌에서 태어난 그는 봄베이의 영화 스튜디오에서 바닥부터 올라왔으며 1935년에 첫 영화를 연출하고 1942년에 메흐부브 프로덕션을 설립했다. 그의 초창기 영화들은 파인터 스타일의 '사회적' 작품들이었지만 1950년대에는 자신의 열정적인 스토리라인을 정교화하고 이를 토대로 당시 미국 영화의 유행을 반영한, 시각적으로 화려한 영화를 촬영했다. 이런 발전 과정의 정점에 인도의 〈바람과 함께 사라지다〉로 불리며 세계 영화사에 한 획을 그은 〈어머니 인도〉(인도, 1957)가 있다. 〈어머니 인도〉는 〈순정에 맺은 사랑〉을 비롯한 미국의 많은 멜로드라마처럼 사회와 사회 변화의 본질을 탐구하기 위해 여성의 고통을 묘사했다. 이 작품을 대변하는 여성은 자기의 삶을 회상하는 라다다. 라다가 화환의 꽃내음을 맡을 때 그녀의 유년 시절과 결혼 피로연의 회상 장면이 펼쳐진다. 우리는 그녀의 가족이 탐욕스러운 지주로부터 어떻게 착취당하는지(인도 영화의 흔한 주제다)와 한 아들은 박해를 수용하고 다른 아들은 이에 맞서 싸우는 모습을 보게 된다. 라다는 열심히 토지를 경작하고 그녀의 황금빛 얼굴은 펄럭이는 진홍색 베일로 강조되는 등 마치 알렉산드르 도브젠코의 작품 〈병기고〉(129~130쪽 참고)의 감동적인 장면들이 멋진 색감과 그녀의 노고를 강조하는 카메라 앵글로 리메이크된 것 같았다. 작품의 이미지들은 〈자니 기타〉 수위의 강렬함도 있었다. 메흐부브가 빈센트 미넬리나 사티야지트 레이처럼 프로이트의 책을 읽었는지는 모르겠지만 그가 만들어 낸 상황들은 근본적인 정신 분석적 삶으로 가득하며, 라다가 아들을 죽이라고 강요당할 때 특히 더 그렇다. 영화의 제목은 등장인물이 단순한 개인들이 아니라 투쟁하는 인도를 대표하는 사람들임을 암시한다. 어느 지점에서 라다가 진흙을 뒤집어쓰고 말 그대로 대지와 하나가 되는 모습이 나오고, 다른 지점에서는 들판에서 일하는 농민들이 인도의 지형을 이루는 모습을 보여준다(173). 이 영화는 서크가 소

172. 인도를 대표하는 영화 중 하나로 평가받는 〈어머니 인도〉의 유명한 포스터에는 라다를 연기한 나르기스가 토지에서 바위를 들어내기 위해 힘쓰는 모습이 나와 있다. 그녀의 노고와 강렬한 수직적 구도를 강조하기 위해 카메라는 수평축에서 벗어나 있다. 감독: 메흐부브 칸. 인도, 1957.

로를 통해 그랬던 것처럼, 그리고 도브젠코와 유사한 방법으로 땅을 숭배한다.

〈어머니 인도〉는 미국보다 더 신비롭고 예의 있는 문화에 의해 만들어졌지만, 수면 아래에는 노동과 근대화라는 주제가 흐른다. 이 작품은 〈자니 기타〉와 〈순정에 맺은 사랑〉처럼 절망과 기쁨을 동시에 담고 있다. '세상은 마법으로 가득해'는 영화 속에 나오는 노랫말 중 일부로, 인도의 과거는 먼 옛날이 아니며 미래를 예측할 수 없는 것도 아니라는 의미를 담고 있다. 지주가 옥수수를 거부하자 라다는 아들 중

한 명과 함께 눈물을 흘리는데, 이는 영화 역사에서 가장 강요되지 않은 장면 중 하나다. 그것은 라다를 연기한 인도 최고의 배우인 나르기스 때문이다. 그녀는 당시에 불과 27살이었는데, 5살부터 영화에 출연했으며 라즈 카푸르의 〈방랑자〉(1951)로 이미 큰 성공을 거둔 뒤였다. 인도에는 카잔의 액터스 스튜디오 같은 기관이 없었지만 나르기스와 일부 배우들은 스크린에서 진정성 있는 훌륭한 연기를 선구적으로 보여주었다. 〈어머니 인도〉에서는 그녀가 다른 배우들과 토지에서 바위를 들어내기 위해 힘쓰는 모습을 보여준다(172). 이 영화의 힘은 그녀가 얼마나 힘들게 일을 하느냐에서 나온다. 〈순정에 맺은 사랑〉의 제인 와이먼의 경우처럼 나르기스의 분장은 그녀의 고통을 가리는 마스크와도 같다. 한 장면에서 카메라가 그녀의 머리카락이 보이지 않을 정도로 가까이 다가간다. 이 영화에서 가장 유명한 노래의 가사는 '삶이 독이라면 우리는 그것을 마셔야만 한다'라고 말한다. 순교, 금욕주의, 수용이 이 영화의 주제이며 이것이 서크와 차별화되는 지점이다. '자신에게 충실하라'는

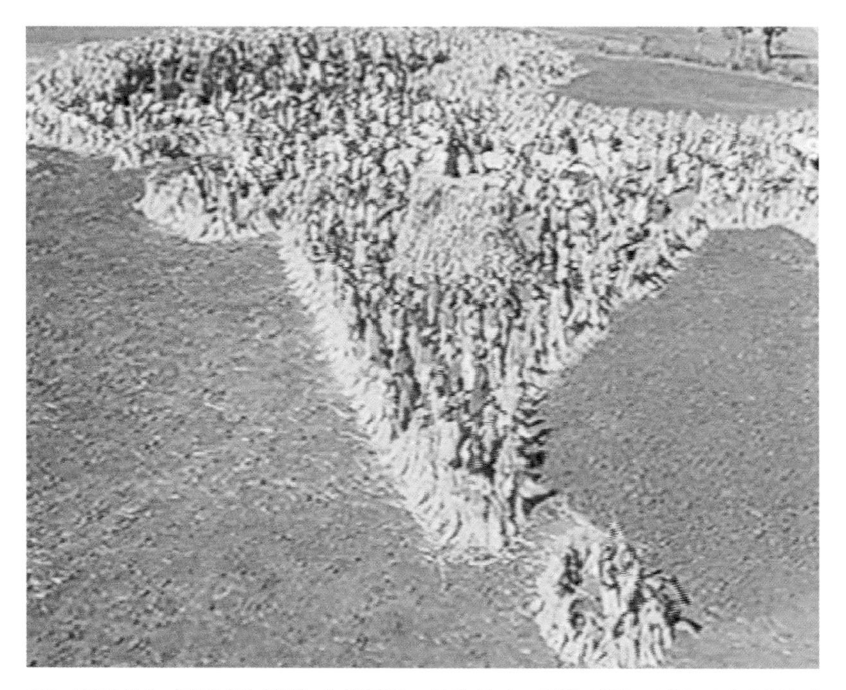

173. 메흐부브는 들판에서 일하는 농민들이 그들의 국가 모양을 이루는 이런 이미지에서 네루 총리의 '하나의 인도' 포퓰리즘을 반영했다.

〈순정에 맺은 사랑〉이 주는 메시지보다 '신과 선행에 충실하라'는 메흐부브의 메시지가 더 보수적이다.

〈어머니 인도〉는 인도의 축적된 억압을 보여주는 지표다. 이 작품은 인도에서뿐만 아니라 미국 영화가 주도하지 못한 지역인 중동, 중국, 소비에트 연방, 심지어 아프리카에서까지 흥행 기록을 세웠다. 새로운 댐 건설 장면으로 시작하는 이 영화의 사회 현실 묘사와 가족의 멜로드라마는 최소 10년간은 비서구 영화의 새로운 스키마가 되었다. 놀라운 점은 힌두교가 지배적인 이 나라의 가장 유명한 영화를 연출했던 메흐부브와 그 영화에 출연했던 나르기스는 이슬람교도였다는 사실이다.

〈어머니 인도〉가 인도의 〈바람과 함께 사라지다〉라면 구루 두트는 인도의 빈센트 미넬리였다. 네오리얼리즘의 영향을 받은 가탁처럼 두트도 1925년에 출생했고 캘커타에서 교육을 받았으며 '인도 인민 연극 프로젝트'를 주도하던 좌파 지식인들과 교류했지만, 가탁만큼 급진적이지는 않았다. 그는 1940년대 초에 무용을 배웠고 처음에는 안무가로 영화계에 발을 디뎠다. 두트는 1952년부터 연출을 하기 시작했지만 가장 주목받은 작품은 〈종이꽃Kaagaz Ke Phool〉(1959)이었으며, 그것은 인도 최초의 와이드 스크린 영화였다. 두트에게는 매우 어려운 작업이었다. 왜냐하면 그는 스튜디오 영화 제작의 황금기를 회상하는 영화감독이라는 자전적인 주인공 역할을 같이 수행했기 때문이었다. 이 인물은 영화의 마지막 부분에 감독 의자에 앉은 채 사망하는데, 두트는 그로부터 5년이 지나지 않아 영화의 흥행 실패로 자살했다.

미넬리의 많은 영화처럼 〈종이꽃〉도 잊힌 예술적 과거에 대한 비가로, 풍부한 묘사와 기발한 구도의 작품이다. 영화 속의 감독은 영국화된 부유한 가정의 아들로, '영화계의 지저분함'을 깔보고 그런 편견이 그의 결혼 생활을 박살 낸다. 그는 비 오는 어느 날 밤에 보리수나무 아래서 한 여자를 만나고 그녀와 사랑에 빠지며 현재 작업하고 있는 영화에 그녀를 캐스팅하려고 한다. 그 영화는 이웃과 사랑에 빠진 술 취한 젊은 남자의 이야기인 프라마테시 찬드라 바루아의 고전 〈데브다스〉로 설정되었다(149쪽 참고). 그녀는 의상을 차려입고 분장을 하는 것이 다 거짓이며 원숭이 같이 보인다고 말한다. 이처럼 〈종이꽃〉은 미화하고 장식하는 경향이 있던 과거의 인도 영화를 빗댄 작품이다.

두트의 카메라 기법은 당시에 가장 독보적이었다. 그는 공간의 크기를 보여주기 위해 카메라를 빠르게 뒤로 빼는 것을 거듭했는데, 이런 카메라 움직임은 트래킹 숏의 대가인 미조구치와 오퓔스, 미넬리도 사용하지 않았던 기법이다. 두트는 특히 실내 세트장에서 이 영화의 가장 아름다운 뮤지컬 시퀀스를 촬영할 때 이 기법을 썼다. 여자가 넓은 공간으로 들어오고 대각선의 빛줄기가 화면을 가른다(174). 그리고 「시간이 우리에게 그런 달콤한 잔혹함을 가했다」라는 노래가 시작된다. 카메라가 뒤로 빠지고 그들 주위와 공간을 회전하며 촬영한다. 그러는 동안 감독과 여자는 거의 움직이지 않고 서 있다. 이 절묘한 장면은 〈파리의 미국인〉에서 미넬리의 발레 클라이맥스를 연상하게 만든다.

174. 구루 두트의 〈종이꽃〉에서 감독은 텅 빈 영화 스튜디오에서 자신의 뮤즈를 만난다. 보기 드문 이 뮤지컬 시퀀스에는 조명이 대담하게 사용되었다. 인도, 1959.

동남아시아의 나라들도 인도 멜로드라마의 예술적 발전을 반영했다. 선구적인 상하이의 프로듀서 탄 스리 런미 쇼는 1924년에 싱가포르에 갔고 여섯 번째 동생인 런런 쇼와 함께 동남아시아의 가장 성공적인 영화사를 설립했다. 또 다른 동생인 런제 쇼는 상하이에서 그와 유사한 회사를 운영했다. 소소한 성공은 그들에게 다른 지역으로 진출하도록 북돋웠고 그들은 말레이시아에서 드라마, 로맨스 영화, 공포 영화를 제작하며 곧 그곳의 주류 영화 제작자가 되었다. 쇼 형제는 영화관이 없는 지역에서는 임시 텐트를 세우고 간이 영사기로 영화를 상영하며 지역 관객의 취향을 파악했고, 청중이 몰려오는 곳이면 영화관을 지었다. 그들은 1930년대 초반에 카바레와 놀이공원 등 다각도로 진출을 모색했으며 그 결과 1939년에는 말레이시아, 태국, 인도네시아 그리고 지금은 싱가포르라고 부르는 지역에 걸쳐 139개의 영화관을 소유하게 되었다. 제2차 세계 대전으로 잠시 주춤하기는 했으나 쇼 형제는 전쟁 이후에도 확장을 이어나갔다. 그들의 자회사인 말레이 영화 프로덕션Malay Film Production은 전쟁 이후에 중국과 인도의 감독들을 고용해 연간 300편의 영화를 제작했으며, 나중에는 현지 관객이 선호하는 매끄러운 스타일의 영화를 제작했다. 이 시기에 말레이시아의 전설적인 배우이자 가수 겸 감독인 P. 람리P. Ramlee(1929~1973)가 등장했다. '동양의 진 켈리'라는 별명을 가진 람리는 출연 및 연출한 영화가 70편에 달했고, 수백 곡의 노래를 녹음했다.

쇼 형제는 회사를 곧 홍콩으로 옮겼는데, 홍콩은 그들이 도착하기 전부터 이미 영화 산업이 활성화되어 있었다. 1940년대 말에 중국으로부터 유입된 재능 넘치는 사람들로 인해 영화 제작이 증가했으며 1952년에는 제작된 영화의 수가 200편에 가까웠다. 인도의 경우처럼 이 시기에 가장 혁신적인 장르는 주스린의 〈일판지격〉(홍콩, 1952) 같은 멜로드라마였다. 주스린은 이 시기 홍콩 최고의 감독이었으며 〈일판지격〉은 사회적 주제를 멜로드라마로 위장한 작품이었다.

175. 쇼 형제의 영화사에서 중국의 고전 『서유기』를 바탕으로 제작한 〈철선공주鐵扇公主〉. 감독: 허밍화. 홍콩, 1966.

1957년에 런런 쇼는 홍콩으로 갔고 46에이커의 땅을 제곱피트당 45센트에 구매해서 세계에서 가장 큰 개인 영화 스튜디오를 설립했다. 쇼 형제는 25개 부서에 1400명의 직원을 채용했고 1960년대에 이르러 홍콩에 진출한 이후 큰 성공을 거두었다(175). 이후 구로사와의 검객 영화에서 많은 부분을 참고해 동양 영화의 무예 장르를 확립했다. 쇼 형제 영화사의 스타였던 이소룡(브루스 리)은 1970년대에 대성공을 거두었고, 빠른 속도로 짜인 쇼 형제의 스타일은 이후 액션 영화에 영향을 주었다.

한국은 쇼 형제의 영향권에서 많이 벗어나 있었다. 한국전쟁이 끝난 후 1954년에 수도인 서울에서 고작 9편의 영화가 제작되었지만 1959년에 이르러서는 그 숫자가 100편 이상으로 증가했다.

반동과 새로운 정치적 영화인들

다시 1950년대 중반의 인도로 돌아가면 세 번째 주류 영화감독으로 '라쇼몽의 순간'이라고 부를 수 있는 것을 인도에 제공했던 사티야지트 레이가 있다. 그의 작품 〈길의 노래Pather Panchali〉는 1950년에 구로사와의 영화가 일본 영화계에 미쳤던 것과 같은 영향을 1955년 인도의 영화계에 미쳤다. 이 작품은 서양에서 큰 성공을 거두었고 뉴욕에서 6개월 동안 상영되었으며 인도의 미학은 국제적인 주목을 받았다. 〈어머니 인도〉 역시 해외에서 상영되었으나 미국과 유럽에서 큰 반향을 불러일으키지는 못했다. 〈길의 노래〉는 인도 영화에서 운명과 종교 그리고 '마살라masala' 뮤지컬 곡을 벗겨냈고 이탈리아 네오리얼리즘의 영향을 받아 서구의 취향에 더 가까웠다. 메흐부브와 두트가 인도의 서크와 미넬리였다면 사티야지트 레이는 인도의 카잔에 가까웠다.

레이는 1921년에 문학적이고 서구화된 캘커타의 가정에서 태어났다. 어려서 그는 에른스트 루비치의 영화와 그리피스의 여배우, 릴리언 기시를 좋아했고 1930년대에는 미국의 배우이자 가수인 디애나 더빈에게 팬레터를 쓰기도 했다. 레이는 벵골의 위대한 시인 라빈드라나트 타고르가 운영하는 학교에서 교양 교육을 받았으며 활동을 하는 내내 타고르의 글을 자신의 영화에서 반복적으로 인용했다. 1947년에 레이는 캘커타영화협회의 설립에 일조했는데, 이 협회는 그뿐만 아니라 가탁 등의 감독들에게 세계 영화의 흐름을 소개했다. 캘커타영화협회는 파리와 뉴욕, 런던의 유사한 협회들처럼 영화를 추앙했다. 레이는 거기서 에이젠슈테인의 〈전함 포템킨〉을 스무 번이나 관람했으며, 프세볼로트 푸도프킨과 장 르누아르는 주최 측의 후원으로 그곳에서 연설하기도 했다. 1951년에 레이는 캘커타에 있는 르누아르의 〈강The River/Le Fleuve〉(미국·프랑스·인도) 촬영장에서 실제로 일하기도 했다. 그는 1960년대 작품 〈여신Devi〉(1960)과 〈차룰라타Charulata〉(1964)로 국제 예술 영화계의 주요 인물로 떠오르게 된다. 레이의 영화 스타일 및 주제에 대해서는 다음 장에서 더 자세히 설명할 것이다. 의미 있는 점은 인도 시골 마을의 삶에 대한 무지를 타파하기 위해 만든 세속적이고 자유로운 〈길의 노래〉가 그의 화려한 데뷔작이자 서구 시장에서 처음으로 성공한 인도 영화라는 것이다.

이 작품은 성직자의 아들인 아푸의 이야기를 전한다. 아푸의 아버지는 마을을 떠난다. 아푸의 형과 연로한 고모가 사망하고 남은 가족들도 영화의 마지막에 모두 떠난다. 레이는 당시 인도 영화에서는 드물게 자연광과(176) 현실적인 의상, 비대칭적인 배경을 사용했다. 르누아르로부터 지대한 영향을 받은 그는 아역과 성인 배우로부터 사실적인 연기를 도출해 냈다. 레이는 회화를 공부했고 그의 첫 번째 직업은 도서 삽화가였다. 오른쪽 맨 위의 그림(177, 위)은 영화의 원작인 소설 『길의 노래』에 삽입되었던 그의 목판화다. 영화에서 가장 인상 깊은 장면은 아푸와 그의 친구들이 태어나서 처음으로 증기 기관차를 목격하는 순간이다. 레이는 인도를 산업화하려는 네루의 계획을 신뢰했기에 기관차의 도착은 놀라움과 희망으로 표현되었다.

176. 사티야지트 레이의 〈길의 노래〉에서 아푸를 연기한 수비르 반네르지. 한 인도 마을 소년들의 성장기를 묘사한 〈길의 노래〉는 인도 영화의 새로운 장을 연 작품이다. 인도, 1955.

〈길의 노래〉는 레이가 같은 인물들을 묘사한 3부작 중 첫 번째 작품으로, 나머지는 아푸의 성장과 부모의 죽음을 다룬 〈불굴의 인간Aparajito〉(1956)과, 아푸가 소설가를 꿈꾸고 아내를 맞이하며 아들을 거부했다가 다시 받아들이는 내용의 〈아푸의 세계Apur Sansar〉(1959)다. 이 영화들의 성공은 레이를 할리우드로 인도했으며 그는 할리우드에서 엘리아 카잔과 빌리 와일더를 만났는데, 〈이중 배상〉을 연출했던 와일더는 당시 고전 코미디 〈뜨거운 것이 좋아〉(1959)를 만들고 있었다. 세계 영화계의 또 다른 핵심적 혁신가인 세르게이 에이젠슈테인 및 루이스 부뉴엘과 마찬가지로 레이는 남부 캘리포니아에서의 경험에 곧 실망했다. 와일더는 그에게 다음과 같이 말했다. "당신은 예술가 같은데 난 아닙니다. 난 그저 상업적인 사람이고 그게 좋습니다."[3] 레이는 나중에 이렇게 말했다. "미국 영화계에 시인은 없습니다." 이 장의 끝부분에서 알게 되겠지만 레이가 미국을 방문했을 즈음 적어도 네 명의 신중한 사람들은 걸작을 만들었다. 그 걸작은 〈수색자〉(존 포드, 1956), 〈현기증〉(앨프리드 히치콕, 1958), 〈악의 손길〉(오

177. 영화의 기획 단계에서부터 시각적 아이디어를 미리 볼 수 있는 기회는 드물다. 사티야지트 레이는 소설 『길의 노래』에서 기관차가 도착하는 순간을 단순한 목판화로 표현했다(위). 같은 장면의 스토리보드는 보다 선형적이다(가운데). 그가 실제로 촬영한 장면에서는 기관차가 멀리 있다(아래). 세 이미지에서 기관차의 증기만 공통적이다.

슨 웰스, 1958), 〈리오 브라보〉(하워드 호크스, 1959)다.

1950년대 중반의 인도 영화는 매혹적이지만 인도 영화를 완전히 이해하려면 더 넓은 세계의 정치적 상황을 고려해야 한다. 10여 년 전부터 시작된 탈식민지화는 계속 진행되었고 1952년 이집트의 혁명은 아랍의 핵심적인 사건이었다. 알제리민족해방전선은 프랑스 기관을 공격하기 시작했고 튀니지는 1956년에 프랑스로부터 독립한 주권 국가가 되었다.

전 세계적으로 시민들은 다른 나라나 자국 지도자의 억압에 대항해 시위를 벌였다. 그 중심에는 1955년 인도네시아의 반둥에서 열린 국제회의가 있었다. 이 회의에는 29개국의 아시아와 아프리카 국가들이 참여했다. 반둥회의의 목적은 인도, 중국, 일본, 이집트 등의 국가 간에 경제적, 문화적 연대를 구축하는 것이었다. 그리고 곧 '비동맹 운동'이라는 것이 등장했다. 여기에는 이 국가들뿐만 아니라 유고슬라비아, 인도네시아 그리고 많은 아프리카와 라틴 아메리카 국가들도 포함되었다. 그들 간의 협력에 있어 중요한 것은 그들이 '제1' 자본주의 세계인 북미, 유럽, 오스트랄라시아와 '제2' 공산주의 세계인 소비에트 연방을 비롯한 공산권 국가들과 동맹을 맺지 않았다는 사실이다. 그들은 자칭 '제3' 세계였으며 이후 그 이름으로 불리게 되었다.

이러한 사건들은 영화사에 시사하는 바가 크다. 만일 제1 세계가 폐쇄적인 낭만적 사실주의 영화를 만들었고 제2 세계는 소비에트 연방의 사실주의적 성향을 따른 영화를 만들었다면, 제3 세계는 그 둘을 혼합한 영화를 만들고자 시도했던 것이다. 반둥회의는 정치적 삼각 지대에서 세 번째의 지점을 확인했고, 그 결과 이 지점은 영화 스타일의 지도에서도 세 번째 지점이 되었다. 이미 제3 세계에서 열렬한 환영을 받았던 〈어머니 인도〉 같은 영화는 서크로부터 온 미국의 요소와 도브젠코로부터 온 소비에트 연방의 영향이 혼합된 새로운 스타일의 기반이었다. 미국의 로이스 웨버와 킹 비더 그리고 인도의 바부라오 파인터 같은 1920년대의 자연주의자 다수는 이미 그들의 영화에서 이와 비슷한 혼합을 시도했다. 하지만 반둥회의의 여파는 서구 영화만큼 기술적으로 정교하지는 않으나 제3 세계의 정치적 변화와 더 관련 있는 영화들의 도래를 예고했다. 이 책의 첫머리에서 스티븐 스필버그가 사막에서 운전하며 〈라이언 일병 구하기〉(미국, 1998)의 도입부를 어떻게 혁신적으로 만들 것인지를 궁리했다고 언급했고, 우리는 그가 무슨 생각을 했을지 상상해 보았다. 스필버그가 혁신성을 추구했던 이유는 앞서 설명했다('들어가며' 참고). 반둥회의 이후 제3 세계의 영화인들은 자신들의 국가를 개선하는 것만을 목표로 매체의 스키마를 바꾸려고 노력했다. 1970년대에 그들 중 매우 급진적인 사람들은 이론가들과 함께 제3 세계의 문화적 의미를 재고했고, '제3 시네마'가 그 결과였다(447~448쪽 참고).

〈어머니 인도〉가 그런 새로운 영화의 초석 중 하나였다면 〈카이로역Bab al-hadid〉(유세프 샤힌, 이집트, 1958)은 또 다른 예다. 1935년 카이로에 미스르 촬영소가 설립되고 그곳에서 제작된 영화 중 처음으로 두각을 나타낸 영화 〈엘 애지마〉(1939)가 나온 이후로 이집트는 잠잠했다. 제작되는 영화의 수는 연간 약 20편에 머물렀는데 대부분 전형적인 뮤지컬 및 코미디 영화였다. 그중 훌륭한 작품의 하나로 호크스 스타일의 스크루볼 코미디지만 이집트에서 가장 인기 있는 코미디언들의 뮤지컬 곡이 포함된 〈소녀들의 추파Ghazal al-banat〉(안와르 와그디, 1949)를 들 수 있다. 마물리안과 루비치의 영화에서 영감을 받아 제작된 이 작품은 귀족 사회를 배경으로 주지사의 어린 딸이 새로 온 가정교사에게 추파를 던지는 내용이다. 〈엘 애지마〉의 감독인 카말 셀림은 1945년에 32세의 나이로 사망했고 그의 실험적인 사실주의는 차세대 주요 감독인 살라 아부 사이프와 테우피크 살레Tewfik Saleh에게 영향을 주었다. 국가 영화 기구는 1957년에 설립되었다.

〈카이로역〉은 니컬러스 레이의 〈자니 기타〉와 흡사한 분노를 공유하며 북아프리카 영화 제작의 지표가 되었다. 이 작품은 이집트의 주요 여행지에서 벌어지는 사건과 인물의 모자이크로 구성되었다. 주요 내용은 기차역에서 음료를 판매하는 아름다운 여인을 사랑한 신문 판매원의 이야기이며, 서브플롯으로는 스스로 결혼을 결정할 수 있는 권리를 주장하는 여성, 노동조합 설립을 부르짖는 짐꾼, 심지어는 1950년대의 팝 음악에 관한 것도 있다.

이 모든 것들이 서로 엮여 있으며 맑고 깨끗한 광각 렌즈로 촬영되었다(178). 아프리카의 밝은 햇빛이 깊은 심도와 깊은 화면 구현을 가능하게 했다. 이집트 사회의 축소판인 이 영화의 중심에서 유세프 샤힌은 억압된 욕망으로 몸부림하는 불구의 신문 판매원 역을 맡아 멋진 연기를 펼쳤다. 샤힌은 인도의 두트가 〈종이꽃〉에서 그

178. 유세프 샤힌 감독은 자신의 대표작인 〈카이로역〉에서 주인공 역을 맡아 연기했다. 그는 차후에 아프리카 영화를 대표하는 훌륭한 감독이 된다. 이집트, 1958.

랬던 것처럼 감독과 배우를 겸했다. 1926년에 알렉산드리아에서 태어난 샤힌은 2년간 미국에서 연극을 배웠으며 뮤지컬과 사랑에 빠졌다. 그는 이집트로 돌아온 후 1950년에 영화를 연출하기 시작했는데, 이때 그의 나이는 불과 24살이었다. 1954년에 샤힌은 젊은 이집트 배우 오마 샤리프와 처음으로 함께 작품을 했다. 오마 샤리프는 후에 세계적인 스타 배우가 되었다. 〈카이로역〉은 샤힌 최초의 스타일적으로 독창적인 작품이다. 장애가 있는 신문 판매원이 자신이 사랑하는 여인과 그녀의 난폭한 약혼자가 성관계를 하고 있다는 것을 깨달았을 때 샤힌은 이 등장인물의 고뇌를 반은 추상적으로 표현했다. 카메라는 그가 마시고 있던 코카콜라 병으로 다가가다가 그를 비스듬히 지나서 문을 통과한 뒤 성관계가 벌어지는 장소를 보여준다. 이 숏은 기차 바퀴가 지나갈 때마다 하중으로 인해 마모된 선로가 밑으로 휘어지는 클로즈업 숏과 교차 편집된다. 샤힌은 인간이 무너지는 지점을 보여주는 또 하나의 1950년대 장면에서 이집트와 할리우드의 멜로드라마에 에이젠슈테인의 스타일을 융합했다. 그의 작품은 1960년대에 이집트 나세르 대통령의 아랍 민족주의 정책의 영향을 받아 더욱 정치적으로 변했다. 1960년대 말에 그는 놀라운 영화 〈땅Al-ard/La Terre〉(이집트·프랑스, 1968)을 연출했다. 샤힌의 1970년대 영화들(이에 대해서는 8장에서 설명할 것이다)은 이집트의 최근 역사에 그의 영웅 진 켈리로부터 영감을 받은 뮤지컬 곡, 동성애적 욕망에 대한 미묘하고 대담한 묘사 그리고 찬란한 멜로드라마를 결합한 것이다. 국제적인 영화 제작의 스키마들을 이렇게 역동적으로 혼합한 경우는 세계적으로 드물다.

샤힌은 사회와 영화 제작에 대한 자신의 복잡한 생각을 자유롭게 탐구할 수 있었지만, 공산주의 국가의 감독들은 그렇지 못했다. 폴란드의 우츠영화학교는 서양의 다른 많은 영화 학교를 능가했으며 안제이 바이다Andrzej Wajda, 로만 폴란스키Roman Polanski, 예지 스콜리모프스키Jerzy Skolimowski, 크시슈토프 자누시Krzysztof Zanussi 등 세계적으로 중요한 감독들을 배출했다. 안제이 바이다(179)는 1926년에 폴란드에서 태어났다. 16세에 그는 폴란드 저항 운동에 합류해 독일을 상대로 싸웠다. 전쟁이 끝나고 바이다는 화가가 되었으며 이후에 우츠영화학교에 진학했다. 그는 제2차 세계대전 중의 폴란드에 관한 3부작으로 영화계에 데뷔했다. 〈세대Pokolenie〉(1954)는 지하 투쟁에 관해 묘사하고 있고, 〈카날Kanał〉(1957)은 1944년 폴란드 저항군에 관한 작품이며, 3부작 중 최고로 꼽히는 〈재와 다이아몬드Popiół i diament〉(1958)는 제2차 세계 대전이 끝난 평화로운 첫날로 영화를 시작한다. 아래의 대사가 이 영화의 관점을 포착하고 있다.

경찰: 너 몇 살이니?

소년: 100살이요.

경찰: (그를 때리며) 몇 살이냐고?

소년: 101살이요.

179. 혁신적인 폴란드 감독 안제이 바이다는 자신의 영화에 상징을 적용했다.

"세상의 모든 감독은 독창적인 것을 하고 싶어 한다."[4]라는 바이다의 글은 이 책의 주제가 될 수도 있다. 부분적으로 그의 독창성은 폴란드 당국으로부터 자기 영화의 의미를 숨기기 위해 상징으로 암호화한 데서 비롯되었다. 그는 나중에 이렇게 말했다. "처음 몇 편의 영화 이후 평론가들은 내가 '상징 지향적 감독'이라고 말했다. 그 이후로 나는 〈재와 다이아몬드〉에 등장하는, 내 영화의 폴란드 성향을 보여주는 피할 수 없는 신호인 백마에게 항상 쫓기고 있다."[5]

상징은 도입부에 뱀을 등장시킨 마리오 카세리니의 〈악마의 풀〉(이탈리아, 1912) 이후로 영화인들이 자신을 표현하는 방법의 하나였다. 에이젠슈테인의 영화는 자본주의의 파괴력에 대한 상징으로 가득했지만, 도브젠코는 상징을 통해 우크라이나의 목가적 특성을 표현했다. 1920년대 독일과 1930년대 미국에서 루비치는 성적인 상징을 사용했는데, 프랑스의 초현실주의자들도 그랬으며(다른 방식으로), 부뉴엘과 히치콕도 마찬가지였다. 폰 슈트로하임의 〈탐욕〉에서 금은 허욕을 상징한다. 포드의 영화에서 개척지 마을은 미국의 현대화를 상징했고, 오즈의 영화에서 사물은 인간의 경험을 뛰어넘는 평온을 상징했다. 웰스의 〈시민 케인〉은 유년기와 권력을 상징하는 은유로 가득했다. 중국의 좌파 영화는 민족주의의 폐해를 상징하기 위해 사람과 공동주택을 활용했다. 〈길의 노래〉에서 도착하는 기관차는 사티야지트 레이에게는 인도의 희망과 산업화한 미래를 상징하는 것이었으며, 구로사와의 〈7인의 사무라이〉에서 키쿠치요의 총격은 검의 시대를 지난 총의 시대를 상징했다. 영화에 더 큰 의미를 부여하기 위해 상징적인 이미지나 물건 또는 사건을 활용하는 것은 영화 역사에 이미 풍부한 사례들이 있다.

바이다의 3부작은 공산주의의 시작과 실패한 약속을 통해 폴란드의 젊은 반나치주의자들의 이상이 쇠퇴하는 것을 묘사했다. 세 번째 영화의 주인공인 즈비그니에프 치불스키(180)는 미국의 제임스 딘처럼 청바지와 선글라스를 착용하고 환멸에 찬 혼란스러운 폴란드 청년의 상징이 되었다. 제임스 딘처럼 그도 단명하면서(40세가 되던 해인 1967년에 기차 사고로 사망했다) 그에 대한 우상화는 더욱 심화되었다. 바이다가 폴란드 영화의 선봉에 있었던 것은 단지 1950년대뿐만이 아니었다. 1970년대 '도덕적 불안의 영화Kino moralnego niepokoju'에 공감하는 폴란드 감독들의 움직임에 그는 큰 영감을 주었다. 1980년대에 바이다는 정치인이 되었고 1990년대에 다시 영화감독으로 복귀했다.

체코의 애니메이터이자 인형극 예술가인 이지 트릉카Jiří Trnka는 바이다보다 상징에 더 심취해 있었다. 체코와 슬로바키아의 영화 제작은 1910년에 시작되었고 1919년과 1921년에 몇몇 작품이 세계적인 성공을 거두기도 했다. 1930년에 소

180. 폴란드의 배우 즈비그니에프 치불스키는 제임스 딘의 이미지를 가져왔지만 그와는 달리 스크린 위에서 표출한 분노는 자신을 향한 것이 아니었다. 〈재와 다이아몬드〉에서 그는 제2차 세계 대전 시기에 활동하던 반나치 저항군으로 살인의 이유가 무엇인지를 묻는 인물을 연기했다. 감독: 안제이 바이다. 폴란드, 1958.

수의 작품이 제작되었으며 〈엑스터시Extase〉(구스타프 마차티, 체코슬로바키아, 1932)의 성공과 1933년 바란도프 스튜디오의 설립으로 1939년에는 제작된 영화가 40편으로 증가했다. 나치의 점령은 영화 산업을 거의 몰락시켰지만, 제2차 세계 대전 후에 국제 영화 학교인 국립예술대학영상원FAMU이 프라하에 설립되었고 1948년 공산화된 이후로 체코슬로바키아는 애니메이션 영화와 인형극을 특화했다. 트릉카는 이 과정에서 간판과도 같은 존재였다. 1912년에 태어난 그는 목각사 집안이었던 외가의 영향으로 인형극에 사용되는 인형을 디자인했으며 무대 디자이너로도 일했다. 트릉카는 1947년에 첫 장편 영화를 만들었고 1954년에 이르러서는 야로슬라프 하셰크가 쓴 어린이 동화 『훌륭한 병사 슈베이크』(1921~1923)를 원작으로 한 단편 시리즈물을 내놓았다(181). 그는 실제 인형의 움직임을 촬영하기도 했고 때로는 3장에서 언급했던, 초현실주의에 이바지한 폴란드인 블라디슬라프 스타레비치의 스톱 프레임 기법을 사용하기도 했다(131쪽 참고). 트릉카는 정부가 반동으로 간주했지만 체코의 민속 이야기 전통을 당당하게 이어나갔다. 그의 영화 〈손Ruka〉(체코슬로바키아, 1965)은 매우 유명한 상징적인 동유럽 영화가 되었다. 작품 속에서 매력 있는 무언의 인형은(트릉카는 작품에서 입술의 움직임을 표현하지 않았다) 육체가 없는 손에 의해 위협을 당하는데(182), 그 손은 억압적인 공산 정부를 상징한다.

181. 전후 체코슬로바키아의 애니메이션을 주도했던 이지 트릉카의 작품 〈훌륭한 병사 슈베이크〉의 한 장면. 1954.

182. 이지 트릉카의 우화적인 고전 〈손〉. 체코슬로바키아, 1965.

주류에 대한 대안, 4인: 드레이어, 베리만, 펠리니 그리고 브레송

앞서 언급했던 동유럽의 감독들 대부분은 정치적 제약에 대응하기 위해 서유럽의 감독인 루비치와 히치콕이 성적인 제약에 대응했던 선례처럼 상징을 영화에 사용했다. 다른 1950년대의 감독들은 그리피스, 폰 슈트로하임, 오즈, 포드, 웰스, 구로사와가 정치적 제약이나 검열을 피하려는 의도라기보다는 자신의 작품을 풍성하게 만들기 위해 은유를 활용했던 점을 따라갔다. 그들 중에서도 스칸디나비아의 칼 테오도르 드레이어와 잉마르 베리만이 출중했다.

덴마크의 감독인 칼 테오도르 드레이어에 대해서는 이 책의 1928년도에 관한 내용에서 언급했고, 그의 작품 〈잔 다르크의 수난〉(프랑스, 1928)은 그 시기 영화 스타일 확장의 정점에 있었다고 설명했다(135~136쪽 참고). 이 준엄하고 종교적으로 심오한 감독은 〈잔 다르크의 수난〉 이후 오랜 기간 동안 네 편의 영화만 연출했으나 27년 만에 영화 역사상 가장 대담한 작품인 〈오데트Ordet〉(덴마크, 1955)를 발표했다. 드레이어가 작품의 '놀라운 용기'를 단박에 찬양했던 카이 뭉크의 희곡을 원작으로 한 〈오데트〉는 정신적 문제가 있는 둘째 아들이 죽은 형수에게 다시 살아 돌아오라고 명하고 결과적으로 제정신을 찾는다는 한 가족의 이야기를 그린다(183). 초월적인 영화는 매우 드물다. 폐쇄적인 낭만적 사실주의 영화는 등장인물을 관객과 유사하게 세속적이나 그들보다 더 화려하게 설정하지만, 드레이어의 영화에 등장하는 인물은 은총을 입거나 통찰력이 있는 사람들이 신성한 영에 다가갈 수 있는 세상에 산다. 메흐부브의 〈어머니 인도〉 역시 영적인 세상의 또 다른 모습이지만 그 작품의 유쾌한 표현과 다채로

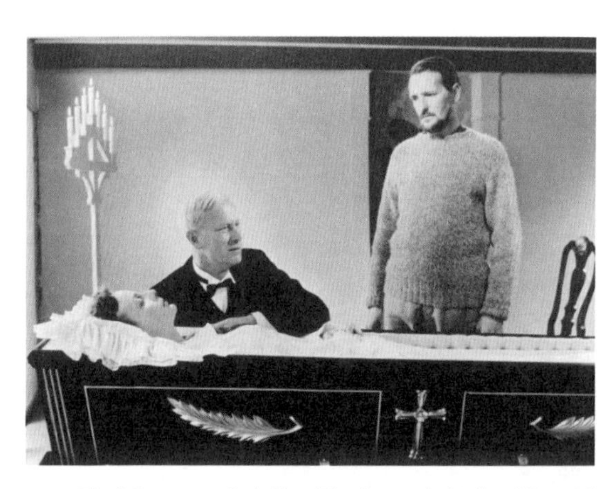

183. 칼 테오도르 드레이어는 〈잔 다르크의 수난〉 이후 27년 만에 나온 〈오데트〉(덴마크, 1955)를 전작보다 영적으로 더 경건하게 묘사했다. 이 장면에서 서 있는 남자는 죽은 형수에게 다시 살아 돌아오라고 명한다. 앉아 있는 남자의 머리 주변에 보이는 잔잔한 후광은 드레이어의 특징적 기법이다.

운 색감은 드레이어의 순수성과 미니멀리즘에 대조된다. 인물과 공간 사이로 움직이는 〈오데트〉의 카메라는 마치 일상의 이면에 있는 영적 진실을 암시하는 것과도 같다. 〈칼리가리 박사의 밀실〉처럼 드레이어의 스타일은 개인적이고 인본주의적인 관점으로 정리될 수 없다. 하지만 비네의 영화와는 달리 드레이어의 작품은 마치 전지적 시각처럼 이상적 의식 세계를 펼치는 것 같다. 이는 1950년대 중반의 세속적인 사회 경향에 반하는 것이었지만, 스웨덴 감독 잉마르 베리만과 영화계의 또 다른 위대한 형이상학자인 안드레이 타르콥스키, 벨라 타르 그리고 드레이어의 덴마크 동지인 라스 폰 트리에 등의 감독들에게 많은 영향을 주었다. 라스 폰 트리에의 어쩌면 세속적이고 현대적인 작품 〈브레이킹 더 웨이브〉(덴마크·영국, 1996)의 결말에서는 〈오데트〉에서 영혼의 마지막 등장을 보는 것처럼 천상의 종들이 등장한다. 그런 장면은 '신의 시점'으로 촬영한 것이라는 폰 트리에의 단순한 설명이 드레이어의 영화에도 쉽게 적용된다. 이러한 기독교 신앙의 순수한 표현은 영화에서는 보기 드물며 평론가들에 의해 종종 무시된다.

스웨덴의 중요한 영화감독인 잉마르 베리만은 1950년대 중반에 전성기를 맞았다. 그는 1918년에 엄격한 루터교 가정에서 태어났고 그의 아버지는 스웨덴 왕실의 목사였다. 히치콕과 폴란스키 등 폐소공포증이 있는 거장들처럼 어린 베리만도 때로 옷장에 갇히는 벌을 받았다. 그리고 오슨 웰스처럼 베리만 역시 어릴 때인 5살에 연극에 매료되어 희곡을 쓰고 인형극을 무대에 올렸다. 그는 1940년대 초에 시나리오를 감수하고 썼으며 1944년에는 연출을 하기 시작했는데, 전후 스웨덴의 세대 차이에 관한 주제를 탐구했다. 〈톱밥과 금속 조각Gycklarnas Afton〉(1953)은 그의 상징이 된 심오한 도덕적 진지함이 담긴 첫 번째 작품이었다. 서커스를 배경으로 한 이 영화는 마치 인형극에서 누군가에 의해 조종당하는 인형처럼 영적 운명의 초인적 힘으로 심리적 움직임을 보이는 사람들을 다루었다. 이 작품은 스웨덴에서는 큰 성공을 거두었지만, 칸 영화제에서 주목받고 베리만을 세계적인 영화 예술인으로 만든 것은 그의 차기 작품인 〈한여름 밤의 미소Sommarnattens Leende〉(1955)였다.

베리만의 광범위한 철학적 사고에 대해서는 다음 장에서 논하겠지만 1950년대 영화에 나타나는 상징과 관련해서 〈제7의 봉인Det Sjunde Inseglet〉(1957)이 가지는 의미는 언급할 필요가 있다. 이 작품의 동기는 매우 이례적이며 아버지를 따라 시골의 작은 교회에 간 베리만의 유년 시절의 기억에서 출발한다. 베리만은 그 교회에서 중세의 그림들을 보았고 나중에 〈제7의 봉인〉에 대해 "내 의도는 그때 본 프레스코 벽화들의 방식처럼 묘사하는 것이었다. 나의 등장인물들은 웃고, 울고, 두려워하고, 말하고, 답하고, 질문한다. 그들은 역병과 최후의 심판을 두려워한다. 우리의 고뇌는 그것과는 다르지만 표현 방식은 같다."라고 말했다. 감독은 흑사병이 돌던 시기에 십자군 원정을 마치고 돌아온 스웨덴 기사가 저승사자를 만나 체스를 두고 결국 굴복한다는 이야기로 무시무시한 중세 세계를 그렸다(184). 영화는 구름 낀 하늘과 하나님이 30분 동안 침묵했고 천사가 "향로에 제단의 불을 담아 땅에 던지니, 음성과 천둥과 번개 그리고 지진이 있었다."라는 계시록에서 인용한 구절로 시작한다. 베리만은 이 이미지들로 핵전쟁의 위험을 상징했다. 그는 이 시기의 다른 지식인들처럼 죽음의 나치 수용소와 히로시마 및 나가사키의 원폭 투하 이후에 신을 믿는 것은 더 이상 가능하지 않다고 주장했던, 1940년대 말부터 1950년대 초의 프랑스 실존주의 작가들의 영향을 받았다. 〈제7의 봉인〉은 묻는다. 만일 신이 없다면? 또는 만일

184. 죽음에 관한 명상과도 같은 작품인 잉마르 베리만의 〈제7의 봉인〉에서 저승사자(벵트 에케로트)와 기사 안토니우스 블로크(막스 폰 시도우)는 흑사병이 주변을 감쌀 때 풍유적인 체스를 둔다. 스웨덴, 1957.

신이 30분 동안 침묵한다면? 그러면 종말이 뒤따를까? 네오리얼리즘은 제2차 세계 대전의 재난에 대한 영화계의 냉철한 도덕적 대응이었지만, 그런 재난의 철학적 의미를 논하기 위해 확장된 은유를 사용한 적은 없었다. 결과적으로 베리만은 1920년대 이후의 그 어떤 감독보다도 영화가 문학이나 연극과 같다는 것을 전 세계의 지식인들에게 확신시켰다.[6]

프로테스탄트의 스웨덴에서 가톨릭의 이탈리아로 넘어가면 베리만과 동시대의 인물이 영화를 그와 비슷한 야심 찬 방식으로 활용하고 있었다. 페데리코 펠리니Federico Fellini는 1920년에 이탈리아의 북동부에서 태어났다. 베리만의 첫 번째 상징적 세상이 연극이었던 반면, 펠리니의 영감은 7살 즈음에 가출한 뒤 들어갔던 서커스단이었다. 베리만은 인형극을 통해서 인간은 더 큰 영향력에 의해 움직인다는 자신의 핵심적인 주제를 발견했는데, 펠리니는 서커스에서 시각적 화려함, 표현, 과장된 현실 등의 미적 요소를 발견했다. 그는 만화가가 되었고 로마에 가게를 열었는데, 그 당시 로마에 대한 사실주의적 영화 〈무방비 도시〉(이탈리아, 1945)를 준비하고 있던 로베르토 로셀리니가 그 가게를 방문했다. 지난 5년 동안 다른 사람들과 함께 시나리오를 쓰기도 했던 펠리니는 〈무방비 도시〉의 시나리오 작업에 참여했다. 그리고 감독으로서 그의 첫 번째 성공작인 유쾌한 〈비텔로니I vitelloni〉(이탈리아, 1953)에는 로셀리니의 감각이 배어 있다. 리미니에서 지냈던 유년 시절의 추억을 바탕으로 한 또 하나의 자전적 작품 〈길〉(이탈리아, 1954)은 서커스단의 힘센 남자와 수줍은 젊은 여자 사이의 관계를 그린 영화다. 〈길〉은 〈자전거 도둑〉(이탈리아, 1948)의 섬세하고 전설적인 특징을 공유했으며 세계적으로 큰 성공을 거두었다.

펠리니는 후에 자기 아내가 된 〈길〉의 여주인공 줄리에타 마시나를 〈카비리아의 밤〉(이탈리아, 1957)에 다시 캐스팅한다. 마시나는 〈길〉에 이어 다시 한번 찰리 채플린의 부랑자를 본보기로 삼은, 외롭고 마음이 따뜻한 젊은 여자를 연기한다. 그녀는 로마의 더럽고 가난한 외곽 지역에서 온 매춘부다. 펠리니는 영화의 전반부에서 마시나가 다른 매춘부들과 교류하는 모습을 생동감 있게 묘사한다. 그러나 펠리니의 위대함은 후반부에서 드러난다. 마시나는 가톨릭 성지로 가는데, 그녀 주변의 사람들이 모두 소리를 지르고 있다. 이 광란 속에서 여성들은 무릎을 꿇고 계단을 오른다.

마시나는 성모 마리아의 은총을 간청하지만 아무 일도 일어나지 않는다(185). 〈제7의 봉인〉은 신앙이 정지된 세상을 묘사했지만 〈카비리아의 밤〉은 종교가 사라지고 저속한 이미지만 남은 사회를 반영했다. 3년 후에 인도의 사티야지트 레이는 유사한 반종교적 분노가 동력이 된 〈여신〉을 연출했다.

신앙적 실망감에 젖은 채 마시나는 마술 공연을 하는 마을 끝 싸구려 극장으로 향한다. 마술사에 의해 최면에 걸려 있는 동안 그녀는 사랑에 빠졌던 18세의 자신을 회상한다. 청중 속에 있던 한 남자는 그녀의 친구가 된다. 광란에서 섬세함으로 옮겨가는 순간이다. 남자는 마시나에게 사랑을 고백하고 맑고 밝은 로마의 빛이 변해 마치 무르나우가 연출한 〈일출〉의 장면(122쪽의 사진 69 참고)을 연상하게 하는 절벽 꼭대기로 그녀를 데려간다. 그의 이마에서는 구슬땀이 흐르는데 관객은 이런 생각을 한다. 절벽에서 그녀를 밀 건가? 남자는 그 대신 마시나의 돈을 가로채서 도망간다. 다시 길에서 혼자가 된 그녀의 볼에는 눈물로 번진 마스카라가 흘러내린다.

185. 〈카비리아의 밤〉에서 매춘부로 분한 줄리에타 마시나(중앙)가 응답을 구한다. 그녀가 종교적 성지를 방문하는 이 장면을 찍을 때 감독인 페데리코 펠리니는 일반인(오른쪽의 세 여성과 왼쪽의 두 남성)을 기용했다. 이탈리아, 1957.

10대 음악가들이 어디선가 나타나고 그녀는 살짝 웃는다. 감정이 솟아나는 후반부의 이런 장면들은 채플린과도 비교되지만, 펠리니는 보다 직관적이며 영화의 구조나 폐쇄적인 낭만적 사실주의의 한계보다는 영화가 할 수 있는 모험적 잠재력에 더 집중한다. 〈카비리아의 밤〉의 마지막 20분간의 연출은 예측이 불가하다. 이 책의 '들어가며' 부분에서 펠리니의 창의력을 몸 안에 무언가 들어가 그를 다른 사람으로 만들었다는 그리스식의 정서로 설명했던 것처럼 〈카비리아의 밤〉의 마지막 부분은 그야말로 감독이 무언가에 '씌어서' 완전히 자유롭게 연출한 느낌이다. 이 작품은 뮤지컬 영화인 〈스위트 채리티Sweet Charity〉(밥 포시, 미국, 1969)로 리메이크되었다.

〈길〉과 〈카비리아의 밤〉은 베리만의 영화처럼 학구적이거나 이론적이지 않지만 인간을 탐구한 것은 마찬가지였으며, 적어도 그 당시에는 베리만의 영화보다 영화 언어를 더 즐겁고 기쁘게 사용했다. 페데리코 펠리니는 보여줄 재능이 더 많았다. 그의 후기 작품들은 매우 사적이었으며 성애와 욕망이 화려하게 표현되었다. 그가 마틴 스코세이지와 우디 앨런 등 다양한 감독들에게 큰 영향을 준 것은 참으로 고무적인 일이며, 그래서 '펠리니풍Fellini-esque'이라는 용어는 영화 비평의 필수 요소가 되었다.

1950년대에 프랑스에서는 영화의 붐이 일었고 가장 인기 있던 영화는 코미디물과 르네 클레망, 클로드 오탕라라, 자크 베케르 같은 감독들이 연출한 많은 예산을 들인 시대물이었다. 그때도 장 르누아르는 여전히 활동했고 마르셀 카르네와 장 콕토도 마찬가지였지만, 단호한 스타일로 그들의 존재를 희미하게 만들었던 사람은 1940년대 초반부터 연출을 시작했으며 1950년대 작품들이 드레이어의 작품들만큼 준엄했던 은둔 감독, 로베르 브레송이었다.

브레송은 1950년대 중반을 풍미했던 세계의 감독들 중에서 예술적 야심이 가장 컸던 감독일 것이다. 그의 1959년 작품 〈소매치기Pickpocket〉에는 배우인 마르탱 라살이 정말 꾸미지 않고 순수한 모습으로 촬영된 시퀀스가 있다. 이 시퀀스는 인간의 시야와 가장 흡사한 50mm(약 2인치) 렌즈로 촬영했으며 조명은 평면적인 일광을 재현했다. 의상은 이 인물이 길거리에서 입을 법한 동시대 의상이었다. 라살의 외모는 아이돌 같지 않았고 얼굴은 무표정했다. 구도는 중심을 벗어나지 않았으며 기하학적 요소를 강조하지도 않았다. 베리만과 펠리니가 삶을 각각 연극과 서커스처럼 묘사했다면 브레송이 묘사한 세계는 감옥 같았다. 1901년에 프랑스에서 태어난 브레송은 그리스어, 라틴어, 회화, 철학을 공부했고 1933년에 영화계에서 일하기 시작했으며 1939년에 클레르와 함께 일했다. 1951년부터 1962년 사이에 그는 네 편의 영화를 연출했는데, 모두 투옥에 관한 것이었다. 〈어느 시골 본당 신부의 일기 Journal d'un curé de campagne〉(1951)에서 젊은 큐레이터는 자기 삶을 반성하고 병들어 죽는다. 〈사형수 탈출하다Un condamné à mort s'est échappé〉(1956)에서 한 저항군은 독일의 감옥에서 탈출한다. 〈소매치기〉에서는 어느 실직자가 도둑질을 시작하고 그것에 중독되어 결국 감옥에 갇힌다. 브레송은 드레이어의 〈잔 다르크의 수난〉이 발표되고 34년 후에 같은 순난자의 감금을 묘사한 〈잔 다르크의 재판Procès de Jeanne d'Arc〉(1962)을 연출했다.

감옥에 관련된 이 네 작품은 브레송의 경력에서 핵심을 이루기에 제2차 세계대전 중에 독일군에게 포로로 잡혀간 브레송의 감옥 생활을 조명해 보고 싶은 마음이 생긴다. 하지만 이는 잘못된 생각인데, 브레송의 작품은 그런 경험으로 인한 폐소공포증이나 정신적 상처가 동기가 된 것은 아니기 때문이다. 오즈의 작품과 마찬가지로 그의 작품도 인간의 심적 혼란이나 분노를 표현하지는 않는다. 브레송의 작품은 펠리니의 작품과는 반대로 자전적인 요소와는 분리되어 있으며 그런 이탈적 방법론은 〈소매치기〉에 사용된 이미지들로 설명된다. 1930년대 초 오즈의 정서를 직접적으로 반영하여 그는 다음과 같이 말했다. "나는 내 작품에서 사람들이 플롯이라고 부르는 것을 점점 더 억제하려고 한다. 플롯은 소설가의 생각이다."[7] 영화적 율법을 나열한 브레송의 저서 『시네마토그라프에 대한 노트*Notes sur le cinématographe*』의 첫 문장은 "누적된 실수로부터 나를 해방하라."[8]이다. 같은 쪽의 하단에 그는 이렇게 말을 더했다. "배우도, 배역도, 연출적 설정도 필요 없다." 브레송은 할리우드 스튜디오의 번지르르하고 요란한 분위기, 영화 초창기의 센세이션과 기술적 묘미, 서사를 지향하는 움직임을 거부했다. 그는 영화의 축적된 성취물을 거부했고 어쩌면 다큐멘터리 영화를 제외한 모든 영화의 스키마를 거절했다.

브레송은 영화 발전의 어떤 것들을 염산으로 모두 태워버리고 싶었던 것일까? 그는 배우의 생각을 영상으로 촬영하려는 시도를 증오했고 이를 카메라로 담을 수 있다고 보는 것 자체가 잘못되었다고 믿었다. 이러한 믿음은 그의 영화 어디에나 존재한다. 〈소매치기〉에서 등장인물의 무표정과 감정의 공백은 반복된 촬영으로 얻어낸 것이다. 브레송은 라살이 지루함을 느낄 지경에 이르기까지 연기를 몇 번이고 반복하게 해서 결국 로봇과 같은 연기를 하게 만들었다. 감독은 이를 이탈의 과정으로 생각했다. 그는 배우를 '모델'이라고 표현하며 이렇게 썼다. "모델은 연기를 스무 번쯤 반복하면 타성에 젖게 된다. 입술로 배운 단어는 *마음을 사용하지 않고도* 진실한 섭리에 맞는 억양과 행동을 찾는다."[9] 브레송이 이탤릭체로 강조한 부분은 그의 책에서 가장 간단하고 또 가장 어려운 말이다. 칼 레믈이 만든 첫 번째 무비 스타인 플로렌스 로렌스, 〈국가의 탄생〉의 엘시 스톤맨, 〈칼리가리 박사의 밀실〉의 체사레, 제르맨 뒬락의 〈미소 짓는 마담 보데〉의 마담 보데, 〈손님 접대법〉의 윌리 맥케이, 오즈의 〈태어나기는 했지만〉의 형제, 로렐과 하디, 중국의 스타 롼링위, 백설 공주, 〈바람과 함께 사라지다〉의 스칼렛 오하라, 〈시민 케인〉의 찰스 포스터 케인, 〈오즈의 마법사〉의 도로시, 〈자전거 도둑〉의 아버지, 사티야지트 레이의 〈길의 노래〉의 소년, 〈어머니 인도〉의 라다의 생각을 읽는 것은 불가능하다.

이 작품들 모두가 등장인물의 생각과 감정을 직접적으로 보여준다고 약속했던 것은 아니며 어떤 작품은 다른 작품보다 심리적으로 더 복잡했지만, 브레송은 배우들이 관객에게 수준이 낮고 쉬운 연기를 보여주었다고 썼다. 그는 할리우드의 고조된 감정과 폐쇄적인 낭만적 사실주의를 거부했으며 오즈보다 더 그러한 것들로부터 거리를 두었다. 오즈는 등장인물의 내면과 인간 중심이 아닌 세계관 사이에서 고전적인 균형을 찾았다. 브레송은 그런 오즈의 섬세한 인간적 요소를 벗겨냈지만 그러면서도 무감정한 로봇 같은 인간이 등장하고 기술이 두드러지는 영화는 지양하고자 했다. 그는 드레이어가 〈오데트〉에서 했던 것처럼 "보이지 않는 손이… 벌어지는 일을 연출하듯" 묘사하는 것이 목표였다. 브레송의 감옥 비유는 여기서 그 풍성함이 고스란히 드러난다. 브레송에 따르면 인간은 자기 육체에 갇혀 있고 영화는 인간의 외향적 요소를 포착할 수 있는 최고의 예술 형식이다. 이런 외향성이 투옥을 훌륭하게 포착한 것이다. 일부 기독교도인 평론가들은 오직 〈소매치기〉의 결말과 범죄로 인한 라살의 투옥만이 그가 '은총의 경지'에 접어들고 하나님의 권능을 온전히 받아들이는 부분이라고 주장했다. 상습적인 도둑질로 투옥이 된 후에야 라살에게 통찰의 순간이 온다. 그는 여자 친구인 잔을 바라보며 이렇게 말한다. "너를 만나기 위해 얼마나 이상한 길을 걸어왔는지." 〈소매치기〉가 개봉되었을 때 브레송은 이렇게 설명했다. "영화 어딘가엔 변화하는 지점이 있을 것이다. 그렇지 않으면 그건 예술이 아니다."[10]

브레송은 보편적인 영화 규범을 완전히 거부했기 때문에 영화 역사에서 간과되는 경향이 있다. 그러나 그의 확고한 입장은 일부 영역에서 매우 큰 영향을 미쳤다. 브레송의 영화는 푸네에 있는 인도영화·텔레비전연구소에서 상영되었는데, 표현에 대한 그의 지양은 1970년대와 1980년대 인도 감독 마니 카울Mani Kaul의 작품에 깊은 영향을 미쳤다. 우츠영화학교에서도 브레송의 작품을 상영했고 폴란드의 감독 크시슈토프 키에슬로프스키Krzysztof Kieślowski가 이를 관람했다. 보다 최근에 스코틀랜드의 감독인 린 램지는 〈쥐잡이Ratcatcher〉(영국, 1999)와 〈모번 켈러의 여행Morvern Callar〉(영국, 2002)을 만들 때 브레송을 염두에 두고 있었다고 밝혔다. 브레송의 접근 방식은 미국의 선정주의 영화 전통과 완전히 반대되기 때문에 그가 미국의 영화 평론가이자 감독인 폴 슈레이더에게 가장 직접적인 영향을 미쳤다는 사실이 놀랍다. 슈레이더는 은총이 현실에 파고드는 〈소매치기〉에 깊은 감명을 받고 자신의 작품인 〈아메리칸 지골로American Gigolo〉(미국, 1980)와 〈라이트 슬리퍼Light Sleeper〉(미국, 1992)의 결말 부분을 〈소매치기〉와 같은 방식으로 처리했다.

브레송이 그 시기에 스타일적으로 가장 급진적인 프랑스 감독이었는데, 1950년대 프랑스 영화 문화의 다른 요소들도 그 못지않게 극단적이었다. 프랑스의 영화 잡지 『카이에 뒤 시네마』에 글을 기고했던 특정 세대의 영화 평론가들은 브레송의 영화에 거의 반대되는 주장을 펼쳤고 상당히 큰 효과를 거두었다. 1956년, 이 잡지를 창간한 앙드레 바쟁의 제자로 24살이었던 프랑수아 트뤼포는 이렇게 썼다. "내가 보기에 〈사형수 탈출하다〉는 시나리오에서부터 연출까지 영화 제작을 지배했던, 어느 정도 받아들여진 아이디어들을 아무것도 아닌 것으로 축소하는 듯하다."[11] 트뤼포(187)는 파리에서 태어났으며 부모는 그에게 무관심했다. 그는 15살이 되던 해에 학교를 떠났고 곧 영화에 푹 빠졌다. 트뤼포는 바쟁이 펼치는 비평의 도덕적 영향력

186. 평론가이자 작가, 감독인 폴 슈레이더는 리처드 기어가 투옥된 줄리언 케이를, 로렌 허튼이 여자 친구인 미셸 스트래튼을 연기한 〈아메리칸 지골로〉의 결말 부분을 〈소매치기〉와 유사한 영상과 주제로 처리했다. 미국, 1980.

을 일부 물려받았는데 거기에 1950년대의 새로운 분노를 추가했다. 프랑스가 인도차이나에서 패배하던 해에 트뤼포는 『카이에 뒤 시네마』에 '프랑스 영화의 특정 경향'이라는 제목의 글을 기고했는데, 이 글은 이후에 큰 주목을 받았다. 그 당시 자국에서 제작된 영화 중 문학을 매도함으로써 신경을 건드린 작품과 시나리오 위주의 명성 있는 작품에 관한 메모들이었다. 대부분 프랑스 소설을 각색했던 영화에 집중했지만 장 오랑슈, 피에르 보스트 등의 작가와 클로드 오탕라라, 장 들라누아와 같은 감독의 작품도 비난했다. 인간미가 없는 그들의 작품은 기술이 돋보이고 스튜디오 스타일의 차가운 조명으로 빛나며 완벽하게 다림질된 셔츠처럼 반듯했다. 이 영화들은 세계적으로 프랑스의 국기를 휘날리게 했고 각종 상도 받았으며 중산층의 인기도 얻었지만, 동시대의 갈등을 포착하는 데는 실패했다. 베리만이나 펠리니, 브레송의 작품과는 달리 이 영화들은 인간 삶의 본질이나 영화적 상징에 관한 질문을 던지지 않았다. 트뤼포는 그런 작품은 존재 이유가 없고 죽은 영화라고 주장했다.

187. 촬영장의 프랑수아 트뤼포. 그의 작품은 후세대의 감독들에게 영감을 주었다.

188. 프랑스 소설가 스탕달의 〈적과 흑〉이 원작인 동명의 영화. 감독: 클로드 오탕라라. 프랑스, 1954.

1950년대의 영국

영국의 일부 영화들도 같은 비평이 적용된다. 보다 혁신적인 감독 중에서 캐럴 리드의 1950년대 작품은 그의 이전 영화인 〈제3의 사나이〉(1949)의 신랄함을 따라잡지 못했다. 이 영화의 제작 총지휘자였던 알렉산더 코르더는 1956년에 사망했고, 시적인 다큐멘터리 영화 감독 험프리 제닝스는 그보다 6년 전에 사망했다. 1940년대 말에 파월과 프레스버거는 아이디어 및 소재가 고갈된 듯 보였고 1956년에 아처스와의 동업 관계도 끝이 났다. 일링Ealing 코미디물은 계속해서 영국의 기이함을 포착했고 애틀리 정부의 긴축 조치를 비웃었으며, 게인즈버러 스튜디오는 여성을 대상으로 한 멜로드라마로 성공을 거두었다. 스코틀랜드 출신으로 일링 스튜디오의 최고 감독으로 꼽히는 알렉산더 맥켄드릭Alexander Mackendrick은 채플린과 히치콕의 발자취를 따라 할리우드로 건너갔으며 1957년에 〈성공의 달콤한 향기Sweet Smell of Success〉(미국)를 연출했다.

데이비드 린의 영화는 트뤼포가 혐오하는 유형에 가장 가까운 영국 영화였다. 영국 회계사의 아들로 태어난 린은 1927년에 차를 끓이는 일부터 시작해서 15년 뒤 첫 영화를 공동 연출하기까지 영화계에서 전형적인 경력의 사다리를 오른 감독이다. 촬영이나 시나리오보다는 편집이 그를 감독의 자리에 오르게 한 배경이며 그의 영화가 세련되어 보이는 이유이기도 하다. 린이 전시 및 그 직후에 연출한 흑백 영화, 〈토린호의 운명In Which We Serve〉(극작가인 노엘 카워드와 공동 연출, 영국, 1942)부터 〈올리버 트위스트Oliver Twist〉(영국, 1948)에 이르기까지 그의 작품은 동료인 캐럴 리드의 표현주의에 영향을 받지 않았으며 인간의 눈높이에서 영국인의 모습을 그린, 인기 있는 초상화였다. 베네치아에 홀로 남은 미국의 중년 여인에 관한 감동적인 내용의 〈여정Summertime〉(미국)을 필두로 1955년부터 린의 작품은 보다 세계적인 관점을 취하기 시작했다. 이후 30년 동안 세계 지향적인 특성은 그의 트레이드마크가 되었다. 그는 다섯 편의 영화를 더 연출했으며 각 영화는 그가 개척한 공동 제작 규모와 과정을 대담하게 확장했다. 〈콰이강의 다리The Bridge on the River Kwai〉(영국, 1957), 〈아라비아의 로렌스Lawrence of Arabia〉(영국, 1962), 〈닥터 지바고Doctor Zhivago〉(미국, 1965), 〈라이언의 딸Ryan's Daughter〉(영국, 1970), 〈인도로 가는 길A Passage to India〉(영국, 1984)은 영국 영화의 '품질의 전통'을 자랑스럽게 떠받치는, 제작비를 많이 들인 대작이었다. 린은 찬사를 받았고 결국 기사 작위를 받았다. 그는 영국 감독 중 가장 명확한 영화 제작 기준을 가지고 있었고 1970년대에 미국의 가장 성공적인 감독인 스티븐 스필버그와 프랜시스 코폴라에게 영감을 주었다.

그러나 이런 미국 감독들에게 영향을 미친 다른 감독과 비교해 보면 린의 단점이 드러난다. 린과 구로사와는 동시대 사람이며 린이 구로사와보다 2년 먼저인 1908년

189. 영국의 유명 감독인 데이비드 린. 그의 작품 성향은 트뤼포와 정반대였다.

190. 데이비드 린은 제2의 전성기에 대작에 심취했다. 하지만 〈아라비아의 로렌스〉가 보다 심오한 그의 다른 작품들만큼 통찰력이 돋보이는지는 의문이다. 영국, 1962.

에 태어났다. 그는 1942년부터 영화를 연출하기 시작했으며 구로사와는 그다음 해에 시작했다. 두 사람 모두 세심한 장인이었고 대규모 작업을 좋아했으며 디킨스, 셰익스피어, E. M. 포스터 등 저명한 영국 작가의 작품을 각색했고 훌륭한 편집자로 여겨졌다. 그리고 둘 다 1970년대에 유행에서 벗어났다. 하지만 〈콰이강의 다리〉부터 린은 풍경을 그의 스키마의 중심에 둔 것 같았는데, 구로사와의 시각적 출발점은 건물이나 공동체였다. 두 감독은 모두 외로움에 관심이 있었지만 린은 〈아라비아의 로렌스〉에서 이미지의 방대함에 치중했고, 그 결과 주인공인 로렌스의 내면은 상대적으로 왜소해졌다(190). 구로사와는 고립을 자기희생의 문제로 확대함으로써 등장인물을 자신의 시대와 보다 밀접하게 연결했다. 린이 와이드 스크린을 '빨랫줄' 미학에서 구출하는 데 도움을 주었다는 주장이 강력하게 제기되어 왔지만, 그가 만들어 낸 이미지에서는 마치 일반 여행기의 사진처럼 사람들의 수가 줄어든 것뿐이다.[12] 구로사와 역시 휴머니즘에서 물러났지만, 인간에 대해 더 할 말이 없어 보일 때도 그는 여전히 영화의 경계를 넓히는 데 관심을 두고 〈카게무샤影武者〉(일본, 1980)(484~485쪽 참고)와 이후 작품들을 통해 색상을 실험했다.

린이 상업 영화를 통한 영국 영화의 부흥에 순응하는 것을 공격했던 평론가 중에는 트뤼포와는 달리 유명 대학에서 수학한 린지 앤더슨, 개빈 램버트Gavin Lambert, 카렐 라이츠Karel Reisz, 토니 리처드슨Tony Richardson 등이 있었다. 그들은 〈밀회Brief Encounter〉(영국, 1945) 같은 중간급의 영화를 비판했고 예전에 주목받지 못했던 미국의 영화인들에게서 더 높은 가치를 발견했다. 바쟁과 트뤼포 그리고 그들의 동료 평론가인 에릭 로메르와 자크 리베트가 와일러, 웰스, 호크스, 히치콕을 찬양할 때 신랄한 앤더슨은 서부 영화 감독인 존 포드에 집중했다. 미국인인 포드는 상남자 스타일에 말수가 적었으며, 영국인인 앤더슨은 말이 많았고 샌님 같았으며 또한 여성적이었다. 하지만 앤더슨은 포드의 시학, 그의 향수와 풍경에 대한 느낌을 다른 어떤 평론가보다 잘 이해했다.

트뤼포도 로메르나 리베트처럼 1960년대를 풍미한 매우 중요한 감독이 되었다(이에 대해서는 7장에서 설명할 것이다). 영국의 앤더슨은 노동자 계층이 즐기는 아케이드를 배경으로 한, 사회를 관통하는 신랄한 다큐멘터리 영화 〈오 꿈의 나라O Dreamland〉(영국, 1953)를 연출했고, 영국의 공립 학교 시스템을 가차 없이 공격한 〈만약If…〉(영국, 1968)으로 장 비고의 〈품행 제로〉(프랑스, 1933)를 재창조했다. 램버트 또한 평론가와 영화인 사이의 경계를 모호하게 두었고, 〈자니 기타〉와 〈이유 없는 반항〉을 연출한 니컬러스 레이를 돕다가 그의 연인이 되었다. 비슷한 성향의 로렌자 마제티Lorenza Mazzetti는 전쟁으로 피폐해진 이탈리아에서 영국으로 이주했다. 그는 청각장애인과 언어 장애인 청년 두 명이 런던의 이스트엔드를 경험하는 내용의 〈투게더Together〉(영국, 1956)를 연출했는데, 이 시기 매우 혁신적인 영국 영화로 평가받는다.

신중했던 미국 감독들

프랑스와 영국의 평론가들이 최고의 글을 쓸 수 있도록 영감을 준 미국의 포드, 웰스, 히치콕, 호크스 같은 거장들은 서로 몇 년 차이로 신중한 영화를 만들었다. 이들이 알고 있던 1930년대의 영화 산업은 빠르게 변하고 있었다. 험프리 보가트, 코미디언 올리버 하디 그리고 〈탐욕〉의 감독 폰 슈트로하임은 1957년에 사망했다. 1957년 미국 전역에 약 6000개의 자동차 영화관이 있었고 주요 상영작들은 다소 지루한 로큰롤, 공상과학, 해변 영화였다. 1958년에 제작된 미국 영화의 65퍼센트가 독립영화사 작품이었으며, 1960년대로 넘어가면서 영화의 주제는 더욱 대담해졌다. 마약과 섹스, 인종 문제는 로저 코먼Roger Corman과 러스 메이어Russ Meyer의 익스플로이테이션exploitation 영화뿐만 아니라 인지도 있는 영화에서도 새로운 화두가 되었다. 텔레비전은 영화계를 위협하기도 했지만 이와 동시에 영화계에 새로운 인재와 스타일을 제공하기도 했다. 미넬리와 니컬러스 레이, 서크는 아이젠하워 집권 시기의 분노와 갈등을 담은 멜로드라마를 연출했다.

가정이 사회 규범을 정의하는 문화적 배경에 대항한 〈수색자〉(존 포드, 1956), 〈악의 손길〉(오슨 웰스, 1958), 〈현기증〉(앨프리드 히치콕, 1958), 〈리오 브라보〉(하워드 호크스, 1959)는 고립된 중년 남자들과 그들의 복잡한 여자관계에 관심을 두었다. 그들은 모두 가정이 중심이었던 이 시기의 미국 역사에 속하지 않았다. 앤더슨은 〈수색자〉가 포드의 최고작이라고 생각하지 않았지만 많은 평론가는 그의 견해에 반대했다. 이 작품의 중심인물인 이선 에드워즈는 존 포드 감독의 상징적인 주연 배우, 존 웨인이 연기했는데, 그는 사회로부터 철저히 분리되어 서부의 풍경이나 영화에서 이야기하는 '지구의 자전'과 더 어울린다(191). 그리고 너무 오랫동안 홀로 있

191. 존 포드의 〈수색자〉에서 코만치족에게 납치된 조카딸을 수년간 찾아 헤맨 존 웨인이 눈이 내리기 시작한 날 자신의 수색이 마치 '지구의 자전'과 같다고 말하는 장면. 미국, 1956.

어서 거의 비인간적으로 변했다. 인디언에게 납치된 조카딸을 찾는 그는 분노와 인종 차별로 불타오른다. 포드가 〈수색자〉에서 새로운 스키마를 창조하지는 않았지만 고전적인 자신의 스타일을 다듬었고, 보다 새로운 서부 영화에서 한층 더 깊은 심리적 문제를 다루었던 앤서니 만Anthony Mann 감독의 영향으로 등장인물을 더욱 깊이 있게 묘사했다.

〈악의 손길〉의 외로운 남자, 행크 퀸란은 몸집이 비대해진 웰스가 직접 연기했다. 퀸란은 미국과 멕시코 국경 지대의 경찰이지만 에드워즈처럼 인종적 경계를 넘나들며 자신이 직접 법을 집행한다. 포드는 영화적 기법을 최소화했지만 〈악의 손길〉을 연출할 당시 43세밖에 되지 않았던 웰스는 혁신적이고 전례 없는 롱 테이크, 핸드헬드 카메라, 깊은 화면 구성, 줌 렌즈, 사물을 왜곡시키는 광각 렌즈의 사용으로 자신의 기법을 가다듬었다(192). 두 감독 모두 법은 썩고 사람들은 희망을 잃은, 전성

192. 프레임 가장자리의 둥근 조형물과 명암 대비가 높은 표현주의적 조명이 돋보이는 장면. 루비치의 〈들고양이〉에 나오는 장면 못지않게 바로크풍이다. 〈악의 손길〉에서 감독인 오슨 웰스 본인이 행크 퀸란을 연기했다. 미국, 1958.

기가 지난 문명사회를 묘사했지만 웰스는 미국 영화에서 유일무이한 음향적·시각적 밀도로 청중을 압도했다. 〈수색자〉는 에드워즈가 그의 내면을 은유적으로 표현한, 시간을 초월한 풍경을 바라보는 장면으로 끝을 맺는다. 〈악의 손길〉은 더러운 수로에서 죽어 있는 비참한 퀸란의 모습으로 끝을 맺으며, 그가 살아 있을 때를 기억하는 집시 매춘부가 별스럽지 않게 그를 기린다.

〈현기증〉의 주인공 스코티는 에드워즈와 퀸란처럼 집착에 사로잡혀 범죄를 저지르게 된다. 스코티가 사랑에 빠졌던 여인은 죽은 듯 보이고, 그는 그녀와 닮은 여자를 보자 그녀의 모습을 두 번째 여자에게 투영하며 자신을 제어할 수 없게 된다. 5장에서 언급했던 것처럼 히치콕은 1940년대부터 프로이트와 초현실주의의 영향을 받았고 훔쳐보는 것에 대한 성적 욕구를 대변하는 프로이트의 절시증 이론을 토대로 〈현기증〉을 연출했다. 스코티는 두 번째 여자를 집착적으로 쫓아다니고 히치콕 감독의 특징인 몽환적인 트래킹 숏은 그와 함께 움직이며 그의 훔쳐보는 행위와 경이, 욕망을 비춘다. 이 작품은 스토리라인이 반복되는 키튼의 〈제너럴〉(미국, 1926)과 구조적으로 비슷하지만 키튼은 그 구조를 코믹 효과를 위해 사용했고 히치콕은 공포를 조성하기 위해 사용했다. 스코티는 감히 그녀에게 첫 번째 여자와 비슷한 머리 스타일로 바꾸라고 할까? 회색 정장이 첫 번째 여자와 비슷해지게 만들었을까? 스코티는 사실상 이미 죽은 사람과 자고 싶었던 것이다. 히치콕은 영화의 색감을 파스텔 톤으로 만들었다. 스코티 역을 맡은 제임스 스튜어트의 파란 눈동자와 메이크업도 1950년대의 작위적인 방법으로 과도하게 강조되었다(193). 꿈 장면은 색상과 욕망을 최대치로 연결했다. 영화의 클라이맥스에서 히치콕은 스코티의 현기증을 시각적으로 표현하기 위해 트래킹 숏으로 인물에게 다가갔지만 그와 동시에 줌 렌즈의 초점 거리는 줄이면서 인물의 크기는 그대로 유지하고 배경만 팽창시켰다. 이는 영화사에서 최초로 시도되는 기법이었으며, 이후 〈죠스Jaws〉(스티븐 스필버그, 미국, 1975)에서처럼 인물의 혼란스러운 정신 상태를 표현할 때 주로 사용되었다.

존 웨인은 〈리오 브라보〉에서 주인공인 존 찬스를 연기했는데, 찬스는 이선이나 행크, 스코티와는 달랐다. 그는 마을을 지키는 목표 없는 보안관으로 〈오즈의 마법

193. 1950년대의 미국 영화 중 여성에게 집착하는 고립된 중년 남성을 그린 세 번째 영화. 제임스 스튜어트는 히치콕의 몽환적인 작품 〈현기증〉에서 스코티를 연기했다. 미국, 1958.

사〉의 도로시처럼 여정을 위해 마지못해 잡다한 조직을 결성한다. 이 조직은 술 취한 조수, 암탉처럼 소란을 피우는 이 빠진 노인, 젊고 건방진 가수이자 총잡이 등으로 구성되었다. 영화는 이 남자들과 앤지 디킨슨이 연기한 팀의 홍일점인 술집 여인 사이에 오가는 정과 유머 때문에 그나마 유지된다. 술 취한 조수가 손이 떨려 담배를 말지 못하자 찬스가 그를 대신해 담배를 말아준다. 서크의 멜로드라마들이 제작되던 시기에 19세기 말 개척 마을에 등장하는 이 기이한 남자들은 미국 영화에서 그나마 가족 묘사와 가장 흡사한 것이었다. 호크스는 폐쇄적인 낭만적 사실주의 최고의 대표 주자로 남았고, 비록 서부가 배경이었지만 〈리오 브라보〉의 스튜디오적 요소는 그의 〈베이비 길들이기〉나 〈소유와 무소유〉 같은 스크루볼 코미디에서만큼이나 온전히 남아 있었다. 세상은 변해도 폐쇄적인 낭만적 사실주의는 그대로였다. 호크스는 심지어 디킨슨에게 〈소유와 무소유〉에서 로렌 바콜이 했던 대사를 하게 했다. 호크스의 평행 세계에서는 남녀가 항상 즐겁게 대결을 펼쳤고 전문성, 품위, 그리고 분노의 지양은 여전히 그 세계의 규율이었다.

격동의 프랑스

프랑스의 평론가들은 '품질의 전통'을 계승하는 영화 제작 방식이 과연 옳은 것인지에 대한 논쟁을 계속 벌였다. 트뤼포는 다음과 같은 글을 썼다. "고해나 일기처럼 미래의 영화는 개인적이고 자전적인 소설보다 훨씬 더 개인적일 것으로 보인다. 영화인들은 일인칭으로 자신을 표현하고 자신에게 무슨 일이 일어났는지를 설명할 것이다. 첫사랑 이야기일 수도 있고 최근에 일어났던 일에 관한 이야기일 수도 있고 정치적 각성에 대한 이야기일 수도 있다… 미래의 영화는 사랑의 행위가 될 것이다."[13] 이 말은 1950년대에 영화 문화가 얼마나 복잡해졌는지를 보여주는 징후로 어쩌면 펠리니나 니컬러스 레이 또는 두트를 떠올리게 하지만, 트뤼포의 영웅인 브레송이나 드레이어는 확실히 아니다. 베리만조차도 영화의 미래에 대한 이런 비전을 충족시키지 못했으며 그것은 아마 어떤 영화인도 불가능했을 것이다. 프랑스의 영화 제작은 주류 영화 외의 개인적이고 철학적인 영화 그리고 영화 산업 내부의 갈등으로 파생된 멜로드라마 같은, 새로운 유행의 다양성을 반영했다. 즉 브레송과 르누아르, 콕토, 카르네의 영화 외에도 프랑스에는 히치콕에게 영향을 준 〈공포의 보수Le Salaire de la peur〉(프랑스, 1953) 같은 앙리조르주 클루조의 스릴러 영화, 재클린 오드리의 저평가된 영화, 버스터 키튼으로부터 이어받아 건축에 관한 관심이 증가했던 자크 타티의 코미디 영화 등이 있었다.

일본의 미조구치와 일맥상통하는 감각적인 트래킹 숏의 선구자이며 미국의 빈센트 미넬리에게도 영향을 준 독일의 감독 막스 오퓔스는 1955년에 자신의 대표작 〈롤라 몽테스Lola Montès〉(프랑스·독일)를 연출했다. 이 작품은 19세기를 배경으로 한 매춘부와 바이에른의 왕인 루트비히 1세의 오랜 관계에 관한 이야기다. 그녀의 이야기는 서커스단 단장에 의해 재조명되고 조율된다. 이 영화는 컬러 와이드 스크린 방식으로 촬영되었으며 2년 전에 발표되었던 기누가사의 〈지옥문〉 못지않게 섬세했다. 〈롤라 몽테스〉는 소재에 내재된 공허와 관음증의 함정을 교묘하게 피하기 때문에 영화 역사상 가장 위대한 영화 중 하나다. 이 작품은 무정함에 대한 웅대하고 호화로운 진술이며, 무정함이 둘러싸고 있는 한심한 삶에서 도덕적으로 분리되어 있다. 서커스단 단장을 연기한 피터 유스티노프는 오퓔스의 접근 방식을 구경꾼들

194. 막스 오퓔스의 눈부신 영화 〈롤라 몽테스〉에서 전직 매춘부의 이야기가 서커스 광경으로 연출된다. 프랑스 · 독일, 1955.

이 시간을 알 수 있도록 손목시계가 장착된 거대한 대성당의 외벽을 오르는 것에 비교했다. 이 작품의 추상적 특징은 히치콕이 〈로프〉에서 보여준 10분짜리 테이크 못지않게 인상적이다.

이듬해에 프랑스의 복잡한 영화 문화는 〈그리고 신은 여자를 창조했다Et Dieu… créa la femme〉(로제 바딤, 프랑스, 1956)를 통해 22살의 발레리나이자 모델인 브리지트 바르도의 출현을 목격했다(195). 그녀는 청춘 영화에 성적 매력을 더했고 건초더미 같은 머리를 하고 중산층 파리 여성의 복장을 거부했으며 프랑스에서 상업적으로 르노 자동차보다 더 중요한 존재라는 소문까지 돌았다. 그해에 프랑스에서는 38mm에서 150mm까지 줌이 가능한 혁신적인 '판시노르pancinor' 렌즈가 개발되었다. 이 렌즈는 즉시 프랑스 영화의 느낌을 바꿔버렸다. 트뤼포의 글 '프랑스 영화의 특정 경향'이 소개된 지 얼마 되지 않아 벨기에 출신으로 소르본대학교에서 수학한

195. 로제 바딤의 〈그리고 신은 여자를 창조했다〉에서 젊은 남자 세 명이 사는 집으로 이사 온, 관능적인 18세 여성을 연기한 브리지트 바르도. 바르도의 개방적인 성 관념과 일상복은 프랑스 영화에 등장하는 품위 있는 중산층 여성의 규범에 도전장을 던졌다. 프랑스, 1956.

전직 사진작가 아녜스 바르다가 연출한 89분짜리 영화 〈라 푸앵트 쿠르트로의 여행 La Pointe Courte〉(프랑스, 1955)이 개봉했다. 그녀는 많은 영화를 보지는 못했지만 〈라 푸앵트 쿠르트로의 여행〉을 자기가 자랐던 지중해 항구를 배경으로 한, 두 개의 이야기로 구성했다. 하나는 어느 어부에 관한 네오리얼리즘 성향의 이야기고 다른 하나는 잘못된 만남에 관한 이야기다. 편집자인 알랭 레네는 두 이야기를 교묘하게 섞어서 편집했다. 감독과 편집자 모두 미국의 소설가 윌리엄 포크너의 『야생 종려나무』에 영향을 받았다. 바르다의 영화는 곧 프랑스와 세계 영화계에 큰 영향을 미친 영화 운동 뉴 웨이브New Wave 또는 누벨바그Nouvelle Vague 초창기의 새로운 물결 중 하나였다.[14] 누벨바그는 세계 영화사에서 가장 혁신적이고 오래 지속된 사조의 출발점이었다.

서양의 문화는 조각이 나고 성이 대두되었으며 비서구 세계는 스스로 탈식민지화하면서, 1952년부터 1959년의 시기가 어떻게 뉴 웨이브를 예고했는지 읽는 것

196. 〈라 푸앵트 쿠르트로의 여행〉 촬영 현장에서 지중해 어촌의 삶을 찍고 있는 아녜스 바르다(한쪽 무릎을 꿇고 있는 사람). 그녀의 최소화된 스태프와 장비는 다음 장에서 언급할 영화 제작의 혁신을 예고했다. 프랑스, 1955.

은 그리 어려운 일이 아니다. 또 다른 전후 시기인 1920년대의 뚜렷한 영향 속에서 1950년대의 주류 영화는 반체제 인사, 지식인, 사적인 관점을 가진 예술가의 도전을 받았다. 1920년대에는 독일의 표현주의자, 프랑스의 인상주의자, 소비에트 연방의 몽타주 영화 감독, 여러 나라의 자연주의자 그리고 프랑스, 독일, 스페인의 아방가르드 영화 감독이 그런 역할을 했다. 1950년대의 반체제 감독은 브레송, 베리만, 니컬러스 레이, 펠리니, 바이다, 트릉카, 앤더슨, 바르다였다. 놀랍게도 1920년대와 1930년대 초반에 활동하던 세 명의 감독, 칼 테오도르 드레이어와 루이스 부뉴엘, 장 콕토는 30년이 지난 후에도 여전히 주류 영화계의 신경을 건드리고 있었다.

그러나 1920년대와 1950년대 영화의 주된 차이점은 주류의 생태계였다. 전 세계적으로 사회 변화를 수용하려고 노력했고 그것에 대한 부담감이 나타나기 시작했다. 1950년대의 니컬러스 레이, 메흐부브, 서크, 두트, 미넬리의 영화는 현실과는 거리가 먼, 저쪽 이야기를 하는 과장된 멜로드라마였다. 나르기스와 브랜도, 딘, 스테이거 같은 배우들은 와이드 스크린 오락 영화의 중심에서 인물의 복잡한 심리적 깊이를 만들어 냈다. 최고의 예로 프레드 진네만이 연출한 반질반질한 뮤지컬 영화 〈오클라호마Oklahoma!〉(미국, 1955)를 들 수 있는데, 카우보이와 그의 연인 사이의 가벼운 사랑 이야기를 그린 이 영화에서 스테이거는 자멸적이고 자아도취적인 농장 일꾼을 연기한다.

전 세계적으로 영화에 오락과 망각이 분석, 자각, 절망과 불편하게 뒤섞여 있었다. 영화 언어는 그 속에서 혼란을 겪고 있었고 탈출구가 필요했다.

197. 세르조 레오네의 신화적인 서부 영화 〈옛날 옛적 서부에서〉의 도입부에서 개척지의 기차역에 도착한 하모니카(배경에 보이는 찰스 브론슨). 이탈리아 · 미국, 1968.

7. 파괴적인 이야기(1959~1969)

낭만주의 영화의 붕괴와 모더니즘의 시작

세계의 영화 프로듀서들에게 1950년대가 힘든 시기였다고 한다면, 서구의 사회적 합의에 생긴 균열이 큰 틈이 되고 성이 대두되는 문화는 속도를 더했으며 소비주의와 풍요가 강한 혐오를 불러일으킨 1960년대는 충격으로 다가왔을 것이다. 1950년대에 미국의 제임스 딘과 폴란드의 즈비그니에프 치불스키를 통해 묘사되었던 소외된 청춘은 정부 정책, 전쟁, 순응주의에 반대하는 학생들과 함께 대학가에서 급진화되었다.

미국은 자국의 학생들에게 베트남에서 벌어진 처참한 전쟁을 저항의 표적으로 제공했지만, 공산주의 세계는 더 넓은 범위의 표적을 제공했다. 소비에트 연방에서는 스탈린을 대신했던 흐루쇼프가 강제로 퇴진당하고 강경파 레오니트 브레즈네프가 그 자리를 대신했다. 그로부터 2년 후인 1966년에 마오쩌둥의 문화대혁명은 전통적, 서구적, 민주적 사상을 가진 예술가와 지식인을 겨냥했다. 1968년에 체코슬로바키아에서는 과거 헝가리에서 잠시 영화의 창의성이 꽃피었던 시기처럼 '프라하의 봄'으로 알려진, 공공 생활에 대한 국가의 통제에 짧은 해빙기가 있었다.

1960년대에는 인종 평등에 관한 정치적 쟁점이 더 달아올랐다. 1969년부터 1979년까지 영화계에서 일어난 일들을 다루는 다음 장의 첫 번째 화두는 카메라 앞으로 대거 다가온 흑인 영화인들에 관한 것이지만, 확실한 점은 1960년대 미국 및 아프리카의 흑인 정치인들과 인권 운동가들이 그 길을 닦아놓았다는 것이다. 이 장에서는 우리가 지금까지 논의해 왔던 주요 영화인들의 계속된 작업을 살펴볼 뿐만 아니라 오스트랄라시아를 제외한 다른 대륙의 새로운 인물들 38인에 대해서도 알아볼 것이다. 프랑스, 미국, 이탈리아, 일본, 영국, 동유럽, 소비에트 연방, 쿠바, 브라질, 인도, 체코슬로바키아, 이란, 알제리에서 13개의 새로운 영화적 움직임이 있었다. 이들 영화인은 우리가 지금까지 논해왔던 특정 요소들을 거부하며 새로운 영화 언어를 창조했다. 이러한 움직임은 통틀어 뉴 웨이브로 알려졌지만 그 접근 방식은 통일된 것이 전혀 아니었다. 서유럽과 미국을 예로 들면 감독들은 오랜 형식적 규범에 도전하는 데 심혈을 기울였지만, 전체주의 국가 및 식민주의에서 벗어나고 있던 국가에서는 정치적 자유 같은 내용의 문제가 더 시급했다. 이런 차이점에도 불구하고 한 가지 진실은 이 시기가 영화 역사의 다른 어떤 시기보다 더 적극적으로 주류 영화의 유토피아적 평행 세계인 폐쇄적인 낭만적 사실주의의 스키마를 쓰레기통에 버리려는 시도를 했던 때였다는 것이다.

관객 또한 끊임없이 변화했다. 영화 역사가 시작된 이래 그 어떤 때와 비교해도 1959년에 노년층의 영화 관람은 현저하게 줄어들었다. 세계적으로 '품질의 전통'을 추구한 제작자들은 여전히 노년층을 겨냥하며 스튜디오 시스템에서 사용했던 크고 속도는 느리며 무거운 촬영 장비와 조명 장비를 동원해 영화를 제작했다. 이런 시스템은 수백 명의 기술자와 전문가가 요구되었고 이미 분업화가 이루어져 있었다.

1920년대와 1940년대에 산발적으로 진행되었던 길거리 촬영은 이 번거로운 스튜디오 미학을 달가워하지 않았다. 새로운 렌즈, 필름, 조명 장비는 점차 스태프의 부담을 줄였고 더 나은 기동성을 제공했다. 재능이 뛰어난 스태프는 시스템을 강화하는 데 필요한 기술적 변화를 기다리지 않았다. 그 대신에 그들은 장비를 개조하기도 했고 새로운 필름을 여러 방법으로 실험해 보기도 했다. 에드윈 S. 포터와 같이 자신이 원하는 것에 대한 현대적 감각을 지닌 선구적인 감독이 도구로 혁신을 열망하는 촬영감독과 만났을 때 폭발적인 새로운 결과가 도출되는 것이 가능했다. 이러한 창의적 폭발은 1939~1940년에 웰스와 톨런드 사이에서 일어났다. 그로부터

20년 후에 그런 폭발이 다시 일어났다.

프렌치 뉴 웨이브

분열된 시대가 분열된 이미지로 이어진 것은 그리 놀랄 만한 일이 아니다. 영화적 폭발은 파리의 거리를 질주하는 자동차의 뒷좌석에서 발생했다. 짧은 머리에 선글라스를 쓴 미국의 여배우 진 세버그는 조수석에 앉아 있었다. 프랑스의 촬영감독 라울 쿠타르Raoul Coutard는 뒷좌석에서 크기가 작은 새로운 35mm 카메라로 그녀를 촬영했다. 쿠타르는 사진용으로 출시된 18m 길이의 필름을 말아서 촬영했고 그 필름을 일반적인 스튜디오 컬러 필름이 빛에 반응하는 속도보다 10~20배나 빠른 800 ASA로 현상했다. 장뤽 고다르 감독은 촬영할 때 인공조명을 원치 않았고 그래서 세버그의 머리에 떨어지는 햇빛은 이전의 그 어떤 영화와 비교해 보아도 자연스러웠다. 새로운 초고속 필름에 감사해야 할 일이었지만 고다르는 부드러운 그림자를 만들어 내기 위해 심지어 실내 장면도 햇빛을 천장에 반사하는 방법으로 자연광만 사용했다. 차 안 장면에서 "난 목이 예쁜 여자를 좋아해."라는 해설이 나오고 숏이 이후의 장면으로 넘어가는데 앵글도 같고 여자도 같고 머리 모양도 같다. 그런 방식으로 총 아홉 번이나 편집이 이어진다. 포터의 〈미국 소방수의 삶〉(미국, 1903) 이후부터 영화의 편집 컷은 거의 다른 장면을 보여주기 위한 것이 영화 언어였는데 이 작품에서 편집 컷은 같은 장면을 조금 다른 햇빛의 각도와 조금 다른 배경으로 보여준 것이었다.

기존의 틀을 깬 이 작품은 미국인 여자 친구가 있고 경찰을 죽인 차 도둑에 관한 〈네 멋대로 해라〉(1959)였다. 이 작품은 미국의 갱스터 영화에서 소재를 따왔으며 프랑스의 영화보다는 니컬러스 레이의 〈이유 없는 반항〉으로부터 지대한 영향을 받았다. 장뤽 고다르는 곧 세계 영화계에서 매우 중요한 감독 중 하나가 되었고 〈네 멋대로 해라〉는 그의 첫 번째 장편 영화였다. 평론가인 프랑수아 트뤼포는 "영화는 고다르 이전과 이후로 갈린다."[1]라고 말했다. 자동차의 뒷좌석에 미학적 폭탄을 설치한 사람은 고다르와 당시 가장 영향력 있던 촬영감독 쿠타르였다.

그전에도 점프 컷은 있었다. 무성 영화 시기 말에 알렉산드르 도브젠코가 〈병기고〉(소비에트 연방, 1929)에서 점프 컷을 사용했다. 이 영화에서 공장주는 직원들이 파업을 일으킨 것을 알게 된다. 클로즈업된 공장주가 왼쪽을 바라볼 때 컷이 되고 오른쪽을 바라볼 때 다시 컷이 되며 이후 카메라를 볼 때 컷이 된 뒤 배우의 얼굴로 가까이 다가가 컷, 그리고 더 클로즈업된 스틸 장면이 나온다. 이 영화에는 〈네 멋대로 해라〉와 똑같은 아홉 개의 점프 컷이 있다. 그 효과는 다소 거슬리지만 시각적 갈등은 당시 소비에트 몽타주 영화의 핵심이었다. 더 중요하게는 이 조각난 컷들은 (어느 쪽으로 돌아볼지에 대한) 인물의 주저함과 혼란을 포착했다. 이후 30여 년 동안 마이클 파월은 영국에서 연출했던 일부 영화들에 점프 컷을 적용하기도 했으며, 고 다르는 때로 점프 컷을 사용했던 스페인 영화들을 비판하기도 했다. 대다수 영화감독은 점프 컷이 영화의 분위기를 깨고 흐름을 방해한다고 생각했기에 그리 선호하지는 않았다.

〈네 멋대로 해라〉의 점프 컷은 〈병기고〉에서처럼 인물의 심리 묘사를 위한 것도 아니었고 그렇다고 스페인 영화에서처럼 관습적인 이야기와의 결합도 아니었기에

198. 진 세버그와 장폴 벨몽도가 출연한 〈네 멋대로 해라〉의 홍보용 포스터. 프랑스, 1959.

보면 충격을 유발한다. 자동차 시퀀스를 그렇게 편집했던 이유는 우선 컷들 자체가 아름다웠기 때문이고, 또한 여러 해 전에 많은 화가가 캔버스의 편평함을 강조하기 위해 입체파로 전향했던 것처럼 〈네 멋대로 해라〉의 점프 컷도 관객이 영화를 보고 있다는 것을 강조하기 위함이었다. 고다르는 『카이에 뒤 시네마』 잡지의 '싱크 탱크'였다. 고다르와 트뤼포를 비롯한 몇몇 이들은 영화에 너무 젖어 있던 나머지 영화가 현실을 포착하는 단순한 매체가 아니라 돈이나 실직처럼 삶 그 자체라고 생각했다. 그래서 그들이 영화감독이 되었을 때 그들에게 영화는 단지 이야기와 정보를 전달하고 감정을 묘사하는 도구만이 아니었다. 영화는 카페에 앉아서 지나가는 세상을 바라보는 감각적 경험이기도 했다. 20세기의 모든 위대한 예술은 이처럼 자의식적이었다. 언젠가 트뤼포가 이렇게 물었다. "삶이 영화만큼 중요한가요?"[2] 그들의 대답은 당연히 "아니요"였을 것이다. 이 질문은 젊은 그들이 영화에 얼마나 열정적이었는지를 보여준다. 그들 중 한 명이었던 세르주 다네Serge Daney는 물고기가 물속에 있는 것처럼 자기도 영화 속에 있다고 말했다. 이탈리아 감독인 베르나르도 베르톨루치는 후에 이렇게 말했다. "60년대에 나는 장뤽 고다르 스타일의 숏을 얻기 위해서라면 죽을 각오가 되어 있었다." 숏과 컷이 생사와 맞먹었다.

돌이켜 보면 기존의 틀을 깨는 고다르의 파괴적인 시퀀스는 일종의 계시였지만, 새로운 영화 언어를 탐구한 게 아니었다는 점은 명백하다. 숏이 불타는 건물로 소방관을 데려오거나 여자를 차에 태우거나 내리게 하는 용도가 아니라면 무엇일까? 여배우를 마음에 담아두었던 감독의 표현이었을까? 부분적으로는 그렇다고 볼 수 있다. 실제로 고다르 영화의 뒤를 이은 이른바 '뉴 웨이브' 영화 대부분은 어떤 면에서는 여성의 얼굴을 바라보는 남성에 관한 것이었다. 이 젊은 영화인들은 네오리얼리즘의 높은 도덕적 가치와 끝없는 제2차 세계 대전의 수습에 싫증이 났다. 새로 나온 가벼운 카메라에 감도가 높은 필름을 장착하고 거리로 나가면 분장이나 거추장스러운 스튜디오 조명기 없이도 또래 여성의 일상을 촬영할 수 있었다. 그들 영화의 대상은 그들 자신이었고 그들의 성적 상상과 연약함, 소외감이었다.

고다르를 비롯한 뉴 웨이브 감독들은 실험을 이어갔다. 만일 숏이 액션에 종속적인 것만은 아니라면, 그리고 만일 누군가 프레임을 벗어나면 바로 장면을 전환해야 하는 것이 아니라면, 숏 자체도 시간을 표시하는 요소가 될 수 있는 것이다. 숏은 더 이상 "여기 차에 앉아 있는 여성은 우리 이야기를 구성하는 일련의 사건들과 관련되어 있다."라고 말하는 것이 아니라 "내 생각엔 지금 차 뒷좌석에 앉아 있는 이 순간은 그 자체로 아름답다."라고 말하는 것이다. 달리 말해 숏은 '내 생각'을 추가한 것이다. 숏은 생각이라는 사실이 고다르의 혁신에 배어 있다. 이 장에서 다루는 기존의 틀을 깨는 파괴적인 시기에 미국의 존 카사베츠John Cassavetes, 일본의 오시마 나기사大島渚와 이마무라 쇼헤이, 인도의 리트윅 가탁, 스웨덴의 마이 제털링, 체코슬로바키아의 베라 치틸로바Věra Chytilová, 이탈리아의 미켈란젤로 안토니오니Michelangelo Antonioni와 피에르 파올로 파솔리니, 폴란드의 로만 폴란스키, 세네갈의 우스만 셈벤, 미국의 데니스 호퍼는 50년간 축적된 영화의 스타일과 기법을 그들만의 매우 다른 방식으로 느슨하게 풀어놓았다. 그들은 카메라처럼 생각했다. 1920년대의 지적이고 반체제적인 영화인들은 영화를 예술 형식으로 진지하게 받아들이는 길을 열었고 1950년대 영화인들은 그것을 더 확장했다. 숏과 컷이 이렇게 노골적으로 숭배된 적은 없었다.

고다르와 쿠타르가 창조한 새롭고 자유로운 스키마의 영향력은 프랑스에서 제일 먼저 감지되었다. 1959년에만 18명의 새로운 영화감독들이 데뷔했고 1962년에는 160명으로 폭증했다. 트뤼포도 1959년에 첫 장편 영화를 연출했다. 〈400번의 구타Les Quatre cents coups〉는 고다르의 〈네 멋대로 해라〉만큼 점프 컷을 사용하지는 않았지만 놀랄 만큼 신선하고 그에 못지않게 추앙받은 영화였다. 보육원에서 도망쳐 나온 12살 소년이 영화와 사랑에 빠지는, 감독의 자전적인 요소가 있는 내용이다. 고다르처럼 트뤼포도 파리의 거리에서 자연광만을 이용해 촬영했다. 그의 이야기는 네오리얼리즘 영화처럼 느슨하게 구성되었다. 하지만 네오리얼리즘 영화와는 달리 그는 전후의 문제나 사회적 추세를 설명하려고 이런 기법을 사용한 것이 아니었다. 트뤼포는 경험의 덧없음과, 많은 뉴 웨이브 영화의 등장인물들처럼 막연한 무언가와 어떤 의미나 흥분 또는 초월을 찾아 헤매는 열정적인 소년의 관점으로 바라본 삶에 관심이 있었다. 그가 본보기로 삼은 것은 장 르누아르의 인간적인 자연주의와 장 비고의 시적인 영화들이었다. 즉흥성을 중시했던 트뤼포는 심지어 〈400번의 구타〉 최종 편집본에 아역 배우인 장피에르 레오의 스크린 테스트 영상을 사용하기도 했다.

〈400번의 구타〉는 세계적으로 성공을 거두었고 프랑스 영화계는 다른 많은 신인 감독에게 연출 기회를 주는 모험을 했다. 루이 말Louis Malle, 자크 리베트, 에릭 로메르, 클로드 샤브롤Claude Chabrol, 그 외 많은 인물이 1950년대 후반과 1960년대 초반에 영화를 연출하기 시작했는데, 스타일적으로는 다양했지만 의미의 동시대적 탐색은 모두에게 핵심이 되는 부분이었다. 뉴 웨이브 시기 초반에 문화, 특히 영화 문화의 관점에서 트뤼포와 고다르 그리고 촬영감독인 쿠타르가 던진 질문은 다음과 같은 간단한 질문의 복잡한 버전이었다. 우리는 어떻게 영화의 진중함을 타파할 수 있을까? 누군가 이런 질문을 한다면 어떤 일이든 벌어질 수 있고 새롭고 파괴적이며 코믹한 스키마가 발견될 것이다.

트뤼포의 두 번째 영화 〈피아니스트를 쏴라Tirez sur le pianiste〉(1960)에서 등장인물이 "내가 거짓말하면 우리 엄마가 죽을 수도 있나요?"라고 말한 뒤 다음 컷으로 넘어가면 엄마가 죽는다. 그다음 영화 〈쥴 앤 짐Jules et Jim〉(프랑스, 1961)을 보면 트뤼포는 여배우 잔 모로의 웃는 얼굴에서 프레임을 정지시키는데, 단순히 그녀를 바라보는 즐거움을 연장하기 위해서였다(199). 고다르의 네 번째 영화 〈비브르 사 비Vivre sa vie〉(1962)의 도입부는 남녀가 술집에서 대화하는 장면으로 시작한다. 그들은 사랑에 관해 이야기하고 카메라는 각각을 클로즈업으로 촬영한다. 여기까지 모든 것은 정상적으로 보이지만 한 가지 결정적인 묘사는 예외다. 〈네 멋대로 해라〉에서 차 안의 세버그를 촬영했던 것과 같이 카메라가 내내 그들의 뒤에 있는 것이다. 이 대화 장면에서 배우들은 정면에서 촬영되지 않았고 관객은 그들의 얼굴을 보지 못한다. 이는 브레송이 그랬듯이 영화와 촬영의 가장 기본적이고 상식적인 측면을 근본적으로 거부하는 것이었다. 이는 또한 부뉴엘과 달리의 〈황금시대〉(프랑스, 1930)가 그랬듯이 파괴적인 것이었다. 〈비브르 사 비〉에서 안나 카리나가 연기한 매춘부는 영화관으로 간다. 그리고 드레이어의 〈잔 다르크의 수난〉을 관람한다. 홀로 어둠 속에서 그녀는 클로즈업된, 잔 다르크로 분한 팔코네티를 올려다보며 운다. 고다르는 현실 속에서 일어나는 일에 대한 그녀의 반응이 아닌 무성 영화 속 매우 섬세한 장면에 감동하는 모습을 보여주며 그녀가 얼마나 인간다운지를 드

199. 잔 모로가 전염성 있는 웃음을 짓는 이 장면에서와 같이 〈쥴 앤 짐〉에서는 프레임을 짧게 정지시키는 등 스타일적으로 재치 있는 장치가 다양하게 사용되었다. 감독: 프랑수아 트뤼포. 프랑스, 1961.

러낸다. 하지만 다른 장면에서는 당구대를 돌며 즉흥적으로 춤을 추는 그녀의 즐거운 모습을 표현하는데, 이는 뮤지컬 영화 〈사랑은 비를 타고〉의 가볍고 경쾌한 장면을 연상하게 만든다.

이 지점에서 중요한 사실 하나를 언급해야겠다. 뉴 웨이브는 정치적 운동이 아니었다. 일부 뉴 웨이브 감독들은 정치적 성향이 있었고 좌파가 되어 이후 파리에서 학생들이나 조합원들의 시위를 지원하기도 했다. 트뤼포와 샤브롤, 쿠타르와 같은 이들은 전통주의자였고 사회적 참여 이면의 지저분한 세계를 비난하거나 그런 사회적 참여를 적극적으로 반대했다. 〈라 푸앵트 쿠르트로의 여행〉으로 뉴 웨이브의 시작을 알렸던 아녜스 바르다는 다른 그룹에 속했다. 그녀의 작품 〈행복Le Bonheur〉(프랑스, 1965)은 사랑의 배신에 관한 황폐하고 농도 짙은 묘사였으며 뉴 웨이브의 모더니즘으로 가득했다. 바르다는 카페 장면에서 대담하게 구도를 잡았으며 성관계 장면은 마치 클로즈업된 사진과도 같은 몽타주로 구성했다. 〈라 푸앵트 쿠르트로의 여행〉의 편집자인 알랭 레네는 제2차 세계 대전 때 징집되었으며 그 경험으로 나치의 집단 수용소에 관한 우울하고 시적인 다큐멘터리 영화 〈밤과 안개Nuit et Brouillard〉(1955)를 연출했다. 레네와 바르다는 『카이에 뒤 시네마』의 영화인들보다 더 정치적이었으며 당시 프랑스에서 출판된 새롭고 복잡한 소설에 더 관심이 있었지만, 레네의 〈지난해 마리앙바드에서〉(1961)는 고다르의 〈네 멋대로 해라〉 못지않게 편집의 근본에 관한 질문을 던졌다. 웅장한 성을 배경으로 한 이 작품은 자기가 만났을 수도 있고 아니었을 수도 있는, 그리고 남편과 함께 있었을 수도 있고 아니었을 수도 있는 1년 전의 어느 여인을 회상하는 남자를 그린다. 이 책의 2장에서 〈그의 마지막 결투〉를 연출한 랠프 인스를 비롯한 감독들이 어느 장면에서 누가 누구에게 이야기하는지, 누가 무엇을 보고 있는지를 명확히 하기 위해 리버스 앵글 편집과 시선 일치를 활용했다는 설명을 했다. 〈지난해 마리앙바드에서〉는 이런 모든 규율을 지키지 않는다. 예를 들면 다수가 나오는 장면에서 한 등장인물이 누군가에게 열정적으로 말을 하는데, 인스의 규율대로라면 다음 컷은 그가 누구에게 말하는 것인지를 보여주는 리버스 앵글 숏이 나와야 하지만 레네의 다음 컷에는 아무도 없다.

이것은 방향 감각을 잃게 만들지만, 이 작품이 편집의 공간적, 시간적 논리를 완전히 훼손하는 첫 단계였을 뿐이다. 영화 내내 카메라는 거대한 성을 돌아다니는데, 공간적 감각이 확립될 즈음에 레네는 확연히 연결할 수 없는 방들을 연결한다. 여기서 시간적 혼란도 발생한다. 영화 속 여인이 1년 전 실제로 그 남자를 만났는지 확실하지 않지만 그가 어디에 있는지, 무엇을 기억하고 있는지, 무엇을 하고 있는지도 명확하지 않다. 알랭 로브그리예의 소설이 원작인 〈지난해 마리앙바드에서〉는 브레송이 진실과 사실주의에 대한 서사 영화의 가정을 공격했던 것 못지않게 서사 영화의 구성 요소에 관한 의문을 제기했다.

1960년대 초반의 프랑스 영화를 세계적으로 가장 흥미로운 영화로 만들었던 것은 기존 영화의 스키마를 부수기 위한 파괴적인 태도였다. 레네와 고다르가 편집을 재정립하고 있을 때 프랑스에서 활동하고 있던 덴마크인 감독 칼 테오도르 드레이어는 1964년에 〈오데트〉(1955)의 후속작을 내놓았다. 드레이어의 마지막 영화인 〈게르트루드Gertrud〉는 1910년 한 여인이 바람을 피우기 위해 남편을 떠났다가 결국 홀로 산다는 내용의 작품으로(200), 유행에 민감한 파리의 평론가들로부터 신랄한 비판을 받았다. 작품의 끝부분에서 여배우 니나 로데가 연기했던 여인은 이렇게 말한다. "날 봐요. 내가 아름다운가요? 아니, 그래도 난 사랑을 했었어. 날 봐요. 내가 젊은가요? 아니, 그래도 난 사랑을 했었어. 날 봐요. 내가 살아 있나요? 아니, 그래도 난 사랑을 했었어." 영화 역사에서 매우 감동적인 대사 중 하나다. 이 장면을 촬영하기 위해 드레이어는 촬영감독에게 렌즈에 직접 빛을 비추라고 주문했다. 1968년에 드레이어가 사망했을 때 트뤼포는 "그는 이제 1세대 영화의 왕들인 그리피스와 슈트로하임, 무르나우, 에이젠슈테인, 루비치와 함께 잠들었다. 우리는 그들로부터 그리고 드레이어의 순백 이미지로부터 배울 것이 참 많다."[3]라고 썼다.

200. 드레이어의 〈게르트루드〉는 스타일적인 유희 등의 유행에 반기를 들었고, 그 대신 한 여인이 평생을 두고 추구했던 사랑을 탐구하기 위해 냉정한 시각적 스타일을 활용했다. 프랑스, 1964.

일반 대중은 프랑스 영화인들만큼 영화에 열정을 느끼지 못했다. 영화 관객은 1957년에 4억 2000만 명에서 불과 6년 만에 2억 7000만 명으로 36퍼센트나 감소했다. 주로 중장년층에서 영화표를 구매하는 이들의 수가 줄었으며 텔레비전이 그 이유 중 하나였다. 예를 들면 오에르테에프ORTF 한 채널만 한 해 320편이 넘는 영화를 방영했다. 고다르나 트뤼포, 드레이어보다 더 상업적인 성향의 감독들은 이 흐름을 바꿔보고자 텔레비전과는 차별성 있는 시각적 스타일로 영화 촬영을 하

201. 매우 얕은 심도로 촬영된 를루슈의 〈남과 여〉는 로버트 올트먼의 〈맥케이브와 밀러 부인〉 등의 영화에 영향을 주었다. 이 장면을 보면 줄리 크리스티는 초점이 선명하나 주변은 모두 흐릿한데, 이러한 이미지는 1970년대 전반에 걸쳐 유행했다. 미국, 1971.

기도 했다. 예를 들면 클로드 를루슈Claude Lelouch는 단순한 사랑 이야기지만 거의 영화 전체를 매우 긴 망원 렌즈로 촬영해 영화사에 방점을 찍은 〈남과 여Un homme et une femme〉(1966)로 국제적인 성공을 거두었다. 이와 같은 촬영 기법은 1940년대 후반에도 사용되었고 1960년에 로베르토 로셀리니도 사용했지만, 를루슈는 이런 기법을 최대치로 가져가면서 배우의 얼굴을 제외한 모든 부분을 흐리게 처리함으로써 1960년대 후반과 1970년대의 시각적 유행을 만들었다. 〈맥케이브와 밀러 부인McCabe & Mrs. Miller〉(미국, 1971)(201) 같은 로버트 올트먼Robert Altman의 작품은 마이클 만Michael Mann의 영화 등 1990년대 망원 렌즈로 촬영한 와이드 스크린 영화처럼 〈남과 여〉의 영향을 받은 것이 분명하다.

1959년의 급격한 변화에도 불구하고 일부 감독의 혁신은 10년이 지나서야 추진력을 얻었다. 를루슈가 새로운 이미지와 낭만적인 스타일을 창조할 때 고다르는 마르크스주의와 심지어는 마오쩌둥의 공산주의에 대한 믿음이 커지면서 〈네 멋대로 해라〉에서보다 훨씬 더 급진적인 기법을 구사하고 있었다. 놀라운 창작열의 폭발로 그는 1967년에 콜라주와도 같은 〈중국 여인La Chinoise〉과 이 책의 '들어가며' 부분에서 컵 안의 거품 숏을 소개했던 〈그녀에 대해 알고 있는 두세 가지 것들〉(13쪽 참고) 등 다섯 편의 영화를 발표했다. 마오쩌둥의 문화대혁명이 언급되고 플루슈가 대중화한 망원 렌즈 기법을 사용한 〈중국 여인〉은 픽션이라기보다는 대화, 낭독, 논쟁, 인쇄된 단어, 캡션, 표어를 과감하게 혼합한 영화였다. 그보다 2년 전인 1965년에 『카이에 뒤 시네마』는 1920년대 소비에트 연방의 영화에 대한 주요 문서들을 출판했다. 고다르는 〈중국 여인〉에서 소비에트 연방의 편집 개념과 함께 대립적인 그래픽들을 사용했고, 그것을 1960년대의 성적 자유와 혼합해 일종의 영화적 선언서를 만든 것이다. 1968년, 영화에서 묘사했던 것처럼 젊은이들이 소르본대학교에 모여 연좌시위를 벌였다. 그리고 그해 5월 말에 이르러 천만 명이나 되는 프랑스 노동자들이 그들과 합류해 보다 나은 임금과 노동 환경을 요구했다. 이러한 사건들은 국제적인 반향을 불러일으켰는데, 당시 세계에서 가장 큰 영화 산업을 보유하고 있던 미국에서 특히 더했다.

기술적 변화와 미국의 뉴 웨이브

1960년대에 미국도 프랑스처럼 줄어드는 영화 관객으로 골머리를 앓았지만, 제작되는 영화의 수가 크게 줄지는 않았다. 1960년대의 혁신에 빠져들기 전, 이 장에서 언급되는 시기에 대흥행을 기록한 영화를 알아보면 〈벤허〉(1959), 〈101마리의 달마시안 개〉(1961), 〈메리 포핀스〉(1964), 〈사운드 오브 뮤직〉(1965) 등 지난 수십 년과 마찬가지로 대서사, 뮤지컬, 애니메이션 영화였으며, 이 작품들 중에 점프 컷은 찾아볼 수 없었다는 사실을 기억해 두자. 하지만 이런 최고의 흥행작 외의 작품들에서는 프랑스 영화에 버금가는 변화와 열망의 불꽃이 보였다. 당시에 미국 엔터테인먼트 영화 역사의 핵심적인 인물들이 사망했다. MGM의 루이스 B. 메이어가 1957년에, 컬럼비아의 해리 콘이 1958년에, 프레스턴 스터지스가 1959년에, 마릴린 먼로가 1962년에, 스탠 로렐이 1965년에, 월트 디즈니와 버스터 키튼이 1966년에 사망했다. 그리고 기술의 발전으로 다양한 영화의 제작이 늘어났다. 16mm 필름을 사용할 수 있는 카메라는 경량화되었고 촬영감독의 어깨에 쉽게 얹을 수가 있었다. 새롭게 개발된 녹음기는 더 이상 카메라에 케이블을 연결할 필요가 없었다. 어깨에 얹은 카메라는 숏이 촬영되는 높이를 올렸고 다양한 공간에서의 촬영을 가능하게 했다. 녹음 기술의 혁신으로 촬영하는 동안 녹음 기사가 촬영감독 옆에 붙어 있을 필요가 없어지면서 기동성이 더 높아졌다.

이러한 혁신을 가장 먼저 체감한 것은 다큐멘터리 영화였다. 1959년에 네 명의 사진가와 영화인은 대선에 출마한 두 상원 의원에게 시사 잡지의 꾸미지 않은 사진처럼 그들의 일거수일투족을 촬영하게 해달라고 설득했다. 그 결과가 바로 획기적인 작품인 〈예비선거Primary〉(1960)였다. 리처드 리콕, 로버트 드류, 돈 페니베이커, 앨버트 메이슬리스는 다이렉트 시네마Direct Cinema라고 불린 다큐멘터리 영화 장르의 핵심적인 북미 인사가 되었다. 이와 흡사한 프랑스의 시네마 베리테Cinéma Vérité는 다이렉트 시네마보다 선행되었고 다른 목표가 있었다. 북미의 영화인들은 리콕이 말했듯이 마치 '벽에 붙은 파리'처럼 사건을 객관적으로 기록하려고 시도했던 반면, 장 루슈와 크리스 마커 등 프랑스의 영화인들과 미셸 브롤트는 촬영에 더 많이 개입했고 때로는 상황을 자극해서 루슈가 '특권적 순간'이라고 말한, 그들이 목격한 사회학적 진실의 순간이 그들 안에 존재함을 드러냈다.

〈예비선거〉는 여러 면에서 새로웠다. 연출자들은 로버트 플라어티가 〈북극의 나누크〉에서 했던 것과는 달리 상황을 조정하지 않았고, 험프리 제닝스의 절제된 시학이나 레니 리펜슈탈의 파시스트적 과장도 따르지 않았으며, 〈주택난〉에서의 해리 와트와 달리 인터뷰도 하지 않았고, 〈빛이 있으라〉의 존 휴스턴처럼 카메라를 숨기지도 않았다. 그럼 이제 뭐가 남았을까? 〈예비선거〉에서 두 명의 상원 의원 중 1년 후에 대통령이 되는 존 F. 케네디가 차 안에 있는 장면을 살펴보자. 앨버트 메이슬리스는 새롭고 가벼운 16mm 카메라로 그를 촬영했다. 케네디는 차에서 나와 회의장으로 들어가고 악수를 한 뒤 계단을 올라 단상 위에 선다. 카메라는 한 번도 멈추지 않고 그를 계속 따라간다. 혹자는 그게 뭐가 특이하냐고 물을 수 있다. 미조구치와 오퓔스는 긴 트래킹 숏을 사용했고 웰스도 〈악의 손길〉의 시작 부분에서 그렇게 했다. 하지만 그들은 장면을 조정하고 사전에 연습했으며 세트장이나 야외의 탁 트인 공간에서 트랙을 깔고 카메라를 달리에 얹어 촬영했다. 케네디를 찍은 드류의 롱 숏은 인파가 몰려 있는 현실 상황 속에서 카메라를 어깨 위에 올리고 초점이나 조명에 신경 쓰지 않고 케네디가 가는 곳이면 어디든지 따라가 촬영한 것이었다. 이후 다큐멘터리 영화 감독들이 〈예비선거〉가 시도했던 자유로움을 확장하는 데 사용하게 되는 소형 비디오카메라는 이로부터 30년 후에나 개발되었다.[4]

〈예비선거〉와 같은 시기에 30세의 그리스계 뉴요커는 픽션 영화에 이 기법을 더욱 대담하게 사용했다. 〈그림자들Shadows〉(존 카사베츠, 1959)은 뉴욕의 아파트에 거주하는 세 명의 아프리카계 미국인 형제자매를 따라가는 이야기다(202). 감독인 카사베츠는 16mm 필름으로 영화를 촬영했고 조명 장비를 최소화했으며 자연적인 소리를 사용했다. 그리고 배우들로 하여금 즉흥 연기를 하도록 했다. 그는 네오리얼리즘과 브랜도-스테이거의 메소드 연기법의 영향을 받았다. 〈그림자들〉은 후에 '뉴 아메리칸 시네마'라고 불린 영화들의 시초라고 할 수 있다.

뉴 아메리칸 시네마의 절제된 미학의 유행을 이끈 다음 인물은 꽤 놀랄 만한 사람이다. 미국 주류 영화의 가장 안정적인 혁신가, 앨프리드 히치콕은 자기보다 두 세대

202. 존 카사베츠가 16mm 필름과 최소한의 조명, 즉흥 연기로 연출한 독특한 스타일의 〈그림자들〉은 부분적으로 다이렉트 시네마 다큐멘터리에서 형식을 빌려온 작품으로, 미국의 독립 영화 제작을 예고했다. 미국, 1959.

나 뒤의 영화인들에 결코 뒤처지지 않았다. 1960년대 초반에 그는 고독과 연쇄 살인에 관한 탐구를 위해 프로이트의 이론과 컬러 필름을 버렸다. 히치콕은 드류나 메이슬리스, 카사베츠의 거칠고 즉흥적인 스타일을 수용하기에는 너무 섬세했지만 〈싸이코〉(1960)에서는 이미 쌓아놓은 자신의 영화감독 경력을 재창조했다고 해도 과언이 아니었다. 이 베테랑 감독은 놀랍게도 1955년에 텔레비전으로 넘어가 섬뜩한 단편 드라마들을 제작, 발표하고 때로는 연출하기도 했다. 그는 소규모의 TV 스태프와 친밀한 분위기에서 신속하게 작업하는 방식을 좋아했고, 그래서 〈싸이코〉를 그런 방식으로 촬영하기로 마음먹었다. 히치콕은 트뤼포에게 다음과 같이 말했다. "텔레비전 쇼와 같은 방식으로 영화를 만들 수 있을까? 이런 의미에서 실험이었다고 볼 수도 있다."[5] 전통적인 할리우드가 〈벤허〉(1959)와 〈클레오파트라Cleopatra〉(1963) 같은 대서사로 몸집을 불릴 때 그는 여배우에게 평상복을 입히고 분장도 거의 안 시키고 대사를 절제해서 특정 시퀀스에서 말하는 사람이 아무도 없을 만큼 작품의 기름을 걷어냈다. 샘 루미스(존 개빈)와 마리온 크레인(재닛 리)이 바람을 피우는 도입부는(203) 히치콕이 연출했던 그 어떤 영화보다도 성적으로 솔직했다. 히치콕은 이렇게 덧붙였다. "내가 그렇게 하고자 했던 이유 중 하나는 관객이 변하고 있기 때문이다… 젊은 관객은 상투적인 키스 장면을 못마땅해했을 것이다… 그들은 영화 속 존 개빈과 재닛 리처럼 행동한다."[6] 기성 감독 중에 히치콕보다 더 시대의 흐름에 잘 적응한 사람은 없다.

203. 히치콕의 새로운 시각적 미니멀리즘과 단순화된 영화 미술은 지금까지도 그의 가장 성공적인 영화라고 평가받는 〈싸이코〉를 탄생시켰다. 미국, 1960.

히치콕이 보다 폭력적인 주제로 방향을 튼 것은 관객의 취향을 제대로 파악했기 때문이다. 〈싸이코〉의 3

분의 1 지점에서 연인과 새로운 삶을 시작하려고 돈을 훔친 크레인은 외딴 모텔로 들어간다. 그녀는 다소 불안정해 보이는 젊은 남자를 통해 체크인한 후 양심의 가책을 느낀 나머지 훔친 돈을 돌려주려고 마음먹는데, 샤워 중에 안내 데스크에 있던 젊은 남자의 어머니인 듯 보이는 이에게 잔혹하게 칼에 찔려 죽는다(204). 이 악명 높은 시퀀스에서 여유롭고 느긋하던 영화가 갑자기 에이젠슈테인 스타일의 짧고 빠른 편집 형식으로 변한다. 긴 필름을 장착한 카메라를 사용하는 대신 히치콕은 짧은 필름으로 7일 동안 70개의 다른 앵글로 촬영했고, 그것은 결국 45초의 시퀀스로 편집되었다. 1923년에 〈바퀴〉를 연출한 강스는 인간의 눈이 인지할 수 있는 것보다 더 빠르게 영화를 편집했으며, 그 이후 그리피스를 포함한 모든 감독은 추격 장면이나 긴박한 장면에서 빠른 속도로 편집을 하면 관객의 맥박도 빨라진다는 것을 이해했다. 그 이전에는, 아마도 에이젠슈테인을 제외하고 이런 사실을 온전히 염두에 두고 영화를 편집했던 감독은 없었다. 〈싸이코〉는 관객을 공포에 질리게 했고 제작비

204. 1960년대 영화의 여러 흐름 중에 폭력적인 내용의 증가도 있었다. 〈싸이코〉에서 샤워 중 칼로 난자당하는 장면은 그런 흐름의 지표였다.

의 20배를 벌어들였으며 후대의 폭력적인 영화 스키마를 만들어 냈다. 어떤 면에서 히치콕은 앙리조르주 클루조의 프랑스 영화에 영향을 받았다. 히치콕의 영화 형식에 대한 지배력은 〈비련의 신부La Mariée était en noir〉(프랑스, 1968)를 연출한 트뤼포에게 본보기가 되었다. 프랑스의 클로드 샤브롤과 미국의 브라이언 드 팔마 등의 연출 방향성은 히치콕의 방법론을 확장한 것이었다. 1960년대는 전반적으로 미국이 유럽으로부터 영화적 영감을 받았던 시기지만, 히치콕과 프랑스 영화인들 사이에 이루어진 스키마의 교환은 영향력이 양방향일 수 있음을 보여준다.

1960년대 초에 뉴욕 예술의 언더그라운드에서 독특한 인물이 출현했다. 그는 영화 제작의 다양한 유행을 모아 완전히 미국적인 방식으로 변화시켰다. 클리블랜드 출신의 예술가 겸 영화인, 앤디 워홀은 다른 어떤 예술가보다 더 1960년대 대중문화의 흐름에 편승했다. 1960년대 초에 그는 캠벨 수프 캔과 마릴린 먼로의 사진을 실크 스크린 기법으로 찍어낸 작품을 현대 미술이라고 팔면서 센세이션을 일으켰다. 그다지 지식인은 아니었던 워홀은 소비자의 관심을 끌기 위해 광고 대행사들이 생산했던 현대적인 디자인에 직감적으로 끌렸다. 그는 그런 디자인을 개선하기보다는 그것이 대중을 유혹하는 요소를 포착하기 위해 대담한 이미지를 만들었다. 영화 세계는 워홀의 예술을 받아들였다. 〈이유 없는 반항〉(미국, 1955)에 단역으로 출연하고 후에 〈이지 라이더Easy Rider〉(미국, 1969)를 연출한 데니스 호퍼가 캘리포니아에서 그의 작품을 처음으로 구매한 인물이었다.

1963년 워홀이 영화계에 발을 디딘 것이 놀랄 만한 일은 아니었지만, 이상하게도 그는 브레송 못지않은 급진적인 작업을 선택했다. 워홀은 감독들이 사용했던 모든 표현적 요소를 벗겨냈다. 워홀의 첫 영화 〈잠Sleep〉(1963)은 당시 그의 연인이던 남자가 벌거벗고 자는 모습을 고정된 숏으로 구성한 작품이다. 조명도, 대사도, 사운드도 없고 카메라 이동도 없으며 이야기도 없다. 〈예비선거〉에 사용했던 아주 기본적인 카메라로 촬영한 이 작품은 숏이 계속 반복되고 [버전에 따라] 시간은 6~8시간에 달했다. 이 작품을 연출하기 전에 워홀은 에리크 사티가 840개의 연속적인 연주로 구성했던 18시간 40분에 달하는 연주회를 관람했다. 이 경험으로부터 그는 마치 최면에 걸린 것처럼 반복되는 이미지를 떠올렸다. 〈잠〉의 첫 번째 숏은 숨을 들이쉬

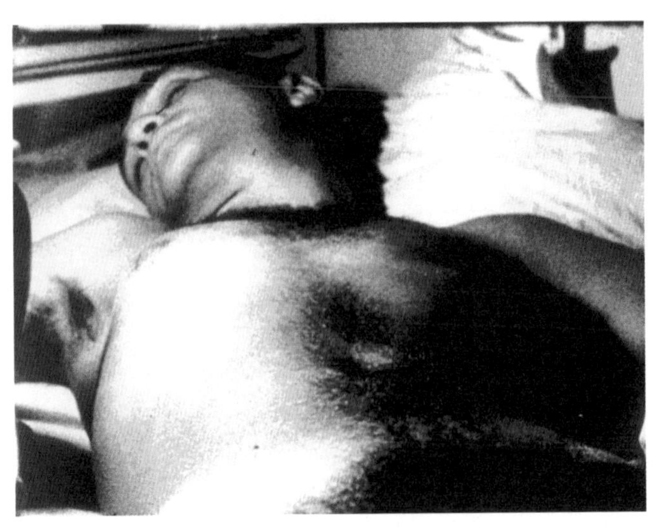

205. 1960년대 미니멀리즘의 극치. 앤디 워홀의 엄청난, 아무 일도 일어나지 않는 작품 〈잠〉의 존 지오노. 미국, 1963.

고 내쉬는 남성의 복부를 클로즈업한 것이다(205). 어떻게 보면 영화라고 하기 어려울 정도로 아무것도 아니었지만, 이것은 이상한 효과가 있었다. 〈잠〉은 네오리얼리즘적 탈드라마가 극단으로 치달은 것이며 브레송의 영화에서 변형이나 영적인 시도를 뺀 것이다.

〈잠〉을 처음부터 끝까지 다 본 사람은 드물지만, 이 작품은 여러 가지 면에서 중요하다. 〈잠〉은 영화를 선형적 이야기의 경험이 아닌 사건으로 소개했다. 그리고 이 작품은 최소한 영화계에서 여전히 금기시되던 동성애적 욕망을 부드럽게 표현했다. 장 콕토와 캘리포니아의 언더그라운드 영화감독이자 작가인 케네스 앵거의 작품도 이러한 주제를 다루었지만, 워홀은 더 나아가 1990년대의 '뉴 퀴어 시네마New Queer Cinema'를 위한 길을 닦았다.

그 외 유럽 지역에서 영화 스타일의 폭발과 진전

다시 대서양을 건너면 우리는 열정적인 이탈리아 감독을 만날 수 있다. 그는 워홀처럼 동성애자였고 워홀처럼 순수하고 단순한 영화를 본능적으로 좋아했지만, 워홀의 영화가 무아지경을 유발하는 배경 소재처럼 작동했다면 그의 영화는 정반대였다. 피에르 파올로 파솔리니는 워홀이 동조했던 그 시기와 맞서는 삶을 살았다. 소설가이자 시인, 기자 그리고 논객이었던 그는 1960년대에 영화 예술의 판도를 바꿨던 여섯 명의 이탈리아 감독 중에서 가장 악명이 높았다.

206. 밝은 햇빛과 단순한 구도의 현실감 있는 사람들의 모습은 피에르 파올로 파솔리니의 〈아카토네〉를 독특하게 보이도록 만들었다. 이탈리아, 1961.

파솔리니는 볼로냐에서 태어나 이탈리아의 북동 지역에서 성장했는데, 그곳에서 무솔리니의 파시즘을 직접 경험했다. 그 결과 생성된 마르크스주의는 그에게 있어 처음에는 1950년대 소설에서, 이후 영화에서 접할 수 있었던 빈민가에 거주하는 노동 계급을 볼 수 있는 렌즈였다. 시나리오 작가로 영화계에서 일을 시작했던 파솔리니는 펠리니의 〈카비리아의 밤〉(이탈리아, 1957)에 참여했으며, 이후 이탈리아의 성적·계급적 금기에 관한 그의 여러 영화 중 첫 번째 작품인 〈아카토네Accattone〉(이탈리아, 1961)로 파문을 일으켰다. 로마의 가난한 외곽 지역에 사는 포주의 이야기를 담은 이 작품은 트뤼포가 증오했던 '품질의 전통'을 따른 영화와 정반대였다. 파솔리니는 영화에 접근하는 자신의 방식에 대해 이렇게 말했다. "〈아카토네〉는 영화에서 일반적으로 사용하는 기술적 장치가 부족하다. 앵글이라는 것도 없고 클로즈업이나 인물의 어깨 너머 및 등 뒤를 볼 수 있는 숏도 없다. 한 장면에서 인물이 프레임으로 들어왔다 나가는 시퀀스도 없다. 선회하거나 인상적인 움직임의 달리 숏은 절대 사용하지 않았다."[7]

브레송이었다면 아마 '정면', '단순', '기술 거부'와 같은 말을 썼을 것이다. 브레송과 파솔리니, 메이슬리스, 드레이어, 카사베츠, 워홀 그리고 어떤 면으로는 히치콕도—이후에 샹탈 아케르만 역시—축적된 영화적 스키마를 벗겨낼 필요성을 느꼈을 것이다. 숏은 시간의 한순간이라는 생각을 근거로 한 고다르의 '분할'에 트뤼포의 사회학에 대한 거부와 일시성이 더해지면 우리는 이 감독들의 금욕주의를 가늠할 수 있게 된다. 그 금욕주의는 어디서부터 온 것일까? 첫 번째로 일부는 당연히 기술적 요인에 따른 것으로, 장비가 단순화되고 경량화되었기 때문이다. 이 주장은 1990년대에 장비가 기술적으로 더 진화했을 때 덴마크의 영화인 집단이 영화의 기술을 최소화하자는 내용의 노골적인 선언문 '도그마Dogme'를 발표했다는 사실을 알게 되면 더 신뢰가 갈 것이다(553~554쪽 참고). 영화인들은 자신들의 장비가 얼마나 간단한지 알게 되면 정교한 기술로 얻어낸 영상이 오히려 예술적 수준이 낮다고 생각하는 것 같다.

두 번째로는 1960년대에 소비주의, 겉치장, 사회의 축적된 부유층을 거부한 영화인들이 1910년대 후반과 1920년대 초반의 원초적이고 단순한 스타일로 돌아간 데서 기인한다. 이런 정치적 논쟁에 대한 문제는, 예를 들어 앤디 워홀 같은 인물은 그런 사회적 흐름에 편승했고 기본적으로 그것을 거부하지도 않았다는 점이다. 세 번째 요인은 좀 더 고민해 볼 필요가 있다. 영화인들은 1960년대에 와서야 시각 예술은 무엇보다 그 매체 자체의 형식에 충실해야 한다는, 다른 예술 분야에서 팽배하던 모더니즘 사상을 적절하게 흡수했다. 화가들은 캔버스의 표면이나 물감, 붓놀림 등 기본적인 도구의 효과를 숨기지 말아야 한다. 영화도 마찬가지다. 브레송, 고다르, 트뤼포, 드레이어, 워홀 그리고 이제 파솔리니까지 저마다 다른 이유로 영화의 본질을 찾기 위해 기존의 스키마를 샅샅이 뒤졌다. 그들은 1910년대의 영화인들처럼 소형 카메라를 사용했고 흑백의 정면 촬영으로 돌아갔으며 와이드 스크린과 교차 편집 기법을 거부했다.

207. 파솔리니는 르네상스 이전의 화가 조토가 강렬하게 묘사했던 성서의 인물들을 자기 영화에 등장하는 인물들의 본보기로 삼았다.

심지어 파솔리니는 1910년대 이전까지 뒤졌다. 그는 "나의 영화적 취향은 사진에서 기원한 것이 아니다… 나의 머릿속에 있는 비전이나 시각적 배경은 마사초와 조토의 프레스코화 같은 것이며(207)… 남자가 중앙에 있는 14세기의 그림… 나는 항상 그림 속의 배경을 내 영화의 배경으로 생각하고 있으며 그게 내가 정면으로 촬영하는 이유다."[8]라고 설명했다. 이는 〈아카토네〉에서 확인할 수 있다. 정면으로의 접근은 놀라우며 파솔리니는 주연 배우인 프랑코 치티의 뒤에 타는 듯한 햇빛을 두고 촬영함으로써 이를 더욱 강조했다. 이러한 기법은 "눈가를 꺼져 보이게 만들고 코 밑과 입 주변에 그림자를 만들어… 그 결과… 평론가 피에트로 치타티가 언급했던 '깊은 죽음의 미학'으로 영화를 물들일 수 있다."[9]라고 감독은 말했다. 사진 206에서 볼 수 있듯이 치티의 얼굴이 마치 해골과도 같다.

〈아카토네〉의 대사는 매우 흥미롭다. 예를 들면 아카토네가 결국 포주 노릇을 그만두기로 마음먹는 장면을 보자. 그가 이런 결정을 친구들에게 말하자 누군가 "오늘은 네 시계를 팔게 될 거고 내일은 금목걸이를 팔게 될 거며 일주일 후에는 눈물을 흘릴 눈조차 없을 거야."라고 예견한다. 성경 구절과도 같이 강렬한 이런 대사는 많은 보편적인 영화에서 어우러지기 힘들지만, 10여 년 후에 이탈리아계 미국 감독으로 가톨릭교도인 마틴 스코세이지가 그를 세상에 알린 영화 〈비열한 거리〉(미국, 1973)에서 노골적으로 파솔리니를 따라 했다. 아일랜드의 소설가 제임스 조이스의 작품에 대한 이해와 성경 구절과도 같은 언어의 조합으로 그는 아카토네의 친구들처럼 젊은 이탈리아 남자들이 술집에서 만나 "네가 유대인의 왕이냐? 이는 네가 스스로 하는 말이냐 다른 사람들이 나에 대해 네게 한 말이냐?"[10]라는 등의 말을 주고받는 장면을 연출했다.

〈아카토네〉가 개봉하자마자 이탈리아를 황폐하게 묘사한 것에 화가 난 신파시스트들이 시위를 벌였다. 3년 후 파솔리니는 예수의 삶에 버금가는 삶을 살았던 14세기 이탈리아 회화 속 인물을 토대로 만든, 전작보다 더 도발적인 작품을 연출했다(208). 이 작품에서는 동성애와 마르크스주의가 가톨릭과 결합한, 감독의 복잡한 내면을 드러내는 종교적 요소가 전면에 대두된다. 20세기 전반에 걸쳐 가톨릭과 마르크스주의 사이에 모종의 관계가 있었지만 여기서 우리가 살펴보아야 할 것은 그러한 관계가 어떻게 파솔리니의 영화적 비전에 적용되었는지다. 가톨릭과 마르크스주의는 파솔리니로 하여금 네오리얼리즘의 자연주의를 경계하게 했다. 파솔리니는 인물들의 외면이 아닌 깊은 삶을 다루는 영화를 만들고 싶었고 그것을 신성하게 표현하고자 했다. 그런 취지로 볼 때 종교적인 그림들은 그에게 도움을 주었으며 시대를 초월한 주제와 로케이션도 마찬가지였다. 하지만 여기에는 또 다른 해석이 있을 수 있다. 이 책에서 어느 누구보다도 자주 언급되었던 영화감독 칼 테오도르 드레이어는 파솔리니의 유일하고도 실제적인 본보기였다. 파솔리니는 종교영화인 〈마태복음Il vangelo secondo Matteo〉(이탈리아, 1964)을 만들기 위해 드레이어의 작품에 많이 의존했다. 실제로 그는 〈아카토네〉를 촬영하기 전에 촬영감독인 토니노 델리 콜리에게 드레이어의 영화를 보라고 권유하기도 했다. 이에 대해 델리 콜리는 다음과 같이 말했다. "그는 원하는 것을 나에게 어떻게 설명할지 잘 몰라서 예시를 주곤 했다."[11]

파솔리니의 작품에는 1960년대 영화의 폭넓은 흐름도 잘 드러나 있는데, 이는 브레송과 마찬가지로 파솔리니도 그에 대한 글을 썼기 때문이다. 마치 브레송이 쓴 것과도 같은 다음 글을 예로 들어보자. "나는 비전문 배우들을 이념적, 미학적 측면에서 선호한다… 풍경, 하늘, 태양, 심지어는 길거리를 걷는 사람의 뒷모습까지도 현실의 조각들인 것처럼 비전문 배우들도 마찬가지다."[12] 다시 한번 우리는 영화가 너무 많은 짐을 지고 있었고 현실에서 너무 멀리 벗어났었다고 생각하게 된다. 파솔리니의 이 말을 비슷한 시기에 트뤼포가 했던 말과 비교해 보자. 그는 '품질의 전통'을 따른 영화에 출연했던 배우들과 같이 작업하지 않았다. 왜냐하면 "그들은 미장센을 너무 흐리기

208. 〈마태복음〉의 단순하고 간소한 방식의 촬영은 드레이어의 영화로부터 받은 영감의 결과였다. 이탈리아, 1964.

때문이다." 여기서 '미장센'은 사람이나 사물이 위치하고 또 움직이는 것 등 프레임 안의 모든 요소를 의미한다. 파솔리니와 트뤼포, 브레송 그리고 그 외 영화감독들에게 주류 영화의 허구적 특성은 구도 같은 순전히 추상적인 요소에도 영향을 미쳤다. 이 장에서 소개한 1960년대 영화의 이미지들을 돌아보면 우리는 매우 중요한 사실을 발견할 수 있다. 다양한 영화인들은 사람의 얼굴을 정면에서 촬영하는 경향이 있었고, 고다르의 경우에는 뒤에서 촬영하는 경향이 있었다. 측면 앵글과 숏/리버스 숏 등 폐쇄적인 낭만적 사실주의의 언어는 그들에게는 별로 와닿지 않았다.

파솔리니는 초기 회화, 브레송, 드레이어 그리고 동성애를 풍부하게 조합했다. 이러한 조합을 데릭 저먼Derek Jarman 같은 1980년대와 1990년대 영국 감독들이 수용했지만, 직접적인 영향을 받은 이는 파솔리니를 보조하던 조감독이었다. 그는 아카토네가 지난 삶을 포기하는 장면을 촬영할 때 스승인 파솔리니가 연출하는 모습을 지켜보았으며, 고다르에게도 마음을 빼앗겼던 비범한 젊은 이탈리아 남성이었다. 베르나르도 베르톨루치는 이탈리아 북부에서 시인의 아들로 태어났다. 그는 파솔리니처럼 시나리오 작가로 영화계에서 일을 시작했다. 베르톨루치의 두 번째 연출작인 〈혁명 전야Prima della rivoluzione〉(이탈리아, 1964)는 그가 불과 23살이던 해에 개봉된 작품으로, 그의 고향인 파르마에 사는 한 청년이 혁명가가 되기를 고민하다가 결국 중산층의 안정을 택한다는 이야기다. 베르톨루치는 를루슈 스타일의 망원 렌즈와 고다르의 점프 컷, 파솔리니의 치명적인 정면 숏으로 젊은이의 딜레마를 열정적으로 포착했다(209). 1970년에 베르톨루치는 다수의 미국 감독에게 영향을 준 영화 두 편을 연출했는데, 베르톨루치에 대해 더 알아보기 전에 지금은 후에 큰 성공을 거두게 될 영화인으로 넘어가 보자. 베르톨루치는 그를 위해 중요한 시나리오를 구상하고 있었다.

세르조 레오네는 비토리오 데 시카의 대표적인 네오리얼리즘 영화 〈자전거 도둑〉(이탈리아, 1948)에서 작은 역할을 연기하며 영화계에 발을 디뎠고, 〈벤허〉(미국, 1959)의 조감독으로 일하기도 했다. 일련의 대서사적 이탈리아 영화를 연출한 후 그는 구로사와 영화의 주제인 외로움과 존 포드 영화에서 헨리 폰다와 존 웨인의 헤아리기 힘든 인간적 깊이에 영향을 받은 서부 영화에 미국의 한 TV 배우를 캐

209. 스탕달의 『파르마의 수도원』을 원숙하게 각색한 베르나르도 베르톨루치의 〈혁명 전야〉에서 혁명가가 될 것인지 아니면 현실주의자가 될 것인지를 고민하는 청년, 파브리지오를 연기한 프란체스코 바릴리(왼쪽). 이탈리아, 1964.

스팅했다. 그 배우는 바로 클린트 이스트우드였고 그 작품은 〈황야의 무법자〉(이탈리아·독일·스페인, 1964)였다. 미국의 전통적인 서부 영화는 1960년대에 사장되어 가고 있었다. 1950년에 서부 영화는 미국에서 제작되는 영화의 3분의 1을 차지해 150편 정도가 만들어졌는데 1960년에는 15편으로 줄었다. 서부 영화의 주제가 너무 관습적이고 애국적이며 심지어는 인종 및 성 차별적 요소까지 있었기에 현대적인 재해석만이 탈출구였는데, 레오네는 그러한 주제를 유럽에서 부활시켰다. 그는 서부 영화의 기존 이미지를 미묘하게 변형시켰다. 예를 들면 그가 주로 이용한 촬영 장소는 목장이 아닌 히스패닉 선교 교회의 종탑이었다. 〈황야의 무법자〉의 대흥행은 소위 '스파게티 웨스턴'이라고 불리는 서부 영화 장르를 탄생시켰다. 레오네의 성공에도 기술적 진보가 뒷받침되었다. 사진 210은 〈황야의 무법자〉의 한 장면을 확대한 것이다. 이 사진은 언뜻 보면 1950년대 중반에 일본, 미국 그리고 그 외 지역의 영화에서 흔히 볼 수 있었던 와이드 스크린 이미지와 별반 차이가 없어 보인다. 하지만 화면의 깊이를 잘 살펴보기 바란다. 보다시피 전경과 배경은 멀리 떨어져 있는데 둘 다 초점이 맞아 보인다. 이는 기존의 와이드 스크린 촬영에서는 보기 힘든 것으로 레오네가 이렇게 촬영할 수 있었던 이유는 1960년에 이탈리아에서 테크니스코프Techniscope가 개발되었기 때문이다. 테크니스코프는 하나의 35mm 프레임에 한 개의 압축된 이미지가 아닌 두 개의 '압축하지 않은' 이미지를 아래위로 기록하는 것을 가능하게 했다. 그 결과 이미지의 해상도는 다소 떨어졌지만, 초점 길이가 짧은 렌즈를 사용할 수 있었다. 그레그 톨런드의 촬영이 보여주었던 것처럼 초점 길이가 짧은 렌즈는 깊은 피사계 심도의 이미지를 만들 수 있었다. 레오네는 이 새로운 기술을 처음으로 온전히 활용했던 감독이었다.

일부는 베르톨루치에게도 감사해야 할 이 넓은 화면과 깊은 화면의 구성은 미

210. 세르조 레오네와 촬영감독 마시모 달라모와 페데리코 라라야는 〈황야의 무법자〉를 통해 기존 와이드 스크린 영화의 '빨랫줄' 구도를 탈피하려고 시도했다. 이 작품의 대흥행은 스파게티 웨스턴 장르를 출범시켰다. 이탈리아 · 독일 · 스페인, 1964.

211. 레오네는 〈원스 어폰 어 타임 인 아메리카〉 등 미국 영화 장르에서 서사적이고 잔혹한 요소를 계속 강조했다. 미국 · 이탈리아, 1984.

국 영화 장르에 일종의 신화적 감성을 더하기도 했다. 레오네의 〈옛날 옛적 서부에서〉(이탈리아 · 미국, 1968)는 웅장한 크레인 숏, 서사적 음악, 강렬한 대치, 에덴 동산 같은 목가적 장면, 잔인한 보복, 남녀의 차이에 관한 원초적 감정이 특징이다. 이 작품은 영화 그 자체, 영화를 보는 즐거움 그리고 〈네 멋대로 해라〉처럼 익숙한 장면의 아름다움에 관한 것이었다. 〈옛날 옛적 서부에서〉 역시 존 포드의 〈수색자〉와 같이 복수가 주인공의 삶의 이유가 된다. 레오네는 더 대담하게 술집에서 사람들이 하나, 둘, 문을 열게 하는 등 장면들을 늘려서 영화 전체가 기다림에 관한 것이 되도록 했다. 하워드 호크스의 〈리오 브라보〉도 어떤 면에서는 기다림에 관한 것이었지만, 레오네의 영화는 복수의 순간이 오고 현대화가 진행되며 세상에 변화가 오는 것 등을 상징하는 추상적인 면이 더 강했다. 레오네는 영화계에서 경력을 쌓아가던 초기에 네오리얼리즘적 경향을 추구하는 감독들과 일했고, 그래서 그들의 초월적이고 탈드라마적인 순간을 오페라 같은 자신의 서부 영화에 도입했다. 1984년에 그는 서부 영화 장르인 〈옛날 옛적 서부에서〉를 통해 추구했던 신화적이고 폭력적인 요소를 갱스터 영화 장르로 형제 같은 작품인 〈원스 어폰 어 타임 인 아메리카〉(미국·이탈리아, 1984)(211)에서도 부각했다. 이 작품에서 레오네는 〈지난해 마리앙바드에서〉처럼 처음에는 혼란스럽게 회상 속의 회상을 활용했고 이야기를 시간순으로 전달하지 않았으며 시간을 늘리지도 않았다. 이 두 작품의 효과는 그야말로 기억에 남는다. 이탈리아의 거장 감독이 미국의 두 토착 영화 장르를 훔쳐서 스타일적으로 확대하고, 각각의 남성적 잔인함을 노골적으로 묘사했으며, 자신의 비관적인 삶의 관점으로 이 미국의 영화 장르를 정제했다. 레오네의 영향력은 실로 위대했다. 1970년대 최고의 서부 영화 감독인 샘 페킨파Sam Peckinpah는 레오네의 영향이 없었다면 자기는 아무것도 아닐 수 있었다고 말했으며, 스탠리 큐브릭은 잘 알려진 자신의 영화 〈시계태엽 오렌지A Clockwork Orange〉(영국, 1971)가 이 이탈리아 감독으로부터 영향을 받아 만든 것이라고 고백했다.

레오네는 1960년대 이탈리아에서 상업적으로 가장 성공한 감독이었지만 루키노 비스콘티 백작의 영화는 그의 영화보다 더 오페라 같았다. 비스콘티도 파솔리니처럼 마르크스주의자였으며 가톨릭 신도이자 동성애자였지만 그의 영화적 본능은 파솔리니와는 정반대였다. 파솔리니가 1910년대 후반의 절제된 기법으로 빈곤한 사람들의 가혹한 삶을 포착했다면, 비스콘티는 빈센트 미넬리와 유사하게 프레임을 치장했고 카메라의 움직임을 매끄럽게 다듬어 자신이 성장했던 부유한 환경의 타락을 포착했다.

그는 (무솔리니가 권력을 잡고 15년 정도가 지난 후인) 1930년대에 이탈리아를 떠나 프랑스에서 장 르누아르 영화의 의상을 디자인했으며, 1942년 네오리얼리즘 영화의 선구 격인 〈강박관념〉(231쪽 참고)을 연출하기 전에 공산주의자가 되었다. 비스콘티는 1950년대에 밀라노에서 오페라를 연출했고, 그가 동경했던 미조구치와 미넬리처럼 영화에서 감각적인 스타일을 발전시켰다. 19세기 이탈리아 역사를 호화롭게 묘사한 〈애증Senso〉(이탈리아, 1954)에 대해 그는 "가끔은 오페라를 꿈꿨다."[13]라고 말했다. 비스콘티의 〈로코와 그의 형제들Rocco e i suoi fratelli〉(이탈리아, 1960)은 농촌에서 도시로 이주하는 가족이라는 전형적인 1920년대 주제로 돌아갔다. 이 작품을 비롯해 세계적으로 성공한 후속작 〈들고양이Il

212. 공들인 영화 미술과 아름다운 색감은 또 하나의 오페라 같은 이탈리아 영화인 비스콘티의 〈들고양이〉를 차별화시켰다. 이탈리아, 1963.

gattopardo〉(이탈리아, 1963)와 〈베니스에서의 죽음Morte a Venezia〉(이탈리아, 1971)은, 내용보다 눈에 보이는 외형에 치중하느라 비스콘티가 '인간의 짐'이라고 한 것을 가려버린 1950년대 영화를 부패의 정교한 초상화로 확장했다.

귀족을 매춘부, 패셔니스타, 영화인 그리고 난잡한 자들과 맞바꾸면 역시 네오리얼리즘에서 출발한, 앞서 언급했던 익숙한 인물을 만날 수 있다. 페데리코 펠리니는 1959년에 세계적으로 유명한 감독이 되었다. 〈길〉(1954)과 〈카비리아의 밤〉(1957)은 그가 얼마나 쉽게 신랄한 영화적 상상을 펼칠 수 있는지 입증했다. 〈달콤한 인생La dolce vita〉(이탈리아, 1960)은 영향력은 있지만 로마 상류층에 대한 지긋지긋한 비난인 〈카비리아의 밤〉의 종교적 장면만큼이나 공격적인 영화였다. 어쩌면 〈8과 1/2Otto e mezzo〉(이탈리아, 1963)은 더 심했다. 이 작품에서 영화감독을 연기한 펠리니의 분신, 마르첼로 마스트로야니는 새로운 영화의 구상으로 골머리를 앓다가 아내와 정부 그리고 여주인공이 등장하는 판타지의 세계로 빠져든다(213). 〈8과 1/2〉은 완전한 자전적 영화로 알려졌지만, 미넬리의 〈파리의 미국인〉에 등장하는 발레 장면의 주제가 구애가 아니라 창작 과정 그 자체였듯이 영화 작업 자체로 생각하면 이해하기가 더 수월하다. 이 영화는 고뇌 또는 스키마와 변이의 관습이 가지는 불완전함에 관한 것이다. 하지만 그뿐만은 아니다. 펠리니는 판타지 영화의 언어로 중년의 위기를 예술적으로 묘사했던 것이다. 이런 조합은 새로운 것이었다.

〈8과 1/2〉의 이야기는 마스트로야니가 맡은 인물의 삶을 들락날락하지만 우리가 언급할 이 시기 마지막 이탈리아 감독은 펠리니나 그 외 이탈리아 감독들보다 더 강하게 서사를 거부했다. 미켈란젤로 안토니오니는 처음에 다큐멘터리 영화를 연출하면서 영화에 입문했고 1950년대에 비교적 관습적인 장편 영화를 연출했다. 그리고 1950년대 말에는 미국의 추상화에 관심을 가졌으며 1960년대 초에는 당시 가장 현대적인 영화라는 평을 받은 3부작을 연출했다. 〈정사L'avventura〉(이탈리아, 1960), 〈밤La notte〉(이탈리아, 1961), 〈일식L'eclisse〉(이탈리아, 1962)은 펠리니의 작품이 그랬듯이 현대 사회의 불안을 표현했지만, 판타지보다는 공허함을 핵심 개념으로 삼았다. 〈밤〉의 한 장면이 이를 잘 설명해 준다(214). 잔 모로는 마스트로야니가 분한 어느 작가의 부유한 아내를 연기했다. 파티에 함께 간 부부는 다른 사람들과 교류하던 중

새벽에 아내가 남편에게 이렇게 말한다. "나 죽을 것 같아. 더 이상 당신을 사랑하지 않기 때문에."

하지만 이는 그저 시작일 뿐이다. 파솔리니는 등장인물을 정면에서, 그리고 대부분 클로즈업으로 촬영했지만 안토니오니는 종종 등장인물을 프레임의 한쪽 끝에 두거나 작게 또는 반쯤 숨긴 채 촬영했다. 그들이 프레임을 완전히 벗어날 때에도 안토니오니는 촬영을 계속해서 우리는 텅 빈 프레임 속 콘크리트 벽이나 길모퉁이 혹은 빛이 꺼져가는 하늘 등을 바라보게 된다. 프랑스 영화인들의 뮤즈인 모로와 작업할 때 그는 마치 체스판의 말을 다루듯 그녀에게 매우 구체적인 지시를 했다. 미국의 브랜도나 스테이거의 경우와는 달리 그녀가 맡은 인물의 감정과 심리가 영화의 핵심은 아니었다. 공간과 시간 개념도 그에 못지않게 중요했다. 이미지는 모로의 감정을 표현하지는 않았지만, 감독이 그녀의 고립에 대해 느끼는 바를 표현했다. 이를 강조하듯 카메라는 보들레르의 작품 속에 나오는 사람들처럼 방황하는 등장인물들을 눈높이 위에서 내려다보는 앵글을 자주 취했다. 〈정사〉와 〈밤〉, 〈일식〉에서는 알랭 레네가 같은 시기에 만들었던 〈지난해 마리앙바드에서〉(프랑스, 1961)처럼 주인공들을 건물에 배치했다. 하지만 레네가 기억과 시간의 모호함에 관심이 있었다면 안토니오니는 건축가의 시

213. 이탈리아 영화의 황금기에 절정을 맞았던 거장 페데리코 펠리니의 〈8과 1/2〉은 창작적 우유부단함과 중년의 위기를 동시에 다루었다. 이탈리아, 1963.

214. 〈밤〉은 와이드 스크린 방식으로 촬영되었지만 이 프레임은 안토니오니와 촬영감독인 지아니 디 베난조가 배우들(사진 속의 배우는 잔 모로)을 관습적이지 않은 구도로 촬영했음을 보여준다. 이탈리아, 1961.

선으로 현대 삶의 절망과 공허함을 바라보았다. 그는 극작가 입센의 주제를 르 코르뷔지에의 엄격하게 정돈된 건물에서 촬영한 셈이다. 고다르가 등장하고 1년 남짓 후에 안토니오니는 자신의 영화에서 등장인물들의 행위를 다른 많은 공간적, 시간적 요소의 하나로 축소했다. 그의 길고 느리며 거의 추상적인 숏들은 헝가리의 미클로시 얀초와 벨라 타르, 그리스의 테오 앙겔로풀로스 등 유럽의 훌륭한 후세대 감독들을 위한 길을 닦는 역할을 했다.

이탈리아와 같이 남유럽에 위치한 스페인은 여전히 우익 독재자인 프란시스코 프랑코가 지배하고 있었고, 그래서 삶과 자유 사상에 대한 영화적인 찬양은 일정 부분 생략되어 있었다. 그런데도 강력하고 독창적인 영화들이 나왔다. 이러한 억압된 사회에서는 초기의 고다르와 트뤼포의 가벼움이 답습되지 않을 것 같지만, 역사적으로 중요한 첫 번째 장르는 코미디였다. 마르코 페레리Marco Ferreri의 〈휠체어El cochecito〉(스페인, 1960)는 홀아비인 돈 안셀모가 전동 휠체어를 사려다가 부주의로 가족을 모두 죽이게 된다는 이야기다(215). 감독인 페레리는 스페인에서 활동했던 이탈리아인으로, 연로하거나 장애가 있는 사람들의 삶의 질에 대한 사회적 무관심을 풍자했다. 스페인 문화에서 현실과 아이러니라는 평범하지 않은 조합은 '에스페르펜토esperpento'라고 불리는 공연 양식에서부터 왔다. 이것은 아나 마리스칼Ana Mariscal 감독의 일부 영화에서 확인할 수 있고, 프랑코 정권 이후 출현한 페드로 알모도바르Pedro Almodóvar 감독의 창작 원천이었다. 알모도바르는 〈휠체어〉에 대해 이렇게 말했다. "50년대와 60년대에 스페인은 이탈리아보다 훨씬 덜 감성적이며 훨씬 더 격렬하고 유쾌한 네오리얼리즘을 경험했다. 페르난 고메스의 영화를 두고 하는 말이다… 그리고 〈휠체어〉." 페레리의 영향을 빼면 〈신경쇠약 직전의 여자Mujeres al borde de un ataque de nervios〉(스페인, 1988)나 〈내 어머니의 모든 것Todo sobre mi madre〉(스페인, 1999) 같은 알모도바르의 작품을 논하기가 어렵다.

1960년대에 접어들면서 60세가 되었지만, 권력층을 불안하게 만드는 루이스 부뉴엘의 능력은 여전했다. 〈비리디아나Viridiana〉(스페인, 1961)는 상영 금지가 가장 엄격하게 적용된 부뉴엘의 작품이다. 부뉴엘이 30년 만에 멕시코에서 다시 스페인으로 돌아와 무엇이든 원하는 주제로 영화를 만들 수 있도록 선처한 이는 바로 프랑코

215. 마르코 페레리의 영향력 있는 스페인 코미디 영화 〈휠체어〉. 1960.

였다. 그 결과는? 독재자가 소중히 생각하는 모든 것을 떠받드는 듯 보였고, 이야기는 윤리적으로 충실해 보였다. 〈비리디아나〉에서 수녀가 되기 위해 수련 중이던 젊은 여성은 삼촌에게 성적 학대를 당하고, 삼촌의 죽음 이후 그의 집을 노숙자와 장애인에게 쉼터로 제공한다. 그들은 최후의 만찬을 연상하게 만드는 불경스러운 식사 중에 집을 쓰레기장으로 만들어 버린다(216). 이 장면은 부뉴엘의 반종교적 성향의 완전체를 보여준다. '종교에 찌든' 비리디아나는 십자가, 못, 망치에 조용히 기도를 드린다. 그녀의 삼촌은 바스크 차림에 하얀 하이힐을 신었다. 성적 이미지로 그득하다. 그는 비리디아나에게 약을 먹이고 침대에 눕힌다. 히치콕의 〈현기증〉에 나오는 시체 성애증의 냄새가 물씬 풍긴다. 삼촌은 프랑코를 상징하며 조카딸은 순진하거나 아니면 부패한 교회를 상징한다. 그녀가 거지들에게 베푸는 호의는 엄청난 역효과를 불러온다. 그녀는 생색을 내고 또 순진하다. 거지들을 감성적으로 묘사하고자 하는 의지가 없었던 부뉴엘은 그들의 음란함과 결함을 강조했다. '할렐루야 합

216. 〈안달루시아의 개〉가 발표된 지 32년 뒤에도 루이스 부뉴엘은 여전히 관객을 충격에 빠뜨렸다. 이 경우 〈비리디아나〉에서 노숙자와 장애인이 기독교 '최후의 만찬'을 조롱한다. 스페인, 1961.

창곡'에 맞춰 흥겹게 즐기는 그들의 모습은 삶이 얼마나 끔찍한지를 보여주는 은유일 뿐이다. 3년 뒤에 제작된 파솔리니의 〈마태복음〉은 가톨릭을 옹호하지만 〈비리디아나〉는 그 반대다. 두 작품 모두 영향력이 컸지만, 부뉴엘의 작품이 오늘날에도 그 힘을 유지하고 있는지는 의문이다.

카를로스 사우라Carlos Saura는 부뉴엘보다 30살 이상 어렸지만, 그의 세 번째 장편영화 〈사냥La caza〉(스페인, 1966) 또한 프랑코를 표적으로 삼았다. 이 작품은 내전 기간 동안 권력을 놓고 다투는 세 친구의 이야기다. 그들은 네 번째 인물과 함께 프랑코의 취미이기도 한 토끼 사냥을 간다(217). 사냥을 간 곳은 내전에서 세 사람이 함께 전투를 목격했던 예전의 전쟁터였다. 그곳에 도착한 친구들은 술을 마시기 시작한다. 취기가 오른 그들은 철학을 논한다. 한 명이 "강자가 약자를 취하는 사냥은 마치 우리 삶과도 같군."이라고 말한다. 토끼를 사냥하는 장면은 마치 투우처럼 연출되었다. 점차 그들은 말다툼을 시작하고 결국 서로를 사냥하게 된다. 그리고 한 명

217. 프랑코주의에 대한 카를로스 사우라의 잔혹한 논평, 〈사냥〉. 스페인, 1966.

씩 차례로 잔혹한 죽임을 당한다. 검열의 문제로 '내전'이라는 단어는 한 번도 사용되지 않지만, 그 흉포성은 비판한다. 사우라는 후에 스페인의 대표적인 감독 중 한 명으로 발돋움한다. 샘 페킨파는 〈사냥〉이 자신의 삶을 바꿔놓았다고 말했다.

스웨덴은 1960년대에 영화 언어와 개념의 현대화에 중요한 공헌을 했다. 마이 제털링의 〈나이트 게임Nattlek / Night Games〉(1966), 얀 트로엘Jan Troell의 〈히얼스 유어 라이프Här har du ditt liv / Here's Your Life〉(1966), 빌갓 쇼만Vilgot Sjöman의 〈나는 궁금하다Jag är nyfiken - en film i gult / I am Curious, Yellow〉(1967)는 모두 중요하지만 지난 10년간 스웨덴의 주축이었던 감독이 1966년에 연출한 작품은 더욱 특출났다. 〈페르소나〉(잉마르 베리만, 스웨덴, 1966)는 〈네 멋대로 해라〉나 〈지난해 마리앙바드에서〉, 바르다의 작품들, 안토니오니의 3부작 못지않게 영화적 관습에 도전했던 진보적인 작품이었다. 1950년대에 베리만은 종종 연극을 비유로 사용해 사회적 진리와 개신교 진리의 관계를 탐구했는데, 〈페르소나〉는 분열된 세계를 배경으로 신은 죽었으며 인간의 주관성은 무형의 것이라고 묘사한다. 이 작품은 매우 놀라운 꿈 장면으로 시작된다. 흰색 배경 앞에 우리는 죽은 양과 그 내장, 영사기의 내부, 손에 박히는 못, 수도꼭지에서 떨어지는 물, 울리는 전화, 수술대 위에 누워 있는 소년 등을 보게 된다. 6분 동안 이런 꿈 장면이 펼쳐지고 영화의 제목이 깜박거린 뒤 이야기가 시작된다. 한 여배우(리브 울만)가 무대 위에서 말라가다가 혼수상태에 빠진다. 그녀는 드레이어의 〈잔 다르크의 수난〉에 나오는 팔코네티처럼 심각하게, 그리고 〈게르트루드〉의 순백함으로 촬영되었다. 그녀는 어느 섬에 있는 집으로 이사하고 역시나 문제가 있는 간호사(비비 안데르손)로부터 간호를 받는다. 그 여배우는 간호사가 자기 생각을 투영하는 무언의 스크린이 된다. 결국 그들의 정체성은 점점 겹치게 된다.

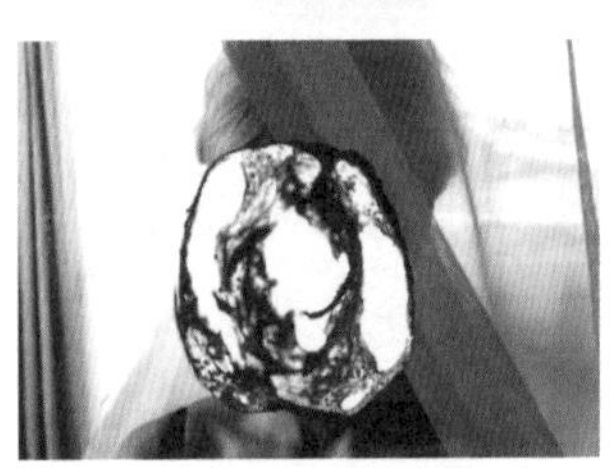
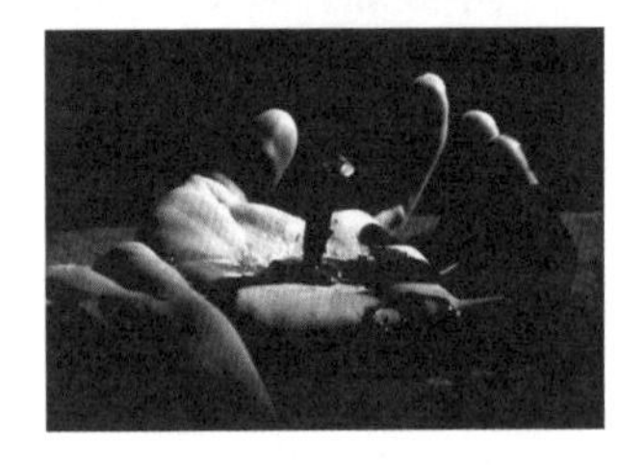

218. 당대의 걸작인 잉마르 베리만의 〈페르소나〉는 폭력적이고(맨 아래) 성적이며 불가사의한 이미지의 놀라운 몽타주로 시작된다. 위 사진에서 볼 수 있듯이 나중에 필름이 카메라의 게이트에 달라붙나 싶더니 이내 우리의 눈앞에서 불타기 시작한다. 스웨덴, 1966.

그리고 충격적인 장면이 펼쳐진다. 필름이 불타기 시작하고 그 과정에서 찰리 채플린, 손을 뚫는 못, 눈 등 억압되어 온 일련의 이미지가 '해제'되는 것처럼 보인다. 베리만은 연극을 영화를 위한 정신분석적 은유와 맞바꿨다. 이런 이미지들은 익살스럽고 폭력적이며 혼란스러운 잠재의식이 분출되는 의식의 표면이다. 이 시기의 그 어떤 감독도 베리만만큼 영화를 인간의 내면과 그 작동 원리에 명백하게 연결하지는 못했다. 영화가 끝날 즈음 여배우의 트라우마가 나치의 유대인 학살과 베트남 전쟁과 연관이 있다는 암시가 깔린다. 그리고 이런 암시는 〈페르소나〉를 히로시마 원폭 투하 이후의 절망을 탐구했던 〈제7의 봉인〉과 다시 연결하는데, 이는 베리만이 영화가 세상의 온갖 사건들에 대한 반응이라는 개념으로부터 완전히 탈피하지 못했음을 보여준다. 베리만은 그의 걸작인 〈외침과 속삭임Viskningar och Rop〉(스웨덴, 1972)에 가서야 비로소 그 개념에서 완전히 탈피하게 된다.

일본의 전환

1960년대에는 영화인들이 작품 속에서 역사를 거부하거나 역사로 인한 부담감 등을 주제로 다루기도 했다. 일부 일본의 영화인들은 잉마르 베리만처럼 작품을 통해 시대의 비극을 지속적으로 다루었다. 일본의 경제는 1960년대에 도약했다. 1950년대에 지향했던 '밝은 삶'이 대성공을 거둔 셈이다. 일본은 1959년에 미국과 정치 및 무역 협정을 갱신했다. 유럽과 미국에서 소비주의에 반대했던 것처럼 일본의 좌익 단체와 학생 단체도 이러한 협정에 반대했다.

영화계의 흐름은 프랑스와 평행을 이루었다. 제2차 세계 대전에서 패한 일본의 영화는 개인적인 것이라기보다는 국가적인 패배의 재를 긁어내는 비참하고 사회적인 것으로 보였다. 이에 대한 고전적인 예로 태평양 전쟁과 그 전쟁이 일본에 미친 영향을 9시간 넘게 탐구한 고바야시 마사키小林正樹의 작품 〈인간의 조건人間の條件〉(1959~1961)이 있다. 무언가는 바뀌어야만 했고 급진적인 감독들은 그 변화를 종용했다. 보다 사적이고 자전적인 영화를 만들어야 한다는 트뤼포의 주장과 일본에서 가장 유명한 뉴 웨이브 감독으로 자리 잡게 되는 오시마 나기사의 다음 발언을 비교해 보자. "유성 영화의 시작부터… 영상은 이야기를 전달하기 위해 존재했다."[14] 이와 같이 언급하면서 오시마는 "영상과 편집 자체가 영화의 본질이 될 방법을 창조해야 한다."라고 주장했다. 이에 덧붙여 그런 영화들이 "자연주의, 멜로드라마, 피해의식에의 의존, 정치주의 등의 전통적인 일본 영화 방식"을 거부해야만 한다고 말했다. 그들의 요구는 본질적으로 유사했다.

오시마와 트뤼포는 같은 해인 1932년에 출생했다. 트뤼포처럼 오시마도 평론가로 영화계에서 일을 시작했다. 지식인으로서 오시마는 일본의 젊은 세대를 대표하는 과격한 대변인이었다. 그의 두 번째 장편 영화 〈청춘 잔혹 이야기青春残酷物語〉(1960)(219)는 일본에 대한 미국의 개입에 반대해 시위하는 언니와 분노의 표출로 '모든 쾌락에 탐닉하는' 동생을 대조시킨다. "우리는 꿈이 없어요. 그러니까 당신들처럼 비참해지지 않을 거예요."라고 여동생의 남자 친구는 말한다. 대조는 모호하게 탐구된다. 당시 28살이었던 오시마는 언니의 이상주의는 참으로 순진하지만, 동생의 성과 공허한 열정에 대한 집착이 대안은 아니라고 주장한다. 영화는 동

219. 동시대 일본에서의 반발을 암담하게 묘사한 오시마 나기사의 〈청춘 잔혹 이야기〉, 1960.

생의 남자 친구가 살해당하고 그녀는 차에서 뛰어내리고 사고로 사망하는 잔혹한 방법으로 끝을 맺는다. 오시마는 일본 사회의 순응주의에 반대했지만, 그의 대안에는 그런 사회나 그것이 만들어 낸 영화에 대한 일관된 비판이 거의 없었다. 이후에 오시마는 〈교사형絞死刑〉(1968)과 〈감각의 제국愛のコリーダ〉(1976)을 통해 일본의 보수주의를 공격하고 성의 파괴적인 영향력을 탐구하며 자신이 내린 정의들을 확고히 했다.

오즈 야스지로가 사망하기 2년 전인 1961년에 그의 조감독으로 일하기도 했던 이마무라 쇼헤이는 첫 번째 의미 있는 장편 영화를 발표했다. 〈돼지와 군함豚と軍艦〉은 일본에 있는 미 해군 기지 주변의 깡패와 매춘부를 잘 묘사한 영화다. 이마무라는 시작부터 오시마보다는 준비가 더 되어 있었다. 1926년 의사 집안에서 태어난 그는 오즈의 영향으로 총알이 총을 빠져나가는 속도보다도 빠르게 영화계로 빠져나갔다. 이마무라가 반복했던 주제는 인간의 하체와 사회 하부 구조였다. 즉 성과 하류층이었다. 성에 관한 주제는 오시마와 공통점이 있었지만, 여성에 관한 그의 관점은 오시마보다 훨씬 더 특징적이었다.

이마무라의 다음 걸작 〈일본 곤충기にっぽん昆蟲記〉(1963)(220)는 세계적으로 뉴웨이브 영화에 주기적으로 등장하던 매춘부에 관한 이야기인데, 이 작품 속 매춘부

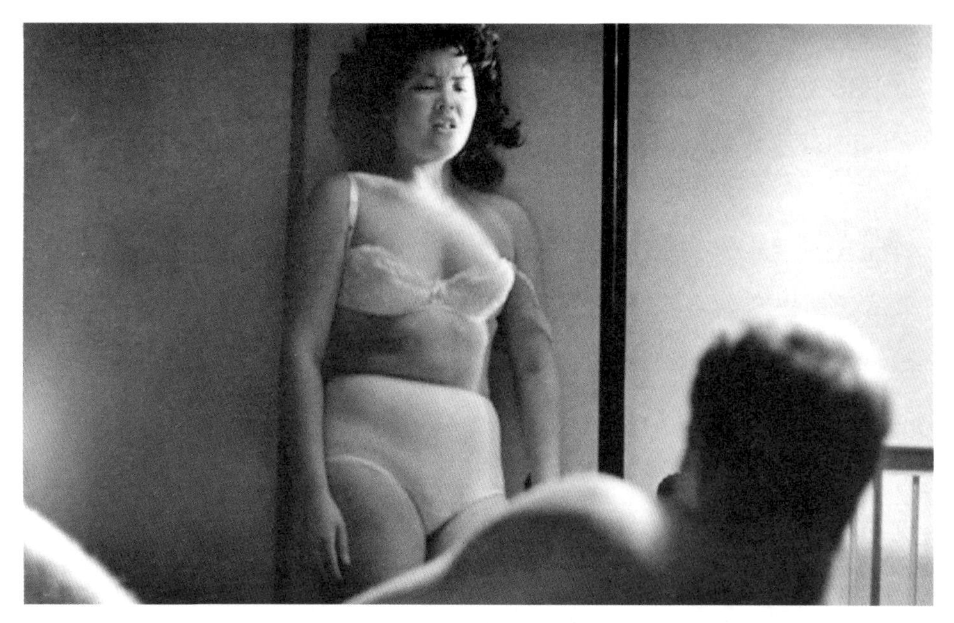

220. 일본의 영화감독들은 종종 자국의 현대화와 순응주의를 탐구하기 위해 여주인공을 활용했지만, 이마무라 쇼헤이의 〈일본 곤충기〉만큼 기백이 있고 오만한 작품은 드물었다. 1963.

는 〈롤라 몽테스〉나 고다르 영화의 몇몇 등장인물과는 달리 사리 분별을 잘하고 살집이 좀 있으며 미를 상징하거나 남성들이 꿈꾸는 그런 외모를 지닌 것은 아니었다. 매춘부 역을 맡은 히다리 사치코의 무례함과 생존 본능, 그리고 치열함을 이해하는 능력은 여전히 놀랍다. 수십 년 전 미조구치와 나루세의 여인들은 남자를 위해서 헌신했다. 이마무라의 여인은 그럴 생각이 추호도 없다. 그의 작품 〈인간증발人間蒸発〉(1967)은 여성의 남성관을 새로운 철학적 영역으로 가져갔다. 약혼자가 사라져 버린 한 여인에 관한 다큐멘터리 영화는 약혼자에 대한 여인의 관심이 사그라들고 그녀의 생존기 그리고 영화감독에게 빠져드는 이야기로 변이된다. 영화가 끝나갈 때 이마무라는 촬영이 진행되고 있던 방을 부수고 모든 것이 꾸며진 것이었음을 드러낸다. 〈신들의 깊은 욕망神々の深き欲望〉(1968)은 어쩌면 그 시기 이마무라의 최고작이었지만 1970년대에 픽션 영화에 실망한 그는 다큐멘터리 영화로 전향한다. 〈일본 전후사: 마담 온보로의 생활にっぽん戦後史 マダムおんぼろの生活〉(1970)은 〈일본 곤충기〉의 히다리와 판박이며 남편 없는 실제 여성이 소위 위대한 자국의 모습을 바라

보면서 무심하게 반응하는 내용이다. 이마무라는 그 시기 세계 영화계에서 매우 논리 정연하고 독창적인 작품을 만들었던 감독 중 하나였다. 다큐멘터리 영화에 대한 그의 급진화는 아직도 저평가되어 있다.

영국 영화의 부활

유럽에서는 영국의 영화인들이 일본의 영화인들 못지않게 불만스러워했다. 교육을 많이 받고 좌익이며 평론가였다가 영화감독이 된 린지 앤더슨과 카렐 라이츠 같은 감독들은 1950년대의 관습적인 영화에 도전장을 던졌다. 그들이 전개한 '프리 시네마Free Cinema' 운동은 프랑스 영화의 발자취를 밟지는 않았지만, 〈성난 얼굴로 돌아보라Look Back in Anger〉(토니 리처드슨, 1959), 〈토요일 밤과 일요일 아침Saturday Night and Sunday Morning〉(카렐 라이츠, 1960), 〈장거리 주자의 고독The Loneliness of the Long Distance Runner〉(토니 리처드슨, 1962), 〈욕망의 끝This Sporting Life〉(린지 앤더슨, 1963) 등의 영국 영화는 분명히 새로웠고 정치적 사고, 사회 및 예술의 변화에 영향을 받았다. 하지

221. 영국의 뉴 웨이브 초기 작품인 〈성난 얼굴로 돌아보라〉에 출연한 클레어 블룸과 성질이 불같은 인물을 연기한 리처드 버튼. 감독: 토니 리처드슨. 영국, 1959.

만 그들이 영화에 반영하고자 시도했던 현실은 고다르나 트뤼포, 안토니오니, 제털링, 오시마, 이마무라와는 사뭇 달랐다.

이에 관해 좀 더 살펴보자면, 첫 번째로 영국의 감독들은 여성보다는 남성에 관심이 더 많았다. 위에 언급한 영화들을 예로 들면 우리는 문제가 있는 시장 노점상 주인(리처드 버튼)(221), 공장 근로자(앨버트 피니), 소년원 출신의 젊은 육상 선수(톰 커트니), 럭비 선수가 된 광부(리처드 해리스)(222)를 접하게 된다. 두 번째로 리처드슨과 라이츠, 앤더슨은 중산층 출신이었음에도 주로 런던 밖 영국 북부 지역의 노동자 계급에 관한 영화를 만들었다. 고다르가 묘사한 수도 파리나 트뤼포의 자전적인 영

222. 성난 럭비 선수를 그린 린지 앤더슨의 〈욕망의 끝〉 속 리처드 해리스. 리처드 버튼(왼쪽 사진)과 비슷한 자세를 취하고 있다. 영국, 1963.

화는 그들에게 맞지 않았다. 이는 지금까지 이번 장에서 언급한 것 중에 정치적으로 가장 좌익 성향의 움직임이었다. 세 번째로 대부분 '평범한 사람'을 다룬 그들의 작품은 연극이나 아니면 '성난 젊은이들Angry Young Men'로 불린 앨런 실리토, 존 오스본, 존 브레인, 데이비드 스토리 같은 작가들의 소설을 원작으로 한 것이었으며 항상 서사가 중심에 있었다. 네 번째로 영국의 감독들은 유럽의 다른 감독들보다 다큐멘터리 영화, 특히 1930년대 존 그리어슨의 전통에 더 많은 관심을 가졌다. 위에 언급한 영화는 모두 흑백 영화이며 대부분이 실제 촬영지에서 자연광을 이용해 촬영했는데, 일부는 점프 컷이나 조리개 여닫기, 와이드 스크린 구도를 사용했고 다른 영화들을 참고하기도 했다.

1963년 즈음에 영국의 상황은 변하기 시작했다. 런던은 유럽에서 음악과 패션의 중심지가 되었다. 영국 북부 지역의 사회적 심각성을 다룬 리처드슨, 라이츠, 앤더슨을 비롯한 감독들의 작품은 새로운 '첨단 유행' 수도의 재미를 포착하려는 영화에 자리를 내주었다. 그 첫 번째는 유행을 선도했던 리처드슨 자신의 작품이었다. 불법, 성적 문란 등의 난잡한 18세기 이야기인 〈톰 존스의 화려한 모험Tom Jones〉(1963)은 리처드슨의 여섯 번째 영화이자 그때까지 가장 성공한 작품이었다. 1년 후에 영국의 가장 성공적인 밴드 비틀스가 런던에 가고 텔레비전에 출연하는 내용의 활기 넘치는 뮤지컬 영화 〈하드 데이즈 나이트A Hard Day's Night〉(1964)가 개봉했다. 비틀스 멤버들이 배우가 아니었기에 이 영화는 기자 회견장에 가고 연주하고 서로 시시덕거리는 등 그들이 평소 하던 일을 하는, 거의 짜이지 않은 일련의 시퀀스로 구성되었다. 〈하드 데이즈 나이트〉는 영국에 건너가서 창의적인 코미디언 피터 셀러스 및 스파이크 밀리건과 인연을 맺고, 텔레비전 광고를 만들었던 미국인 리처드 레스터Richard Lester가 연출했다. 이와 같은 행보는 지금까지 이 책에서 언급한 영화인 중에는 처음이다. 광고계에서 일하기도 했던 이런 영화감독들은 이후 유럽과 미국 그리고 다른 대륙에서 텔레비전 시대에 기술적으로 가장 정교한 감독이 되었다. 어떤 사람들은 레스터의 이러한 경력이 〈하드 데이즈 나이트〉의 시각적 스타일에 배어 있다고 주장했다. 음악의 힘과 미국 영화의 익살스러운 전통에서 영감을 받은 레스터는 제대로 된 영화라면 절대 하지 말아야 할 것들로 자기 영화를 채웠다. 예를 들면 '플레어flare' 또는 렌즈에 새어 들어간 빛이 조리개 형태의 패턴으로 나타나는 현상을 그대로 드러냈던 것이다. 〈하드 데이즈 나이트〉의 성공은 향후 10여 년간 왁자지껄한 영국 코미디의 우스꽝스러운 스타일적 기법으로, 그리고 이 영화가 소개된 그다음 해에 개봉된 후속작 〈헬프!Help!〉(1965)로 이어졌다. 이와 같은 일들이 당시 런던을 매혹적인 장소로 만들었고 미켈란젤로 안토니오니도 자신의 첫 국제적 영화 〈욕망Blow Up〉(영국·이탈리아, 1966)을 만들기 위해 런던으로 향했다. 더 중요한 사실은 당대 가장 독특한 서양 감독이 유행하는 스타일과 주제를 노골적으로 무시한 채 그곳에서 두 편의 영화를 만들었다는 것이다. 신진 영화인들이 카메라를 들고 길거리에 나가 영화적 자유와 그 순간을 흠뻑 즐기고 있을 때 폴란드의 감독 로만 폴란스키는 폐소공포증과 삼각관계 그리고 젊은 시절의 히치콕이 기술적 탁월함으로 보여줬던 친밀감에 의한 구속력을 탐구하고 있었다.

동유럽과 소비에트 연방의 뉴 웨이브

지금까지 우리가 언급했던 많은 영화인이 정부와 노선을 달리했지만, 동유럽과 소비에트 연방의 영화인만큼 강한 동기가 있는 이들은 없었다. 이 중 첫 번째로 소개할 인물은 1950년대 후반의 안제이 바이다 이후 가장 중요한 폴란드 감독인 로만 폴란스키였다. 폴란스키는 1933년 파리에서 태어나 유대인 부모 슬하에서 자랐다. 그들은 1936년에 폴란드로 이주했다. 전쟁 기간에 폴란스키는 여섯 명의 나이 든 여성들이 총에 맞아 죽는 장면을 목격했고, 전쟁이 끝날 무렵에 폴란드인들이 독일군인들에게 오줌을 갈기는 모습을 보았다. 그의 어머니는 아우슈비츠 수용소에서 나치에 의해 죽임을 당했다. 어린 시절 그는 컬러 필름이나 도피주의적인 뮤지컬 영화에 흥미가 없었으나 캐럴 리드의 〈심야의 탈출〉과 로렌스 올리비에의 〈햄릿〉, 이 두 편의 영국 영화에 매료되었다. 두 작품 모두 세트장에서 촬영되었으며 심한 폐소공포증을 느끼게 했다. 폴란스키는 이 작품들의 공간 활용을 좋아했고 이를 자신의 영화에 반영했다.

폴란스키의 첫 번째 장편 영화인 〈물속의 칼Nóż w wodzie〉(폴란드, 1962)은 거의 영화 전체를 작은 요트에서 촬영했으며 폐소공포증을 심하게 유발하는 영화 중 하나

223. 로만 폴란스키가 자신의 작품에서 많이 다루었던 삼각관계가 처음으로 나왔던 〈물속의 칼〉. 폴란드, 1962.

다(223). 이후에 나온 그의 영화 〈막다른 골목Cul-de-sac〉(영국, 1966), 〈실종자Frantic〉(미국, 1988), 〈비터 문Bitter Moon〉(영국·프랑스, 1992), 〈시고니 위버의 진실Death and the Maiden〉(영국, 1994)처럼 〈물속의 칼〉 또한 팽팽한 성적 삼각 구도와 사람들에게 너무 가까이 다가갈 때 느끼는 굴욕감에 관한 것이다. 재즈와 스타일, 퇴폐, 예술을 위한 예술 등에 대한 폴란스키의 관심이 꺼지지 않았던 폴란드에서 이 작품은 '코즈모폴리턴'으로 불렸다. 그의 주제는 사회주의적 사실주의가 인정하는 사회가 아니라 현실 그 자체와 그 너머에 있는 환상, 공포, 욕망이었다.

폴란스키는 런던이 들썩이기 시작할 때 그곳에 도착했다. 그는 1966년에 영국의 북부에서 〈막다른 골목〉을 촬영했다. 〈막다른 골목〉은 햄릿의 성을 연상케 하는 공간을 배경으로 한 그의 많은 영화 중 첫 번째 영화였다. 긴장감이 팽팽하게 감도는 현장의 분위기에 배우 도널드 플레젠스는 공식적으로 항의를 제기했고 스태프는 파업하겠다고 위협했다. 영화의 분위기는 제작을 둘러싼 긴장된 상황의 일부를 흡수하기 시작했다. 폴란스키는 삼각관계와 긴장, 고립의 미학을 다른 어떤 감독보다 더 깊이 추구했다. 이는 트뤼포와 고다르의 바람에 나부끼는 자유나 비틀스의 농담, 익살과는 매우 달랐다.

이듬해 폴란스키는 그의 뛰어난 작품 중 하나로 기술적인 묘미가 가득한 공포 패러디 영화 〈박쥐성의 무도회The Fearless Vampire Killers〉(미국, 1967)를 연출했다. 역시 중유럽 어딘가의 유대인의 성을 배경으로 한 이 작품은 마르크 샤갈의 그림과도 같은 영화였다. 폴란스키가 직접 주인공을 연기했다. 프로듀서는 그의 상대역으로 젊고 아름다운 샤론 테이트를 캐스팅했다. 그녀와 폴란스키는 저녁을 같이 먹고 LSD를 함께 투약했으며, 서로 사랑에 빠져 결혼하고 아이를 가졌다. 그들은 할리우드 힐스에 살림집을 꾸렸다. 앨프리드 히치콕이 악마에 의해 임신하는 뉴욕의 한 여성에 관한 〈악마의 씨Rosemary's Baby〉(미국, 1968)의 연출을 거절한 후 폴란스키가 그것을 맡아 18mm 렌즈와 25mm 렌즈로 촬영했다. 이는 폴란스키가 영화 기술에 대한 해박한 지식이 있었기 때문이며 촬영감독 윌리엄 A. 프레이커에 따르면 할리우드의 숙련된 스태프도 그로부터 많은 기술을 배웠다고 말했다. 그들은 디테일과 사실성에 대한 폴란스키의 치밀함에 놀랐는데, 폴란스키는 숏을 정확히 확인하기 위해 비디오를 최초로 사용한 감독이었고, 충격적이게도 채식주의자였던 여배우 미아 패로에게 생간을 먹게 했다. 하지만 폴란스키의 인간적 주제인 '친밀함의 불편함'은 그의 기술적 탁월함만큼이나 일관적이었다. 나중에 살펴보겠지만 폴란스키의 작품은 점점

224. 폴란스키의 〈악마의 씨〉는 기술적으로 탁월하고 사건이 대부분 한 장소에서 벌어지며 충격적이고 블랙 유머가 가미된 작품이다. 미국, 1968.

더 그의 삶과 가까워졌다. 그의 작품에서 느껴지는, 〈햄릿〉이나 〈심야의 탈출〉을 능가하는 불안감과 폐소공포는 '친밀함의 불편함'에서 비롯되었다.

또 다른 동유럽 출신의 감독은 정확한 카메라 움직임을 작업의 중심으로 삼았다. 미클로시 얀초는 폴란스키가 태어나기 12년 전인 1921년에 헝가리에서 출생했다. 폴란스키처럼 그 역시 전쟁으로부터 많은 영향을 받았으며 후에 영화 학교에서 교육받았다. 다큐멘터리 영화로 영화에 입문했던 얀초는 길고 역동적인 카메라 움직임을 구사하는 데 깊은 관심을 갖게 되었다. 미조구치와 오퓔스, 미넬리, 히치콕, 아케르만, 바르다, 폴란스키처럼 그도 카메라 움직임이 만들어 내는 긴장감에 흥미를 느꼈다. 〈검거Szegénylegények〉(헝가리, 1966) 이후의 작품인 〈적과 백Csillagosok, katonák〉(헝가리, 1967)은 이를 명확히 보여준다. 1918년 러시아를 배경으로 한 이 작품은 잔인한 혁명군인 적군과 이에 저항하는 반혁명군인 백군 사이에 벌어지는 일련의 충돌을 그렸다. 앞부분의 한 시퀀스에서 다른 병사가 심문받는 동안 적군 병사가 숨어 있다가 백군 경비병의 총에 맞는다. 얀초는 이 장면을 열 개의 카메라 움직임이 포함된 하나의 3분짜리 이동 숏으로 묘사했다. 미조구치처럼 그도 결코 배우들에게 가까이 다가가지 않았고 그들을 냉담하게 그렸다. 이런 카메라와의 거리두기는 이 영화의 경우 백군 보병들에게 적용되었다. 얀초의 영화에는 폴란스키의 영향이 여실히 드러난다. 〈적과 백〉은 전체적으로 벌거벗는 것에 관한 굴욕의 주제를 담고 있다고 볼 수 있다. 영화의 끝부분에서 적군의 전투병들은 '마르세예즈'를 부르며 적의 행렬을 향해 행진한다. 4분이 넘는 이 거대한 와이드 스크린 숏은 지금 같으면 컴퓨터로 만든 이미지일 확률이 높겠지만 〈국가의 탄생〉의 그리피스처럼 얀초는 광활한 대지에 사람들을 세웠다(225, 아래). 마지막에 나팔 소리가 나면 병사 중 한 명이 카메라를 정면으로 바라보며 칼을 얼굴에 대고 경례를 한다. 휴머니즘은 얀초가 그린 차가운 통제 및 절망의 세계와 충돌한다. 고통과 무력감을 일깨우기 위해 롱 테이크를 이보다 더 잘 사용했던 사람은 영화 역사상 없었다. 1990년대의 헝가리 감독 벨라 타르에게 얀초는 지대한 영향을 미쳤다.

폴란스키와 얀초의 업적에도 불구하고 1960년대 동유럽에서 가장 역동적인 영화 제작 문화를 가지고 있었던 나라는 폴란드나 헝가리가 아닌 체코슬로바키아였

225. 미클로시 얀초의 〈적과 백〉이 보여주는 굴욕과 냉담한 미학. 아래 장면은 4분이 넘는 하나의 파노라마 숏으로 촬영된 엔딩. 헝가리, 1967.

다. 부분적인 이유로 1963년에서 1968년까지의 정치적 해방이 체코슬로바키아 영화의 뉴 웨이브 흐름을 자극한 것을 들 수 있다. 그 이전에는 영화계의 상황이 어려웠으며 주로 이지 트릉카 같은 인형극 예술가나 애니메이터가 활발하게 활동했다. 영국처럼 1960년대 영화 부활의 중심에는 글이 있었다. 초현실적 풍자 작가 프란츠 카프카의 우화 같은 소설은 1960년대 초에 재발견되었고, 현대 소설가 밀란 쿤데라와 시나리오 작가 야로슬라프 파푸셱Jaroslav Papoušek은 카프카만큼이나 신인 영화감독들에게 영감을 주었다. 그들 중 특히 밀로스 포만Miloš Forman, 베라 치틸로바, 이리 멘젤Jiří Menzel이 급부상했다.

226. 밀로스 포만이 거의 즉흥적으로 연출한 〈블랙 피터〉. 체코슬로바키아, 1964.

포만의 삶은 폴란스키와 흡사했다. 그들은 나이도 비슷했고 유대인이었으며 부모가 나치에게 죽임을 당했고 1960년대의 많은 동유럽 감독처럼 영화 학교를 졸업했다. 폴란스키가 '친밀함의 불편함'에 관심을 가졌다면 포만은 동유럽 영화의 또 다른 줄기였던 풍자를 대표했다. 포만은 영국의 '프리 시네마'를 동경했고 그래서 그의 초창기 작품들은 다큐멘터리 영화에서 기원한 것이다. 〈블랙 피터Černý Petr〉(체코슬로바키아, 1964)(226)는 아버지와 고용주, 여자 친구와의 관계를 어려워하는 한 젊은 남자의 이야기를 펼치기 위해 즉흥 연기와 비전문 배우 등 카사베츠의 기법을 활용했다. 이 작품의 청춘과 사랑에 관한 관찰은 트뤼포 못지않게 신선했고 오시마보다 더 단도직입적이었다. 〈소방수의 무도회Hoří, má panenko〉(체코슬로바키아, 1967)는 국제적으로 주목받았지만 1968년에 러시아가 고국을 재점령하자 이에 환멸을 느낀 포만은 폴란스키처럼 미국으로 갔다. 그리고 그곳에서 〈뻐꾸기 둥지 위로 날아간 새One Flew Over the Cuckoo's Nest〉(미국, 1975), 〈헤어Hair〉(미국, 1979), 〈아마데우스Amadeus〉(미국, 1984), 〈래리 플린트The People vs. Larry Flynt〉(미국, 1996) 등의 작품을 연출하며 미국의

227. 베라 치틸로바의 실험적이고 부조리주의적인 영화 〈데이지즈〉. 체코슬로바키아, 1966.

명성 높은 감독 중 한 명으로 자리매김했다.

그 당시 체코슬로바키아의 가장 혁신적인 감독은 베라 치틸로바였다. 포만이 〈블랙 피터〉를 연출하고 있던 때에 그녀는 독특한 첫 번째 장편 영화를 내놓았다. 〈무언가 다른 것O něčem jiném〉(체코슬로바키아, 1963)은 가정주부와 체조 선수의 삶을 교차해서 보여준다. 거기에는 그리 특별할 게 없다. 아녜스 바르다 또한 〈라 푸앵트 쿠르트로의 여행〉에서 두 이야기를 평행적으로 교차하며 풀어냈다. 치틸로바의 이 작품에서 혁신적인 점은 가정주부의 이야기는 픽션인데 체조 선수의 이야기는 다큐멘터리라는 데 있다. 치틸로바는 네오리얼리즘 시기 이전부터 많은 감독이 그랬던 것처럼 논픽션 영화와 픽션 영화 스타일을 융합한 것이 아니었다. 그녀는 오히려 그 차이점을 부각했다. 3년 후에 그녀는 마리 1과 마리 2라는 두 여인에 관한 작품 〈데이지즈Sedmikrásky〉(체코슬로바키아, 1966)(227)를 연출했다. 이번에는 두 등장인물 모두 가상의 세상에 살았지만 치틸로바는 왜곡되고 중첩된 실험적인 이미지들의 몽타주로 그들의 광란에 관한 이야기를 전달했다. 정부 관계자들은 이 작품을 너무나 싫어했고 1968년 러시아가 나라를 재점령한 이후에 그녀의 작업을 6년간 금지했다. 장뤽 고다르는 동유럽 영화인들이 사회주의적 사실주의를 전복시키려 동원했던 방법을 오해해서 〈데이지즈〉가 만화적이고 비정치적이라며 독설을 했다. 일부 정치 이론 대신 달리와 부뉴엘의 초현실주의를 본보기로 삼았던 치틸로바에게 마르크스주의에 대한 고다르의 지지 확대는 공허한 웃음거리였을 수도 있다. 〈데이지즈〉는 당대 동유럽에서 가장 중요한 부조리주의 영화가 되었다.

이리 멘젤은 치틸로바의 조감독으로 영화계에서 일하기 시작했으며 치틸로바보다는 완화된 방향으로 자신의 코믹적 취향을 확장했고, 여기서 소개하는 세 명의 체코슬로바키아 감독 중에서는 가장 얌전한 영화들을 만들었다. 제일 잘 알려진 작품으로는 포만의 초기 작품처럼 사랑을 의무에서 벗어나는 것으로 본 〈가까이서 본 기차Ostře sledované vlaky〉(체코슬로바키아, 1966)가 있다. 작품 속의 젊은 철도 직원이 동정을 잃으려고 시도하면서 혹독한 나치 점령군의 시선을 피한다.

1960년대에 서구 영화의 스타일이 폭발적일 수 있었던 원동력이 청년 문화와 반소비주의였다면, 동유럽인 폴란드와 헝가리, 체코슬로바키아의 영화에 나타난 변화는 억압적인 좌파적 사회관에서 벗어나려는 시도를 보여준다.[15] 이는 각 영화인이 마치 정반대의 정치적 방향으로 나아갔던 것처럼 들릴지 모르겠지만, 그들의 시선을 하나로 묶은 것은 자전적인 것과 사랑의 우여곡절에 관한 관심이었다. 더 동쪽으로 가서 사회주의의 요새, 소비에트 연방으로 깊이 들어가 보면 그곳의 영화인들도 영화를 개인화하려고 시도했다는 것을 발견하게 된다. 그 시기에 소비에트 연방에는 코미디 영화감독들이 존재했고 대서사적 낭만주의 영화의 대가 율리야 솔른체바Yuliya Solntseva가 와이드 스크린으로 영웅의 이야기를 전달했던 〈뜨거웠던 그해의 기록Povest plamennykh let〉(소비에트 연방, 1961) 같은 작품도 있었지만, 매우 독특한 영화인들은 인간 삶의 내면이나 과거를 돌아보는 작품으로 제도권을 피해 제한된 자유를 찾았다.

안드레이 타르콥스키를 예로 들어보자. 그는 트뤼포, 오시마와 동갑으로(1959년에 27세), 지식인이었고 시인의 아들이었다. 타르콥스키는 레프 톨스토이가 쓴 러시아의 위대한 소설 『전쟁과 평화』를 자신의 '예술 학교'라고 불렀다. 그는 아랍어를 배웠고 다른 동유럽의 감독들처럼 영화 학교에 다녔다. 타르콥스키의 두 번째 영화

〈안드레이 루블료프Andrey Rublyov〉(소비에트 연방, 1966)는 보편적인 영화 스타일과 거리가 멀었으며 6년 동안 상영이 금지되었다. 파솔리니처럼 그도 "'소비자'를 겨냥한 인위적인 현대의 대중문화는 사람들의 영혼을 병들게 한다."[16]고 믿었다. 그리고 1950년대 미국의 더글러스 서크처럼 타르콥스키 역시 소로의 『월든』에서 많은 영감을 받았으며 스웨덴의 베리만처럼 신학을 비롯해 인간관계에서 신의 역할에 관심이 있었다.

228. "이미지를 통해 무한에 대한 인식이 지속된다." 안드레이 타르콥스키의 장엄한 영화 〈안드레이 루블료프〉. 소비에트 연방, 1966.

이러한 연관성에도 불구하고 〈안드레이 루블료프〉는 놀랄 만큼 독창적이었다. 15세기를 배경으로 한 이 영화는 은둔 생활을 하던 수도원을 떠나 그 너머 타타르인에 의해 통치되는 혼란스러운 세계를 발견하는 러시아 수도사의 삶을 그린다(228). 사랑과 공동체, 동료애에 대한 수도사의 믿음은 이러한 일로 흔들리지만, 경험을 바탕으로 그는 서서히 그것들의 초월적인 중요성을 다시 한번 받아들인다. 브레송과 베리만, 부뉴엘의 작품을 알고 있었던 타르콥스키는 스타일적으로 '절대자의 탐지기' 같은 장면을 창조하기 위해 노력했다.[17] 선불교에 관심이 많았던 그는 오즈의 '중간 공간'처럼 영화 속의 상황이나 시간과는 분리된 장면들을 연출했다. 그의 후기작 〈거울Zerkalo〉(소비에트 연방, 1975)을 예로 들면, 새 한 마리가 죽어가는 사람의 손으로부터 날아가고 다른 곳에서는 돌풍이 풍경에 생명을 불어넣는다. 타르콥스키는 새가 날아가는 모습으로 인간 영혼의 유체 이탈을 묘사했고 돌풍으로는 기독교 신앙에서 예수, 하나님과 함께 삼위일체를 이루는 세 번째 존재인 성신이 널리 퍼지는 것을 묘사했다. 지금까지 우리가 언급했던 감독 중에 다음과 같은 글을 쓸 수 있는 이는 타르콥스키가 유일할 것이다. "이미지를 통해 무한에 대한 인식이 지속된다. 무한한 것 안에 있는 영원한 것, 물질 안에 있는 영적인 것, 무한의 형태."[18] 드레이어와 브레송은 어쩌면 이 말에 동의했을 수도 있지만, 그들은 〈안드레이 루블료프〉나 〈거울〉에서와 같은 이미지를 창조해 내지는 않았다.

타르콥스키의 작품만으로도 소비에트 연방을 1960년대 영화적 스키마의 진화에 이바지한 주체로 인식하기에 충분하지만 다른 세 명의 감독도 이에 못지않은 핵심적인 작품을 내놓았다. 그들 중 최고로 꼽을 수 있으나 가장 덜 알려진 인물은 키라 무라토바Kira Muratova다. 그녀가 단독으로 연출했던 첫 장편 영화는 트뤼포의 〈쥘 앤 짐〉 못지않게 사랑의 삼각관계를 참신하게 묘사한 〈짧은 만남Korotkie vstrechi〉(소비에트 연방, 1967)이다. 이 영화에서 어느 마을의 한 여자와 무라토바가 직접 연기한 오데사 수도국장이 히피 스타일에 기타를 치는 지질학자와 사랑에 빠진다. 만일 이 작품에서 밀로스 포만의 영향이 느껴진다면 무라토바의 차기작인 〈기나긴 이별〉(소비에트 연방, 1971)에서는 그녀가 자신만의 독창적인 스타일을 구축했음을 감지할 수 있을 것이다. 반복되는 대화 그리고 말과 소리에 대한 예리한 관심을 이용해 그녀는 소비에트 연방에서의 삶과 국가가 언어를 경시하고 인간을 꼭두각시로 만드는 방식을 포착했다. 정부 당국은 두 영화의 상영을 모두 금지했다. 1986년에 결국 상영 금지가 해제되었을 때 이 작품들은 세계적으로 격찬을 받았다.

정부 당국으로부터 가장 억압을 많이 받았던 소비에트 연방의 감독은 아이러니하게도 모스크바로부터 멀리 있던 공화국의 인물이었다. 세르게이 파라자노프는 1924년에 조지아에서 아르메니아 혈통으로 태어나 우크라이나에서 활동했다. 여느 소비에트 연방의 감독들처럼 그도 모스크바에 위치한 러시아국립영화학교VGIK에서 공부했다. 타르콥스키의 영화는 영적이고 무라토바의 영화는 언어적 침해, 사회적 정신 이상, 여성의 삶에 관한 것이었다면 파라자노프는 자국의 음악과 미술, 시, 민속학에 관심이 많았다. 파라자노프의 아홉 번째 영화 〈잊혀진 선조들의 그림자Tini zabutykh predkiv〉(소비에트 연방, 1964)는 그가 처음으로 비사실주의의 영향을 받아 만든 작품이다. 파라자노프는 피에르 파올로 파솔리니와 1920년대의 거장이자 자신처럼 우크라이나에서 작품 활동을 했던 알렉산드르 도브젠코를 가장 존경했다. "파솔리니는 나에게 신적인 존재다. 그는 심미적이고 장엄한 스타일의 신이다."[19]라고 파라자노프는 말했다. 문화적 전통에 관한 흥미가 두 감독을 엮어주기는 하지만 어떤 면

229. 독불장군인 조지아의 감독 세르게이 파라자노프는 〈잊혀진 선조들의 그림자〉 등의 작품에서 민속적인 요소와 풍부한 시각적 요소를 엮어냈다. 소비에트 연방, 1964.

에서 파라자노프는 파솔리니의 스키마로부터 급진적으로 멀어진다. 예를 들어 〈잊혀진 선조들의 그림자〉는 쓰러지는 나무의 놀라운 시점 숏으로 시작된다. 등장인물들은 러시아 초상화 같은 프레임으로 배치되어 있다(229). 그 주제는 19세기에 앙숙인 카르파티아의 두 가문을 배경으로 한 사랑 이야기로, 『로미오와 줄리엣』의 주제와 흡사하다. 당시의 문화적인 긴장은 기독교가 지배적인 종교지만 이교도 관습이 남아 있었다는 사실에서 비롯된다. 영화가 시작되고 11분쯤 후에 데이지 꽃 아래서 위를 바라보는 숏이 나온다. 파라자노프는 눈높이에서 촬영하는 경우가 거의 없었고 웰스 못지않게 전경을 많이 사용했다. 사슴, 스카프, 숲의 모습이 되풀이된다. 소녀가 죽은 뒤 우리는 그녀와 그녀의 연인이 꿈속에서 서로 어루만지는 장면을 보게 된다. 페데리코 펠리니 이후에는 없었고, 어쩌면 장 콕토도 그런 마법 같고 사적인 시각적 세계를 펼치지는 않았다.

230. 파라자노프의 〈석류의 빛깔〉은 〈잊혀진 선조들의 그림자〉보다 더 인상적이다. 소비에트 연방, 1969.

파라자노프는 "이 영화를 만든 이후에 비극이 일어났다."라고 말했다. 〈잊혀진 선조들의 그림자〉는 사회적 사실주의자들이 싫어할 모든 요소를 갖추고 있는 영화였다. 즉 개인적이고 지역적이며 소비에트 이전의 문화를 찬양하고 성적인(그들의 말로는 '음탕한') 작품이었다. 〈잊혀진 선조들의 그림자〉에서 파라자노프는 어떤 면에서 세르게이 에이젠슈테인의 미적 개념을 따랐다. 그는 정치적 민족주의자들을 지지했고, 또 하나의 아름다운 영화 〈석류의 빛깔Sayat Nova〉(소비에트 연방, 1969)을 연출했으며, 암거래와 자살 및 동성애 선동 혐의로 체포되었고 1974년에 투옥되었다. 세계의 영화인들은 파라자노프를 위한 구명 운동을 벌였고 그는 4년 뒤에 석방되었다. 파라자노프는 1980년대 초에 다시 투옥되었고, 세 편의 영화를 더 연출했으며, 66세가 되던 해인 1990년에 암으로 사망했다.

또 한 명의 조지아 태생의 감독인 미하일 칼라토조프Mikhail Kalatozov는 1930년부터 영화를 연출하기 시작했다. 그의 영화 〈학이 난다Letyat zhuravli〉(소비에트 연방, 1957)는 자기를 성폭행한 남성과 결혼하지만 전쟁터로 나가는 전 약혼자를 아직도 사랑하고 있는 한 여인의 서정적인 이야기가 놀라운 연기를 통해 펼쳐진다. 그로부터 7년 후에 칼라토조프는 소비에트 연방과 쿠바가 공동 제작하고 당시에 기술적으로 가장 뛰어났던 영화인 〈소이 쿠바Soy Cuba〉를 연출했다. 쿠바의 불평등과 혁명이 이루어지는 과정을 그리기 위해 네 개의 이야기를 활용했던 칼라토조프와 촬영감독인 세르게이 우르세프스키는 할리우드의 오슨 웰스와 그레그 톨런드에 상응하는 스타일을 그들보다 20년도 더 앞선 시기에 만들어 냈다. 예를 들면 그들은 도입부에 바지선에서 보는 와이드 스크린의 풍경 이후에 우리를 혁명 이전 아바나의 신명 나는 중산층의 파티장으로 안내한다. 카메라를 든 촬영감독은 건물 옥상에서 롱 테이크 촬영을 시작해 리프트를 타고 내려와 일광욕하는 사람들을 가로지른 후 수영장 물속으로 들어간다. 이 작품은 1990년대에 재개봉되어 놀라움을 자아내고 찬사를 받았다.

소비에트 연방의 공산주의 이웃이었던 중국에서는 극소수의 영화인들이 공공연히 영화적 규범에 도전했다. 그 시기에 가장 중요한 감독인 셰진謝晉은 1923년에 어머니가 혼수품을 20척의 배로 실어 날랐을 정도로 부유한 집안에서 태어났다. 그는 일본이 중국을 점령한 1930년대에 중국을 떠났지만 일본의 패전 후 다시 중국으로 돌아갔으며, 베이징영화학교에서 수학한 3세대 감독이 되었다. 1960년대에 그는 종종 '혁명적 오페라의 본보기'라고 불리는 〈홍색낭자군紅色娘子軍〉(중국, 1961)과 〈무대자매舞台姐妹〉(중국, 1965) 등의 고전적인 작품을 연출했다. 〈무대자매〉는 경극단에 들어가는 두 소녀가 상하이에 가서 스타가 된다는 내용이다(231). 한 명은 명성이라는 장신구에 매혹되고 다른 한 명은 혁명가가 되어 여성을 위한 조합을 결성

231. 문화대혁명 이전에 가장 중요한 중국의 영화감독인 셰진은 1965년에 방대한 멜로드라마 〈무대자매〉를 연출했다.

한다. 이 작품들은 더글러스 서크의 스튜디오 영화가 명성과 집단성에 대한 사회주의 사상과 결합한 것으로, 뉴 웨이브의 기미는 전혀 보이지 않았다. 하지만 〈무대자매〉는 훌륭하고 방대한 멜로드라마이며 사회에 대한 비판을 숨겨서 표현한 서크의 작품과 쌍벽을 이룬다.

마오쩌둥은 〈무대자매〉가 개봉하고 1년 후인 1966년에 문화대혁명을 일으켰다. 그것은 정말 반혁명적이었으며 미학적 자유와 셰진 같은 감독의 영화적 대담함을 억압했다. 셰진의 부모는 문화대혁명의 여파로 스스로 목숨을 끊었고, 셰진은 우크라이나 전통에 관한 파라자노프의 관심이 소비에트 연방을 화나게 했던 것처럼 고대 중국 철학에 대한 그의 관심도 중국의 정부 관계자들을 분노하게 만들면서 '영화적 유교주의'라는 혐의로 기소되었다. 셰진은 한때 자기를 감독으로 추앙했던 영화사의 화장실을 청소하는 일을 부여받았다. 혁명의 주도자들이 해임되고 난 이후에 그는 다시 영화계로 돌아와서 1960년대 후반의 비인간적인 행위를 맹렬히 공격하는 작품인 〈부용진芙蓉鎮〉(중국, 1986)을 연출했다. 그리고 1997년에는 〈아편전쟁鴉片戰爭〉을 만들었으며 이를 통해 영국이 어떻게 중국을 아편으로 넘쳐나게 만들었는지 당당하게 폭로했다.

1960년대에 홍콩에서는 모더니즘의 기미가 보였다. 좋은 예로 당서선唐書璇 감독의 〈동부인董夫人〉(홍콩, 1968)을 들 수 있다. 이 작품에서 루옌은 군인과 사랑에 빠지는 미망인을 연기하는데, 그녀는 봉건 시대의 규율 때문에 군인과 결혼하지 못한다. 미망인은 다시 일상으로 돌아오고 그녀의 순응은 마을에 건립된 기념비로 보답받는다. 이 아치형의 비는 그녀의 자기희생을 상징한다. 감독은 사티야지트 레이와 함께 작업했던 인도의 훌륭한 촬영감독 수브라타 미트라Subrata Mitra를 섭외하는데, 화면의 깊이와 비애감은 당시 홍콩 영화에서는 좀처럼 보기 힘든 것이었으며 또한 공간과 편집도 혁신적인 방법으로 사용되었다.

중남미의 새로운 영화 제작

1960년대에 신선한 시각을 가진 새로운 영화인들을 이미 많이 만나보았는데, 그런 영화인들은 꾸준히 나타났다. 중남미의 감독들은 공산주의의 현실에 구애받지 않았으며 새로운 좌파 사상의 확산에서 활력을 얻었다. 앞서 언급했듯이 1959년에 쿠바에서는 혁명이 일어났다. 더 남쪽으로 가서 아르헨티나의 경우를 보면 새로운 라틴 아메리카 영화의 아버지, 레오폴도 토레 닐손Leopoldo Torre Nilsson이 1957년에 〈천사의 집La casa del ángel〉을 연출했다. 〈천사의 집〉은 토레 닐손이 동경했던 루이스 부뉴엘의 반체제적 입장에서 연출한, 자의식적으로 사적인 영화였다. 그러나 번뜩이는 그의 작품들은 다른 감독들의 뒤를 이은 것이 아니었다. 그의 영화에 이탈리아의 네오리얼리즘을 더하면 넬슨 페레이라 도스 산토스의 〈황폐한 삶Vidas Secas〉(브라질, 1963) 같은 영화를 접할 수 있다. 토레 닐손과 페레이라 도스 산토스는 반둥회의에서 흘러나온 문화와 탈식민주의에 대한 새로운 사고를 토대로 1960년대에 번성한 브라질의 사회 참여적 영화, 시네마 노보의 기초를 형성했다.

이런 창의성의 폭발을 자극하는 〈황폐한 삶〉의 자매 영화로 25세의 저널리스트이자 이론가인 글라우버 로샤가 연출한 〈검은 신, 하얀 악마Deus e o Diabo na Terra do Sol〉(브라질, 1964)가 있다. 브라질 북동부의 가난한 지역인 바이아주에서 태어난 로샤는 브라질 영화계가 끊임없이 생산해 낸 뮤지컬 카니발 영화가 지겨웠다. 이집트와 인도, 일본의 훨씬 더 발전된 문화와 달리 브라질의 토착 아메리카 원주민 문화는 식민주의로 인해 거의 전멸했다. 아프리카에서 유입된 흑인 노예의 후손은 1959년에 브라질 인구의 3분의 2를 차지했다. 로샤는 19세에 「폭력과 굶주림의 미학」이라는 수필을 썼다. 이 글에서 그는 현대 브라질의 복잡한 현실에는 반둥의 정신에 네오리얼리즘의 든든한 충격 전술을 통합한 영화가 필요

232. 새로운 브라질 영화의 기념비적인 작품으로 꼽히는 글라우버 로샤의 정치적 서부극 〈검은 신, 하얀 악마〉, 1964.

하다고 주장했다.

〈검은 신, 하얀 악마〉는 로샤가 역설한 것을 실천한 영화였다. 고향인 바이아의 농촌을 배경으로 한 정치적 서부극인 이 작품은 존 포드의 영화처럼 촬영되었고 에이젠슈테인의 영화처럼 편집되었다. 〈검은 신, 하얀 악마〉는 탐욕스러운 고용주를 죽인 뒤 무법자가 되어 아내와 함께 신비롭고 혁신적인 흑인 전도사를 따르는 카우보이에 관한 이야기다(232). 그는 가는 길에 떠돌이 현상금 사냥꾼인 안토니오 다스 모르테스를 만나게 된다. 후에 로샤는 이 인물이 나오는 영화를 만든다. 〈검은 신, 하얀 악마〉가 시작하고 40분 뒤에 나오는 기교적인 장면은 로샤의 접근 방식을 잘 드러낸다. 카우보이 마누엘은 바위를 어깨에 지고 전도사와 함께 신비한 산을 힘겹게 오른다. 그리고 황홀한 장면으로 전환된다. 누군가 "태양이 금이다."라고 외친다. 마누엘의 아내가 몸부림친다. 누군가 마누엘에게 아내를 전도사에게 데려가라고 한다. "내일 금으로 된 비가 내릴 것이며 지구는 바다로 변할 것이다." 전도사는 그들의 아이를 조용히 죽이고 아이의 이마 위에 피로 십자가를 그린다. 이후 안토니오는 전도사를 따르는 모든 사람을 총으로 쏜다. 그리고 그는 신도 악마도 없는 세상을 원한다고 말한다. 영화의 끝부분에서 한 음유 시인이 노래를 부른다. "심하게 분열된 세상은 좋은 것을 생산해 낼 수 없다… 지구는 신이나 악마가 아니라 인간의 것이다." 로샤가 전하는 심오한 메시지는 "굶주린 인간들에게 폭력은 평범한 게 된다."[20]이며 종교가 나라의 문제를 해결해 주지 않는다는 것이다.

1964년 브라질의 군사 쿠데타는 표현의 자유를 억압했다. 5년 후 로샤와 또 다른 중요한 영화감독인 루이 구에라Ruy Guerra는 브라질을 떠났으며, 그 결과 브라질의 시네마 노보 운동은 사실상 끝이 났다. 로샤는 1981년, 불과 42세의 나이에 리우데자네이루에서 사망했지만, 그는 구에라와 그 외 감독들과 함께 혁신적인 영화적 스키마와 반식민지적 개념을 융합해 제3 세계 영화 전반에 영감을 주었다.

특히 초기의 에이젠슈테인은 글라우버 로샤보다 더 많은 영향을 미쳤다. 산티아고 알바레스Santiago Álvarez는 미국에서 공부한 쿠바인으로 쿠바 공산당에 합류했고 혁명 이후에 설립된 쿠바영화예술산업연구소ICAIC를 다녔다. 다큐멘터리 영화 감독으로서 그의 여덟 번째 영화인 단편 〈지금Now〉(쿠바, 1965)은 ICAIC의 급진주의적 성

233. 산티아고 알바레스는 작품 속에서 레나 혼의 노래 「지금Now」이 나올 때 몽타주 기법으로 엮은 미국 민권 시위 관련 사진 및 동영상을 보여준다. 그 결과물은 급진적이었고 1980년대 이후 유행하기 시작한 뮤직비디오의 전조가 되었다. 쿠바, 1965.

234. 1960년대의 대표적인 에세이 영화 〈저개발의 기억〉에서는 한 지식인이 사랑, 삶, 혁명에 대해 되짚어 본다. 감독: 토마스 구티에레스 알레아. 쿠바, 1968.

향을 보여주는 인상적인 예다. 알바레스는 이 작품의 유일한 사운드 요소인 레나 혼의 노래가 나올 때 편집된 미국 흑인의 시위와 경찰의 폭력 장면을 보여준다. 혼이 '지금, 지금, 지금'이라고 평등을 주장하는 순간에 민권 시위는 가속화되고 경찰은 더욱더 무력을 행사한다(233). 〈지금〉은 대단한 힘을 가지고 있으며 1980년대 이후 뮤직비디오 기법에 선구적인 역할을 했다.

〈저개발의 기억Memorias del subdesarrollo〉(쿠바, 1968)은 ICAIC에서 제작한 초기의 장편 영화이며 매우 중요한 작품으로 평가받는다. 〈지금〉이 쿠바의 적국인 미국이 행한 잔혹한 민권 탄압 행위를 겨냥했던 것과는 달리 의외로 이 작품은 혁명에 대해 확신이 없고 냉담한 영화다. 〈저개발의 기억〉은 1961년의 아바나를 배경으로 여인이 떠나간 뒤 홀로 남아 녹음된 여인과의 대화를 들으며 자신의 생각을 말하고 삶의 의미가 무엇인지를 묻는 한 지식인에 관한 이야기다. 그 시기의 알바레스와 프랑스의 고다르 및 바르다처럼 이 작품의 감독인 토마스 구티에레스 알레아Tomás Gutiérrez Alea는 자신의 영화에 정치적 사건을 담은 실제 사진들을 사용했다.[21] 알레아는 1950년대에 이탈리아에서 공부했고 그래서 네오리얼리즘에 대해 안팎으로 잘 알고 있었지만, 이를 보다 야심적이고 사적인 에세이 스타일로 승화시켰다. 〈저개발의 기억〉은 사생활과 쿠바에서의 삶을 배회하는 어느 지식인의 자유로운 사고의 흐름으로 구성되었다. 그는 혁명 전 사람들의 예속 과정에서 사제와 철학자가 했던 역할을 생각한다. 영화 제목에서 '저개발'은 그 자신의 "만사에 접근하지 못하고 발전하지 못하는 무능력"을 의미하는 듯하다. 등장인물의 생각을 들으면서 우리는 한 지점에서 마치 안토니오니의 느린 팬pan을 보는 듯 빈 공간을 훑는 장면을 보게 되는데, 이후 핸드헬드 카메라로 촬영한 군중 장면으로 편집된다. 결국 그는 소녀를 성추행했다는 혐의를 쓰지만 풀려난다. 〈저개발의 기억〉은 1960년대에 서사가 없이도 의미를 찾을 수 있는 영화의 원동력이 된 영화적 콜라주의 좋은 예다. 이런 유형의 영화는 우리 같은 사람들의 세계와 평행을 이루기는 하지만 더 화려하게 이야기의 갈등을 제시하고 또 문제를 해결하는 폐쇄적인 낭만적 사실주의 영화만큼 흥행에 성공하지는 못했다. 하지만 이러한 영화는 영화 역사 최초로 뚜렷한 대안을 제시했다.

이란과 세네갈의 성공적인 시작

20세기에 이란의 주된 예술 형식은 글이었다. 20세기 초반의 30년간, 서양에서 무성 영화가 활성화되던 시기에 특출난 페르시아 시인들이 등장했다. 이후 1930년대 중반에 현대 이란 소설이 전면에 등장했다. 그에 비해 뤼미에르의 초기 영화들이 만들어지고 몇 년 지나지 않아 테헤란의 궁전에서 그 영화들이 상영되었음에도 이란은 1960년대까지 이렇다 할 영화를 제작하지 못했다. 여성 시인 포루그 파로흐자드가 연출한 이란 최초의 단편 다큐멘터리 영화는 아마도 영화사를 통틀어 가장 촉망되는 시작이었을 것이다. 〈검은 집〉(이란, 1962)은 나병 환자들에 관한 영화로(235), 흑백 필름으로 단순하게 촬영되었고 시적인 해설을 파로흐자드가 직접 했다. 이 작품의 진정성과 깊은 인간미 그리고 단순한 묘사를 넘어서려는 시도는 이후 이란 영화의 분위기를 조성했다. 나병 환자들의 삶은 시간이 멈춘 듯 느껴졌고, 매 장면에는 마치 상형 문자와도 같은 경제성이 있었다.[22] 〈검은 집〉은 1990년대 이란의 시적인 영화에 중요한 영향을 미쳤는데, 특히 안전을 위해 아버지가 집에 가둔 두 소녀의 이야기를 그린 〈사과 Sib〉(이란, 1998)의 감독 사미라 마흐말바프Samira Makhmalbaf의 경우에는 더욱 그랬다. 이 훌륭한 작품에는

235. 나환자 수용소를 묘사한 포루그 파로흐자드의 다큐멘터리 영화 〈검은 집〉은 이란 최초의 훌륭한 영화로 꼽히기도 한다. 이란은 국가 최초의 중요한 영화인이 여성이었던 유일한 예다. 1962.

두 가지 독특한 요소가 있다. 첫 번째는 배우들이 대부분 실제 인물이었다는 사실이다. 두 번째는 감독이 불과 18살이었다는 점이다.

〈검은 집〉이 발표되고 4년 후에 또 한 나라가 영화의 역사 안으로 들어온다. 〈흑인 소녀〉(세네갈, 1966)는 서아프리카에 위치한 세네갈에서 만든 최초의 장편 영화였을 뿐만 아니라 아프리카에서 흑인이 연출한 최초의 작품이었다. 물론 이집트의 영화는 있었다. 카이로에 영화 스튜디오도 있었고 유세프 샤힌 같은 중요한 감독도 있었다. 사하라 사막 남쪽 아프리카의 탈식민지화는 아프리카인들에게 "우리는 어떤 종류의 예술과 영화를 만들고 싶은가?"라는 질문을 던졌다. 근래에 유럽 지식인의 개념을 바탕으로 한 흑인 문화 운동 '네그리튀드négritude'가 성행하기도 했지만 그 자체가 일종의 식민주의일 수도 있다. 〈흑인 소녀〉는 네그리튀드의 관습을 깨고 토착민의 목소리를 낸 작품으로, 앞서 말했듯이 아프리카에서 흑인이 연출한 최초의 장편 영화였다.

그렇다면 이 작품의 감독인 우스만 셈벤은 아무런 스키마도 없이 백지상태에서 시작한 것으로 생각할 수도 있지만 사실 그렇지는 않다. 당시 영화 제작의 역사가 70여 년이 되던 시기임을 생각했을 때 그것은 개념적으로 불가능하다. 전직 벽돌공이었던 셈벤은 프랑스 남부에서 얼마간 거주했고 프랑스 공산당에 가입했다. 그는 많은 영화를 보고 흡수했다. 1950년대 중반에 셈벤은 자전적인 소설을 출판했고 문화계 주요 인사가 되었다. 소설의 좁은 독자층에 만족하지 못했던 그는 1962년에 모스크바로 가서 무라토바 등을 가르친 교사들로부터 영화 교육을 받고 세네갈로 돌아가 〈흑인 소녀〉를 연출했다. 단순한 카메라 기법과 존 포드를 연상케 하는 구도, 간단한 사운드 장비로 셈벤은 백인 가정의 하녀가 되어 그들을 따라 프랑스로 가지만 외로움에 못 이겨 자살하는 한 소녀의 이야기를 그렸다(236). 영화를 내면화하기 위해 그는 소녀의 내적 독백을 사용했다. 주인이 지배하는 바깥세상과 분리된 느낌을 주기 위해 독백은 다른 여배우의 목소리로 대신했다. 이는 새로운 시도였고 여주인공의 내면이 이야기의 중심에 자리 잡는 것을 가능하게 했다. 셈벤의 선구적인 작업은 다른 감독들에게도 영향을 주었다. 예를 들면 튀니지의 영화 평론가이자 감독인 페리드 부게디르Férid Boughedir는 〈흑인 소녀〉에 대해 "놀랍도록 감동적이고 아름답

236. 아프리카 최초로 흑인 감독이 흑인 이야기를 연출한 픽션 영화, 우스만 셈벤의 〈흑인 소녀〉. 이 영화는 프랑스의 백인 가정에서 노동을 강요당하는 한 젊은 세네갈 여성(왼쪽)이 결국은 자살한다는 이야기를 담고 있다. 세네갈, 1966.

고 고귀하며 인간적이고 지적이다."라고 설명했다. 1970년대에 셈벤은 매우 중요한 아프리카 영화들을 연출했다.

인도의 전통과 새로운 인물

아프리카의 흑인들은 영화에 첫발을 디뎠지만, 인도의 상황은 매우 복잡했다. 기성 감독들은 자신의 최고 작품을 연출했고 새로운 감독들도 등장했다. 인도의 중요한 영화 학교인 인도영화연극학교FTII가 1960년에 설립되었고 인도 영화 스타일을 연구하고자 하는 사람들의 요지와 싱크 탱크가 되었다. 급진적인 벵골의 감독 리트윅 가탁은 1966년부터 그곳에서 강의했고 학부생에게 네오리얼리즘 영화를 비롯해 브레송, 르누아르, 웰스의 작품을 소개했다. 가탁 자신도 1960년에 〈구름에 가린 별〉(인도)을 통해 인도의 멜로드라마와 신화적 전통에 영화 언어에 대한 세심한 관심을 융합했다.

그의 제자 중에 인도 영화의 언어를 가장 많이 확장한 인물은 마니 카울이었다. 카울의 첫 번째 장편 영화 〈우스키 로티Uski Roti/A Day's Bread〉(1969)는 카메라 렌즈가 어떻게 스크린 공간을 새롭게 창조할 수 있는지에 관한 가탁의 관심을 반영했다. 버스

237. 그 시기 스타일적으로 가장 혁신적이었던 인도 영화인 마니 카울의 〈우스키 로티〉. 1969.

운전사와 그의 아내 사이의 긴장된 관계를 기점으로 카울은 훌륭한 생각을 펼쳤다. 브레송은 항상 50mm 렌즈를 고집했지만, 카울은 운전사 주변의 공간을 부풀리기 위해 28mm 렌즈를 사용했으며, 때로는 평면적인 공간감을 조성하고 주변을 흐릿하고 가늠하기 힘들게 만들기 위해 135mm 렌즈를 사용했다. 〈우스키 로티〉는 인도의 〈네 멋대로 해라〉였고 〈검은 신, 하얀 악마〉였다. 이런 작품들은 형식에 대한 새로운 생각으로 기존의 영화계에 도전장을 던졌다.

물론 기존의 영화계는 이를 달가워하지 않았다. 1940년대와 1950년대 프랑스에 브레송, 콕토, 타티와 같은 선구적인 모더니스트와 함께 전통적인 영화가 공존했던 것처럼 인도 역시 가탁, 사티야지트 레이와 함께 두트, 메흐부브, 그 외 주류의 '올 인디아' 감독들이 공존했다. 레이는 서양에서도 주목하는 유일한 인도 감독의 위치를 유지했다. 그는 '올 인디아' 영화의 도피주의를 무시하는 확고한 태도를 유지했지만, 그의 1960년대 작품은 가탁이나 젊은 카울이 했던 실험의 유행을 따르지 않고 소우주, 시간과 장소의 통일성 그리고 심리적 뉘앙스에 더 몰입했다. 이는 레이가 인도 영화에 대해 실망했으며 그로부터 소원해졌음을 설명해 준다. 레이는 1982

년에 다음과 같이 말했다. "인도에 존재하는 예술 형식의 개념은 인도의 것이 아니라 서구의 것이다. 그러므로 영화라는 매체를 이해하는 데 서양과 서양의 예술 형식을 잘 아는 것이 도움이 된다. 벵골의 민속 예술가나 토착 예술가는 영화를 예술 형식으로 이해하기가 어렵다."[23] 레이는 필름 카메라도 서양의 발명품이지만 시대적 감각도 마찬가지라고 주장하는 것이므로 매우 놀랍다. 레이가 1960년대 초에 이를 믿었다는 사실은 그의 영화 〈여신〉(1960), 〈세 딸들Teen Kanya〉(1961), 그리고 그의 최고작이라고 평가받는 〈차룰라타〉(1964)를 보면 명백히 드러난다. 고다르가 시간을 쪼개고 있을 때 워홀은 시간을 무시했고 알랭 레네는 모호하게 만들었으며 얀초는 강화했고 타르콥스키는 초월하고 있었는데, 레이는 일부 자국 영화의 변화를 거스르며 시간의 실제적이고 고전적인 속성을 다시 강조하고 있었다. 소설가이자 작곡가인 타고르처럼 그는 폐쇄된 세계를 최소주의적으로 묘사했다. 타고르는 이슬방울에 온 세상이 비치고 영화도 모두 그런 방울일 뿐이라고 말했다.

〈여신〉은 당시 세계적으로 훌륭한 여배우로 인정받던 샤밀라 타고르가 출연한 아름다운 작품이다(631쪽의 사진 389 참고). 그녀는 며느리가 힌두 여신이기를 갈망하는 시아버지를 둔 여성을 연기했다. 사람들은 시아버지를 믿었고 그녀는 멋진 행사에 참석해 기름 부음을 받는다. 이 작품을 촬영한 수브라타 미트라는 세계 영화계에서 손꼽히는 촬영감독이었다. 〈여신〉의 주제는 고대 산스크리트 문화와 현대 계몽적 가치 사이의 충돌이다. 펠리니의 〈카비리아의 밤〉처럼 이 작품도 종교적 광신을 공격했지만, 〈카비리아의 밤〉이 스타일적 변화를 거듭했다면 〈여신〉은 세부적인 묘사로 일관했다. 〈세 딸들〉은 더욱 그렇다. 도시에서 작은 마을로 일하러 온 우체부에 대한 세부적인 묘사가 방대하게 펼쳐진다. 그는 자기 조수가 되는 한 고아를 알게 되고, 월터 스콧의 소설을 읽고, 말라리아에 걸리고, 마을을 떠난다. 〈차룰라타〉는 신문사를 운영하는 상류층 남편을 둔 아내에 관한 이야기로, 그녀는 무료한 하루하루를 보낸다. 레이가 자신의 영화 중에서 제일 좋아했던 작품으로 가장 문학적이며, 내용 또한 글쓰기가 이 여인의 영혼을 자유롭게 만든다는 것이다. 〈차룰라타〉는 억압에 관한 영화인데 그 자체가 물리적으로나 시간상으로 억제되어 있다고 보는 것이 적절할 수도 있다.

미국의 뉴 웨이브와 스튜디오 시스템의 쇠퇴

앞서 언급했던 것처럼 1960년대를 기점으로 미국의 일부 영화인들은 새로운 길을 찾기 시작했다. 다큐멘터리 영화 〈예비선거〉는 최신 장비를 사용했고 이는 존 카사베츠의 거친 시각적 스타일을 유발했다. 앨프리드 히치콕은 보통 사람들의 이야기에 텔레비전 기법을 적용했으며, 앤디 워홀은 동성애자의 욕망을 정적이고 몽환적으로 묘사했다.

미국은 이 시기가 되어서야 사회적 격변과 함께했던 세계 영화계 전반의 변화로 전통적인 영화 제작 규범이 영향을 받기 시작했다. 1968년에 이를 때까지 여러 사건이 있었는데, 케네디 형제가 사망했고 마틴 루터 킹이 유명한 인권 평등에 관한 연설을 했으며 베트남전 반대 시위가 벌어졌다. 영화계로 눈을 돌려보면, 전국을 통틀어 1500여 개의 영화 관련 강좌가 개설되었다. 캠퍼스와 특정 영화관에서는 유럽의 영화들이 상영되었다.

작지만 알찬 독립영화사는 당시 사회적이고 기발한 아이디어를 모아 초저예산 영화에 적용했다. 엘비스, 팝 음악, 〈위험한 질주〉의 말런 브랜도, 그리고 새롭게 등장한 마약 문화 등의 영향으로 아메리칸 인터내셔널 픽처스AIP는 소위 '익스플로이테이션'이라고 불린 청춘물, 싸구려 공포 영화, 공상과학 영화, 모터사이클 영화 등으로 틈새시장을 노렸다. 익스플로이테이션 영화 현장에서 가장 활발하게 활동했던 프로듀서 로저 코먼(238)은 로스앤젤레스 출신으로 영국의 옥스퍼드대학교에서 잠시 문학을 공부했으며 고딕풍의 작가 에드거 앨런 포에 심취해 있었다. 1954년부터 영화

238. 미국의 일부 영화사들은 1960년대의 유행에 반하는 문화와 초저예산 영화 장르 그리고 익스플로이테이션 기법을 조합하기 시작했다. 이들 중 가장 앞섰던 회사는 아메리칸 인터내셔널 픽처스로, 로저 코먼(왼쪽)은 이로부터 수년간 반항적인 B급 영화의 주역이 되었다.

제작을 시작했던 코먼은 신인 감독들에게 많은 기회를 주었고 예산에 민감했으며 영화에 등장하는 누드에 열광했다. 그리고 신인 감독들이 좌파적 아이디어와 멋진 유럽식 기법을 영화에 몰래 적용하는 것을 허용했다. 이러한 코먼의 공식과 지적 사고 그리고 스타일적인 개방의 조합은 그에게는 기회였으며 역사적으로는 매우 중요한 일이었다. 그가 함께 작업했던 신인 감독과 배우 중에는 프랜시스 코폴라, 존 세일즈, 마틴 스코세이지, 데니스 호퍼, 브라이언 드 팔마, 로버트 드 니로, 잭 니컬슨, 조너선 드미, 피터 보그다노비치 등 1970년대와 그 이후 미국의 영화사에서 매우 중요한 인물들이 넘쳐났다. 새로운 것에 집착하고 튀는 젊은이들과 어울리고자 했던 코먼은 미국 영화를 현대화하는 데 결정적인 역할을 했다.

이 영화인들 대부분에 대해서는 다음 장에서 다시 언급할 것이다. 여기서는 먼저 AIP의 창작 과정을 들여다보고 그것의 창의적 경박함이 어떻게 세계 영화를 휩쓴 혁명의 중심에 미국을 세웠는지 설명하기 위해 피터 보그다노비치의 첫 영화를 살펴보기로 하자. 공포 영화에 꾸준히 출연해 온 배우, 보리스 칼로프와의 계약 기간이 이틀밖에 남지 않았다는 사실을 알게 된 코먼은 젊은 영화 평론가 보그다노비치에게 빨리 이야기를 만들어서 칼로프와 이틀 동안 촬영하고, 자신이 제작하고 칼로프가 출연했던 다른 영화에서 20분 분량을 가져오고, 칼로프 없이 열흘을 더 촬영해서 영화 한 편을 만들라고 요구했다.

보그다노비치는 그보다 더 좋은 생각이 있었다. 그는 세상이 변하고 있고 현실의 폭력이 자신이 출연했던 싸구려 공포 영화를 멍청하게 보이게 한다는 사실을 깨닫게 되는 배우, 칼로프의 이야기를 영화로 만들기로 결심한다(239). 보그다노비치는 시나리오를 썼다. 그 시나리오에서 칼로프는 "나는 시대착오적이다… 세상은 다 젊은이들이 차지했다."라고 말한다. 감독의 생각은 영화 인생의 종착지에 다다른 배우의 이야기와 2년 전 텍사스에서 자기 아내와 어머니 그리고 16명의 사람들을 총으로 쏜 연쇄 살인범의 실제 사건을 짜깁기하는 것이었다.

바비 케네디와 마틴 루터 킹이 암살되고 사회가 격변하던 시기인 1968년에 개봉한 〈타겟 Targets〉은 삶과 폭력, 영화의 관계를 기가 막히게 풀어냈다. 암살자가 살인을 저지르기 시작할 때 그의 집에서 벌어지는 한 장면을 살펴보자. 1960년대 파스텔색

239. 코먼의 양성소에서 나온 최고의 영화는 피터 보그다노비치가 시나리오를 집필하고 제작과 연출을 겸했던 작품으로 은퇴를 생각하는 공포 영화 배우와 연쇄 살인범에 관한 〈타겟〉이었다. 미국, 1968.

의 집, 핵가족, 아버지를 '서sir'라는 경칭으로 부르는 것, 그리고 대칭적 영상은 터질 수밖에 없는 권위주의적이고 무기력하며 성적으로 억압된 숨 막히는 세계를 창조해냈다. 첫 번째 총격 때 카메라가 천천히 들어가는데, 아무 소리도 들리지 않고 관객은 숨을 죽이게 된다.

1년 전에 코먼은 〈환각 특급The Trip〉을 연출했다. 이 영화는 마약인 LSD에 중독된 텔레비전 감독에 관한 이야기로 잭 니컬슨이 시나리오를 썼다. 텔레비전 감독은 존 포드의 충실한 배우였던 헨리 폰다의 아들로 반문화적 성향을 지녔던 피터 폰다가, 마약을 강요하는 인물은 데니스 호퍼가 연기했다. 〈환각 특급〉은 제르맨 뒬락이 왕성하게 활동하던 시기로부터 50년 후에 제작된 인상주의적 영화로, 정신없는 환각 장면, 시각적 왜곡, 중첩된 이미지, 빠른 편집으로 구성되었다. 지금 보면 다소 촌스러울 수도 있지만, 제작팀 전체가 같은 세계관을 공유했고 미국 중산층의 놀라운 자유를 즐겼다.

호퍼와 폰다, 니컬슨은 1960년대 후반의 가장 유명하고 논쟁적이며 시대를 잘 정의한 영화를 만들기 위해 코먼을 버렸다. 모터사이클 영화가 새로운 것은 아니었지만 〈이지 라이더〉(1969)는 폰다와 호퍼, 두 주인공이 코카인이 아직 잘 알려지지 않은 마약이었을 때 모터사이클을 타고 코카인을 밀수하는 내용이다. 이 작품은 마약에 취해 있는 동안 느끼게 되는 감정을 보여준다. 브루스 코너Bruce Conner 감독의 단편 아방가르드 영화로부터 영향을 받은[24] 이 작품은 두 사람이 보수적인 오리 사냥꾼에 의해 죽임을 당하는 비극으로 끝난다. 〈이지 라이더〉의 시나리오를 쓰고 작품을 연출했던 데니스 호퍼는 오랫동안 미술계에 발을 들여놓았었기에 모더니즘에 대한 지식이 많았고 그래서 이 영화를 모더니즘 기법의 백과사전으로 만들었다. 그는 환각 시퀀스를 촬영하기 위해 17mm 렌즈를 사용했고, 동료 배우인 폰다의 솔직한 감정을 끌어내기 위해 그의 어머니의 죽음을 조롱했으며, 장면 전환을 위해 다음 장면으로 갔다가 다시 이전 장면으로 돌아가고 또다시 다음 장면으로 갔다가 다시 이전 장면으로 돌아갔다.

하지만 이런 혁신이 관객을 혼란스럽게 만들지는 않았다. 왜일까? 젊은 세대는 주류 영화를 추종하고 그것에 순응하는 예전 방식의 영화 제작에 싫증이 나 있었고, 호퍼와 니컬슨이 촬영하기 전에 마리화나를 피웠다는 것이 명백했기 때문이었다. 더 중요하게는 〈이지 라이더〉가 영화를 끝내는 방식 때문이었다. 영화 속에서 폰다가 연기한 인물은 모터사이클을 타고 다니는 로드 무비 같은 삶이 언제까지 계속될 수는 없다는 것을 예견했다. 그들이 죽는 것은 미국 중산층의 보수적인 고유 가치를 되찾는 길이었다. 마틴 루터 킹의 죽음은 유토피아를 꿈꾸던 미국의 젊은 급진주의자들의 정신이 번쩍 들게 만들었는데, 그보다 더 끔찍한 일이 기다리고 있었다. 〈이지 라이더〉가 개봉되던 해에 폴란드 출신 감독 로만 폴란스키는 임신한 아내 샤론 테이트와 세 명의 친구가 로스앤젤레스의 집에서 살해당했다는 사실을 알리는 전화를 받았다. 그 소식은 세상을 떠들썩하게 만들었다. 그로부터 1년 뒤인 1970년에 당대의 음악 영웅인 지미 헨드릭스와 재니스 조플린이 불과 27세의 나이에 마약 과다 복용으로 숨졌다. 어떻게 하다 보니 〈이지 라이더〉는 이런 사건들의 결말을 예견한 듯 보였다.

저예산 영화만 폐쇄적인 낭만적 사실주의를 파괴하고 좋은 시절의 종식을 예견하며 새로운 삶의 방식을 묘사했던 건 아니었다. 〈졸업The Graduate〉(마이크 니컬스, 1967)에서 더스틴 호프만이 연기했던 부잣집 학생도 폰다와 호퍼 못지않게 방향성을 잃었고 사회 변화의 빛에 마비되었다. 이 작품은 시나리오도 훌륭했고, 보그다노비치의 〈타겟〉에 나오는 집 장면처럼 파스텔 색감으로 촬영되어 아이러니를 잘 살렸으며, 과거에 대한 묘한 경외심을 자아냈다. 하지만 결말은 폐쇄적인 낭만적 사실주의 영화와는 달리 열려 있었다. 주인공인 학생과 그의 연인은 버스를 타고 출발하지만 그들의 표정은 행복해 보이지 않는다. 〈정글북The Jungle Book〉은 1967년 최고 흥행작이었지만 영화 스튜디오들은 많은 어려움이 있었다. 주류 스튜디오들의 전통적인 영화 대다수가 실패했지만 〈졸업〉은 그래도 제작비의 열 배를 벌어들였다. 그런 수익은 재력가들을 여전히 혹하게 했다.

240. 〈우리에게 내일은 없다〉의 주인공들은 반문화적인 반항자였고 작품의 스타일은 프렌치 뉴 웨이브의 영향을 받은 새로운 종류의 갱스터 영화였다. 감독: 아서 펜. 미국, 1967.

그런 재력가들 중에는 당시 워너 브라더스를 책임지고 있던 운영자들도 있었다. 1930년대부터 워너 브라더스는 갱스터 영화를 제작해 왔는데 이 미국 장르의 부도덕성으로 재미를 보았지만 큰 수익을 내지 못했고, 결국에는 주인공의 탓으로 돌리기 일쑤였다. 1967년에 그들은 그런 고리를 끊고 〈졸업〉처럼 제작비의 열 배 수익을 낸 영화를 제작했다. 그들은 전직 텔레비전 감독인 아서 펜Arthur Penn을 영입해서 1930년대에 낭만적인 두 명의 은행 및 주유소 강도가 미디어의 스타가 되고 결국 무수한 총탄 세례를 받고 생을 마감하는 〈우리에게 내일은 없다Bonnie and Clyde〉[25]의 연출을 맡겼다(240). 니컬스처럼 펜 역시 옛 갱스터 영화의 감성에 될 대로 되라 식의 현대 감성을 혼합했다. 트뤼포의 편집 속도와 정지 프레임 기법 등을 빌려 그는 스타일적인 확장을 시도했다. 영화의 끝부분에 보니와 클라이드가 슬로 모션으로 마치 오페라의 한 장면처럼 죽을 때 이는 제임스 캐그니 또는 에드워드 G. 로빈슨과 애인의 장면들보다는 훨씬 덜 인과응보적이었다. 그 장면들도 명쾌한 죽음은 아니었

241. 뉴 웨이브가 전통적인 할리우드라는 바위와 충돌했다는 명백한 신호. MGM이 초월적인 공상과학 영화 〈2001 스페이스 오디세이〉에 투자했다. 감독: 스탠리 큐브릭. 영국 · 미국, 1968.

242. 〈2001 스페이스 오디세이〉의 '인류의 여명' 시퀀스는 일시에 우주선 장면으로 전환되고 오랜 세월에 걸친 인간의 진화 과정을 일순간에 제거하는 편집을 보여준다.

지만 말이다. 그 대신 〈우리에게 내일은 없다〉의 결말은 2년 뒤에 제작된 〈이지 라이더〉와 가까웠다. 이 작품의 갱스터들은 반항자였고 반항자는 벌을 받았다.

이 시기 영화 역사의 마지막 부분은 자동차 극장에서 많이 볼 수 있던 영화 장르인 공상과학 영화가 차지했다. 〈2001 스페이스 오디세이2001: A Space Odyssey〉(영국·미국, 1968)는 스탠리 큐브릭이 연출했는데, 큐브릭에 대해서는 1950년대에 나온 〈킬링〉과 〈영광의 길〉을 설명할 때 언급했다. 큐브릭은 그의 작품 성향과는 다소 거리가 있었던 흥행작 〈스파르타쿠스Spartacus〉(미국, 1960)가 나온 후 1961년에 영국으로 갔고 신랄한 풍자극 〈닥터 스트레인지러브Dr. Strangelove or: How I Learned to Stop Worrying and Love the Bomb〉(미국 · 영국, 1964)를 연출했는데, 이 작품은 지금까지도 그의 영화 중에 가

장 암울하고 감독의 생각이 가장 온전히 실현된 영화라는 평가를 받는다.

〈2001 스페이스 오디세이〉는 아서 C. 클라크의 소설을 원작으로 했지만, 영화는 소설보다 한 걸음 더 나아갔다. 유인원들이 놀고 싸우는 '인류의 여명' 장면으로 시작해서 갑자기 2001년으로 건너뛰는데 이는 영화 역사상 가장 대담한 편집일 것이다. 영화를 보면 유인원이 뼛조각 하나를 들어 공중으로 던진다(242). 뼛조각은 공중으로 부상하고 슬로 모션으로 돌기 시작한다. 이후 우주선 장면으로 전환되고 우주선도 뼛조각과 비슷하게 움직인다. 영화 편집의 초기부터 컷은 시간을 단축하는 데 사용되었다. 가끔 공포 영화나 세르게이 에이젠슈테인의 작품 〈전함 포템킨〉의 오데사 계단 시퀀스 등에서 그 반대의 용도로 사용된 일도 있었다. 스탠리 큐브릭은 시간을 단축했을 뿐만 아니라 인류의 역사 전체를 삭제했다. 그는 편집의 기능적 경제성을 이용해서 이제까지 인간이 사고하고 행했던 사실상 모든 것을 자신의 영화에서 제거했다.

이후의 시퀀스는 달에서 발견한 검은 돌기둥에 관한 것이다. '인류의 여명' 프롤로그에서도 이와 비슷한 돌기둥을 볼 수 있다. 1년 후 이를 조사하기 위해 파견된 두 명의 우주 비행사는 사고 능력이 매우 정교한 컴퓨터, HAL 9000에 의해 압제당한다. 그중 한 명은 돌기둥에 관한 수수께끼의 근원에 접근하려고 시도하지만, 시간 여행을 하게 되고 정신적 변화를 초래하는 경험을 하는 듯 보인다. 영화 전반에 걸친 큐브릭의 기법은 매우 놀랍다. 유인원 시퀀스의 배경은 매우 반사적인 새로운 물질, 스카치라이트에 영사한 사진들이었고, 우주에서는 위쪽이 특정 방향이 아니라는 느낌을 주기 위해 카메라를 크게 회전했으며, 공중에 떠 있는 펜을 표현하기 위해 그와 특수 효과 전문가인 더글러스 트럼불은 펜을 유리판에 붙이고 나서 유리판을 부드럽게 회전시켰다. 작품의 마지막 부분은 마치 코먼의 〈환각 특급〉에 나오는 환각 시퀀스가 업그레이드된 버전 같았다. 이 작품에 참여한 배우는 초현실적이고 신비한 상황들을 목격했다. 큐브릭은 현상소에서 이 시퀀스의 컬러를 보색으로 반전시켰으며 그러한 효과로 1920년대 발터 루트만의 영화처럼 보였다.

무슨 일이 일어났던 것일까? 〈바람과 함께 사라지다〉와 〈오즈의 마법사〉를 제작하고 폐쇄적인 낭만적 사실주의 영화를 고집했던 MGM이 결말도 추상적이었던 〈2001 스페이스 오디세이〉를 제작했던 것이다. 일관성, 명료성, 경제성, 공감대 등 주류 상업 영화의 모든 요소가 유행에 뒤떨어졌던 걸까? 1970년대로 넘어가면 그게 아니라는 것을 알게 된다. 그러한 요소로 회귀하는 지점이 생기기 때문이다. 하지만 〈2001 스페이스 오디세이〉의 결말은 1960년대 영화의 중심에 있는 한 가지 사실을 이 장에서 언급했던 38명 영화인의 그 어떤 작품보다도 더 명백하게 보여준다. 추상적인 영화가 중심부로 들어왔다는 사실을 말이다.

버스비 버클리의 뮤지컬 곡이나 오즈의 '중간 공간'처럼 영화인들은 언제나 추상적인 요소에 관심이 많았다. 하지만 1959년은 영화 역사에서 많은 신인 감독이 영화 탄생 후 처음 20년 동안 발전된 영화 언어가 이야기 전달, 공감대 형성, 심리 묘사, 사회와 인간의 의미 창조 등을 위한 추상적인 수단만은 아님을 보여주는 기회를 얻은 전환점이었다. 공간과 색, 형태, 그리고 놀라운 요소인 시간과 연결된 심리적인 것 이전의 것들은 그 자체로 영화의 본질이었다. 숏은 무엇을 촬영하든 언제나 시간의 길이를 의미하는 것이었고 영화의 절대적인 기본이었다. 숏은 또한 공간의 개념을 표현했는데, 대부분은 기하학적인 구도였다. 숏이 묘사하는 요소들 사이를 선으로 연결할 수 있었고 그 선들은 숏에 운동감과 균형감을 부여했다.

일종의 파괴였지만, 이 시기에 영화 언어를 해체했던 많은 감독들은 그 언어를 만든 감독들보다 영화를 더 사랑했다. 그들은 영화 언어를 해체하고 싶지 않았지만, 기존의 언어로는 전달하기 어려운 추상적이고 형이상학적인 점들이 있음을 깨달았다. 시대의 혼란 속에서 일부 기법은 손실되거나 잊혔다. 단순히 실제 생활공간에서 자연광으로 촬영하려는 급급함에 전통적인 조명의 시적인 요소는 사라졌다. 촬영감독 네스토르 알멘드로스는 다음과 같이 썼다. "우리는 그림자가 있는 미학에서 그림자가 없는 미학으로 옮겨갔다… 그림자가 없는 조명은 결과적으로 현대 영화에서 시각적 분위기를 파괴했다."[26] 이 이야기에 의심이 간다면 이번 장의 사진들을 살펴보기 바란다. 그러면 이 사진들이 1940년대를 언급했던 4장 및 5장에 수록된 사진들보다 윤곽이 덜 뚜렷하다는 점을 알 수 있을 것이다.

1950년대와 1960년대에는 말해야 할 것들도 변화했다. 서구 사회는 수십 년 전보다 응집력이 떨어졌다. 사람들은 부모 세대의 종교적, 도덕적, 물질적 가치에 도전했다. 그런 도전은 언제나 있었지만, 그 수가 엄청나게 증가했다. 개발도상국들도 영화적으로 자신들의 말을 시작해야 했다. 성적인 주제와 나체에 대한 미숙한 취급은 물론 변해야 했지만, 1960년대 감독들의 성적 표현이 상당히 직접적이었다는 점은 주목할 만하다. 고다르, 트뤼포, 히치콕, 베리만, 펠리니, 이마무라, 부뉴엘은 모두 여성을 촬영하는 것을 선택했고 동성애자 영화인인 워홀, 앤더슨, 파솔리니는 종종 남성을 그들의 주제로 삼았다. 여성 감독인 체코슬로바키아의 치틸로바와 소비에트 연방의 무라토바는 일관되게 자신들과 같은 성을 다루었는데 어쩌면 잘못 표현된 성에 대한 인식을 바로잡기 위함이었을지도 모른다. 이성애자 남성 감독 중에는 이마무라와 펠리니만이 인습적으로 아름다운 여배우를 캐스팅하지 않았다.

영화 역사상 이렇게 큰 변화가 있었던 시기는 없었다.

243. 〈택시 드라이버〉 초반부에 로버트 드 니로가 길을 걷고 있는 유명한 장면. 감독인 마틴 스코세이지, 편집자인 톰 롤프와 멜빈 샤피로는 등장인물의 의식 흐름을 보여주려는 듯 디졸브를 사용했다. 미국, 1976.

8. 자유와 갈망(1969~1979)

정치적 영화의 범세계적 확장과 미국 블록버스터의 비상

처음에는 1960년대의 혁신이 1970년대로 계속 이어졌다. 노골적인 사적 영화, 성적 자유, 초기 영화 참조, 추상성, 모호함, 의미 추구, 열린 결말, 자의식 그리고 시간 단위의 숏 개념 등으로 충만했고, 이러한 1960년대의 정신없는 반영화적 흐름은 계속되었다. 지금 돌이켜 보면 그 흐름은 한시적이었는데 그때는 아무도 이를 몰랐다.

복잡한 뉴 웨이브의 쇠퇴를 포착한 한 편의 영화는 〈엄마와 창녀La Maman et la Putain〉(프랑스, 1973)였다. 정서가 불안했던 젊은 영화인 장 외스타슈Jean Eustache가 연출한 이 작품은 트뤼포와 고다르의 상징적인 배우 장피에르 레오가 연기한 한 남자와 그의 여자 친구(베르나데트 라퐁), 그가 불륜을 시작하는 간호사(프랑수아 레브런)의 삼각관계를 3시간 30분 동안 해부했다. 작품의 배경은 10여 년 전에 고다르의 철학적 몽상가들이 사랑에 대해 논쟁을 벌였던 카페와 아파트였다. 이제 그 논쟁은 걷잡을 수 없는 말의 남용이 되어버렸다. 카페에서의 수다와 떠도는 연애의 삶은 1970년대 초반 파리 젊은이들에게 중독이었을 뿐만 아니라 거의 병이었다. 레오의 들뜬 연기와 외스타슈의 과감한 시나리오 및 연출은 〈엄마와 창녀〉를 불안과 후회의 서사시로 만들었다.

뉴 웨이브를 확장한 프랑스어 영화로는 벨기에 감독 샹탈 아케르만의 세 번째 장편 영화인 〈잔느 딜망〉(벨기에·프랑스, 1975)이 있다. 1950년에 유대인 부모 슬하에서 태어난 아케르만은 파리에서 공부했고, 1968년에 첫 영화를 만들었다. 1970년대 초반에는 뉴욕의 포르노 극장에서 일했는데, 그 경험은 차후 그녀의 영화에 굴욕적인 성적 요소를 불어넣었다. 〈잔느 딜망〉은 마치 〈움베르토 디〉의 하녀(232쪽 참고)가 부엌에 있는 탈드라마적 장면을 족히 세 시간 넘게 늘려놓은 것이라고 볼 수 있다. 이 작품은 돈을 위해 남자들과 자다가 성적인 경험을 즐기기 시작하면서 결국 사람을 죽이는 이혼녀의 이틀 동안의 삶을 담았다. 고다르나 부뉴엘이 매춘부를 다루었던 것과는 달리 아케르만은 딜망을 결코 성적 대상으로 그리지 않았다. 그 대신 남자와 함께하는 장면을 침대를 정돈하거나 감자 껍질을 벗기는 장면과 같은 식으로 취급했다. 등장인물은 철저히 정면에서 촬영되었고 〈기즈 공작의 암살〉(48쪽 참고)처럼 리버스 숏은 없었다. 아케르만은 스타일적으로 매우 절제된 브레송과 고다르, 파솔리니의 개념을 취했다. 그로 인해 장면 묘사는 급진적이고 뇌리에 남는다. 이후 아케르만은 급작스럽게 사망한 2015년까지 40년간 혁신을 거듭했다. 예를 들면 〈동쪽D'Est〉(1993)은 장중한 트래킹 숏과 롱 테이크로 소비에트 연방의 붕괴 이후 그 여파를 묘사했다.

1970년대 이탈리아의 새로운 영화와 성적 묘사

〈엄마와 창녀〉와 〈잔느 딜망〉은 1960년대의 성 혁명에 대해 비관적인 목소리를 냈다. 새로운 자유가 또 다른 문제를 만든 듯 보였다. 하지만 그래도 논란은 계속되었다. 프랑스의 대통령은 텔레비전에 출연해 이제 검열은 사라져야 한다고 말했고 유럽과 미국, 일본의 영화는 그 어떤 시기보다 성적으로 노골적이었다. 인도의 〈진선미Satyam Shivam Sundaram〉(라즈 카푸르, 1978)에서는 인도 영화 역사상 최초로 키스 장면이 나왔고, 이탈리아의 주요 감독 두 명은 각각 성적 자유를 국민 건강의 척도라고 묘사한 3부작 영화를 연출했다. 피에르 파올로 파솔리니가 연출한 〈마태복음〉의 종교적 엄격함에 깊은 인상을 받았던 가톨릭 당국은 그의 '인생 3부작'에 대해 분개했다. 〈데카메론Il Decameron〉(이탈리아, 1971), 〈캔터베리 이야기I racconti di Canterbury〉(이탈

244. 파솔리니의 서사적이고 유쾌한 '인생 3부작' 중 세 번째 작품인 〈아라비안나이트〉. 이탈리아, 1974.

리아, 1972), 〈아라비안나이트Il fiore delle mille e una notte〉(이탈리아, 1974)는 마치 전근대 유럽과 중동 농민들의 외설적인 삶에 대한 세 점의 프레스코화와 같았다. 성적 농담, 배설의 재난, 나체 그리고 남근 상징으로 가득한(244) 이 작품들은 소비주의와 자본주의 이전에만 사람들이 진정으로 제약을 받지 않았다고 주장하는 듯 보였다. 파솔리니는 당시에 이렇게 말했다. "삶과 몸을 향유한다는 것의 정확한 의미는 역사에 더 이상 존재하지 않는 삶을 향유한다는 것이다."[1] 현대 이탈리아의 성적, 윤리적 규범 밖에서 살고자 했던 파솔리니는 비극적으로 생을 마감했다. 1975년에 남성 매춘부가 그를 살해했던 것이다.

루키노 비스콘티 또한 그러한 규범 밖에서 살았다. 파솔리니는 그가 느끼기에 성적 억압의 손길이 닿지 않았던 시대와 사람들에게 초점을 맞췄지만, 그의 귀족 출신 동료 감독은 그 반대였다. 〈지옥에 떨어진 용감한 자들La caduta degli dei / Götterdämmerung〉(이탈리아·독일, 1969)(245), 〈베니스에서의 죽음〉(이탈리아, 1971), 〈루드비히 신들의 황혼Ludwig〉(이탈리아, 1972)은 억압된 동성애에서 치명적인 것을 찾기 위해 독일의

245. 비스콘티의 3부작은 파솔리니의 3부작 못지않게 웅장했지만 그보다 훨씬 더 염세적이었다. 〈지옥에 떨어진 용감한 자들〉에서의 미와 퇴폐 그리고 절망. 이탈리아·독일, 1969.

주제나 자료를 사용했다. 비스콘티는 텔레비전 인터뷰에서 더듬거리는 영어로 이렇게 말했다. "미인에게 시선을 둔다는 것은… 죽음에 시선을 두는 것과 매한가지다."[2] 이는 그의 유언이었을 수도 있고, 그의 염세주의의 열쇠였을 수도 있다. 비스콘티는 파솔리니가 살해되고 불과 1년 뒤인 1976년에 사망했다.

이들보다 한 세대 뒤의 인물인 베르나르도 베르톨루치의 성에 대한 관점은 이들 못지않게 불온한 느낌이었다. 우리의 영화 이야기에 기여한 그의 첫 번째 공헌은 고다르를 흡수해 〈혁명 전야〉를 연출하고 레오네의 허세적이고 신화적인 〈옛날 옛적 서부에서〉(350쪽 참고)의 시나리오를 집필하는 데 일조한 것이었다. 1970년에 베르톨루치는 그때까지 자신의 최고작인 〈순응자Il conformista〉(이탈리아)를 내놓았다(246). 이탈리아가 파시스트 정권 아래 있던 1938년도를 배경으로 한 이 작품은 자신이 정상이고 이성애자라는 것을 입증하고자 하는 한 남자에 관한 이야기다. 입증의 한 방안으로 그는 결혼을 하고 파시스트당에 합류한다. 당의 지시하에 남자는 아버지같이 여겼던 인품이 훌륭한 옛 스승인 교수를 암살한다. 성적 억압과 정치적 억압의 관계를 탐구했던 이 작품의 목적은 진 켈리의 뮤지컬 영화나 막스 오퓔스의 영화처럼 촬영하는 것이었다. 촬영감독인 비토리오 스토라로는 색깔마다 의미를 부여했던 지식인이었으며 10여 년 전 라울 쿠타르가 고다르 및 트뤼포와 협업했던 것처럼 베르톨루치와 협업하며 이탈리아 영화계에서 중요한 인물이 되었다. 스토라로는 베르톨루치 감독이 무척 동경했던 안무가 짜인 뮤지컬이나 멜로드라마의 촬영 스타일을 감독의 이야기에 철저히 적용했다. 그는 한 장면에서 마치 MGM 사운드 스테이지에서 촬영한 것같이 크레인에 장착된 카메라를 앞에서 소용돌이치는 낙엽들 위쪽으로 들어올렸다.

또 다른 장면에서는 카메라가 배우들과 함께 춤을 췄다. 베르톨루치의 중심인물인 억압된 파시스트는 브레송의 등장인물들 못지않게 심리적으로 구속되어 있었다. 베르톨루치와 스토라로의 활기차고 자유로운 촬영 스타일은 그들이 상실했다고 생각한 것들을 구현한 것이었다.

〈순응자〉는 주요한 지적, 미학적 성취였을 뿐만 아니라 1970년대 초반의 매우 영향력 있는 작품 중 하나였다. 고다르도 〈순응자〉 이전에 나온 작품들에서 춤 장면을 시도했지만, 베르톨루치는 그런 시각적 즐거움을 자신의 영화에 더함으로써 뉴 웨이브 영화를 매력적인 것으로 끌어올렸다. 〈순응자〉는 미국 전역에서 상영되었고 나중에 〈지옥의 묵시록〉(미국, 1979)의 촬영을 스토라로에게 맡긴 프랜시스 코폴라 등 젊은 영화감독들의 기준이 되었다. 코폴라의 이탈리아계 미국인 동료 감독인 마틴 스코세이지는 주제의 복잡성과 시각적 유토피아주의의 혼합을 획기적인 것으로 받아들였고 유혹과 거부의 이중적인 행위로 보았다. 영화의 시각적 이미지와 형식이 잔혹성과 자멸에 대한 매혹을 표현할 수 있다는 생각은 스코세이지의 획기적인 영화 〈택시 드라이버〉(미국, 1976)의 핵심이 되었다. 이 작품의 시나리오를 쓴 폴 슈레이더는 〈아메리칸 지골로〉(246)를 연출할 때 〈순응자〉를 많

246. 억압이 파시즘으로 이어지는 것에 대한 베르톨루치의 양식화된 표현은 지금까지 그의 가장 위대한 연출이었고 미국 감독들에게 널리 찬사를 받았다. 〈순응자〉. 이탈리아, 1970.
폴 슈레이더는 〈아메리칸 지골로〉(아래)를 촬영할 때 〈순응자〉의 미술감독이었던 페르디난도 스카피오티를 기용했고, 촬영감독인 존 베일리에게 〈순응자〉를 촬영했던 비토리오 스토라로의 스타일을 따라 하도록 했다. 미국, 1980.

247. 두 사람이 한 아파트에서 만나 '묻지 마' 성행위를 하는 베르톨루치의 이 작품은 프랜시스 베이컨의 그림으로부터 시각적 영감을 얻었다. 〈파리에서의 마지막 탱고〉 속 말런 브랜도와 마리아 슈나이더. 이탈리아 · 프랑스, 1972.

이 따라 했다. 〈순응자〉가 개봉되고 2년 후에 미국과 유럽 영화의 쌍방 교류는 감독인 베르톨루치가 '다큐멘터리'라고 불렀던, 말런 브랜도가 마리아 슈나이더를 한 아파트에서 만나 '묻지 마' 성행위를 하는 〈파리에서의 마지막 탱고Ultimo tango a Parigi / Last Tango in Paris〉(이탈리아·프랑스, 1972)를 탄생시켰다(247). 이 작품은 프랜시스 베이컨의 그림에서 시각적 영감을 얻었다. 베르톨루치는 슈나이더에게 성폭행 장면을 사전에 설명하지 않았고 그녀는 수치심을 느꼈다. 이런 합의 없는 촬영 방법은 후에 미투 운동에 의해 폭로되었다.

1970년대의 미국

미국에서 맬컴 X와 지미 헨드릭스, 재니스 조플린, 샤론 테이트의 죽음은 1960년대를 과도함으로 보았던 사람들의 시각에 냉정한 영향을 미쳤다. 1970년에 400여 개의 대학교가 베트남 전쟁에 반대하는 시위를 벌였고 그중 하나였던 켄트주립대학교에서는 네 명이 총에 맞아 숨졌다. 1972~1974년의 워터게이트 사건은 미국 공화당과 CIA가 민주당 사무실을 도청하는 데 연루되었음을 보여주었다. 그 결과 닉슨 대통령은 사임했다. 유럽의 예술적 영향, 중장년층 영화 관객의 감소, 페미니즘, 그리고 베트남에 대한 논쟁은 1940년대 후반 반미활동조사위원회의 마녀사냥 이후 최고로 분열된 영화계를 만들어 냈다. 심지어는 가족 간에도 분열이 일어났다. 배우 제인 폰다는 서부 영화의 상징인 존 웨인의 베트남 전쟁 관련 영화 〈그린 베레 The Green Berets〉(존 웨인·레이 켈로그, 미국, 1968)에서 베트콩은 비방하고 미국인만 고귀하게 그린 것에 항의하기 위해 단식 투쟁을 벌였다. 그녀의 아버지인 헨리 폰다는 딸을 저버리고 친구인 웨인의 편에 섰다.

1960년대 말에 영화관들은 전례 없는 속도로 문을 닫고 있었다. 워너 브라더스는 주차장과 장례식장을 운영하던 회사에 팔렸다. 유나이티드 아티스츠는 렌터카 및 보험 회사에 인수되었다. 1946년에는 일주일에 7820만 장의 영화표가 팔렸는데 1970년대 초반에는 고작 1580만 장에 그쳤다. 미국의 영화 산업은 "영화 역사의 그 어느 때보다 조바심이 났다."[3] 20세기 폭스는 1971년에만 7700만 달러를 손해 봤다. MGM은 소유하고 있던 라스베이거스의 호텔에서 나오는 수익으로 겨우 생존했다. 영화 스튜디오들이 얼마나 불안정했는지를 보여주는 징후는 주요 텔레비전 방송국인 CBS와 ABC가 차후에 'TV 영화'라고 불리게 될 콘텐츠를 만들기 시작했을 때 스튜디오들은 방송국이 영화 제작과 상영을 독과점한다고 주장하며 고소하려 했다는 점이다. 이는 영화 스튜디오들이 영화관을 강제 매각해야 하는 상황이 오기 전까지 했던 일이었다.

영화관의 스크린에 실제로 상영되었던 것에 관한 한, 1970년대 미국 영화는 전통적인 영화 제작의 규범에 도전했다. 새로운 영화들은 영웅이나 로맨스가 거의 없었고 결말이 모호하거나 열린 상태인 경우가 많았다. 불안감, 사회적 격변, 새로운 창조적 영향은 서로 얽혀 있는 세 가지의 경향을 생산했는데, 그로부터 최고의 미국 영화 몇 편이 나왔다. 세 가지 경향 중 첫 번째는 전통적인 영화에 대한 뉴 웨이브의 도전이 직접적으로 이어진 반체제적 경향이었다. 두 번째는 동화주의로, 많은 영화인은 전통적인 스튜디오 영화 장르 내에서 새로운 영화 스키마를 적용하는 방법을 발견했다. 세 번째는 미국의 영화 산업뿐만 아니라 서양의 영화 제작과 상영의 많은

248. 〈이지 라이더〉 이후 데니스 호퍼의 후속작 〈마지막 영화〉는 전통 의상을 입은 페루 현지인들이 대나무로 만든 영화 장비(오른쪽)로 자신들의 지역 사회에서 이루어졌던 영화 촬영을 흉내 내는 현대적 서부 영화였다. 미국 영화 중 가장 고다르풍의 영화로, 흥행에 참패하고 평론가들에게도 혹평받았다. 미국, 1971.

부분을 변화시켰던 1930년대와 1940년대 순수 엔터테인먼트의 부활이었다.

반체제 인사의 기수는 데니스 호퍼였다. 〈이지 라이더〉의 성공은 사람들에게 그가 미다스의 손이며 새로운 세대의 관객이 원하는 바를 그 누구보다 잘 판단한다는 것을 피력했다. 호퍼는 머리를 기르고, 온종일 술을 마시고, 뉴멕시코의 사막 지역으로 이사하는 등 반체제적 삶을 영위했다. 〈이지 라이더〉의 후속작은 마치 예언과도 같은 제목의 〈마지막 영화The Last Movie〉(미국, 1971)로, 미국 영화에 보내는 증오의 편지 같은 작품이었다. 이 작품은 번뜩이는 소재를 토대로 한다. 페루에서 서부 영화를 촬영하고 난 후 한 스턴트맨이 그곳에 남고 지역 사회의 일원이 된다(248). 지역민들은 영화 촬영의 잔재를 마치 그곳을 방문했던 신처럼 여기고 대나무로 상징적인 영화 장비를 만들며 자신들이 목격했던 촬영장의 폭력 장면을 흉내 낸다. 도입부의 크레디트가 아니었다면 아마 관객은 이 영화가 장뤽 고다르의 작품이라고 생각했을 것이다. 호퍼는 이야기를 잘게 나누었고, 결말부터 시작했으며, 장면 안에 장면을 넣고, 심지어 "장면이 분실되었음"이라는 자막을 넣는 등 고다르의 영향이 강하게 느껴지는 기법을 사용하기도 했다. 평단은 '혐오', '실패', '재앙', '처량', '수치' 등의 단어를 마구 쏟아냈다. 작품이 가도 너무 갔던 것이다. 관객은 〈마지막 영화〉를 본 뒤에 내용을 이해하기 위해 머릿속에서 다시 편집해야만 했다. 한 기자는 호퍼가 이로 인해 매일 밤 눈물을 흘렸다고 전했다.

반체제적 작품이라고 항상 흥행에 실패했던 것은 아니었다. 〈마지막 영화〉가 서부 영화의 재앙이었다면 〈매쉬M*A*S*H〉(로버트 올트먼, 1970)는 전쟁 영화의 재앙이었다. 하지만 이 작품은 흥행에 크게 성공했다. 한국전쟁을 배경으로 한 〈매쉬〉는 최전방에서 귀족처럼 굴면서 소름 끼치는 수술을 하는 의사들에 관한 내용이다. 피비린내 나는 수술 사이에 의사들은 칵테일을 만들고 골프를 치고 익살스러운 대화를 하며 그들을 둘러싼 비극에 감정적으로 개입하는 것을 피한다(249). 이 작품은 실제

249. 미국 문화에 대한 로버트 올트먼의 관점은 데니스 호퍼 못지않게 암울했지만, 한국전쟁에 참전했던 미국 군의관들에 관한 리처드 후커의 소설을 링 라드너 2세가 각색한 익살스러운 그의 영화 〈매쉬〉는 음향 면에서 매우 혁신적이었으며 대중의 상상력을 사로잡았다. 이 작품은 같은 제목의 텔레비전 시리즈로 이어졌다. 미국, 1970.

장교들의 오만함을 축소했지만, 군대에 대한 관객의 일반적인 경멸을 표현하기도 했다. 그런 반감은 공산주의 동조 혐의로 블랙리스트에 오른 시나리오 작가 링 라드너 2세로부터 비롯되었다. 〈매쉬〉는 미국의 주류 영화 최초로 종교를 조롱했고 '퍽fuck'이라는 단어를 사용했던 것으로 유명하다. 당시 45세였던 감독 로버트 올트먼은 데니스 호퍼처럼 미국 중서부의 와스프WASP(앵글로·색슨계 백인 신교도)였다. 제2차 세계 대전에 참전했던 그는 기업 홍보 영화를 제작하는 일을 했고 익스플로이테이션 영화를 만들었으며 사운드에 관심을 갖게 되었다. 올트먼 최초의 흥행작인 〈매쉬〉의 특징은 다른 감독들로부터의 영향이 거의 보이지 않는다는 점이다. 그가 클로드 를루슈 스타일의 망원 렌즈를 사용했을 수도 있지만, 그것은 시작일 뿐이었다. 올트먼은 배우들 각각에게 마이크를 주고 중첩에 상관없이 대사를 전달하게 했다. 그리고 세트장이나 실제 촬영 장소에서 자유롭게 움직일 수 있게 한 다음 마치 동물학자가 우리 안의 동물을 따라다니며 관찰하듯이 망원 렌즈가 달린 카메라로 배우들을 은밀히 따라다녔다. 이 모든 요소를 편집실에서 짜깁기하면 사건으로부터 멀리 있는 듯 느껴지지만 마치 그들의 대화를 가까이서 엿듣는 것 같은 결과를 도출해 낼 수 있었다. 남을 훔쳐보는 듯한 이 미학은 새로운 것이었으며 당시에 올트먼을 가장 독특한 스타일의 감독으로 만들었다. 그는 서부를 배경으로 한 〈맥케이브와 밀러 부인〉(미국, 1971)과 컨트리 음악의 세계를 그린 〈내쉬빌Nashville〉(미국, 1975)에서 이런 효과를 더 확장했다.

1970년대 초반의 미국 영화계에서 유럽의 영향을 받은 실험적인 명감독으로 소개할 세 번째 인물은 프랜시스 코폴라다. 그는 호퍼나 올트먼보다 덜 반체제적이었다. 디트로이트에서 출생한 이탈리아계 미국인인 그는 캘리포니아대학교 로스앤젤레스UCLA에서 영화를 공부했으며 독불장군인 프로듀서 로저 코먼을 통해 영화계에 발을 디뎠다. 시작부터 코폴라는 오슨 웰스를 연상케 했다. 그는 경이적인 재능이 있었고 영화뿐만 아니라 모든 예술에 관심이 있었으며 자기 파괴를 거부하지 않았다. 코먼과 함께한 후 그는 주류에 들어갔지만, 할리우드 스튜디오에 돈을 안겨주지는 못했다. 코폴라는 웰스처럼 권력과 자만에 관심이 있었고 그러한 관심에서 집필한 〈패튼 대전차 군단Patton〉(1970)의 시나리오는 그에게 오스카 각본상을 안겨주었다. 그로 인해 코폴라는 이탈리아계 미국인 마피아 가족에 관한 베스트셀러 소설을 각색한 시나리오로 영화를 연출할 수 있는 기회를 얻게 되었다.

마치 렘브란트의 그림처럼 촬영된 갱스터 영화 〈대부The Godfather〉(1972)는 신구의 모든 기법이 종합된 작품이다. 〈대부〉에 대해서는 잠시 뒤에 자세히 설명하고자 한다(422~423쪽 참고). 〈대부〉의 국제적인 성공은 코폴라에게 보다 실험적인 영화를 연출할 수 있는 자유를 주었고, 그는 1960년대에 썼던 시나리오로 유럽의 뉴 웨이브로부터 영향을 받은 것이 확실해 보이는 작품을 만들기로 한다. 〈컨버세이션The Conversation〉(1974)은 블루슈의 망원 렌즈에 올트먼의 훔쳐보기를 더했으며 그것들을 논리적인 결과로까지 끌고 나갔다. 이 작품은 우연히 오디오 테이프에 연인으로 생각되는 사람들의 대화를 포착한 도청 전문가의 이야기를 통해 1970년대의 그 어떤 영화보다도 렌즈의 본질을 철학적으로 탐구했다(250). 진 해크먼이 연기한 도청 전

250. 망원 렌즈와 지향성 마이크가 1970년대 서구 영화의 특징이었다면, 〈컨버세이션〉보다 이를 더 잘 인식한 영화는 거의 없었다. 감독: 프랜시스 코폴라. 미국, 1974.

문가는 혼자 살며 타인과의 교류가 거의 없기에 테이프에 녹음된 미스터리에 집착하게 된다. 그래서 그는 더 내향적으로 되고 거의 신경쇠약에까지 이른다.

앨프리드 히치콕과 미켈란젤로 안토니오니가 유사한 주제를 펼친 적이 있지만 새로운 초지향성 마이크와 초망원 렌즈는 타인의 삶에 매몰되어 자신의 삶이 망가진다는 코폴라의 아이디어를 그럴듯하게 만들었다. 편집실에서 수백 시간 작업해 본 영화인들이나 그런 집착에 대한 위험성을 이해할 수 있기에 〈컨버세이션〉은 처음에는 관객을 많이 동원하지 못하고 흥행에 실패했다. 하지만 이 작품은 워터게이트 사건으로 정치적 도청 의혹이 정점에 이르렀을 때 재개봉되었고 그 정치적 사건의 계속된 편집증에 대한 묘사처럼 여겨졌다.

1970년에 코폴라는 이탈리아에서 열린 소렌토 영화제에서 열정적이고 예민한 신인 감독을 만난다. 마틴 스코세이지는 뉴욕대학교에서 영화를 공부했고 그곳에서, 그리고 텔레비전을 통해 유럽 영화를 보았다. 당시 새로운 할리우드가 지향하는 바를 스코세이지보다 더 명확하게 한 문장으로 표현한 감독은 없었다. "우리는 형식을 개방하기 위해 치열하게 싸웠다."[4] 호퍼나 올트먼만큼 급진적이지도 않았고 코폴라처럼 웰스 같지도 않았지만, 여기서 언급할 1970년대 미국의 네 번째 반체제적 감독인 마틴 스코세이지는 그들 중 가장 추앙받는 감독이 되었다.

그 이유는 어렵지 않게 찾아볼 수 있다. 스코세이지는 다른 세 감독보다 영화를 더 잘 알았고 더 열정적이었으며, 자신이 성장한 세계의 의식, 폭력, 자극을 당시 미국의 어떤 감독들보다 더 직접적으로 표현하기 위해 영화를 이용했다. 1942년에 출생해서 뉴욕의 리틀 이탈리아Little Italy에서 성장한 그는 잦은 병치레로 길거리 문화를 완전히 습득하지는 못했지만 그 대신 관찰할 기회를 더 가질 수 있었다. 영화 학교에 다닐 때 연출한 그의 단편 영화들에는 그런 관찰 결과가 잘 반영되어 있다. 로저 코먼과 함께 일하고 난 이후 스코세이지는 자신이 잘 아는 남성들의 행동을 스크린에 옮겨놓은 다층적인 인류학적 작품 〈비열한 거리〉(미국, 1973)를 연출했다. 이전의 장에서 이 작품의 가톨릭 요소들이 파솔리니의 〈아카토네〉로부터 영향을 받은 것임을 언급했다. 〈비열한 거리〉는 주인공 찰리(하비 카이텔)가 잠에서 깨는 장면으로 시작한다. 그리고 침대에서 일어나 거울을 보다가 다시 침대로 가서 누울 때 그의 머리가 베개 위로 떨어지는 점프 컷 시퀀스로 이어진다. 스코세이지는 이렇게 말했다. "한 사회에 속해 있는 현대적인 성인을 그리는 것이 이 작품의 목표였다. 그 사회가 마피아였을 뿐."[5] 한 장면에서 찰리가 술에 취한다. 그가 비틀거리는 모습을 표현하기 위해 스코세이지는 나무판 끝에 카메라를 부착하고 카이텔의 가슴에 그 판을 고정했다. 그렇게 촬영한 결과물은 찰리가 움직일 때 머리는 고정되어 있지만 배경은 현란하게 움직이는 효과를 냈다. 그는 바닥에서 안정을 취하려고 했지만 마치 방이 넘어지는 것처럼 보였다. 이러한 인상주의는 1920년대 프랑스에서 아벨 강스 이후에는 유행하지 않았다.

251. "한 사회에 속해 있는 현대적인 성인을 그린" 이야기인 〈비열한 거리〉는 당시 미국에서 가장 중요한 신인 영화감독이 연출한 작품이었다. 마틴 스코세이지. 1973.

주인공의 단짝인 자니 보이는 당시 젊은 배우였던 로버트 드 니로가 연기했다. 드 니로와 스코세이지는 어릴 때부터 서로 알았고 성장해서 영화 평론가인 친구의 집에서 다시 만났다. 1976년에 그들은 한 베트남 참전 용사가 철제로 된 관을 상징하는 택시를 몰고 뉴욕을 돌아다니는 이야기를 담은 시나리오로 협업하면서 둘 다 추앙받는 인물이 되었다. 그 시나리오는 오즈, 브레송, 드레이어에 관한 책의 저자이자, 어렸을 때 영화 관람을 금지당했으며 시나리오의 주인공인 트래비스 빅클처럼 술을 많이 마시고 자기 차에서 살며 자기 집착으로 인해 곪아 있던 작가가 집필한 것이었다. 작가의 표현대로 시나리오는 마치 "동물처럼"[6] 그에게서 튀어나와 며칠 만에 완성되었다. 이 영화는 〈택시 드라이버〉였고 작가는 폴 슈레이더였다.

이 책의 '들어가며' 부분에서 우리는 등장인물이 음료수의 거품을 바라보는 캐럴 리드의 작품 속 이미지를 장뤽 고다르가 어떻게 활용했는지, 그리고 스코세이지가 이러한 이미지를 어떻게 빌려와 사용했는지 보았다(13쪽 참고). 트래비스 빅클의 외로움과 왜곡에 대한 묘사는 영화의 풍부한 스키마적 유산의 한 예다. 영화 초반부에 빅클은 뉴욕의 거리를 걸어간다. 스코세이지는 디졸브 기법으로 그 장면을 시간이 지난 뒤의 다른 보행 장면과 교차시키면서 서서히 바뀌도록 연출했다. 이는 점프 컷만큼 거슬리지 않고 시간의 경과를 나타내며 등장인물의 순간적인 의식 상실 등을 표현한다. 나중에 빅클이 정신적으로 무너지기 시작할 때 스코세이지는 즉흥적인 장면을 시도하고 드 니로는 거울에 비친 자신에게 말을 한다. 이 즉흥 연기법은 자아도취나 아니면 일종의 정신병을 묘사하려는 보편적인 시도인데, 드 니로는 말런 브랜도에 버금가는 강렬한 연기를 한다. 또 다른 장면에서 드 니로가 짝사랑하지만 답을 하지 않는 여자에게 전화를 걸 때 스코세이지는 카메라를 그에게서 멀어지게 해서 텅 빈 복도를 내려다보도록 만들었다. 스코세이지는 그 장면을 보는 것이 너무 고통스러웠기 때문에 그랬다고 나중에 설명했다. 그 수평적 움직임은 고다르의 기법과 흡사했고, 지혜로운 감정 표현은 미조구치의 카메라가 인물의 고뇌로부터 확실하게 멀어졌던 것과 유사했다.

〈택시 드라이버〉는 평단과 관객의 호평을 받았다. 신인 감독들의 할리우드 요새 습격은 너무 쉬워 보였다. 그들은 이미 열려 있는 문을 밀고 있는 듯했다. 미국의 영화인들이 예술가로서 그렇게 진지하게 받아들여진 적이 없었고 그 결과 스코세이지처럼 상처받기 쉬운 성격의 소유자는 필연적으로 해를 입었다. 스코세이지는 코카인을 흡입하기 시작했고 건강이 악화했다. 어쩌면 당연하게도 자기 파괴적 성향은 그의 등장인물들의 핵심이 되었다. 그런 인물들이 두 명 더 나왔고 그들 역시 로버트 드 니로가 연기했다. 첫 번째 인물은 스코세이지처럼 예술가였고 그 역시 여성과 안정적인 관계를 유지하기 어려운 사람이었다. 할리우드에 대한 동경으로 스코세이지는 MGM 스타일의 뮤지컬 영화에 그런 남자를 심는 불가능한 시도를 했다. 그 인물을 끼워 넣기 위해 스코세이지는 그야말로 "형식을 개방"했던 것이다. 그게 잘 되었을까? 〈사랑하거나 떠나거나Love Me or Leave Me〉(찰스 비더, 미국, 1955)의 제임스 캐그니처럼 이전에도 뮤지컬 영화에 구두쇠나 폭력적인 남자가 나오기는 했지만, 가장 낙관적인 형태의 폐쇄적인 낭만적 사실주의를 열어젖히고 그 안에 드 니로의 반복되고 침식된 연기 스타일을 적용하는 것은 정말로 대담해 보였다. 인물 간의 대조를 더 강화하기 위해 스코세이지는 MGM의 스타 주디 갈런드와 가장 세련된 감독 빈센트 미넬리의 딸인 라이자 미넬리를 드 니로의 상대역으로 캐스팅했다. 그 결과 손꼽히는 정신 분열적인 영화인 〈뉴욕, 뉴욕New York, New York〉(마틴 스코세이지, 1977)이 탄생했다(252). 〈뉴욕, 뉴욕〉은 값비싼 실패였으며 평론가들은 이 작품을 싫어했다. 스코세이지의 다음 장편 영화 〈성난 황소〉(미국, 1980)는 구원을 찾기 전에 가장 밑바닥을 치는, 추락하는 자기 파괴적인 가톨릭교도 권투 선수에 관한 내용이다. 그는 영화 마지막 부분에서 이렇게 말한다. "나는 장님이었지만, 이제는 보인다." 미국 영화 역사상 이처럼 노골적으로 이탈리아 가톨릭을 주제로 한 작품은 없었다. 빈민가에 사는 이탈리아 이민자들의 삶은 폐쇄적인 낭만적 사실주의가 숨겨왔던 요소들 중 하나인 듯 보였다. 그 요소들은 지금은 1970년대 미국 영화가 현대화시킨 형식 중 하나로 자리 잡았다.

252. 스코세이지의 야심은 미국 영화의 "형식을 개방"하는 것이었다. 그의 저평가된 작품인 〈뉴욕, 뉴욕〉만큼 이를 복합적으로 잘 풀어낸 영화는 드물다. 미국, 1977.

대학 교육을 받은 이 백인 영화인들은 서로를 알게 되었고 같은 파티에 참석했으며 배우뿐 아니라 심지어는 여자 친구도 공유했다. 전문가로서 그들의 경쟁의식은 작품 활동에 박차를 가하는 원동력이 되었다. 그들과 사회적인 교류는 전혀 없었지만 어쩌면 더 중요할 수 있는 두 번째 인종이 마침내 이 시기에 주류 미국 영화 속으로 들어왔다. 이런 변화는 전직 야구 선수이자 사진가였던 57세의 인물이 〈더 러닝 트리The Learning Tree〉(1969)를 연출하면서 시작되었다. 고든 파크스Gordon Parks는 캔자스에서 15명의 자녀 중 막내로 태어났다. 그는 프랑스에서 소설을 썼는데 그 소설 중 하나는 1920년대 캔자스의 농장을 배경으로 한 성장 이야기였다. 이상할 것은 하나도 없었다. 단지 〈더 러닝 트리〉의 주인공과 감독이 흑인이었고 그것이 흑인에 관한 영화였을 뿐이다. 1920년대 미국의 교외에서는 인종 차별이 만연했다. 마틴 루터 킹과 맬컴 X의 장기간에 걸친 투쟁 후 미국의 영화계는—〈더 러닝 트리〉의 경우에는 워너 브라더스—마침내 흑인에게 문호를 개방하기 시작했다. 고든 파크스는 미

253. 고든 파크스의 〈더 러닝 트리〉는 미국의 영화 스튜디오가 제작한 최초의 흑인 감독의 영화다. 미국, 1969.

국 최초로 스튜디오 영화를 연출한 아프리카계 미국인 감독이었으며, 그것은 영화라는 매체가 탄생하고 70여 년 뒤에 일어난 일이었다.

그전에도 흑인 감독은 있었다. 1920년대의 오스카 미쇼는 앞서 3장에서 언급했던 반체제적 영화감독이었다. 〈바람과 함께 사라지다〉(1939)와 〈카사블랑카〉(1942), 그리고 1950년대의 영화에는 흑인 배우들이 등장했다. 도로시 댄드리지, 해리 벨라폰테, 시드니 포이티어는 폐쇄적인 낭만적 사실주의의 백인 우월주의에서 두드러진 예외였다. 1960년대가 끝나갈 무렵에 자유주의 성향을 지닌 백인 감독들은 이슈가 되고 있는 흑인 관련 주제와 인종적 문제가 있는 영화들에 대해 다루기도 했지만, 미국은 아프리카 최초로 흑인 감독이 연출한 영화인 우스만 셈벤의 〈흑인 소녀〉(세네갈, 1966)가 개봉된 지 3년이 지난 1969년에야 그 선례를 따랐다. 반항적이지 않은 내용의 〈더 러닝 트리〉는 미국 의회도서관의 국립영화등기부에 등록된 사실을 근거로 생각할 때 그 역사적 중요성이 훼손된 것으로 보이지는 않았다.

파크스는 이후 〈샤프트Shaft〉(1971)로 흥행을 이어갔지만 같은 해에 개봉한 〈스위트 스위트백스 배다스 송Sweet Sweetback's Baadasssss Song〉이 그보다 더 높은 흥행 성적을 기록했다. 이 영화의 감독인 멜빈 반 피블스Melvin Van Peebles는 1932년에 시카고에서 출생했다. 파크스가 특이한 경로로 영화계에 입문했듯이 그도 영화계 입문 전에 프랑스에서 영어와 프랑스어로 소설을 썼으며 그중 한 작품으로 자신의 두 번째 영화를 연출했다. 파크스처럼 반 피블스도 그를 수용했던 프랑스에서 저예산으로 제작된 역동적이고 자전적인 백인 영화에 고무되어 일부 기법을 미국으로 가져왔다. 조합의 개입 없이는 영화를 촬영하기 힘들었던 당시 상황에서 그는 세 번째 영화인 〈스위트 스위트백스 배다스 송〉이 포르노 영화인 것처럼 가장했다. 이 작품의 중심 인물로 매우 쿨한 스위트백은 백인 경찰들이 흑인 소년에게 폭행을 가하는 것을 보고 그들을 공격한 뒤 쫓기다가 한 여인을 만나고 법망으로부터 빠져나간다(254). 이

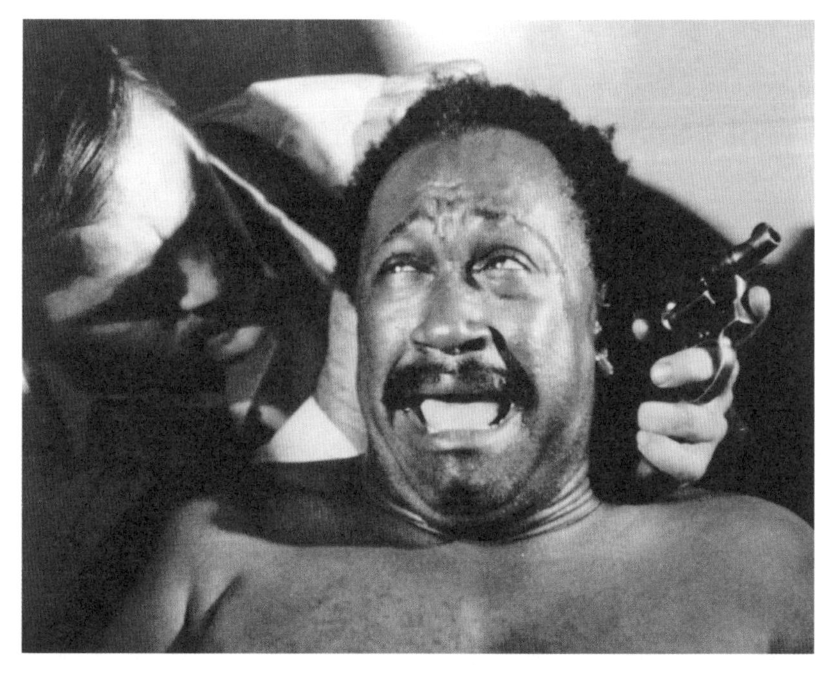

254. 파크스는 저예산으로 제작된 〈스위트 스위트백스 배다스 송〉으로 진정한 돌파구를 마련했던 멜빈 반 피블스 같은 흑인 영화인들에게 길을 터주었다. 미국, 1971.

영화의 무도덕과 폭력성은 〈우리에게 내일은 없다〉나 로저 코먼 영화의 메아리였지만, 새로웠던 것은 아프리카계 미국인의 행동 방식이었다. 〈스위트 스위트백스 배다스 송〉은 빈민가의 삶을 미화했고 후에 흑인 지식인들에게 비난받게 되는 방식으로 젠더 문제를 단순화시켰지만, 백인의 부패와 인종 차별을 폭로하고 흑인 남성의 섹슈얼리티를 찬양하는 과정에서 스파이크 리, 리처드 프라이어, 에디 머피, 우피 골드버그 그리고 영화 스튜디오 최초의 흑인 여성 영화감독 유잔 팔시 등의 영화인이 수십 년에 걸쳐 발전시키고 또 거부하기도 했던, 미국 영화인들을 위한 새로운 스키마를 수립했다. 50만 달러를 들여 만든 〈스위트 스위트백스 배다스 송〉은 1000만 달러를 벌어들였다.

미국 영화에서 유대인에 관한 요소는 잘 검토되지 못했다. 하지만 초창기 영화계 거물들은 유대인이었고 1930년대와 1940년대에는 이디시어로 제작된 코미디와 드라마가 있었으며 에드거 G. 울머, 에른스트 루비치, 빌리 와일더 같은 감독은 종종 이야기의 일부분에서 유대인의 상황과 특징을 활용했다. 그러다가 1960년대 후반에 뉴욕 태생의 고학력자로 재즈와 야구, 잉마르 베리만의 영화를 사랑했던 우디 앨런이 등장했다. 그는 스탠드업 코미디도 했으며 텔레비전 분야에서 일을 시작했다. 스코세이지가 뮤지컬 및 권투 영화로 미국 영화의 전통적인 형식을 '개방'했고 올트먼은 전쟁 영화나 다른 장르를 비틀며 미국의 가치를 공격했는데, 앨런은 유대인을 노골적으로 풍자하는 유머를 장르의 중심부에 꽂아 넣었고 이를 통해 많은 웃음을 자아냈다. 그 유머는 뉴욕의 유대인은 뉴욕을 제외하면 다른 모든 곳에서 왕따가 된다는 것이었다. 이런 유머는 앨런을 세계적으로 유명한 감독으로 만들었다.

채플린처럼 그도 자신의 영화에서 주인공을 연기했다. 〈돈을 갖고 튀어라Take the Money and Run〉(1969)는 범죄 영화를 조롱했고, 〈슬리퍼Sleeper〉(1973)는 앨런이 연기한 맨해튼의 신경과민 상태의 음악가가 2173년으로 이동하게 된다는 이야기로 공상과학 영화를 패러디했다. 〈애니 홀Annie Hall〉(1977)의 배경은 뉴욕이지만 정작 뉴욕 출신인 앨런은 왕따로 그려졌다. 왜냐하면 그가 사랑에 빠진 상대 배역이 아주 낯선 중서부 출신의 여성이었기 때문이다. 첫 번째 장면에서 그와 애니(다이앤 키튼)는 바닷가재 요리를 하려고 시도한다(255). 좀처럼 요리를 하지 않고 특히 바닷가재를 삶아본

255. 하나의 테이크로 촬영된 〈애니 홀〉의 이 우스꽝스러운 장면에서 우디 앨런은 최고의 연기를 보여준다. 미국, 1977.

적이 없는 전형적인 뉴욕 사람인 앨런은 두려움에 휩싸인다. 이 장면은 하나의 테이크로 촬영되었는데 실수로 부엌의 조명이 깨졌고 키튼은 절제하지 못할 정도로 웃음이 터졌다. 그 결과 이 장면은 미국 영화사에서 손꼽히는 웃긴 장면이 되었다.

호퍼, 올트먼, 코폴라, 스코세이지, 파크스, 반 피블스, 앨런은 각각의 방법과 다양한 수위로 유럽 영화의 영향을 받았으며 미국 영화의 형식을 개방하고 인종적 폭을 넓혔다. 그러나 그들은 과거와 완전히 단절하려고 시도하지는 않았으며, 이와 동시에 획기적인 영화, 미학적으로 야심 차면서도 할리우드 전통에 뿌리를 둔 야누스적인 영화를 제작했다. 그 시작으로 작가이자 감독이며 배우인 일레인 메이Elaine May의 데뷔작 〈뉴 리프A New Leaf〉(미국, 1971)는 탁월한 엉뚱함과 명료함으로 아내를 죽이고 싶어 하는 식물학자의 이야기를 전달한다. 같은 해에는 영화관이 문을 닫는 남부의 작은 마을을 배경으로 고등학교 졸업생들의 이야기를 담은 〈마지막 영화관The

256. 〈맨해튼Manhattan〉에 나오는 이 인상적인 구도는 우디 앨런이 어떤 시각적 요소와 영화적 구성에 새롭게 관심을 두었는지를 잘 보여준다. 미국, 1979.

257. 1970년대의 모든 영화감독이 과거와 단절하려고 했던 것은 아니었다. 피터 보그다노비치는 〈타겟〉을 발표하고 3년 뒤 〈마지막 영화관〉을 연출할 때, 예전 할리우드에 대한 향수로 이 작품을 오슨 웰스 스타일의 구도와 심도 깊은 화면으로 촬영했다. 미국, 1971.

Last Picture Show〉(1971)이 케케묵은 할리우드에 장례식 초대장을 던졌다(257). 이 작품은 호퍼나 스코세이지의 영화처럼 뉴 웨이브 영화는 아니었다. 가장 괜찮은 등장인물은 존 포드의 단골 배우였던 벤 존슨이 연기한 '샘 더 라이온Sam the Lion'이었다. 잡지 『뉴요커』는 이 작품과 관련해서 다음과 같은 해설을 달았다. "최근 영화들은 자기혐오에 관한 것이었다… 품위나 고귀함을 위한 공간은 없었다." 대략 어떤 영화일지 감이 올 것이다. 그렇다면 코먼과 함께 만들었던, 역시 영화의 내리막길에 관한 내용이었던 〈타겟〉(389~390쪽 참고)의 감독 피터 보그다노비치가 이 작품을 연출했다는 사실이 그리 놀랄 일은 아닐 것이다. 보그다노비치는 존 포드, 오슨 웰스와 가까웠다. 애도의 느낌을 강화하기 위해 〈마지막 영화관〉은 흑백으로 촬영되었다.

베테랑 감독인 존 휴스턴은 〈마지막 영화관〉을 관람했고 그 영화의 주연이었던 제프 브리지스를 다음 해에 개봉할 권투 영화에 캐스팅했다. 〈팻 시티Fat City〉(1972)는 미국에서 매우 가난한 마을 중 하나가 배경인데, 그곳은 흑인 인구가 대다수여서 백인 권투 선수가 색다른 취급을 받는다. 브리지스는 성공을 꿈꾸지만 결코 이루지 못하는 권투 선수를 연기한다(258). 〈팻 시티〉는 코폴라나 스코세이지의 영화보다 더 급진적이었으며, 할리우드의 신인 감독들만이 혁신적인 것은 아니었음을 입증하듯 휴스턴은 이 영화를 새로운 방법으로 촬영했다.[7] 그는 콘래드 홀을 촬영감독으로 기용했는데, 홀은 어두운 실내와 밝은 실외를 렌즈의 조리개를 조절하지 않고 그대로 촬영했다. 그 결과 영상이 현실처럼 술집은 어두웠고 길거리는 눈부시도록 밝았다. 휴스턴은 프랑스 영화의 촬영 기법에 영향을 받았다. 〈팻 시티〉는 미국의 영화 조명에 대한 금기를 깨뜨렸다.

258. 1970년대 미국 영화의 경계선을 넓힌 것은 젊은 감독들뿐만은 아니었다. 베테랑 감독 존 휴스턴은 〈마지막 영화관〉에서 제프 브리지스를 보았고 그를 혁신적인 권투 영화 〈팻 시티〉에 캐스팅했다. 미국, 1972.

또한 1972년에는 뮤지컬 영화 한 편이 후에 스코세이지가 〈뉴욕, 뉴욕〉을 통해 성취한 것 이상으로 전통적인 요소를 새로운 요소에 잘 적용했다. 이 작품의 감독인 밥 포시Bob Fosse는 각각 뮤지컬 배우와 오페라 배우로 활동하기도 했던 부모 밑에서 태어났고, 성장해서는 브로드웨이에 흠뻑 빠졌으며 1950년대에 안무가와 무용수로 활동했다. 그러므로 나치가 득세하던 시기에 퇴폐적인 베를린에서 크리스토퍼 이셔우드가 창조해 낸 샐리 볼스를 다룬 그의 대담한 뮤지컬 영화 〈카바레Cabaret〉가 현대적으로 느껴지는 것은 그리 놀라운 일이 아니다(259). 라이자 미넬리가 연기하고 포시가 안무를 맡은 이 작품 속의 노래들은 스코세이지의 성 관념과는 다르게 보수적인 성 관념에 순응하지 않고 순간을 즐기며 돈을 숭배하는 짜릿한 내용을 담은 포스트 1960년대의 비도덕적인 찬양곡이었다. 양성애자들과 함께하는 샐리의 은밀한

259. 또 다른 베테랑 감독인 밥 포시는 〈카바레〉에서 강렬한 뮤지컬 시퀀스와 성에 관한 현대적인 묘사를 융합했다. 미국, 1972.

삶과 나치의 잔혹 행위를 교차 편집하고, 유흥 장면과 나치의 상징적인 노래 「내일은 나의 것Tomorrow Belongs to Me」 같은 섬뜩한 노래 사이를 왔다 갔다 하는 등 포시는 원작 뮤지컬 공연에 있던 도발적인 요소들을 당당하게 스크린으로 가져왔다.

1930년대의 미국 장르를 매우 성공적으로 업그레이드시킨 또 다른 영화는 1972년에 등장했다. 프랜시스 코폴라는 폭력적인 내용의 인기 소설을 각색한 〈대부〉를 처음에는 거들떠보지 않았다. 그러다가 그 작품에 대한 관심이 커지면서 코폴라는 캐스팅으로 인해 프로듀서와 충돌했고 1970년대에 유행했던 망원 렌즈나 헬리콥터 숏이 없는, 고전 영화처럼 단순한 촬영 스타일을 원했기에 촬영감독으로 고든 윌리스를 기용했다. 윌리스는 〈대부〉에 대해 다음과 같이 말했다. "이 영화는 배우들이 프레임 안팎을 매우 정확하게 오가는 인상적인 방식으로 촬영되었다."[8] 〈대부〉는 갱스터 영화의 폭을 몇 가지 측면에서 확장했다. 이야기는 통상적인 3막 구조가 아니라 5막 구조였다. 그리고 몇몇 개인보다는 콜레오네 가문을 중심으로 이야기가 펼쳐졌다. 주요 내용은 대부분의 갱스터 영화에서 도덕적으로 더 용인되던 흥망성쇠보다는 콜레오네 가문의 부상과 '대부'(말런 브랜도)로부터 그의 아들 마이클(알 파치노)에게로의 권력 이양 등에 관한 것이다. 이러한 징벌의 실패와 권력의 축적으로 인해 이 영화는 훗날 부도덕적이며, 심지어 파시즘적이라는 비난을 받게 되었다. 시각적으로 윌리스는 인물 및 사물을 통상적인 수위보다 더 어둡게 촬영했다(260). 그는 파솔리니의 〈아카토네〉에 등장하는 프랑코 치티처럼 눈가를 꺼져 보이도록 하기 위해(345쪽 참고) 브랜도의 머리 위에서 조명을 비춤으로써 눈 주위에 짙은 그림자를 만들어 냈다. 이는 섬세하지 못하다는 평도 받았지만, 관객이 대부의 눈을 볼 수 없게 만들었다. 조명이 어두웠다는 것은 그만큼 초점 심도가 얕았다는 것을 의미하며, 그래서 배우들은 최소한의 움직임으로 내면 연기에 집중했다. 코폴라는 흥행에 실패할 줄 알았지만 이 영화는 실로 대성공을 거두었고, 전후 시기 전체가 아니라면 적어도 1970년대의 가장 영향력 있는 갱스터 영화였다.

260. 코폴라의 음울하고 부도덕적인 〈대부〉는 장르의 현대화를 이룬 작품이다. 미국, 1972.

〈대부〉를 촬영 중이던 어느 날 저녁 식사 자리에서 이 작품의 막강한 프로듀서 로버트 에번스는 한 감독에게 권력의 욕망에 관한 또 다른 영화의 연출을 의뢰했다. 이번에는 오언스 밸리 지역의 농부들로부터 물을 훔쳐 도시 북부로 보내는 로스앤젤레스의 개발업자들에 관한 이야기였다. 이 작품은 〈차이나타운Chinatown〉(미국, 1974)으로, 이 시기의 매우 중요한 영화다. 〈차이나타운〉은 아메리칸드림에 대한 가차 없는 공격이었다. 이 작품의 연출 의뢰를 받은 감독은 로만 폴란스키였다.

폴란스키의 아내가 살해된 지 3년이 지난 시점이었다. 폴란스키는 미국으로 돌아왔고 로버트 타운이 쓴 시나리오를 해체해서 촬영 가능한 길이로 만들었고 거기에 비극적인 결말을 추가했다. 그 결과 〈차이나타운〉은 〈대부〉가 갱스터 영화의 전통을 풍부하게 만들었던 것 못지않게 예전 할리우드 누아르 영화의 전통을 풍부하게 만들었다. 그 이야기는 땅 수탈에 관한 주제를 복잡한 가족사로 엮어냈는데, 탐정은 조사 중인 여인이 농부들의 물을 훔칠 수 있게 조작한 자신의 아버지에게 성폭행당했다는 사실을 알게 된다. 폴란스키는 뉴 웨이브 감독들의 스타일적 자유분방함에 매료된 적이 한 번도 없었고 〈악마의 씨〉의 경우와 마찬가지로 광각 렌즈와 밝은 조명, 정밀한 구도로 촬영했는데, 이는 〈대부〉를 촬영한 윌리스의 접근 방식이나 대다수 누아르 영화의 경우와는 정반대의 방법이었다(261). 하지만 이 영화는 윤리

261. 1940년대 누아르 영화의 범죄 장면은 주로 어둠 속에서 일어났는데, 로만 폴란스키의 〈차이나타운〉에서 오언스 밸리의 농지 판매와 물을 범람시키는 행위 등의 범칙 장면은 눈부신 캘리포니아의 햇빛 아래서 벌어진다. 미국, 1974.

적으로 누아르였다. 세상은 부패했고 법은 정지했으며 사람들은 악마였다. 결국은 아버지로 인해 여인이 죽음을 맞게 되니 말이다. 존 휴스턴이 연기한 아버지가 이렇게 말한다. "사람들 대부분은 적절한 시기에 적절한 장소에서는 무슨 짓이든 할 수 있다는 사실을 인정하지 않는다." 폴란스키는 폐쇄적인 낭만적 사실주의의 핵심 장르를 논리적인 결론으로 가져갔다. 〈차이나타운〉에 담긴 냉소와 절망은 근본적으로 비미국적이었다. 이 영화가 성공한 이후 폴란스키는 미성년자와 불법적인 성관계를 맺은 혐의로 기소되었고, 처벌을 피해 미국을 떠났다. 이 사건은 미해결인 채로 남았고 폴란스키는 프랑스에서 편집증적이고 폐소공포증이 있으며 복장 도착자인 임차인을 직접 연기한 〈테넌트Le Locataire/The Tenant〉(프랑스, 1976)로 감독 경력을 이어갔다. 하지만 2017년에 폴란스키에 대한 더 많은 성폭행 혐의가 제기되었다.

이 시기 신구의 할리우드에 양다리를 걸치고 있던 인물 중 마지막으로 소개할 이는 가장 은둔형 감독이었던 테런스 맬릭Terrence Malick이다. 그는 다른 어떤 신인 감독들보다 더 학구적이었다. 1943년에 태어난 맬릭은 철학을 공부했고 〈우리에게 내일은 없다〉와 비슷한 〈황무지Badlands〉(1973)로 감독 데뷔를 하기 전에는 시나리오 작가로 일했다. 그의 후속작은 한 이주 노동자(리처드 기어)가 산업화를 피해 그의 누이와 소울메이트를 데리고 부유한 텍사스 지주(샘 셰퍼드)의 땅에 머문다는 내용의 〈천국의 나날들Days of Heaven〉(1978)이다. 맬릭은 이 지주를 마치 파라오 같은 존재로 보았고 이어지는 이야기는 성경의 이야기처럼 인식했다. 그는 트뤼포를 비롯해 훌륭한 프랑스 감독들과 협업했던 네스토르 알멘드로스를 촬영감독으로 기용했다. 그들은 캐나다에서 그리피스의 영화를 본보기로 삼아 실내를 측면의 창문에서 들어오는 빛으로 조명했고 콘래드 홀이 〈팻 시티〉에서 했던 것처럼 노출값을 과도하게 설정해서 실외 장면을 촬영했다. 이는 당시의 '전문성'에 반하는 방식이었으므로 알멘드로스는 하늘은 밝게, 얼굴은 어둡게 촬영하는 이러한 방식이 문제가 없는 것이라고 스태프를 설득해야 했다. 소세계에서 신구의 할리우드가 충돌한 사례였다. 몇몇 스태프는 항의하다가 일을 그만두기도 했다.

움직임의 흐름을 유지하기 위해 알멘드로스는 종종 파나글라이드Panaglide라고 불리는 정교한 외팔보 형태의 지지대를 몸에 부착하고 촬영했다. 이는 파나글라이드를 사용한 최초의 사례였다. 이 장비는 곧 1980년대 이후 영화들에서 떠다니는 듯한 느낌의 숏을 가능하게 한 스테디캠Steadicam으로 진화했다. 맬릭은 핵심 장면들을 소위 황금시간대에 촬영하기를 원했다. 즉 해가 수평선 아래로 가라앉자마자 내뿜는 은은한 빛이 사라지기 전에 촬영하고자 했다. 이 황금시간대는 20여 분 동안만 지속되기에 그 순간을 포착하기 위해 현장은 항상 분주했지만 맬릭과 알멘드로스는 결국 그러한 순간을 담아냈으며 영상은 매우 독특하게 섬세했다. 그들은 메뚜기 떼를 표현하기 위해 헬리콥터에서 땅콩 껍데기를 뿌렸고, 헬리콥터의 날개바람으로 인해 껍데기는 소용돌이쳤다. 이런 기법은 예전에도 사용되었다. 하지만 그들은 메뚜기 떼가 날아오르는 것처럼 표현하기 위해 배우들을 뒷걸음치게 한 다음 필름을 거꾸로 돌렸다는 점에서 혁신적이었다. 그러면 배우들은 앞으로 걷는 것으로 보이고 메뚜기 떼를 가장한 땅콩 껍데기는 날아오르는 것처럼 보였다. 영화의 클라이맥스는 밀밭에 불을 지르는 부분이다. 이 장면은 그 불빛만을 이용해 2주 동안 밤에 촬영했다. 그 결과 그 어떤 주류 영화들과 비교해 보아도 초점 심도가 가장 얕았다. 마치 동굴 같은 어둠 속에서의 섬세함은 영화의 신화적인 목적과 기가 막히게 부합했다. 맬릭은 2011년에 갈채를 받은 〈트리 오브 라이프The Tree of Life〉를 통해 자신의 영화적 신비함을 더욱 확장했다.

뉴 저먼 시네마

〈천국의 나날들〉은 그 어떤 영화보다 1970년대 미국 영화의 현대화에 중요한 역할을 한 촬영 기법, 특히 유럽의 촬영 기법이 드러난 작품이었다. 전면에 등장한 새로운 계층적 요소를 차치하고 이러한 현대화 대부분은 전통적인 주제를 취하되 촬영, 연기, 편집에 관한 새로운 아이디어로 이를 확장하는 것을 포함했다. 1970년대 할리우드에서 뮌헨으로 이동하면 이와는 또 다른 현상을 발견하게 된다. 1920년대 이후 처음으로 독일 영화는 예술적으로 부활했다. 예전과 마찬가지로 공적 지원금은 부활에 핵심적인 역할을 했다. 새로운 자유주의 정치 체제가 득세하고 영화는 대중의 고백이 되었다. 하지만 미국이 예전의 콘텐츠에 새로운 형식을 가미했던 데 반해 서독의 감독들은 성장하며 접했던 일부 미국 영화의 형식을 가져와서 엄청난 복잡성에 새로운 심리적, 국가적, 공식적 질문을 추가했다.

이와 같은 현상의 뿌리는 1960년대에 있었다. 유럽 뉴 웨이브의 영향으로 1962년 오버하우젠 국제 단편 영화제에 모인 영화인들이 텔레비전의 위협을 받고 내리막길을 걷던 "관습적인 독일 영화"를 거부하는 성명을 발표했다. 그들은 성명서에 이렇게 썼다. "우리의 의도는 새로운 독일 영화를 창작하자는 데 있으며", "새로운 영화는 새로운 자유가 필요하다." 독일의 베이비 붐 세대와 아돌프 히틀러에게 표를 던졌거나 그를 참아냈던 부모 세대 간의 견해 차이가 수면 위로 올라왔던 것이다. 서독의 경제 부흥은 잔혹한 홀로코스트에 대한 국가의 죄책감을 무디게 만들기 시작했다. 새로운 우익 타블로이드 신문은 모든 것에 만족감을 표했다. 좌익의 테러는 TV 뉴스의 전파를 타지 못했다. 주류 영화는 삶의 큰 이슈을 차단하고 민족주의를 고취하기 위한 가정적이고 지역적인 이야기인 '하이마트heimat' 영화를 꾸준히 생산했다. 좋은 분위기를 조장하는 요소는 어디에나 있었다. 그것은 좌익 성향의 젊은 창작자들을 메스껍게 만들었다. 그래서 불편한 영화들이 탄생했다. 이러한 영화운동은 영화인들의 네트워크와 12년이 넘는 기간에 걸친 그들의 놀라운 작업을 통해 이루어졌고 뉴 저먼 시네마New German Cinema로 알려지게 되었다. 알렉산더 클루게Alexander Kluge, 장마리 스트로브Jean-Marie Straub, 다니엘 위예Danièle Huillet, 베르너 헤어초크Werner Herzog, 라이너 베르너 파스빈더, 마가레테 폰 트로타Margarethe von Trotta, 폴커 슐렌도르프Volker Schlöndorff, 빔 벤더스, 헬마 잔더스브람스Helma Sanders-Brahms, 한스위르겐 지버베르크Hans-Jürgen Syberberg, 에드가 라이츠Edgar Reitz 등의 영화인은 "거짓 이미지와 실제 감정, 공적 실패와 사적 환상의 세계"[9]에 관한 영화를 만들었다. 이 장에 언급한 그 어느 나라의 영화도 독일 영화보다 더 강한 동기에서 제작된 것은 없었다. 그 누구도 "영화를 왜 만드는가?"라는 질문에 더 열정적으로 답하지 못했다.

이러한 영화는 당시 팽배했던 잘못된 낙관주의를 콕 집어서 비판했다. 그 주요 영화인들은 과거에 대한 자국의 무사안일주의적 행위에 문제를 제기한 공식적, 정치적, 성적, 그리고 페미니스트 소외자였다. 일본의 영화인들처럼 독일의 영화인들은 그들의 역사가 제2차 세계 대전에 패전한 두 나라를 점령했던 미국과 부모 세대의 보수적인 정치인들, 그리고 그들 이전의 고루한 영화인들에 의해 기록되고 있는 모습을 목격했다. 파스빈더와 벤더스, 클루게, 잔더스브람스는 일본의 이마무라와 오시마처럼 과거에 대한 강의를 수없이 들었지만 정작 가치 있는 것은 거의 없었다. 그들은 자신들을 점령했던 사람들이 그랬던 것처럼 자유롭게 길거리에 나가고 싶었고 원하는 사람과 자유롭게 성행위를 하고 싶었으며 음악도 크게 틀고 싶었지만, 이와 동시에 그것들을 모두 밀쳐내고 나치에 의해 오염되지 않은 1970년대의 현대화와 독일 그리고 사고를 점검해 보기를 원했다.

미국과의 이 모호한 관계를 가장 잘 포착한 인물은 뉴 저먼 시네마 감독 중 젊고 다작을 했던 감독이었다. 자기 파괴적이며 연극과 영화를 오간 동성애자 감독, 파스빈더는 이렇게 말했다. “미국 영화처럼 아름다운 영화를 만드는 게 목표다. 하지만 그 내용은 다른 영역으로 가져가고 싶다.”[10] 클루게와 잔더스브람스는 파스빈더, 벤더스, 슐렌도르프가 집착했던 그런 게임을 하지는 않았다. 1970년에서 1971년에 파스빈더는 아이젠하워 집권 시기 비장한 영화의 독일 거장인 더글러스 서크가 만든 영화 여섯 편을 보았다. 할리우드의 좌파 독일인이자 반나치주의자였던 서크는 내적 질문에 답하기 위해 멜로드라마적 이야기를 펼쳤는데, 이러한 작업은 당

262. 인종과 나이를 뛰어넘은 사랑을 그린 〈불안은 영혼을 잠식한다〉. 감독: 라이너 베르너 파스빈더. 독일, 1974.

시 자국의 억압과 절망을 표현하고자 했던 20대 중반의 파스빈더에게 영향을 주었다. 서크의 연출 의도에 관한 발견은 파스빈더의 삶을 바꿨다.[11] 파스빈더는 서크가 은퇴해서 살고 있던 스위스로 여행을 갔고, 서크의 섬광 같지만 무력한 멜로드라마 〈순정에 맺은 사랑〉(미국, 1955)을 〈불안은 영혼을 잠식한다Angst essen Seele auf〉(서독, 1974)라는 작품으로 리메이크했다. 〈순정에 맺은 사랑〉에서 정원사 록 허드슨과 교제를 시작한 제인 와이먼은 친구들과 가족의 이기주의 및 편협함으로 인해 고통받는다. 리메이크작에서 와이먼의 역할을 맡은 인물은 나이가 든 청소부로 그녀는 모로코에서 온 이민자와 사랑에 빠진다. 전자의 영화에서 와이먼의 사랑을 용납하지 않는 친구들이 그녀에게 허락한 것은 텔레비전뿐이었는데(281~282쪽 참고), 파스빈더의 리메이크작에서 텔레비전은 인종 차별에 대한 분노의 발길질로 산산조각이 난다. 〈불안은 영혼을 잠식한다〉는 파스빈더가 5년간 연출한 작품들 중 13번째 영화였다. 그 작품들 가운데 몇몇은 미국 영화에서 착안했고 다른 몇몇은 고다르, 급진적인 연극, 독일 문학으로부터 영향을 받았다. 경력 전반에 걸친 파스빈더의 비관주의와 마르크스주의적 정치 신념은 그로 하여금 비스콘티와 마찬가지로 사람들이 탈출할 수 없는 닫힌 세계를 묘사하게 했다. 자본주의에 갇히고 욕망에 휩싸인 그들은 자신을 스스로 파괴한다.

263. 파스빈더 영화의 본보기가 된 〈순정에 맺은 사랑〉에서 계급의 장벽으로 위협받는 연인 관계. 감독: 더글러스 서크. 미국, 1955.

뒤셀도르프에서 태어나 뮌헨에서 교육받은 빔 벤더스는 파스빈더와 같은 나이였으며 그 또한 미국 영화의 아름다움에서 자기 영화의 시작점을 찾았다. 잊지 못할 로드 무비 〈도시의 앨리스Alice in den Städten〉(서독, 1974)에서 벤더스는 미국의 레오 맥커리가 로맨틱한 멜로드라마 〈러브 어페어Love Affair〉(1939)와 〈어페어 투 리멤버

264. 빔 벤더스는 한 사진 기자와 할머니를 찾는 9살 소녀의 관계를 관찰한 영화 〈도시의 앨리스〉에 〈어페어 투 리멤버〉의 요소들을 활용했다. 서독, 1974.

An Affair to Remember〉(1957)에서 그랬던 것처럼 주인공이 엠파이어 스테이트 빌딩 꼭대기에서 잠재적 연인을 만나게 했다. 벤더스의 이 작품에서 주인공을 연기한 루디거 보글러는 사진 기자이며 할머니를 찾는 9살 소녀와 함께 미국 동부의 해안가를 따라 여행을 한다(264). 보글러도 자신의 모국처럼 표류하고 있으며 무감각하다. 그의 사진은 과거의 어떤 것도 포착하지 못한다. 벤더스가 엠파이어 스테이트 빌딩에서 가능할 수 있는 만남을 묘사할 때, 레오 맥커리의 미국 영화를 보았던 사람들이라면 직접적인 감정 이입, 낙관주의, '유토피아가 어떨지'[12]에 대한 느낌을 즉각 떠올릴 수 있을 것이다. 보글러가 연기한 사진 기자와 마찬가지로 전후의 독일인은 그런 낙관주의를 느낄 수 없었지만, 더 중요한 질문은 그렇다면 보글러는 그것을 느낄 수 있었느냐는 것이다. 왜냐하면 벤더스가 이전 영화들을 인용하며 "기분이 어땠는지 기억해?"라고 묻는 것 같았기 때문이다. 이 작품이 그토록 아름다웠던 것은 보글러가 어린 소녀와 그녀의 할머니에 관한 생각에 애착을 갖게 되었기 때문이다. 이것은 성인 남자에게는 대단한 감정이 아닐 수도 있지만 적어도 시작일 수는 있다. 사진을 찍는 보글러의 행위 또한 그런 애착과 연관성이 있다. 벤더스는 반유대주의적 정서와 나치 통치 시기의 국수주의적 영화가 독일의 이미지를 망쳤다고 공공연히 말했다. 1970년대의 그 어떤 영화인도 그러한 영화로부터 영감을 받지 못했다. 그래서 이들은 다른 곳을 보았고 그곳은 영화 역사에서 가장 풍부한 영화적 교류가 있던 미국이었다. 파스빈더가 아이젠하워 집권 시기의 괴로움을 묘사한 미국 영화 속에서 열정을 가지고 재작업할 수 있는 본보기를 찾았듯이 벤더스도 같은 시기 미국의 영화인을 알게 되었다. 니컬러스 레이와 빔 벤더스는 1976년까지 서로 만나지 못했지만, 이후에 그들은 파스빈더와 서크보다 더 가까운 사이가 되었다. 레이는 벤더스의 〈미국인 친구Der Amerikanische Freund〉(서독, 1977)에 출연하기도 했고 〈물 위의 번개Lightning Over Water〉(서독·스웨덴, 1980)를 공동으로 연출하기도 했다.

뉴 아메리칸 시네마는 대부분이 남자들의 장이었지만 뉴 저먼 시네마의 경우도 그랬다고 말하기는 어렵다. 예를 들면 헬마 잔더스브람스는 1940년에 태어나 TV 프로그램 진행자와 이탈리아 감독 피에르 파올로 파솔리니의 조감독으로 일했다. 그녀는 1969년에 첫 영화를 연출했지만, 최고작은 감동적인 〈독일, 창백한 어머니Deutschland, bleiche Mutter〉(서독, 1980)(265)다. 그녀의 어머니가 겪은 실제 경험을 바탕으

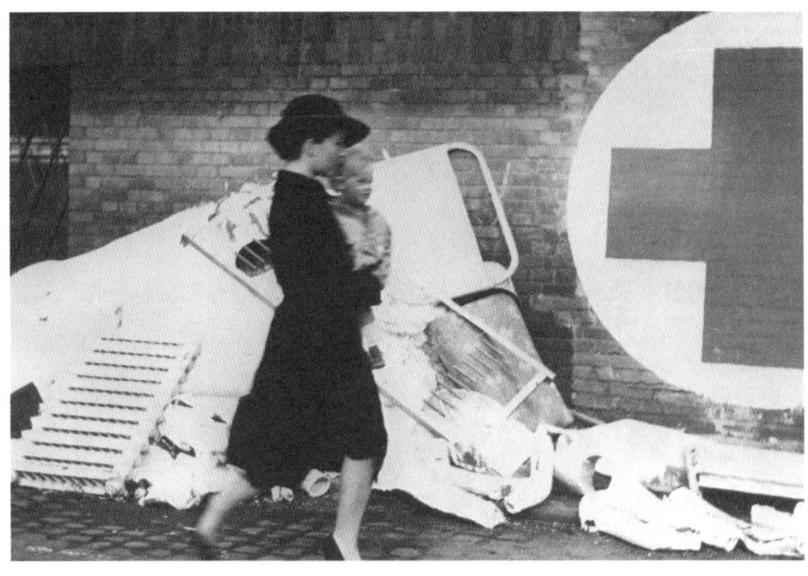

265. 미국 영화, 나치의 죄악 이후 회복 가능성, 젠더 및 섹슈얼리티는 뉴 저먼 시네마의 세 가지 주요 주제였다. 헬마 잔더스브람스의 〈독일, 창백한 어머니〉는 제2차 세계 대전을 젠더의 프리즘으로 들여다 본 그 시기의 훌륭한 영화 중 하나였다. 서독, 1980.

로 한 이 작품은 제2차 세계 대전 중인 1939년 독일군으로 징집되어 폴란드를 침공하러 가는 남편을 바라보는 한 여인의 이야기를 전한다. 그녀는 딸과 전쟁 기간 동안 힘겨운 삶을 살다가 다쳐서 돌아온 남편을 다시 마주하게 된다. 여기서 이야기의 초점은 국가를 위한 공적인 삶이 아니라 독일의 가정들이 겪어야 했던 보이지 않는 어려움의 세월이다. 영화의 제목은 급진적인 성향의 독일 극작가 베르톨트 브레히트의 시에서 따왔다. 잔더스브람스의 영화는 폰 트로타, 헬케 산더의 영화와 함께 여성들을 복잡하고 망가진 독일의 역사 속 일원으로 자리 잡게 하는 역할을 했다.

파스빈더와 벤더스, 잔더스브람스는 독일의 역사 및 미국과의 관계와 씨름했지만 베르너 헤어초크는 독일 자체의 문제일 수 있는 그런 것들은 뒷전에 두었다. 1942년에 태어난 헤어초크는 학교를 싫어했으며, 장대한 풍경과 낭만적인 몽상가들에게 끌렸다. 그는 18세에 독일 낭만주의 시와 숭고함에 대한 아이디어에서 영감을 받아 아프리카의 수단을 가로질러 모험을 했는데, 아프면 몇 주 동안 쥐들이 갉아대는 보호소에서 몸을 웅크리고 지냈다. 이것은 생명이 위협받던 그의 여러 여행 중 첫 번째 여행이었다. 미국에서 공부했지만 이후 멕시코에서 총기를 들여온 혐의로 쫓겨난 뒤 제작한 그의 네 번째 영화 〈아귀레, 신의 분노Aguirre, der Zorn Gottes〉(서독, 1972)는 16세기 페루의 스페인 정복자에 대한 이야기다. 촬영은 예상대로 험난했다. 500명이나 되는 출연진과 스태프는 촬영을 위해 페루의 정글을 헤쳐 나가야 했다(266). 사람들은 반발했고 주인공인 클라우스 킨스키는 감독이 총을 들이댔을 때에서야 비로소 촬영을 마치겠다고 동의했다. 이 과정에서 예술적으로 중요했던 것은 육체적 위업과 촬영 과정에서의 위험성이 스크린에 감정으로 고스란히 표현되었다는 점이다.

〈유리의 심장Herz aus Glas〉(서독, 1976)에서 헤어초크는 배우들에게 최면을 걸어 좀비처럼 만들면서 연기를 터무니없을 정도까지 깎아내리는 브레송의 개념을 적용했다. 〈아귀레, 신의 분노〉를 연출하고 10년이 지난 뒤에 그는 킨스키와 함께 배를 끌고 아마존의 산을 넘는 한 남자에 관한 대담무쌍한 영화 〈피츠카랄도Fitzcarraldo〉(서독, 1982)를 찍었다. 이 영화를 만들기 위해 헤어초크와 그의 스태프는 또 최면 기법을 사용했다. 헤어초크는 잔더스브람스가 열정을 바쳤던 보편적인 독일의 상황과 그 사람들에게 별 관심이 없었다. 그래서 그의 삶과 작업은 균형 잡힌 독일의 부르주아

266. 〈아귀레, 신의 분노〉는 동시대 영화들과는 달리 독일과 당대를 배경으로 한 것도 아니며 젠더나 정치, 국가의 정체성을 탐구한 것도 아닌 베르너 헤어초크만의 전형적인 창작물이었다. 서독, 1972.

적인 삶을 떠나 산과 사막에서 중압감으로 삶의 가장자리까지 간 사람들이 죽음을 맞이하는 상황을 지켜보는 일련의 대장정이었다. 헤어초크는 존 포드 이후 영화 역사에서 풍경을 흠모한 영화인 중 가장 중요한 인물이었다. 그는 파솔리니처럼 인간 본연의 요소와 영화 예술 본연의 요소에 관심이 있었다. "내 마음은 중세 후기에 가깝다."[13]라고 말한 사람은 독일인인 헤어초크였지만, 이탈리아인인 파솔리니도 마찬가지였을 것이다.

이 시기의 훌륭한 독일 영화들은 대다수가 흥행에 성공하지 못했다. 그런 영화들의 급진적인 형식과 불안을 조성하는 내용은 관객을 지루하고 무기력하게 만들었다. 1978년에 방영된 미국 TV 시리즈 〈홀로코스트Holocaust〉가 오히려 더 인기가 있었으며 독일에서 전국적으로 논쟁을 불러일으켰다. 1919년부터 1982년까지의 독일 마을을 묘사한 에드가 라이츠의 924분짜리 〈하이마트Heimat〉(1984) 또한 제2차 세계 대전에 관한 독일인의 논쟁을 신문의 전면에 실리게 했다. 이 시기에 기독교민주당이 권력을 장악하고 있었고 내무부 장관은 뉴 저먼 시네마를 엘리트주의적이고 비도덕적이라고 했다. 벤더스는 그의 대표작 중 하나인 〈파리, 텍사스Paris, Texas〉(서독·프랑스, 1984)를 기획하고 있었다. 파스빈더는 37세의 나이에 41편의 작품을 남기고 마약 과다 복용으로 숨졌다. 작업 속도가 매우 빠른 그의 단골 촬영감독 마이클 볼하우스는 미국으로 건너가 마틴 스코세이지와 협업하게 된다.

영국, 호주, 소비에트 연방, 남아시아 영화의 변화

1960년대에 유행을 선도하던 런던은 세계적인 감독들을 영국으로 유인했지만 1970년대에 들어서면서 그런 흐름은 거의 끊겼다. 1970년대 영국의 영화인들은 독일의 영화인들만큼 놀라운 흐름을 만들어 내지는 못했지만 그래도 재능 있는 인물들이 등장했다. 1960년대에 영향력 있는 감독들이 미국으로 건너갔던 반면 켄 로치 Ken Loach는 영국에서 새로운 지평을 열었다. 로치는 1960년대 영국 영화에 등장하는 많은 남성처럼 영국 중부 지방의 노동 계층이라는 배경을 가지고 있었지만, 그런 영화를 만든 사람들처럼 영국 유수의 대학에서 교육받았다. 법을 공부하고 BBC 방송국에서 혁신적인 텔레비전 드라마를 연출한 뒤 로치는 습득한 기법들을 영화에 적용했다. 배리 하인즈의 소설을 원작으로 한 그의 두 번째 장편 영화 〈케스 Kes〉(영국, 1969)(267)는 결손 가정 출신의 소년에 관한 트뤼포의 〈400번의 구타〉와 유사했지

267. 독일에서는 정부 기관이 혁신적인 감독들의 영화 제작을 지원했다. 영국에서는 BBC 방송국을 기점으로 그런 감독들이 등장했다. 켄 로치는 그중에서 매우 훌륭한 사실주의자였고 가장 정치적이었다. 〈케스〉. 영국, 1969.

만, 그보다 더 사회적 현실에 근거를 두고 있었다. 로치는 최소한의 조명 장비를 사용했으며 소년의 연기를 최대한 진정성 있고 사실적으로 보이도록 표현했고 실제 장소에서 촬영했다. 소년은 황조롱이를 훈련시키는 방법을 배우지만 소년의 배경은 그에게 정상적인 삶을 허락하지 않는다. 가슴이 미어지는 영화다. 로치는 자주 기용했던 비전문 배우들에게 시나리오의 내용에 대해 별로 언급하지 않고 그냥 흘러가는 과정에 자연스럽게 반응하게 하면서 자기만의 기법을 구축해 나갔다. 이런 로치의 기법은 수년에 걸쳐 변화했고 그것을 비난하는 이들도 있었지만, 그는 1970년대를 장식하는 훌륭한 사실주의자였으며 특히 프랑스에서 영향력이 높았다.

켄 러셀Ken Russell도 BBC에서 자신의 스타일을 구축했는데, 그것은 로베르토 로셀리니보다는 페데리코 펠리니의 스타일에 더 가까웠다. 1927년 영국 남부에서 출생한 러셀은 공군에서 복무했고, 보기 드문 경우였지만 발레리노가 되었으며 이후 작곡가들에 관한 화려한 텔레비전 영화들을 연출했다. 그의 세 번째 장편 영화 〈사랑하는 여인들Women in Love〉(영국, 1969)은 D. H. 로렌스의 소설을 각색한 작품으로, 이를 통해 그는 예술과 보헤미안의 삶에 대한 관심을 이어갔다. 퇴폐와 양성애에 대한 이 영화의 묘사는 〈카바레〉보다 앞선 것이었다. 〈사랑하는 여인들〉은 몇 가지 면에서 시각적으로 매우 혁신적이었다. 예를 들면 앨런 베이츠와 제니 린덴이 들판에서 나체로 거니는 장면에서 러셀은 카메라를 옆으로 90도 돌려서 촬영했다(268). 2년 후 그는 난교적인 〈악령들The Devils〉(영국, 1971)을 통해 적어도 성 묘사

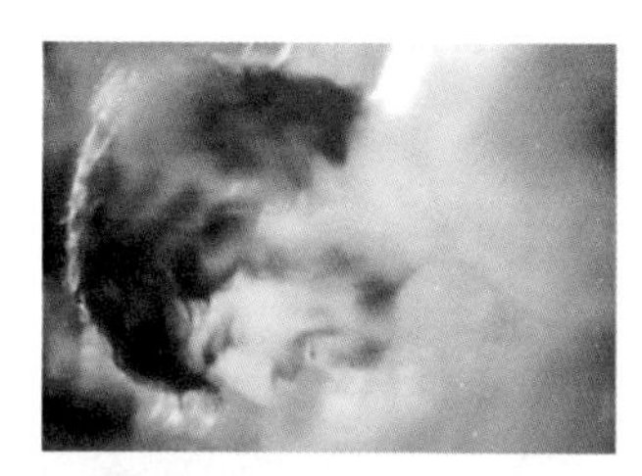

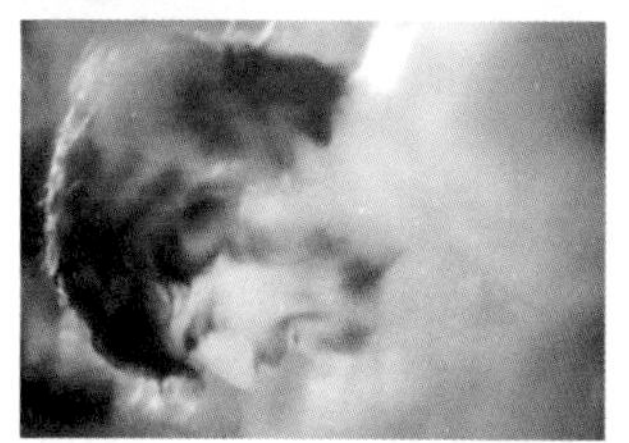

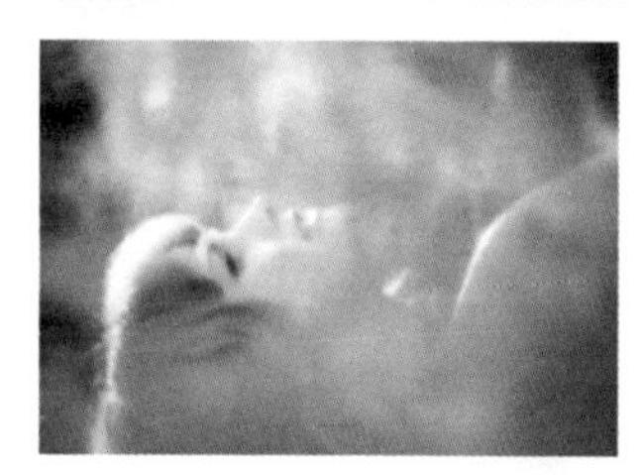

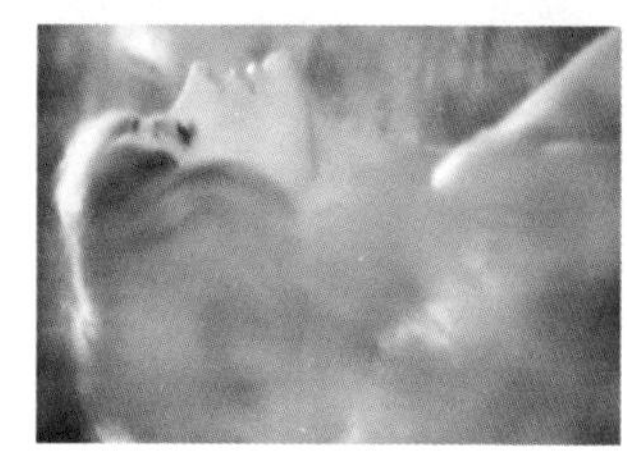

268. 켄 로치가 카메라 위치와 앵글의 범위를 최소화했던 반면 켄 러셀은 그 반대였다. 〈사랑하는 여인들〉의 사랑을 회상하는 장면에서 그와 촬영감독 빌리 윌리엄스는 앨런 베이츠와 제니 린덴이 수풀 속에서 서로 수직으로 다가가는 모습을 표현하기 위해 카메라를 90도로 회전했다. 영국, 1969.

에서 펠리니를 앞서갔다. 1600년대 프랑스 수도원에서 악마에 씐 수녀들에 관한 올더스 헉슬리의 소설을 기반으로 한 이 작품은 공통점이 있는 사티아지트 레이의 〈여신〉, 펠리니의 〈카비리아의 밤〉, 부뉴엘의 〈비리디아나〉 못지않게 반종교적이었다. 〈악령들〉에서 자위행위를 하는 장면과 불타는 장면은 부뉴엘이 〈비리디아나〉에서 보여준 신성 모독적인 결말 못지않게 작품에 대한 긍정적 의견에 비난이 쏟아지게 만들었으며, 그로 인해 영화의 일부분은 잘려 나갔고 일부 지역에서는 상영이 금지되었다.

〈악령들〉의 세트는 29세의 화가이자 영화감독으로 피에르 파올로 파솔리니, 장 콕토, 마이클 파월, 에머릭 프레스버거 그리고 이탈리아 화가 카라바조의 영향을 받았던 데릭 저먼이 디자인했다. 캐럴 리드가 사망했고 청년 문화에서 폭력적인 펑크족이 분출되던 해인 1976년에 저먼은 가톨릭 순교자가 된 로마 군인에 관한 〈세바스찬Sebastiane〉을 공동 연출했다. 대본도 라틴어로 되어 있고 배우들도 라틴어로 연기한 이 영화는 저예산으로 제작되었으며, 동성애를 솔직하게 묘사해 동성애 영화 역사에서 이정표가 되는 작품이다(269). 이후에 저먼과 그의 동료들은 비전문가용 필름을 사용하고 감도를 낮게 설정해서 촬영한 뒤 현상한 네거티브를 비디오로 옮겨 다

269. 화가이자 아방가르드 영화감독인 데릭 저먼이 연출한 동성애 영화의 이정표와 같은 작품으로 강렬하고 은밀한 〈세바스찬〉. 공동 연출: 폴 험프레스. 영국, 1976.

른 영상과 섞은 몽환적인 장편 영화로 영화 제작의 한 방법을 고안했다. 저먼의 주제는 영국다움, 셰익스피어, 동성애, 동시대의 야만성이었고 마침내 자신의 시력 상실과 에이즈에 관한 영화라고 할 수 있는 〈블루Blue〉(영국, 1993)를 연출했다. 〈블루〉는 스크린 전체가 내내 단일 색상으로 펼쳐지는 매우 추상적이고 혁명적인 작품이다.

촬영감독들은 1970년대 미국 영화의 현대화에 핵심적인 역할을 했으며, 영국에서는 그들 중 한 명이 매우 훌륭한 감독으로 거듭났다. 니콜라스 뢰그Nicolas Roeg는 상업 영화 분야에서 출중한 카메라맨으로서 경력을 쌓았다. 그의 첫 번째 장편 영화는 갱스터 영화로, 〈대부〉가 보수적이었던 것에 반해 그 형식과 의미 면에서 매우 급진적이었던, 다른 갱스터 영화와는 비교 불가한 작품이었다. 스코틀랜드 출신의 아방가르드 영화감독 도널드 캠멜Donald Cammell과 공동으로 연출한 〈퍼포먼스Performance〉(영국, 1970)는 록스타(믹 재거)와 그의 두 여성 동료가 사는 런던 자택에 숨어들게 되는 말쑥한 갱스터(제임스 폭스)에 관한 이야기다. 마약 복용과 난잡한 세계에 빠져들면서 갱스터는 자신의 성적 모호함에 직면한다. 록스타는 자신의 선천적인 폭력성에서 잃어버렸던 야성적인 무언가를 본다. 뢰그와 캠멜은 거울, 가발, 화장 그리고 공간적 모호성을 이용해 베리만의 〈페르소나〉에서 여배우와 간호사의 정체성이 합쳐졌던 것처럼 이 두 사람의 정체성이 결합되는 것을 묘사했다(270). 하지만 〈퍼포먼스〉는 〈페르소나〉보다 예술가란 무엇인가 하는 점에 더 비중을 두었다. 갱스터는 자신을 예술가로 소개한다. 그의 전생을 묘사하는 장면은 모든 사물을 왜곡시키는 12mm 어안 렌즈로 촬영되기도 했다. 총격 이후에 카메라는 마치 총알이 지나가는 길을 표현하듯 머리뼈를 뚫고 머릿속으로 들어간 뒤 아르헨티나의 작가 호르헤 루이스 보르헤스의 사진을 뚫고 나가 더 멀리 이동한다. 이 장면과 마찬가지로 영화 자체도 현란한 런던 갱스터의 세계에서 시작해 섹슈얼리티와 그 정체성이 불분명한 등장인물의 잠재의식으로 들어간다.

뢰그는 다음 영화에서 닫힌 세계의 성인이라는 주제로 돌아가지 않고 호주의 오지같이 열린 세계의 아이들을 바라보았다. 〈워커바웃Walkabout〉(영국, 1971)은 영국의 14살 백인 소녀와 그녀의 6살 남동생이 가족 소풍에서 아빠가 총으로 자살한 뒤 호주를 횡단하게 된다는 신화적 이야기다(271). 〈퍼포먼스〉의 갱스터와 마찬가지로

270. 니콜라스 뢰그와 도널드 캠멜의 주목할 만한 영화 〈퍼포먼스〉에서 갱스터(제임스 폭스, 왼쪽)와 영감을 잃은 록스타(믹 재거, 오른쪽)의 정체성이 합쳐진다. 영국, 1970.

그러한 경험은 이들을 이성적인 20세기의 자아를 버리고 원주민들이 말하는 천지와 동물 그리고 성적 본능에 더 가까운, 신화적이고 원시적인 '꿈의 시간'으로 거듭나게 해주는 듯 보인다. 어느 순간 소녀는 알몸으로 헤엄을 친다. 수년 후 고층 빌딩과 맞춤형 주방, 화장, 회사원인 남편이 있는 백인의 세상으로 돌아간 그녀가 호주에서 경험했던 자유롭고 에로틱한 순간을 생각할 때 느껴지는 상실감은 크다. 파솔리니와 헤어초크처럼 뢰그는 사람들이 의식적인 사고와 도덕적인 가정에 의해 지배되지 않는, 잃어버린 낙원을 믿었다. 하지만 그들과는 달리 정신 의학자이자 인류학

271. 다양한 렌즈의 사용과 비선형적 편집(편집자 안토니 기브스 및 그레이엄 클리포드와 협업)은 뢰그를 당대 스타일적으로 가장 혁신적인 감독으로 각인시켰다. 〈워커바웃〉. 영국, 1971.

자인 카를 융의 영향을 받은 뢰그는 그 낙원은 산업화 이전의 세상에 있는 것이 아니라 인간의 마음속 깊은 곳에 있다고 말하는 듯 보였다. 〈워커바웃〉을 비롯해 겨울의 베네치아를 배경으로 한 대프니 듀 모리에의 이야기를 기억, 미신, 두려움의 파편들로 나눈 〈지금 보면 안 돼Don't Look Now〉(영국·프랑스·이탈리아, 1973) 등의 후속작은 그런 구성이 어떻게 작동하는지를 드러내려는 영화적 시도였다. 그에게 시간은 선형적이 아니었다는 것은 명확하다. 미로와 같은 인간의 의식에 대한 훌륭한 묘사로 뢰그를 당대의 매우 대담한 영화감독 중 한 명으로 확인시켜 준 끔찍한 사랑 이야기 〈배드 타이밍Bad Timing〉(영국, 1980)만큼 과거와 미래가 현재와 공존하는 작품은 드물다.

예술적인 성취에 더해 〈워커바웃〉은 새로운 호주 영화의 시작을 도왔다. 이러한 성취적이고 복잡 미묘한 작품이 자국의 풍경과 심령 역사를 바탕으로 만들어질 수

272. 뢰그의 〈워커바웃〉의 성공은 어떤 면에서는 이 영화와 닮았던 작품 〈행잉록에서의 소풍〉을 연출한 피터 위어를 포함해 차세대 호주 감독들에 대한 기대치를 높였다. 호주, 1975.

있다는 사실은 무성 영화 시기 이후 처음으로 토착 영화인들이 영화적 야망을 품도록 북돋웠다. 이 작품이 나오기 전해에 호주영화개발공사AFDC가 발족했고 새로운 영화인들을 위해 독일처럼 공적 지원금을 마련했다. 곧 조잡한 코미디는 세기의 전환기 배경, 주제적 모호성, 문학 작품의 각색, 인종 차별에 대한 정면 대결 등에 자리를 내주었다. 새로운 호주 영화 중 첫 번째로 꼽히는 훌륭한 작품은 뢰그와 유사했던 감독, 피터 위어Peter Weir가 연출한 〈파리의 자동차The Cars That Ate Paris〉(호주, 1974)다. 그의 후속작은 〈워커바웃〉처럼 호주의 험난한 오지로 소풍 간 단정한 교복을 입은 여학생들의 부조화로 시작된다. 〈행잉록에서의 소풍Picnic at Hanging Rock〉(호주, 1975)은 1900년이 배경이며 고급 기숙 학교 출신의 여학생들은 불합리한 상황에 미스터리를 더했다. 이 영화에서 세 명의 여학생과 교사가 사라진다(272). 위어의 원래 계획은 실종되었던 사람들이 결국 발견되고 들것에 실려 집으로 옮겨지며 그들이 사라졌던 정황을 결말에서 설명하는 것이었으나 편집자인 맥스 레몬은 마치 그들이 귀신이었던 것처럼 소풍 장면을 슬로 모션으로 반복해서 편집하자고 제안했다. 위어는 어릴 적에 사람의 흔적은 가득하지만 아무도 없었던 상선, 메리 셀레스테에 대한 이야기를 아버지한테 들었다. 이후 위어의 많은 작품은 그런 미스터리로부터 구축된다. 1980년대 초반 미국에서 영화를 연출하기 시작한 지 10여 년 후에 만들었던 〈공포 탈출Fearless〉(1993) 같은 작품들은 속세의 사람들이 점차 신을 찾기 시작한다는 내용이다.

1950년에 태어난 질리언 암스트롱Gillian Armstrong은 데뷔작의 배경을 빅토리아 시대로 설정하면서 위어의 발자취를 따랐다. 〈나의 화려한 인생My Brilliant Career〉(호주, 1979)은 문학적 회고록을 쓰는, 숲속 농부의 낭만적인 딸에 관한 이야기다. 주연 배우인 주디 데이비스는 이 작품으로 국제적인 명성을 얻게 되었는데, 특히 우디 앨런이 좋아하는 배우가 되었다. 세 번째로 등장한 호주의 주요 감독은 프레드 쉐피시Fred Schepisi로, 그는 한동안 사제의 길을 걸었고 가톨릭 기숙 학교에 관한 데뷔작을 연출했으며 이후에 그의 이름을 알리게 된 작품 〈지미 블랙스미스The Chant of Jimmie Blacksmith〉(호주, 1978)를 만들었다. 이 영화는 혼혈 원주민에 대한 인종 차별을 다루고 있다. 위어와 암스트롱의 영화처럼 〈지미 블랙스미스〉는 19세기 말이 배경이었다. 다른 두 감독의 경우와 마찬가지로 이 작품의 성공은 쉐피시를 할리우드로 인도했다. 따라서 호주 영화계는 조지 밀러까지 포함해 총 네 명의 주류 영화감독을 잃게 되었다.

할리우드나 발리우드보다 더한, 세계에서 가장 상업적인 영화계를 이끌었던 1970년대 소비에트 연방에서 여성 영화감독들은 훌륭한 영화를 만들었다. 예를 들면 알바니아의 잔피세 케코Xanfise Keko는 참신하고 매혹적인 〈톰카와 그의 친구들Tomka dhe shokët e tij〉(1977) 같은 유년 시절의 이야기에 집중했다. 키르기스스탄의 감독 디나라 아사노바Dinara Asanova는 아이들의 고통을 꾸밈없이 묘사하는 데 탁월했다. 그녀의 〈딱따구리는 두통이 없다Ne bolit golova u dyatla〉(1975)는 파장을 일으켰고 이후의 작품 〈너의 선택은 무엇이냐Chto by ty vybral?〉(1981)는 켄 로치의 〈케스〉 못지않게 훌륭했다. 헝가리의 뛰어난 감독 마르타 메자로스Márta Mészáros는 1950년대부터 단편 영화를 연출했는데, 〈입양Örökbefogadás〉(1975)으로 명성을 얻었다. 내용은 우울하지만 아름답게 촬영된 이 영화는 아이를 입양하고 싶어 하는 여성, 카타의 세계로 안내한다. 〈내 어린 날의 일기Napló gyermekeimnek〉(1984)는 공산주의에 순응하는 것에 대해 번민하는, 아버지를 잃은 한 소녀에 관한 작품으로 시각적 경이로움을 느낄 수 있다.

그리고 우크라이나의 라리사 셰피트코가 있다. 그녀의 영화를 뭐라고 설명할 수 있을까? 오페라? 비극? 만일 〈고양Voskhozhdeniye〉(소비에트 연방, 1977)을 안 봤다면 지금 보기 바란다. 제2차 세계 대전 중 벨라루스의 두 빨치산 대원에 관한 이야기다. 어렵게 촬영된 이 영화는 드레이어의 〈잔 다르크의 수난〉에 버금가는 강렬함이 있다. 눈 내리는 전투 장면은 물리적으로 놀랍다. 이후 나치에게 붙잡힌 두 대원 중 한 명을 교수형에 처하는 클라이맥스가 펼쳐진다. 영화를 보고 나면 그의 두려움, 아름다움 그리고 결의를 결코 잊을 수 없게 된다. 셰피트코는 고뇌하는 얼굴들을 편집하며 바그너와도 비슷한 알프레트 시닛케의 음악을 서서히 고조시킨다.

세상을 휩쓴 뉴 웨이브가 지극히 상업적인 홍콩의 영화 문화에도 영향을 끼치리라고 예상한 사람은 드물 것이다. 쇼 형제는 돈벌이가 되는 구로사와 스타일의 액션과 경극의 혼합물을 계속 생산했다. 그들의 프로듀서 중 한 명인 추문회(레이먼드 차

273. 1970년대는 홍콩 영화의 전성기였다. 〈정무문〉에서 무술 동작을 전체적으로 보여주기 위해 와이드 숏으로 촬영된 이소룡. 감독: 나유. 홍콩, 1972.

우)는 캘리포니아에서 태어난 아역 배우 출신으로 운동 신경이 뛰어났던 이소룡(브루스 리)과 두 편의 영화를 제작했다. 〈당산대형唐山大兄/The Big Boss〉(1971)과 〈정무문精武門/Fist of Fury〉(1972)은 쇼 형제의 액션 스타일 범위를 좁혔고 이소룡의 화려한 발차기와 권법 기술인 쿵후에 더 초점을 맞췄다. 그리고 할리우드가 무용수를 머리끝부터 발끝까지 촬영했던 것처럼 이소룡을 그렇게 촬영했고(273), 펀치의 충격과 그로 인한 상처를 더욱 실제처럼 묘사했다. 이는 이소룡의 의지에 따른 것으로, 스타 배우가 자기 영화의 연출에까지 영향을 주었던 경우였다. 이 작품들은 흥행에 성공했을 뿐만 아니라 동양의 영화가 이룬 적 없었던 세계 청소년 시장을 석권했다. 그러므로 이소룡이 1973년에 33세의 나이로 사망했을 때 전 세계는 충격에 빠졌다. 10여 년 후에 성룡(재키 챈)은 이소룡과 버스터 키튼, 해럴드 로이드를 본보기로 삼았는데, 이소룡의 사실주의는 다소 죽이고 코미디를 추가하면서 큰 성공을 거두었다.

대만에서는 또 다른 반체제적 감독이 스타일의 스키마를 발전시키고 있었다. 그는 1970년대에 가장 영향력 있는 동양의 감독이 되었다. 호금전(후진첸)은 1932년에 중국에서 태어났다. 그는 1958년에 쇼 형제의 둥지에 합류했고 1963년부터 영화를 연출하기 시작했다. 호금전은 중국 문학과 그림, 철학 등의 전통에 관한 관심을 바탕으로 쇼 형제의 프로덕션을 문명화시켰으며 그런 요소들을 경극의 역동적인 무대 격투와 결합했다. 중국의 일부 액션 영화 감독들은 1930년대부터 배우들의 몸에 와이어를 부착한 뒤 그들을 들어 올려 공중에서 떠다니고 회전하는 움직임을 만들었다. 호금전도 이러한 효과가 만들어 내는 우아하고 신비스러운 분위기를 좋아했지만, 그는 배우들의 주변에 트램펄린을 설치하고 그들이 뛰어오를 수 있게 해서 이런 움직임을 만들었다. 그는 이탈리아의 세르조 레오네가 〈황야의 무법자〉라는 영화로 리메이크했던 구로사와 아키라의 〈요짐보〉(일본, 1961)를 보고 나서 이 기법을 더욱 발전시켰다. 호금전은 〈요짐보〉에 등장하는 사무라이의 위엄과 고독함을 좋아했다. 그는 서부 영화도 즐겨보았고 제임스 본드 영화의 첩보라는 주제도 좋아했지만, 그 작품들에 내포된 백인 우월주의는 거부했다.

1969년에 나온 그의 독창적이고 아름다운 세 시간짜리 무협 영화 〈협녀俠女〉(대만)를 보면 이런 다양한 영향을 확인할 수 있다. 중국 명나라를 배경으로 한 이 작

274. 최고의 무협 영화로 이안 감독의 〈와호장룡〉의 본보기가 된 〈협녀〉. 감독: 호금전. 대만, 1969.

품은 마을의 삶을 사실적으로 묘사한 뒤 학자를 만나는 한 젊은 여성의 여정을 그려내면서 괴담의 섬세한 요소들을 보여준다. 이야기가 마을 외부로 확장되고 승려가 금으로 된 피를 흘리며 해탈하는 과정에서 장엄한 대나무 숲의 결투가 펼쳐진다(274). 폐쇄적인 낭만적 사실주의 영화와 달리 이 작품이 독창적이었던 이유는 묘사된 현실의 본질이 각기 세 부분으로 변화하기 때문이다. 즉, 처음에는 사회적인 요소에 중점을 두다가 윤리적인 요소 및 대인 관계에 관련된 요소로 옮겨가고 결국 초월적인 요소로 변화한다. 이는 브레송과 드레이어의 등장인물들이 겪는 영적 깨달음과 유사하지만, 철저한 영화적 미니멀리즘을 통해 표현하는 대신 호금전은 자신이 직접 작업한 눈부신 편집과 미술로 등장인물과 그들 세계의 형이상학적 확장을 극화했다. 〈협녀〉는 엄청난 영향력을 미쳤으며, 세계적으로 흥행했던 〈와호장룡臥虎藏龍/Crouching Tiger, Hidden Dragon〉(이안, 대만·홍콩·미국, 2000)과 홍콩 감독 서극徐克(쉬커)의 역동적이고 철학적인 1990년대 영화들에 직접적으로 영감을 주었다. 홍콩의 액션 영화 감독으로 미국에서도 활동하는 오우삼吳宇森(존 우)은 호금전에 대해 "영화적 시인이며 화가 그리고 철학자"라고 말했다.

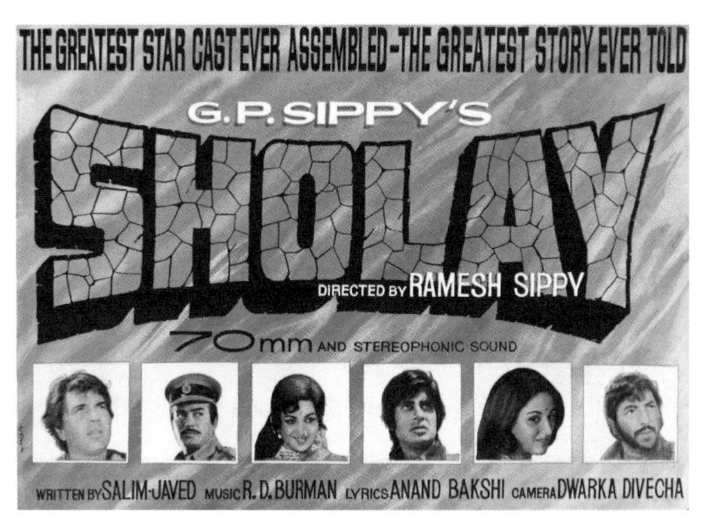

275. 1970년대 중반에 나온 배우 아미타브 바찬의 영화 중 가장 인기 있었던 작품은 복수를 소재로 한 대서사적 서부극 〈화염〉이었다. 감독: 라메쉬 시피. 인도, 1975.

인도의 영화 산업은 1960년대부터 성장하기 시작해서 1971년에 이르러서는 433편을 제작하며 세계에서 가장 큰 규모가 되었다. 숀 코너리와 로버트 드 니로를 합쳐놓은 것 같은 영화적 페르소나를 가졌던 아미타브 바찬은 최고의 스타가 되었다. 1942년에 출생한 바찬은 30대 초반에 인도의 우상이 되었고 봄베이의 힌디어 영화 산업을 강화했다. 서양 배우들과의 비교는 바찬의 유명세를 가늠하게 하지만, 그의 남성성에 관한 복잡함은 가늠하기 어렵다. 그는 종종 자신이나 친족이 당한 범죄에 복수하는, 곤경에 빠진 노동자 계급의 반항적 인물을 연기했다. 그러나 뮤지컬 영화가 인도의 주류 영화였던 만큼 바찬도 춤을 추었다. 우아함을 겸비한 그의 춤은 일부 사람들에 따르면 인도 사람들이 "거리, 결혼식, 종교 행렬에서 어떻게 움직여야 할지"[14]를 결정하는 데 도움을 주었다. 1970년대 중반에 나온 바찬의 영화 중 가장 인기 있었던 고전 〈화염Sholay〉(라메쉬 시피, 1975)에서 그는 가족이 살해당한 전직 경찰관의 복수를 위해 고용된 두 명의 무법자 중 한 명을 연기했다. 이 영화는 세르조 레오네 감독의 〈황야의 무법자〉가 그랬던 것처럼 미국 서부 영화에서 많은 요소를 가져왔다. 오히려 시각적 장엄함, 회상 구조, 세트 등이 〈황야의 무법자〉보다 더 오페라적이었다.

선명하고 순응주의적인 주류 밖에서 마니 카울의 〈우스키 로티〉(인도, 1969)가 보여준 스타일적 혁신은 뉴 인디언 시네마 운동의 수립에 일조했다. 독일 및 호주와 마찬가지로 공적 지원금이 이 운동을 키웠다. 마니 카울과 므리날 센, 쿠마르 샤하니Kumar Shahani의 작품은 봄베이에서 제작되는 대규모 영화의 저예산 대안 영화에 관한 논쟁을 자극하는 데 도움을 주었다. 샤하니는 프랑스와 인도 뉴 웨이브 운동 사이의 연결고리였으며 브레송과 협업도 했고 1968년 파리에서 벌어진 시위에도 참여했다. 다른 나라의 영화 운동처럼 뉴 인디언 시네마도 강렬하고 상징적인 샤바나 아즈미, 과소평가된 네시러딘 샤 같은 선호하는 배우들이 있었다. 독일에서처럼 공적 지원금은 수명이 짧았다. 일찍이 1976년에 인도의 공공사업위원회는 "영화는 근본적으로 엔터테인먼트다."[15]라고 공표하며 카울과 센의 지적인 영화를 빗대어 비난했다.

뉴 웨이브를 넘어서: 정치적 모더니즘

지금까지 이 장에서 언급한 영화들 대부분은 전통적인 주제에 새로운 스키마를 더했거나 새로운 민족적 성향과 역사적 문제를 탐구하기 위해 전통적인 영화 기법을 활용한 것이었다. 하지만 1970년대 일부 국가들은 예전의 형식뿐만 아니라 콘텐츠 자체를 버리면서 보다 급진적인 변화를 겪었다. 6장은 1955년 인도네시아에서 열린 반둥회의를 통해 비서구 국가들이 탈식민지화에 대처하는 과정을 어떻게 시작했는지 보여주었다. 반둥회의로 인한 이러한 생각들은 1960년대에 예술의 세계로 스며들었고 때로는 거기서 벗어나기도 했다. 1960년대 브라질의 시네마 노보는 영화계에서 이러한 현상의 가장 두드러진 결과물이었다. 1960년대가 끝나갈 무렵 비서구 영화의 정치화가 속도를 내고 있었다.

인도를 예로 들어보자. 낙살바리 마을에서 일어난 봉기에서 영감을 받아 인도 공산당의 좌파는 낙살라이트Naxalite라고 불린 정치 운동을 만들어 냈는데, 이 운동은 1970년대 인도 다큐멘터리 영화인들의 사상을 급진화하고 리트윅 가탁(385쪽 참고)과 므리날 센과 같은 거장들의 작품 세계로 흘러 들어갔다. 이런 개념과 특히

1960년대 브라질 및 쿠바 감독들의 급진적인 작품을 바탕으로 두 명의 아르헨티나 영화인은 매우 영향력이 높았던 비서구의 영화 제작에 관한 선언문을 작성했다. 페르난도 솔라나스와 옥타비오 게티노의 「제3 영화를 향하여: 제3 세계 해방 영화의 발전을 위한 기록과 경험」은 매체의 역사 대부분을 통틀어 영화는 상품이었다고 주장했다. 그들은 개발도상국의 영화인들이 그 역사 자체를 거부하고 새롭게 시작해야 한다고 강조하며 영화를 억압에 저항하는 무기와 혁명적인 도구로 사용해야 한다고 선언했다. 그들의 접근 방식은 마르크스주의적이었으며 1920년대에 소비에트 연방의 프세볼로트 푸도프킨이 쓴 것과 내용이 같았다. 그들의 개념은 다른 사람들에 의해 구체화되었고 영화 역사의 단계에 대한 새로운 분류가 나타났다. 제1 시네마는 서사적 영화의 초기부터 1958년 즈음까지 지속된 산업적이고 상업적인 영화였다. 제2 시네마는 고다르, 바르다, 안토니오니, 베리만, 펠리니 같은 개별적인 창작자들의 현대적인 예술 영화로 1959년부터 1969년까지 전성기를 누렸다. 제3 시네마는 산업적이고 자전적인 예술 영화 모두에 반하는 정치적 모더니즘 성향의 영화이며, 1969년 이후 비서구권 국가에서 전면에 등장했다. 이 분류가 얼마나 단순한지는 폐쇄적인 낭만적 사실주의와 그 대안과의 미묘한 상호 작용을 관찰한 사람에게는 명확하게 다가갈 것이다. 어쨌거나 제3 시네마(제3 영화)의 개념은 1970년대 아프리카, 남미, 중동 그리고 그 외 비서구권 국가의 영화에 영향을 미쳤다.[16]

1960년대 말까지 영화 속 아프리카의 일반적인 이미지는 보통 흑인이 배경의 미스터리한 인물로 나오는 타잔 영화나 백인과 선교사의 시각으로 그려진 존 휴스턴의 〈아프리카의 여왕The African Queen〉(미국, 1951) 등에서 볼 수 있는 이미지였다. 아프리카 북단에 위치한 이집트의 거장 유세프 샤힌은 10년 넘게 이런 주류의 공식에 도전했다. 1970년대 독일의 영화인들이 그런 도전을 하기 훨씬 전에 〈카이로역〉(이집트, 1958) 같은 영화에서 샤힌은 미국의 멜로드라마 형식을 취했지만 내용상으로는 다른 방향을 향했다. 1966년 튀니지에서 열린 제1회 카르타고 영화제에서 그는 다음과 같이 말했다. "표현의 자유는 주어지지 않으며 취해야 한다."[17] 1967년 이스라엘이 이집트에 승리하고 많은 영토의 소유권을 주장했을 때 서양 영화의 성향으로부터 일부 이탈했던 그는 정치적으로 변했다. 샤힌은 이렇게 말했다. "나에게는 영국이나 프랑스, 미국이 제3 세계다. 내가 제1 세계다. 나는 7000년 전부터 여기 있었다."[18] 〈참새Al-asfour〉(이집트, 1972)는 이러한 그의 입장을 훌륭하게 표현했다. 이 작품은 바히야라는 여인의 집에서 삶이 서로 얽히고설킨 젊은 경찰과 기자의 이야기를 이어가는데, 이집트 총리 나세르가 TV를 통해 이스라엘이 6일 전쟁에서 승리하고 이집트가 영토를 빼앗겼다고 발표할 때 이야기는 정점에 이른다. 샤힌은 이집트의 서민이 느끼는 충격을 놀랍도록 생생하게 포착했다. 결말 부분에서 카메라는 길거리를 달리는 바히야를 트래킹 숏으로 따라간다. 그녀는 "우리는 패배를 인정할 수 없어."라고 외치는데, 그 말이 조잡한 선동 문구처럼 들릴 수도 있지만 이 장면은 제3 시네마를 통틀어 가장 위대한 순간 중 하나다. 사라 말도로르Sarah Maldoror의 〈삼비장가Sambizanga〉(앙골라·프랑스, 1972)도 이 영화 못지않게 열정적이다. 앙골라의 독립 전쟁을 배경으로 한 이 작품에서 우리는 운동가가 체포되고 정부군에게 두들겨 맞는 가슴 아픈 장면을 목격하게 된다.

프랑스의 식민지였던 세네갈의 영화 제작은 1970년대부터 꽃을 피우기 시작했다. 우스만 셈벤은 아프리카에서 흑인 최초로 장편 영화 〈흑인 소녀〉(1966)를 연출했고(384쪽 참고), 800만 명밖에 안 되는 인구에도 불구하고 세네갈의 핵심적 인물들이 그의 발자취를 따랐다. 1945년에 수도인 다카르에서 출생한 지브릴 좁 맘베티Djibril Diop Mambéty는 물질적인 것 너머를 보라고 가르친 엄격한 아버지 밑에서 자랐다. 28살에 그는 아프리카의 〈네 멋대로 해라〉나 〈이지 라이더〉라고 할 수 있는 〈투키 부키Touki Bouki〉(세네갈, 1973)를 발표했다. 이 영화는 상류층 생활을 꿈꾸며 파리에 가기 위해 사기를 치고 허세를 부리는 방황하는 두 청년에 관한 이야기다. 모리라는 남자는 도살장에서 일하고 핸들에 소뿔을 붙인 오토바이를 타고 다닌다. 다소 신비한 그의 동반자 안타는 정치계에서 일한다. 그들은 오토바이를 타고 돌아다니면서 프랑스에서 온 건 "백인 여자와 성병"뿐이라고 말하는 마을 사람들을 만난다. 모리와 안타는 제물로 바쳐진 염소의 피, 주민들의 공개적인 조롱, 식민주의 마을의 삶과 교차 편집된 의식적인 성행위 장면들 사이로 부유한다(276). 그들은 모리를 좋아하는 뚱뚱하고 부유한 남자에게 사기를 친다. 나중에 모리는 나체로 그 남자의 차에 타서 주먹을 높이 들고 정치 연설을 하는 흉내를 내는데, 그 장면은 식민주의자들이

276. 식민지 개척자의 부와 의복에 대한 풍자. 지브릴 좁 맘베티의 장난기 넘치는 〈투키 부키〉는 '영화에서 결코 볼 수 없었던 아프리카의 현대화에 관한 판타지'를 선보였다. 세네갈, 1973.

선택한 차, 시트로엥의 행렬과 교차 편집된다. 그리고 유명한 흑인 무용수 조세핀 베이커가 부른 노래 「파리, 파리, 파리」가 역설적으로 흘러나온다.

〈투키 부키〉는 이전 세대에 '퍽 유fuck you'를 날리는 이마무라 영화의 에너지를 지녔다. 아프리카 영화 역사학자 만티아 디아와라는 〈투키 부키〉에 대해 다음과 같이 썼다. "영화나 문학에서 결코 볼 수 없었던 아프리카의 현대화에 관한 판타지로 스크린을 찢었다."[19] 이 작품에 내포된 젊은 패기와 영화적 불손함은 새로운 아프리카 영화의 문을 열었다. '투키 부키'라는 제목은 맘베티의 모국어인 월로프어로 '하이에나의 여정'을 의미한다. 그는 경력 전반에 걸쳐 인간의 사악함을 상징하기 위해 하이에나를 활용했으며, 언젠가 이를 강조하고자 박제한 하이에나를 꺼내기도 했다. 맘베티는 20년 가까이 지난 후에야 다음 장편 영화를 연출했는데, 그 작품은 제목 자체가 〈하이에나Hyènes/Hyenas〉(프랑스·세네갈·스위스, 1992)였다. 그 무렵에는 이 혁신적인 감독의 비전이 현저히 어두워졌다.

아프리카 최초의 중요한 여성 감독인 세네갈의 사피 파이Safi Faye는 아프리카 흑인이 만든 영화로는 처음으로 마을의 삶에 관한 문화적 요소에 초점을 맞춘 〈고향에

277. 맘베티의 창의적인 에너지는 세네갈의 감독들에게 영감을 주었다. 아프리카 최초의 중요한 여성 감독으로 평가받는 사피 파이는 1975년에 세네갈에서 마을의 삶에 관한 획기적인 다큐멘터리 영화 〈고향에서 온 편지〉를 연출했다.

서 온 편지Kaddu Beykat〉(1975)를 연출했다. 이 작품은 땅콩 작물의 시장 가치 하락이 농민들에게 미친 영향에 대한 다큐멘터리 영화로 마을 사람들의 하루를 편지 형식으로 전한다. 어느 지점에서 편지를 쓰는 이가 이렇게 말한다. "나는 우리가 왜 아무런 즐거움도 없이 살고 죽는지 궁금할 때가 많다." 장 루슈 같은 유럽의 인류학자들은 오랫동안 아프리카에 대한 다큐멘터리 영화를 만들었다. 하지만 파이의 〈고향에서 온 편지〉는 그 어느 영화보다 진일보한 작품이었다.

우스만 셈벤은 〈흑인 소녀〉를 발표한 지 8년 만에 〈투키 부키〉 못지않게 신랄한 〈할라Xala〉(세네갈, 1974)를 연출했다. 시트로엥 공장의 노동자로 일하기도 했으며 저명한 소설가이기도 한 그는 다음 주제로 이름 없는 아프리카 국가에서 식민지 정복자들과 함께 사업을 하며 그들이 수입해 온 비싼 광천수로 자신의 리무진을 세차하는 한 흑인 사업가의 일시적인 발기 부전을 택한다. 〈할라〉가 웃기고 인기 있는 작품이었다면 셈벤의 다음 영화인 〈체도Ceddo〉(세네갈, 1977)는 이슬람이 아프리카에 끼친 영향에 대한 상징적이고 논란이 많은 이야기를 전달하기 위해 매우 단순한 스타일을 구사했다. 그리고 노예에게 낙인을 찍는 끔찍한 장면들을 보여주면서 아프리카의 미래는 어떤 유일신 종교이든 그것의 강요를 거부하는 데 달려 있다고 강조했다. 공주가 이슬람교도 이맘을 살해하는 결말은 명예롭지 못한 것으로 여겨졌고 결국 이 영화는 자국에서 8년 동안 상영이 금지되었다. 또 다른 훌륭한 아프리카 출신의 영화감독 술레이만 시세Souleymane Cissé도 1970년대에 등장했다. 세네갈의 동쪽에 있는 이웃 나라 말리에서 1940년에 태어나 모스크바에서 영화 제작 경험을 쌓은 그는 〈바라Baara〉(말리, 1978)로 첫 성공을 거두었다. 〈바람Finye〉(말리, 1982)과 〈밝음Yeelen〉(말리, 1987)은 그를 1980년대에 가장 중요한 아프리카 영화감독으로 만들었다.

278. 아프리카 흑인 영화의 아버지인 세네갈의 우스만 셈벤은 〈체도〉를 통해 아프리카 대륙에 상륙한 이슬람에 관한 주제를 제시했다. 1977.

1967년에 젊은 에티오피아인 하일레 게리마Haile Gerima는 아프리카를 떠나 미국으로 유학을 갔다. 그는 1970년대 초에 귀국했는데, 스타일적으로 〈투키 부키〉 못지않게 대담하고 제3 시네마를 한 발짝 더 진보시켰으며 영화 역사에서 매우 긴 시간을 다룬 영화 중 하나인 〈추수: 3000년Mirt Sost Shi Amit〉(에티오피아, 1975)을 연출하기 위해서였다. 이 작품은 동아프리카의 3000년에 걸친 식민지화에 관한 이야기를 들려준다. 명암 대비가 약한 흑백 필름으로 촬영한 이 영화(279)는 여명이 밝아올 때 다음과 같은 말로 시작한다. “전능하신 하나님, 우리에게 좋은 하루를 주십시오.” 게리마는 영화 속에서 벌어지는 상황과 거리를 두고자 했으며, 그래서 영화를 찍는 내내 로버트 올트먼이 선호했던 망원 렌즈를 사용했다. 한 농부의 가족은 검은 중절모를 쓴 폭군 지주에게 끔찍한 대우를 받는다. 농부는 아내가 끝없는 들판을 걸어 풍경의 점이 될 때까지 3000년 된 웨딩드레스에 대한 노래를 부른다. 땅의 크기와 영속이 영화의 첫 번째 관심사이지만 게리마는 그것이 숙주가 된 착취의 세부 사항들을 엮어내고, 이후 정치화의 과정이 시작된다. 셈벤의 작품이 우화적이었던 반면 하워드대학교 영화과 교수가 된 게리마는 형식에 더 지식적으로 접근했다. 그는 서양 영화의 리버스 앵글과 설정 숏을 거부하고 사운드트랙에 성가와 호흡을 활용했으며 카메라를 언제나 아래로 향하게 했다. 〈검은 신, 하얀 악마〉를 연출한 글라우버 로

279. 하일레 게리마의 농민 착취에 관한 길고 상징적인 묘사이자 스타일적으로 엄격한 〈추수: 3000년〉. 에티오피아, 1975.

샤처럼 게리마는 오래전에 땅을 빼앗긴, 광적인 정치적 견해를 가진 케베베라는 노인 등 신화적 인물들을 소개한다. 3000년 된 드레스는 지역 주민들이 가진 낡은 생각에 대한 은유다. 그들은 3000년 동안 한결같은 사람들이었는데 이제 광적인 남자의 도움으로 반항을 시작한다. 케베베는 영국 여왕이 나라를 방문했을 때 농부들을 보는 것을 원치 않았기 때문에 그들을 집단 수용소에 몰아넣었다는 이야기를 들려주며 이렇게 말한다. "그것을 목격했더라면 당신도 나처럼 정신이 돌았을 것이다." 영화가 시작하고 2시간쯤 흘렀을 때 케베베는 검은 모자를 쓴 탐욕스러운 지주를 부르고 그를 몽둥이로 두들겨 팬다. "도와주세요, 도와주세요. 그가 지주를 죽였어요." 사람들이 소리친다. 그리고 농부가 말한다. "지주는 죽었어. 정부가 우리에게 수확을 허락할지도 몰라." 사운드트랙이 목소리로 가득 찬다. 사람들은 말을 주고받기 시작한다.

아프리카에서 서양 영화의 규범을 거부했던 것이 중동에도 영향을 미쳤다. 야세

280. 이란 영화는 다리우쉬 메르주이의 〈소〉와 함께 계속 흥했다. 1969.

르 아라파트는 팔레스타인해방기구의 의장이 되었다. 이란에서는 포루그 파로흐자드의 〈검은 집〉이 다른 영화인들에게 영감을 주었다. 1970년대 초반에 연간 90여 편의 영화가 제작되었으며 일부는 문화부의 지원을 받았다. 그중 대표작은 다리우쉬 메르주이Dariush Mehrjui가 연출한 〈소Gav〉(1969)다. 메르주이는 프랜시스 코폴라와 같은 시기에 UCLA에서 영화를 공부했으며 포루그 파로흐자드로부터 많은 영향을 받았다. 〈소〉는 이란 픽션 영화의 이정표였으며 소의 "정의를 바꿔놓았다."[20] 지극히 간결하게 이야기를 전달하는 이 작품은 마을에서 유일한 소의 주인인 하산에 관한 내용이다(280). 하산이 집을 비웠을 때 소가 죽자 마을 사람들은 그에게 사실대로 말하지 못하고 소가 사라졌다고 이야기를 만들어 낸다. 낙심한 하산은 절망에 빠져 정신까지 이상해진다. 이후의 많은 이란 영화처럼 현실 세계의 물리적 요소인 소는 점차 시적이고 형이상학적인 것으로 변모한다. 다른 나라의 야심적인 감독들은 주로 인간의 문제나 지역적인 상황을 다루었다. 그런데 이란에서는 사물이 영화라는 시학의 중심에 있었다는 것이 놀랍다. 물질적 요소와 추상적 요소 사이의 균형은 오즈 야스지로의 영화 못지않게 만족스러웠다.

1972년에 메르주이와 같은 이란 영화인들의 아랍 동료들은 시리아에서 열린 다마스쿠스 영화제에서 뉴 아랍 시네마 선언문을 발표했다. 이 선언문은 중동 영화계에 새로운 정치적 공약을 요구했고 몇 편의 획기적인 영화의 제작으로 이어졌다. 그 시작이 되는 작품은 1970년대 레바논의 가장 재능 있는 감독으로 벨기에에서 영화 제작 관련 경험을 쌓았던 보란 알라우이Borhane Alaouié가 발표한 다큐멘터리 영화로, 1947~1951년에 자행된 이스라엘의 팔레스타인인들에 대한 대학살을 그린 〈카프르 카심Kafr Kassem〉(레바논, 1975)이다. 오마르 아미랄레이Omar Amiralay의 〈시리아 마을의 일상Al-Hayat al-yawmiya fi qaria Suriya / Daily Life in a Syrian Village〉(시리아, 1974)은 더 좋은 평가를 받았다.

그 시기 중동에서 가장 유명했던 영화감독은 쿠르드족 출신인 일마즈 귀니Yilmaz Güney였다. 1937년 튀르키예 남부에서 농부의 아들로 태어난 그는 1950년대 말에 작가 겸 배우가 되었다. 귀니의 그 이후 이력은 매우 특이하다. 1960년에 귀니는 공산주의적 성향의 소설을 썼다는 죄목으로 투옥되었으며 이는 그의 많은 감옥 생활 중 첫 번째였다. 할리우드 영화와 네오리얼리즘을 섞은 상업 영화에 출연하며 그는 1960년대 말에 때로는 '추한 왕'[21]이라고 불린 추레하고 무뚝뚝한 영웅 이미지로 튀르키예의 스타가 되었다(281). 귀니의 유명세는 그가 서양 스타 시스템의 유명인들처럼 욕망과 낭만적 환상의 대상이었던 것이 아니라 일반인들을 위한 스크린의 대변인이었다는 점에서 인도 아미타브 바찬의 선례가 되었다.

귀니는 1968년부터 영화를 연출하기 시작했지만 1975년에 한 식당에서 반공주의자인 판사와 다투다가 귀니의 조카가 총을 꺼내든 듯 보였고 이어서 판사가 숨지자 그는 18년 동안 투옥되었다. 귀니는 그 시간 동안 그의 중요한 작품인 〈양 떼Sürü〉(제키 왹텐, 튀르키예, 1978)와 〈적Düşman〉(제키 왹텐, 튀르키예, 1979), 〈욜Yol〉(세리프 고렌, 튀르키예, 1982)의 시나리오를 집필했으며, 이 작품들은 그의 명확한 지휘 아래 다른 감독들이 연출했다. 첫 번째 작품은 기차에 실려 튀르키예의 수도인 앙카라로 이동하는 양 떼에 대한 은유로 그의 혈통인 쿠르드족의 역사를 전한다. 그는 "모든 배우가 잡혀갈 수 있었기에 나는 이 작품을 쿠르드어로 만들 수가 없었다."라고 말했다. 역설적으로 〈욜〉은 일주일간 풀려나 가족을 만나러 가는 다섯 명의 죄수들에 관한 내용이었으며 귀니는 이 작품의 후반 작업을 완성하기 위해

281. 쿠르드족 출신의 배우이자 작가, 감독인 일마즈 귀니는 튀르키예에서 스타가 되었으며 감옥 생활을 하는 동안 매우 중요한 영화들의 시나리오를 집필했다.

1981년에 탈옥했다. 그는 1984년에 프랑스에서 암으로 사망했다.

튀르키예 국경을 넘어가면 귀니와 동시대의 한 인물이 지금까지도 그리스에서 가장 중요한 감독으로 꼽힌다. 1935년에 아테네에서 태어난 테오 앙겔로풀로스Theo Angelopoulos는 1960년대에 파리의 유명한 영화 학교인 이덱IDHEC에서 공부했고 1970년에 영화감독으로 데뷔했다. 〈유랑극단O Thiassos〉(그리스, 1975)으로 앙겔로풀로스는 세계적인 관심을 받기 시작했으며 이 작품은 그의 영화적 주제와 스타일의 표본이 되었다. 총 230분 분량에 80컷 정도로—당시 영화의 평균 컷 수는 1500컷 정도였다—이루어진 이 작품은 1939~1952년의 그리스 정치를 탐구할 수단으로 황량한 겨울, 마을에서 〈골포와 양치기 소녀〉를 상연하는 순회극단의 여정을 활용했다. 공연자들은 그들의 나라에 있는 난민과 같으며, 그들의 작품은 공산주의자와 왕당파 사이에 이어지는 내전뿐만 아니라 나치 침략의 죄악 중 일부를 반영한다. 앙겔로풀로스의 웅장한 트래킹 숏은 미조구치의 영혼이 담겨 있으며 그 정교함은 나라의 복잡한 역사를 포착한다. 이후에 나온 그의 작품들 대부분은 호메로스의 『오디세이아』를 본보기로 한 우화적인 여정에 관한 것이며, 특히 노와 키의 시퀀스는 현지인들이 노를 해양 도구로 인식하지 않고 농업용 도구로 인식하기 시작할 때 문화 간 경계가 발견된다는 것을 생각하게 만든다. 〈안개 속의 풍경Topio stin omichli〉(1988), 〈율리시즈의 시선To Vlemma tou Odyssea〉(1995), 〈영원과 하루Mia aioniótita kai mia méra〉(1998)에서 볼 수 있듯이 그리스는 유럽, 아시아, 발칸반도의 국경선을 형성하기에 앙겔로풀로스가 영화에서 이 경쟁적인 지역을 정치적, 역사적 중심지로 삼았던 것으로 보인다. 그는 일관성 있게 시퀀스 숏을 사용했는데 이는 시간의 본질을 공통적 관심사로 만들었다.

레오폴도 토레 닐손과 글라우버 로샤, 산티아고 알바레스 등의 인물이 나온 대륙이 1970년대 제3 시네마에 많은 공헌을 했다는 것은 놀랄 만한 일은 아니다. 1970년에 의사 출신인 살바도르 아옌데가 사회주의자들의 표로 칠레의 선거에서 승리했다. 그의 정부는 28세의 텔레비전 연출자 미겔 리틴Miguel Littin에게 국가의 새로운 영화 기구인 칠레필름의 운영을 맡겼다. 1973년에 리틴은 〈약속의 땅La tierra prometida〉(칠레)을 연출했다. 이 영화가 개봉될 즈음 칠레 정부는 미국 정부의 지원을 받은 아우구스토 피노체트 장군이 이끈 군사 쿠데타로 전복된다. 리틴은 강제 추방당했으나 변장을 하고 돌아와 주식 시장 폭락에서 쿠데타에 이르기까지 나라의 역사를 영화화하는 데 사활을 걸었다. 콜롬비아의 소설가 가브리엘 가르시아 마르케스는 『칠레의 모든 기록』을 통해 리틴의 경험을 정리했다. 쿠데타에 이르기까지 몇 달 동안의 일은 쿠바에서 거의 4년에 걸쳐 편집된 파트리시오 구스만Patricio Guzmán의 4시간 34분짜리 논픽션 영화 〈칠레 전투La batalla de Chile〉(쿠바·칠레, 1975~1979)에 잘 기록되어 있다. 구스만은 노동조합 집회에서 새 좌파 정부가 공장을 몰수해야 하는지 아닌지에 대해 벌였던 열띤 토론을 세세히 보여주었고, 아옌데가 사망한 라 모네다 궁전의 공중 폭격에 대한 뉴스 릴을 삽입했으며, 아르헨티나의 카메라맨이 총에 맞아 죽어가면서 촬영했던 영상을 사용했다. 〈칠레 전투〉는 처음에는 논픽션 영화계에서 논쟁이 많았지만 제3 시네마의 매우 영향력 있는 작품 중 하나로 평가된다.

갈망과 미국 영화의 격변

장뤽 고다르의 〈네 멋대로 해라〉(프랑스, 1959)가 상영된 해부터 칠레의 반反아옌데 쿠데타가 일어난 해 사이의 14년을 돌아보면 전 세계 영화인들의 열정과 야심에 감탄하지 않을 수 없다. 유럽의 영화인들은 자신의 삶을 스크린 위에 펼쳤고 사람들의 공감을 얻었다. 그들은 영화를 현대 예술로 받아들였고 그래서 진중한 태도로 다루었으며 윤리적 결말을 도출해 내는 형식을 취했다. 미국인은 자신들의 영화적 전통에서 현대화나 문제 제기의 가능성을 물색하면서 그 뒤를 따랐다. 남미인은 영화를 정치적 도구로 이용했고 호주인, 아프리카인, 중동인은 독창성과 상상력으로 자신들을 스크린에 펼치기 시작했다.

하지만 모든 게 순조롭지만은 않았다. 이 장과 이전 장에서 언급한 영화의 예술적 회복은 파리, 런던, 로마, 뉴욕, 베를린, 시드니, 다카르, 테헤란, 베이루트, 봄베이, 산티아고에서 무척 순조롭게 진행되었지만 현대화된 도시 이외의 지역에서는 영화 관객의 상상력을 충족시키지 못했다. 그러다가 사건이 하나 벌어졌다. 칠레 쿠데타가 일어난 해에 악마에 빙의되는 내용의 미국 공포 영화가 미국 영화 역사상 최초로 2억 달러가 넘는 수익을 올렸던 것이다. 2년 후에는 상어를 소재로 한 영화가 그보다 6000만 달러의 수익을 더 올렸다. 두 작품 모두 〈대부〉처럼 베스트셀러 소설을 각색한 것이었다. 그로부터 2년 뒤에는 우주에서 선과 악의 세력이 전쟁을 벌이는 공상과학 영화가 5억 달러의 수익을 내면서 모든 흥행 기록을 갈아치웠다. 지금까지 미국 영화에서 이런 수익은 없었고 〈바람과 함께 사라지다〉 같은 작품도 그 기록에 범접하지는 못했다. 격변이 일어나고 있었던 것이다. 영화 산업도 그 현상을 이해하기 어려웠지만, 어찌 되었건 편승하려고 노력했고 또 기가 막히게 편승했다. 〈엑소시스트〉(1973), 〈죠스〉(1975), 〈스타워즈〉(1977)의 성공은 미국을 포함한 전 세계 영화계의 판도를 바꿨다. 영화를 제작하는 이유가 영화감독이 원해서가 아니라 관객이 원해서가 되었다. 그리고 젊은 세대의 관심이 우선순위가 되었다. 작품을 흥미진진하게 만들고 현실에서 도피할 수 있는 새로운 세계를 그려내기 위해 번뜩이는 특수 효과가 점점 더 많이 사용되었다. 그 결과 통상적인 영화 제작비는 다섯 배나 더 상승했으며, 그로 인해 제작되는 작품의 수는 현저히 줄었다. 제작비가 늘어난 만큼 한 작품이 흥행에 실패하면 다른 작품이 받는 타격도 훨씬 커졌으며, 이는 작품 홍보에 더 많은 재원을 투입하게 했다. 수익 효과를 높이기 위해 일반 관객에게 가편집본을 보여주고 그들의 의견을 수합해 최종 편집본을 수정했다. 할리우드에서는 이런 시사회가 이전에도 종종 있었으나 이와 같은 정도로 진행된 것은 아니었다. 이 시스템은 물론 효과가 있었다. 왜냐하면 1970년대 말 즈음에는 영화 일곱 편 중에 세 편은 수익을 올렸기 때문이다. 멀티플렉스라고 불리는, 하나의 커다란 스크린이 아닌 여러 개의 작은 스크린이 있는 새로운 영화관들도 지어졌다. 1973년에 컬럼비아 픽처스는 600만 달러의 가치에 2억 2300만 달러의 부채가 있었다. 5년 후에 가치는 1억 4000만 달러로 상승했고 부채는 3500만 달러에 그쳤다. 블록버스터의 시대가 온 것이었다.

〈엑소시스트〉와 〈죠스〉, 〈스타워즈〉가 죽어가던 미국의 영화 산업을 어떻게 소생시켰을까? 혹자는 이 영화들이 훌륭한 이야기로 잘 만들어졌고 영민한 홍보 때문이었다고 주장하지만 이러한 것만이 그 원인은 아니다. 각각의 작품은 관객의 마음속 깊은 곳에 자리 잡고 있던 악마나 괴물 상어 혹은 우주선 같은, 보고 싶지만 볼 수 없을 듯한 것에서부터 출발했다. 1915년부터 1973년까지 약 60년 동안 〈킹콩〉과 1950년대 공상과학 영화를 제외하면 미국 영화는 거의 다 사랑에 빠지거나 중서부를 탐험하거나 범죄를 저지르거나 차를 운전하거나 춤추고 노래하는 등 사람과 그들이 하는 행위에 집중되어 있었다. 많은 수의 새로운 블록버스터 영화에도 강한 등장인물들이 나왔지만, 그들은 대부분 만화나 정신 분석가인 지그문트 프로이트의 아이디어, 신화에서 빌려왔다. 그리고 이러한 작품은 관객을 끌어들이기 위해 심리적인 영화 이전의 초창기 영화처럼 큰 사건이나 긴장감, 공포 등을 활용했다. 블록버스터 영화는 로저 코먼의 B급 영화를 규모를 크게 불려서 제작한 것과도 같았다. 이 시기의 많은 아이러니한 일 중 하나는 당시 예술적으로 더 야심 찬 영화를 만들려고 했던 영화인들과는 달리 이 세 편의 영화를 연출한 감독 중 그 누구도 코먼과 작업을 시작하지는 않았다는 점이다.

〈엑소시스트〉의 감독 윌리엄 프리드킨의 경우를 보자. 그는 영화 학교에 다니거나 예술 영화 전용관에서 유럽 영화를 섭렵하는 대신 텔레비전 방송국의 우편부

282. 새로운 상업 영화 시대의 시작. 〈엑소시스트〉와 같은 이벤트 영화는 사색보다는 센세이션을 강조했고 흥행 기록을 깼다. 감독: 윌리엄 프리드킨, 미국, 1973.

서에서 일하다가 영화계에 발을 디디게 되었으며 이후 다큐멘터리 영화를 연출하며 경력을 쌓아갔다. 1971년에 연출한 투지 넘치는 탐정 이야기 〈프렌치 커넥션The French Connection〉은 대성공을 거두었다. 다음 작품인 〈엑소시스트〉는 악마가 몸에 빙의한 중산층의 사춘기 백인 소녀가 퇴마를 시도하는 신부와 대치한다는 이야기다(282). 폴란스키가 〈악마의 씨〉(1968)를 연출하면서 그랬던 것처럼 프리드킨은 이 이야기를 신중하게 다루었다. 그는 탁월한 기술로 순진해 보이는 소녀를 몸은 망가지고 얼굴은 흉측하며 마음과 말투는 악에 찌든 절망적인 존재로 만들었다. 이런 초자연적인 이야기를 다큐멘터리처럼 만들면 어떻게 될까? 이것은 프리드킨이 자신에게 한 질문 같았다. 그는 사람들을 겁주려고 촬영장에서 총을 쐈고 배우의 빰을 때렸으며 그러고 나서는 그 반응을 포착하기 위해 바로 촬영에 들어갔다. 이런 방식은 촬영장에 긴장감을 조성했고 이는 고스란히 스크린 위로 전달되었다. 그의 변함없는 목표는 절대적으로 신뢰할 수 있는 미국 중산층의 환경에 뿌리를 둔 악마의 사악함을 암시하는 것이었다. 〈엑소시스트〉는 사람들의 섬세한 감성을 자극했다. 이 작품에 대한 평은 다양했지만, 관객은 몰려들었다. 영화를 보기 위해 사람들은 길게 줄을 섰으며 롤러코스터를 타는 것처럼 담력 테스트를 했다. 관객 중 일부는 기절하고 일부는 아팠으며, 많은 이들이 수년 동안 악몽에 시달리기도 했다.

〈엑소시스트〉는 종교, 신성 모독, 동심에 대한 많은 금기를 깨뜨렸지만 그 이야기를 전하는 프리드킨의 방식은 전통적이었다. 이 영화를 대하는 그의 야심은 원작 소설보다 훨씬 더 교묘하고 복잡했던 시나리오 초고에 대한 반응에서 잘 드러난다. 시나리오 초고를 읽고 난 뒤 프리드킨은 이를 쓴 윌리엄 피터 블래티에게 다음과 같이 말했다. "처음부터 끝까지 그야말로 순전히 이야기 자체만을 전달하고 싶소."[22] 그는 베테랑 감독인 하워드 호크스로부터 스토리텔링에 대한 현실적인 접근 방식을 배웠다. 프리드킨은 호크스의 딸인 키티와 연애를 하고 있었는데, 그녀가 그를 아버지에게 소개했을 때 호크스는 프리드킨에게 관객은 "그런 개똥 같은 심리적 요소"[23]는 신경도 쓰지 않는다고 조언했다. 프리드킨은 할리우드 레전드의 말에 공감했다. 그리고 "나는 우리가 하는 일이 루브르 박물관에 걸 수 있는 빌어먹을 영화를 만드는 것이 아니라는 점을 깨달았다."[24]라고 말했다. 그는 폐쇄적인 낭만적 사실주의의 직선적 스토리텔링 기법을 사용하는 영화를 만들기 시작했으며, 너무 주관적이고 자전적이며 실험적이고 철학적인 것은 거부했다. 호크스의 말에 귀를 기울이고 새로운 할리우드를 오래된 미술관에 걸려 있는 그림들과 동일시함으로써 프리드킨은 반혁명적인 외침을 처음으로 부르짖었던 것이었다. "나는 미국의 맥을 짚고 있다."[25]가 그의 주장이었다. 이 말이 새로운 할리우드를 죽였다.

이 말은 『타임』이 영화 역사상 가장 영향력 있다고 평가했던 감독이 할 수도 있었다. 프리드킨처럼 그 역시 중산층 이하 계층의 유대계 미국인이었다. 〈엑소시스트〉가 발표되고 2년 후에 그도 베이비 붐 세대, 즉 전후 낙관주의 시대에 잉태된 미국의 새로운 젊은 세대가 열광하는 영화를 만들었다. 스티븐 스필버그는 소년 시절부터 아마추어 영화를 만들기 시작했다. 그는 유럽의 새로운 감독들보다는 〈오즈의 마법사〉(1939)와 감상적인 〈조라는 이름의 사나이A Guy Named Joe〉(1944)를 연출한 빅터 플레밍과 같은 감독들로부터 더 많은 영향을 받았다. 스필버그는 후에 이렇게 말했다. "나는 서던캘리포니아대학교나 뉴욕대학교 또는 프랜시스 코폴라 파벌의 산물이라기보다는 진정으로 기성 할리우드의 키드였다."[26] 그는 용케 유니버설 스튜디오에 들어갔고 그곳에서 놀라울 정도로 강렬한 TV 추격 영화 〈대결Duel〉(1971)을 연출했다. 스필버그는 타고난 이야기꾼이자 폐쇄적인 낭만적 사실주의의 훌륭한 재창조자임이 분명했다. 〈죠스〉는 휴가 간 사람들이 백상아리로 추정되는 생물로 인해 공포의 도가니에 빠지게 된다는 내용이다. 휴가철 대목에 피해가 가지 않게 하려고 그 지역 시장은 해변을 폐쇄하는 것을 반대한다. 결국 노련한 어부와 고리타분한 해양학자 그리고 경찰서장으로 구성된, 호크스의 취향과 맞을 법한 전문가들이 작은 배를 타고 바다에 나가 이 괴물을 추적해 죽인다.

스필버그는 처음에는 식인 상어에 관한 영화가 자기와 맞지 않는다고 생각했다. 그는 프리드킨보다는 모더니즘에 관심이 더 많았다. 하지만 결국 이 영화의 감독직 제의를 받아들였다. 관습적으로는 유명 배우를 캐스팅하고 수조에서 촬영을 해야 했지만, 스필버그는 프리드킨의 강한 사실주의적 접근 방식처럼 그다지 유명하지 않은 배우들과 실제 바다에서 촬영하기를 원했다. 영화를 좀 더 개인적인 것으로 만들기 위해 그는 리처드 드레이퍼스가 연기한 고리타분한 해양학자를 자신의 버전으로 재구성했고, 맥주 캔을 찌그러뜨리는 남성 우월주의적인 방식을 조롱하듯 배우에게 손에 든 폴리스타이렌 컵을 찌그러뜨리게 했다. 이것은 호크스의 유머와 매우 비슷했다. 드레이퍼스가 연기한 이 인물은 평범하고 다소 유치하며, 영웅적이거나 잘생긴 남자가 아니었다. 이런 인물은 스필버그의 영화에서 볼 수 있는 특징적인 인물로 자리 잡았고 드레이퍼스는 스필버그의 다음 영화인 〈미지와의 조우Close Encounters of the Third Kind〉(1977)에도 출연하게 된다.

〈죠스〉의 촬영은 험난했다. 뱃멀미로 고생했고 논쟁이 이어졌으며 제작비는 초과되었다. 당시 20대 후반이었던 감독은 미치기 직전이었다. 기계 상어는 촬영 때 잘 작동되지 않았고 작동될 때는 너무 가짜 같아서 배우들이 배를 타고 등장하는 결말 부분까지 보여주지 않기로 했다. 드레이퍼스가 상어의 몸통 전체를 처음 보는 장면에서 그는 숨이 멎을 듯 겁에 질려 뒤로 물러난다(283). 이는 스필버그 영화 최초의 경외롭고 두드러진 장면일 것이다. 그의 많은 후속작의 핵심적인 순간에는 카메라 위치나 연기가 달인의 경지에 올라 있는 것들이 있다. 〈죠스〉의 그런 순간은 스토리텔링 그 자체였고 그것은 이 영화를 대작으로 만들었다.

〈죠스〉의 첫 번째 시사회에서 한 남자가 극장을 뛰쳐나갔다. 스필버그는 영화가 너무 싫어서 그 남자가 나간 줄 알았지만, 사실 그는 공포에 질렸던 것이다. 〈죠스〉는 관객에게 충격을 안겼다. 영화 스튜디오들은 1973년부터 TV에서 영화를 홍보하기 시작했는데, 유니버설 스튜디오는 30초짜리 광고에 돌연 70만 달러를 쏟아부었고 400여 개의 관에서 이 영화를 동시에 개봉했다. 이는 통상적인 일은 아니었다. 〈죠스〉는 그 공포 효과만 즉각적이었던 것이 아니라 판매도 마찬가지였다. 이 영화를 사기 위한 시장은 폭발하기 직전이었다. 흥행에 영향을 줄 수 있는 평이나 소문을 들을 시간도 없었다. 모두가 모든 곳에서 동시에 이 영화에 대해 알게 되었다. 〈죠스〉는 좋은 영화고 또 세심하게 만들어졌기에 예전의 배급 시스템으로도 성공을 거두었을 것이다. 하지만 그 시스템은 이제 시대와 맞지 않았다. 이 작품의 대성공은 영화 스토리텔링과 영화 마케팅을 순간적인 큰 효과를 낼 수 있는 과학으로 만들었다. 이런 시스템은 제작 규모가 작고 난해한 영화들을 처음에는 제한적으로 개봉하고 이후 입소문을 통해 천천히 홍보 효과를 내던 관행을 약화했다.

283. 프리드킨처럼 스티븐 스필버그는 전통적인 스토리텔링으로 관객을 흥분시키며 미국 영화의 묘미를 강조했다. 〈죠스〉. 미국, 1975.

평범한 남자들의 대단함을 부각하고 문제에 봉착한 아버지상을 묘사하며 가족의 안전과 장대하거나 두려운 무언가에 대한 경외감을 강조했던 〈죠스〉의 주제는 이후 스필버그 작품들의 핵심 요소가 되었다. 그리고 그 행로에 큰 버팀목이 된 멀티플렉스 영화관은 스필버그의 경력이 싹텄던 소도시들에 구축되었다. 스필버그 작품의 핵심 요소들은 주로 소도시나 외곽 지역에 근거를 두고 있었는데, 그러한 곳들은 그의 상상력이 잉태되고 성장한 곳이었기 때문이다.

〈죠스〉의 성공은 수년 동안 미국 상업 영화의 지표로 자리 잡기는 했으나 30개월이 채 지나지 않았을 때 또 다른 영화 한 편이 〈죠스〉 수익의 배가 넘는 흥행을 기록했다. 스필버그와 달리 조지 루카스는 영화 학교에 다녔고 프랜시스 코폴라의 파벌에 속해 있었다. 캘리포니아 토박이로 자동차 경주 레이서였던 그는 예술적으로 야망이 컸고 영화제 수상작도 만들었다. 두 번째 장편 영화 〈청춘 낙서American Graffiti〉(미국, 1973)의 성공 이후 루카스는 "어쩌면 어린이들을 위한 영화를 만들어야 할지도 모르겠군. 〈청춘 낙서〉는 열여섯 살을 위한 영화였는데 이 영화[스타워즈]는 열 살과 열두 살 어린이들을 위한 영화야."[27]라고 생각했다. 이렇게 해서 만들었던 영화는 제2차 세계 대전 이후 영화계에서 가장 영향력 있는 작품이 되었다. 평론가이자 감독인 폴 슈레이더는 〈스타워즈〉에 대해 이렇게 말했다. 이 영화는 "할리우드의 심장과 영혼을 삼켜버렸다."[28] 〈스타워즈〉는 1100만 달러의 제작비를 들여서 4억 6000만 달러를 벌어들였다.

〈스타워즈〉는 "옛날 옛적 머나먼 은하계에서는…"이라는 자막이 나오며 마치 옛날이야기처럼 시작된다. 강력하고 압도적인 사운드트랙은 비교적 새로운 형식인 돌비 6트랙 스테레오로 녹음되었다. 이를 제대로 표현할 수 있는 영화관들이 많지는 않았지만, 그것이 가능한 곳에서는 너무나 성공적이었기에 다른 영화관들도 앞다퉈 이 시스템을 구축했다. 크레디트 시퀀스가 끝나고 나면 도시만 한 우주선이 스크린 위로 스르르 나타난다(284). 우주선은 세밀하게 제작된 모형을 이 영화를 위해 신기술을 개발했던 특수 효과 전문가 존 다이크스트라의 이름을 딴 다이크스트라플렉스DykstraFlex라는 모션 컨트롤 카메라로 촬영한 것이다. 텔레비전에서는 이와 비슷한 기술이 사용되곤 했지만, 영화에서는 처음이었다. 스태프가 달리를 밀고 당기는 대신 이

284. 미국 영화에 아드레날린을 공급한 세 번째 영화는 〈스타워즈〉다. 〈엑소시스트〉와 〈죠스〉처럼 이 작품도 뉴 아메리칸 시네마의 현대적이고 완숙한 주제를 뒤집고 이를 현실 도피와 충격이 주는 즐거움으로 대체했다. 감독: 조지 루카스. 미국, 1977.

카메라의 움직임은 프로그램된 컴퓨터가 제어했다. 그러므로 그 움직임은 매우 정교했고 다른 각도에서 오는 우주선들을 여러 번 촬영해서 모두 한 장면 안에 합쳐놓는 것을 가능하게 했다. 나중에 등장하는 대결 장면들은 이 기술을 사용해서 새롭고 역동적으로 만들어 냈다. 이 영화에 나오는 400개의 특수 효과 장면들은 후에 미국 영화 특수 효과의 중심이 된 인더스트리얼 라이트 & 매직ILM이라는 회사에서 작업했다.

이후에 영화는 고아로 보이고 이모, 삼촌과 농장에서 살며 모험을 동경하는 루크를 소개한다. 2년 넘게 이 영화의 시나리오를 썼던 루카스는 루크를 우주를 구하는 문학적이거나 심지어 신화적인 의미를 지닌 존재로 보았다. 루크는 유명한 로봇인 R2D2에 프로그램된 공주를 도와 일시적으로 지구를 점령한 사악한 황제의 거대한 우주 정거장 데스 스타Death Star에 대처할 방안을 세운다. 나중에 감독은 지금은 체면을 잃었지만, 이 부분을 쓸 당시에는 미국 대통령 리처드 닉슨을 염두에 두고 있었다고 고백했다. R2D2는 우주의 기운을 지배할 수 있는 지혜를 지닌 가장 위대한 기사를 찾는다. 루크는 이 로봇을 따라가고 위대한 기사를 만나며 그로부터 악을 물리치는 데 필요한 신비한 비법을 배운다.

285. 〈스타워즈〉 시나리오의 많은 요소는 구로사와의 〈숨은 요새의 세 악인〉에서 따왔다. 일본, 1958.

이 시나리오는 지금까지 이 책에서 설명했던 시나리오 중 가장 터무니없다. 하지만 이야기의 윤곽만으로 이 작품의 스키마의 폭을 가늠할 수 있다. 기사들과 그들이 수양하는 부분은 구로사와 아키라의 사무라이 영화들에서 따왔다. 공주, 최고의 전사, 그리고 다헤이와 마타시치를 연상케 하는 R2D2와 C3PO의 조합을 볼 때 구로사와의 〈숨은 요새의 세 악인〉(일본, 1958)은 루카스에게 이야기의 많은 요소를 제공했던 것으로 생각된다. 이야기 속의 악인들은 독일 감독 레니 리펜슈탈의 〈의지의 승리〉(1935)를 떠올리게 촬영되었다. 일련의 패배와 회복이 있는 모험적 서술 구조는 수십 년 전 영화 상영 전에 보여주었던 짧은 모험 시리즈물로부터 파생되었다. 이것은 역사상 상업적으로 가장 성공한 미국 영화의 절대적인 출발점은 아니었지만, 루카스는 소년을 위한 우화를 풍부하게 만들기 위해 이 영화들을 활용했다. 〈스타워즈〉는 밝고 평면적인 조명으로 촬영되었고 일부 장면들은 화면이 수평으로 넘어가는 '와이프wipe' 기법으로 편집되었다. 또한 이 작품은 선과 악의 구도로 편집되고 액션을 통해 짜릿함을 구축하며 로맨스와 유머를 겸비했던 1930년대 B급 서부영화 감성을 가지고 있었다.

〈스타워즈〉는 목적을 달성하고 삶의 미스터리를 깨달으며 결국 우주를 구하고 영웅이 되는 청년의 이야기로, 성적 요소도 없었고 폭력의 수위도 낮았다. 그는 남성적이며 내면적 삶이 있었다. 사운드트랙이 소란한 이 영화는 극장을 뒤흔들 지경이었으며 이전의 그 어떤 영화보다도 역동적으로 우주를 누볐다. 또한 동시대의 영화보다 성인을 겨냥한 요소가 적었다. 그러니까 〈2001 스페이스 오디세이〉가 했던 것처럼 공상과학 영화의 새로운 "형식을 개방"하는 시도 같은 것은 없었다. 관객은 〈죠스〉보다 배나 많았다. 그리고 이전의 영화들보다 젊은 층과 가족 단위의 관객이 많았다. 루카스는 이미 높았던 수익에 어린이들에게 루크와 공주, 우주선 등의 모형을 팔아 더 높은 수익을 창출했다. 미키 마우스 이후에 관련 상품의 판매가 이토록 성공적인 경우는 없었다. 또한 이 시기의 새로운 발명품은 영화를 사람들의 삶 속에 더욱 깊이 파고들게 했다. 바로 테이프가 들어가는 네모난 상자, 비디오의 보급이었다.

〈엑소시스트〉, 〈죠스〉, 〈스타워즈〉는 진지한 감독들의 사적인 영역을 벗어나 교외 지역 10대들의 맥박에 맞춘, 미국 영화의 판도를 바꾸기에 충분한 사건이었지만 이 거대한 세 꼭짓점은 많은 비용을 들인 사적인 영화 두 편의 흥행 참패를 불러왔다. 마틴 스코세이지는 MGM 뮤지컬을 재기발랄하지만 교착 상태에 빠진 창의적 비관주의 작품 〈뉴욕, 뉴욕〉으로 재탄생시켰는데, 막대한 비용을 들였으나 그 대부분을 잃었다. 이 영화로 감독은 거의 공황 상태에 빠졌으며 대다수가 무리한 시도였다고 생각했다. 3년 후에 스코세이지와 같은 이탈리아계 미국인 감독인 마이클 치미노는 황량하고 몽환적이며 사적인 마르크스주의 서부 영화 〈천국의 문〉(1980)을 만들었으나 흥행에 참패해 제작사인 유나이티드 아티스츠를 위태롭게 만들었다(286). 그것과 상관없이 이 영화는 차분하고 고상했다. 두 작품 모두 관객의 즐거움은 무시한 방종적이고 심지어 자기 파괴적인 자아의 괴물로 여겨졌다. 이 작품들은 새로운 할리우드의 관에 박혔던 마지막 못이었다.

1970년대에는 1960년대의 영화적 사고가 확장되고 또 반전되었다. 아프리카와 중동, 남미의 영화인들은 서양 영화의 전통적 양식과 내용을 거부하고 자국에 관한 정치적 영화를 만들었다. 독일에서는 굵직한 영화들이 새로운 역사적, 국가적, 성적

286. 미국의 사적인 영화 제작의 관에 박혔던 마지막 못들 중 하나는 마이클 치미노의 대서사적이고 느린 서부 영화, 〈천국의 문〉이었다. 이 영화의 흥행 참패는 감독의 방종과 자만심 때문이라고 비난받았고 그 이후로 영화감독들은 영화사로부터 보다 엄격한 통제를 받았다. 미국, 1980.

내용을 담기 위해 이런 전통적인 형식을 자주 사용했다. 1970년대 초반의 미국 감독들은 이와는 반대 성향으로 나아가, 복잡한 인간 심리와 철학적 소재를 탐구하기 위해 유럽의 감독들 및 훌륭한 촬영감독들의 영향을 받은 과거 미국의 전쟁, 갱스터, 뮤지컬, 서부 영화 장르를 취한 뒤 이러한 장르에 새로운 형식적 접근법을 적용했다. 1920년대의 메아리처럼 이 모든 것들은 예술 영화의 영역을 확장했다.

하지만 그것은 폐쇄적인 낭만적 사실주의의 전통인 스릴과 스펙터클을 간과한 것이었다. 베이비 붐 세대는 변화와 행동주의, 새로운 예술 형식에 싫증이 난 듯 보였고 무언가 다른 것을 추구하고자 했다. 그래서 그들은 새로운 멀티플렉스를 배경으로 선봉에 서 있던 젊은이들과 합류했고, 결과적으로는 광선 검, 포스Force, 밀레니엄 팰컨Millennium Falcon에 의해 예술 영화는 파괴되었다. 이는 초창기 영화의 묘미로 귀환한 것과도 같았다. 좋든 나쁘든 휴머니즘은 미국 영화에서 빠져나갔고 1970년대 말까지 영화는 더 이상 자기표현의 수단이 아니었다.

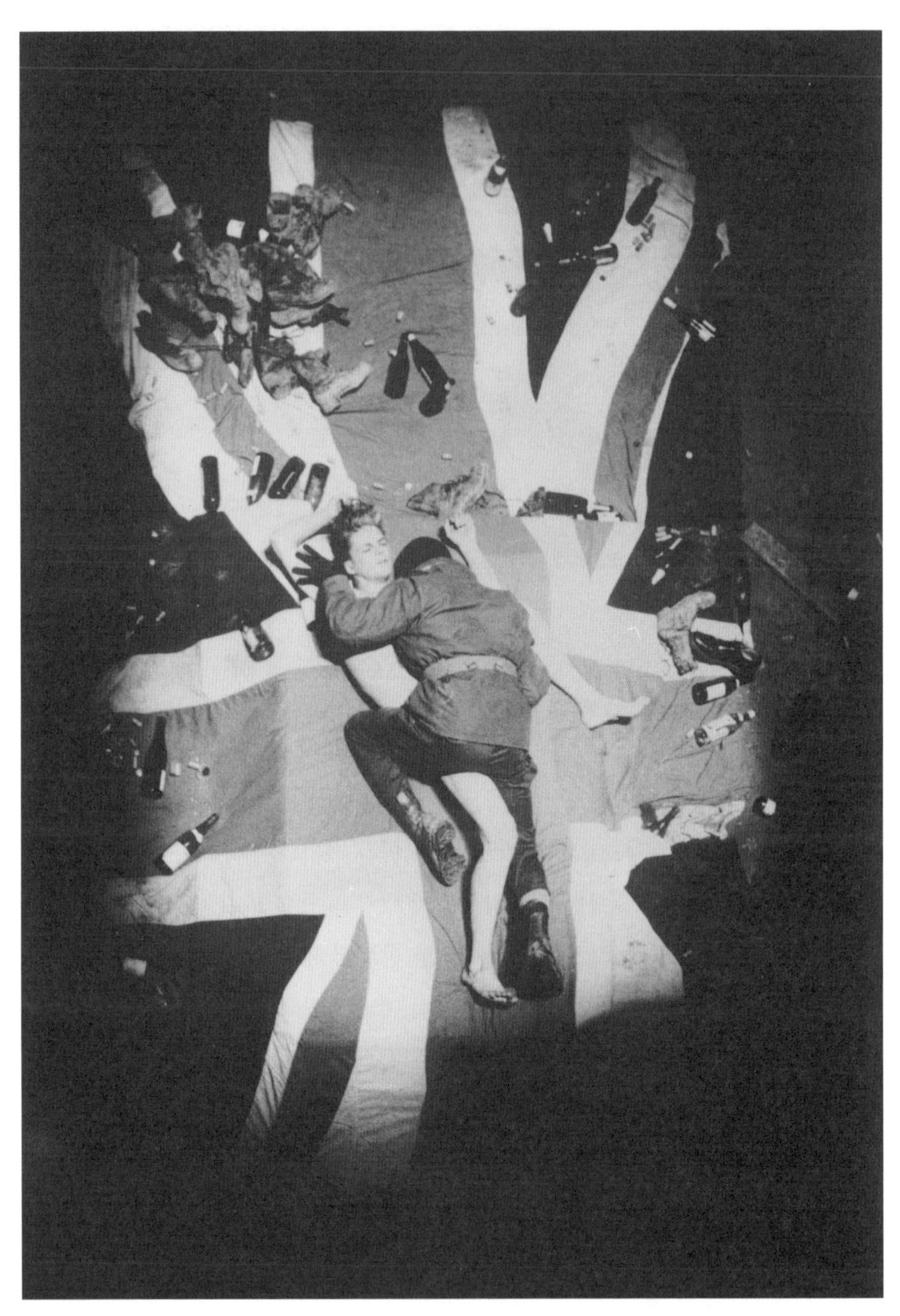

287. 데릭 저먼이 연출한 아방가르드 영화 〈대영 제국의 몰락〉의 남성성과 민족성에 대한 도전적인 이미지. 영국, 1987.

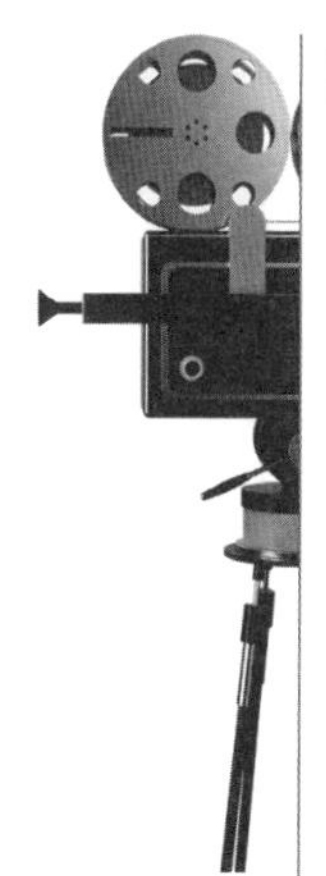

9. 엔터테인먼트의 팽창과 철학(1979~1990)

세계 영화의 극단

1970년대 말에 뉴 웨이브 감독들은 다스 베이더와 멀티플렉스 그리고 국가의 이미지 쇄신으로 노선이 달라졌다. 전직 배우였던 우익의 로널드 레이건은 1981년 1월에 대통령으로 취임했다. 미국이 너무 자기비판에 빠졌었고 미국은 숭고하며 1960년대 세대는 실수를 많이 했다는 그의 메시지는 위기를 맞은 현대 미국인의 삶에 대한 신념을 노골적으로 거부한 것이었다. 미국은 다시 세계의 영웅이 되고 싶었고 레이건은 이를 부추겼다.

1970년대의 미국 영화는 비관적인 남성에 대한 주제로 편향되어 있었다. 8장에서 언급했던 미국 영화 중에 〈카바레〉(1972)만이 여성에 관한 것이었다. 스코세이지와 코폴라처럼 반영웅주의, 열린 결말, 모호함, 추상, 역설, 상실을 묘사했던 미국의 신인 감독들은 주로 남성성을 다루었으며, 심지어 전통주의자 샘 페킨파는 〈관계의 종말Pat Garrett and Billy the Kid〉(1973)과 〈철십자 훈장Cross of Iron〉(영국·독일, 1977)의 제임스 코번, 〈가르시아Bring Me the Head of Alfredo Garcia〉(1974)의 워렌 오티스 같은 폭력적인 남성을 마치 비관주의와 자기 파괴에 갇힌 사람처럼 묘사했다. 남성성에 대한 이 암울한 관점은 로널드 레이건의 의기양양함으로 시들해졌다. 그 대신 낙관적인 1980년대에 세계적으로 흥행에 성공한 영화들은 〈제국의 역습〉(1980), 〈레이더스Raiders of the Lost Ark〉(1981), 〈이티E. T. The Extra-Terrestrial〉(1982), 〈제다이의 귀환Return of the Jedi〉(1983), 〈고스트버스터즈Ghostbusters〉(1984), 〈백 투 더 퓨처Back to the Future〉(1985), 〈탑건〉(1986), 〈뉴욕 세 남자와 아기Three Men and a Baby〉(1987), 〈레인 맨Rain Man〉(1988), 〈배트맨〉(1989), 〈나 홀로 집에Home Alone〉(1990) 등이었다. 〈레인 맨〉을 제외하면 모두 판타지와 모험을 그리고 있으며, 즐거운 소년 시절로 돌아가게 해주거나 남성의 아드레날린을 분출하게 만드는 영화였다.

1980년대 미국 영화의 초기 동향

기존의 영화계 흐름에 대한 반혁명은 한꺼번에 일어난 것이 아니었다. 사실 1980년대 초는 미국 영화가 복잡성을 추구하기 좋은 시기였다. 1980년의 경우만 보더라도 〈성난 황소〉, 〈아메리칸 지골로〉, 〈엘리펀트 맨The Elephant Man〉, 〈샤이닝The Shining〉, 〈천국의 문〉, 〈세코커스 7Return of the Secaucus 7〉 등이 미국 영화의 성숙도를 보여주는 듯했다. 하지만 이 작품들의 불명확성과 비관주의는 새로운 시기의 밝은 분위기 속에서 유지되기 어려웠다. 심지어 〈스타워즈〉의 후속작 〈제국의 역습〉(어빈 커슈너, 1980)도 조명은 현저하게 어두웠고, 제다이 기사 루크 스카이워커는 포스를 다루는 자기 능력에 의구심을 가졌으며, 친구들과의 연합은 패배에 직면했고, 사악한 다스 베이더가 자기 아버지였다는 사실을 알게 된다. 마틴 스코세이지의 〈성난 황소〉는 그가 만든 가장 고통스러운 이야기로, 영혼의 몰락과 구원에 관한 것이다. 예술적이며 천식이 있고 육체적으로 약했던 스코세이지는 어쩌면 억세고 말주변이 없는 권투 선수 제이크 라모타에게 자신을 투영했던 것인지도 모른다. 손이 작은 것을 부끄러워하는 등 두 사람 사이에는 심리적 연관성이 있었다. 이런 세세한 묘사는 스코세이지가 작품 속의 가상 인물과 공감할 수 있는 요소로 작용했다. 사람들은 제이크가 맷집은 좋지만 그 이상의 가치는 없다고 생각했다. 감옥에 수감되고 절망에 휩싸인 제이크는 자신에 대한 사람들의 생각을 자각하고 벽을 치면서 “나는 짐승이 아니야. 짐승이 아니라고.”를 외치며 흐느낀다. 스코세이지는 이런 분노가 무엇인지 잘 알았다. 이러한 분노는 스코세이지에게 너무나 현실적이었기에 그는 권투 장면에서 그것이 어떤 느낌인지, 어떻게 공간을 떠다니는지, 어떻게 침묵으로 흘렀다가 다시 두려움

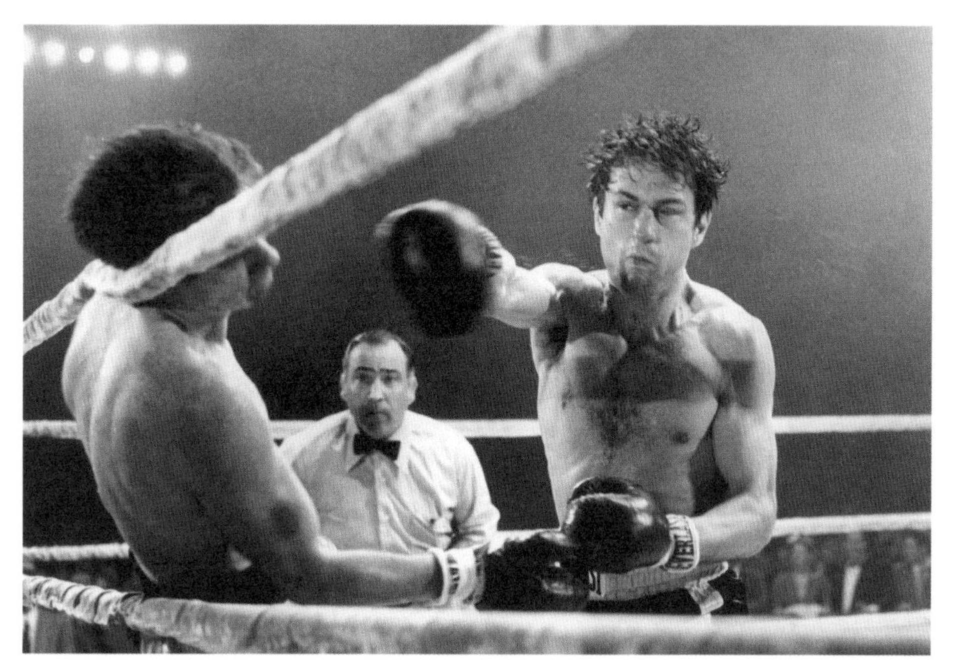

288. 1980년대를 향한 순조로운 시작. 마틴 스코세이지는 표현주의적 공간 사용(위)과 다큐멘터리 같은 사실주의(사진 289)를 혼합한 전후 미국의 훌륭한 영화 중 하나인 〈성난 황소〉를 연출했다. 미국, 1980.

에 휩싸이는지를 보여주었다(288). 크레인 숏은 두들겨 맞는 육체의 혼미함을 포착했고 슬로 모션과 패스트 모션의 교차는 제이크의 비틀거리는 정신 상태를 보여주었다. 세심한 사운드트랙은 마치 녹음기의 헤드에서 발생했을 것 같은 유기적인 소음을 층층이 쌓았다. 마법과도 같은 촬영은 멜리에스나 콕토, 웰스의 영화 못지않게 훌륭했다. 하지만 그런 순간들이 지나고 나면 감독은 카메라를 바닥에 내려놓으며 전혀 다른 촬영 기법을 펼쳤다. 아내와 말다툼하고(289) TV를 고치는 등 제이크의 일상을 보여주기 위해 스코세이지는 자기 부모에 관한 다큐멘터리 영화 〈이탈리안 아메리칸Italianamerican〉(1974)을 만들 때처럼 재현 장면같이 보이는 기법으로 촬영했다. 그 누구도 이런 식으로 표현주의와 논픽션 촬영 스타일을 결합한 적은 없었다.

〈성난 황소〉는 종종 1980년대 최고의 영화로 평가되지만, 사실 1980년대와 별 상관은 없는 내용이다. 이 작품의 시나리오를 집필한 폴 슈레이더는 자신의 세 번째 연출작에서 1980년대의 남성성에 관한 나름의 나르시시즘을 펼쳤다. 〈아메리칸 지

289. 〈성난 황소〉에서 제이크가 아내와 말다툼하는 장면. 미국, 1980.

골로〉(미국, 1980)는 뉴 웨이브 영화의 단골 주제였던 매춘부에 관한 내용이었지만 여성이 아닌 남성인 매춘남이었으며, 이는 1980년대 영화적 남성 숭배의 반전이었다. 리처드 기어가 연기한 이 남자는 판매자이자 상품 그 자체로, 1980년대 권력과 성공의 상징이었던 얄팍한 팝 음악과 명품 의류, 스포츠카를 즐긴다. 1980년대 분위기 자체처럼 슈레이더는 이 남자가 내면적 삶이나 영적 삶이 없다고 주장하는 듯 보였다. 로렌 허튼과의 성관계 장면은 신체 부위를 추상적으로 표현했으며 장뤽 고다르의 〈결혼한 여자Une femme mariée〉(프랑스, 1964)를 거의 복사한 것처럼 보였다. 브레송의 〈소매치기〉 결말을 직접적으로 모방한 듯 슈레이더는 주인공을 감옥에 가두고 여자가 면회를 왔을 때 비로소 감정적 고립에 대해 자각하는 순간을 맞게 만든다(306~309쪽 참고). 슈레이더의 육체에 대한 탐구와 육체의 초월성에 관한 관심의 조합은 그를 현대 미국 영화계의 모호한 감독 중 하나로 만들었다.

슈레이더의 비평적 성향은 그가 연출한 영화에서 논리 정연하고 지적이며 공식적인 성취를 가능하게 했다. 그런 유형의 감독이 또 한 명 있었는데 바로 다작의 작가 출신 감독인 존 세일즈다. 로저 코먼과 함께 작업하며 영화 관련 일을 시작한 뒤 다수의 저예산 영화를 만들었으며 레이건주의적 흐름에 반대한 세일즈는 곧 미국을 대표하는 영화인이 되었고 당대의 중요한 독립 영화인이었다. 세일즈는 마틴 스

290. 한 소도시에서 일어난 사회와 정치의 유착에 관한 존 세일즈의 소설적인 묘사는 1980년대 영화의 단순화에 반하는 것이었다. 〈꿈꾸는 도시〉. 미국, 1991.

코세이지, 데이비드 린치, 우디 앨런처럼 자신에 관한 사적인 영화를 만들기보다는 주로 변방의 복잡한 공동체를 주제로 한 영화를 만들었다. 그의 첫 영화 〈세코커스 7〉(1980)은 20년이 지난 시점에서 1960년대의 정치적 시위대를 시기적절하게 살펴보았다. 〈꿈꾸는 도시City of Hope〉(1991)는 1980년대 레이건에 반대하는 영화 중 가장 훌륭한 작품이었다. 소도시 사업체의 정치적 타협을 다룬 이 작품은 한 이야기의 등장인물들이 다른 이야기의 결말로 들어가서 벌어지는 52개의 대화 장면이 그물망처럼 연결된 형식이다(290). 세일즈는 이런 형식을 시나리오상에서 '거래trading'라고 명명했다. 등장인물들과 이야기 지점들 사이의 복잡한 관계가 처음에는 이해하기 어렵지만, 전개와 합의에 관한 언급을 따라가다 보면 이해가 된다.

이 시기의 또 다른 급진적인 영화감독 스파이크 리는 사회학적 성향은 덜했다. 그의 장편 데뷔작 〈당신보다 그것이 좋아She's Gotta Have It〉(미국, 1986)는 젊은 흑인 여성의 연애담을 들려줌으로써 멜빈 반 피블스의 〈스위트 스위트백스 배다스 송〉처럼 영화의 성적인 허세를 뒤집는 시도를 했다. 마틴 스코세이지처럼 리 역시 뉴욕대학교에서 영화를 공부했으며, 영화 예산이 세일즈의 예산 못지않게 적었으나 특출난 재능을 지닌 촬영감독인 어니스트 딕커슨과 함께 만들어 낸 이미지는 스타일이 매

291. 뉴욕의 인종 간 폭력에 관해 탁월하게 탐구한 〈똑바로 살아라〉에서 피자 배달부 무키를 직접 연기했던 스파이크 리. 미국, 1989.

우 좋았다. 그런 점에서 그의 〈똑바로 살아라Do the Right Thing〉(1989)는 큰 발전을 보여주는 작품이다. 뉴욕 브루클린의 무더운 하루를 배경으로 흑인과 라틴계 사람들 사이의 긴장이 피자 가게에서의 사건으로 인해 폭발한다. 〈꿈꾸는 도시〉처럼 이 작품도 등장인물들의 단면을 보여준다. 딕커슨이 사용했던 다채로운 색은 영화의 인종적 용광로 같은 주제와 부합한다(291). 리는 모든 것이 정상에서 벗어난 듯 표현하기 위해 좋아하는 영화 중 하나인 〈제3의 사나이〉(248~249쪽 참고)에서처럼 기울어진 카메라 앵글을 사용했다. 그는 흑인에 대한 백인의 실제 인종 차별적 공격을 연상하게 하는 '하워드 해변Howard Beach'을 외치며 피자 가게의 창문에 쓰레기통을 던져버리는 무키라는 인물을 직접 연기했다. 영화의 결말에 폭력을 비난하는 마틴 루터 킹과 자기 방어를 위한 폭력을 옹호했던 맬컴 X의 말이 자막으로 나온다. 이는 일부 평론가를 분노하게 했다. 『뉴요커』는 다음과 같은 기사를 실었다. "영화의 결말은 위태롭다. 만일 관객이 흥분한다면 그 책임의 일부는 리에게 있다."[1]

이 시기 미국의 또 다른 진지한 영화인, 데이비드 린치는 다른 정치적 영역에서 출발했다. 그는 1980년대의 가장 독창적인 영화감독이며 몇 안 되는 초현실주의자 중 한 명이었다. 린치는 가장 싫어했던 도시였고 그래서 작품에 괴물 같은 형태로 끊임없이 등장하는 필라델피아에서 미술을 공부했다. 악몽과도 같은 그의 데뷔작 〈이레이저헤드Eraserhead〉(1977)에서 그는 이 도시를 표현주의적으로 묘사했는데, 아버지가 되는 것, 방의 어두운 구석, 일상의 끝에 실재하는 알 수 없는 존재 등에 관한 공포를 거기에 덧입혔다. 이런 요소들은 유충 같은 동물, 털이 난 아기 같은 창조물, 긴 머리털 등의 형태로 묘사되었다. 후속작인 〈엘리펀트 맨〉(1980) 역시 기형과 도시에 대한 두려움에 관한 것이었지만 린치는 빅토리아 시대 런던에 살았던 흉측한 모습의 주인공 존 메릭에게 예상하기 어려웠던 따뜻함과 부드러움을 가미했다. 도시의 어둠 속에 숨어 지내던 메릭에게 의사가 동정심으로 다가가는 장면은 매우 감동적이다. 의사가 애처로움의 눈물을 흘리는 모습은 트래킹 숏으로 촬영되었다. 린치가 추구한 스키마의 독창성은 이 영화를 흔하지 않은 작품으로 만들었다. 그는 메릭의 이마에 자라는 혹(292)을 당시에 분출되었던 세인트헬렌스산의 화산에서 뿜어져 나온 연기나 물감을 물에 풀었을 때 생기는 구름 같은 형태와 연결 지었다.[2]

영화 이미지에 대한 직감적이고 추상적인 접근은 린치의 놀라운 작품 〈블루 벨벳〉(1986)에서 위대한 꽃을 피웠다. 이 작품 속에서 성장기의 린치처럼 미국의 작은

292. 데이비드 린치의 〈엘리펀트 맨〉이 보여주는 흉측함과 따뜻함. 미국, 1980.

293. 1980년대가 흘러가면서 린치의 초현실적이고 순수한 비전은 더욱 명확해졌다. 〈블루 벨벳〉 속 평범한 미국적인 요소(위)와 수면 아래의 야수 같고 몽환적인 요소(아래). 미국, 1986.

마을에서 자란 한 청년은 어느 불가사의한 여인의 옷장에 숨어 린치가 꿈꿔 봤을 행동처럼 여인을 몰래 지켜본다. 그리고 그녀를 사악하게 조정하는 난폭한 프랭크의 악몽과도 같은 세계를 경험하게 된다. 처음에 관객을 혼란스럽게 했던 요소는 급격한 분위기의 변화였다. 이 작품은 어린이들을 위한 순수한 디즈니 영화로 출발해서 〈엑소시스트〉같이 사악한 영화로 변모한다. 린치는 전자의 순수한 장면들을 어릴 때 읽었던 만화책에서 따왔지만, 데니스 호퍼가 연기한 프랭크로 하여금 이사벨라 로셀리니가 연기한 여인의 푸른색 벨벳 옷 조각을 그녀의 입에 물리며 성폭행하게 만든다(293). 한 기자

가 화성에서 온 지미 스튜어트라고 불렀던 린치는 경이롭고 또한 광적인 인간의 정신 상태에 관심이 많았다. 그는 이야기란 원래 천천히 “흘러 들어가야” 하는 것으로 생각했기에 영화 시작 부분에 슬로 모션을 사용했다. 린치는 프레임의 구성에 관한 자신만의 해석이 있었다. 그는 공간의 시각적 어수선함을 0부터 10까지 점수로 매겼고 사람이나, 특히 불과 같은 움직이는 요소들이 그 어수선함을 가중할 수 있다고 생각했다. 그리고 자신의 영화에서 구성의 핵심이 되는 장면을 설명하기 위해 ‘오리의 눈’이라는 말을 사용했는데 이에 관한 그의 설명은 다음과 같았다. “오리를 쳐다보면 눈은 항상 올바른 위치에 있다.”[3]

이런 식으로 말하는 영화인은 아무도 없었다. 하지만 이 이상한 논리는 린치의 특이함을 이해하는 데 도움이 된다. 예를 들면 그의 영화에는 항상 우주적인 요소가 있다. 그에게는 별을 올려다보는 것이 구성적으로 순수한 행동임을, 즉 그가 이야기한 0부터 10까지 어수선함의 정도에서 0이라는 것을 이해한다면 그런 순간들이 고조된 두려움의 수위를 어떻게 조절하는지 볼 수 있게 된다. 그의 이런 생각의 흐름은 작품 속에 언제나 존재한다. 다시 린치의 말을 빌리자면 그는 이런 생각이 우주에서 “튀어나온다”고 했다. 일례로 저평가되었던 그의 작품 〈트윈 픽스Twin Peaks: Fire Walk with Me〉(1992)에 등장하는 프랭크와 같은 괴물, 밥은 우연히 튀어나왔다. 어느 날 소품 담당자였던 프랭크 실바는 침실에서 서랍장을 옮기다가 방 안에 갇혔다. 린치는 “누군가 뒤에서 ‘거기 갇혀 있지 마, 프랭크’라고 말했고 나는 방에 갇혀 있는 프랭크를 상상했다.”[4]라고 말했다. 린치는 이 일을 통해 실바가 연기하는 새로운 등장인물이 몽환적인 서사에 등장하는 아이디어를 떠올리게 된다. 이 영화의 초현실주의는 사람들이 허공에 걸려 있고, 원숭이들이 옥수수를 먹으며, 장 콕토의 〈시인의 피〉(프랑스, 1930)에서처럼 프랭크를 비롯한 등장인물들이 시간을 역행하는, 이상한 빨간 방 시퀀스(294)로 확장된다.

스타일적으로 린치의 작품은 동시대의 영화보다 콕토 및 부뉴엘의 영화와 공통점이 더 많았지만, 〈블루 벨벳〉을 비롯한 작품의 중요한 한 가지 면이 동시대의 〈아메리칸 지골로〉 같은 영화의 경우와 마찬가지로 린치를 전형적인 미국 감독으로 만들었다. 그의 작품에서 심리적인 안전지대는 대부분 원형 그대로의 작은 마을과 미

294. 〈트윈 픽스〉는 개봉했을 때 조롱을 당했지만 영화에 사용된 상징적인 방, 역행하는 화면, 연극적 · 마법적 요소는 조르주 멜리에스와 장 콕토의 작품을 연상하게 만든다. 미국, 1992.

국적인 요소들이었다. 어쩌면 그는 언젠가 백악관에서 만난 적이 있다는 로널드 레이건보다 훨씬 더, 본인은 이해하기 힘든 바깥세상의 사람과 사물에 대한 추상적인 두려움이 컸다. 린치는 사람들이 나이를 먹으면 세상을 보는 창이 닫힌다고 믿었다. 사실상 이것은 미국에서, 그리고 미국 영화계에서 벌어지고 있던 일이었다.

진지함에 대한 반발과 엔터테인먼트의 팽창

스코세이지와 슈레이더, 세일즈, 리, 린치는 1960년대와 1970년대 초반의 영화인들이 그랬듯이 미학적, 사회적 야심을 계속 펼쳤지만 1980년대 미국 영화의 흐름은 이와 같은 경향과 반대로 가고 있었다. 업계 차원에서 보면 새로운 정치적 환경은 할리우드의 영화 스튜디오들이 제작과 배급을 겸하는 것을 금지했던, 1948년의 이른바 '파라마운트 판결'을 완화하는 로비를 펼치는 것을 가능하게 했다. 그 로비는 성공적이었고 관객은 약 40년 만에 제작사가 운영하는 영화관에서 영화를 관람할 수 있게 되었다. 파라마운트와 유니버설은 유나이티드 인터내셔널 픽처스UIP라는 합작 회사를 통해 그들의 영화를 해외로 배급했으며, 유나이티드 시네마 인터내셔널UCI이라는 공동 소유 회사가 운영하는 영화관에서 영화를 상영했다.

이와 동시에 또 다른 역동적인 형태의 시각적 문화가 케이블 TV를 통해 소개되기 시작했다. 새로운 음악 채널인 MTV가 1981년에 방송을 시작하면서 처음으로 방영한 뮤직비디오는 버글스라는 그룹의 「비디오가 라디오 스타를 죽였어요Video Killed the Radio Star」였다. 이 채널의 24시간 방영 방침은 젊은 비디오 연출자들을 위한 거대한 시장을 창조했는데, 이 연출자들은 새롭고 화려한 기법을 시도했으며 이들의 성공 여부는 편집 및 이미지가 얼마나 새로운지에 달려 있었다. 개국한 지 2년 뒤에 MTV는 존 랜디스가 마이클 잭슨의 노래 「스릴러」에 맞춰 연출한 14분짜리 작품을 최초로 방영했다. 영화와 팝 음악의 세계가 접점을 이루는 순간이었다. MTV는 결국 41개 국가의 1억 5000만 가정에 17개의 다른 언어로 방송되었다. 영화적 기법으로 만들어진 훌륭한 MTV 작품들은 역으로 영화의 스키마를 확장했다. 하지만 나머지 작품 대부분은 엉망이었다.

영화와 자매와도 같았던 광고 시장은 거대하게 확장되었다. 거기에는 야심이 크고 30초짜리 광고 이상의 작품을 만들고 싶어 했던 리들리 스콧과 토니 스콧, 에이드리언 라인 같은 인물들이 포진하고 있었다. 시청자의 관심을 즉각적으로 끌어내고 시청자에게 놀라움을 선사하며 그 시선을 사로잡아야 하는 텔레비전 광고의 압박은 그들에게 기존의 영화감독들보다 더 자주 카메라 앵글을 바꾸고, 다수의 카메라로 촬영하고 때로는 직접 촬영하기도 하며, 모든 것을 역동적으로 움직이게 하고, 시각적 효과를 위해 색 조명을 활용하며, 음역이 넓은 힘 있는 사운드트랙을 구축하도록 만들었다. 이 감독들은 영국인이었지만 이들의 작품은 슈레이더의 〈아메리칸 지골로〉를 관장했던 제리 브룩하이머, 홍보업으로 경력을 시작했으며 워너 브라더스에서 어린이 영화를 제작했던 돈 심프슨 등 미국 프로듀서의 눈에 들어왔다. 그들은 단순한 문장으로 설명되고 그래서 판매가 수월한 '하이 콘셉트high-concept' 영화를 창조하는 데 일조했다. 브룩하이머와 심프슨은 함께 회사를 설립했고 〈플래시댄스Flashdance〉(에이드리언 라인, 미국, 1983), 〈탑건〉(토니 스콧, 미국, 1986), 〈폭풍의 질주

Days of Thunder〉(토니 스콧, 미국, 1990)와 같이 센세이션을 추구하고 자유로우며 주로 남성적이고 소비자 가치를 중시하는 일련의 영화를 제작했다.

직접적으로는 브룩하이머, 심프슨, 라인, 스콧 형제의 영향으로, 그리고 간접적으로는 광고와 MTV의 새로운 기법에 흥분한 영화인들로 인해 미국의 주류 영화는 변모했다. 영화의 평균 숏 길이는 기존의 10초에서 40퍼센트나 짧아진 6초로 크게 줄었다. 〈마음의 저편One from the Heart〉(프랜시스 코폴라, 미국, 1982, 비토리오 스토라로 촬영)과 〈그렘린Gremlins〉(조 단테, 미국, 1984, 존 호라 촬영) 등의 영화는 조명에 푸른색 및 분홍색 젤을 씌워서 촬영했다(295). 1984년 즈음에는 장편 영화도 필름의 영상을 비디오로 옮기고 테이프에 필름의 식별 번호를 복사한 다음 컴퓨터로 편집하는 홍보 영화나 광고의 편집 기법을 활용하기 시작했다. IBM은 1981년에 개인용 컴퓨터PC를 처음 출시했는데, 1984년에는 프로용 PC의 메모리에 영화 전체를 담을 수 있었다. 이런 비디오 편집으로 예전에는 몇 분씩 걸리던 이동 장면이나 일부 액션 장면을 불과 몇 초 만에 작업할 수 있었다. 같은 시간 동안에 필름의 위치를 성가시게 옮기고 필름을 잘라 붙이면서 작업하던 예전의 시스템보다 훨씬 더 많은 편집 작업이 가능했다. 큼지막한 기존의 편집기는 편집실에서 사라졌고 편집자들은 새롭고 빠른 방법을 적어도 한동안은 즐겼다.

295. 1980년대 미국 영화에서 볼 수 있는 여러 새로운 시각적 유행 중 하나는 조 단테가 연출하고 존 호라가 촬영한 〈그렘린〉의 이 장면처럼 색이 있는 빛으로 조명을 하는 것이었다. 미국, 1984.

이러한 새로운 영화 기술과 부자들의 낙관적인 분위기는 하늘이 맺어준 인연 같았다. 미국의 영화인들은〈탑건〉에서 유례없는 융합을 찾았다. 톰 크루즈가 연기한 매버릭이라는 건방진 전투기 조종사의 상투적인 이야기는 마치 MTV의 홍보 영상처럼 시작된다. 매버릭은 비행 학교에 가고 하늘을 날며 한 여자와 사랑에 빠지지만, 그의 무모함은 결과적으로 비행 파트너를 죽음으로 내몬다. 이 작품은 인간적인 요소에는 시간 투자가 미미한데 비행하는 장면에는 큰 노력을 들였다. 〈탑건〉은 관객을 객석에서 날려 버리려는 목적으로 촬영되고 편집되었다. 1980년대의 새로운 스타일적 숭고함이었던 것이다. 비행기와 톰 크루즈의 멋진 모습을 강조하기 위해 감독인 토니 스콧은 때로는 감각적인 움직임을 만들어 낼 수 있는 미세한 슬로 모션인 초당 28프레임으로 촬영했다. 〈탑건〉은 톰 크루즈를 슈퍼스타로 만들었다. 레니 리펜슈탈이 등장인물을 그렇게 만들었던 것처럼 이 작품은 매버릭의 남성성과 애국심을 부각했다(296). 매버릭은 강하고 흔들리지 않는 남성이며 삶의 욕망은 여성에 대한 갈망으로 표현되기도 했지만, 영화의 결말에서는 소비에트 연방의 미그기를 격추한다.

296. 군대의 관능미와 아드레날린이 분비되게 만드는 전투기 비행은 비디오의 영향을 받아 토니 스콧이 연출한 〈탑건〉의 주제였다. 미국, 1986.

MTV의 미학과 미국 군대의 고귀함이 합쳐진 것이 거슬리는 사람도 있었지만, 이 작품보다 몇 달 전에 개봉했던 영화만큼은 아니었다. 〈람보 2Rambo: First Blood Part II〉(미국, 1985)는 미국이 이길 수 있다는 것을 입증하기 위해 베트남에 다시 가는 것, 그 이상도 그 이하도 아니었다. 〈람보 2〉는 당시 근육질 남성의 상징이었던 실베스터 스탤론이 시나리오를 쓰고 출연한 영화로, 베트콩의 포로가 된 미국인들을 구하기 위해 동남아시아로 향하는 특수 부대원의 이야기다. 그다지 이름이 알려지지 않았던 조지 P. 코스마토스George P. Cosmatos가 연출한 이 작품은 완숙하지 못한 분노를 그린 습작이었고, 적과 공산주의자를 마구잡이로 살해하는 발작이었으며, 당시 일부 평론가들이 주장한 바에 따르면 관객의 살해 욕구를 부추기는 불편한 묘사였다(297).

297. 〈람보 2〉에서의 베트남 전쟁 재현은 레이건 시대의 새로운 애국심에 불을 붙였다. 감독: 조지 P. 코스마토스. 미국, 1985.

1980년대 아시아 영화 문화의 새로운 발전

영화 역사상 최초는 아니지만, 인도 영화는 미국 영화와 궤를 같이했다. 새로운 마초 배우 치란지비는 해마다 최대 14편의 작품을 촬영하며 실베스터 스탤론과 같은 대스타가 되었다. 영화 산업의 무게 중심은 봄베이에서 인도 남부의 마드라스로, 힌디어로 된 '올 인디아' 영화는 텔루구어와 그 외 언어로 옮겨갔다. 마드라스에서는 한 해에 500편 정도의 영화가 제작되었는데, 이는 로스앤젤레스보다도 더 많은 수였다. 치란지비는 영화에서 힌디어가 아닌 텔루구어로 말했으며, 텔루구어로 제작된 영화는 한 해에 최소 140편이 넘었다. 나아가 140여 편은 타밀어, 또 다른 140여 편은 말라얄람어로 제작되었다. 말라얄람어는 인도의 남서부 지역에서 사용되었는데, 페르시아만에서 일하던 이슬람교도들의 투자로 이 지역에서의 영화 제작이 급증했다. 할리우드처럼 인도의 영화도 광고 영상의 영향으로 진행 속도와 역동성이 증대되었다. 미국의 토니 스콧과 흡사한 인도의 인물은 텔레비전용 홍보 영화를 만들던 무쿨 수데슈와르 아난드Mukul Sudheshwar Anand로, 그는 가장 영향력 있는 도피주의 영화감독이 되었다.

도피할 이유는 많았다. 1983년에 인도의 군대는 암리차르에 있는 신성한 시크교 사원을 급습했고 800명이 넘는 인명이 희생되었다. 다음 해 10월에 인도의 총리 인디라 간디는 이에 대한 복수를 계획했던 그녀의 시크교도 경호원에 의해 암살되었다. 두 달 뒤에는 미국 회사 유니언 카바이드 소유의 살충제 공장에서 발생한 유독가스 누출로 인도 중심부의 도시 보팔에서 하루 만에 2000명 이상이 사망했다. 이후 수십만 명이 실명하거나 간 부전 또는 신장 부전을 겪었다.

인도의 지적인 영화인들은 계속해서 비주류 영화를 만들었지만, 남성적인 액션 영화의 성공은 그들에게 많은 자리를 내어주지 않았다. 그들 중 가장 실험적인 성향을 가진 감독으로 〈우스키 로티〉(385~386쪽 참고)를 연출했던 마니 카울은 〈싯데슈와리 Siddheshwari〉(인도, 1989)를 만들었는데, 이 작품은 제목과 같은 이름의 전설적인 투므리 thumri 음악가에 관한 시적이고 환기적인 반半다큐멘터리 영화다. 〈싯데슈와리〉는 브레송의 영향을 받았고 매우 느리게 전개되지만 기억에 오래도록 남는 아름다운 영화다(298).

구로사와 아키라의 사례는 영화계에서 행운의 반전이 얼마나 잔인한지 보여준다. 1950년에 그는 영화계에서 추앙받는 감독이었고 예술 영화 불꽃의 지킴이였다. 그러나 20년 뒤에 그는 더 이상 작품에 대한 투자를 받지 못했고 1971년에는 자살을 시도하기도 했다. 반면에 지구 반대편에 있던 조지 루카스는 구로사와의 〈숨은 요새의 세 악인〉을 빌려와 우주를 배경으로 한 〈스타워즈〉를 만들어 전 세계적으로 흥행에 성공했다.

298. 마니 카울은 가장 명상적인 인도 감독 중 한 명으로 남았다. 위대한 여성 음악인의 삶을 담은 반半다큐멘터리 영화 〈싯데슈와리〉는 그의 작품 중 가장 아름답게 촬영되었다. 촬영은 피유시 샤가 맡았다. 인도, 1989.

이런 일 등으로 빚을 지고 있다고 생각했는지 루카스와 그의 친구인 프랜시스 코폴라

299. 〈카게무샤〉는 장군과 닮은 도둑의 이야기를 담고 있다. 위 사진과 아래 그림, 이 두 이미지를 보면 구로사와 아키라 본인이 사전에 디자인했던 장면과 얼마나 일치되게 영화를 촬영했는지 알 수 있다. 카메라 앵글과 높이, 인물 및 소품의 위치가 거의 일치하며, 벽지 디자인만 바뀌었다. 일본, 1980.

는 5년의 공백 기간 후에 나온 구로사와의 작품 〈카게무샤〉(1980)(299)를 제작하는 데 도움을 주었다. 실직 상태였던 감독은(구로사와도 웰스처럼 음료수 광고를 찍으면서 생활을 꾸려나갔다) 시간이 너무 많아서 그랬는지 영화를 위해 수백 장의 그림을 그렸다. 〈카게무샤〉는 구로사와가 만들었던 영화 중에서 사전 시각화 작업이 가장 잘 이루어졌던 작품이며 당시 일본 영화의 역사에서 제작비가 가장 많이 든 작품이었다. 왼쪽 그림에서 앉아 있는 주인공은 도둑이지만 죽은 장군과 너무나 닮았기에 장군의 '대역'(일본어로 '카게무샤')을 하게 된다. 이 장면의 스토리보드는 그 어떤 스토리보드보다도 완벽하다. 구로사와는 사각형 프레임, 낮은 카메라 위치, 앉아 있는 인물의

전신 구도 등을 꼼꼼하게 구성했으며, 중앙에 있는 나카다이 타츠야와 측면에 대칭으로 앉아 있는 두 여인의 장면을 매우 정확하게 예측했다. 그림은 화장과 머리 모양, 세트 디자인까지 세세히 묘사하고 있다. 구로사와가 감독, 촬영감독, 미술감독의 역할까지 다했던 셈이다. 영화가 무산될 수도 있다는 두려움과 세세한 부분들까지 신경 썼던 오래전 영화 제작에 대한 향수로 그는 이 영화의 사전 시각화 작업에 자신의 창조적 에너지를 모두 쏟아부었다. 왼쪽의 두 이미지는 대서사적 예술 영화의 향수를 불러일으킨다.

일본의 다른 훌륭한 감독들은 구로사와보다는 운이 더 따랐다. 일본인 전쟁 포로에 관한 오시마 나기사의 영화 〈전장의 크리스마스戦場のメリークリスマス / Merry Christmas, Mr. Lawrence〉(일본·영국, 1983)는 그의 작품 중 국제적으로 가장 큰 성공을 거두었다. 같은 해에 이마무라 쇼헤이는 영화제 수상작인 〈나라야마 부시코楢山節考〉(일본, 1983)를 연출했다. 두 작품 모두 이마무라가 1970년대에 만든 다큐멘터리 영화보다 영향력이 높지는 않았지만(361쪽 참고), 일본 논픽션 영화의 황금기를 가져오는 결과를 낳았다.

츠치모토 노리아키土本典昭는 인생의 반인 35년 동안 한 가지 주제로 16편의 영화를 만들었다. 인도에서 유니언 카바이드 재해가 발생하기 40여 년 전, 일본 비료 생산 공장인 치소는 1억 명의 일본인을 두 번 이상 사망에 이르게 할 수 있는 양의 독극물인 메틸수은을 미나마타 주변의 바다에 방출하기 시작했다. 실제로 만 명 이상의 사람들이 사망하거나 불구가 되었다. 1965년 텔레비전 영화를 시작으로 츠치모토의 다큐멘터리 영화는 1970년대 전반에 걸쳐 이 주제를 따라갔다. 그의 저항에는 이마무라의 혼이 깃들어 있었고 〈미나마타: 피해자와 그들의 세계水俣 患者さんとその世界〉(일본, 1971)(300) 같은 작품들은 논픽션 장르의 최고봉이었다.

1987년에 제작된 〈천황의 군대는 진군한다〉는 더욱 놀라웠다. 감독인 하라 카즈오는 제2차 세계 대전에 참전했던 오쿠자키 겐조가 전쟁이 끝난 후 뉴기니에서 같이 참전했던 전우들이 어떻게 되었는지 찾아보는 투지 넘치는 여정을 그렸다. 오쿠자키는 천황의 이름으로 행해진 전시의 잔혹 행위에 항의하며 쇼와 천황에게 새총을 쏜 혐의로 일본에서 유명해졌다. 작품 속에서 그는 한 걸음 더 나아가 당시 군 지

300. 서양에서는 좀처럼 상영되지 않았지만 1970~1980년대 일본 다큐멘터리 영화는 세계 최고의 수준이었다. 〈미나마타: 피해자와 그들의 세계〉는 츠치모토 노리아키가 35년 동안 연출한 미나마타 지역의 산업 독극물 유출에 관한 16편의 작품 중 하나다. 단일 주제에 대해 이처럼 헌신적으로 촬영한 사례는 서양의 다큐멘터리 영화에서는 찾아보기 힘들다. 일본, 1971.

휘관들을 찾아서 그들과 차를 마시며 뉴기니에서 일어났던 일들에 대해 꼬치꼬치 캐물었다. 진전이 없자 그와 하라 감독은 남녀 배우들을 섭외해 실종된 군인들의 가족이나 친지로 가장했고 그들의 윤리적 호소가 퇴역한 지휘관들로부터 답을 얻어내는 데 도움이 되기를 바랐다. 관객과 실종된 군인들의 형제자매로 가장했던 배우들, 오쿠자키 자신은 나이 든 지휘관들이 속고 있으며 진실을 캐내기 위해 그들의 죄책감을 자극하고 있다는 사실을 알고 있기에 그 결과 나온 장면은 영화 역사에서 감정적으로 가장 애매모호한 장면이 되었다(301). 하지만 하라와 오쿠자키는 그들을 더욱 자극했다. 결국 한 지휘관이 뉴기니에서 실종된 군인들은 다른 군인들에 의해 먹혔다고 자백했고 오쿠자키는 분노했다. 하라는 훌륭한 영화인이었지만 크레디트에 이름이 올라가는 것을 원치 않는 사람들로부터 진실을 캐내기 위해 어떻게 했는지 밝혔다. 그 크레디트에는 이마무라 쇼헤이가 '계획함'이라고 쓰여 있었다.

이러한 윤리적 복잡함을 떠나서 일본의 영화 산업은 새로운 기술적 지평을 열고 있었다. 소니와 마쓰시타는 1970년대 말부터 홈 비디오의 포맷에 대한 경쟁을 벌이고 있었다. 1980년대 초에 마쓰시타의 VHS 포맷이 앞서고 있었고 1988년에 소니도 경쟁사의 포맷으로 기기를 제작하면서 패배를 인정했다. 가정에서 영화를 보기 위해 비디오테이프를 대여하는 것이 유행이었고 이는 일부 남아시아 국가의 영화 관람 시장을 죽였다.

301. 하라 카즈오의 놀라운 영화 〈천황의 군대는 진군한다〉는 진실을 규명하기 위한 작품이었다. 이 장면에서 주인공인 오쿠자키 겐조(왼쪽)는 두 명의 배우(가운데)를 섭외해서 의문사한 군인들의 비탄에 잠긴 가족이나 친지인 것처럼 연기하게 했다. 일본, 1987.

일본 텔레비전 프로그램 중에서 매우 인기 있던 장르 중 하나는 애니메이션이었다. 삽화가 데즈카 오사무手塚治虫는 미국의 초창기 만화를 보았고 그가 잘 알고 있던 일본 만화 스타일과 미국 만화 스타일을 합치면 일본에서 인기를 끌 수 있을 거라고 판단하고 스튜디오를 설립한 후 전개가 빠른 도피주의적 작품들을 제작했다. 그리고 1960년대에는 미국보다 더 큰 텔레비전 애니메이션 시장을 개척했다. 20년 후에는 다른 인물로 변신하는 소녀들과 우주에서 지구를 위해 싸우는 로봇 등이 주요 생산물이 되었으며 후자의 경우에는 40여 개의 다른 버전들이 존재했다. 일본은 이런 작품들을 '아니메Anime'라고 부르기 시작했고 미국의 텔레비전에서도 일종의 컬트 문화로 인기를 끌기 시작했다. 아니메와 디즈니 영화의 차이점은 아니메의 경우 어린이보다는 성인의 취향에 맞췄고 일부는 성적 요소가 강했으며 플롯은 역동적이고 인간과 기계의 경계선이 흐릿했다.

1979년, 〈스타워즈〉의 세계적인 성공에 힘입어 도쿄 태생의 텔레비전 애니메이터 미야자키 하야오宮崎駿는 아니메를 스크린으로 옮겼다. 도둑과 공주 그리고 숨겨진 보물에 관한 〈루팡 3세: 칼리오스트로의 성ルパン三世 カリオストロの城〉(일본, 1979)

은 큰 성공을 거두었다. 그리고 그 성공은 전형적인 신비주의 작품 〈천공의 성 라퓨타天空の城ラピュタ〉(일본, 1986)로 이어졌다. 이 작품에서 머리를 양 갈래로 땋은 소녀는 하늘에서 떨어져 기계 견습공의 품에 안긴다. 그녀는 하늘에 있으며 고대 문명이 존재하는 라퓨타성에 데려다 줄 수 있는 신비한 돌을 가지고 있다. 미야자키의 복잡한 플롯과 푸르고 찬란한 시각적 요소, 그리고 형이상학은 그를 국제 영화계에서 인정받는 창의적인 인물로 만들었다. 1997년에 그의 걸작 〈모노노케 히메もののけ姫〉가 개봉했는데, 이 영화는 그때까지 일본 최고의 흥행작이 되었다. 〈모노노케 히메〉에 대해서는 10장에서 다시 언급하기로 하자. 텔레비전과 영화에 이어 아니메를 상영하는 제3의 유통 매체인 홈비디오 시장은 1984년경에 등장했다. 아니메는 주로 홈비디오용으로 제작되었고 내용의 제약이 없었기에 아니메 특유의 복잡한 플롯과 역동적인 시각적 전통은 폭력 및 노골적인 성 표현으로 이어졌다.

아시아의 또 다른 주류 상업 영화 산업이 있는 홍콩에서는 새로운 영화인들이 기존의 유행에 일조했고, 이곳은 동양 영화와 서양 영화가 역동적인 영화적 스키마를 주고받는 교류의 장으로 남았다. 이 지역의 새로운 능력자는 서극으로, 그는 스티븐 스필버그가 미국에서 그랬던 것처럼 자국의 영화 발전에 이바지했다. 스티븐 스필버그보다 4살 아래이며 베트남에서 출생한 서극은 스필버그처럼 10대 시절에 8mm 영화를 만들었으며 후에 매우 성공적인 작품들을 연출하고 제작했다. 그는 텍사스대학교에서 공부했고 홍콩으로 돌아가기 전에 뉴욕의 중국 신문사에서 일했다. 그의 첫 장편 영화는 1979년에 개봉했지만 〈상하이 블루스上海之夜〉(홍콩, 1984)(302)에서 처음으로 그만의 흥행 공식을 보여주었다. 스필버그처럼 서극 역시 1970년대 모국의 철학적인 영화들에는 별로 관심이 없었는데, 그 예로 호금전(443~444쪽 참고)이 연출했던 영화의 요소들을 의도적으로 거부했다. 그 대신 서극의 성공 비결은 미국의 블록버스터 감독들처럼 전통을 고수했고 동시에 흥행 감각이 있었다는 것이다. 그는 가족 영화 시장을 겨냥했고 현혹적인 제작 기술로 관객의 넋을 빼앗았다. 초자연적인 요소는 그의 주요 분야였고 거기에 중국 관객이 좋아하는 공포와 무술을 가미했다.

302. 서극이 연출한 매혹적인 영화 〈상하이 블루스〉. 홍콩, 1984.

유럽의 남성성과 새로운 영화 스타일

1980년대에 공포 테마는 성적인 요소와 새로운 영화 기술이 영화 제작의 원동력이 되었던 유럽에서도 인기가 있었다.[5] 1980년대에는 프랑스 영화도 광고계에서 번뜩이는 요소들을 빌려왔으며 그것은 '외형적 영화cinéma du look'라고 불리게 되었다. 브레송이나 파솔리니 등 1960년대 감독들의 절제되고 정제된 개념에 대한 노골적인 거부였다. 미국 영화의 새로운 이미지의 영향으로, 그리고 전통문화의 논리 및 의미와 스타일적 표면만 있을 뿐 근본이 없는 새로운 '포스트모던' 문화를 구분했던 철학자들의 영향으로[6] 전직 시나리오 작가였던 장자크 베넥스는 〈디바Diva〉(프랑스, 1981)와 〈베티 블루 37.2 37°2 le matin〉(프랑스, 1986) 등의 영화를 연출했다. 〈디바〉가 왜 영향력이 있었는지를 파악하는 것은 어려운 일이 아니다. 이 영화는 사회적, 문화적 장벽을 허물었다. 파리의 젊은 우체부가 미국의 유명한 오페라 가수와 사랑에 빠지고(303), 파리의 지하철에서 짜릿한 추격전이 펼쳐지고 총격이 벌어지며 이내 세련된 오페라 음악이 흘러나온다. 베넥스는 고다르처럼 미국 영화로부터 스릴러 장르의 요소를 가져왔다. 그는 나중에 이렇게 말했다. "영화는 오랫동안 사실주의, 아니 진실주의를 추구해 왔다. 현실과 흡사하게 보였다. 하지만 지난 4~5년간 영화

303. 시각적으로 화려한 새로운 유형의 프랑스 영화는 '외형적 영화'라고 불렸다. 그중 매우 영향력 있는 작품인 〈디바〉의 한 장면. 감독: 장자크 베넥스. 프랑스, 1981.

는 색감, 특출한 세트 디자인 그리고 현실과는 무관한 특정 놀이 감각으로 현실을 뛰어넘었다. 영화감독은 진실을 말하지 않고 다르게 말한다."[7] 1960년대 프랑스와 일본의 감독들이 물려받은 답답하고 계급적인 영화 제작의 관습을 거부했듯이 베넥스 같은 1980년대 감독들도 선배들이 노골적으로 "진실을 말하고" 냉정한 현실을 다루었던 관습을 거부했다. 〈디바〉는 1980년대의 〈네 멋대로 해라〉였다. 이에 비추어 볼 때 베테랑 감독 로베르 브레송이 연출한 〈돈L'Argent〉(프랑스, 1983)의 미학적 준엄함은 소외된 중년의 폭발처럼 보였다. 베넥스의 반사실주의적 경향에 맞섰던 최고의 작품 중 하나는 아녜스 바르다의 〈방랑자Sans toit ni loi〉(프랑스, 1985)였다. 〈방랑자〉는 한 젊은 여성 노숙자의 삶을 훌륭하게 담아냈다.

비디오 시대에 로베르 브레송과 이름이 유사한 뤽 베송의 〈서브웨이Subway〉(프랑스, 1985)는 베넥스의 비전이 더 확장된 형태의 작품이었다. 〈네 멋대로 해라〉가 개봉되었던 1959년에 태어난 베송은 유년 시절에 스쿠버 다이빙 강사였던 부모를 따라 곳곳을 여행했다. 광고 영상물을 섭렵한 후 그는 장편 영화로 시선을 돌렸다. 〈그랑 블루Le Grand Bleu〉(프랑스, 1988)는 바다에서 겪은 자신의 경험을 토대로 만든 것이고 〈서브웨이〉는 〈디바〉에서 가져온 파리의 지하철을 지하에 사는 사람들에 관한 은유로 확장한 것이다. 〈서브웨이〉의 액션 장면과 촬영 스타일(304)은 베넥스의 영화보다 훨씬 더 역동적이었으며, 사회적인 내용과 논리적인 의미에 대한 거부는 보다 급진적이었다. 도입부의 차량 추격 장면은 베넥스의 속도를 능가했지만 베송의 영화들은 종종 분위기가 없이 공허하고 시각적 요소만 보이며 관광 영상처럼 느껴지기도 했다. 또한 과도한 영화 미술이 두드러져 보였다. 베송은 미국에 살았었기에

304. 뤽 베송의 〈서브웨이〉는 〈디바〉의 멋진 이미지를 더 확장했다. 프랑스, 1985.

프랑스 영화의 지적 전통이나 프랑스 고유의 문화가 외래 문물 및 대중 예술로부터 보호되어야 한다는 개념을 접해보지 못했다. 그는 이렇게 말했다. "영화는 누군가의 생명을 구할 수 있는 약이 아니다. 그냥 아스피린일 뿐이다." 베송은 상업적으로 매우 성공한 프랑스 감독이 되었다. 1980년대의 많은 '외형적 영화'는 그저 멍청했지만 〈디바〉, 〈서브웨이〉, 레오스 카락스Leos Carax의 작품, 영어로 제작되었던 베송의 〈제5원소Le Cinquième Élément/The Fifth Element〉(프랑스·미국, 1997) 등은 그들 시대의 형식주의를 생생하게 표현한 것이었다.

1980년에 30대 초반에 불과했던 화려한 언더그라운드 감독의 스페인 영화들은 더욱 그랬다. 광고와 뮤직비디오 시대의 미국 및 프랑스 영화감독들이 새롭고 역동적인 시각적 문법을 주로 보수적인 방식으로 사용한 데 반해 페드로 알모도바르는 자신만의 젠더 감각, 감정, 우연 그리고 불합리성으로 대중문화의 판도를 뒤집었다. 전화 회사 직원이었던 알모도바르는 독재자인 프랑코가 사망한 1975년과 사회주의자 총리 펠리페 곤살레스가 당선된 1982년 사이, 스페인 역사의 불확실한 시기에 어디선가 튀어나온 인물이었다. 마드리드는 해방된 젊은이들에게 세계의 중심처

305. 스페인의 신인 감독 페드로 알모도바르 또한 작품에서 밝은색을 사용하고 화려한 영화 미술을 구현했지만, 알모도바르의 인물 강화 방식과 부조리적인 플롯은 그의 작품을 동시대 프랑스의 작품보다 더 파괴적으로 느껴지게 만들었다. 〈정열의 미로〉. 스페인, 1982.

럼 느껴졌고 알모도바르는 〈정열의 미로Laberinto de pasiones〉(스페인, 1982)를 통해 수도의 열광적인 모습을 스크린에 옮겼다. 그는 1960년대에 리처드 레스터가 런던에서 연출한 활기차고 멋진 영화들(364~365쪽 참고)을 사랑했으며 그 영화들의 자유주의에 스페인의 부조리주의적 유머가 가득한 공연 양식인 에스페르펜토 전통(354쪽 참고)을 가미해 작품을 연출했다. 전통적인 젠더 구분을 추구하는 미국의 경향을 거스르며 알모도바르는 햇빛을 두려워하고 색광인 섹시, 동성애자이며 가상의 아랍 왕족의 계승자로 테러리스트들이 납치하려고 하는 리자, 그를 유혹하려 하는 귀족 토라야, 유명한 인공 수정 의사인 섹시의 아버지 등 50명이나 되는 사람들을 영화에 등장시켰다. 모든 역경에도 불구하고 섹시와 리자는 디스코텍에서 만나 사랑에 빠진다. 에스페르펜토는 언제나 스페인의 파시스트적인 이미지와 나라의 현실 사이의 격차에 관한 것이었다. 이 작품을 비롯해 〈내가 뭘 잘못했길래Qué he hecho yo para merecer esto!〉(스페인, 1984), 〈욕망의 법칙La ley del deseo〉(스페인, 1987), 〈신경쇠약 직전의 여

306. 〈욕망의 법칙〉에서도 서사와 젠더 뒤집기에 대한 알모도바르의 관심은 계속 이어졌다. 스페인, 1987.

자〉(스페인, 1988) 등 다른 1980년대 작품들에서 알모도바르는 그러한 파시스트적인 이미지를 뒤집어 버렸다. 아버지들은 강한 욕정을 느끼고, 어머니들은 힘의 원천이자 법의 상징으로 묘사된다. 오랫동안 유지되었던 성적 엄격함은 이 영화들로 인해 날아가 버렸다. 알모도바르의 작품들은 주로 앙헬 페르난데스가 촬영했는데, 그는 마치 미국 만화 같은 밝은 원색을 즐겨 사용했다. 창조한 가상의 인물인 포르노스타 패티 디푸사의 회고록을 연재만화 같은 사진 소설 형식으로도 썼던 알모도바르는 부조리주의적 감정에 빠져 있었다. 알모도바르의 영화에 담긴 유머와 불경함, 팝 아트적인 밝은 색채, 노골적인 성적 묘사 그리고 여성에 의한 지배는 회복과 존엄성을 향한 첫걸음이라는 발견이 그의 작품을 놀라울 정도로 인기 있게 만들었다. 1987년 〈욕망의 법칙〉이 베를린 영화제에서 큰 주목을 받았을 때 스페인의 보수 언론도 노골적인 동성애를 묘사한 이 영화를 옹호했다. 당시 미국에서 개봉된 13편의 톱 스페인 영화 중에 6편은 알모도바르가 연출한 것이었다.

스페인에서는 새로운 좌파 자유주의 정치 풍토가 영화에서 창조적 붐을 일으켰다면 영국에서는 정치적 신자유주의 우파로의 전환이 그와 비슷한 효과를 냈다.

1979년 총리에 당선된 마거릿 대처도 로널드 레이건처럼 경제는 활발해야 하고 심지어 인습 타파적이어야 하지만 예술과 문화는 전통적인 국가적 자부심을 확고히 하고 강화해야 한다고 느꼈다. 대다수가 그녀의 견해에 공감했고 그런 뉘앙스의 문학 작품인 헨리 제임스의 소설을 각색해 만든 〈보스톤 사람들The Bostonians〉(1984)과 E. M. 포스터의 소설을 원작으로 한 〈전망 좋은 방A Room with a View〉(1985), 〈하워즈 엔드Howards End〉(1992) 등의 영화가 영국과 해외에서 성공을 거두면서 이를 입증했다. 이 작품들은 미국인인 제임스 아이보리James Ivory가 연출했고 인도인과 결혼한 독일·폴란드계 유대인 루스 프라워 자브발라Ruth Prawer Jhabvala가 시나리오를 썼으며 인도인인 이스마일 머천트Ismail Merchant가 제작했다. 머천트와 아이보리가 함께 작업한 영화들은 식민지에서나 영국의 위엄 있는 가정에서나 관용적인 문명국가가 되려는 야망이 있었지만 항상 부응하지는 못했던 영국의 과거를 묘사했다. 그들의 영화는 클로드 오탕라라나 데이비드 린의 방식처럼 품위 있고 지적이었으며 다니엘 데이루이스, 매기 스미스, 헬레나 본햄 카터, 앤서니 홉킨스, 엠마 톰슨 같은 배우들의 등용문이 되었지만, 그 영화들은 예를 들면 루키노 비스콘티의 영화와는 달리 종종 부르주아의 세계를 찬양했으며 대처의 반모더니즘에 너무 쉽게 동조하기도 했다.

다른 영국 감독들은 이러한 흐름에 저항했다. 스코틀랜드인인 빌 포사이스는 학교의 탈의실에 여학생들이 들어오자 유두를 가리는 남학생이 등장하는, 청춘의 어리숙한 사랑을 해학적으로 포착한 〈그레고리의 여자Gregory's Girl〉(영국, 1981)를 연출했다(307). 1980년대의 영국 영화에서 노동 계급의 삶은 좀처럼 다루어지지 않았지만, 글래스고 태생의 포사이스는 그레고리와 그의 친구들에게서 온화한 초현실주의와 바보 같은 낙관주의를 찾아냈다. 그것은 밀로스 포만의 방식이었고, 국제적으로 성공을 거두었다.

그의 차기작인 〈시골 영웅Local Hero〉(영국, 1983)은 〈그레고리의 여자〉의 상징적인 요소들을 텍사스의 정유 회사 CEO가 석유 시추를 위해 한 마을을 통째로 사려고 스코틀랜드로 가는 이야기로 발전시켰다. 마을을 사는 것은 그리 어렵지 않았지만, 정유 회사 거물급 대표의 천문학에 관한 관심으로 계획은 무산된다(308). 파월과 프레스버거의 영화(223쪽 참고)와 〈위스키를 가득히!Whisky Galore!〉(영국, 1949) 이후 처음

307. 빌 포사이스가 연출했던 유쾌한 스코틀랜드의 코미디 〈그레고리의 여자〉에서 도로시(디 헵번)에게 한 걸음 다가가는 데 성공한 남자 주인공(존 고든 싱클레어). 영국, 1981.

으로 스코틀랜드의 기발함과 신비함이 아름답게 조합되었다.

포사이스가 당시의 이데올로기가 소외시킨 삶의 요소들을 포착했다면 스티븐 프리어스, 데릭 저먼, 피터 그리너웨이, 알렉스 콕스, 샐리 포터, 브루스 로빈슨은 그 이데올로기를 전면으로 공격했다. 프리어스는 1960년대 후반에서 1970년

308. 빌 포사이스의 〈시골 영웅〉에서 스코틀랜드의 한 마을을 통째로 매입하려는 무자비한 시도를 하지만, 북극광과 지역 해변의 아름다운 풍광 때문에 마음이 심란해진 정유업계 억만장자를 연기한 버트 랭커스터. 이 영화는 일링 코미디의 초현실적인 코믹 정신을 되살렸고 포사이스를 그의 세대의 가장 성공적인 스코틀랜드 영화감독으로 만들었다. 영국, 1983.

309. 다니엘 데이루이스가 연기한 나치 성향의 조니와 고든 워넥키가 연기한 기업가 성향의 오마르가 등장하는 〈나의 아름다운 세탁소〉. 하니프 쿠레이시가 시나리오를 쓰고 스티븐 프리어스가 연출한 반反대처주의적 영화다. 영국, 1985.

대에 좌파 감독인 린지 앤더슨과 카렐 라이츠의 조감독으로 일했는데, 그들의 성향에 자신만의 평등주의와 BBC 방송국에서 훈련받은 실용주의를 더해 아시아계 영국인 소설가 하니프 쿠레이시의 시나리오를 각색한 것으로 획기적인 주제를 가진 1980년대의 영국 영화를 연출했다. 전통적인 백인 중산층의 정체성을 강화하고자 하고 빅토리아 시대로의 회귀에 관한 이야기가 나오던 때 쿠레이시는 런던에서 백인 파시스트 펑크족과 함께 세탁소를 운영하는 젊은 아시아 남자의 이야기를 다룬 영화 〈나의 아름다운 세탁소My Beautiful Laundrette〉의 시나리오를 썼다(309). 인종 차별을 노골적으로 다룬 것도 대담하기 짝이 없지만 두 남자 주인공을 연인 사이로 만든 쿠레이시는 두 번째 도발, 즉 동성애로 이야기에 풍미를 더했다. 이 작품의 역설적인 요소는 한둘이 아니었다. 왜냐하면 그 두 사람은 세탁소 운영을 아주 잘했고 대처 총리가 본보기로 삼았던 사업가상에 부합하는 인물이었기 때문이다. 그런데 그들의 성 정체성은 국가가 허용할 수 있는 선에서 상상할 수 없을 만큼 멀었다. 그런 설정을 보면 이 작품은 반反대처주의적이라고 볼 수도 있다. 이 단계에서 프리어스는 감정 묘사의 달인이 되어 어떨 때는 다큐멘터리 감독처럼, 또 어떨 때는 〈사랑은 비를 타고〉의 스탠리 도넌과 진 켈리처럼 작품을 연출했다.

문학 평론가 조지 스타이너는 억압의 시기에 예술은 종종 번성한다고 주장해 왔다. 1980년대에 영국은 대다수의 나라보다 자유로웠지만, 정치에 대한 혐오는 영화인들에게 수년 동안 최고의 자극을 주었다. 데릭 저먼은 〈세바스찬〉(영국, 1976)의 고전 세계에서 모국이 종말을 맞고 있다고 시사한 〈대영 제국의 몰락The Last of England〉(영국, 1987)으로 이동했다. 그는 일시적으로 35mm 필름 촬영을 뒤로하고 슈퍼 8mm 필름, 비디오, 슬로 모션, 중첩된 영상, 복잡한 현대적 사운드의 조합으로 고통받는 동성 결혼, 노숙자와 굶주린 사람들, 그리고 영국의 국기 위에서 성행위를 하는 군인과 벌거벗은 남자 등을 촬영했다(468쪽의 사진 287 참고).

웨일스 태생의 감독 피터 그리너웨이도 데릭 저먼 못지않게 실험적이었다. 영화 매체의 역사에서 그리너웨이만큼 자신만의 스키마를 구축한 감독도 드물다. 비록 그리너웨이는 자신의 거의 모든 영화에서 전통적인 스토리텔링을 거부하는 아방가르드 영화의 관행을 따랐지만, 그가 숫자, 알파벳 또는 분류 체계를 구축할 때는 모든 경계선을 넘었다. 그의 세 번째 장편 영화 〈동물원A Zed & Two Noughts〉(영국·네덜란드, 1985)에서 한쪽 다리를 잃고 균형을 위해 나머지 다리도 절단하는 알바라는 여인의 딸 베타는 알파벳순으로 동물을 열거한다. 〈차례로 익사시키기Drowning by Numbers〉(영국, 1988)에는 100까지 별을 세는 소녀가 등장한다. 이런 식으로 지성이 그의 작품의 이야기 요소들을 지배하며 우월한 질서로 이 요소들을 압제한다. 그리너웨이의 작품은 평탄하지 않고 특이하며, 우리는 "아직 영화를 본 적이 없다. 100년 동안 우리가 본 것은 삽화가 들어간 글이었다고 생각한다."라는 자신의 관점을 설명하려는 의도라고 이해될 수 있다. 알랭 레네의 〈지난해 마리앙바드에서〉를 촬영한 사샤 비에르니는 그리너웨이에게 이렇게 말했다. "당신은 영화감독이 아니야. 당신은 그리너웨이야."

샐리 포터도 마찬가지였다. 안무가이자 음악가였던 그녀의 장편 데뷔작 〈골드 디거The Gold Diggers〉(영국, 1983)에는 줄리 크리스티가 출연했다. 이 영화는 유콘강과 연극 무대를 배경으로 영국인들이 매일 저녁 TV에서 마거릿 대처를 통해 보았던 보수적인 백인 여성성에 대한 개념에 불가해하게 도전했다.

1980년대에 주목할 만한 영국 감독 중 마지막 주자인 테렌스 데이비스는 그리

310. 테렌스 데이비스는 자신의 고통스러운 성장 경험을 〈먼 목소리, 조용한 삶〉에서 우아하게 배치한 장면들로 승화시켰다. 영국, 1988.

너웨이 못지않게 영화를 사전에 세심하게 계획했지만, 그 결과는 정반대였다. 냉혹한 단편 3부작[8] 이후 그는 대단한 찬사를 받으며 〈먼 목소리, 조용한 삶Distant Voices, Still Lives〉(영국, 1988)의 시나리오를 쓰고 영화를 연출했다. 그의 고향인 1950년대의 리버풀을 배경으로 한 이 작품은 아버지로부터 잔혹한 폭력을 당하는 어느 노동자 계층 가정의 이야기를 다룬다. 영화 자체가 회상이며, 자전적인 점을 고려하면 〈먼 목소리, 조용한 삶〉은 데이비스가 힘들었던 유년 시절을 떠올리면 느끼게 되는 감정을 묘사한 것이다. 그렇게 함으로써 이 작품은 과거로부터 또다시 거리를 두게 된다. 거의 모든 고통스러운 장면이 (윌리엄 다이버와 패트릭 듀발이 작업한) 정교한 프레임과 조명으로 완벽해지고(310), 크레인 숏은 할리우드나 발리우드의 뮤지컬 영화처럼 우아함과 즐거움으로 조율된다. 데이비스는 〈영 앳 하트Young at Heart〉(고든 더글러스, 미국, 1954)의 결말에 보이는 크레인 숏을 자주 사용했다. 그 숏은 딸들 중 한 명의 남편이 자살한 것으로 추정될 때 카메라가 그 가정의 창문을 통해 미끄러지듯 들어가며(311) 완벽한 영화적 순간, 천국 또는 리처드 다이어가 쓴 일종의 유토피아(430쪽 참고)를 묘사했다. 그런 장면들은 데이비스 작품의 중요한 형식적, 감정적 장치가 되었다. 마치 마틴 스코세이지의 초기 작품처럼 〈먼 목소리, 조용한 삶〉은 영화인과 관객에게 일종의 회복을 가져다

주는 미학을 통해 기억된 경험을 관망하게 한다. 인간사의 추함은 표현의 아름다움에 의해 변형된다. 페드로 알모도바르의 영화에서처럼 데이비스의 영화에 등장하는 여성들은 감정 해소의 순간을 제공한다. 1950년대 말부터 영국 영화는 사회 계급의 차이에 관심을 가져왔다. 그 어떤 영화도 데이비스의 걸작보다 영화 관람을 즐기는 도시의 노동자 계층을 더 잘 포착하지는 못했다.

호주와 캐나다의 신인 감독

호주에서 자국 영화 제작이 활성화되기 시작하고 10여 년이 지난 때인 1970년대 말에 뉴사우스웨일스 태생의 전직 의사 조지 밀러는 응급실에서의 경험을 종말론적인 저예산 공상과학 영화에 쏟아 부었으며 그 영화의 편집을 자신의 침실에서 했다.[9] 이 영화는 흥행에 크게 성공해서 호주에서는 〈스타워즈〉보다도 더 많은 사람이 보았다. 〈매드 맥스Mad Max〉(호주, 1979)와 그 속편인 〈매드 맥스 2: 로드 워리어Mad Max 2: The Road Warrior〉(호주, 1981)는 법치주의가 무너지고 폭주족과 마약 중독자들이 사람들에게 테러를 저지르고도 교묘히 법망을 빠져나가는 미래 세계에 사는 선량한 경찰 맥스 로카탄스키(멜 깁슨)의 이야기다. 이 중요한 B급 영화의 시나리오는 정신 이상의 갱단에게 잔혹하게 죽임을 당하는 경찰의 아내와 자식의 사건으로 전개되며 그

311. 데이비스는 그가 묘사한 황량함의 대척점을 마련하기 위해 할리우드의 장밋빛 가족적 낙관주의와 위와 같은 몽환적인 분위기를 자아내는 트래킹 숏을 사용했다. 〈영 앳 하트〉. 감독: 고든 더글러스. 미국, 1954.

결과 깁슨은 광적인 복수의 화신으로 거듭난다. 밀러의 사회관은 명확한 레이건 공화주의고 그가 생각하는 남성성은 〈람보 2〉가 보여주었던 남성성 그 이상도 이하도 아니었지만, 서양 영화가 비디오의 영향을 받은 시기에 정확히 부합하는 이 두 작품은 모두 현란하게 촬영되었다. 깁슨의 자식이 살해될 때 우리는 아이의 신발이 공중으로 날아가는 것만 볼 수 있다. 속편에서 밀러는 영화 역사상 가장 스릴 넘치는 추격 장면 중 하나를 만들어 냈다. 이제 깁슨은 떠도는 외톨이가 되고 휘발유가 부족해 선량한 사람들과 함께 정유소를 지키지만, 연료가 절실히 필요한 상황에서 다양한 사막의 폭주족이 복잡하게 설계된 고속 차량을 타고 그들을 공격한다(312). 1900년대에 처음 확립된 영화 추격의 스키마는 이런 장면들에 의해 활기를 띠었고 밀러는 2015년에 〈매드 맥스〉 시나리오를 전 세계가 공감할 수 있는 수준으로 재작업했다(593쪽 참고). 〈매드 맥스 2〉 이후에 호주의 원주민 감독이 연출한 첫 번째 작품인 브라이언 사이런Brian Syron의 〈진달리 레이디Jindalee Lady〉(호주, 1992)가 세상에 나오기까지는 10년이 더 걸렸다.

캐나다 영화가 1980년대 보수주의에 대해 반체제적인 태도를 보인 것은 어쩌면 놀랄 일이 아니다. 사실 캐나다는 영화 역사상 처음으로 세계의 주목을 받은 영화

312. 광각 렌즈의 사용과 바로크적인 차량 디자인은 〈매드 맥스 2〉를 디스토피아적으로 생생하게 그려냈다. 감독: 조지 밀러. 호주, 1981.

를 이 시기에 제작했다. 이러한 영화를 만든 감독 중에 가장 두드러진 인물은 문학을 공부한 토론토 출신의 지식인으로 온화한 성품을 지닌 데이비드 크로넨버그David Cronenberg였다. 그는 그로테스크의 본질에 대한 일련의 은유적인 영화를 발표했다. 크로넨버그는 영국의 피터 그리너웨이처럼 인체가 부패하거나 침범당했을 때 벌어지는 일에 매료되었고, 이에 대한 서구 사회의 불안감을 탐구하는 감독 집단의 중심에 서게 되었다. 당시 평론가들은 이러한 경향을 '신체 공포body horror'라고 불렀고 에이즈에 대한 인식의 증가로 야기된 질병 및 신체 접촉에 대한 두려움과 관련지었다. "영화를 질병의 관점에서 보는 것"은 의인화된 규범에 대한 크로넨버그의 급진적인 반전이었다. "당신은 그들이 왜 그들을 파괴하려는 모든 시도에 저항하려고 하는지 알 수 있게 된다. 그 시도와 저항은 거의 두뇌 게임이지만 그 사이에는 정서적인 상관관계도 있다."[10] 크로넨버그의 열 번째 작품인 〈플라이The Fly〉(미국, 1986)는 이러한 그의 접근 방식을 가장 명확하게 보여준다. 이 작품은 1958년에 같은 제목으로 만들어진 공상과학 영화의 리메이크작으로, 한 과학자(제프 골드블룸)가 우주로 이동하기 위해 발명한 장치에 파리가 우연히 날아들어 그와 파리의 생화학적 특성이 섞여버린다는 이야기에서 해방적인 긍정적 요소들을 찾아내며 원작의 가치를 뒤집었다. 이렇게 탄생한 새로운 창조물은 일반 남성보다 힘과 성적 역량이 훨씬 더 강하다. 크로넨버그의 주요 작품들은 몇 안 되는 배우들과 축소된 실내의 세계가 배경이 되었는데 〈플라이〉는 미국의 스튜디오 작품임에도 불구하고 그와 같은 배경이었다(313). 기본적으로는 지하실 같은 먼지가 뽀얀 작은 방에 두 명의 배우가 전부였다. 하지만 음악은 매우 웅장했다. 폐소공포증은 로만 폴란스키의 영화를 연상시키지만, 한 남자가 인간성을 잃고 파리 같은 특질을 갖게 된다는 크로넨버그의 묘사는 의외의 낙관주의적 작품을 만들어 냈다.

1980년대 중반에 개봉된 이 영화는 넓게는 에이즈에 관한 영화로 받아들여졌다. 사실 감독의 마음을 사로잡았던 것은 골드블룸이 변해버린 그를 거부했던 사랑하는 여인의 눈앞에서 나이가 들어가는 부분이었다. 그는 여인에게 이렇게 말한다. "우린 모두 병이 있어. 누구나 결국은 죽게 된다는 병." 이 영화가 감동적인 이유다. 원작의 시나리오에서 파리로 변한 남자는 말을 하지 못한다. 크로넨버그는 이 부분을 바

313. 노화에 대한 풍자를 담고 있는 데이비드 크로넨버그의 영화 〈플라이〉에서 끔찍한 모습으로 변한 제프 골드블룸. 미국, 1986.

꿨고 그래서 골드블룸은 살점이 떨어져 나갈 때 어떤 감정이 드는지를 설명할 수 있었다.

〈비디오드롬Videodrome〉(캐나다, 1983)은 단순히 새로운 비디오 문화의 미학을 빌린 것이 아니라 그 상상적 함의를 탐구한 1980년대 영화 중 하나였다. 이 작품은 비디오드롬이라고 불리는 불가사의한 TV 신호의 심신을 변화시키는 효과에 관한 내용이다. 크로넨버그는 어릴 때 심야 방송을 보던 경험에서 이 영화의 소재를 떠올렸다고 말했다. 언제나 그랬듯이 크로넨버그는 이 영화의 시나리오도 그의 모든 상상력을 그대로 담아낼 수 있는 '검열하지 않은' 방법으로 집필했다. 그는 "초고는 XXX 등급이었다."라고 말했지만 남은 요소들도 여전히 불편했고 때로는 부조리했다. 당시에 크로넨버그는 성적 폭력에 관한 이미지에 매료되었다고 시인했다. 한 캐나다 정치인은 이 영화에 반대하는 시위대를 조직했고, 정치적 논쟁이 뒤따랐다. 사람들은 만일 크로넨버그가 비디오 신호가 얼마나 위험할 수 있는지를 보여주는 것이라면 그가 항상 반대해 왔던, 더 심한 검열을 원하는 우파 정치권의 손에 놀아나고 있는 것이 아니냐고 주장했다.

이 영화를 반대하는 사람들이 문제 삼은 것은 크로넨버그가 공공 자금으로 섹스와 판타지가 일상생활에 어떻게 스며들 수 있는지를 보여주었다는 점이다. 어느

314. 크로넨버그는 오랫동안 인간의 변이와 인간이 어떻게 다른 형태로 변할 수 있는지에 관한 개념에 흥미가 있었다. 예를 들면 〈비디오드롬〉에서는 제임스 우즈의 몸이 TV 및 비디오 플레이어와 합쳐지는데, 이는 1980년대의 불안감을 표현한 것이다. 캐나다, 1983.

날 밤 제임스 우즈가 연기한 인물은 데보라 해리가 연기한 여성이 담뱃불로 자신을 지지는 모습을 본다. 그리고 다음 날 함께 점심을 먹던 여성이 담배에 불을 붙이자 성적 충동이 일면서 집중력을 잃어버린다. 크로넨버그는 J. G. 밸러드의 소설을 각색한 몽환적인 영화 〈크래쉬Crash〉(캐나다, 1996)에서 이런 성적인 요소를 완벽하게 구축했다. 〈비디오드롬〉에서 성적 상상을 불러일으킨 요소는 텔레비전이었는데 〈크래쉬〉에서는 자동차와 흉터였다.

1980년대의 또 다른 중요한 캐나다 감독은 장 르누아르의 전통을 따르는 사회적 풍자가였다. 크로넨버그보다 2년 앞선 1941년에 프랑스어를 쓰는 퀘벡 지역에서 출생한 드니 아르캉은 1970년대에 다큐멘터리 영화와 픽션 영화를 연출했지만, 그에게 국제적인 명성을 안겨준 첫 작품은 매우 도발적인 제목의 〈미 제국의 몰락Le Déclin de l'empire Américain/The Decline of the American Empire〉(캐나다, 1986)이었다. 역사학과 교수들이 아내와의 성생활에 관해 이야기하는 장면과 아내들이 남편에 대해 이야기하는 장면을 교차 편집한 이 작품은 정치적 위선에 대한 번뜩이는 폭로였다. 17년 후에 이 작품에 출연했던 배우 대부분은 〈야만적 침략Les Invasions barbares/The Barbarian Invasions〉(캐나다, 2003)에서 다시 뭉쳤다. 왜냐하면 그중 한 명이 죽어가고 있었기 때문이다. 중산층의 로맨스에 대해 그렇게 명쾌하게 설명했던 코미디는 거의 없었다. 게다가 지식인과 급진주의자에 대한 아르캉의 존경심은 새천년과 마찬가지로 1980년대 중반에도 매우 이례적이었다.

아르캉의 〈몬트리올 예수Jésus de Montréal/Jesus of Montreal〉(캐나다, 1989)는 영향력이 더 컸다. 떠도는 젊은 배우(로데어 블루토)가 몬트리올의 신부에게 고용되어 도시에서 매년 열리는 예수 수난극을 상연하는 이야기로, 그리스도의 삶에 대한 블루토의 탐구를 서사 형식을 찾는 지적 과정으로 묘사했다. 이는 성경의 급진적인 재해석이었으며 관객이 좋아하는 연극적 경험이었지만 교단을 분노케 했다. 다시 위선의 돌풍이 불었고 사회적 논평은 냉소적이었다. 극 중에서 일부 배우들은 포르노 영화의 대사를 더빙한다. 블루토가 연기한 인물은 경찰이 공연 현장을 급습하는 과정에서 뇌진탕을 일으키고 자신이 예수 그리스도라고 생각하기 시작한다.

1980년대의 승리: 황금기를 맞은 중국, 대만, 소비에트 연방, 동유럽, 아프리카의 영화 제작

비영어권 국가들의 영화 제작은 캐나다의 성취를 능가했다. 서극이 홍콩 상업 영화에 다시 활기를 불어넣던 해에 중국 본토의 시적인 영화 한 편이 중국 영화 제작의 새로운 시대를 예고했다. 그와 같은 영화는 수년 동안 한 번도 보지 못한 것이었다. 마오쩌둥의 문화대혁명으로 인해 중국의 주요 영화 학교인 베이징전영학원은 1966년부터 1976년까지 강제 폐쇄되었다. 신입생을 모집하기 전에 재학생의 졸업을 우선시했던 독특한 제도 때문에 이 학교는 몇 년 동안 상대적으로 적은 숫자의 감독을 배출했다. 마지막으로 배출되었던 학생들은 4세대 영화인들이었다. 10여 년 동안 이 학교에서는 교육이 이루어지지 않다가 1978년이 되어서야 재개되었다. 그리고 1982년에 졸업한 교육생들은 잘 알려진 '5세대' 감독들이었다. 그들이 연출한 영화 중 처음으로 주목을 끈 작품은 〈황토지黃土地〉(중국, 1984)였다.

〈황토지〉는 서양 영화의 스키마를 상당히 거부한 작품이었다. 1930년대 말을 배경으로 한 이 영화는 산시성의 한 공산군 군인이 민요에 관해 배우는 우화 같은 이야기다. 그는 신을 추종하고 풍년을 기원하는 한 농부의 집에 정착한다. 농부와 그의 두 자녀는 군인을 의심하지만 점차 그들은, 특히 아름다운 목소리를 가진 14살 딸은 그에게 마음을 연다. 그런 인간관계는 공산주의와 마을의 전통 사이의 갈등을 이기지 못하고, 결국 비극이 벌어진다.

〈황토지〉의 감독인 천카이거陳凱歌와 나중에 중국에서 크게 성공한 감독 중 한 명이 된 촬영감독 장이머우張藝謀는 중국의 전통적인 그림에서 영감을 받아 작은 마을의 가난을 묘사했다. 대부분의 숏은 광각으로 촬영되었으며 인간의 신체는 좀처럼 구도의 중앙 요소로 자리 잡지 않는다. 공간과 풍경은 프레임 안에서 인간적 요소만큼 중요한 비중을 차지한다. 유사한 서양 영화를 찾자면 아마도 1950년대의 서부 영화일 것이다.

〈황토지〉의 구도적인 스타일은 중국의 도교 철학에서 출발한 것이다. 선한 피해 노동자 그리고 악하고 착취적인 소유자 및 경영자 사이의 도덕적 대립이 뚜렷한 마오쩌둥 사상이나, 남성성은 고귀하고 여성성은 그렇지 않다는 유교와 달리 도교는 철학적으로 더 상대적이고 덜 명확하다. 도덕적으로 도교는 악 안의 선을 찾거나 선 안의 악을 찾는다. 예술가들에게 공허함이 미덕인 것처럼 도교의 미덕은 여성성이다.

〈황토지〉의 이야기와 스타일은 그런 철학적 개념을 명시했다. 예를 들면 농부의 딸과 군인의 관계에서는 여성 해방에 대한 마오쩌둥 사상을 찬양했지만, 마오쩌둥 사상의 도덕적 단순화에 대해서는 비난했다. 천카이거와 장이머우의 카메라는 하늘을 올려다보거나 땅을 내려다봄으로써 서양 영화에서는 핵심적인 요소로 작용하는 소멸점을 종종 배제했다(315). 5세대 영화인들이 연출한 다른 영화들도 이런 주제적 개념을 공유했다. 천카이거의 〈아이들의 왕孩子王〉(중국, 1987)은 아이들에게 스스로 생각하라고 가르치고 마오쩌둥의 흑백 논리를 거부하는 한 교사의 반反마초적인 이야기다. 다른 영화들도 〈황토지〉에서 보여준 여백의 미를 추구했다.

이 영화들의 탁월한 수준뿐만 아니라 새로운 영화적 움직임이 감동을 주었던 것은, 근래 중국 정치사의 고통스러운 혼란을 극복하고 중국의 전통적 정체성과 현대

315. 와이드 숏, 넓게 트인 풍경, 지평선을 배제한 구도는 〈황토지〉의 시각적 독창성을 명확하게 했다. 감독: 천카이거. 중국, 1984.

적 정체성의 가장 좋은 부분을 인간적으로 통합하는 방법을 찾는 것이었다. 〈황토지〉의 인간애에는 영화학자 대부분이 오랫동안 잊고 있던 영화적 선례가 있었다. 젊은 트럼펫 연주자가 만주의 선술집 가수와 사랑에 빠지는 위안무즈의 〈길 위의 천사〉(1937)다. 전통적 가치와 공산주의적 가치를 통합하고자 한 〈황토지〉의 시도는 국가 체제에 반영되지 못했다. 〈황토지〉가 발표되고 5년 뒤, 천카이거가 미국에서 휴식을 취하던 중에 천안문 학살이 발발했다.

1895년에 영화가 탄생했을 때 중국은 남동부 해안에 있는 대만 섬을 일본에게 빼앗겼다. 대만은 1945년까지 일본의 영토로 남았고 1949년에 중국 국민당이 차지했으며 지금까지 중국 본토로부터 독립을 유지하고 있다. 1970년대 대만에서의 영화 제작은 산발적이었고 액션 위주였지만 중국 본토처럼 1980년대에 꽃을 피웠다. 1982년에 영화제가 창설되고 영화 기록 보관소가 설립되었으며, 이런 자극 등으로 더 철학적이고 덜 상업적인 영화가 제작되기 시작했다. 에드워드 양과 허우샤오셴이 그 기수였으며, 그중 허우샤오셴이 더 두드러졌다.

1980년대에 허우샤오셴이 연출한 열 편의 작품 중에 아마도 〈비정성시悲情城市〉(대만, 1989)가 가장 많이 노출된 작품일 것이다. 1945년부터 1949년까지 매우 중요했던 4년간의 기간을 배경으로 이 작품은 린이라는 성을 가진 한 가족을 복잡했던 대만에서의 삶과 현대적인 대만의 탄생을 목격하는 렌즈로 활용했다. 예를 들면 4형제 중 맏형은 일본식 술집을 '작은 상하이'라는 이름의 중국식 식당으로 개조한다. 허우샤오셴의 가족은 1948년에 대만으로 이주했고 그의 다른 작품들과 마찬

316. 현대적인 대만의 탄생에 관한 이야기인 〈비정성시〉의 고정적인 숏은 오즈 야스지로의 영향을 받은 것이다. 감독: 허우샤오셴. 대만, 1989.

가지로 이 작품도 자전적이다.

〈비정성시〉를 보는 즉시 놀라게 되는 점은 테렌스 데이비스의 〈먼 목소리, 조용한 삶〉처럼 기억을 구현하기 위해 롱 테이크를 사용했다는 것이다. 하지만 데이비스의 경우와 달랐던 점은 대부분 고정된 숏이라는 것이다. 이 작품의 상영 시간은 158분이고 총 222개의 컷으로 구성되어 있기에 계산해 보면 숏당 평균 43초라는 길이가 나오는데, 이러한 길이는 1930년대 미조구치 영화의 숏보다 더 긴 것이다. 이는 대만의 이웃인 홍콩의 역동적인 영화 스타일을 정면으로 거부하는 것과도 같았다. 서극은 미국의 촬영 및 편집 기법을 도입했고, 허우샤오셴의 영화는 과거에 대한 명상적인 갈구가 있었다. 허우샤오셴은 이렇게 말했다. "스크린에서 긴 숏[예컨대 롱 테이크]을 보고 있노라면 특정의 긴장감이 조성된다."[11] 〈로프〉를 연출한 히치콕은(235~236쪽 참고) 아마도 이 말에 동의했겠지만 허우샤오셴은 서사적 긴장감이나 공포를 언급하지는 않았다. 그 대신 허우샤오셴 영화의 긴장감은 1950년대와 1960년대 대만의 복잡한 상황을 그토록 엄격하고 최소한도의 형식적 구조에 담는 역량에 있었다. 공포는 그 구조가 무너질까에 관한 것이었다. 그런 엄격함의 예는 그가 〈비정성시〉의 특정 촬영 장소들을 얼마나 일관성 있게 촬영했는지에 있다. 영화에서 형제 중 둘째가 의무 복무를 마치고 전쟁터에서 돌아온 후 정신적 문제가 발생해 지역 병원에서 치료받게 된다. 일부 평론가들이 언급했던 것처럼[12] 둘째가 그 병원에 갈 때마다 허우샤오셴은 다양한 앵글이나 리버스 앵글 또는 다른 대체 앵글이 아닌 언제나 같은 카메라 앵글로 촬영했다. 허우샤오셴의 절제된 영화 개념에서 한 장소를 촬영하는 방법은 단 한 가지밖에 없다. 아니면 그의 영화들이 기억에 관한 것이고 장소에 관한 시각적 기억이 하나일 수도 있기에 한 가지 방법으로 촬영했을 것이다.

이런 절제된 방법으로 영화를 촬영하는 허우샤오셴에게 깊은 영향을 준 것은 오즈 야스지로의 영화다. 허우샤오셴은 이 일본 대가의 형식적 엄격함뿐만 아니라 작품의 철학적 쉼표에도 감탄했다. 그 역시 오즈처럼 클로즈업은 좀처럼 사용하지 않았고 카메라의 이동도 제한했다. 〈비정성시〉의 병원처럼 허우샤오셴의 영화 속 공간은 1980년대 대부분의 감독이 그랬듯이 그 안에서 속도감 있게 움직이거나 활성화하기 위한 것이 아니었다. 대신에 그도 오즈처럼 공간은 숙고하고 균형을 잡아야 하는 요소로 생각했다.[13] 이러한 점이 허우샤오셴을 현대 영화의 위대한 고전주의자로 만든다. 스승에 대한 경의의 의미로 그는 〈호남호녀好男好女〉(대만, 1995) 속 TV에서 오즈의 〈만춘〉을 보여준다.

소비에트 연방에서는 1985년에 현대주의자 미하일 고르바초프가 공산당 총서기에 임명되면서 개방의 새로운 정신이 생겨났다. 같은 해에 자신의 예전 영화들이 당국에 의해 차단되는 것을 보아왔던 52세의 감독 엘렘 클리모프Elem Klimov가 1943년 벨라루스에서 자행된 나치의 잔학 행위를 목격한 10대 소년에 관한 걸작 〈컴 앤 씨Idi i Smotri / Come and See〉(소비에트 연방, 1985)를 발표했다. 이명을 표현하기 위해 소리를 줄이고, 소년이 황량한 풍경을 횡단할 때 벌거벗은 시체 더미가 슬쩍 보이며, 젖은 땅에 얼굴을 파묻어 자살 시도를 하고(317), 그런 끔찍한 공포가 누적되어 소년의 머리가 하얘지는 등 전쟁의 참상을 생생하게 보여주는 〈컴 앤 씨〉는 최고의 전쟁 영화로 자리매김한다. 소비에트 연방에서의 비극적인 실제 삶은 영화와 견

317. 엘렘 클리모프의 〈컴 앤 씨〉에서 나치가 벨라루스에서 벌인 잔혹 행위를 목격하고 플로리아(알렉세이 크라브첸코)가 노화되는 장면. 플로리아의 이명을 포착한 영화의 사운드 디자인은 영화 역사상 가장 효과적이었다고 평가된다. 이 작품에서 사용된 녹회색 색감과 대담한 구도는(알렉세이 로디오노프 촬영) 잊지 못할 장면들을 만들었다. 또한 젊은 배우들이 이렇게 육체적으로 헌신적인 연기를 하는 경우는 찾아보기 어렵다. 소비에트 연방, 1985.

줄 만했다. 이듬해 체르노빌의 원자로가 폭발해 방사능이 퍼졌다. 2년 뒤인 1988년에는 아르메니아에서 지진으로 10만 명 이상이 사망했다. 엘렘 클리모프가 소비에트 연방 영화인연합의 제1서기로 임명되었을 때 고르바초프의 개혁 프로그램에 힘입어 그 즉시 금지되었던 영화의 복구에 착수했다. 그 후 몇 년 동안 보물 창고가 열렸다. 가장 직접적인 효과를 낸 〈후회Pokayaniye〉(소비에트 연방, 1984년 제작, 1987년 개봉)는 엄청난 변화를 예고했다. 조지아 출신의 텐기즈 아불라제Tengiz Abuladze가 연출한 이 작품은 소도시의 시장이 죽어 땅에 묻히고 난 후 그가 스탈린의 이름으로 저질렀던 범죄에 분노한 한 지역 여성이 끊임없이 그의 시체를 파헤치는 이야기다(318). 아불라제는 실화를 바탕으로 이 영화를 만들었다. 그는 후에 이렇게 말했다. "억울하게 감옥에 갔던 한 남자가 결국 풀려나서 집에 돌아왔을 때 자신을 감옥으로 보냈던 남자의 무덤을 발견했다. 그는 관을 열어 시체를 꺼낸 후 벽에 세웠다. 그는

318. 텐기즈 아불라제의 〈후회〉는 악랄했던 시장의 시신을 스탈린주의의 부당성에 대한 상징으로 대담하게 이용했다. 소비에트 연방, 1984.

죽은 남자를 쉬게 내버려 두지 않았다. 이 끔찍한 사실은 한 시대 전체의 비극을 보여주기에 충분했다."[14] 고르바초프는 훗날 조지아의 대통령이 된 에두아르드 셰바르드나제의 권유로 〈후회〉를 보았고, 많은 생각을 하게 되었다. 그는 〈후회〉의 개봉을 승인했고 수백만 명의 사람들이 이 영화를 보았다. 한 편의 영화가 한 나라의 끔찍한 과거에 대해 이토록 큰 논쟁을 불러일으킨 적은 없었다. 〈후회〉보다 더 오랫동안 상영이 금지되었던 영화들도 결국 개봉했다. 예를 들면 키라 무라토바의 〈짧은 만남〉(1967)과 〈기나긴 이별〉(1971)(374쪽 참고)은 결국 그녀를 1970년대의 위대한 영화감독 중 한 명으로 각인시켰다. 그리고 새로운 영화들은 환경오염, 마약, 에이즈 등 금기시되었던 주제를 다루었다.

동유럽의 공산주의 국가들은 이러한 일들을 주의 깊게 관찰했다. 헝가리의 이슈트반 서보István Szabó는 1960년대 중반부터 프렌치 뉴 웨이브의 스타일적 요소와 정치적 주제를 융합해 왔다. 〈메피스토Mephisto〉(헝가리, 1981)에서 그는 전시의 독일과 등장인물인 나치에 동조한 유명 좌파 배우에 주목했다. 이 영화는 국제적인 성공을 거두었다. 또한 미클로시 얀초 감독(368쪽 참고)의 전 부인인 헝가리 출신의 마르타 메자로스는 1980년대 헝가리 영화를 대표하는 작품일 뿐만 아니라 스탈린의 그늘에서 사는 여성을 그린 작품 중 최고로 꼽히는 3부작, 〈내 어린 날의 일기Napló gyermekeimnek〉(1984), 〈내 사랑의 일기Napló szerelmeimnek〉(1987), 〈내 부모님의 일기Napló apámnak, anyámnak〉(1990)를 연출했다.

알렉산드르 도브젠코나 장 비고처럼 영화라는 매체를 독창적으로 사용한 경우는 매우 드문데 1970년대에 폴란드에서 그런 일이 일어났다. 1941년에 바르샤바에서 태어난 크시슈토프 키에슬로프스키는 유명한 우츠영화학교에서 공부했고, 1970년대 초에는 다큐멘터리 영화를 연출했으며, 1976년에 안제이 바이다의 〈대리석의 사나이Człowiek z marmuru〉로 시작된 '도덕적 불안의 영화'라는 운동의 독보적인 인물이 되었다. 몇 편의 픽션 영화를 선보인 후 그는 십계명을 주제로 한 각각 1시간짜리 영화 열 편으로 구성된 〈십계Dekalog〉(1989)로 자신의 명성을 공고히 했으며 "이 이상을 위해 수백만 명의 사람들이 죽었다."[15]라고 주장했다. 모든 배경은 한 아파트 단지다. 감독은 이렇게 말한다. "이곳은 바르샤바에서 가장 아름다운 주거 단지다… 그런데 이렇게 끔찍하게 생겼으니 다른 곳들은 어떨지 상상이 갈 것이다."[16] 제목을 보면 매 편은 성경의 계명 자체에 대한 탐구인 것으로 생각되지만 사실상 그렇지는 않다. 그 대신 십계를 토대로 이 영화들은 운명의 반전, 가족의 금기, 사회적 불안감, 그리고 죽음을 상징하는 듯한 한 청년의 반복되는 등장을 통해 현대 폴란드의 삶 속에서 인간의 가치를 탐구하는 우화와도 같다.

열 편 중에 두 편은 장편으로 만들어졌고 그중 하나인 〈살인에 관한 짧은 필름Krótki film o zabijaniu〉(폴란드, 1988)은 키에슬로프스키의 최고작이다. 이 작품에 등장하는 암울한 10대 청년은 택시 운전사를 살해하는데, 낙관적인 신참 변호사가 법정에서 변호하지만 결국 교수형에 처해진다. 이 두 죽음의 장면은 영화 역사에서 가장 비참한 장면일 것이다. 촬영감독인 슬라보미르 이드지악은 마치 신의 빛이 세상을 버린 것처럼 표현하기 위해 노출을 부족하게 하고 암갈색이 도는 초록 필터를 사용해서 촬영했다(319). 청년이 줄로 택시 운전사의 목을 졸라 살해하는 장면은 어설프고도 잔혹하다.

1990년대 초반에 키에슬로프스키는 프랑스 국기의 세 가지 색과 프랑스 혁명의

319. 히치콕과 클리모프의 요소들이 적용된 크시슈토프 키에슬로프스키의 〈살인에 관한 짧은 필름〉에서 보기 힘들 정도로 생생하게 묘사된 잔혹한 살인 장면. 폴란드, 1988.

세 가지 이념인 '자유, 평등, 박애'를 토대로 한 새로운 3부작 영화, 〈세 가지 색: 블루Trois Couleurs: Bleu〉, 〈세 가지 색: 화이트Trois Couleurs: Blanc〉, 〈세 가지 색: 레드Trois Couleurs: Rouge〉를 연출했다. 〈세 가지 색: 블루〉(프랑스·폴란드·스위스, 1993)는 작곡가 남편이 교통사고로 사망하면서 미망인이 된 젊은 아내의 이야기를 통해 자유라는 주제를 우회적으로 탐구했다. 너무 큰 슬픔에 미망인은 때로 멍해지며 그녀와 영화 스크린은 촬영감독인 이드지악에 의해 푸른빛으로 물든다(320). 과거에는 파월과 프레스버거의 〈검은 수선화Black Narcissus〉(영국, 1947)에서처럼 분노나 흥분을 표현하기 위해 붉은색 필터가 사용되기도 했다. 미국의 촬영감독들이 유행을 주도하기 위해 뮤직비디오에서 파생된 색깔 있는 빛을 사용했다면 이 작품에서는 여자 주인공의 의식 상실을 강렬하게 표현하기 위해 사용했다. 영화 내내, 그리고 마지막 인상적인 몽타주에서 극도의 클로즈업과 광각 렌즈가 미망인과 다른 등장인물들의 밀접한 순간들을 왜곡한다. 그리고 그녀가 남편과 함께 작곡했던 음악과 노랫소리가 흘러나온다.

내가 사람의 방언과 천사의 말을 할지라도,

사랑이 없으면 나는

울리는 악기나 심벌즈일 뿐.

내가 예언의 은사를 받았을지라도

그리고 모든 비밀과 지식을 이해하더라도,

내게 모든 믿음이 있고

그래서 산을 옮길 수 있다고 해도,

사랑이 없으면 나는 아무것도 아니네.

날 봐요. 내가 살아 있나요?

아니요. 하지만 사랑을 알았던 적은 있어요.

사도 바울의 마지막 말을 들으며 〈세 가지 색: 블루〉의 미망인은 눈물을 흘린다. 그녀는 슬픔의 고통에서 해방된다.

지금까지 1980년대 영화 이야기는 비디오 시대의 미학 흡수, 영화관의 멀티플렉스화 그리고 산발적인 반체제와 혁신에 관한 것이었다. 하지만 한 대륙은 이런 것들을 완전히 거부했는데, 바로 아프리카였다. 적어도 사하라 사막 이남의 국가들에서는 1970년대의 획기적인 발전이 상대적으로 혁신적인 영화 제작의 증가로 이어졌다. 이는 새로운 시대의 재정적 자급자족의 결과와는 아무런 관계가 없었다. 1980년대 내내 아프리카 국가들은 자국 경제를 국제통화기금IMF에 의존했다. 그들의 통화 가치는 최대 150배까지 하락했다. 이런 상황이 영화 제작에 미친 영향은 실로 극적이었다. 프로듀서들이 가진 예산으로는 예전에 비해 20분의 1 분량의 필름 정도만 구매할 수 있었다. 그들은 더 이상 시설이 좋은 다른 나라의 편집실이나 녹음실에서 후반 작업을 할 수가 없었다. 그래서 영화의 수준을 유지하기 위해 영화 판권을 완전히 넘기면서 그 나라들과 공동 제작의 관계를 맺기 시작했다.

그러나 이런 상황이 아프리카 영화 언어의 성숙을 저해하지는 않았다. 〈욤Jom〉(세네갈, 1981)은 독일의 방송국 ZDF와 공동 제작했으며, 이전의 어떤 아프리카 영화보다도 구전 스토리텔링 전통인 '그리오griot'를 많이 활용했다. 이 작품의 경우 그

320. 〈세 가지 색: 블루〉에서 키에슬로프스키는 쥘리에트 비노슈가 연기한 인물인 줄리 비뇽의 의식이 들락날락하는 것을 표현하기 위한 새로운 영화적 방법을 찾았다. 프랑스 · 폴란드 · 스위스, 1993.

321. 1980년대의 경제난에도 불구하고 아프리카의 몇몇 흑인 감독들은 그들의 최고작을 연출했다. 〈욤〉은 구전 스토리텔링 기법을 사용해 존엄과 저항이라는 주제를 펼쳤다. 감독: 아바바카르 삼브마카람. 세네갈, 1981.

리오는 프랑스 식민지 행정관을 살해하고 지배자의 판단에 맡겨지기보다 자살을 택했던 지역 왕자의 이야기를 존엄성 있는 저항이라는 같은 주제의 동시대 파업과 연관시켰다. ‘욤’이라는 단어 자체가 존엄과 존경을 의미한다. 영화의 결말 부분에서 그리오는 통합과 화해의 노래를 부른다. 〈욤〉의 감독인 아바바카르 삼브마카람 Ababacar Samb-Makharam은 당시 언론에서 “화가, 작가, 역사가, 영화인, 기록 보관인, 음악가를 불러와서 사람들의 상상력을 채워줄 수 있는 끝없는 원천을 제공하는 것”[17]이 이야기꾼의 기술이기도 하다고 말했다. 이 작품의 형식은 다양한 스타일적 규범이 아니라 주로 영화 이전의 풍부한 문화적 동기와 철학에서 비롯된 것이다.

〈욤〉이 발표되고 다음 해에 말리의 감독 술레이만 시세는 〈바라〉(1978) 이후에 상을 받은 작품인 〈바람〉(1982)을 연출했다. 〈욤〉이 아프리카 영화에서 그리오의 역할을 부각했다면 〈바람〉은 새로운 영적 정신에 초점을 맞췄다. “바람이 인간의 사고를 깨웠다.”라는 타이틀로 시작되는 이 작품은 영적 공허함이 군대의 부패 및 정치적 부패, 청년층의 불만, 불확실한 여성상 등 일련의 서아프리카 문제들을 일으켰다는 것을 주장하기 위한 이미지들을 사용했다. 한 장면에서 노인은 고목의 정령에게 이렇게 말한다. "하늘이 점점 어두워진다… 우리의 지식과 신에 대한 의식이 우리에게서 달아났다." 이 장면에 대해 페리드 부게디르는 자신의 다큐멘터리 영화 〈20 이어스 오브 아프리칸 시네마Caméra d'Afrique / 20 Years of African Cinema〉(튀니지·프랑스, 1983)에서 "아프리카의 자각에 핵심적 역할을 한 장면이다."[18]라고 주장했다. 시세의 〈밝음〉(1987)은 같은 힘과 아름다움을 보여주었다.

322. 가스통 카보레의 〈신의 선물〉은 1980년대의 다른 아프리카 영화들처럼 식민지 지배 이전의 시기를 주제로 삼았으며 시간 구성이 매우 복잡했다. 부르키나파소, 1982.

명확한 것은 아프리카 영화의 선구자인 우스만 셈벤과 지브릴 좁 맘베티가 식민지 시기 및 그 이후의 모국의 현실에 직접적으로 개입했다면 1980년대의 2세대 아프리카 흑인 감독들은 식민지 지배 이전의 시기를 주제로 삼았다는 사실이다. 부르키나파소 초기의 영화로 1982년에 나온 가스통 카보레Gaston Kaboré의 〈신의 선물Wend Kunni〉은 20년 전 이란의 감독 포루그 파로흐자드의 〈검은 집〉 못지않게 상서로운 데뷔였다. 이 작품의 식민지 시기 이전에 대한 묘사는 〈욤〉이나 〈바람〉보다 영향력이 더 컸다. 어려서 가족과 떨어지게 된 한 소년을 마을 전체가 입양한다는 내용의 이 작품은 식민지 시기 이전의 가치를 주제로 삼았다. 언어 장애가 있는 소년 역은 비전문 배우가 연기했다. 소년은 나무에 목을 맨 마을 남자의 시신을 보고 충격을 받는다. 그리고 점차 자신에게 트라우마를 안겨준 사건들에 관해 이야기한다. 당시 많은 영화인에게 충격을 주었고 또 큰 영향을 미친 부분은 카보레가 전통적인 이야기 형식을 이용하고 역사의 특정 사건들에 대한 언급을 피하면서 회상과 이야기 속 이야기의 구조로 '우리의 기억 속에서 무엇이 지워졌는가?'라는 질문을 던지는 방식이었다.

1980년대 중반에 코트디부아르에서 〈페이스 오브 위민Visages de femmes / Faces of Women〉(1985) 같은 대담한 영화가 제작된 것은 그리 놀랄 만한 일은 아니었다. 디자이리 이케어Désiré Ecaré가 연출한 이 작품은 10분 동안 이어지는 생생한 춤과 노래 장면으로 시작하며 우리에게 영화의 배경인 루포Loupou의 사람들을 소개한다. 이후 영화는 두 이야기로 갈리는데 첫 번째 이야기에서는 농장을 배경으로 도시에서 돌아온 껄렁거리는 쿠아시가 형의 아내인 느구에산브로에게 찝쩍대고 이후 숲속의 강가에서 그녀와 성관계한다. 두 번째 이야기는 사업 수완이 좋은 도시 여성이 생선 훈연 사업을 키우기 위해 은행 대출을 확보하려 한다는 내용이다. 첫 번째 이야기는 1973년, 두 번째 이야기는 1983년에 촬영했는데 전자는 극적이고 에로틱하며 후자는 풍자적이다. 파리에서 영화를 공부한 이케어는 첫 번째 이야기에서, 예를 들어 아내와 형이 조용한 곳에 가서 이야기하자고 할 때 대사와 음악적 내레이션을 단절 없이 오가며 다양한 요소들을 하나로 결합했다. 잠시의 대화 후 인물들이 떠나고 나서 마을의 여성들이 쓸쓸하게 노래를 부른다.

그들은 떠났네
쿠아시는 마을로
느구에산브로는 엄마가 있는 곳으로
하지만 두 마을은 매우 가까웠네
1마일도 채 안 된다고 말하네
그녀는 쿠아시의 품에서 대부분의 시간을 보냈고
그녀의 남편은 그 소문을 들었네

서아프리카 영화 제작의 중심지였던 부르키나파소로 다시 가보면 전직 연기자이자 연극 제작자인 메드 혼도Med Hondo를 만날 수 있다. 그는 1980년대 아프리카 감독 중 가장 급진적인 인물이 되었다. 다른 어떤 사람보다 그의 논평은 제3 시네마(446~447쪽 참고)의 정치적 언어와 사상을 되살렸다. 혼도는 다음과 같이 썼다. "3세기 동안 역사적 상황 때문에… 모두가 식민지의 사람들보다 우월하다고 믿게 되었다… 그러한 이념은 지난 20년 동안 근절되지 않았다… 나는 내 영화가 아프리카를, 그리고 아프리카 및 다른 나라의 흑인들이 직면하고 있는 화급한 주요 문제들을 설명할 수 있기를 바란다."[19]

1980년대 가장 큰 분노를 보여준 아프리카의 영화는 분명 그렇게 하고자 했다. 혼도의 〈오, 태양Soleil Ô〉(모리타니아, 1970)은 인종 차별과 식민주의에 대한 저항의 지평을 연 독보적인 외침이었다. 〈사라우니아Sarraounia〉(부르키나파소·프랑스, 1986)도 이러한 분노를 표출했는데 역사학자 프랭크 우카디케는 이 작품에 대해 다음과 같이 말했다. "아프리카 영화의 상징, 가장 야심에 찬 창작물이며 전문적이고 헌신적이다."[20] 이 작품은 19세기에 전투 지휘자로 성장한 중앙아프리카 니제르 지역 여왕의 이름을 제목으로 했다(323). 그녀의 이야기는 20세기 초까지 구전 역사학자들에 의해 전해 내려왔다. 혼도는 의식을 고양하는 본보기로서 그 이야기에 접근했

323. 메드 혼도의 창의적인 작품 〈사라우니아〉에서 19세기 중앙아프리카의 여왕을 연기한 아이 케이타(오른쪽). 영화의 제목인 '사라우니아'는 이 여왕의 이름에서 딴 것이다. 부르키나파소 · 프랑스, 1986.

다. 프랑스가 그녀의 마을을 습격한 후의 장면에서 혼도는 사라우니아를 연기한 여배우 아이 케이타에게 반격을 지시하게 하고 이를 하나의 360도 트래킹 숏으로 촬영했다. 그는 제3 시네마의 스타일을 반영하면서 '전통적인 극작'의 '서사적, 심리적 메커니즘'을 해체하고 싶다고 했다. 혼도가 이런 상반된 목표를 달성했는지는 의문이지만 그렇다고 그 시도가 혼도의 업적을 훼손한 것은 아니었다.

많은 아프리카 신인 영화인 중 가장 젊은 부류에 속했던 인물은 부르키나파소의 이드리사 우에드라오고Idrissa Ouedraogo였다. 셈벤처럼 그도 모스크바에서 공부했으며 〈선택Yam Daabo〉(1987)으로 데뷔한 후 〈야바Yaaba〉(1989)와 〈틸라이Tilaï〉(1990)로 주목받기 시작했다. 〈야바〉는 마녀라는 누명을 쓴 한 노년의 여성이 마을에서 쫓겨나지만, 그녀를 할머니라고 부르는 두 아이와 친구가 된다는 내용이다. 이 작품은 〈신의 선물〉의 계보를 이은 풍부하고 복잡한 인물 중심의 이야기로 1980년대 아프리카 영화들이 매우 활기차다는 것을 입증해 보였던 〈사라우니아〉와는 상당히 달랐다.

1980년대는 서양 여피족의 시기였고 미국과 인도에서는 테스토스테론의 분비가 넘치는 영화들로 장식된 시기였다. 또한 멀티플렉스의 시기이자 할리우드가 언급했던 1989년의 '여름 블록버스터'로 마감된 시기였다. 〈인디아나 존스: 최후의 성전Indiana Jones and the Last Crusade〉(스티븐 스필버그), 〈배트맨〉(팀 버튼), 〈고스트버스터즈 2〉(이반 라이트만), 〈리썰 웨폰 2Lethal Weapon II〉(리처드 도너)를 합쳐 영화 역사상 처음으로 미국에서만 10억 달러의 수익을 기록했다. 이 영화 중 하나의 출처만으로도 향후 10년간 어떤 변화가 일어날지 예상할 수 있다. 〈배트맨〉은 워너 브라더스에서 제작한 영화였다. 60여 년 전 할리우드에서 설립된 여덟 개의 영화 제작사 중 당시 일곱 개가 살아남았는데 워너 브라더스는 그중 하나였다.[21] 하지만 해리, 앨버트, 샘 그리고 잭 워너는 그들의 가족 기업이 어떻게 될지 거의 인식하지 못했을 것이다. 1989년에 워너 브라더스는 타임과 합병되면서 타임 워너로 바뀌었다. 타임은 오리지널 배트맨 만화를 출판했던 DC 코믹스를 소유하고 있었다. 이 새로운 대기업의 영화 부서는 출판사가 소유했던 지적 재산으로 영화 〈배트맨〉을 제작했는데, 영화 부서와 출판 부서를 합친 가치는 10억 달러가 넘었으며 이는 〈배트맨〉 자체가 미국 멀티플렉스에서 벌어들인 수익의 거의 네 배에 달하는 것이었다. 21세기에 DC

코믹스는 〈원더우먼Wonder Woman〉(패티 젠킨스, 2017)과 〈아쿠아맨Aquaman〉(제임스 완, 2018)을 통해 자신들의 우주를 확장했다.

그러나 영화의 기업화가 모든 곳에서 일어난 것은 아니었다. 어떤 지역에서는 영화가 여전히 쇼맨과 여성뿐 아니라 철학자와 예술가를 위한 매체였다. 다음 장에서 1990년대 기업 영화의 진보에 대해 언급하겠지만, 1990년대 말에는 새로운 영화 제작 방식이 폭발적으로 증가했고 그것은 혁명적인 새로운 스키마와 아이디어로 이어졌다.

디지털 기술을 활용한 영화

디지털 영화 제작 기술은 사운드의 도입보다 영화를 더욱 근본적으로 변화시켰다. 식빵보다도 작은 비디오카메라로 촬영하는 것이 가능해지고 열 명 이상이 아닌 단 두 명의 스태프에, 편집도 집에 있는 컴퓨터로 하고 더빙은 아주 간단한 장비만을 갖춘 녹음실에서도 할 수 있게 되었다. 이는 영화계가 더 이상 운 좋은 소수가 들어가는 배타적인 곳이 아님을 의미했다. 영화계라는 요새의 성벽은 1950년대 후반에서 1960년대 초반에 무너진 것처럼 보였지만 실제로는 1990년대에 무너졌다. 지금도 진행 중인 영화의 제3 시대는 최초의 능력주의 시대다.

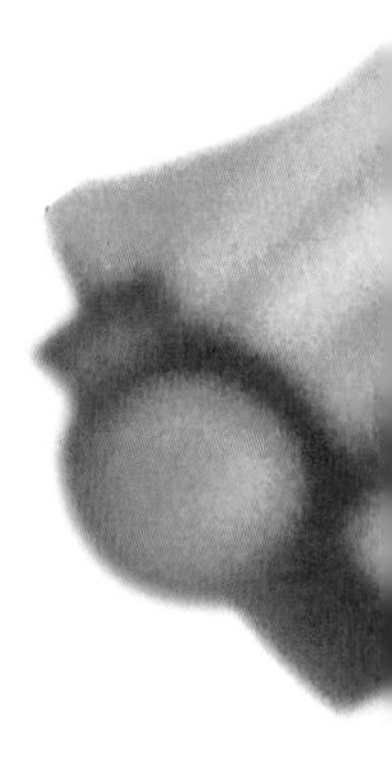

324. 브라질 리우데자네이루 주택 건설 프로젝트와 연루된 혈기 넘치는 젊은이들에 관한 이야기로 페르난도 메이렐레스와 카티아 런드가 연출한 〈시티 오브 갓〉 같은 영화들은 1990년부터 세계 영화계를 역동적으로 변화시켜 이때를 영화 역사에서 매우 다양한 영화가 제작된 시기 중 하나로 만들었다.

325. 자신의 정원에서 나무를 그린 예술가 안토니오 로페즈를 조명한 빅토르 에리세의 다큐멘터리 영화 〈햇빛 속의 모과나무〉. 이 이미지의 입자, 세피아 색감과 흠집, 오래된 필름 매거진과 나무 삼각대에 장착된 필름 카메라의 그림자 등 모든 요소가 영화 촬영의 섬세한 즐거움을 포착한다. 이 장에서는 영화가 기존의 영상을 넘어서면서 생겨난 현상에 대해 설명한다. 스페인, 1992.

10. 가시화(1990~2004)

기존의 영상을 뛰어넘는 컴퓨터 그래픽

1980년대 말에 서양의 상업 영화가 주로 공략한 층은 MTV에 중독된 10대 청소년들이었다. 세계 영화 문화의 다른 부분들은 되살아나고 있었지만, 멀티플렉스는 서양에서 영화 소비의 속도와 조건을 심각하게 바꾸며 10년 전에 존재했던 영화적 목소리의 다양성을 감소시켰다. 영화의 넓은 폭과 야망에 관심이 있던 사람들에게는 암울한 시기였으며 매우 공상적인 문화 평론가만이 영화의 르네상스를 예측했을 것이다.

그리고 예측했던 일이 실제로 일어났다. 1990년대에서 2000년대 초반까지는 혁신의 중심이 끊임없이 움직이는, 세계 영화에 있어 가장 흥미로운 시기였다. 지난 15년 동안 전 세계적으로 활기를 띤 영화 제작은 1920년대의 범세계적 스타일 확장이나 1960년대의 에너지 넘치는 뉴 웨이브보다 더 중요한 현상이 되었다. 이것은 세계 영화 역사에서 어느 시기에 훌륭한 영화를 더 많이 제작했느냐에 대한 논쟁이 아니라, 1990년대에 와서야 모든 대륙에서 영화적 자신감이 부활했다는 단순한 사실에 대한 진술일 뿐이다. 이란의 감독들은 놀라울 정도로 독창적인 영화를 만들었다. 호주와 뉴질랜드는 전성기를 맞았고 동유럽과 북유럽에서는 새롭고 훌륭한 영화가 제작되었으며 매우 중요한 새로운 미학적 운동, 도그마Dogme가 발발했다. 서유럽에서 프랑스어로 제작된 영화는 새로운 철학적 영역을 탐구했고 한국, 태국, 베트남은 1990년대 후반에 매우 독특한 영화를 만들었다. 아프리카, 특히 북아프리카 영화인들은 혁신을 거듭했으며 중미와 남미는 〈아모레스 페로스Amores perros〉(멕시코, 2000), 〈이 투 마마Y tu mamá también〉(멕시코, 2001) 등의 영화로 전면에 나왔다. 미국 영화의 경우 포스트모던화가 심화되었으며 디지털 제작으로 열릴 수 있는 가능성을 고려하기 시작했다.

이란의 주요 인물들

이 시기에 이란은 영화적 혁신의 중심이 되었다. 선구적 시인이자 영화인인 포루그 파로흐자드는 1967년에 사망했고 1969년에 〈소〉를 연출했던 다리우쉬 메르주이는 계속 활동하고 있었다. '카눈Kanun'으로 알려진 아동·청소년지능개발연구소가 젊은 세대에 관한 영화를 지원하기 위해 1970년대에 설립되었고, 석유수출국기구가 원유 가격을 인상하면서 원유 수출 수익이 폭증했다. 1940년에 테헤란에서 출생한 압바스 키아로스타미Abbas Kiarostami는 카눈의 지원으로 단편 영화를 연출하기 시작했다. 그의 천부적인 재능을 보여준 첫 번째 작품은 실수로 친구 네마자데의 숙제 공책을 집으로 가져간 아흐메드(326)라는 소년에 관한 소소한 작품이었다. 아흐메드는 네마자데가 숙제를 또 안 해오면 퇴학을 당할 거라고 선생님께 혼났던 것을 알고 있기에 네마자데에게 공책을 돌려주기 위해 그의 집을 찾아 나선다.

326. 〈내 친구의 집은 어디인가〉에서 아흐메드 역을 맡은 바벡 아흐메드 푸는 실수로 친구의 공책을 집으로 가져가고, 영화 내내 그 공책을 돌려주기 위해 고군분투한다. 감독: 압바스 키아로스타미. 이란, 1987.

이러한 내용이 시사하듯이 〈내 친구의 집은 어디인가Khane-ye doust kodjast?〉(1987)라는 이 작품은 의지가 강한 한 어린 소년의 성품을 보여준다.

간결한 이야기와 함께 키아로스타미의 영화들은 실수로 가져간 친구의 공책처럼 주로 겉보기에는 사소한 사건에 초점을 맞췄다. 이야기는 매우 차분하게 전개되며 관객의 공포심 및 불안감을 조성하거나 관객을 흥분시키려는 시도는 없다. 〈내 친구의 집은 어디인가〉에서 아흐메드는 결코 귀엽게 묘사되지 않으며 주로 고집이 센 아이로 표현되는데, 아이의 논리는 종종 주요 관점을 드러낸다. 이와 같이 키아로스타미는 도덕적이거나 감정적인 전형성은 배제했다. 가장 중요한 것은 키아로스타미가 젊은 시절 읽었던 시의 작가들이 자명한 것들 사이에 존재하는 무언의 의미를 찾는 과정에서 달성한 독창적인 느낌을 영화에서 추구한다는 점이다.

1990년대에 서양의 상업 영화는 자주 리메이크되었고 성공한 영화의 후편도 제작되었지만 키아로스타미의 다음 전환은 상상도 못 했을 것이다. 〈내 친구의 집은 어디인가〉를 완성하고 3년 후에 영화를 촬영했던 마을인 코케에서 끔찍한 지진이 발생했다. 키아로스타미는 스태프와 다시 그곳으로 향했고 거기서 멈출 수 없는 일상과 인간사의 황홀한 무질서에 관한 걸작 〈그리고 삶은 계속된다Zendegi va digar hich〉(1992)를 찍었다. 이 작품에서 첫 번째 영화에 출연했던 사람들은 결혼식을 계획하고 스포츠에 관한 대화를 나누며 저마다 재건을 위해 최선을 다한다(327). 아이들은 길거리에서 뛰어논다. 파괴적인 천재지변에도 불구하고 친구의 공책을 돌려줘야 하는 일처럼 중요한 삶의 섬세한 요소들은 손상되지 않았다.

때로는 '준다큐멘터리para-documentary'라고도 불리는 두 번째 영화에 비추어 볼 때 첫 번째 영화의 간결함과 초점은 일종의 예견과도 같았다. 이 두 편의 영화는 파솔리니가 자신의 작품 속에서 추구했던 시간의 초월성을 상기시켰고 키아로스타미를 그 시기의 뛰어난 감독 중 한 명으로 등극시켰다. 하지만 그는 거기서 멈추지 않았다. 〈그리고 삶은 계속된다〉를 발표하고 2년 뒤에 로스타마바드를 세 번째 방문했고 거기서 로스타마바드 3부작으로 불리는 마지막 영화를 완성했다. 〈올리브 나무 사이로Zire darakhatan zeyton〉(1994)는 〈그리고 삶은 계속된다〉의 메이킹 필름이라고 할 수 있다. 마을에 있는 스태프는 지진 때문에 망연자실한다. 사람들은 임시 건물에 기거한다. 감독은 두 번째 영화를 촬영하던 중 우연히 결혼을 앞둔 두 남녀를 연기할 배우를 찾았다(328). 남자는 벽돌공이고 여자는 여유 있는 집 딸이기에 여자의

327. 개념적으로 매우 흥미로운 키아로스타미의 후편에서 아흐메드가 사는 마을 근방에서 지진이 발생하고 〈내 친구의 집은 어디인가〉를 연출한 감독으로 분한 배우는 바벡 아흐메드 푸의 생사를 확인하기 위해 마을로 간다. 영화 속 다른 많은 숏처럼 이 숏은 폐허가 된 마을을 운전하고 다니는 영화감독의 차에서 촬영한 것이다. 〈그리고 삶은 계속된다〉. 압바스 키아로스타미. 이란, 1992.

집안에서는 결혼을 반대한다. 감독의 이야기에서처럼 실제 삶에서도 남자는 여자를 끈질기게 따라다녔다. 영화는 두 사람이 올리브 나무 사이를 걸어가며 자신들의 관계에 대해 이야기하고 남자가 여자를 설득하는 모습을 긴 핸드헬드 숏으로 보여주며 막을 내린다.

세 번째 영화는 두 번째 영화의 철학적 암시의 순간들을 파헤치는 작품이다. 영화에 대한 키아로스타미의 독특한 접근 방식의 마지막 요소는, 한편으로는 예측할 수 없는 실제 삶의 흐름과 다른 한편으로는 그것을 형상화하려는 예술 작품 사이의 관계에 대한 고찰이다. 오즈 야스지로와 사티야지트 레이 같은 다른 시기, 다른 나라의 감독들도 직관적인 미니멀리스트였지만 키아로스타미보다 더 실험적이지는 않았다. 이를 입증하기 위해 2002년에 키아로스타미가 연출한 〈텐Dah/Ten〉을 예로 들면, 이 영화는 앤디 워홀의 아방가르드 영화(341~342쪽 참고)를 제외하고는 그 누구

328. 로스타마바드 3부작 중 세 번째 영화인 〈올리브 나무 사이로〉는 두 번째 영화의 픽션화 과정을 묘사한다. 이 작품에는 결혼을 앞둔 여성 등 두 번째 영화의 등장인물들이 나온다. 이란, 1994.

의 작품보다 미니멀리즘적이다. 차의 대시보드에 하나는 운전석을, 다른 하나는 조수석을 향해 두 개의 작은 비디오카메라를 설치해, 테헤란 출신의 젊은 여인이 운전을 하며 차에 태운 아들, 어머니, 지역 사람, 매춘부 등과 나누는 열 개의 대화 장면을 촬영했다(329). 카메라는 단 한 번만 차 밖으로 나간다. 그 여인의 역은 영화감독이기도 한 마니아 악바리가 맡았다. 악바리와 사람들은 완전히 자연스러운, 연기 아닌 연기를 한다. 〈텐〉은 브레송이 상상한 수준보다 훨씬 더 영화를 단순화시켰다. 이 작품은 새천년 최초의 훌륭한 영화라고 할 수 있을 것이다.

12년 전에 키아로스타미는 서양 영화에서는 상상하기 힘든 방식으로 그 시기 이란의 한 주요 감독의 인생에서 벌어진 사건에 관한 영화를 연출했다. 키아로스타미보다 17살 아래인 모흐센 마흐말바프Mohsen Makhmalbaf도 테헤란 태생이다. 10대였던 1970년대에 그는 지하 이슬람 민병대를 조직했고 경찰관을 칼로 찌른 혐의로 4년 넘게 수감되었다.[1] 투옥 생활 중 그는 사회학과 미학을 공부했다. 이를 계기로 마흐말바프는 정치적 극단주의를 버리고 영화를 만들기 시작했다. 1982년부터 그는 성

329. 8년 후에도 키아로스타미는 혁신을 거듭했다. 〈텐〉은 거의 영화 전체를 하나는 운전자인 마니아 악바리를, 다른 하나는 탑승자들을 향한 두 개의 고정된 비디오카메라로 촬영했다. 이란, 2002.

공 가도를 달렸고 명성까지 얻었는데, 이는 키아로스타미와도 연관이 있었다. 1980년대 말에 알리 사브지안이라는 사람은 자신이 유명한 영화감독인 마흐말바프라고 속이고 한 노년의 부부와 자녀에게 그들에 관한 영화를 만들겠다고 사기를 쳤다. 사브지안의 거짓말은 들통났고 그는 결국 감옥에 갔지만 이 사건은 키아로스타미의 호기심을 자극했다. 키아로스타미는 출소하면 이 이야기를 재연해 달라고 사브지안과 그 노년 부부의 가족을 설득했다. 전문 배우들의 연기와 극적인 강화 없이 현실로 재진입하는 과정은 키아로스타미의 다른 영화들에서도 익숙한 것이었지만, 그것은 마흐말바프에 의해 한 걸음 더 나아갈 수 있게 되었다. 마흐말바프의 14번째 영화 〈순수의 순간Nun va Goldoon〉(이란·프랑스·스위스, 1996)은 구로사와의 〈라쇼몽〉 못지않게 훌륭한 작품이다.

이 영화가 나오기 몇 년 전에 마흐말바프는 신문에 비전문 배우들을 캐스팅하고자 오디션 광고를 냈다. 그 오디션을 받으러 온 사람 중 한 명이 약 20년 전에 그가 칼로 찔렀던 바로 그 경찰관이었다. 마흐말바프가 여기 온 이유를 묻자 경찰관은 이제 현직에서 물러났고 영화계가 흥미로울 것 같아서 왔다고 대답했다. 얼핏 보아도 너무나 아이러니한 이 상황에 마흐말바프는 계획적인 영화 산업에서는 좀처럼 하기 어려운 결심을 했다. 그는 계획하던 영화를 던져버리고 경찰관을 칼로 찔렀던 사건에 관한 영화를 만들기로 결심했다. 마흐말바프는 영화를 촬영해 본 경험이 전혀 없는 전직 경찰관에게 그의 관점에서 지난 사건을 재연할 것을 제안했고, 그를 칼로 찔렀던 자신은 자기 관점에서 사건을 재연하고자 했다. 진정성 있는 시나리오가 단숨에 나왔다. 여러 가지 요소 중에 이 영화를 풍부하고 감동적으로 만든 것은 한 소녀의 등장이었다. 경찰관은 오랫동안 칼에 찔리기 직전에 자기에게 말을 걸었던 소녀를 종종 떠올리곤 했다. 경찰관의 이야기 버전에서 이 소녀는 낭만적인 인물이고 그의 주제는 가능할 수 있었으나 상실하게 된 그녀와의 사랑이었다. 마흐말바프의 이야기 버전에서 그녀는 사실상 음모자들과 함께 행동했으며 경찰관의 주의를 산만하게 만들었고 사랑의 동기와는 전혀 상관이 없었다. 이를 자각한 전직 경찰관은 갑자기 자리를 박차고 나가버렸고 20년간 품었던 그의 꿈은 산산이 조각난다. 마흐말바프는 두 가지 버전의 불일치 사이에서 이런 풍부한 이야기가 나오리라곤 상상하지 못했다. 그는 소녀가 경찰관에게 시간을 묻는 것으로 영화를 끝낸다. 그녀는 묻고 또 묻는다. 경찰관은 그녀에게 '아프리카를 위한' 꽃과 '가난한 사람들을 위한' 빵을 건넨다. 그리고 프레임이 정지된다. 이란 준다큐멘터리의 예측 불가능성은 실제 경험의 예측 불가능성을 다시 한번 정당화한다. 〈순수의 순간〉은 1979년 이란 혁명 이전 몇 년의 부조리에 대한 코미디이자 그것과 유사한 이마무라 쇼헤이의 〈인간증발〉 못지않게 철학적으로 복잡한 영화다. 또한 한 영화감독의 삶의 한 측면을 매우 독창적으로 묘사한 작품이다.

자신의 독학을 본보기로 마흐말바프는 영화 연출을 잠시 중단하고 10대 청소년들에게 철학, 영화, 미학, 시학, 사회학을 가르치고 실감 나는 경험을 제공하기 위해 마흐말바프 필름하우스를 설립한다. 그곳에서 가장 두각을 보인 인물은 그의 딸인 사미라였으며, 그녀는 수상작인 〈사과Sib〉(1998)로 장편 영화 데뷔를 했다. 이 작품도 준다큐멘터리였으며 아버지처럼 그녀 역시 강요하지 않는 상징과 윤리적 풍부함을 보여주며 세계 톱 영화인의 반열에 올랐다. 사미라의 세 번째 작품 〈오후 5시Panj é asr〉(2003)는 탈레반 정권이 붕괴된 직후 아프가니스탄의 이슬람 대학교에서 공부하는 젊은 여성에 초점을 맞췄다. 그녀는 겉보기에는 독실하게 보이지만 방과 후에 몰래 부르카를 벗고 여성스러운 신발을 신고 자신이 조국의 대통령이 된다면 어떨까를 생각하며 다닌다. 그녀와 아버지, 여동생은 고향으로 밀려오는 피난민 때문에 이동을 하다가 폭격을 맞은 커다란 건물을 보게 되는데(330), 그녀가 대통령이 되고 싶다고 혼잣말을 하자 건물은 그녀의 궁전처럼 보이기 시작한다. 그녀의 신발은 왕위와 여성성을 상징하지만, 그녀는 종종 신발을 벗고 맨발로 대지를 느끼는 것을 좋

330. 포루그 파로흐자드의 영향을 자각한 사미라 마흐말바프의 좌우명은 “가르치려고 하지 말고 판단하려고 하지도 말라.”다. 마흐말바프의 〈오후 5시〉에서 아겔레흐 리자이(왼쪽)가 연기한 젊은 아프간 여성 노크레는 모국의 대통령이 되기를 꿈꾸며 여성성을 드러내기 위해 하얀 신발을 신고 다닌다. 이란, 2003.

아한다. 가르치려고 하지 말고 판단하려고 하지도 말라는 사미라 마흐말바프의 좌우명과 서양 문화에서 상상력은 현실의 변화보다는 도피주의에 가깝다는 믿음은 그녀와 잘 어울렸다. 2000년에 마흐말바프의 아내인 마르지예 메쉬키니Marzieh Meshkini는 마흐말바프가 만든 그 어떤 영화 못지않게 시적 상징이 풍성한 〈내가 여자가 된 날Roozi ke zan shodam〉(이란)을 연출했다. 9살 소녀가 그림자가 짧아지기 전, 처음으로 차도르를 입기 전에 유년 시절의 마지막 시간을 즐기는 장면들은 매우 감동적이다.

오스트랄라시아 영화의 부활

이 장에서 언급하는 그 어떤 영화 문화도 이란의 높은 수준에 견주기는 어렵지만, 오스트랄라시아도 1970년대 중반 이후로 성수기를 맞았다. 그 부활에 있어서 가장 혁신적이었던 인물들은 제인 캠피온, 바즈 루어만, 피터 잭슨이었다. 1954년에 뉴질랜드의 웰링턴에서 태어난 제인 캠피온은 호주로 이주했고 질리언 암스트롱(441

쪽 참고)을 비롯한 이전 세대 감독들이 공부했던 호주국립영화학교AFTRS에서 수학했다. 몇 편의 단편 영화와 장편 수상작 〈스위티Sweetie〉(뉴질랜드, 1989) 이후에 그녀는 뉴질랜드에서 가장 주목받는 소설가 재닛 프레임의 3부작 자서전을 각색해 같은 제목을 붙인 〈내 책상 위의 천사An Angel at My Table〉(뉴질랜드, 1990)를 연출했다. 캠피온은 가난했던 어린 시절, 언어에 대한 관심 증가, 수줍음, 조현병 진단, 200번이 넘는 전기 충격 치료와 정신 건강 치료 등 프레임의 인생을 전면적이고 차분하며 다채롭게 조명했다. 영화의 많은 부분에서 프레임을 연기했던 케리 폭스는 때로는 날카롭게, 때로는 공황 발작을 일으키기 직전처럼 카메라를 응시한다(331). 캠피온과 촬영감독 스튜어트 드라이버그는 영화의 공간을 과장하기 위해 광각 렌즈를 사용했고 뉴질랜드의 마법과도 같은 풍경을 배경으로 배우들을 부풀려진 전경에 배치했다. 캠피온의 영화에서 감동적인 점 중 하나는 영화 속의 외로운 여성들은 종종 다른 사람들이 자신을 어떻게 보는지 알고 있다는 사실이다. 폭스가 연기한 프레임처럼 그녀들은 자신이어야 할 뿐만 아니라 때로는 세상이 원하는 자신이어야 하는 이중 부담으로 불안 속에서 살고 종종 놀란 듯 보인다.

〈내 책상 위의 천사〉 이후에 캠피온은 여성의 성적 억압에 관한 은유적 영화인

331. 재닛 프레임을 연기한 케리 폭스의 날카로운 응시를 비롯해 제인 캠피온과 스튜어트 드라이버그의 대담한 구도는 〈내 책상 위의 천사〉를 정신병 및 창작에 대해 특출나게 묘사한 작품으로 만들었다. 뉴질랜드, 1990.

〈피아노The Piano〉(호주, 1993)를 연출했고, 이후 여성의 마조히즘 주제로 다시 돌아간 냉혹한 〈여인의 초상The Portrait of a Lady〉(영국·미국, 1996)을 연출했다. 다른 많은 감독처럼 캠피온도 배우들이 자신을 표현하고 때로는 감추기 위해 단어를 어떻게 사용하는지에 특히 주목했다.

캠피온보다 8살 아래인 바즈 루어만은 뉴사우스웨일스에서 태어났다. 그는 화려한 빈센트 미넬리이자 분석적인 잉마르 베리만이었다. 1980년대 초에 조지 밀러의 〈매드 맥스〉 영화는 호주의 영화 제작에 활기를 불어넣었다. 루어만의 〈댄싱 히어로Strictly Ballroom〉(호주, 1992), 〈로미오와 줄리엣William Shakespeare's Romeo + Juliet〉(미국·호주, 1996), 〈물랑 루즈Moulin Rouge〉(미국·호주, 2001)도 마찬가지였지만 내용 면에서 밀러의 영화와는 조금 달랐다. 루어만의 작품은 고급스러운 댄스 루틴을 위해 모든 것이 멈추는 일종의 뮤지컬이었다. 밀러는 호주 남성성의 핵심적인 요소들을 확고히 했던 반면 루어만은 캠피온처럼 호주의 성 고정관념에 도전했다.

〈로미오와 줄리엣〉과 〈물랑 루즈〉의 스키마는 매혹적이었다. 〈로미오와 줄리엣〉에서 루어만은 반목하는 두 가문의 10대 자녀들에 관한 셰익스피어의 희곡을 가져와서 남미인과 백인이 대치하는 동시대 미국의 상황으로 재해석했다(332). 이 작품은 세르조 레오네 방식의 클로즈업과 총기 난사, MTV의 빠른 편집 기술 및 고속 촬

332. 광고, 세르조 레오네, 발리우드 및 할리우드 뮤지컬의 혼합은 바즈 루어만의 하이브리드 영화들을 활기차고 예상하기 힘든 것으로 만들었다. 〈로미오와 줄리엣〉. 미국 · 호주, 1996.

영으로 표현된 라이벌 갱단 간 주유소에서의 대결로 막을 올린다. 다른 시퀀스들은 서극과 오우삼 등 홍콩 감독 스타일의 감각적인 트래킹 숏들을 교차해서 편집한 것이다.

〈물랑 루즈〉는 아시아 영화의 영향을 확장한 것이다. 〈로미오와 줄리엣〉처럼 이 작품도 비극적인 죽음으로 인해 헤어지게 되는 이상적인 연인에 관한 이야기로, 세트와 의상 디자인을 최대치의 색감 및 화려함으로 보여주고, 혼자 춤추던 주인공이 갑자기 다른 댄서들과 앙상블을 이루는 발리우드 전통을 따른 듯한 화려한 뮤지컬이다. 한 뮤지컬 장면에서는 인도의 의상과 안무를 노골적으로 활용했다(333). 공연의 본질에 관한 루어만의 '붉은 커튼 3부작' 중 세 번째 작품인 〈물랑 루즈〉의 노래들은 그 이전의 두 작품의 경우와 마찬가지로 MTV 시대의 영미 팝이었다. 〈물랑 루즈〉에서 여성들이 라벨의 「레이디 마멀레이드Lady Marmalade」에 나오는 '불레부 꾸셰 아벡 모아Voulez-vous coucher avec moi?'를 부를 때 남성들은 너바나의 「스멜스 라이크 틴

333. 루어만의 〈물랑 루즈〉에서 발리우드 뮤지컬의 영향을 받았음을 확실히 알 수 있는 장면. 이 작품의 미술은 캐서린 마틴이, 촬영은 도널드 맥앨핀이 담당했다. 미국 · 호주, 2001.

스피릿Smells Like Teen Spirit」을 부르며 충돌하는 듯한 장면이 있다. 성인 여성에 대한 캠피온의 관심이 시대의 흐름에 역행할 때 루어만의 작품은 10대의 사랑과 반란에 관한 멀티플렉스용 주제를 펼쳤다. 하지만 마물리안의 〈러브 미 투나잇〉(145~146쪽, 262쪽 참고)에서 따온 오페라 무대의 요소, 홍콩 액션 영화, 인도 뮤지컬, 팝 비디오, 1970년대 디스코, 게이 의상, 그리고 연기 스타일이 혼합된 루어만의 미학적 비결은 동양과 서양, 남성과 여성, 동성애자와 이성애자 사이에 국경이 존재하지 않는 새로운 영화를 애교스럽게 내세우며 주제를 급진화시켰다. 루어만은 페드로 알모도바르와 함께 이 시기에 가장 흥미롭고 유쾌한 서양 영화감독이었다.

1961년 뉴질랜드에서 태어난 피터 잭슨은 20대 중반에 첫 장편 영화 〈고무 인간의 최후Bad Taste〉(뉴질랜드, 1987)를 연출했다. 잭슨의 〈브레인데드Braindead〉(뉴질랜드, 1992)는 저예산 공포 영화 요소와 코미디 요소를 혼합한 것이었지만 특수 효과에 대한 그의 열정은 여전했다(〈브레인데드〉는 북미에서 '데드 얼라이브Dead Alive'라는 제목으로 개봉되었다-옮긴이). 그는 이 열정을 J. R. R. 톨킨의 3부작, 〈반지의 제왕The Lord of the Rings〉(미국과 뉴질랜드 공동 제작. 2001~2003)에서 대대적으로 펼쳤다. 〈반지의 제왕〉 3부작은 영화의 새로운 스키마를 구축하지는 않았지만, 검과 마법으로 점철된 이 모험극은 고수익을 올린 새천년의 작품이 되었다.

1990년부터 2004년까지 미국 영화의 과거와 미래

미국의 그 어떤 영화감독도 루어만만큼 역동적인 영화 언어를 구축하지 못했고 키아로스타미나 마흐말바프 부녀처럼 작품 속에서 철학적 개념을 펼치지도 못했다. 1980년대부터 시작된 영화계의 재정비는 부분적으로는 이런 문제를 해결하기 위함이었다. 주류 영화사의 기업화는 1990년대에 심화되었다. 영화 속에서 'PPL'이라고 불리는 레저 상품 등의 광고가 급증했고, 타임 워너가 〈배트맨〉(520쪽 참고)으로 성취한 문화적 교배는 영화 산업 전반에서 재생산되었으며, 인터넷 대기업 AOL과 합병하며 타임 워너는 계속 주도권을 잡았다. 업계의 스타를 보유한 강력한 에이전시들은 예전의 영화 스튜디오 대표들이 그랬듯이 배우와 감독, 작가를 패키지로 묶어 영화 제작에 공급했다.

이런 기업의 주도에도 불구하고 1990년대에 미국 예술 영화의 확장은 목격되었다. 그리고 〈양들의 침묵〉(조너선 드미, 1991), 〈웨인즈 월드Wayne's World〉(퍼넬러피 스피어리스, 1992), 〈쉰들러 리스트Schindler's List〉(스티븐 스필버그, 1993), 〈히트Heat〉(마이클 만, 1995), 〈LA 컨피덴셜L. A. Confidential〉(커티스 핸슨, 1997), 〈식스 센스The Sixth Sense〉(M. 나이트 샤말란, 1999) 등 전통적인 장르 영화가 1940년대 폐쇄적인 낭만적 사실주의의 탄탄한 서사와 성인의 심리적 기반으로 회귀했다. 더욱 의미심장한 점은 다양한 영화들이 1980년대 이전의 인간애에 대한 향수와 비디오 시대의 형식주의를 결합하는 시도를 했다는 것이다. 마틴 스코세이지의 〈좋은 친구들〉(1990), 캐스린 비글로의 〈스트레인지 데이즈Strange Days〉(1995), 코엔 형제의 영화, 재능을 일찍 꽃피운 신인 감독 쿠엔틴 타란티노의 〈저수지의 개들〉(1992), 올리버 스톤의 영화는 시대의 흐름에 편승하기도 했지만 과거 영화의 향수에 집착한 작품이었다. 이러한 작품은 디지털 혁명 직전인 1990년대 초반 영화의 포스트모더니즘을 보여주었다.

1970년대 중반에 최고의 작품들을 연출했던 마틴 스코세이지의 영화적 영혼 찾기는 큰 타격을 입었다. 대작이고 흥행에 실패했으며 아름답지만 정신 이상적인 뮤지컬 영화 〈뉴욕, 뉴욕〉(1977)으로 그의 영화감독 인생은 바닥을 쳤다. 그는 병원 신세를 졌고 삶은 엉망이 되었으며 코카인에 중독되기까지 했지만 〈성난 황소〉(1980)로 가까스로 회복했다. 그 뒤 80년대의 아이콘, 톰 크루즈가 출연한 영화로 그리 심오하지는 않으나 효율적이었던 〈컬러 오브 머니The Color of Money〉(1986)를 만들었다. 이후 스코세이지는 당시 영화 세계의 복잡한 흐름을 포착하는 데 성공했는데, 그게 바로 1990년의 일이었다. 그해에 그는 할리우드 엔터테인먼트의 팽창 속도만큼 빠르고 영화의 가장 원초적인 시기를 돌아보는 작품을 연출했다.

스코세이지는 〈좋은 친구들〉에 대해 "빠른 영화를 원해?"라고 말하면서 "알았어. 빠른, 정말 빠른 영화를 만들어 주지."[2]라고 덧붙였다. 이 작품은 희망이 없던 브루클린의 마피아 무리가 가난뱅이에서 벼락부자로 거듭나지만 영혼은 피폐해진다는 이야기로, 1955년부터 1980년대까지 그들의 삶과 책략을 따라간다. 제목인 '좋은 친구들'은 한 번도 경찰과 말을 해본 적이 없는 갱 단원을 일컫는 말이다. 그들은 음식, 주류, 의류 할 것 없이 돈이 되는 것이면 무엇이든 거래했지만, 지옥에 처박혀도

한 줄기 희망을 본다는 스코세이지의 통상적인 등장인물들과는 달리 구원받지 못하는 사람들이다.

〈좋은 친구들〉의 장면들은 통상적인 스코세이지 영화의 장면들보다 짧았다. 스코세이지는 그 시기에 마이클 잭슨의 「배드Bad」 홍보 비디오를 만들었고 새로운 영화에 그로부터 받은 에너지 일부를 불어넣었다. 이 시기에 제리 브룩하이머가 제작했던 영화들과는 달리 〈좋은 친구들〉의 속도는 단순히 당시의 얕은 외형과 어울렸을 뿐 강요된 느낌은 없었다. 이 작품의 원작자인 니컬러스 필레기는 자신이 묘사한 마피아에 대해 "나는 마피아를 여럿 알았고 그들은 모두 놀라울 정도로 높은 신진대사 역량을 지니고 있었다. 그들은 거의 모두 미치광이였고 엄청난 에너지를 가지고 있었다… 그들은 안절부절못한다는 의미의 이디시어로 '바지 속의 개미'를 뜻하는 '스피엘카스spielkas'였다."라고 말했다.

그러나 이때는 비단 대사율이 높은 영화의 시대만은 아니었다. 이 시기의 기억상실증에 대응이라도 하듯 영화의 역사를 좇는 것이 유행이 되었다. 1970년대에 아벨 강스의 〈나폴레옹〉이 훌륭하게 복원되었다. 1986년에 데이비드 린의 〈아라비아의 로렌스〉도 비슷한 과정을 거쳤다. 1996년에 앨프리드 히치콕의 〈현기증〉과 2000년에 오슨 웰스의 〈악의 손길〉도 복원되었다. 새로운 묘미를 추구하는 과정에서 영화계는 가장 특이한 장소인 과거를 바라보았다. 〈좋은 친구들〉의 결말을 보면 교화된 헨리 힐(레이 리오타)은 교외에서 단조롭게 살고 있다. 헨리의 보이스오버가 끝나면 스코세이지와 그와 오랫동안 일했던 편집자 델마 스쿤메이커는 오래전에 죽은 헨리의 파트너 토미(조 페시)가 카메라에 총을 발사하는 장면으로 갑자기 전환한다. '빵' 하는 소리가 나고 영화는 끝난다(334). 이것은 에드윈 S. 포터의 〈대열차 강도〉에서 카메라를 향해 총을 발사하는 정

334. 〈좋은 친구들〉에서 이미 사망했지만 끝부분에 다시 등장해 카메라 렌즈를 향해 총을 쏘는 조 페시. 미국, 1990.

면 버스트 숏의 총잡이(조지 반스)를 그대로 반영한 것이다(335). 조 페시도 이와 같은 방식으로 촬영되었다.

영화는 그때도 훌륭한 볼거리였다. 여전히 관객에게 충격을 안겨주었고 그들을 좌불안석하게 만들었다. 1980년대 미국 주류 영화가 원했던 것은 멀티플렉스의 관객을 뒤흔드는 것이었다. 마틴 스코세이지는 그런 흐름을 파악할 수 있을 정도로 현명했고 그래서 초창기 영화 시기로 회귀하는 선택을 했던 것이다.

이 상징적인 숏에 대한 마지막 견해를 말하자면, 지금은 상상하기 어렵겠지만 당시에 반스가 렌즈를 바라보며 총을 쏘는 그런 장면들은 원래 영화의 도입부나 결말에 사용할 계획이었다. 그와 같은 숏은 이야기와는 딱히 상관없었고 이야기의 일부도 아니었다. 〈좋은 친구들〉의 페시는 뒤에서 총을 맞으면서 죽음을 맞이한다. 이야기의 어느 부분도 그가 렌즈에 총을 쏘는 장면과는 상관이 없다. 그렇다고 회상 장면도 아니다. 그냥 자유롭게 떠도는 이미지일 뿐이다.

335. 색다른 조 페시의 숏에 대한 스코세이지의 영감은 변이가 없는 스키마의 한 예다. 〈대열차 강도〉에 나오는 조지 반스의 상징적인 장면. 감독: 에드윈 S. 포터. 미국, 1903.

1990년대에 나온 또 다른 갱스터 영화 〈펄프 픽션〉(쿠엔틴 타란티노, 1994)은 스코세이지의 포스트모던 실험을 훨씬 더 확장하면서 1990년대의 가장 영향력 있는 작품이 되었다. 이 작품의 혁신적인 점은 스키마의 변이라는 곰브리치의 개념을 가장 인상적으로 보여준 현대 영화라는 것이다. 그 예로 두 킬러가 청부 살인을 저지르기 직전의 상황을 보여주는 영화의 세 번째 섹션을 살펴보자(336). 이런 장면은 수백 편의 B급 범죄 영화나 1940년대 말과 1950년대 미국의 누아르 영화에서 수없이 보아왔던 장면이다. 킬러들은 아주 상투적으로 이야기를 나누며 플롯의 기능을 잘 수행한다. 그런데 그들은 갑자기 다음과 같은 대화를 나누며 1990년대 포스트모던 영화가 어떻게 변화되었는지 보여준다.

336. 루어만과 스코세이지는 모두 포스트모던 형식으로 영화를 연출했다. 그러나 쿠엔틴 타란티노의 〈펄프 픽션〉은 예를 들어 전형성이 짙은 갱스터 영화의 암살 장면을 대놓고 사용하지만, 등장인물들이 누군가를 암살해야 한다는 사실을 너무 잘 알면서도 발 마사지 등의 장난스러운 대화를 나누며 오히려 전형성을 역이용해 이를 살짝 벗어났다. 타란티노는 영화에서 발과 관련된 것을 자주 언급하거나 촬영하면서 발에 대한 자신의 페티시즘을 드러냈다. 미국, 1994.

빈센트: 발 마사지해 준 적 있어?

줄스: 나한테 발 마사지 얘기하지 마. 난 발 마사지 도사야.

빈센트: 많이 해봤어?

줄스: 말이라고 해. 모든 기술을 터득했지. 간지럽지도 않고.

빈센트: 남자도 해줄 수 있어?

줄스: 엿 먹어.

빈센트: 많이 해봤다며.

줄스: 꺼져.

빈센트: 내가 좀 피곤하거든. 발 마사지 받으면 딱 좋겠는데…

줄스: 야, 야. 그만하는 게 좋을 거야. 슬슬 화나려고 하거든. 자, 여기가 문이야…

그리고 줄스가 "이제 본업에 충실하자."라고 말하면서 그들은 다시 전형적인 킬러로 돌아간다. 〈펄프 픽션〉은 주제를 벗어난 이런 여담과 비정형적 요소들로 가득했다. 1970년대에 스코세이지가 했던 말을 빌려 이야기하자면 이 작품은 미국 장르 영화의 덜 마초적인 영역에 새로운 지평을 '열었다'. 한 평론가는 〈펄프 픽션〉 같은 영화는 "액션 영화 일색인 흐름에 언어 유희적 선례를 남겼다."[3]라고 말했다. 이런 효과는 불과 31세의 나이에 〈펄프 픽션〉의 시나리오를 쓰고 연출까지 했던 타란티노의 이름을 따서 '타란티노풍의Tarantinoesque'라는 말로 설명되었다. 임영동(링고 램)이 연출한 〈용호풍운龍虎風雲〉(홍콩, 1987)의 영향을 받은 그의 두 번째 장편 영화 〈저수지의 개들〉은 선댄스 영화제에서 큰 화제를 모았고, 이에 그가 시나리오를 쓰는 데 참여했던 〈트루 로맨스True Romance〉(토니 스콧, 1993)와 〈올리버 스톤의 킬러Natural Born Killers〉(올리버 스톤, 1994)는 즉시 제작에 들어갈 수 있었다. 타란티노는 미국 장르 영화의 비현실적인 등장인물들에게 새 생명을 불어넣었으며 이후 수년간 열정적인 남성 영화감독들이 그의 접근 방식을 따라 했다.

타란티노는 1990년대 미국 영화 시나리오의 구성과 대사 등에는 영향을 미쳤으나 카메라의 위치 및 시각적 스타일 면에서는 그리 혁신적이지 못했다. 그가 쓴 시나리오로 올리버 스톤이 연출한 〈올리버 스톤의 킬러〉는 이 점을 시사한다. 타란티노가 혁신적인 시나리오를 쓰고 전통적인 방식으로 촬영했다면, 1946년 뉴욕 태생으로 미군에서 군인으로 복무했고 시나리오 작가였던 스톤은 1990년대에 연출했던 작품들을 통해 시각적인 질감을 실험하고 확장했다. 그는 촬영감독인 로버트 리처드슨과 함께 아마추어용 8mm 필름과 텔레비전 뉴스나 비디오 포맷에 적용했던 16mm 흑백 필름을 와이드 스크린의 선명한 35mm 필름과 혼용했다(337). 스티븐 스필버그 같은 전통적인 방식을 추구하는 영화인은 관객이 영화를 보고 있다는 사실을 자각하면 이야기로부터 빠져나올 수 있기에 필름의 입자가 스크린에 보여서는 안 된다는 금기를 오랫동안 수용해 왔다. 리처드슨과 스톤은 젊은 커플의 난동을 미디어와 영화의 모자이크 장면으로 묘사하며 이러한 자만심을 깨뜨렸다. 그 결과 미국 주류 영화들은 영화 내내 하나의 통일된 시각적 스타일을 사용하는 전통으로부터 조심스럽게 분리되었다.

캐스린 비글로의 〈스트레인지 데이즈〉는 다른 방식으로 포스트모던했다. 21세기에 시각의 디지털화를 예견하며 이 작품은 헤드셋이 사람의 기억을 드러내고, 도시는 마음의 스크린이 되는 것을 예상했다. 사람들의 기억과 감정의 시각적 기록을 이용해 살인 사건을 수사한다는 이 영화의 줄거리는 그러한 이미지 시스템을 부각했다. 오슨 웰스의 〈악의 손길〉이 발표되고 37년 뒤에 나온 〈스트레인지 데이즈〉는 특히 사람과 물리적 세계 사이에 스크린이 들어오기 시작한 시기에 법 집행자들의 윤리에 대해 의문을 제기했다.

1990년대 포스트모더니즘의 다섯 번째 변종은 미네소타 태생의 조엘 코엔과 이선 코엔 형제의 괴상하고 기술적으로 빛나는 영화에서 발견할 수 있다. 1984년에 형제가 공동으로 집필한 시나리오를 이선이 프로듀싱하고 조엘이 연출한 〈블러드 심플Blood Simple〉을 기점으로 1987년에 불과 500만 달러를 투자해 2500만 달러를 벌어들인 〈아리조나 유괴 사건Raising Arizona〉이 성공함으로써 그들은 1990년대부터 할리우드 스튜디오에서는 보기 드문, 반만 주류인 영화인으로서 제작하는 영화의 최종 편집권을 갖고 매우 독특한 세계관을 펼치는 인물이 되었다. 〈밀러스 크로싱Miller's Crossing〉(1990)은 그 세계관이 집대성된 대표적인 예다. 과거를 배경으로 대실 해밋의 정신을 담아 기존의 갱스터 장르를 변경했던 이 작품은 험프리 보가트가 썼던 중

337. 다수가 〈올리버 스톤의 킬러〉 내용의 윤리성에 대해 의문을 제기했지만 이 작품에서 사용된 다양한 종류의 필름과 시각적 질감은 그 영향력이 컸다. 감독: 올리버 스톤, 촬영감독: 로버트 리처드슨. 미국, 1994.

절모 같은 상징적인 이미지에 대한 매력을 드러냈고 블랙 유머와 폭발적인 폭력으로 가득했다.

코엔 형제는 〈밀러스 크로싱〉의 시나리오를 집필하던 중 글이 잘 써지지 않자(그들은 관객이 그 플롯을 이해하기 어려울 것 같다고 했다) 잠시 휴식을 취하면서 썼던 시나리오로 영화 〈바톤 핑크Barton Fink〉(1991)를 만들었다. 충격적인 분위기의 이 작품은 "동료를 위해 뭔가 하고 싶다."라는 마음이 있지만 자신도 글이 잘 써지지 않아 괴로워하는 작가에 관한 이야기다. 코엔 형제 영화의 촬영을 주로 담당한 촬영감독 로저 디킨스는 부패한 듯 보이는 초록과 노랑의 빛으로 명암의 층을 두었으며, 그런 촬영 요소를 핑크의 프로듀서가 권투에 관한 지적인 시나리오에 대해 "우리는 월리스 비어리를 고난에 관한 동성애적 영화에 출연시킬 마음이 없어."라고 말하는 배꼽 잡는 장면 등에 활용했다.

1990년대 후반에 코엔 형제는 프랭크 카프라의 작품들에서 '작은 남자'라고 불리던, 자기가 거의 이해하지 못하는 현대 사회의 사건과 사회 변화에 사로잡힌 인물에게 초점을 맞춤으로써 모순된 세상을 희극적인 관점으로 더욱 다듬었다. 〈허드서커 대리인The Hudsucker Proxy〉(1994)에서 신입 우편물 관리 직원 노빌 반스는 허드서커 기업의 CEO로 임명된다. 〈위대한 레보스키The Big Lebowski〉(1998)와 〈오! 형제여 어디에 있는가?O Brother, Where Art Thou?〉(2000)의 주인공들처럼 반스도 하워드 호크스나 프랭크 카프라 또는 프레스턴 스터지스의 폐쇄적인 낭만적 사실주의의 세계로 들어서지만 그것의 괴이함을 이해하지 못하고 방황하는 어리숙한 무성애자로, 코엔 형제의 전형으로 볼 수 있다. 특히 〈위대한 레보스키〉에 등장하는 무기력한 듀드는 당시의 게으른 분위기를 담고 있는데, 이러한 남성들에 대한 코엔 형제의 애정은 본능적인 초현실주의와 함께 그들의 영화를 그 시기의 가장 독특한 영화로 만들었다.

〈LA 컨피덴셜〉, 〈양들의 침묵〉 등의 전통적인 작품들과 스코세이지, 타란티노, 스톤, 비글로, 코엔 형제 같은 포스트모던 주류 영화 혁신가들을 넘어 미국 영화는 1990년대에 매우 활발한 독립 영화 제작 영역을 구축했다. 배우 로버트 레드포드가 시작한 선댄스 영화제와 선댄스 협회(1981년 설립) 그리고 미라맥스 배급사 및 제작사(1979년 설립)는 다소 격이 떨어지는 10대 영화가 팽배했던 1980

년대에 대한 대응으로 미국 영화의 중도층을 형성하는 데 일조했다. 그로 인해 구스 반 산트, 스티븐 소더버그, 할 하틀리, 짐 자무쉬 등의 중요한 감독들이 등장했다. 일련의 은행 대출로 자금을 조달한 하틀리의 획기적인 작품 〈믿을 수 없는 진실The Unbelievable Truth〉(1989)은 혁신적인 촬영 기법보다는 풍부한 대화를 강조하는 작품의 패턴을 만들었다. 자무쉬는 그의 특징인 공허와 우정의 주제를 아름답게 보여준 〈천국보다 낯선Stranger Than Paradise〉으로 이미 1984년에 주목을 받았다. 1990년대에는 연출한 영화가 많지 않았으나 그 작품들을 통해서도 자무쉬는 계속 새로움을 추구했다. 소더버그의 〈섹스, 거짓말, 그리고 비디오테이프Sex, Lies, and Videotape〉(1989)는 〈라 론데La Ronde〉를 비디오 시대에 맞게 재해석한 영화다. 이 작품은 소더버그를 〈카프카Kafka〉(1991) 같은 실험 영화부터 〈에린 브로코비치Erin Brockovich〉(2000), 1960년에 제작되었던 동명의 도적 영화를 리메이크한 〈오션스 일레븐Ocean's Eleven〉(2001), 아이폰으로 촬영한 〈언세인Unsane〉(2018) 같은 성공적인 주류 영화까지 다양한 작품을 섭렵하는 감독으로 만들었다.

소더버그 못지않게 혁신적이고 리메이크에 관심이 많았던 구스 반 산트는 켄터키주에서 방문 판매원의 아들로 태어났으며 1970년대 초에 로드아일랜드디자인스쿨RISD을 다니며 앤디 워홀의 작품 세계로부터 많은 영향을 받았다. 반 산트는 1985년에 자신의 첫 번째 작품을 발표하는데, 멕시코 이민자와 동성애자인 주류 판매원 사이의 사랑에 관한 영화인 〈말라 노체Mala Noche〉였다. 이 작품의 성공은 〈드러그스토어 카우보이Drugstore Cowboy〉(1989)와 그의 가장 혁신적인 작품 〈아이다호My Own Private Idaho〉(미국, 1991)의 제작을 가능하게 만들었다. 〈아이다호〉는 두 남성 매춘부의 관계를 그린 이야기로, 그중 한 명(리버 피닉스)은 기면 발작증이 있고 다른 한 명(키아누 리브스)은 21살 생일에 막대한 유산을 물려받는다. 〈아이다호〉의 처음 15분은 1990년대 미국 영화 중에서 가장 독창적이다. 피닉스가 연기한 인물의 기면 발작증을 시작으로(338) 반 산트는 마치 자동차에 기어를 넣은 듯, 그리고 실시간이 꿈의 시간이 된 것처럼 등장인물의 무의식을 타임 랩스 풍경으로 표현했다. 반 산트는 〈굿 윌 헌팅Good Will Hunting〉(1997)과 같은 청년의 교육에 관한 감상적 주류 영화와 〈싸이코〉에 대한 숭배 행위와도 같은 개념적 리메이크 작품 사이를 오가며 현대 미국

338. 〈아이다호〉에서 구스 반 산트는 리버 피닉스가 연기한 인물의 기면 발작 증세를 자신만의 독특한 방식으로 묘사했다. 미국, 1991.

영화계에서 어떤 사람인지 궁금증을 유발하는 감독 중 한 명이 되었다. 그는 앨프리드 히치콕의 〈싸이코〉를 거의 장면별로 복제했지만 컬러로 촬영했고 유명한 샤워 장면의 경우는 작지만 초현실적인 요소를 삽입하는 것과 같은 특정한 방식으로 원본을 살짝 벗어났다.

매튜 바니의 경력도 매우 독특하다. 그는 1994년부터 2003년까지 총 다섯 편의 시리즈 영화를 연출했으며 각 작품의 제목을 남성의 고환을 오르락내리락하게 만드는 근육인 '거고근Cremaster'으로 지었다. 살바도르 달리와 앤디 워홀, 장 콕토처럼 바니도 미술가였다가 후에 영화감독이 되었으며, 거고근 시리즈에서 남성 성별을 결정짓는 생물학적 개념을 혁신적으로 정교하게 다듬었고 특이하게 작품을 4번(1995), 1번(1996), 5번(1997), 2번(1999), 3번(2003) 순으로 제시했다. 182분 길이로 주류 영화 속편의 규범을 비웃은 마지막 작품에는 장애가 있어 인공 보형물을 착용한 배우 에이미 멀린스, 남근을 상징하는 크라이슬러 빌딩, 여성의 음부를 상징하는 구겐하임 센터 등이 등장한다. 데이비드 린치의 〈이레이저헤드〉(1977)와 데이비드 크로넨버그의 〈비디오드롬〉(1983)은 바니의 생물학적 상징의 참고 자료였다. 『뉴욕 타임스』는 바니를 '그 시대의 가장 중요한 예술가'라고 칭했다.

미국에서 시작된 디지털 혁명

〈아이다호〉, 〈양들의 침묵〉, 〈바톤 핑크〉가 개봉되던 1991년에 〈터미네이터 2: 심판의 날Terminator 2: Judgment Day〉은 디지털로 생성한 이미지의 놀라운 잠재력을 그 어느 때보다 극적으로 보여주었다. 아래 사진(339)에서 볼 수 있듯이 실사로 촬영된 배우가 '액체 금속'으로 변하고 그 상태로 공간을 활보한다. 이 작품의 감독인 제임스 캐머런은 이 액체 금속 인간을 디자인했고 그의 기술팀은 실사로 촬영한 배우의 필름 이미지를 스캔해서 컴퓨터가 인식하는, 헤아릴 수 없이 복잡한 0과 1의 패턴으로 구성된 디지털 이미지로 변환했다. 이후 그들은 디지털 이미지를 조작해 배우의 움직임과 그림자까지 만들어서 인간이 수은 같은 물질로 변하는 효과를 냈다. 〈닻을 올리고Anchors Aweigh〉에서 진 켈리가 쥐 캐릭터인 제리와 함께 춤을 추는 장면(340)이나 〈아르고 황금 대탐험Jason and the Argonauts〉(돈 채피, 미국, 1963)에서 레이 해리하우젠이 만들어 낸 스톱 모션 장면 등 예전에도 실사와 애니메이션을 조합한 적은 있었지만, 그것과는 본질적으로 달랐다. 〈터미네이터 2〉의 액체 금속 인간은 마치 살아 있는 것처럼 보이도록 배우와 같은 크기, 움직임, 성격으로 묘사된 존재다. 이러한 기술은 컴퓨터 생성 이미지CGI로 불리게 되

339. 〈터미네이터 2: 심판의 날〉의 실사 배경인 화염과 3D 컴퓨터 그래픽으로 만들어 낸 '액체 금속' 암살자의 조합은 컴퓨터 생성 이미지CGI의 가능성을 보여주었고, 실사와 '만들어 낸' 이미지의 식별이 점점 더 어려워질 것을 예고했다.

340. 〈닻을 올리고〉의 이 장면처럼 실사와 애니메이션의 융합은 오래전부터 시도되어 왔지만 〈터미네이터 2〉에서 볼 수 있는 실사와 동일한 시각적 요소와 크기, 복잡한 움직임 등의 수준에는 미치지 못했다. 감독: 조지 시드니. 미국, 1945.

었다. 컴퓨터로 생성된 인물이 영화 역사상 처음으로 만화처럼 보이거나 작위적으로 느껴지지 않았다. 실사와 가상의 이미지를 실제처럼 융합하는 것이 가능해졌다. 상상할 수 있는 모든 이미지를 실제 영상으로 만들어 낼 수 있게 된 것이다. 〈타이타닉Titanic〉(제임스 캐머런, 1997), 〈쥬라기 공원Jurassic Park〉(스티븐 스필버그, 1993), 〈매트릭스The Matrix〉(라나와 릴리 워쇼스키, 1999), 〈글래디에이터Gladiator〉(리들리 스콧, 2000), 〈토이 스토리Toy Story〉(존 래시터, 1995) 같은 영화의 배, 공룡, 총알의 궤적, 고대 로마, 살아 있는 장난감 등 주요 요소들은 실제처럼 보였고 〈토이 스토리〉의 경우는 완전한 3D에 역동성도 갖췄다. 보고 싶은 것의 가시화가 가능해진 것이다.

〈터미네이터 2〉에 등장하는 액체 금속의 놀라운 효과에도 불구하고 이것은 디지털 영화 제작 혁명의 시작에 불과했다. 영화는 여전히 필름으로 촬영되었지만, 나중에는 필름을 버리고 영화 전체를 디지털 방식으로 촬영하는 것이 가능해졌기 때문이다. 〈터미네이터 2〉의 상영본은 35mm 필름 형태로 영사기를 통해 스크린에 투사했는데, 그때도 이미 일부 사람들은 필름 상영을 없애고 디지털 영상 신호를 영화관으로 바로 보내는 방법을 언급하고 있었다.

발명가들은 수십 년 전에 전자식 영화관의 혁명을 예견했다. 이미 1921년 초에 필로 판스워스라는 젊은 전기 기술자는 빠르게 움직이는 전자를 스캔해서 이미지를 포착할 수 있다는 사실을 알았다. 다른 발명가들은 전자 이미지를 생성하는 회전 디스크 등 초기의 번거로운 방법을 사용하기도 했다. 판스워스는 1927년에 자신의 이론이 실제로 작동할 수 있다는 것을 시연하기도 했지만, 영화관의 스크린을 없애고 커다란 텔레비전을 설치해서 케이블을 통해 영상 신호를 영화관에 직접 보내야 한다고 주장한 이는 할리우드의 독립 영화 제작자였던 새뮤얼 골드윈이었고 그때는 1949년이었다.

1990년대에 디지털 영화의 제작과 전송 방식은 크게 발전했다. 영화를 전자적으로 전송하고자 했던 골드윈의 꿈은 1991년에 현실이 되었다. 〈벅시Bugsy〉(배리 레빈슨, 1991)가 컬버시티에 위치한 소니 픽처스 엔터테인먼트에서 멀지 않은 곳에 있는 애너하임의 컨벤션 센터까지 전자적으로 전송되었던 것이다. 그로부터 4년 뒤에 〈토이 스토리〉가 개봉했는데, 컴퓨터로 생성한 이미지로만 구성된 세계 최초의 작품이었다. 1999년에 조지 루카스의 〈스타워즈〉 속편인 〈스타워즈: 에피소드 1-보이지 않는 위험Star Wars: Episode I-The Phantom Menace〉은 네 개의 영화관에서 디지털 방식으로 상영되었으며, 같은 해에 제작된 저예산 공포 영화 〈블레어 위치〉(1999)는 보급용 디지털카메라로 촬영되었을 뿐만 아니라 홍보도 인터넷을 통해 이루어졌다. 그 해에 한국, 스페인, 독일, 멕시코에 디지털 상영관이 구축되었고 2001~2002년에 조지 루카스는 〈스타워즈: 에피소드 2-클론의 습격Star Wars: Episode II-Attack of the Clones〉 전체를 디지털 방식으로 촬영했다.

영화 창작 역사의 관점에서 이런 혁신이 매체의 미학에 어떤 영향을 미쳤을지가 중요했다. 미국 주류 영화 속에 새로운 형식의 숏들이 등장하기 시작했다. 감독들은 〈글래디에이터〉에서 재현된 로마의 콜로세움(341)을 떠다니거나 망망대해를 항해하는 타이타닉의 주변을 맴도는 것 같은 이미지를 구현하기 위해 CGI를 사용했다. 이런 매직 카펫 라이드 또는 '날아다니는' 숏은 디지털 시대의 크레인 숏으로, 로버트 W. 폴과 조반니 파스트로네의 혁신이 디지털로 가시화된 필연적 결과였다. 하지만 이런 숏들은 CGI로 만든 무게감이나 시점이 없는 움직임이었고 감정이 빠져 있었다. 미국은 다시 영화 기술의 미래를 향해 질주했지만, 〈텐〉(528~529쪽 참고)의 압바스 키아로스타미 같은 영화인들은 신기술의 의미를 보다 신중하게 고려했다.

341. 〈글래디에이터〉의 로마 콜로세움은 CGI로 재현했지만 그 기술이 건물의 물리적 웅대함이나 누구의 시점인지 등도 포착했을까? 감독: 리들리 스콧. 미국, 2000.

아시아 영화의 기법인 '와이어 푸wire fu'로 촬영한 '날아다니는' 숏이 디지털 시대의 역동성과 결합된 CGI는 더 큰 영향력을 보여주었다. 원화평袁和平(위안허핑)은 1945년 중국에서 태어났으며 1970년대 홍콩에서 무술감독이 되었다. 그는 쇼 형제의 우아한 격투 장면의 스타일을 확장하는 데 일조했는데, 이를 위한 기술이 가능해졌을 때 배우들의 허리춤에 얇은 금속 와이어를 장착하기 시작했고 그 와이어를 크레인 끝의 도르래에 설치해 배우들을 조정했다. 크레인으로 배우들을 들어 올리면 그들은 마치 공중 부양을 하듯이 날아올랐으며 도르래를 회전시키면 공중에서 빙빙 돌았다. 이렇듯 인형극에서 인형을 다루듯이 배우의 움직임을 조정할 수 있게 되었으며, 그 기술을 갈고닦아 진 켈리가 꿈에나 그렸을 법한 배우의 움직임을 만들어 냈다.

1990년대 원화평의 와이어 푸를 이용해 만든 걸작은 1858년 중국을 배경으로 가난한 자들을 돕기 위해 탐관오리들의 재물을 강탈하는 서민 영웅의 단순한 이야기 〈철마류少年黃飛鴻之鐵馬騮〉(1993)였다. 이 작품에서 양 의원과 화소란이 바람에 날아간 종이를 잡기 위해 공중으로 뛰어 올라가는 시퀀스는 매우 정겹다. 〈철마류〉가 아시아에서 개봉되고 난 후 캘리포니아에 거주하던 두 젊은 영화인, 라나와 릴리 워쇼스키 자매는 영화 소재를 들고 대규모 영화 제작자인 조엘 실버를 찾아갔다. 자매는 어려서부터 만화와 신화를 좋아했으며 그래서 그들이 집필한 〈매트릭스〉의 시나리오에는 그 두 가지 요소가 모두 녹아들어 있었다. 실버는 지하의 인물, 모피어스가 한 컴퓨터 프로그래머에게 자신을 둘러싼 세상이 단지 시뮬레이션, 즉 영화 제목과 같은 매트릭스라는 말을 해주는 이 이야기가 마음에 들었다. 라나와 릴리 워쇼스키는 원화평이 이 영화의 무술감독을 맡아주기를 원했고 실버는 중국에서 그를 찾아냈다. 원화평은 키아누 리브스를 비롯한 배우들에게 5개월간 쿵후 기술을 전수했고 와이어 기법을 가르쳤다. 그들은 뛰어오르고, 돌고, 발차기하고, 재주를 넘고, 공중을 날아가는 방법을 터득하기 시작했다. 이러한 움직임은 이를 처음 본 서양의 주류 영화 관객에게는 충격적이었다. 와이어 푸는 모핑morphing과 함께 〈미녀 삼총사Charlie's Angels〉(맥지, 2000) 같은 영화들을 통해 유행되었으며, 디멘션 필름스의 10대를 겨냥한 공포 영화 등이 이를 모방했다.

원화평이 〈매트릭스〉에서 한 작업은 컴퓨터 시대의 영화 제작 방식을 한 걸음 더 나아가게 한 원동력이 되었지만, 워쇼스키 자매의 영화 미술도 혁신적 요소로 한몫을 했으며 그 역시 아시아에서 온 것이었다. 우리가 알다시피 일본의 애니메이션은 1950년대부터 큰 인기가 있었지만 1980년대 오리지널 아니메 비디오OAV는 폭력과 성적인 요소를 역동적이며 노골적으로 묘사했다. 특히 OAV의 격투 장면은 날아다니는 숏으로 촬영되었고 주요 액션에서 정지가 되며 이를 모든 방향에서 볼 수가 있었는데, 비디오 게임들도 그런 이미지를 따라갔다. 격투 장면의 이러한 전지적 시점 숏은 워쇼스키 자매와 항상 센세이션을 추구하는 실버를 매료시켰다. 그렇다면 이런 OAV 카메라 기법과 원화평의 무술 동작을 융합하면 어떻게 될까? 배우들이 공중으로 날아올라 정지한 뒤 카메라가 그들을 중심으로 360도 회전한 후 다시 동작을 이어가는 것이 가능할까? 초당 수십 프레임이 촬영되는 고속 카메라라면 마치 동작이 정지된 듯 보이게 할 수도 있겠지만 워쇼스키 자매와 실버가 원했던 건 촬영되는 와중에도 카메라가 이동하는 것이었다. 이는 불가능했다. 어떤 카메라 달리도 1초에 30여 미터를 이동할 수는 없었다.

영화 스타일의 진화에 항상 있었던 질문, "어떻게 하면 다르게 만들 수 있을까?"가 이를 가능하게 했다. 그들은 먼저 원화평의 액션을 비교적 고정된 위치에 있는 일반적인 영화용 카메라로 촬영했다. 이후 그 장면을 스캔해서 컴퓨터에 저장했고 아니메의 영향을 받아 360도 움직이는 카메라가 적용될 지점을 정확히 잡았다. 이후에 그들은 다시 세트장에 가서 카메라가 360도로 회전하는 길을 따라 스틸 카메라들을 정교하게 설치했다(342, 위). 1870년대에 영국의 사진작가 에드워드 마이브리지가 질주하는 말과 사람의 움직임을 포착하기 위해 이와 유사한 방법으로 카메라를 사용했다. 마이브리지의 이미지들은 굉장히 유명해졌고 이 움직임을 묘사하려는 화가들에게 큰 영향을 주었다.

1990년대 중반에 상황은 많이 진전되었다. 워쇼스키 자매는 무슨 일이 일어나는지 보기 위해 액션을 나누고 싶지 않았고 그 대신 시간을 멈추고 우아하게 360도로 움직일 수 있기를 원했다. 이를 이루기 위한 다음 과정은 배우들이 빙 둘러 설치된 스틸 카메라들 안에서 원화평이 지도한 격투 동작을 다시 연기하는 것이었다. 스틸

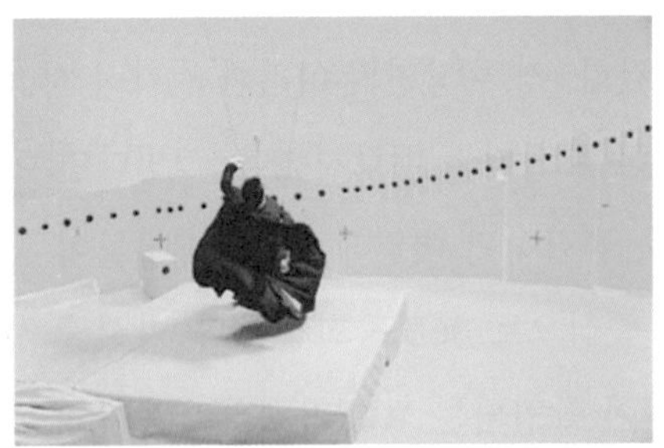

342. 〈매트릭스〉를 통해 주류 영화는 새로운 시각을 구축했다. 원하는 트래킹 숏의 효과를 내기 위해 80개가 넘는 스틸 카메라들이 설치되었다(위). 녹색 배경의 세트에서 키아누 리브스가 '와이어 푸'를 이용한 연기를 펼친다(두 번째). 그리고 배경을 촬영한 뒤(세 번째) 녹색 배경의 세트에서 찍었던 장면과 합성한다(아래).

카메라들을 통해 전체 효과를 볼 수 있는 정지된 스냅숏들이 생성되었지만, 동영상은 아니었다. 이 이미지들은 스캔되어 중간중간 빠진 액션 동작을 만들어 낼 수 있는 다른 컴퓨터에 저장되었다. 이 컴퓨터에 동작의 A, D, G 지점을 입력하면 이것은 빠진 B, C, E, F 지점의 동작을 만들어서 A, B, C, D, E, F, G로 연결했다. 완성된 영상을 영사하면 카메라의 움직임이 너무 빨라서 이 효과는 '총알 시간bullet time'으로 불리게 되었다(343).

새로운 시각적 감각에 대한 개발에 있어 동양의 주류 영화가 서양의 주류 영화에 이보다 더 큰 영향을 미친 적은 영화 역사에서 없었다. 이런 영향력은 속편인 〈매트릭스 2: 리로디드The Matrix Reloaded〉(라나와 릴리 워쇼스키, 2003)에서도 계속되었다. 영화 언어의 측면에서는 새로운 것이 많이 추가되지는 않았지만 다음과 같은 상황은 워너 브라더스가 다중 매체 플랫폼과 관련해서 〈매트릭스〉에 품은 큰 뜻을 드러내기도 했다. 네오라는 인물을 연기한 키아누 리브스가 지하 세계인 시온에 도착했을 때 열정에 찬 한 젊은 남자가 그에게 달려와 다시 만나게 돼서 반갑다고 말한다. 이 남자는 전편에 등장하지도 않았는데 다시 만났다고? 하지만 그

343. 왼쪽 사진에서 설명된 방법으로 촬영한 〈매트릭스〉의 장면. 감독: 라나와 릴리 워쇼스키. 미국, 1999.

는 〈매트릭스〉에서 파생된 〈애니매트릭스The Animatrix〉라고 하는 짧은 애니메이션 시리즈 중 한 편에 나온 적이 있다. 영화 〈매트릭스〉의 다양한 발표 형태들 자체가 매트릭스가 되었다.

1990년대와 2000년대 초반의 유럽 영화와 도그마

관객에게 한 번도 경험하지 못했던 영상을 보여주기 위해 워쇼스키 자매와 캐머런이 디지털 이미지를 조작했던 데 반해 덴마크의 영화인 집단은 1995년 브레송과 파솔리니의 정신을 이어받아 영화는 더 기술적이고 새로운 볼거리를 제공할 것이 아니라 다시 원초적인 형태로 돌아가야 한다고 주장했다. 일부는 마케팅 전략이었고 일부는 "구조 활동"으로 그들의 '도그마' 선언문은 "오늘날 영화의 특정 경향"[4]에 맞섰던 프랑수아 트뤼포의 말(309쪽 참고)을 의도적으로 반영했다. 그들은 트뤼포의 글에서 영감을 받은 1960년대 뉴 웨이브가 "해변으로 밀려와 흙투성이로 변한 잔물결로 판명되었다."[5]라고 주장했다. 그리고 현재를 논평하며 다음과 같이 말했다. "오늘날 기술적인 폭풍이 몰아치고 있으며 그로 인해 영화의 궁극적인 민주화가 일어날 것이다." 이러한 민주화를 이끌기 위해 선언문의 서명자인 라스 폰 트리에와 토마스 빈터베르는 다음과 같은 강력한 규칙을 준수함으로써 '순결의 서약'을 했다. 즉, 세트를 짓지 말아야 하고, 실제 장소만 이용해야 하고, 그곳에 소품을 가져오지 말아야 하며, 음악을 사용하지 말아야 한다. 또한 핸드헬드 카메라만 사용해야 하고, 조명을 설치하지 않아야 하며, 살인 같은 '피상적 행위'는 금지해야 하고, 회상이나 장르적인 요소도 금지해야 하고, 스크린은 예전의 4:3 비율이어야 하며, 감독은 크레디트에 이름을 넣지 않아야 한다.

2003년까지 유럽, 미국, 아시아, 남미의 영화감독 33명이 이 규칙을 준수했고 그 결과 나온 영화 중 걸작은 토마스 빈터베르의 〈셀레브레이션Festen / The Celebration〉(덴마크, 1998), 소렌 카우야콥슨의 〈미후네Mifunes sidste sang〉(덴마크, 1999), 하모니 코린의 〈줄리언 돈키보이Julien Donkey-Boy〉(미국, 1999) 등이다. 특히 〈셀레브레이션〉은 시각적 계시였다. 촬영감독인 앤서니 도드 맨틀이 보급형 비디오카메라로 어둡게 혹은 촛불 등의 빛을 이용해 촬영한 이 작품의 탁한 노란색 이미지는 선명한 이미지를 만들어 내야 한다는 영화 촬영의 규범을 완전히 어겼지만 그래도 잘 알아볼 수 있었고 매우 감각적이었다. 많은 도그마 영화는 이야기의 굴곡이 약하고 관습적이었지만 그 영화들이 영화 미학의 세계에서 행한 유희적 행위와 도덕적 파괴는 올리버 스톤이 〈올리버 스톤의 킬러〉에서 했던 영상 실험보다 1990년대 영화에 훨씬 더 큰 해방 효과를 가져왔다. 〈매트릭스〉와 〈셀레브레이션〉의 상반된 접근 방식은 디지털 영화의 다양한 가능성을 보여주었다.

'순결의 서약'은 했지만 라스 폰 트리에는 3년이 지난 뒤에 자신의 첫 도그마 영화인 〈백치들Idioterne〉(덴마크, 1998)을 발표했다. 그보다 2년 전에 그는 순진한 젊은 스코틀랜드 여성이 덴마크인 남편이 원유 시추 작업을 잘 마치고 무사히 돌아오기를 신께 기도하는 이야기를 핸드헬드 디지털카메라로 촬영하고 와이드 스크린으로 구현한 〈브레이킹 더 웨이브〉(덴마크·영국, 1996)를 연출했다. 하지만 남편은 목이 부러지는 부상을 입고 돌아온다. 그는 아내에게 다른 남자들을 만나서 사랑을 나누고 그 이야기를 자기에게 들려달라고 종용한다. 서양 영화의 대부분이 자유주의적이고 세속적이었던 시기에 〈브레이킹 더 웨이브〉는 우리가 보았던 바와 같이 칼 테오도르 드레이어의 직접적인 영향을 받은 것으로(135~136쪽, 300~301쪽 참고), 기독교 신앙의 인내력을 시험하는 작품이었다. 영화 속 중심인물인 베스의 묘사에 폰 트리에는 가장 단순한 교리 문답 형식을 취했지만, 그의 도덕적 타당성은 도그마 선언의 영향을 받은 영화의 진정성에 뿌리를 둔 것이었다. 배우들은 촬영이 진행되는 공간에서 어디든 자유롭게 이동할 수 있었다. 폰 트리에는 많은 테이크를 촬영했으며 가장 진정성이 느껴진다고 생각하는 순간들을 추려 고다르가 〈네 멋대로 해라〉에서 했던 것처럼 대담한 점프 컷으로 편집했다. 그는 〈브레이킹 더 웨이브〉와 〈도그빌Dogville〉(덴마크, 2003)을 만들 때 직접 촬영하기도 했는데, 〈도그빌〉의 여주인공인 니콜 키드먼을 빈번하게 클로즈업할 때 그녀를 카메라로 건드리기도 했다. 영화 역사에서 이런 경우는 처음이었으며 순간순간 카메라에 밀접하게 다가오는 키드먼의 연기에 일조하기도 했다. 〈도그빌〉의 주제는 미국 사회에 잠재된 폭력에 관한 것이었고 폰 트리에의 이전 영화들과 마찬가지로 평론가들은 그의 광범위한 주제에 의문을 제기했다. 하지만 미학에 대한 그의 급진주의는 의심할 여지가 없었다. 〈도그빌〉은 영화 전체를 촬영 스튜디오에서 세트나 소품이 거의 없이 촬영했다(344).

폰 트리에가 이 시기 유럽에서 가장 혁신적인 감독이었던 반면 다른 감독들은 인간에 대해 더 깊게 고찰했다. 프랑스의 '외형적 영화'는 〈퐁네프의 연인들Les Amants du Pont-Neuf〉(레오스 카락스, 1991)과 〈도베르만Dobermann〉(얀 쿠넹, 1997) 같은 다양한 작품으로 행보를 계속했지만 클레르 드니, 마티외 카소비츠, 가스파 노에, 브루노 뒤몽, 다르덴 형제 등 프랑스어로 영화를 연출한 다른 감독들은 1980년대의 화려한 영화에 맞선 강력하고 혁신적인 작품을 연출하기 위해 노동자 계층과 서민층으로 시선을 돌렸다. 프랑스에 새로운 우익 정부가 들어서고 또한 "마음의 창조물은 단순한 제품처럼 취급할 수 없다."라는 명분으로 자유무역 협정에서 '문화적 예외 사항'을 협상한 지 2년 뒤인 1995년에 배우였던 카소비츠가 연출한 〈증오La Haine〉(1995)는 그런 주장의 선례가 되었다. 이 영화는 1993년 16살이었던 자이르 공화국 출신의 마코메 음보울레가 경찰에 구금되었을 때 벌어졌던 실제 총격 사건을 출발점으로 삼아 연출한 것이다. 카소비츠는 프랑스 국기의 파란색과 흰색, 빨간색의 의미에 대한 의도적인 도발로 유대인, 베우르Beur(이슬람인), 흑인 아프리카인 등 세 명의 청년이 하루 동안 벌이는 이야기를 보여주었다. 그들은 파리 주변의 가난한 주택 단지

344. 덴마크의 영화 운동, 도그마를 이끈 영화인들 중 한 명인 라스 폰 트리에는 그 중심에서 미니멀리즘을 실험했다. 〈도그빌〉에서 그는 영화 전체를 사운드 스테이지에서 거의 세트 없이 촬영했으며, 그 대신 벽이나 문 등을 상징하는 하얀 선을 그었다. 그 효과는 영화적이지 않았지만 강렬한 연기와 연출이 작품을 성공적으로 이끌었다. 덴마크, 2003.

에서 왔고, 사소한 범죄를 저질렀으며, 그들의 친구 중 한 명은 최근에 인종 차별적인 경찰로부터 폭행을 당했다. 당시에 카소비츠는 쿠엔틴 타란티노와 비교되었지만, 그의 영화는 사회적 현실에 더 깊이 뿌리를 두고 있었다.

브루노 뒤몽은 카소비츠보다 9살 위이며 훨씬 더 철학적이다. 그의 데뷔작은 황폐한 프랑스 북부 10대들의 낭비된 삶에 관한 작품 〈예수의 삶La Vie de Jésus〉(1997)이다. 후속작인 〈휴머니티L'Humanité〉(1999) 또한 프랑스 북부에서 와이드 스크린 방식으로 촬영되었다. 〈휴머니티〉는 한 젊은 여성의 성폭행 사건에 대한 경찰의 수사로 시작된다. 이 영화는 이야기 중심의 작품과는 거리가 멀며 응시하는 풍경과 사람들은 대리석같이 차갑고 냉정하다. 엠마뉴엘 쇼테가 연기한 경찰관 파라옹은 파솔리니 영화에 등장하는 인물 같으며 자폐증 환자처럼 눈도 잘 깜빡이지 않는 특이한 사람으로(345), 그의 무표정한 연기는 브레송의 영향을 받은 것이다. 〈예수의 삶〉에 등장하는 젊은 사람들은 들판에서 실제로 성행위를 하고 인종 차별적인 태도를 보이는데도 〈휴머니티〉의 장엄하고 여유 있는 처음 몇 분간의 장면들을 보면 〈예수의 삶〉이 평범한 영화로 느껴질 정도다. 길게 잡은 숏들은 액션이 다 끝나도 마치 다시 사건이 일어날 것 같아 계속 들여다보게 된다. 파라옹은 무감각한 무기력과 외로움에 갇혀 있다. 우리는 성폭행당한 소녀의 노출된 음부를 미디엄 숏으로 목격하게 된다. 이후에 파솔리니의 〈테오레마Teorema〉(이탈리아, 1968)를 단도직입적으로 반영하듯 파라옹은 정원에서 공중 부양된다. 이런 장면들은 뒤몽을 이란 감독들과 견줄 수 있는 거장으로 만들었다. 십수 년 후에 뒤몽은 갑자기 노선을 변경해 그의 전매특허인 여유 있는 영상과 프랑스 북부 배경을 밝고 슬랩스틱 같은 톤의 작품에 접목했다.

345. 브루노 뒤몽의 〈휴머니티〉는 널리 상영되지는 못했지만, 그 강렬한 응시와 어두운 연기는 브레송이나 파솔리니의 작품 못지않게 인상적이다. 프랑스, 1999.

다큐멘터리 영화 감독이었던 벨기에의 장피에르 다르덴과 뤽 다르덴도 일상의 초월적 관점에 관심이 있었다. 카소비츠와 뒤몽처럼 다르덴 형제도 동시대 유럽에서의 권리 박탈에 관한 요소를 주제로 삼았다. 〈로제타Rosetta〉(벨기에, 1999)는 일자리를 간절히 구하는 한 야성적인 10대 소녀에 관한 작품이다. 다르덴 형제의 천재적으로 간결한 스타일적 혁신으로 그 소녀는 영화 내내 움직였고 그들은 그녀를 핸드헬드 카메라로 따라다녔다. 뒤몽처럼 그들도 폐쇄적인 낭만적 사실주의의 문법인 숏/리버스 숏을 거부했고 그 대신에 카메라가 거의 전방으로 이동하는 스크린 방향을 고수했으며 소녀를 오버 더 숄더 숏으로 따라가는 독특한 감각을 유지했다. 다르덴 형제의 후속작인 〈아들Le Fils〉(벨기에, 2002) 또한 하나의 스크린 방향을 고수하며 강렬한 효과를 냈다.

조금 더 동쪽에 위치한 오스트리아로 가면 사회적 불안을 고정된 카메라로 탐구하는 한 영화감독을 만날 수 있다. 미하엘 하네케는 빈대학교에서 철학을 공부했고 1989년부터 영화를 연출하기 시작했다. 그의 작품들은 많은 것을 말한다. 〈베니의 비디오Benny's Video〉(오스트리아·스위스, 1992)에서는 베니라는 소년이 돼지가 도축되는 것을 목격하고, 살인을 행하는 자신을 촬영한다. 〈퍼니 게임Funny Games〉(오스트리아·스위스, 1997)의 두 청춘은 달걀을 빌리러 이웃을 방문했다가 그들에게 난폭한 폭력을 행사하게 된다. 한 지점에서 그들은 관객과 직접 교류하며 영화를 거꾸로 돌린다(346). 〈미지의 코드Code inconnu: Récit incomplet de divers voyages〉(프랑스, 2000)는 파리 출신의 배우 쥘리에트 비노슈가 자신이 거주하는 도시의 폭력을 피하려는 시도를 고도의 기교가 돋보이는 롱 테이크로 보여준다. 〈피아니스트La Pianiste〉(프랑스, 2001)에서 슈베르트의 정교한 음악을 교육하는 여교수는 면도칼로 허벅지 안쪽을 베고 포르노비디오방에서 사용했던 티슈의 냄새를 맡는다. 각각의 작품은 사랑의 가능성이 침출된 고도로 산업화한 중산층 사회를 배경으로 한다. 하네케의 비관론에 공감하는 영화인은 있지만, 그렇게 철저한 형식적 유사점을 추구하는 사람은 거의 없다. 예를 들어 〈미지의 코드〉에서 인간적 교류가 완전히 단절된 서양의 대도시들을 보여주는 각각의 롱 테이크를 다음

346. 〈퍼니 게임〉의 등장인물 중 한 명이 영화를 거꾸로 돌림으로써 끔찍한 폭력 장면을 거꾸로 보게 되는 순간은 베리만의 〈페르소나〉에서 필름이 타는 순간 못지않게 개념적으로 도발적이다. 감독: 미하엘 하네케. 오스트리아 · 스위스, 1997.

347. 하네케의 〈피아니스트〉에서 이자벨 위페르가 연기한 인물은 아름다움에 매우 감각적으로 반응하지만 성적 만족과 육체적 접촉에 대해서는 무감각한데, 그래도 이를 갈망한다. 프랑스, 2001.

테이크가 화면에 나타나기 전에 검게 페이드아웃시키는 방식으로 편집하며 단절을 상징했다. 숏들은 서로 맞닿지도 않는다. 이는 새로운 방식이었다. 하네케가 자신의 영화들을 소개하고 "현실을 잃어버리는 현실"에 대한 묘사를 논하며 관객에게 했던 말은 인상적이었다. "모두 불온한 저녁을 보내시기 바랍니다." 만일 1990년대 영화에 야심 찬 주제가 있었다면 이 사건의 연장선이 아니었을까 싶다. 미국의 포스트모더니스트들도 그렇게 생각했고 하네케가 한 발언의 함축적 의미를 탐구했다. 이와 대조적으로 이란의 키아로스타미와 마흐말바프는 그들의 영화에서 현실에 현실을 더할 방법을 찾고 있었다.

계속 동쪽으로 가면 우리는 영화가 현실의 본질을 어느 정도까지 꿰뚫어 볼 수 있는지에 대한 문제로 고심하고 있는 영화인들을 만나볼 수 있다. 단 공산주의의 붕괴 속에서 말이다. 헝가리의 벨라 타르는 마르크스주의가 쇠퇴하고 난 뒤 세상이 어떻게 변했는지에 관한 영화에 미클로시 얀초의 긴 트래킹 숏에 대한 실험을 적용했다.

타르의 걸작 〈사탄탱고Sátántangó〉(헝가리, 1994)는 실패한 집단 농장을 배경으로 한다. 7시간에 달하는 영화의 60분의 1을 차지하는 7분 30초짜리 첫 숏은 관객을 타르의 세계로 인도하고 그가 얀초의 미학을 어떻게 확장했는지 보여준다. 새벽어둠 속에서 농장은 거의 보이지 않고 위협적인 음악이 깔린다. 카메라는 건물을 지나 막 무리 짓는 소 떼를 트래킹으로 촬영한다. 멀리서 비잔틴 교회의 종소리가 울린다. 〈사탄탱고〉는 12개 부분으로 나뉜다. 1920년대의 푸도프킨처럼(128쪽 참고) 타르는 음악적 구성을 활용했다. 탱고 무용수들은 앞으로 여섯 발자국을 이동한 뒤 여섯 발자국 뒤로 간다. 문화 평론가 수전 손택은 이 작품에 대해 다음과 같이 언급했다. “7시간 내내 끔찍하고 황홀하다. 여생 동안 매년 볼 수도 있을 것 같다.”[6]

일디코 엔예디Ildikó Enyedi의 〈나의 20세기Az én XX. századom〉(헝가리, 1989) 또한 매우 독특한 흑백 영화다. 엔예디의 이야기는 1900년에 동전 뒤집기로 헤어진 성냥팔이 쌍둥이를 따라간다. 그녀의 스타일은 조셉 폰 스턴버그를 연상케 한다. 엔예디는 1990년대와 그 이후에도 훌륭한 영화들을 연출했는데, 아마 무성 영화 시기에도 그렇게 했을 것이다.

서유럽과는 달리 동유럽의 예전 공산주의 국가들에서는 여성 영화감독들이 활발히 활동했다. 폴란드 감독 도로타 케드지에르자브스카Dorota Kędzierzawska의 〈까마귀들Wrony〉(1994)은 무뚝뚝한 9살 소녀가 3살 남자아이를 납치해서 바다를 통해 폴란드를 탈출하고자 시도하는, 어린 시절에 관한 훌륭한 영화로 키아로스타미의 〈내 친구의 집은 어디인가〉와 견줄 만하다. 예전 소비에트 연방의 거장 감독이었던 키라 무라토바는 그녀의 최고작이라고도 할 수 있는 〈열정Uvlecheniya〉(1994)을 연출했다. 경마계를 배경으로 한, 펠리니스러운 이 작품은 경마 기수인 사샤와 서커스 단원인 비올레타의 이야기를 훌륭하고 세심한 음향과 함께 다룬다. 무라토바의 재기발랄하지만 한편으로는 건조한 작품 〈무기력 증후군Astenicheskiy sindrom〉(1989)은 모두가 슬픈 듯 보이는 병든 사회를 그린다. 이 작품은 개혁주의자였던 미하일 고르바초프 서기장이 금지했던 유일한 영화였다는 특징이 있다. 1961년 7월 19일, 수요일에 레닌그라드에서 51명의 여아와 50명의 남아가 태어났다. 그중 한 명이 다큐멘터리 영화감독인 빅토르 코사코프스키였다. 30대 중반이 된 코사코프스키는 그들 모두를 찾고자 했으며, 1인당 1분 미만으로 그 삶을 탐구한 93분짜리 영화 〈스레다〉를 연출했다. 한 남자는 엄마의 담배를 훔치다가 감옥에 갔고 두 남자는 아프가니스탄 전쟁에 나갔다가 사망했으며, 다수는 영화에 출연하기를 꺼렸다. 영화가 정신없이 뒤죽박죽되지 않도록 코사코프스키는 이야기를 이런 이질적인 인생을 만들어 낸 이유인 경제와 엮어 관객에게 깊은 감동을 주었다.

러시아의 감독들도 미국의 감독들처럼 과거의 영화를 돌아보았다. 평론가이자 이론가인 올레그 코발로프Oleg Kovalov의 〈세르게이 에이젠슈테인: 자서전〉(러시아, 1995)은 에이젠슈테인의 작품에서 따온 이미지를 비롯해 그가 소비에트 연방을 떠나 서양으로 향했던 1929년의 사고 과정을 보여주기 위해 코발로프가 세계 곳곳에서 촬영했던 이미지를 사용했으며, 이 중요한 감독이 오늘날 우리에게 어떤 의미가 있는지에 대해서도 다루었다. 이 작품은 에이젠슈테인의 양성애적 성 정체성을 드러냈고 해설이나 자막을 일절 사용하지 않은 채 1920년대의 몽타주 개념을 현대의 작품에 적용하려고 시도했다.

1990년대에 가장 인기 있던 영국 영화들은 리처드 커티스가 시나리오를 쓰고 워킹 타이틀 필름스에서 제작한 〈네 번의 결혼식과 한 번의 장례식Four Weddings and a Funeral〉(1994) 같은 코미디 영화였다. 영국에서 매우 독특한 감독 중 한 사람은 당시의 프랑스 감독들처럼 권리를 박탈당한 주인공, 주로 교외에 거주하는 사람들에게 초점을 맞췄던 마이크 리였다. 즉흥 연기를 통해 작품 속 캐릭터를 구축했던 그는 종종 영국의 계급 시스템에서 코미디 같은 뉘앙스를 발견하며 프랑스 감독들을 넘어섰다. 〈인생은 향기로워Life is Sweet〉(영국, 1991)를 예로 들면, 어머니는 아이들을 대상으로 에어로빅 수업을 하고 아버지는 핫도그 트럭으로 큰돈을 벌 수 있다고 생각하며 딸은 배관공이다. 이 가족의 친구는 가망이 별로 보이지 않는 프렌치 레스토랑 '르그레 리앙'을 연다(348). 리가 만든 대다수의 영화에는 이런 씁쓸한 코미디가 녹아들어 있다. 전직 재즈 음악가였던 마이크 피기스는 형식적인 측면에서 보다 실험적이었다. 분위기 있는 데뷔작 〈폭풍의 월요일Stormy Monday〉(1988)을 연출하고 난 뒤 그는 로스앤젤레스 경찰의 평범하지 않은 쓸쓸함을 그린 영화 〈유혹은 밤그림자처럼Internal Affairs〉(미국, 1990)을 연출하기 위해 미국으로 갔다. 하지만 이 두 작품은 〈타

348. 동시대 영국을 예리하게 묘사한 마이크 리의 〈인생은 향기로워〉에서 에어로빅 강사인 웬디를 연기한 앨리슨 스테드먼(오른쪽)과 르그레 리앙의 사장인 오브리를 연기한 티머시 스폴(왼쪽). 영국, 1991.

임코드Time Code〉(영국, 2000)만큼 독창적이지는 않았다. 네 인물의 교차하는 이야기를 따라가는 〈타임코드〉는 편집하지 않은 테이크들이 네 개로 분할된 스크린에 동시에 상영되는 놀라운 작품이다. 일부 상영관에서 피기스는 대화와 액션의 특정 부분들을 강조하기 위해 각 테이크의 사운드 레벨을 직접 조작하기도 했다. 계속되는 네 개의 테이크들은 물론 필름으로는 불가능했고, 〈타임코드〉는 지금까지도 가장 혁신적인 디지털 영화로 남아 있다. 그리고 버지니아 울프의 소설을 각색해 만든 샐리 포터의 영화 〈올란도Orlando〉(영국, 1992)는 마치 영양gazelle처럼 시간을 가로질렀다.

이와는 정반대였지만 마찬가지로 혁신적이었던 영화는 〈벌집의 정령〉을 통해 〈프랑켄슈타인〉을 순수하게 재해석했던 스페인의 감독 빅토르 에리세의 세심한 작품이었다. 〈햇빛 속의 모과나무El sol del membrillo〉(스페인, 1992)는 모과나무의 열매만 그리는 것으로 유명한 스페인의 화가 안토니오 로페즈에 관한 일종의 다큐멘터리로, 나뭇가지가 처지면서 열매들이 얼마만큼 내려가는지를 측정하고 라디오를 통해 걸프전 소식을 듣는 등 그의 모습을 담고 있다(524쪽의 사진 325 참고). 로페즈가 그림을 그리는 동안 열매는 썩기 시작하고 그의 작업은 열매가 썩는 것을 지연시키려는 시도가 된다. 에리세의 작업은 로페즈 못지않게 세심하고 사랑스러우며, 그렇게 그들은 서로에게 영감을 주었다. 인내심과 영성을 보여주는 이 작품은 1990년대 이란 영화 못지않게 훌륭하다.

새로운 아시아 영화의 사색과 공포

폰 트리에, 뒤몽, 다르덴 형제, 하네케, 타르, 무라토바, 코사코프스키, 리, 에리세의 작품들처럼 1990년대와 2000년대 초의 중요한 유럽 영화들이 냉철하고 엄격했던 반면에 아시아의 최고작들은 훨씬 더 감각적이었다. 한국에서는 전통적으로 무협 영화와 멜로드라마가 강세였다. 1980년 5월에 광주 민주화 운동이 일어났고 폭력적으로 억압당했지만, 예술에 새로운 정신을 불어넣는 촉매가 되었다. 1986년에는 독립 영화 운동이 일어났고 그 운동에 참여했던 감독들은 협업으로 농부에 관한 다큐멘터리 영화 〈파랑새〉를 만들었다. 이 작품과 연루된 일부 감독들이 기소되었지만, 또 다른 반정부 영화 〈오! 꿈의 나라〉(한국, 1989)는 광주 사태를 묘사했고 전국의 대학교에서 상영되며 한 발 더 나갔다.

한국의 영화 제작이 발전할 수 있는 무대가 마련되었고 가장 저명했던 감독은 그것이 어떻게 이루어졌는지를 보여주었다. 임권택은 1962년부터 영화를 연출하기 시작했지만 1981년 〈만다라〉부터 접근 방식이 보다 진지해지기 시작했다. 그는 샤머니즘뿐만 아니라 계몽과 섹슈얼리티라는, 점점 더 인본주의적인 주제를 다루며 한국의 구로사와로 불렸다. 〈서편제〉(한국, 1993)는 국제적인 관심을 받았고 자국에서 큰 성공을 거두었다. 35년 동안의 일제 강점기가 끝난 이후 나라가 남북으로 갈라지며 한국전쟁까지 치르게 된 1950년대의 혹독한 시기를 배경으로 한 이 작품은 한국의 구슬픈 서사적 음악인 판소리를 하는 세 소리꾼의 여정을 따라간다. 〈서편제〉가 소개된 후 유명해진 판소리꾼 조상현은 임권택의 더욱 빛나는 영화 〈춘향뎐〉(한국, 2000)에서 판소리로 서사를 전개하며 관객을 압도했다.

작품 성향이 예술적인 측면에서 점점 더 도전적이 된 한국의 임권택 감독보다 22살 아래인 홍콩의 혁신가 왕가위王家衛(왕자웨이) 감독은 중국에서 태어나 1963년에 홍콩으로 이주했으며 그래픽 디자이너로 경력을 쌓았다. 쇼 형제의 무협 영화가 그곳 젊은이들의 현실과 너무 동떨어져 있다는 것을 자각한 왕가위는 1980년대 프랑스의 '외형적 영화'를 지배했던 인물들인 방랑자와 실존적 외톨이에 관한 대본 없는 영화를 즉흥적으로 만들기 시작했다. 그의 산만하고 무질서한 작업의 중심이었던 호주 태생의 촬영감독 크리스토퍼 도일과 함께 그는 '외형적 영화'의 스타일을 일부 따라 했다. 도일과 처음으로 같이 작업한 영화 〈아비정전阿飛正傳〉(홍콩, 1990)은 홍콩 비非무협 영화에서 중요한 작품으로, 왕가위는 이를 통해 두각을 나타내기 시작했다. 〈아비정전〉은 니컬러스 레이가 연출한 〈이유 없는 반항〉의 업데이트 버전으로 이 작품을 통해 '상실'이라는 왕가위의 핵심적 주제가 구축되었다. 도일의 이미지(349)는 등장인물들의 삶에 덧없는 아름다움의 순간을 자아냈고 그 기억은 그리움과 충족되지 않은 욕망으로 이어졌다. 〈아비정전〉의 한 등장인물이 이렇게 말하는 부분이 있다. "1분은 언제나 쏜살같이 지나가는 줄 알았어요. 그런데 가끔은 정말 오래 갈 때도 있어요. 한번은 어떤 사람이 자기 시계를 가리키며 그 순간 때문에 항상 나를 기억한다고 말했어요. 너무 매력적인 말이었어요. 하지만 난 지금 시계를 바라보며 이 남자를 잊어야 한다고 말하고 있네요."

왕가위의 관점을 잘 설명해 주는 장면이다. 그와 도일은 창작을 위해 종종 술에 의존했으며 그래서 무슨 말을 하는지 인식하지 못할 때도 있었다. 그것이 영화에 포스트모던한 분위기를 불어넣기도 했지만, 정신이 멀쩡할 때 작업한 동성 간의 비관

349. 왕가위 감독의 작품을 아름답게 채워준 크리스토퍼 도일의 촬영은 니컬러스 레이의 〈이유 없는 반항〉(275쪽)이 업데이트된 버전인 그들의 첫 협업 작품, 〈아비정전〉에서 확연히 드러났다. 홍콩, 1990.

적인 사랑 이야기 〈해피 투게더春光乍洩〉(홍콩, 1997)와 이성 간의 열광적인 사랑에 관한 작품인 〈화양연화花樣年華〉(홍콩·프랑스, 2000)에서 젊음의 일시적 아름다움에 대한 묘사는 보는 이의 가슴을 아프게 한다. 두 작품 모두에 나오는 라틴 아메리카 음악은 다른 세계의 열정을 표현한다. 라이너 베르너 파스빈더의 작품처럼 영화의 인간적 요소에서 희망을 뽑아내서 이를 아름다운 영상으로 표현했다. 이탈리아 네오리얼리즘 성향을 지닌 영화인들과 마찬가지로 왕가위도 등장인물들의 삶에 '정지된 시간dead time'을 엮어 넣었으며, 프랑수아 트뤼포처럼 그도 가끔 멋대로이기는 했지만 가슴 아픈 순간에 프레임을 정지시키기도 했다.

이웃인 대만에서 말레이시아 태생의 한 감독도 현대 삶의 공허함에 비슷한 관심을 보였다. 왕가위처럼 차이밍량蔡明亮도 인간사를 쓸쓸하고 공허하게 보는 파스빈더의 영향을 받았다. 그리고 왕가위처럼 공허함을 포착하기 위해 네오리얼리즘 영화 스타일의 '정지된 시간'을 활용했으며 이전 세대의 훌륭한 대만 감독 허우샤오셴(506~508쪽 참고)으로부터 물려받은 정적인 접근 방식을 취했다. 예를 들어 〈애정

350. 왕가위와 도일의 협업은 1962년에 같은 아파트 건물로 이사 온 한 남자(양조위)와 여자(장만옥)가 사랑에 빠지는 내용의 〈화양연화〉에서도 이어졌다. 홍콩 · 프랑스, 2000.

만세愛情萬歲〉(대만, 1994)에서 젊은 남자는 어느 아파트에 도착해 주위를 둘러본다(351). 14분 후에 그는 칼로 손목을 그으려고 하지만 실패한다. 이후 한 여자와 남자가 도착하고 사랑을 나눈다. 젊은 남자는 그동안 침대 아래에 숨어 있다가 성욕이 발동한다. 영화가 시작하고 23분이 지나서야 첫 대사가 나온다. 한 시간이 지났을 때 우리는 젊은 남자가 납골당 영업 사원이라는 사실을 알게 된다. 여자는 부동산업을 하고 그래서 우리는 빈 아파트를 많이 보게 된다. 이후 여자의 옷을 입어보는 젊은 남자를 본다. 각각의 빈 장면, 각각의 새 건물은 진행이 느린 미스터리의 일부분이다. 이들은 누구인가? 누가 아파트의 소유주이고 젊은 남자는 왜 자살하려고 할까?

빌리 와일더의 〈아파트 열쇠를 빌려드립니다〉, 샹탈 아케르만의 작품, 폴란스키의 〈테넌트〉, 워쇼스키 자매의 〈바운드Bound〉(미국, 1997), 데이비드 린치의 〈로스트 하이웨이Lost Highway〉(미국, 1997) 등 아파트의 비밀스러움은 세계 영화의 풍부한 이음매가 되어왔다. 〈애정만세〉의 결말에 편집되지 않은 6분짜리 숏에서 여자는 벤치로 걸어가서 갑자기 울기 시작한다. 그리고 해가 뜨며 여자가 담배에 불을 붙인다. 그녀는 금방이라도 무너질 것 같은 표정이다. 이 장면은 현대 영화에서 가장 간결하고도 감동적인 결말 중 하나다. 차이밍량의 이후 작품들 또한 아파트, 외로움, 성적 모호함에 관한 것이었으며 그런 점에서 왕가위의 작품들과 비교될 수 있다. 그들이 차이를 보이는 것은 왕가위의 경우 결코 〈애정만세〉의 결말처럼 간결하고 절제된 장면을 촬영하지 않는다는 점이다. 표면적일지언정 그의 숏에는 항상 움직임과 아름다움이 있다.

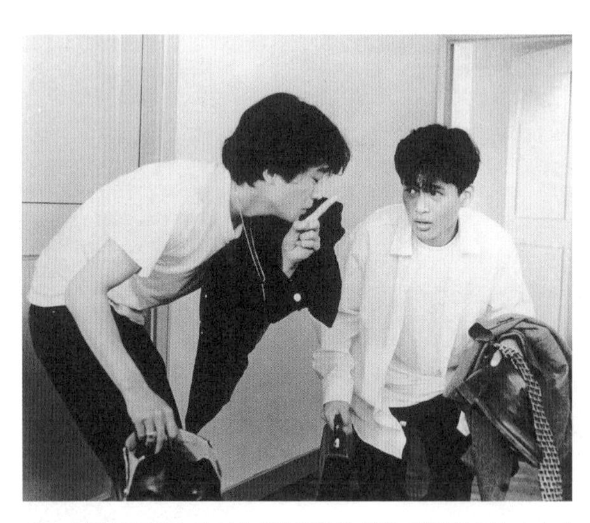

351. 허우샤오셴과 파스빈더의 영향을 받은 차이밍량의 수수께끼 같은 작품 〈애정만세〉에서 자살 충동이 있는 의문의 남자(오른쪽)가 한 아파트에 숨어든다. 대만, 1994.

1990년대 세계 영화계에서 창작적 열망은 널리

퍼져 있었다. 지금까지 산발적으로 야심 찬 영화를 제작했던 스리랑카와 베트남도 독특한 영화인들을 배출했다. 8만 달러의 예산으로 제작한 〈만월의 죽음Purahanda Kaluwara〉(프라사나 비타나게, 스리랑카·일본, 1997)은 스리랑카 최초의 진중한 작품이라고 볼 수 있다.[7] 아름답게 촬영되고 구성된 이 작품은 '정지된 시간'에 대한 왕가위와 차이밍량의 접근 방식을 빌려왔지만, 현대 도시 생활의 정서적 죽음을 강조하지는 않았다. 그 대신에 비타나게 감독은 스리랑카 내전에서 사망한 아들의 무덤을 파보기로 한 어느 농부의 절제된 이야기를 들려준다(352). 농부는 무덤에 아들의 시신이 없는 것을 발견한다. 영화는 그의 아들이 실제로 죽은 것이 아니거나 아니면 우주와 하나가 되었다는 것을 암시한다.

베트남 토착 영화의 제작은 1940년대 후반에 1945년 혁명에 관한 다큐멘터리 영화로 시작되었다. 베트남 최초의 픽션 영화는 1959년에 제작되었지만, 창작적으로 야심 찼던 최초의 영화는 〈와일드 필드Canh Dong Hoang / The Wild Field〉(응우옌 홍센, 1979)였다. 1995년 프랑스에 거주하던 베트남 태생의 트란 안 훙은 마치 베트남의 〈자전거 도둑〉과도 같은 가슴 아픈 이야기 〈씨클로Cyclo〉(프랑스·베트남, 1995)를 연출했다. 씨클로를 도난당한 인력거꾼의 삶이 범죄로 치닫는 상황이 우아하게 촬영되었다. 그로부터 5년 후에 프랑스가 제작을 지원한 작품 〈여름의 수직선에서À la

352. 프라사나 비타나게의 〈만월의 죽음〉에서 아들이 묻혀 있는 무덤을 파보지만 시신을 발견하지 못한 농부. 스리랑카 · 일본, 1997.

verticale de l'été〉(프랑스·베트남, 2000)의 다음과 같은 대사를 보면 트란 안 훙의 주제를 명확히 알 수 있다. "사람은 영혼이 조화를 이루는 곳에서 살아야 한다." 단역 배우인 남자와 사진작가인 여자의 남매 간 관계를 다룬 이 영화는 등장인물의 경제적, 사회적 측면의 정보는 많이 나오지 않지만 예술적 감성에 대해서는 세세하게 다루고 있다. 프랑스에서 오래 생활했던 트란 안 훙은 어쩌면 왕가위가 느끼는 홍콩이나 차이밍량이 느끼는 대만보다 베트남으로부터 거리감이 더 있을 수 있다.

이 시기에 태국도 주류 영화를 제작하기 시작했다. 특이하게도 1960년대까지 인기 있는 태국의 영화들은 16mm 필름으로 촬영한 무성 영화였고 종종 마을에서 종이로 만든 임시 스크린을 통해 상영되었다. 1970년대에 이르러 연간 제작 편수는 약 200편이 되었는데, 대부분은 국내 시장을 겨냥해 저예산으로 제작한 뮤지컬 및 코미디 영화였다. 그러다가 자국 영화 산업의 종식이 예견되기도 했던 1997년에 연간 10편으로 현저히 줄었다. 하지만 부활의 시기가 왔다. 새천년이 시작될 즈음 사실주의 성향의 감독들이 출현했다. 그리고 아마추어 영화 제작에 관심이 있었던 태국의 왕족이 영화 산업에 개입하기 시작했다. 차트리찰레름 유콘 왕자는 1500만 달러의 많은 제작비를 들여 1548년 왕을 위해 희생한 공주의 이야기인 〈수리요타이Suriyothai〉(태국, 2001)를 3년에 걸쳐 완성했다. 코끼리를 타고 벌이는 전투 장면은 놀라웠다. 영화는 프랜시스 코폴라에 의해 재편집된 후 해외에서도 상영되었다.

같은 시기에 홍콩의 쌍둥이 형제 대니 팽과 옥사이드 팽은 지난 15년간 아시아 영화의 유행을 이끈 새로운 공포 영화 장르, 뉴 호러New Horror에 쿠엔틴 타란티노와 오우삼의 스타일을 섞었다. 홍콩에서 가장 비싼 편집자 중 한 명이었던 대니와 연구실 기술자였던 옥사이드는 청각 장애가 있는 킬러의 이야기인 〈방콕 데인저러스 Krung Thep Antharai / Bangkok Dangerous〉(태국, 1999)를 연출했다. CGI로 비를 만들어 내는 등 이 영화의 제작 가치는 매우 높았는데, 이는 미국의 CGI 기술에 필적하는 성과였다. 천장을 기어오르는 도마뱀의 시선으로 촬영한 도입부의 끔찍한 살해 장면은 새로운 것을 추구하고자 했던 감독들의 고충을 잘 보여준다. 팽 형제가 만들어 낸 다양한 질감의 영화와 비디오 이미지는 올리버 스톤의 영화를 연상하게 하지만 그들의 서사와 미학적 개념은 다소 미흡했다. 〈방콕 데인저러스〉 이후에 그들은 〈디 아이見

鬼/The Eye〉(홍콩, 2002)를 연출했다. 〈디 아이〉는 첫 번째 작품에서 선보였던 감각 상실에 관한 공포를 각막을 이식받은 뒤 기증자의 시각으로 불안한 것들을 보는 한 시각 장애 여성의 이야기로 재구성한 영화다. 이 작품은 더 통제된 느낌이었고 화려함도 덜했으며 팽 형제는 그때까지 코엔 형제나 워쇼스키 자매의 독창성에 접근하지는 못했다.

공포 장르에 대한 그들의 관심은 1990년대와 2000년대 초반의 일본 영화로부터 왔다. 일본은 1980년대에 몇몇 중요한 신인 감독을 배출했는데, 1980년대 말 언더그라운드 영화계에서 놀라운 신인이 튀어나왔다. 16mm 흑백 필름으로 촬영된 67분 분량의 〈철남鉄男〉(일본, 1989)은 실사와 애니메이션을 혼합한 영화다. 츠카모토 신야가 연출한 이 작품은 억압된 성적 에너지로 인한 파괴적인 힘으로 인간과 기계가 합쳐질 수 있다는 주제를 처음 보여준 캐나다 감독 데이비드 크로넨버그 영화의 눈부신 업데이트였다. 〈철남 2〉(일본, 1992)는 그 개념을 더 풍부하게 묘사했다. 이 영화에서 안경을 쓴 깡마른 남자는 분노하면 인간 기관총으로 변하며 영화가 전개될수록 점점 더 총신으로 뒤덮이게 된다(353). 츠카모토는 순수함에 대한 환상이 파멸될 듯 보이는 폭력적인 세상에서 몽상적이고 말이 없는 '완벽한' 핵가족의 아버지를 영화의 핵심 인물로 두면서 이 그래픽 소설을 한 편의 시로 그려냈다. 이 남자는 폭력적인 변신을 피하려고 안간힘을 쓰며 저항하지만, 아내가 의문의 암살자에게 살해당했다는 사실을 접했을 때 흉측한 바다 괴물 같은 살인 무기로 변한다.

츠카모토는 변신으로 다양한 실험을 했다. 처음에 변신이 예감되었을 때 금속 철사가 남자의 몸 전체에서 빳빳한 가시나무처럼 솟구쳐 나오는 시퀀스를 훌륭하게 애니메이션화했다. 남자가 크로넨버그의 〈플라이〉(501쪽 참고)에 등장하는 주인공처럼 더욱 흉측하게 변할수록 그는 점점 더 현실에서 고립되는데, 감독은 1923년에 아벨 강스가 〈바퀴〉에서 구사했던 기법처럼 43초 동안 한 컷짜리 프레임이 여러 개 합쳐진 이미지를 사용해서 세포가 부패하는 과정이 깜박거리며 진행되도록 표현했다. 분자, 행성, 포르노그래피, 질감, 그리고 고문이 담긴 1000개가 넘는 프레임은 순수하게 추상적이고 최면적이다. 결국 남자의 어린 시절에 대한 회상에서 우리는 그의 불안과 분노의 근원을 발견하게 된다. 그와 그의 남동생은 아버지가 어머니에

353. 츠카모토 신야의 〈철남 2〉에서 분노했을 때 몸이 총으로 변하는 주인공. 일본, 1992.

게 남성 성기 모양의 총을 입에 넣도록 강요했던 모습을 목격한 것이다.

〈철남〉 시리즈는 명백히 은유적이다. 1950년대 이후의 〈고지라〉 시리즈는 일본 문화에서 괴물 같은 파괴에 대한 관심이 얼마나 뿌리 깊은지를 보여주었다. 〈철남〉도 그 선상에 있었고 평론가들은 이 작품을 히로시마와 나가사키의 원폭 투하에 대한 국가의 충격과 연관을 지었다. 불안의 근원이 무엇이든 그것은 나카타 히데오와 미이케 다카시의 끔찍한 영화들에서 반복되었다.

나카타는 대학 시절에 프리드킨의 〈엑소시스트〉를 보고 깊은 인상을 받았고, 특

히 미조구치가 〈우게츠 이야기〉(267쪽 참고)에서 귀신을 묘사한 것에 감탄했다. 그래서 〈우게츠 이야기〉에서 받은 영감과 〈엑소시스트〉의 주제를 담아 스즈키 코지의 베스트셀러 『링』을 각색한 영화를 연출했다. 이 작품은 가장 많이 언급된 1990년대 일본 공포 영화이며 일본 영화 역사에서 흥행에 가장 성공한 영화가 되었다. 저주받은 비디오를 보면 일주일 안에 죽는다는 〈링リング〉(일본, 1998)은 대중적인 도시 신화를 기반으로 구축되었으며 그 자체가 하나의 신화처럼 퍼졌다. 팽 형제가 나중에 〈디 아이〉에 적용하는 느리고 암시적인 방법을 사용했던 나카타는 소설의 주인공을 여성으로 바꿔 여성에 대한 박해와 그 분노를 묘사했다(354). 비디오 장면들은 모두 촬영지나 광원을 알 수 없게 촬영해 관객이 어떤 예견도 할 수 없게 했으며, 그런 장면들에는 50개나 되는 트랙을 혼합한 굉장한 효과음이 사용되었다. 나카타는 할리우드 영화의 전화벨 소리를 원치 않았기 때문에 〈링〉에서 사용된 전화벨 소리는 4개의 다른 전화벨 소리를 합친 것이었다. 10대를 겨냥한 미국 공포 영화의 일부 요소를 사용했지만 죽은 자가 사람들 사이를 걸어가는 장면과 인간의 영혼에 대한 기독교적 사상을 피하는 장면은 뚜렷하게 아시아적이었다. 나카타는 속편인 〈링 2〉(일본, 1999)를 연출했고 할리우드는 이 영화의 리메이크 판권을 샀다.

354. 〈엑소시스트〉와 미조구치의 귀신에 대한 묘사가 혼합된 작품으로, 여성이 주인공으로 등장하는 1990년대 일본 최고의 공포 영화인 나카타 히데오의 〈링〉, 1998.

나카타의 〈검은 물 밑에서仄暗い水の底から〉(일본, 2002) 또한 동서양의 공포 영화 관습을 조합한 오싹한 작품으로 느리게 진행된다. 미조구치와 나루세의 1930년대 작품처럼 이 영화 역시 여성의 고통에 관한 내용을 담고 있다. 이번에는 딸을 방치했다는 죄책감으로 영혼에 상처를 입은 홀어머니의 이야기다(355). 세련되지 못한 결말로 부실해진 이 영화는 그래도 동시대 서양 공포 영화의 열정과 성의가 얼마나 부족한지를 보여주었다.

미이케 다카시의 〈오디션オーディション〉(일본, 1999)은 전반적으로 유혈이 낭자하고 잔인한 작품이지만 놀랍게도 또다시, 겉으로는 예의 바르고 소심한 젊은 여성을 일본 사회의 이면에 있는 외로움과 분노의 상징으로 삼았다. 미이케는 무례한 여성에 대한 묘사의 대가인 이마무라 쇼헤이의 조감독으로 영화계에 입문했다. 스승처럼 미이케 또한 노골적인 성 파괴적 힘에 관심이 많았지만, 그는 영화 속 상황들을 언더그라운드 펑크 문화에서 가져왔다. 그러므로 그의 작품은 츠카모토 신야의 작품과 궤를 같이한다. 츠카모토 등 당시의 다른 특색 있는 일본 감독들과 마찬가지로 〈오디션〉에서 미이케의 출발점은 '표류하는 세상'으로 대변되는, 겉으로는 안정적이고 우아해 보이는 일본의 모습이었다. 〈오디션〉은 수줍음을 타고 겸손한 젊은 여성이 영화배우 오디션을 받으러 가지만 오디션을 주최한 프로듀서는 사실상 배우를 찾는 것이 아니고 아내감을 찾는다는 이야기다(356). 전반부에 카메라는 마치 오즈의 영화처럼 안정적이지만 젊은 여성이 사라지고 난 밤 이후부터 핸드헬드로 촬영한다. 미하엘 하네케의 영화처럼 미이케는 공허함과 미니멀리즘으로 공포를 준비한다. 영화가 상영되고 50분 정도 지난 즈음에 우리는 여자의 아파트로 초대된다. 배경에는 자루 하나가 있다. 그리고 우리는 그 자루 안에 신체의 일부가 절단된 남자가 들어 있다는 사실을 알게 된다. 나카타처럼 미이케도 앞으로 벌어질 일에 대한 암시로서 종종 소리를 이용한다. 예를 들어 자루 안에 무엇이 들어 있는지 발견하기 훨씬 전, 여자가 자루 안의 남자에게 자기 토사물을 먹일 때 공룡이 포효하는 것과도 같은 동물의 소리가 들린다.

지난 15년간 일본 영화의 판타지는 단지 폭력적인 것만은 아니었다. 아니메는 창의적 진화를 거듭하며 미국 애니메이션을 왜소하게 만들었는데, 특히 국제적인 주

355. 나카타 히데오의 〈검은 물 밑에서〉 속 공포의 근원은 딸을 방치한 홀어머니의 불안감이다. 일본, 2002.

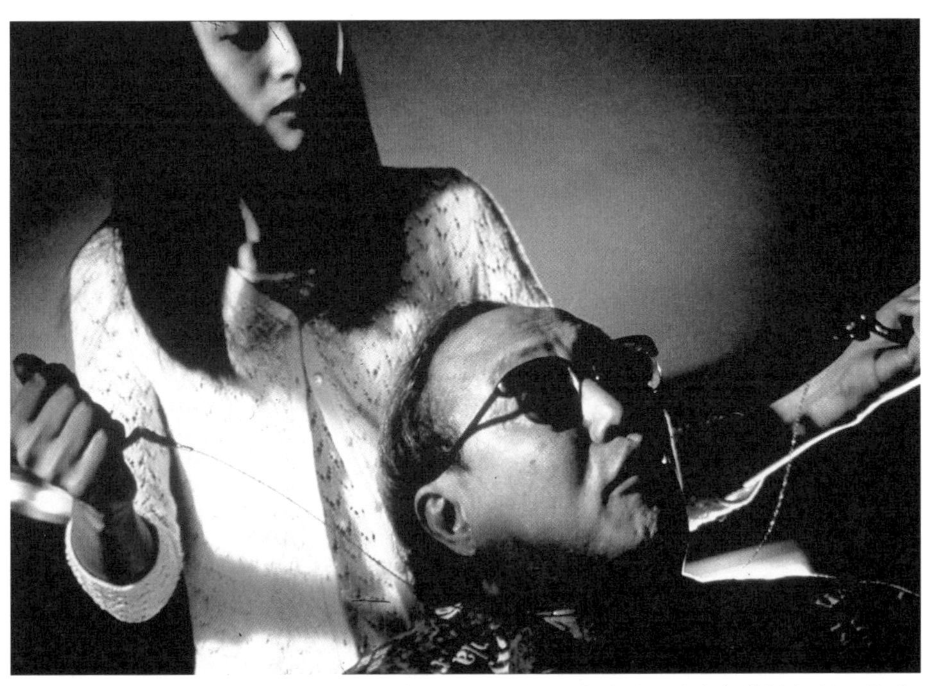

356. 유혈이 낭자한 미이케 다카시의 〈오디션〉. 젊은 여성이 외로움과 일본 사회에 대한 분노를 표출하는 또 하나의 독특한 영화다. 일본, 1999.

357. 미야자키의 평화주의적이고 생태주의적인 〈모노노케 히메〉에 나오는 빛이 나는 어린아이 같은 생명체들과 마법에 걸린 숲. 일본, 1997.

목을 받았던 미야자키 하야오의 〈모노노케 히메〉(일본, 1997)는 더욱 그랬다. 고대 신들의 영혼이 깃든 숲을 배경으로(357) 증오의 근원을 찾기 위해 서쪽으로 가야 하는 아시타카 왕자의 이야기는 상상력을 자극해 일본 영화 역사에서 두 번째로 큰 흥행 성공을 기록했다. 도중에 아시타카는 영리한 늑대 공주 모노노케를 만나 기린처럼 생기고 은하수에서 소환된 숲의 정령에 관한 이야기를 듣는다. 그는 뿔이 여러 개 달린 짐승, 입맞춤으로 치유하는 물고기, 발에서 꽃이 피는 동물 등의 놀라운 꿈을 꾼다. 미야자키의 영화는 생태계를 신화적으로 읽고 분노를 어리석은 것으로 비유한 명작이었다. 총에 꽃이 박히는 장면은 〈철남〉과는 정반대다. 미야자키와 츠카모토는 심각하게 불안했던 영화 문화 시기의 희망과 두려움을 표현했다.

아프리카와 중남미의 지속적인 성과

특정 시기에 모든 대륙에서 독창적인 작품이 제작되고 있던 유일무이한 영화사적 상황을 마무리하면서 이제 아프리카와 중남미로 가보자. 아프리카의 기성 영화인들은 작업을 이어갔고 신인 감독들이 거기에 합류했다. 튀니지의 감독 무피다 틀라틀리Moufida Tlatli는 1960년대 후반에 프랑스에서 영화 제작에 대해 공부했다. 아랍을 주제로 한 다큐멘터리 영화와 드라마의 편집자로 잠시 일한 후 틀라틀리는 〈궁전의 침묵Samt el Qusur〉(튀니지·프랑스, 1994)을 연출했다(358). 영화는 튀니지 왕자 시드 알리의 죽음이 그의 하녀의 딸인 알리아를 그녀의 어머니가 일했었고 그녀가 어린 시절을 보냈던 왕자의 궁전으로 돌아가도록 만든다는 내용이다. 느리고 고통스럽게 드러나는 기억들이 잇따른다. 기억되는 시기는 프랑스인들에 의해 아랍 체제의 여성 노예제가 남아 있던 식민주의의 끝 무렵이다. 틀라틀리는 알리아의 과거와 현재를 넘나들며 그녀의 외로움을 아름답게 대조했다. 알리아는 노래를 통해 자신이 노예제 관습을 극복할 수 있기를 희망하지만, 결론은 암울하다. "내 삶은 낙태의 연속이야. 나는 결코 나를 표현할 수 없었어. 내 노래는 사산된 거야."

틀라틀리가 데뷔하던 해에 다니 쿠야테Dani Kouyaté도 멋진 첫 작품 〈케이타, 그리오의 유산Keïta! L'Héritage du griot〉을 연출했다. 1982년에 〈신의 선물〉을 연출했던 부르키나파소 출신의 가스통 카보레와 같은 마을에서 전통적인 이야기꾼인 그리오의 아들로 태어난 쿠야테는 카보레보다 10살 아래였고 그 역시 프랑스에서 공부했다. 〈케이타, 그리오의 유산〉은 아프리카 도시의 중산층 가정 출신의 13살 소년 마보 케이타에

358. 무피다 틀라틀리의 〈궁전의 침묵〉 속 아랍 노예의 회상 장면. 튀니지 · 프랑스, 1994.

관한 이야기다. 그는 좋은 학교에 다니고 크리스토퍼 콜럼버스가 아메리카 대륙을 발견했다고 배운다. 어느 날 먼 시골에서 온 민속 음악 선생, 젤리바가 마보의 가정을 방문하고 소년에게 또 다른 역사를 알려준다. 젤리바의 이야기는 생명의 기원에 관한 신화였다. 마보는 그의 가족이 어떻게 버펄로의 후손인지, 검은 새들이 그를 어떻게 돌볼 것인지, 사람들이 어떻게 나무처럼 땅속 깊이 뿌리를 내리는지에 관한 이야기를 듣는다. 쿠야테가 34살 때 직접 쓴 〈케이타, 그리오의 유산〉의 훌륭한 시나리오는 진리의 상대적인 본성과 역사의 은유적 측면을 가장 매력적인 방식으로 다룬다. 고대로의 현실주의적인 회상은 매우 흥미로우며 감춰졌던 부분을 드러낸다.

이집트의 유세프 샤힌은 걸작 〈카이로역〉(293~294쪽 참고)을 연출한 지 거의 40년 만에 이슬람 근본주의에 대한 생생한 공격인 〈운명Al-massir〉(이집트·프랑스, 1997)을 연출했다. 12세기 안달루시아를 배경으로 한 이 작품은 그리스 철학을 가르치는 이븐 루시드(유럽에서는 아베로에스로 알려졌다)가 종교적 정통성을 훼손했다는 혐의를 받는 이야기다. 이븐 루시드는 성직자를 '신앙의 상인'이라고 부르고 신의 법이 계시와 이성을 결합한다고 주장하면서 박해자들에게 "당신은 하나님의 말씀을 선포할 수 있을 만큼 사랑, 진리, 정의에 대해 충분히 알고 있습니까?"라고 공격한다. 스타일적으로 이 영화는 1950년대 할리우드 형식의 대서사시지만(359) 진 켈리 스타일의 댄스 시퀀스가 있고, 도입부에 달빛이 비치는 바다에서의 목욕 장면은 인도 영화의 영향도 보여준다.

브라질의 영화 제작은 1970년대 중반에 끝난 시네마 노보 운동 이후에 뚜렷한 진전이 없었다. 브라질과 그 외 지역에서 '제3 시네마'(447쪽 참고) 움직임을 초래한 반동회의의 정치적 야심은 블록버스터의 시대에 쇠퇴했다.[8] 브라질의 대표 주자 중 하나인 글라우버 로샤는 1981년에 사망했고 넬슨 페레이라 도스 산토스는 하향세였다. 전형적인 멜로드라마와 뮤지컬이 난무한 지 20여 년 만에, 로샤와 도스 산토스의 영화가 처음 개봉되었을 당시에는 어려서 보지 못했을 리우데자네이루 출신 은행가의 아들은 자신이 연출한 다큐멘터리 영화 〈소코로 노브레의 편지Socorro Nobre〉(브라질, 1995)에서 영감을 받아 픽션 영화 〈중앙역Central do Brasil〉(브라질, 1998)을 만들어 1960년대의 정신을 되살렸다. 샤힌이 연출한 〈카이로역〉의 축소판을 연상

359. 이슬람 근본주의에 대한 유세프 샤힌의 예지력 있는 공격인 〈운명〉은 종교의 온건하고 관용적인 뿌리를 강조했다. 이집트 · 프랑스, 1997.

시키는 월터 살레스의 작품은 리우데자네이루의 중앙역에 몰려드는 문맹인들을 위해 편지를 써서 돈을 버는 냉소적인 전직 교사 도라에게 초점을 맞춘다. 그녀는 대필을 의뢰하는 사람들을 냉소적으로 대하고 심지어는 9살인 조슈에도 그렇게 대한다. 그러다가 조슈에의 엄마가 사망하자 도라는 조슈에의 아버지를 찾아주기 위해 아이를 데리고 (1964년에 로샤가 〈검은 신, 하얀 악마〉를 촬영했던) 브라질 북동부로 향한다. 그 여정 동안 도라는 변하기 시작한다. 살레스 영화의 진정성은 다큐멘터리에 뿌리를 두고 있지만, 소년과 냉소적인 학교 교사를 연기한 배우들은 대사의 상당 부분을 즉흥적으로 만들어 훌륭한 결과를 낳았다.

〈중앙역〉의 성공으로 살레스는 다른 브라질 영화인들을 도울 수 있는 영향력을 갖게 되었다. 그는 카티아 런드와 페르난도 메이렐레스의 〈시티 오브 갓Cidade de Deus / City of God〉(2002)을 공동 제작했는데, 이 작품은 그 자신의 작품보다 국제적으로 더 성공했다. '시티 오브 갓', 즉 신의 도시라는 역설적인 제목은 주택 건설 프로젝트가 진행 중이던 1960년대 리우데자네이루의 빈민가에서 따온 것으로, 이곳은 1980년대에 브라질에서 가장 폭력적인 지역이 된다. 젊은 흑인 농민 사진작가 부스카페가 내레이션을 한 이 영화는 마틴 스코세이지의 〈좋은 친구들〉과 올리버 스톤의 〈올리버

스톤의 킬러〉의 스키마를 이용해 아이들을 잔인하게 살해하는 이야기로 풀어냈다. 메이렐레스는 광고업계에 몸담았었고 그래서 스타일이 네오리얼리즘과 가까웠다. 그는 공간을 역동적으로 표현하기 위해 빈번한 틸트 숏, 빠른 트래킹 숏, 깊은 화면, 빠른 편집을 사용했고(523쪽의 사진 324 참고) 사운드트랙에 다양한 효과음과 역동적인 음악을 입혔으며 필름의 색 농도를 짙게 현상하고 정지된 순간이 하나도 없이 장면을 연출했다. 공동 연출자인 카티아 런드는 어린 마약 중독자들을 돕기 위한 커뮤니티 비디오 프로젝트를 운영했으며 그들 중 몇몇을 영화에 출연시켰다.

저예산 장르 영화를 제작하며 흥망성쇠를 거듭한 멕시코 영화에는 루이스 부뉴엘의 망령이 계속 맴돌았다. 멕시코는 1960년대 후반에 눈에 띄는 영화들을 제작했다. 부뉴엘이 1947년부터 1965년까지 20편의 작품을 연출한 이후로 가장 독창적인 멕시코 영화는 부뉴엘의 〈학살의 천사El ángel exterminador〉(멕시코, 1962)에서 조감독을 맡았던 아르투로 립스테인의 작품이었다. 립스테인은 20대 초반에 첫 영화를 연출했는데, 가브리엘 가르시아 마르케스와 카를로스 푸엔테스가 시나리오를 쓴 〈살인을 위한 시간Tiempo de morir〉(멕시코, 1966)이었다. 그의 최고작은 좀도둑과 멕시코 정부 당국자들의 관계를 탐구한 혁신적인 누아르 영화 〈종신형Cadena perpetua〉(멕시코, 1978)이다. 하이메 움베르토 에르모시요 역시 1970년대에 흥미로운 작업을 했고 동성애 주제를 점차 영화의 중심으로 가져왔으며 〈도나 에린다와 그의 아들Doña Herlinda y su hijo〉(멕시코, 1985)로 국제적인 주목을 받았다. 롱 테이크에 대한 에르모시요의 관심은 그를 1980년대의 가장 창의적인 멕시코 감독으로 만들었다. 2000년에 립스테인이나 에르모시요의 작품 이상으로 훌륭한 〈아모레스 페로스〉가 나왔다. 알레한드로 곤살레스 이냐리투가 연출한 이 작품은 타란티노의 〈펄프 픽션〉처럼 세 부분으로 구성되었을 뿐만 아니라 그 영화의 몽상과 잔인함도 혼합되어 있으며 부뉴엘의 사회적 견해도 추가되어 있다. 곤살레스 이냐리투의 분노는 유혈이 낭자한, 고야Goya풍 시퀀스의 원동력이 된다. 도입부의 자동차 충돌은 세 이야기를 연결하는 고리가 된다. 첫 번째 이야기에서 카메라는 마치 엔진이 달린 것처럼 멕시코시티의 기괴한 상황들을 질주하듯 통과한다. 중산층 아파트에서 고통받는 패션모델과 그녀의 연인을 비꼬는 내용의 두 번째 이야기는 부뉴엘을 가장 많이 연상하게 한다. 세 번째 이야기에서 늙고 냉소적인 전직 혁명가는 딸에게 무슨 일이 있었는지 알아내려고 한다. 곤살레스 이냐리투와 촬영감독인 로드리고 프리에토는 미국의 사진작가 낸 골딘의 사진을 주요 시각적 자료로 신중하게 선택했다. 사람들을 있는 모습 그대로 솔직하게 촬영하고 나트륨 조명의 색을 보정하지 않는 골딘의 습관은 그들의 영화에 여실히 드러난다.

〈아모레스 페로스〉에 출연했던 배우 가엘 가르시아 베르날은 다음 해에 개봉한 또 하나의 혁신적이고 세계적인 성공을 거둔 멕시코 영화에도 출연했다. 두 작품 모두 멕시코 뉴 웨이브의 시작으로 간주한다. 〈이 투 마마〉(멕시코, 2001)는 수년 동안 멕시코에서 가장 상업적으로 성공한 감독이었던 알폰소 쿠아론이 연출했는데, 그는 이 영화의 시나리오도 공동으로 집필했다. 쿠아론은 오랜 동반자가 된 촬영감독 엠마누엘 루베즈키가 와이드 스크린 방식으로 촬영한 스타일 좋은 섹스 코미디 〈러브 앤드 히스테리Sólo con tu pareja〉(멕시코, 1991)로 데뷔한 이후 할리우드로 가서 고전 어린이 소설을 각색한 섬세하고 우아한 영화 〈소공녀A Little Princess〉(미국, 1995)를 연출했다. 이 작품은 극찬받았고 그와 루베즈키는 세련된 비주얼 스타일리스트로 알려지게 되었다. 그들은 다음 작품도 함께 작업했는데, 바로 찰스 디킨스의 소설을 매끄럽게 각색한 〈위대한 유산Great Expectations〉(미국, 1998)이었다. 작품의 소재와 영화 미술은 흥미로웠지만 내용이 부족했기에 그들은 〈이 투 마마〉를 만들기 위해 다시 멕시코로 돌아왔다. 알폰소 쿠아론과 작가인 그의 동생 카를로스는 10대들을 위한 미국 영화에서 익숙한 요소, 즉 여자 친구들이 여름 동안 멀리 떠나 있는 혈기 왕성한 17세 청춘들을 영화의 출발점으로 삼았다. 그러나 그들은 미국의 멀티플렉스 영화보다 훨씬 더 나아갔다. 소년들은 부유한 가정 출신으로 설정되었고, 쿠아론 형제는 그들의 모험이 펼쳐지는 와중에 일정하게 사운드트랙을 멈추고 멕시코의 사회와 빈곤에 대한 냉철한 해설을 달았다. 우리는 마약 단속과 교통사고에 대해 듣고 판자촌을 목격한다. 미국 10대의 성적 놀이가 다소 은밀한 데 반해 쿠아론 감독은 등장인물들이 훤히 트인 가족 수영장의 다이빙 보드 위에 누워 자위하게 한다. 그들은 지인의 결혼식에서 28살의 여성을 만나고, 있는지 없는지도 모르는 한가로운 해변으로 드라이브를 가자고 그녀를 설득한다(360). 관광호텔이 그 해변을 사들일 거라

360. 알폰소 쿠아론이 연출한 주목할 만한 멕시코 영화, 〈이 투 마마〉에서 두 소년과 한 여자가 해변을 찾아 떠난다. 멕시코, 2001.

361. 알레한드로 곤살레스 이냐리투가 연출한 시각적으로 대담한 영화 〈아모레스 페로스〉에서 투견은 인간의 공격성에 대한 은유다. 멕시코, 2000.

는 해설이 다시 나오면서 우리의 몽상을 약화한다. 드라이브와 그들의 외설적인 모험이 영화의 본 내용이며 쿠아론은 간헐적인 정치적 내레이션과 성적 농담을 번갈아 가며 사용했다. 각각의 소년은 여성과 솔직한 성 경험을 하는데, 쿠아론 형제는 이 삼각관계로 소년들이 결국 서로 키스할 것이라고 암시한다. 그녀가 부추기는 에로틱한 상황에서 소년들은 결국 그녀의 말을 따른다. 그들의 우정은 이런 행동으로 인해 유지되기가 어렵다. 몇 년 후에 다시 만난 그들은 우정의 상실을 안타까워한다. 이러한 새로운 라틴 영화의 어조 변화, 시각적 풍부함, 그리고 그 이야기에 스며들어 있는 비극은 남미 영화의 새로운 미학을 구축했다.

2000년대의 출발점에서 누군가 100여 년에 이르는 영화 역사는 완만한 사양길에 접어들었다고 말했다. 하지만 상황은 그렇게 전개되지 않았고 이를 입증하듯 한 러시아 감독은 〈재즈 싱어〉나 〈네 멋대로 해라〉 못지않게 혁명적인 영화를 연출했다. 알렉산드르 소쿠로프는 1951년에 이르쿠츠크에서 태어났고 그를 '영화 천재'라고 불렀던 안드레이 타르콥스키로부터 영화에 대해 배웠다. 1995년 베를린 영화제에서 5시간에 이르는 꿈과도 같은 다큐멘터리 영화 〈영혼의 목소리Dukhovnye golosa〉가 거의 텅 빈 극장에서 상영될 때 그는 처음으로 나의 관심을 끌었다. 2년 후 소쿠로프는 죽어가는 어머니와 그녀의 세심한 아들 사이의 관계를 강렬하게 묘사한 보다 훌륭한 영화 〈어머니와 아들Mat i syn〉(러시아, 1997)을 발표했다. 가려진 피사체, 유리를 통한 촬영, 붓으로 칠한 렌즈, 수학자들이 고정된 모양이 마치 탄성이 있는 것처럼 왜곡되어 보이는 것을 일컫는 전단 변형 등으로 설명할 수 있는 그의 독창적인 시각은 영화가 묘사한 사랑의 냉철한 강렬함에 필적했다. 어머니는 하늘을 올려다보거나 검은 구름을 쳐다보며 이렇게 말한다. "저 위에 누가 없을까?" 그녀가 죽었을 때 나비 한 마리가 그녀의 손에 내려앉는다. 폴 슈레이더는 "73분의 가슴 찢어지는 순수한 영화의 빛나는 시간이다."라고 설명했다. 소쿠로프는 도브젠코의 〈병기고〉와 견줄 만한 훌륭한 작품을 연출했다.

이후 소쿠로프는 그것도 뛰어넘었다. 히틀러와 스탈린에 관한 영화 이후에 그는 〈러시아 방주Russkiy kovcheg〉(626쪽 사진 387 참고)를 연출했다. 2002년 칸 영화제에서 이 영화가 처음 상영되었을 때 편집 컷이 하나도 없다는 소문이 돌았다. 90분 분량의 작품에? 그건 불가능하다. 디지털 비디오테이프도 그렇게 길게 촬영할 수는 없다. 조명이 꺼지고 필름이 돌아가기 시작했다. 상영관 백스테이지에서 배우들이 속삭이는 소리가 들렸다. 구도는 폰 스턴버그의 구도와 흡사했다. 그리고 필름이 찢어졌다. 불이 켜지고 영사 기사가 필름을 복구하고 다시 상영이 시작되었다. 그때부터 한 시간 반 동안 스크린에 펼쳐진 것은 내가 생전에 본 적이 없는 영화 스키마의 가장 극적인 변주곡이었다. 이 책에서 살펴보았듯이 긴 테이크의 긴장감과 아름다움, 강렬함은 미조구치에서 미넬리, 히치콕, 얀초, 아케르만, 그리고 타르에 이르기까지 많은 영화감독을 매료시켰다. 〈러시아 방주〉에서 소쿠로프는 그들 모두를 뛰어넘었다. 필름도 아니고 테이프도 아닌 컴퓨터의 하드 디스크에 촬영 분량을 바로 저장하며 그는 문명화된 19세기 유럽인이 상트페테르부르크의 에르미타주 미술관을 돌아다니면서 19세기 러시아 문화의 본질을 주제로 토론하고 마치 러시아 자체가 내는 듯한 나른하고 몽환적인 목소리와 논쟁을 벌이는 영화를 창조했다. 음유 시인 같은 그의 여정은 렘브란트, 다빈치의 갤러리 등 33개의 갤러리를 통과하는 1300미터를 다룬다. 그리고 소쿠로프는 실제로 컷이 없는 한 테이크로 이 영화를 촬영했다. 두 번째 시도 만에 성취한 소쿠로프의 단일 롱 테이크 숏은 2001년 12월 23일에 촬영되었으며 그 숏은 이 위대한 예술 형식의 역사가 결코 끝이 아닌 시작이라는 것을 보여주었다.

영화인들이 "어떻게 하면 다르게 만들 수 있을까?"를 묻는 역사를 기록한 책의 거의 끝부분에서 우리가 그 답을 발견하는 것은 적절한 일이다. 1990년대와 2000년대 초에 세계의 영화인들은 영화 역사의 그 어느 시기보다도 영화의 질에 대해 더 탐구했다. 이란의 준다큐멘터리는 삶의 세세한 부분을 끌어올리는 새로운 방법을 찾음으로써 그 질의 기준점을 정했다. 오스트랄라시아의 제인 캠피온과 바즈 루어만은 대부분의 오스트랄라시아 영화인들이 이전에 보여주었던 것보다 더 침착하게 장르에 관해 질문을 던졌다. 미국 영화는 1980년대에 등한시했던 예술적 야심을 회복하기 시작했다. 그런 자발적 개선은 두 가지 형태를 취했다. 초창기 영화의 성취를 돌아보며 1990년대의 포스트모더니즘에 이르는 것과, 영화 제작과 후반 작업 그리고 상영의 디지털화에 관한 씨앗을 심는 것이었다. 이 두 흐름은 올리버 스톤의 영화들에서 결합했다. 올리버 스톤의 패기 있는 시도는 당시에 조롱받았지만 〈올리버 스톤의 킬러〉에서의 시각적 실험은 이후 제작된 다면적 이미지의 영화에 영향을 미쳤다고 볼 수 있다.

컴퓨터로 생성된 '날아다니는' 숏은 아마도 대규모 예산을 들인 영화 CGI에 나타난 가장 두드러진 현상일 것이다. 유럽의 주류 영화인들은 영화 언어에 이바지한 바가 거의 없었지만, CGI 기술로 만든 '날아다니는' 숏과 전통적인 영화 제작의 수준 저하에 대한 반작용으로 훌륭한 감독들은 미적 준엄함을 강조했다. 이전 세대의 브레송과 파솔리니, 워홀처럼 라스 폰 트리에, 브루노 뒤몽, 샹탈 아케르만, 다르덴 형제, 미하엘 하네케, 벨라 타르, 빅토르 에리세는 시각적 스타일을 최소화하거나 디지털 스펙트럼에서 기술적이지 않은 요소의 극단을 강조함으로써 CGI의 과도한 가능성에 반응하는 듯 보였다.

그러나 아시아 최고의 영화인들 사이에서는 그런 일관된 형식을 찾아볼 수 없었다. 중요한 영화인들은 모두 외로움을 주제로 다루었고 그중 다수는 그 외로움의 뿌리에는 성적 요소가 있다고 주장했지만 그들의 묘사는 서로 현저하게 달랐다. 왕가위와 차이밍량은 성적 요소로 인한 외로움을 묘사하기 위해 '정지된 시간'을 사용했는데, 츠카모토와 나카타, 미이케는 그런 외로움을 표현하지 못했을 때 폭력과 분노가 분출될 수 있다는 사실에 관심을 가졌다. 이러한 관심은 일본의 공포 영화에 1990년대와 그 이후 어느 곳의 장르 영화에서도 찾아보기 힘든 풍부함을 더했다.

아프리카와 중남미에서는 튀니지의 틀라틀리, 부르키나파소의 쿠야테, 브라질의 살레스와 메이렐레스, 멕시코의 곤살레스 이냐리투와 쿠아론 등 선배들의 제3 시네마 주제에 선택적으로 동참한 신진 영화인들이 등장했다. 영화 제작비를 마련하기 어려워 틀라틀리와 쿠야테는 많은 작품을 만들지는 못했지만, 그들은 무엇을 말하고 어떻게 말해야 하는지의 경계를 허물었다.

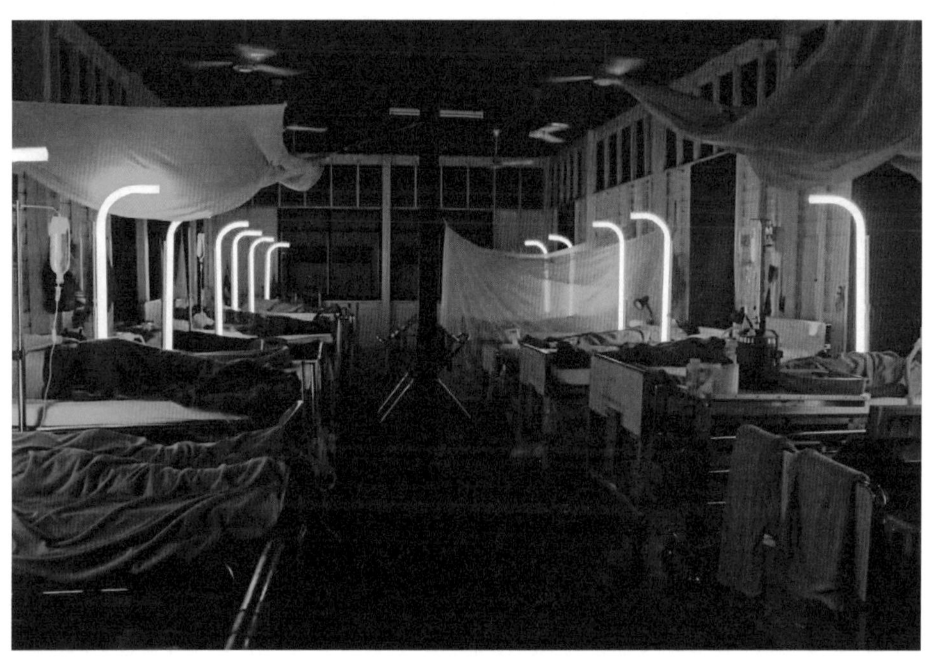

362. 우리 시대를 정의하는 영화 중 하나인 아피찻퐁 위라세타꾼의 〈찬란함의 무덤〉에서 초록빛이 군인 병원을 변형시킨다. 태국, 2015.

11. 스트리밍(2004~현재)

모든 예술 형식의 역사에서 결정적인 전환점은…

이미 존재하던 것을 새롭게 발견하는 것이다.

– 아서 쾨슬러

아서 쾨슬러의 이 말이 이 책을 집필하게 했다. 그런데 이 말이 사실일까? 지금 이 책을 읽고 있는 독자 중에 초창기 무성 영화가 개봉했을 때 그 영화들을 관람했을 만큼 나이가 든 사람은 없지만, 우리 대부분은 지난 수십 년간 살아왔고 그래서 이 장에서 소개하는 영화들은 과거가 아니다. 그 영화들은 여기 우리의 현재 이야기다.

바로 지금 여기 있는 것이다. 2004년 이래 페이스북과 트위터가 시작되었고 우크라이나의 오렌지 혁명, 인도양의 쓰나미, 세계의 금융 위기, 흑인 미국 대통령, 25만 명이 사망한 아이티의 지진, 아랍의 봄Arab Spring, 후쿠시마 원전 재앙, 지속되는 이상 기온, 에티오피아와 에리트레아의 갈등 해소, 성전환자 권리의 주류화, 그리고 인도, 미국, 튀르키예, 이스라엘, 러시아, 영국 등지에서의 남성 우월주의적 정치에 대한 반혁명 등 여러 일이 일어났다. 가짜 뉴스라는 새로운 용어는 미신과 부조리 등의 케케묵은 현상을 다시 불러왔다. 시리아 내전은 약 40만 명의 목숨을 앗아갔다. 그곳을 탈출한 난민들은 피난처를 찾아 사막과 바다를 건너 유럽 등의 해외로 몰려들었다.

이런 사건들에 아서 쾨슬러의 '결정적인 전환점'을 대입시켜도 괜찮을까? 영화라는 작은 세계는 어떨까? 이 시기 이전에 우리는 그레타 거윅, 티모시 샬라메, 아콰피나 같은 이름을 들어본 적이 없다. CGI의 진화와 위험 부담을 회피하려는 할리우드는 슈퍼히어로 영화들이 시장을 장악하게 만들었다. 혁신적인 인물들은 이 장의 여러 부분에 등장한다. 배급업자이자 제작자인 하비 와인스타인의 각종 권력형 범죄에 대한 폭로는 미국과 그 외 지역에서 학대 방지anti-abuse 조치를 촉발했다. 그리고 "당신이 원하는 것을 언제나" 볼 수 있게 해주는 스트리밍streaming이 등장했다. 영화 공급자는 터보 소매상이 되었다. 영화는 예전처럼 공급이 주도하는 매체가 아니라 수요에 의해 공급되는 매체가 되었다. 영화 역사 전반에 걸쳐 공급자가 주도권을 쥐고 있었다. 최근의 세대는 관객이 주도권을 쥐고 있다. 예전에 우리는 영화 관람에 한두 시간을 투자한 후 "차라리 이렇게 해보지."라는 반응을 했다. 그런데 스트리밍을 하는 지금은 반응이 쉽게 나오지 않는다. 우리는 정지 버튼을 누르고, 화장실도 가고 전화도 받고 때로는 배달 음식을 시키기도 한다. 영화는 이제 배달 음식이 된 것이다.

보다 엄밀히 말하면 새로운 회사들이 영화 관객의 삶 속으로 들어온 것이다. 유튜브는 초라한 글로벌 시네마테크였고 아마추어들과 무면허자들의 중독성, 보상성 있는 거대 도시였다. 유튜브는 2019년 말에 월 280억 건의 조회 수를 기록했다. 같은 시기에 중국 더우반의 영화 부문은 월 5000만 건의 조회 수를 기록했다. 2006년에 아마존 언박스라는 이름으로 시작한 아마존 프라임 비디오는 중국, 이란, 쿠바, 북한을 제외한 세계 곳곳에 영화를 제공함으로써 영화 역사를 만들었다. 그 영화들 중에는 예컨대 1950년대 인도의 거장 감독 구루 두트의 영화도 포함되었다. 예술 영화 스트리밍 제공업체인 무비Mubi와 비에프아이 플레이어BFI Player 등은 1960년대에 파리 레프트 뱅크의 영화관을 돌아다니던 것의 인터넷 버전이다. 넷플릭스는 마틴 스코세이지, 노아 바움백 등 작가주의 감독들에게 마치 메디치 가문이 후사한 제작 스튜디오 같았으며 이제 누구나 아는 브랜드가 되었다.

그리고 이미지와 사운드의 본질에 세밀한 변화가 있었다. 픽셀의 시대인 21세기에 세계 곳곳의 사람들은 휴대전화 카메라의 센서 크기인 메가바이트를 이야기했다. 새로운 스마트폰을 살 때 '4K 촬영'이 가능하다는 말을 들을 수 있을 것이다. 수평으로 4000개의 픽셀이 있다는 뜻이다. 이것은 영화관 대형 스크린의 해상도와 디테일을 따라잡으려는 도약이다.

많은 사람은 참나무들을 그렸다,
그런데도 뭉크는 하나의 참나무를 그렸다.

– 올라브 H. 하우게

실제 현실에서 촬영하고 그것을 보는 것에도 변화가 생겼다. 그렇다면 영화와 이 책의 주제인 영화 언어 자체는 어떻게 되었을까? '들어가며' 부분에서 언급했던 스키마와 변이는 영화 언어가 어떻게 변화하는지를 이해하는 데 여전히 유용한 방법일까? 맞다. 올라브 H. 하우게의 말을 빌리자면 많은 사람이 참나무들을 그렸고 그것은 스키마가 되었지만, 에드바르 뭉크는 자기 방식대로 하나의 참나무를 그렸다. 그는 스키마를 변형시킨 것이다.

지난 16년 동안의 화두는 무엇이었나? 서양 상업 영화에서 가장 대단했던 순간은 젊은 여왕이 저주를 받아 그녀가 만지는 모든 것이 얼음으로 변하는 때였다. 〈겨울왕국Frozen〉(크리스 벅·제니퍼 리, 미국, 2013)에서 여왕은 마치 〈사운드 오브 뮤직〉의 줄리 앤드루스처럼 높은 산등성이에 서서 '렛 잇 고, 렛 잇 고, 캔트 홀드 잇 백 애니모어Let it go, let it go, can't hold it back anymore'라고 자기 수용의 찬가를 불렀다. 장르의 측면에서 볼 때는 공상과학 영화가 시장을 장악했다. 21세기가 진행됨에 따라 공상과학 영화는 디지털 평행 세계와 그것에 부합하는 스토리텔링 그리고 온라인과 오프라인 사이 세상의 변화 등의 이야기를 전달하기 위해 워쇼스키 자매의 〈매트릭스〉 시리즈를 기반으로 삼았다. 예를 들어 덩컨 존스의 〈소스 코드Source Code〉(미국, 2011)에서 군 조종사인 제이크 질렌할은 테러리스트가 기차를 폭파하는 것을 막기 위해 디지털 메모리 기계를 이용해 과거로 보내진다. 디지털 기술과 9·11 테러에 대한 트라우마가 결합된 결과였다.

전통적 드라마가 선사하는 천년 묵은 쾌락은 계속해서 열매를 거둬들였다. 예를 들면 아스가르 파르하디의 〈씨민과 나데르의 별거Jodaeiye Nader az Simin / A Separation〉(이란, 2011)는 충격적이며 미로 같은 이야기다. 세속적인 중산층 가정의 할아버지는 알츠하이머병에 걸리고 그의 아들은 노동 계급의 신앙심이 두터운 한 여인을 가사 도우미로 고용한다. 아들과 가사 도우미는 갈등이 생기고 그 과정에서 아들은 그녀를 미는데, 임신부였던 그녀는 아기를 잃게 된다. 파르하디는 세련된 현대적 이미지나 기법을 사용한 것은 아니지만 우리를 복잡하고 고통스러운 결과로 이끌면서, 때로는 주제적 짜임새를 극대화하기 위해 핵심적인 순간들을 생략하기도 했다. 성숙하고 관대한 〈씨민과 나데르의 별거〉는 선한 사람도 못된 짓을 할 수 있다는 점을 시사했고, 이는 누구나 이유가 있다는 장 르누아르의 드라마 개념을 계승한 것이다.

고립된 숲속에서 자급자족하며 사는 참전 용사인 아버지와 그의 딸에 관한 영화로 데브라 그래닉이 연출한 〈흔적 없는 삶Leave No Trace〉(미국, 2018)은 〈씨민과 나데르의 별거〉 못지않게 애정 어린 작품이다. 아버지의 외상 후 스트레스 장애는 그들이 칩거하는 주된 이유지만 배경의 분위기나 음악이 주는 느낌은 현대 미국의 삶이 혹독하고 친밀함이 없다고 말하는 듯하다. 이 작품의 전체적인 느낌은 일본인들이 말하는 산림욕과도 같으며 그 슬픔과 종말이 가까웠다는 느낌은 약 1세기 전의 영화인 알리스 기블라쉐의 〈마지막 잎새Falling Leaves〉(미국, 1912)를 연상시킨다. 〈겨울왕국〉의 여왕은 억눌린 마음을 풀고, 〈흔적 없는 삶〉의 소녀는 믿고 사랑하던 삶의 방식을 놓는 법을 배운다.

과거에도 신뢰할 수 있는 스키마를 넘어서려 했던 것과 같이 21세기의 훌륭한 영화들도 기존의 영화 언어를 그대로 받아들이는 것 이상의 일을 하고 있다. 그 감독들은 새로운 연출로 영화 언어와 스타일을 대담하게 변형시키고 새로운 기술로 완전히 다른 방식의 영화를 연출하기도 한다. 이 장은 두 부분으로 이루어져 있다. 첫 번째 부분에서는 기존의 영화 언어를 확장한 작품을 언급하고 두 번째 부분에서는 우리 시대의 어둠 속에서 진정한 영화적 도약과 새로운 언어를 시도한 작품에 대해 살펴볼 것이다. 이전의 몇몇 장들에서 우리는 1970년대 홍콩 영화와 미국 영화처럼 국가별 또는 대륙별로 시기를 나누었나. 이 장은 몇 가지 이유로 그렇게 나누지 않았다. 10장에서 언급했던 것처럼 1990년대에는 세계의 거의 모든 곳에서 영화를 제작했다. 이후로 영화는 단지 제작뿐만 아니라 배급과 홍보, 상영 차원에서 더욱 세계적인 매체가 되었다. 규모가 큰 영화들은 종종 전 세계에서 동시에, 또는 불과 몇 주 차이로 개봉하고 홍보도 조화롭게 이루어지며 감상평은 많은 나라에서 소셜 미디어를 통해 동시에 올라온다. 물론 다양한 스타일과 자유 그리고 역사가 있지만 이런 이유 등으로 이제는 세계의 영화들을 하나로 보는 것이 합리적이라는 생각이 든다.

영화를 국가별로 나누지 않는 두 번째 이유는 민족주의의 부활 때문이다. 미국과 헝가리, 튀르키예, 영국, 인도, 중국, 파키스탄, 이란, 폴란드 그리고 그 외 국가들은 예외주의의 언어를 사용해 자국이 독특하고 우월하다거나, 극단적인 경우 신이 내린 것이라는 믿음을 조장했다. '들어가며'에서 언급했던 것처럼 이와 같은 배경을 거부하고 영화를 국경 없이 대하는 태도는 조용하게 급진적이다. 문화적, 국가적 차이는 21세기에도 여전하겠지만 영화 애호가들과 영화인들은 국경을 염두에 두지 않는다.

기존 영화 언어의 확장

코미디, 액션, 댄스, 신체 묘사, 공포, 속도pacing, 다큐멘터리, 그리고 초현실주의 등 전 세계의 다양한 영화 장르와 상황에서 영화인들은 기존의 기법을 새로운 모습으로 재창조하고 있다.

코미디 영화

코미디를 보자. 코미디는 몸짓과 표정, 반응, 언어적 유머를 포착하기 위해 통상적으로 밝은 조명으로 배우에게 초점을 맞추기에 예전에도 매우 혁신적인 장르는 아니었다. 하지만 〈피케이: 별에서 온 얼간이PK〉(라지쿠마르 히라니, 인도, 2014)에 등장하는 인도의 프로듀서이자 감독이며 유명 배우인 아미르 칸의 모습은 영화의 혁신적인 면을 보여준다(363). 대부분의 코미디 영화와 마찬가지로 이 작품도 조명을

363. 녹색 콘택트렌즈와 순진한 얼굴. 〈피케이: 별에서 온 얼간이〉에 출연한 아미르 칸이 인상적인 연기를 보여준다. 감독: 라지쿠마르 히라니. 인도, 2014.

밝게 해서 촬영했다. 칸은 눈을 크게 뜨기 위해 녹색 콘택트렌즈를 끼었으며, 눈을 거의 깜박이지 않았고 내내 놀란 표정을 지었다. 그는 옷, 종교, 국가, 카스트 등 인간 생활의 기본을 이해하지 못하는, 물 밖에 나온 물고기와 같은 외계인을 연기했다. 많은 위대한 코미디 영화는 일상을 이질적으로 본다. 칸과 히라니의 소년 같은 취향의 반종파적이고 매력적인 영화도 그랬는데, 후반부에서는 예상치 못한 비극으로 비화했다. 〈피케이: 별에서 온 얼간이〉는 인도 영화 역사에서 가장 크게 흥행한 영화 중 하나가 되었다. 이는 이번 장에서 언급하는 영화 가운데 사람들이 가장 많이 본 영화 중 하나라는 것을 의미한다.

올리비아 와일드의 장편 데뷔작인 〈북스마트Booksmart〉(미국, 2019)는 이 작품 못지않게 훌륭했지만 흥행 성적은 그에 미치지 못했다. 칸이 시각적으로 관습적인 코미디에서 변신을 추구했던 반면, 〈북스마트〉에서 마구 행동하기로 결심한 두 명의 똑똑한 소녀는 영상 언어와 음향 언어가 과장된 영화에 일상적인 모습으로 등장한다. 배우들(비니 펠드스타인과 케이틀린 디버)은 언어적으로 능수능란하고 재치가 있으며, 그런 에너지가 편집과 음악을 주도한다. 와일드는 시작부터 평균보다 빠르게 편집했다. 이 영화는 그만큼 빠르게 지나가고 관객은 구도의 아름다움, 통찰, 예견, 그리고 성적 요소를 놓치지 않기 위해 주의를 기울이게 된다.

시대의 포용 속에서 〈북스마트〉의 동성애 코드는 평범한 것이었다. 슈퍼히어로 장르로 건너뛰면 〈북스마트〉 못지않게 빠르고 보석 같지만, 동성애 코드가 고춧가루처럼 뿌려져 있는 작품을 발견할 수 있다. 〈데드풀Deadpool〉(팀 밀러, 미국, 2016)의 혁신적 요소는 폭발적이고 코믹적인 폭력이 과격한 격투 장면 그리고 마초를 조롱하는 순간들과 함께 편집되었다는 점이다. 후속편인 〈데드풀 2〉(데이비드 리치, 미국, 2018)의 게이 커플은 〈북스마트〉의 소녀들 못지않게 톡톡 튄다.

보다 혁신적이지만 코미디의 관습을 더 웃기게 만든 영화는 〈스위스 아미 맨Swiss Army Man〉(다니엘 콴·다니엘 쉐이너트, 미국, 2016)이었다. 이 작품의 줄거리는 영화 역사에서 가장 이상하다고 할 수 있을 것이다. 폴 다노는 어느 무인도의 로빈슨 크루소다. 절망에 빠져 포기하려던 그는 다른 사람을 발견한다. 하지만 발견한 사람은 냄새나는 시체다. 그리고 시체는 스위스 아미 칼처럼 접힌다. 코미디나 글, 연기, 영화에서는 실제 삶으로 시작해도 그것을 거꾸로 돌릴 수도 있고, 이상하게 시작해도 어떻게든 알아볼 수 있는 것으로 되돌아갈 수도 있다. 막스 형제Marx Brothers는 그것을 알고 있었고, 〈스위스 아미 맨〉의 제작진 역시 알고 있었다.

영화 역사에 예상치 못한 재미있는 반전이 하나 더 있다. 10장에서 브루노 뒤몽의 〈예수의 삶〉과 〈휴머니티〉에 대해 언급했다. 이 작품들은 엄숙함에서 서로를 압도했고 농담은 거의 찾아보기 힘들다. 그래서 〈릴 퀸퀸P'tit Quinquin〉(프랑스, 2014)은 더욱 놀랍다. 전작들처럼 이 작품도 와이드 스크린 방식으로 촬영되었고 프랑스 북부가 배경이다. 인상적인 배우 베르나르 프루보가 올리버 하디와 비슷하며 틱 장애가 있는 경찰을 연기했다. 그의 동료는 운전을 엉망으로 한다. 둘 다 무능력하지만, 마을의 성직자들도 마찬가지다. 사람들은 살해당하고 마을에는 광우병이 돈다. 누군가가 "법이 없으면 카오스가 올 거야."라고 말하지만, 마을에는 이미 막스 형제의 코미디 영화에서 볼 수 있는 카오스가 존재한다. 영화는 진정성과 감성, 이성을 버리고 이를 부조리와 어색함, 도발로 대체한다. 감독이 변해도 이렇게 변할 수가 없다.

액션 영화

최근에 감독들은 코미디 영화에서 영화적 관습을 확장했는데, 액션 영화에서도 마찬가지다. 전 세계에 액션 영화는 넘쳐났고 특히 홍콩과 할리우드는 더했다. 〈미션 임파서블Mission Impossible〉과 〈존 윅John Wick〉도 짜릿하고 역동적인 순간들이 있지만, 인도의 생생하고 전형적인 주류 영화의 일례인 〈사이 라 나라심하 레디Sye Raa Narasimha Reddy〉(수렌더 레디, 2019)부터 시작해 보자. 21세기 초반의 인도 영화는 마치 수백, 수천 명의 사람들이 만든 것 같은 느낌이 여전했는데, 그런 이유 중 일부는 실제로 그랬기 때문이다. 대부분은 사랑과 성, 행복, 그리고 짜릿함 등이 진부하게 반복된 것들이었지만 그래도 여전히 인상적이었다. 텔루구어로 제작된 수렌더 레디의 이 영화에서 영웅인 주인공은 영국의 식민지 개척자들에게 도전한다. 영화가 시작되고 한 시간쯤 지난 후에 승산은 없지만, 그는 슬로 모션으로 말을 타고 영국과의 싸움 속으로 돌진한다. 이후 잘 연출되고 잔인하며 데카르트적이고 파편화된 싸움 장면이 펼쳐진다. 서양 영화의 전쟁 장면은 주로 전투의 인상주의적인 혼란을 부각하지만 레디는 우리에게 많은 순간과 육체의 상처를 거의 페티시즘적인 디테일로 보여준다.

힌디어로 제작된 발리우드 주류 영화들의 안전 제일주의는 종종 질타를 받지만, 〈와시푸르의 갱들Gangs of Wasseypur〉(아누락 카시압, 인도, 2012) 같은 작품도 있다. 〈와시푸르의 갱들〉은 〈대부〉 3부작 같은 서양 영화의 영향을 받은 것이 명백하지만 홍콩 영화의 총격 장면에 대한 페티시즘도 보이고 이 영화만의 찬란하고 자유로운 시각적 에너지도 느껴진다. 언급할 만한 장면이 너무 많지만 속편의 화장실 총격 장면을 예로 들면, 각각의 카메라 앵글은 매우 훌륭하게 설계되었고 이후 마치 카메라가 천장에 있는 것처럼 부감 숏으로 이어진다.

많은 작품을 연출한 홍콩의 두기봉杜琪峰(두치펑) 감독은 〈피의 복수復仇/Vengeance〉(2009)에서 장르의 매력과 힘 그리고 폭력을 흥미롭게 확장했다. 재활용장에서 벌어지는 특정 클라이맥스 장면은 망원 렌즈로 촬영했다. 총잡이들은 적에게 종이 뭉치를 굴리고 그 뒤에 숨는다. 종이 뭉치는 회전초나 반 고흐의 그림에 나오는 건초더미처럼 보이지만, 이 장면은 새로운 것이었다. 〈피의 복수〉는 기존의 영화 언어를 시각적으로나 장르적으로 확장한 것이었다. 개러스 에번스가 연출한 〈레이드 2Serbuan maut 2: Berandal / The Raid 2〉(인도네시아, 2014)의 감옥에서 벌어지는 진흙 싸움 또한 시각적으로 매우 독특하다. 무술감독이자 배우인 이코 우웨이스는 영화 속에서 소용돌이 한가운데 있는 멜랑콜리한 특수부대 요원이다. 이 작품에 나오는 인도네시아 전통 무술, 쁜짝 실랏 격투 장면은 영화 역사에서 손꼽히는 액션 시퀀스다.

21세기 액션 영화 장르에서 가장 독특한 목소리를 내던 인물로 사프디Safdie 형제가 있다. 그들의 작품 〈굿 타임Good Time〉(미국, 2017)에서 로버트 패틴슨은 동생 역을 연기한 베니 사프디를 여러 곤경으로부터 구하기 위해 사투를 벌인다. 거의 핸드헬드와 클로즈업으로 촬영된 이 작품은 처음에는 존 카사베츠의 영화를 연상시킨다. 하지만 밤이 오면 아드레날린이 분비되는 탈출극으로 변한다. 관객은 진료소, 은행, 패스트푸드점, 변호사 사무실, 병원 등의 공간을 이동한다. 패틴슨은 저소득층 출신의 탈출 곡예사 후디니와도 같다. 존 카펜터의 〈할로윈Halloween〉에 나올 법한 음악이 흐르고 앨런 클라크의 〈엘리펀트Elephant〉와도 같은 강렬함이 있지만 가장 두드러진 것은 영화의 분홍 색조다. 영화 속의 형제는 은행 강도 행각이 잘못되었을 때 분홍 분말을 뒤집어쓰는데 마치 영화 자체를 분홍색으로 칠한 듯한 느낌이 든다. 매 장면이 그와 같이 조명되었으며 그것은 1980년대 영화들처럼 통일성이 있지만, 뜻밖이기도 하다.

21세기 최고의 액션 영화는 미국이나 아시아 또는 유럽에서 제작한 것이 아니었다. 조지 밀러의 〈매드 맥스: 분노의 도로〉(호주·미국, 2015)는 스팀펑크 장르인 전작들(499~500쪽 참고)의 생존이라는 주제를 폭발적인 창의력으로 업데이트한 작품이다. 환경 재앙은 연료, 혈액, 도덕성 등 모든 것이 결핍 상태임을 의미한다. 샤를리즈 테론이 연기한 퓨리오사는 구조 작전을 완수하기 위해 협곡을 질주한다(364). 마치 로드 러너와도 같이 역동적으로 촬영된 평균 3초 이하의 2700개 추격 숏들은 편집자인 마거릿 식셀에 의해 조화롭게 구성되어 만화경 같은 변화무쌍한 효과에도 불구하고 모든 순간이 명확하다. 반 이상의 숏들이 각 순간을 명확하고 강렬하게 표현하기 위해 속도를 높이거나 낮춰서 촬영되었다. 영화의 후반부는 버스터 키튼의 〈제너럴〉(1926)에서 영감을 받아 "다시 길로 돌아가라."는 애초의 여정으로 되돌아

364. 〈매드 맥스: 분노의 도로〉에서 퓨리오사로 분한 샤를리즈 테론. 머리를 삭발하고 각종 기계로 무장했다. 감독: 조지 밀러. 호주 · 미국, 2015.

간다. 이 고전 무성 영화에 존경을 표하듯 〈매드 맥스: 분노의 도로〉는 '블랙 & 크롬 black & chrome'으로도 개봉되었다.

댄스 영화

코미디나 액션 영화처럼 댄스 영화도 영화 역사에서 꾸준한 장르였고 21세기에도 영화인들은 기존의 댄스 영화 기법을 업데이트했다. 에드거 라이트 감독의 멋진 작품 〈베이비 드라이버Baby Driver〉(미국, 2017)처럼 때로는 춤이 수면 아래에 존재하기도 한다. 이 작품에서 안셀 엘고트는 음악을 사랑하는 청년으로 강도단이 도주할 때 타는 차를 운전한다. 〈베이비 드라이버〉의 액션은 흥미롭지만 길을 걸어갈 때와 같은 장면에서 엘고트는 점잖은 옛 영화에 출연하고 있는 듯 보이기도 한다. 라이트는 이와 흡사하게 춤이 수면 아래에 있던 루벤 마물리안의 〈러브 미 투나잇〉(145~146쪽 참고)의 클립을 영화의 무드 보드에 사용했으며 스태프에게 이 작품을 참조할 자료로 보여주기도 했다.

〈클라이맥스Climax〉(프랑스·벨기에, 2018)는 매우 다른 방법으로 스트리트 댄스를 선보였다. 이 작품을 만든 가스파 노에는 프랑스에서 활동하고 있는 아르헨티나 출신의 감독으로, 1980년대에 영화를 연출하기 시작했다. 그의 1998년 작품 〈아이 스탠드 얼로운Seul contre tous/I Stand Alone〉은 관객에게 신선한 충격을 주었으며, 2002년 작품 〈돌이킬 수 없는Irréversible〉은 칸에서 화제가 되었다. 노에의 작품 대다수는 몽환적이고 밤 장면이 많으며 사프디의 〈굿 타임〉(593쪽 참고)처럼 분홍 색조의 맥박 뛰는 영화다. 등장인물들은 주로 젊고 격앙되어 있는데, 이는 그의 카메라도 마찬가지다. 〈클라이맥스〉는 그런 격앙된 댄스 장면으로 시작하지만 진저 로저스와 프레드 아스테어의 댄스 장면처럼 평면적인 조명에 편집이 없는 경이로운 숏을 통해 카메라는 눈높이로 내려온다. 5분 동안 우리는 많은 젊은이가 생기발랄하게 보그, 데스드롭, 프린 등의 춤을 추는 광경을 지켜본다. 특히 한 남자의 춤 속도가 빨라지는 듯싶다가 카메라가 다시 높이 올라가면 그룹 전체의 댄스가 마치 꽃이 시드는 것과도 같이 느려진다. 비욘세의 영상 앨범인 '레몬에이드'의 「포메이션Formation」(멜리나 맷소카스, 미국, 2016)에도 이와 비슷하게 찍은 단체 어깨춤 장면이 있다.

발리우드 영화에서 춤은 여전히 분위기를 돋우는 핵심적인 요소다. 이 시기 수천 개의 댄스 시퀀스 중에 으뜸은 로미오와 줄리엣을 토대로 한 영화 〈람릴라Ram-Leela〉(산제이 릴라 반살리, 인도, 2013)의 '타타드 타타드' 춤이다. 메인 댄서인 란비르 싱은 비스듬히 기댄 채 오토바이를 타고 가며 휴대전화를 확인한다. 그리고 음악이 흘러나오면 그는 카메라 앞에서 춤을 추고, 손 키스를 날린다. 가네쉬 아차르야의 안무는 진동하다시피 하고, 싱의 육신은 전시되고(365), 머리카락을 문지르는 그의 반복된 동작은 곧 입소문을 탔다. 서양에는 〈매직 마이크Magic Mike〉 등의 영화가 있었지만 반살리의 영화는 안무가 훨씬 더 치밀했다.

마지막으로, 21세기 초반의 영화에 나오는 매우 강렬한 인상을 주는 춤의 하나는 가장 불편한 춤의 하나이기도 했다. 〈조커Joker〉(토드 필립스, 미국, 2019)에서 아서를 연기한 호아킨 피닉스는 춤을 추면서 가파른 계단을 내려온다. 그러나 이것은 일반적인 흥겨운 춤이 아니다. 그는 담배꽁초를 버리고 마치 사람들을 걷어차듯이 왼쪽, 오른쪽으로 발길질을 해댄다. 이때 나오는 음악은 성범죄를 저지른 가수 게리 글리터의 곡이다. 다른 춤 장면들에서처럼 이 등장인물은 순간의 충족감에 젖어 있지만,

365. 남성성의 부각과 흥겨운 춤사위가 화제를 모았던 영화 〈람릴라〉의 란비르 싱. 감독: 산제이 릴라 반살리. 인도, 2013.

이는 살인자의 니체주의적 성취감이었다.

신체 영화

댄스에서 몸으로 옮겨가는 건 쉬운 일이며 영화 역사에는 신체의 암시, 전시, 찬미, 학대, 타락이 가득하다. 세계 곳곳에서 이루어진 검열 완화는 신체 묘사를 자유롭게 만들었으며 특히 사이버 공간에서 그것을 배제하기란 쉬운 일은 아니었다.

신체 묘사가 더 자유로워질수록 신체를 혁신적이고 새롭게 묘사하는 것은 오히려 어려워졌다. 로렌 스카파리아의 〈허슬러Hustlers〉(미국, 2019)에서 제니퍼 로페즈는 눈에 띄는 존재감과 목적을 가지고 카메라를 향해 걸어가고, 어깨를 젖히고, 때로는 슬로 모션으로 걸어간다. 마렌 아데의 〈토니 에드만Toni Erdmann〉(독일, 2016)에서 산드라 휠러는 몸을 꿈틀거리며 옷을 벗으려고 하는데, 이는 찰리 채플린의 전성기 때 코믹한 몸짓을 떠올리게 한다.

루시아 푸엔조의 〈XXY〉(아르헨티나, 2007)(366)는 신체의 모호함에 관한 경고였다. 21세기의 인상적인 영화 속 성관계 장면 중 하나는 남성과 여성의 성을 다 가지

366. 루시아 푸엔조의 〈XXY〉에 등장하는 자웅동체적 신체와 새로운 성관계 장면. 아르헨티나, 2007.

고 태어난 15살의 알렉스가 남성인 친구 알바로와 섹스를 하는 장면이다. 그/그녀는 알바로에게 얼굴을 아래로 내려 자극해 달라고 요구한다. 알바로는 몹시 놀라고 흥분은 되지만 확신이 없어 도망간다. 두 사람 모두 관습적인 성 역할을 연기하지 않으며 욕망과 신체에 관한 혁신을 시도한다.

셀린 시아마의 멋진 작품 〈톰보이Tomboy〉(프랑스, 2011)도 잔잔한 사실주의적 영화 기법으로 신체와 성별의 중간 지점을 바라본다. 이 작품의 주인공인 10살의 로레는 자신을 미카엘이라고 부른다. 미카엘은 여자로 태어났지만 다른 소년들과 축구를 하는 사랑스러운 장면에서 몇몇 소년이 하는 것처럼 상의를 벗는 용기를 낸다. 영화를 급진적으로 재창조한 작품들을 살펴볼 이 장의 후반부에서 〈탠저린Tangerine〉과 〈언더 더 스킨Under the Skin〉 등에 대해 다룰 것이다.

푸엔조와 시아마는 기존의 영화를 확장하는 방법으로 신체를 바라보았다. 영국 감독 스티브 맥퀸과 포르투갈 감독 주앙 페드로 로드리게스 또한 그런 시각이 있었다. 맥퀸의 〈헝거Hunger〉(영국, 2008)에서 마이클 패스벤더는 북아일랜드의 단식 투쟁자 역을 맡아 마치 에곤 실레의 그림이나 십자가에 못 박힌 그리스도 제단화와도 같은 연기를 펼쳤다. 우리는 쇠약해진 남성들이 자해하는 것을 영국의 잘못된 통치에 대한 항의의 시각적 표시로 보았고, 시나리오 작가 엔다 월시는 마치 보고 듣는 것이 너무 많다는 것처럼 대사 및 단어를 미친 듯이 수다스러운 영화 중반부에 모두 몰아

넣었다. 로드리게스의 〈조류학자의 은밀한 모험O Ornitólogo〉(포르투갈, 2016)에도 한 포르투갈 남자가 두 명의 중국 여인에 의해 마치 순교한 성인처럼 묶이는 장면이 나오는데 이는 그리스도의 십자가형을 상징한다. 서사적으로는 그런 행동에 대한 동기가 강하게 보이지는 않는다. 에로틱하거나 이미지를 만들거나 또는 기독교에 관한 무언가를 상징하려는 충동으로 보인다.

신체에 대한 잠재의식이나 신화를 더 깊이 파고든 영화인들도 있었다. 뤼실 하지할릴러비치가 만든 몽환적이고 축축한 영화 〈에볼루션: 새로운 탄생Évolution〉(프랑스, 2015)의 소년은 밤에 해변에서 알몸으로 몸부림치는 여성들을 본다. 그들은 마치 꿈틀거리는 오징어처럼 보인다. 또 다른 장면에서 소년은 병원에 있다. 그의 눈과 배꼽이 클로즈업되어서 보인다. 초음파 검사가 이루어지고 어쩌면 그가 임신한 걸지도 모른다는 사실이 발견된다. 잠비아 출신의 웨일스 영화인 룬가노 니오니Rungano Nyoni의 〈나는 마녀가 아니다I Am Not a Witch〉(영국, 2017)에도 비슷한 해변에서의 마녀나 마법 등과 같은 느낌이 있다.

신체에 관한 또 다른 영화인 〈내 몸이 사라졌다J'ai perdu mon corps〉(제레미 클라팽, 프랑스, 2019)는 애니메이션으로, 시행착오와 각종 위험을 겪는 잘린 손을 따라가는 기발함을 보여준다. 손이 신체로부터 분리된다는 설정의 다른 영화들도 있었지만 대부분 포괄적이거나 또는 정치적으로 상징적이었다. 〈내 몸이 사라졌다〉는 잘린 손에 감정과 소외감을 불어넣은 최초의 작품이다.

공포 영화

〈내 몸이 사라졌다〉에도 공포 요소가 있지만, 21세기의 처음 20년은 공포 영화 장르의 황금기였다. 제니퍼 켄트의 〈바바둑The Babadook〉(호주, 2014)은 공포 영화의 대표적 주제인 고통과 불행을 취했고 그것에 간신히 대처하는 엄마와 아들의 어두운 세계로 관객을 밀어 넣었다(367). 엄마는 끔찍한 교통사고를 당했던 기억이 있고 우리는 남편이 그 사고로 죽었다는 사실을 차차 알게 된다. 이 경우 사고로 인한 이별의 고통은 그녀의 주변 시야에서 침실이나 천장을 가로지르는 거미 같은 누아르 팝업 북 괴물의 형태를 취한다.

367. 제니퍼 켄트가 연출한 〈바바둑〉에서 엄마가 비명을 지르는 장면. 그녀는 자기 고통의 발로일지도 모르는 악마로부터 아들을 보호한다. 호주, 2014.

아리 애스터의 〈미드소마Midsommar〉(미국·스웨덴, 2019)는 〈바바둑〉의 어두운 분위기에 비하면 밝다. 이 작품 역시 사별로 시작하지만 한 커플의 이별 또는 몰락으로 이어진다. 그들은 고대 여름 축제를 즐기기 위해 스웨덴으로 간다. 그리고 심리적 왜곡이 시작된다. 스웨덴의 낮은 무척이나 길고 그들은 빛에 의해 눈이 머는 듯하다. 노인들이 잔인하게 희생되면 빛과 분위기, 그리고 공포가 고조된다. 애스터는 들판 위의 사람들을 마치 퓌비 드 샤반의 상징주의 그림처럼 넓게 촬영했다. 말들이 희생되는 체스 게임을 상징하고자 하는 냉혹한 의도가 느껴진다.

〈미드소마〉 못지않게 창의적인 작품으로 〈팔로우It Follows〉(데이비드 로버트 미첼, 미국, 2014)가 있다. 10대의 성관계에 관한 내용은 공포 영화의 주요 요소이지만 그 형식은 매우 눈부시다. 카메라는 컷 없이 반복적으로 10대 소녀로부터 시선을 돌려 그녀를 따라다니는 무언가를 향한다. 살기가 느껴지는 무언가가 그녀를 따르고 있으며, 그녀의 자아감이나 죄책감도 마찬가지다. 이 느린 팬은 전경에서 배경으로 또는 위험에서 공격자로의 장면 전환이 전혀 없는 캐나다 감독 마이클 스노우의 유명한 실험 영화 〈중심지대La Région centrale〉(1971)의 느낌이 물씬 난다. 카메라는 천천히 그녀로부터 정체를 알 수 없는 무언가로 이동한다.

느린 영화

애스터 영화의 느림은 그 시기의 유행이기도 했다. 오즈 야스지로, 로베르 브레송, 샹탈 아케르만, 그리고 뉴 웨이브를 따르는 이란의 영화감독 등 과거의 많은 영화인은 느린 속도를 좋아했다. 느림은 소비주의의 열광에 대한 반발이었고 관객이 지루해 할 수도 있다는(실제로도 그랬다) 부정적인 반응도 유발했지만 21세기에 들어서며 '느린 영화'로 불리게 된 장르는 새로운 옹호자들을 찾았다. 페드로 코스타의 충격적인 영화 〈행진하는 청춘Juventude em Marcha〉(포르투갈, 2006)을 예로 들면 300년 넘게 포르투갈의 식민지였던 카보베르데 출신의 벤투라라는 한 남자는 현재 거주하는 지역에서 아버지와도 같은 존재다. 카메라는 거의 움직이지 않고 이미지는 직사각형이기보다는 정사각형에 가까우며 어디에나 그림자가 있고 루비 레드 같은 몇 가지 색들은 어둠 속에서 돋보인다(368). 영화 속에는 더 좋은 날을 기다리는 슬픔이 존재하지만, 유럽 자본주의의 끝자락에서 서로의 이야기를 듣는 사람들의 사랑스러운 인내심도 존재한다.

필리핀 감독 라브 디아즈는 더 느리고 더 대담하게 빠른 이야기를 거부했다. 〈플로렌티나 후발도Florentina Hubaldo, CTE〉(2012)는 기발하고 반복적인 음향과 영상으

368. 어둠 속에서 돋보이는 붉은색. 페드로 코스타의 '느린 영화' 〈행진하는 청춘〉의 시각적 묘사. 포르투갈, 2006.

로 이루어진 예술 작품이지만, 그의 다른 작품 〈노르테: 역사의 종말Norte, Hangganan ng Kasaysayan〉(2013)이 세상에 더 알려졌다. 얼음 조각으로 이글루를 쌓듯이 시간의 조각들로 쌓아 올린 이 작품은 점차 순진하고 급진적인 학생과 그의 원한에 초점을 맞춘다. 그는 우연히 살인을 저지르고 우리는 러시아의 소설가 표도르 도스토옙스키의 풍부한 주제 속에 있다는 것을 깨닫는다. 이 영화를 관람하려면 인내심이 필요하지만, 영화에 여운이 있고 무언의 결말은 좀처럼 잊을 수 없게 된다.

〈코끼리는 그곳에 있어大象席地而坐〉(후보, 중국, 2018)는 제목조차 무력감을 암시하는 듯하지만, 이 작품은 여러 가지 이유로 우리 시대의 위대한 느린 영화 중 하나다. 〈코끼리는 그곳에 있어〉는 하루 동안이라는 설정뿐만 아니라 애절한 분위기로도 통일감이 있는데, 종종 눈에 띄는 회색빛 이미지의 서사적인 태피스트리로 여러 등장인물의 삶을 엮어낸다. 트래킹 숏은 이런 짜임새의 느낌을 더할 뿐만 아니라 상상이 부족했던 삶에서 탈출하기 위한 모색이기도 하다.

다큐멘터리 영화

1990년대 후반부터 다큐멘터리 영화는 황금기를 맞고 있다. 테러에 의한 뉴욕 쌍둥이 빌딩의 붕괴는 현실을 영화보다 더 극적으로 만들었으며, 인터넷은 논픽션 영화의 공유를 그 어느 시기보다 활성화했다. 다큐멘터리 영화는 언제나 관찰, 에세이, 선전, 자전, 교육, 시 등의 다양한 장르로 존재했고 모든 영화의 반을 차지해 왔다. 이 장의 서두에서 언급했던 정치적, 환경적 문제는 이런 다양성의 원동력이었다.

이 시기에 제작된 수백 편의 관찰적 다큐멘터리 영화 중에 최고는 한나 폴락의 〈그러나 삶은 지속된다Something Better to Come〉(폴란드·덴마크, 2015)이다. 14년간 촬영한 이 작품은 모스크바 인근의 쓰레기 매립지에서 사는 율라라는 소녀의 삶을 따라간다. 이 영화보다 한 해 전에 개봉한 리처드 링클레이터의 〈보이후드Boyhood〉(미국) 또한 그 작품의 힘을 긴 시간의 촬영에서 끌어냈고 우리는 소년이었던 배우가 성인이 되어가는 모습을 보게 된다. 〈그러나 삶은 지속된다〉도 촬영 기간이 길었지만 율라는 연기를 한 것이 아니었으며 미래가 어떻게 될지 몰랐다는 점이 더 감동적이었다.

위대한 다큐멘터리 영화 감독들은 2000년대에 최고의 작품들을 만들었다. 핀란드의 피르요 혼카살로는 2004년에 두 번째 체첸 전쟁에 관한 걸작 〈우울한 방 세 개Melancholian 3 huonetta〉를 발표했다. 파트리시오 구스만(456쪽 참고)은 바다와 기억, 칠레 원주민에 관한 시적인 작품이자 수년 만에 연출한 그의 최고작 〈자개 단추El botón de nácar〉(칠레, 2015)를 선보였다. 마틴 스코세이지는 〈롤링 선더 레뷰: 마틴 스코세이지의 밥 딜런 이야기Rolling Thunder Revue: A Bob Dylan Story〉(미국, 2019)로 음악 다큐멘터리 영화의 영역을 확장했다. 표면적으로는 1975년에 있었던 밥 딜런의 콘서트 투어를 다루지만 배우 샤론 스톤과 딜런의 열애설(실제 그런 일은 없었다), 영화감독 스테판 판 드롭의 비하인드 영상(스테판 판 드롭이란 사람은 실제로 없다) 등 작은 가짜 뉴스를 끼워 넣었다. 그것들은 진실성에 관한 다큐멘터리의 차분한 주장을 어지럽혔고 관객은 동요했다. 만일 이런 '거짓말'들이 정치적인 선전이었다면 많은 비난을 받았겠지만 그렇지 않았기에 너무나 창의적이었다. 그것들은 영화라는 매체의 본질을 상기시켰고 딜런과 그의 시대를 신화화하는 것을 경고했다.

시리아 내전과 심화되는 아프리카 및 유럽에서의 난민 위기는 수많은 관습적 다큐멘터리 영화에 동기를 부여했다. 대부분은 스코세이지처럼 진실을 가지고 실험을 하지는 않았는데, 그중 최고는 가차 없는 내부자의 증언과 광범위한 보도가 담긴 다큐멘터리 영화들이었다. 페라스 파이야드의 〈알레포의 마지막 사람들De sidste mænd i Aleppo/Last Men in Aleppo〉(덴마크·시리아, 2017)은 폭탄 테러가 발생한 직후 현장에 달려가 부상자를 찾아내는 세 명의 화이트 헬멧White Helmets 민간 수색 구조 활동가의 삶을 상세하게 묘사한 가슴 아픈 영화였다. 지금은 일반화된 소형 카메라는 예컨대 제2차 세계대전 중 바르샤바의 유대인 강제 수용이나 타이타닉 침몰 때와는 달리 혼란과 고통의 사건들을 당사자가 당시의 시점으로 촬영할 수 있다는 것을 의미했다. 알레포에서의 전쟁을 당사자의 시점으로 펼친 〈사마에게For Sama〉(와드 알카팁·에드워드 와츠, 시리아·영국, 2019)가 이를 입증했다. 알카팁과 의사인 그녀의 남편, 그들의 아기인 사마가 모두 공동 연출자인 셈이다. 임시 병원에서 벌어지는 특별한 장면에서 우리는 사산된 것처럼 보였던 아기가 다시 살아나는 장면을 거의 실시간으로 목격하게 된다.

이 두 편의 시리아 작품도 완성하기까지 수년이 걸렸지만 어쩌면 우리 시대의 가장 위대한 다큐멘터리 영화 감독일지도 모르는 아난드 팟와르드한은 그보다 더 오래 작품을 촬영했다. 1950년에 봄베이에서 태어나 1970년대 초부터 영화를 만들기 시작한 그는 1990년대에 모국인 인도에서 오랜 시간 금기시된 남성주의, 민족주의, 전쟁 선동, 불평등에 대한 일련의 도전으로 주목받기 시작했다. 21세기에 팟와르드한은 영역을 더 확장한 듯 보인다. 〈자이 빔 콤래드Jai Bhim Comrade〉(인도, 2011)는 카스트 제도에서 최하위 계층인 달리트의 처우에 관한 폭로였다. 팟와르드한의 다음 작품 〈리즌Vivek/Reason〉(인도, 2018)은 세속적 사상가이자 활동가의 암살이라는 단일 사건으로 시작하지만 그 흐름은 인도의 역사와 미신과의 관계('정신적 노예제')로 확대되고, 깊어진다. 〈리즌〉은 이를 브라만의 우월주의와 연결하고, '상상 속 악마와의 전쟁'에 관한 이야기가 된다. 한 장면(369)을 예로 들면 어느 종교적 인물이 청중에게 쇠꼬챙이로 자기 혀를 뚫어도 신이 고통과 출혈을 멈추게 해준다고 말하지만 팟와르드한의 영화는 이 쇠꼬챙이가 마치 혀를 뚫은 것처럼 보이게 하는 도구라는 사실을 보여준다. 기자 회견장의 짜증 나는 시퀀스에서 종교 활동가들이 "왜 팟와르드한의 뼈를 다 부러뜨리지 않았지?"라고 말하자 청중 속에 있던 팟와르드한이 "나 여기 있어요. 한번 해보지 그러세요?"라고 말한다. 그야말로 용기 있는 행동이 아닐 수 없다.

369. 인도의 세속주의에 관한 아난드 팟와르드한의 대작 〈리즌〉에서 한 협잡꾼이 고통 및 출혈 없이 자기 혀를 뚫은 것처럼 속이는 장면. 인도. 2018.

새로운 초현실주의

이 장의 전반부가 거의 끝나가지만 완전히 끝나기 전에 21세기에 영화의 몽환적인 요소를 확장한 작품들을 살펴보자. 영화를 논할 때 매체의 비합리적 측면으로 초현실주의를 논하는 것은 언제나 유익한 일이다.

마법 양탄자를 타고 어디서부터 출발해 보면 좋을까? "여기는 지구가 아니다. 다른 별이다. 지구와 비슷하지만 800년이 뒤처져 있다."라고 말하는 영화로 시작해 보는 게 좋을 것 같다. 〈신이 되기는 어렵다Trudno byt' bogom〉(러시아, 2013)의 감독 알렉세이 게르만은 1960년대부터 영화를 연출하기 시작했다. 시각적으로 흉측하고 악몽 같은 게르만의 영화 〈흐루스탈료프, 나의 차!Khrustalyov, mashinu!〉(1998)는 오슨 웰스의 〈심판〉 못지않게 잊기 어렵기에 어쩌면 10장에 등장했어야 맞지만, 그의 마지막 작품인 〈신이 되기는 어렵다〉는 정점의 작품이었다. 수년 동안 촬영된 이 작품은 현대화한 르네상스를 향한 시도가 억압되어 마치 보슈Bosch의 주마등에 갇혀 있는 듯한 발육 지체의 평행 세계를 그리고 있다. 이미지는 무성 영화처럼 웅장하지만, 영화는 과장된 바로크 방식으로 현대인의 삶이 거꾸로 가고 있다고 비난하는 것처럼 보인다.

헝가리의 일디코 엔예디도 대담한 이미지 메이커다. 10장에서 그녀의 작품 〈나의 20세기〉(1989)에 대해 언급했다. 그로부터 28년 뒤에 나온 〈우리는 같은 꿈을 꾼다Testről és lélekről〉(2017)는 현실보다 꿈에서 소통이 더 원활한 두 명의 도살장 직원의 이야기를 전한다. 사슴이 나오는 꿈 장면은 특히 강렬하며 로버트 프로스트의 강렬함과 로맨스에 견줄 수 있다. 꿈의 연대 또는 꿈의 공동체라는 개념은 전 세계의 영화 애호가들에게 친숙했을 것이다.

이 시기 그리스의 영화는 국가의 사회적, 경제적 고통과 연관이 있어 보이는 사회적 초현실주의 성향을 띠었다. 일상에서 기본적인 의약품조차 구하기 힘들 때 사람들은 비일상으로 탈출하기도 한다. 이유가 무엇이든 '그리스의 기이한 물결Greek Weird Wave'은 일종의 영화적 움직임으로 느껴졌다. 요르고스 란티모스의 〈송곳니Kynodontas〉(2009)는 루이스 부뉴엘의 코미디나 이란 감독 사미라 마흐말바프의 〈사과〉(383쪽 참고)를 부조리극으로 비튼 것과도 같았다. 울타리 뒤의 폐쇄적인 세계에 살면서 자녀를 현실로부터 고립시키는 부르주아 부부는 어느 면에서 스탠리 큐브릭을 연상케 한다. 〈송곳니〉에서 일상적으로 말을 하는 것은 현대성에 감염되는 것이다. 이 작품에 등장하는 부모는 팟와르드한의 〈리즌〉에 나오는 광신도들 못지않게 현대성을 두려워한다. 아디너 레이첼 창가리의 〈아텐버그Attenberg〉(그리스, 2010)도 21세기의 잔인함으로부터 분리되어 있다는 인상을 강하게 준다. 이 작품에서 아리안 라베드가 연기한, 〈송곳니〉의 아이들처럼 도피가 필요한 마리나는 바깥세상과 단절된 듯 보이며 그로 인해 성에 대해 매우 순진하고 무감각하다.

러시아, 헝가리, 그리스 영화에서의 이런 초세속적인 경험은 매우 값진 것이지만 혁신적이고 몽환적인 한 영화는 공개적으로 비합리적일 필요를 느끼지 않았다. 이 작품의 초세속적인 요소는 욕망 자체가 당신을 움직인다는 사실에 기인했다. 배리 젠킨스의 〈문라이트Moonlight〉(미국, 2016)는 고도의 기교적인 롱 테이크로 시작해서 곧 우리의 발목을 건다. 이 작품은 샤이론이라는 한 소년의 삶을 3단계로 나눠 보여준다. 첫 번째 단계에서 그는 상처를 입고 일종의 갑옷을 걸친다. 근육을 단련해 로보캅처럼 된 것이다. 샤이론은 다시 상처받지 않기 위해 욕망을 내면화하는 방법으로 감정을 숨기며 자신을 보호한다. 그는 남자의 피부를 만지고 싶지만 뒤따르는 비난과 조소, 공격을 마주할 수 없어 마치 고래처럼 깊게 잠수한다. 영화의 마지막 부분을 보면 수년 후 식당에서 그는 흠모했던 남자와 마주한다. 수년 후에 지나간 연인을 만난다는 설정은 영화 속에서 자주 일어나는 일이지만 이 작품은 앨프리드 히치콕의 〈현기증〉 못지않게 강렬하다. 배우들은 카메라를 들여다보았다(370). 우리

370. 〈문라이트〉 클라이맥스의 저녁 식사 장면에서 뭉클하고 가슴 아픈 시선의 트레반트 로즈. 감독: 배리 젠킨스. 미국, 2016.

는 그들이 말하는 것을 듣지만 이미 무엇을 말하고 싶었던 건지를 알 수 있다. 우리는 영화를 볼 때 종종 감독이 작품의 톤이나 분위기를 찾아가고 있다는 것을 느낄 때가 있다. 〈문라이트〉는 시작부터 그것을 찾은 작품이다. 그것은 비교적 최근에 제작된 아름다운 영화 중 하나로 대만의 허우샤오셴 감독이 똑같이 3단계로 나눴던 작품, 〈쓰리 타임즈最好的時光/Three Times〉(2005)의 톤이었다.

영화 역사에서의 새로운 언어

이제부터 보다 폭넓고 트랙을 벗어난 부분들에 관해 이야기하도록 하자. 지금까지 이 장에서 언급했던 영화들은 '들어가며' 부분에서 설명했던 곰브리치의 말처럼 모두 영화의 스키마를 변형한 것이었다. 각각의 작품은 기존의 방법을 확장했으며 영화관 바깥으로 뻗은 캔틸레버였다.

이제 우리 이야기의 속도도 바꾸고 렌즈도 바꿔보자. 태국 영화 〈찬란함의 무덤Rak Ti Khon Kaen〉(아피찻퐁 위라세타꾼, 태국, 2015)의 중반쯤에서 군 병원 자원봉사 간호사인 젠은 잠이 든 것처럼 보인다. 군인들도 수면병을 앓고 있는 듯 보이며 그들이 있는 병동은 화려한 형광으로 서서히 물든다(371). 이 조명은 영화가 기억과 온화한

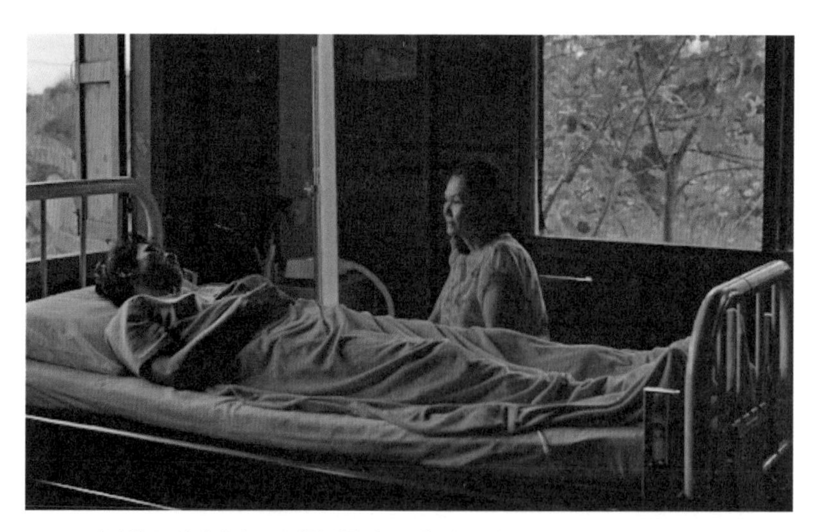

371. 아피찻퐁 위라세타꾼의 〈찬란함의 무덤〉에서 이승과 저승의 사이인 중간계 또는 꿈의 대기실과도 같은 병실에 있는 군인. 태국, 2015.

욕망의 상태로 빠져들도록 돕는다. 일디코 엔예디의 〈우리는 같은 꿈을 꾼다〉에 등장하는 두 명의 도살장 직원처럼 젠과 군인들은 꿈으로 교감하는 듯 보인다. 이 작품은 어지럽고 몽롱한 느낌이 들고 우리가 영화를 볼 때 다른 곳에 있는 것처럼 느끼듯 등장인물들도 어딘가 다른 곳에 있는 것 같다. 21세기에 〈찬란함의 무덤〉보다 현실의 끈을 놓치는 느낌을 더 잘 포착한 작품은 드물다.

가장 보편적인 이 시대 최고의 영화들은 우리를 간호사 젠처럼 느끼게 만든다. 핀란드의 단편 영화 〈화염Polte〉(사미 반 잉겐, 2018)도 다른 방법으로 비슷한 느낌을 준다. 아래 이미지(372)는 얼핏 보면 여자가 왕관을 쓰고 있는 것처럼 보이지만 사실상 그녀는 필름이 썩고 있는 오래전 영화 〈젊어서 죽다Nuorena nukkunut〉(테우보 툴리오, 핀란드, 1937)에 등장했던 배우다. 썩은 필름의 조각들을 사용한 반 잉겐은 부패한 부분을 감추는 대신 이러한 필름의 손상된 부분을 마치 등장인물들이 뚫고 날아가는 욕망의 구름과도 같이 보다 감각적이고 몽환적으로 묘사했다.

이는 마치 영화 역사의 잔물결과 거품을 보고 있는 것 같기도 하고, 영화 역사가 화려함의 묘지라고 말하는 것 같기도 하다.

372. 〈화염〉에서 멜로드라마나 꿈의 상태를 창조하기 위해 사용된 부패한 필름. 감독: 사미 반 잉겐. 핀란드. 2018.

꿈

21세기의 혁신적인 영화 중 일부는 우리를 집단적 무의식, 꿈의 상태로 데려가고 싶어 하는 듯하다. 특별한 예를 들어보자면 레오스 카락스의 〈홀리 모터스Holy Motors〉(프랑스, 2012), 피터 스트릭랜드의 〈더 듀크 오브 버건디The Duke of Burgundy〉(영국·헝가리, 2014), 미국의 애니메이션 영화 〈스파이더맨: 뉴 유니버스Spider-Man: Into the Spider-Verse〉(피터 램지·밥 퍼시케티, 미국, 2018), 조너선 글레이저의 〈언더 더 스킨〉(영국·미국·스위스, 2013)을 꼽을 수 있다. 각각은 매우 새로운 작품이었고 우리를 꿈의 세계로 인도하고자 했다.

373. 레오스 카락스의 〈홀리 모터스〉 도입부에서 카락스는 문을 통과하며 다른 세계로 접어든다. 프랑스, 2012.

374. 장 콕토의 〈오르페〉에서 거울 속의 어둡고 신화적인 세계로 들어가는 등장인물. 프랑스, 1950.

카락스의 작품은 다른 영화들처럼 시작한다. 카락스가 직접 연기한 한 남자는 밤에 눈을 뜬다. 그는 숲의 이미지로 덮여 있는 벽을 발견하고 그 안으로 밀고 들어가(373) 복도를 걸어간다. 그리고 이후 여전히 파자마 차림인 그는 영화관에 앉아 있다. 이러한 이동은 장 콕토의 초현실주의 작품(4장 참고)(374)과 흡사하지만, 〈홀리 모터스〉는 드니 라방이 연기한 변신하는 사람에 관한 이야기로 흘러가고, 프랑스의 소름 돋는 공포 영화 〈얼굴 없는 눈〉에 출연했던 에디트

스콥과 트렌치코트를 입고 비가를 부르는 카일리 미노그 등의 예상치 못한 요소들로 접어든다.

콕토의 영향이 느껴지는 카락스의 영화는 우리 시대 최고의 영화를 위한 파수꾼과도 같았다. 이 영화는 우리에게 최면을 걸었고 우리의 선도자가 되었다. 〈더 듀크 오브 버건디〉도 마찬가지다. 이 작품은 고딕 양식의 집에 사는 두 명의 의존적인 여인에 관한 이야기로, 〈제인의 말로What Ever Happened to Baby Jane?〉(로버트 올드리치, 미국, 1962)와 〈그레이 가든Grey Gardens〉(앨버트 메이슬리스·데이비드 메이슬리스, 미국, 1975) 같은 오래된 영화의 메아리가 있다. 이 두 사람은 성적인 관계인데 영화에 반복적으로 나오는 핀에 꽂힌 나비들처럼 서로를 속박한다. 그들의 집, 섹슈얼리티, 그리고 유리 너머로 보이는 그들의 거울 나라의 앨리스 세계에는 콕토를 연상케 하는 무언가가 있다.

세 번째로 소개할 영화로 콕토의 영향을 받은 21세기의 훌륭한 작품은 〈언더 더 스킨〉이다. 미헬 파버르의 소설을 각색해 만든 이 작품은 반쯤 벗은 스칼렛 요한슨이 젊은 남자들을 유혹하는 어두운 지하 세계를 누아르 장면으로 묘사했다. 그녀는 검은 유리 위를 걷는 것 같지만 그녀를 따라가는 성적으로 흥분한 남자들은 검은 기름 웅덩이 속으로 빠지는 듯 보인다(375). 물에 빠지는 느낌, 또는 레오스 카락스나 아피찻퐁 위라세타꾼의 작품에서처럼 다른 세계로 빠져드는 느낌에는 미카 레비의 글리산도

375. 검은 석호에 빠지는 〈언더 더 스킨〉의 이 장면은 장 콕토의 〈오르페〉를 연상시킨다. 감독: 조너선 글레이저. 영국 · 미국 · 스위스, 2013.

뮤지컬 음악이 더해졌다. 그러나 이 검은 석호 속으로 하강하는 것은 영화의 한 가지 요소일 뿐이다. 우리 시대의 혁신적인 영화 중 하나인 〈언더 더 스킨〉은 압바스 키아로스타미의 이란 영화에서 기대할 수 있는 숨겨진 카메라 또는 최소한의 카메라와 외계인, 신체, 피부, 심지어 트랜스젠더 정체성에 대한 공상과학적 사고방식을 결합했다. 소름 끼치는 팜므파탈의 중심인물은 아름다움의 척도에 대한 감각이 없기에 신경 섬유종증을 앓고 있는 흉측한 얼굴의 남자(애덤 피어슨)에게 통상적인 매력의 잣대를 적용하지 못한다. 어떤 면에서는 환상적이고 시각적인 영화를 보는 잣대도 마찬가지라고 할 수 있겠다.

영화가 펼치는 다른 세계는 물론 심각할 필요도, 성적일 필요도 없다. 〈스파이더맨: 뉴 유니버스〉는 아이와 어른을 위한 슈퍼히어로 영화지만 사진 376에서 보는 것과 같이 이 작품은 1930년대에 막스 형제가 코미디 영화에서 시도했던 것처럼 세상의 위아래를 뒤집었다. 10대 소년인 마일스 모랄레스와 다른 차원의 슈퍼히어로들이 등장하는 이 작품은 CGI 시뮬레이션 시대에 마치 인쇄된 만화 같은 느낌의 로우파이lo-fi 도트 매트릭스 스타일뿐만 아니라 정렬이 안 된 배경의 색으로 분리를 시도하는 새로운 기술에도 전념했다. 액션 시퀀스는 마치 〈2001 스페이스 오디세

376. 〈스파이더맨: 뉴 유니버스〉의 거꾸로 뒤집힌 이미지. 감독: 피터 램지 · 밥 퍼시케티. 미국, 2018.

이〉(394~395쪽 참고)의 스타게이트 시퀀스를 연상케 하며 우리 시대에 시각적으로 가장 창의적인 영화 중 하나가 되었다.

새로운 기술

만일 우리의 주제가 21세기 세계 영화에서 전례가 없고 그것이 때로 우리를 꿈같은 이미지로 이끄는 방법이라면, 이전에 볼 수 없었던 그러한 장면을 창조하는 데 도움이 되는 새로운 기술에 대해 구체적으로 이야기해 보아야 할 시점이다. 먼저 이야기할 기술은 2004년에 출시된 가장 단순하고 가장 널리 사용되고 있는 각종 고프로GoPro 카메라다. 서퍼들이 고안한 이 작은 카메라는 비교적 저렴하고 '어안fish-eye'의 부푼 이미지를 표현할 수 있는 광각 렌즈가 장착되어 있으며 스포츠 활동이나 극단의 환경에서도 사용할 수 있는 내구성을 지니고 있다. 이 카메라를 사용한 최초의 훌륭한 쇼케이스는 존 그리어슨의 전통을 급진적으로 개혁한 민족지학자인 뤼시앵 캐스팅테일러와 베레나 파라벨이 만든 어업 관련 다큐멘터리 영화 〈리바이어던Leviathan〉이다. 그들은 많은 고프로 카메라를 보트, 사람, 죽은 물고기에 부착했으며 심지어는 줄

377. 고프로 카메라로 촬영한 〈리바이어던〉의 아름다운 이 이미지는 기술적인 시학을 보여준다. 감독: 뤼시앵 캐스팅테일러 · 베레나 파라벨. 미국, 2012.

에 매달아 갑판 밖으로 던지기도 했다. 비행하는 새의 날개를 보여주는 이미지(377)는 알브레히트 뒤러의 그림을 보는 듯하다. 우리는 촬영감독이 도저히 끼어들어 갈 수 없이 가까운 곳에 있는 피사체를 새로운 앵글에서 보고 또 볼 수 있다. 이 작품은 현실이 아닌 만화경 같으며 실수와 경이로운 우연이 화려하게 소용돌이치는 영화다.

건축가인 르 코르뷔지에가 항상 말했듯이 "기술은 시"이며 21세기 영화의 새로움은 새로운 장비에서 일부 창출되었다. 〈LSD Love Sex Aur Dhokha〉(디바카 바너지, 2010)는 인도 최초의 '파운드 푸티지 found footage' 영화로 보안 카메라, 캠코더, 수중 고프로, 적외선 카메라 등으로 촬영한 이미지들로 구성되었지만, 그것들을 성 착취와 살인이라는 대담하고 충격적인 사회적 주제와 융합했다. 이 영화는 많은 힌디어 영화의 진영과 화려함을 조롱하지만 결국 카메라의 편재를 훌륭하게 비판한다.

이러한 편재는 영화 스크린의 경우 그 넓이가 높이보다 길고 우리의 시야와 흡사하며 위아래가 아니라 옆으로 구성된다는 영화의 핵심 관습에 도전했다. 1930년에 소비에트 연방의 감독 세르게이 에이젠슈테인은 "강하고 박력 있으며 능동적인 수직적" 구도의 영화를 구상했다. 21세기에는 사람들이 휴대전화로 풍경이나 교각 등을 수직으로 촬영하는 것이 일반적이 되었고 이는 영화에도 영향을 미쳤다. 캐나다 감독 자비에 돌란의 〈마미 Mommy〉(2014)에 등장하는 10대 소년은 길을 따라 스케이트보드를 탄다. 이 영화는 특이하게 4×4의 정사각형 비율로 촬영되었지만 새로운 자유와 증가하는 공간감을 표현하기 위해 소년은 프레임의 양옆을 손으로 밀며 공간을 넓히는 듯 보인다(378). 휴대전화 이미지의 직접적인 예로 오스트리아의 거장 미하엘 하네케는 2017년에 〈해피엔드 Happy End〉를 엄마를 원망하는 10대 소녀가 몰래 촬영한 듯 보이는 9×16의 세로 구도 숏으로 시작했다. 각 장면은

378. 자비에 돌란의 〈마미〉에서 등장인물이 프레임의 양옆을 밀치며 세로 화면 스마트폰 시대에 일시적인 해방의 순간을 보여준다. 캐나다, 2014.

영화가 우리에게 무엇이며 무엇이 될 수 있는지를 상기시켜 주는 듯 느껴진다.

다음에는 기술이 영화의 시학을 어디로 인도할까? 4차원의 세계로 인도할까? 1장과 6장에서 언급했던 것처럼 과거에도 3D 영화는 존재했지만, 그것은 이 시기에 부활했고 더 유지될 듯 보이며 많은 혁신적인 감독을 매료시켰다. 베테랑 혁신가이자 교란자인 장뤽 고다르는 새롭고 저렴한 3D 카메라를 가지고 드라마적으로 깊은 이야기가 아닌, 보편적인 삶을 그린 〈언어와의 작별Adieu au langage〉(프랑스·스위스, 2014)을 촬영했다. 그의 작품은 두 개의 이야기로 구성되었는데, 두 개의 이미지를 촬영하는 3D는 그 이중성을 대변하는 것 같기도 했다. 이러한 효과를 강조하기 위해 그는 때로 두 개의 중첩된 2D 이미지를 분리해 인위적인 마법을 해체했다. 이것은 놀라웠지만 중국 감독 비간畢贛의 〈지구 최후의 밤地球最后的夜晚〉(2018)에 나오는, 3D로 촬영된 59분에 달하는 현대 영화의 화려한 순간보다 훨씬 더 쉽게 달성할 수 있었다. 〈지구 최후의 밤〉은 우리를 데이비드 린치의 꿈의 세계로 되돌리며 나아가 안드레이 타르콥스키에게까지 다다르게 한다. 아버지의 장례식에 참석하기 위해 집으로 돌아온 주인공은 3D 영화관에 가고 안경을 쓴다. 그러고 나면 우리는 그를 따라 동굴을 지나고, 오토바이를 타고, 당구대를 돌고, 리프트를 타며, 가라오케를 간다. 그리고 그의 과거의 인물들이 현재로 흘러들어 오는 것을 목격한다. 주로 색 조명이 사용되었고(379), 당구대에 공을 넣거나 흥분한 말을 다루는 등 감독이 제어할 수 없는 사건들이 포함된 이 숏은 계획하는 데 몇 달이 걸렸다. 이 놀라운 숏을 촬영하는 데는 많은 노력이 들어갔으며, 그 결과 이 숏은 영화 역사를 갱생하게 만들었던 알렉산드르 소쿠로프의 〈러시아 방주〉(581~582쪽, 626쪽 참고)를 볼 때처럼 우리의 숨을 멎게 만든다. 만일 우리의 주제가 현대의 국경 없는

379. 비간의 〈지구 최후의 밤〉에 나오는 놀라운 59분짜리 3D 숏. 카메라와 등장인물이 지붕 위를 날아다니는 것 같다. 중국, 2018.

영화라면 이 작품은 그 좋은 예 중 하나가 아닐 수 없다.

우리의 마지막 혁신이자 마지막 새로운 시학, 그리고 이 책에서 언급한 그 어떤 것보다 영화의 근본에 도전한 것, 바로 버추얼 리얼리티Virtual Reality, 즉 VR이다. 영화는 집합적 경험인데 VR은 헤드셋으로 두 눈을 가리고 본다. 영화는 대형 스크린을 통해 보지만 VR에는 스크린이란 것이 없다. 영화는 앞에만 있지만 VR은 360도의 환영을 창조해 낸다. 또한 영화는 프레임이 있지만 VR은 없다. 이는 영화에 반하는 것이 틀림없고, 영화를 위협하며, 매우 새로운 방향으로 간다. 그런 게 맞나? 차이밍량의 VR 영화 〈더 데저티드家在蘭若寺 / The Deserted〉(대만, 2017)(380)를 살펴보자. 비간의 3D 숏과 거의 같은 길이의 이 작품은 깊은 산속의 집이 배경이다. 소파에 털썩 주저앉은 한 젊은 청년이 심장에 전기 충격을 가한다. 그의 어머니는 밥을 짓는다. 귀신일지도 모르는 의문의 여성이 주변에 나타난다. 젊은 남자는 욕탕에 들어가 큰 물고기를 안는다.

이 작품의 어느 요소도 차이밍량의 전작들과 어울리지 않는다(10장 참고). 그는 불가사의하고 물과 관련되고 버림받거나 황폐해진 것들을 다루는 데 달인이다. 하지만 놀랍도록 새로운 것은 헤드셋을 착용한 채 우리는 서거나 앉거나, 또는 회전의자를 돌려가며 뒤, 위, 아래, 양옆으로 우리가 선택한 것들을 본다는 점이다. 3D 카메라는 행동 영역의 중앙에 있고 우리가 머리나 몸을 돌리지 않으면 모든 영역을 볼 수는 없다. 연극 무대의 중앙에 서 있거나 또는 여러 가지 일들이 벌어지는 기차역 중앙에 있는 거나 마찬가지인 셈이다. VR 영화를 보는 순간 영화 연출이란 과연 무엇인지를 생각하게 된다. 통상적으로 영화 연출은 정해진 공간에서 행동을 창출하고 프레

380. VR 영화인 〈더 데저티드〉에 나오는 방 중에 하나. 우리는 젊은 남자를 볼 수도 있고 우리의 뒤에서 요리하는 그의 어머니를 볼 수도 있다. 어느 순간 우리는 그와 함께 욕탕으로 들어간다. 영화가 재창조되고 확장되었다. 감독: 차이밍량. 대만, 2017.

임을 채우는 것이었다. 〈더 데저티드〉를 비롯해 다른 훌륭한 VR 영화의 감독들은 관객의 시점에서 다양한 앵글로 많은 공간을 채운다. 그것도 여전히 연출이기는 하지만 거기에는 더 많은 것이 포함된다. 그리고 더욱 충격적인 요소도 있다. 영화의 초창기부터 관객을 이야기 속으로 또는 이야기가 펼쳐지는 공간으로 이동시키려는 노력을 해왔다. 영화는 그곳으로 이동하는 것에 관한 예술 형식이 되었다. 영화 역사에서 차이밍량 영화의 목욕 장면보다 우리를 실제 그곳에 있는 것처럼 느끼게 하는 순간은 드물다. 그것은 영화를 만들고자 했던 초기 충동의 놀라운 확장이다.

새로운 형식의 다큐멘터리 영화

이 장에서 이미 〈그러나 삶은 지속된다〉, 〈우울한 방 세 개〉, 〈롤링 선더 레뷰: 마틴 스코세이지의 밥 딜런 이야기〉, 〈알레포의 마지막 사람들〉, 〈사마에게〉, 〈리즌〉, 〈리바이어던〉 등 근래의 훌륭한 다큐멘터리 영화를 리스트에 올렸다. 거기에 더할 것이 많이 있는데, 그중에는 샌디 탄의 유쾌한 작품 〈셔커스: 잃어버린 필름을 찾아서Shirkers〉(미국·영국, 2018)와 중국 감독 왕빙의 대작들이 포함된다. 일부 다큐멘터리 영화는 충격적으로 새롭다. 예술과 영화에 많은 자전적 작품이 있었지만, 커스틴 존슨의 〈카메라를 든 사람Cameraperson〉(미국, 2016)은 원래 다큐멘터리 영화를 목적으로 제작한 것이 아니었다. 이 작품은 카메라나 프레임을 준비하기 위해 촬영했던 장면들과 존슨이 촬영하고 연출했던 많은 영화 중 일부 장면들이 합쳐져 반무의식적 소재인 그림의 밑그림 같은 느낌이 들게 한다. 사용 용도가 변경되면 전압이 추가된다.

미켈란젤로 프라마르티노의 〈네 번Le quattro volte〉(이탈리아, 2010)도 인물 묘사이며 온전한 다큐멘터리 영화라고 보기는 힘들지만, 이 작품은 시골의 사실주의와 이솝 우화와도 같은 것을 결합한다. 우리는 염소를 치는 노인이 교회의 먼지를 모으는 것을 지켜본다. 그는 그 먼지가 좋은 약이 된다고 생각한다. 염소가 식탁 위에 서 있고 나무는 목탄으로 변한다. 단순한 일들이지만 그것이 생태 환경에 민감한 시기의 재활용처럼 죽음과 부활에 관한 것이라는 사실을 차츰 깨닫게 된다.

〈네 번〉의 온유함과 인간애는 다른 모든 삶을 혹독한 것처럼 보이게 만든다. 그리고 그것은 21세기에 들어서 가장 대담하며 예상 밖의 다큐멘터리 영화라고 할 수 있는 〈액트 오브 킬링The Act of Killing/Jagal〉(조슈아 오펜하이머·크리스틴 신·익명의 공동 연출자, 덴마크·인도네시아·영국·노르웨이, 2012)의 주제이기도 하다. 〈카메라를 든 사람〉은 상반된 요소들을 결합하거나 무언가를 다른 것으로 변화시키는 듯 보였다. 〈네 번〉도 이와 비슷한데, 순간적인 현실의 관찰과 영원한 신화 및 우화라는 극과 극의 요소들을 하나로 접었다. 〈액트 오브 킬링〉은 더 대담하게도 쓴 것과 단것을 혼합했다. 이 작품은 1960년대 인도네시아에서 일어났던 최소 50만 명의 공산주의자 및 좌파의 대학살에 관한 것이다. 하지만 제작진은 암울한 음성 해설이나 망자의 친척들을 인터뷰하는 대신 살인자들에게 그들의 범죄와 살인 행각을 고전 영화 스타일로 재연해 달라고 요청했다. 이 혐오스러운 게임에 대해 일부는 윤리적으로 비난했지만, 이 작품은 가해자들의 상상과 회상 그리고 뻔뻔함을 충격적으로 드러냈다.

2010년대의 가장 당혹스러운, 또는 포스트모던한 '다큐멘터리 영화'는 〈프로파간다Propaganda〉(2012)일 것이다. 〈프로파간다〉는 〈액트 오브 킬링〉보다 더 베일에 싸여 있으며 간접적이고 잘못 포장된 작품이다. 이 작품은 북한으로부터 밀반출된 것으로 교훈적인 해설과 매혹적인 TV, 광고, 뉴스, 아카이브, 영화 클립 등으로 미국을 비롯한 서구의 소비주의, 진부한 정치, 위선, '정신과의 전쟁', 욕심과 탐욕을 공격한다. 단 이 작품은 북한에서 제작했거나 북한이 밀반출한 것이 아니다. 〈프로파간다〉는 "누구도 해보지 않았던 것을 해야 한다고 생각했다… 어쩌면 전혀 새로운 장르…"라고 말했던 뉴질랜드인 슬라브코 마티노브가 연출한 작품이다. 그는 자신이 말했던 바를 이루었지만, 이 작품은 스코세이지가 샤론 스톤이 밥 딜런과 연애한다고 말했던 과장 정도가 아니었다. 마티노브의 작품은 위장된 진실이었다. 〈프로파간다〉는 꾸며진 목소리로 거짓을 말하지만, 그 안에는 현실이 있었다.

연기의 혁신

어쩌면 반전은 새로운 형태, 새로운 시각적 아이디어와 이야기 전달 방식을 끌어내는 것일 수 있겠다. 이 장의 전반부가 영화의 확장에 관한 것이었다면 후반부는 그것을 뒤집는 것일 수 있을 듯하다.

그렇다면 최근에 연기 예술을 확장하거나 뒤집은 요소들이 있었을까? 그렇나. 기술은 다시 한번 우리가 관심이 있고 알고 있는 것들을 미지의 영역으로 끌고 갔다.

〈백설 공주와 일곱 난쟁이〉(미국)를 제작하던 1937년으로 거슬러 올라가면 실제 인물을 촬영한 후 그 동작을 애니메이션 캐릭터에 입혔던 '로토스코핑' 기법을 사용했음을 알 수 있다. 이와 같은 모션 캡쳐 기술은 21세기에 크게 발전되어 연기를 담아내는 수준에 이르렀다. 〈혹성탈출: 반격의 서막Dawn of the Planet of the Apes〉(맷 리브스, 미국, 2014)을 예로 들자면, 이 작품은 배우인 앤디 서키스의 신체만 촬영한 것이 아니라 수백 개의 센서를 부착한 그의 얼굴도 촬영해서 감정 변화에 따라 움직이는 그의 근육 신호를 소프트웨어에 담아 유인원의 우두머리인 시저의 피부와 털에 입혔다. 서키스는 머리 쪽에 카메라를 착용했고 그의 얼굴은 항상 클로즈업으로 촬영되었다. 1999년 〈스타워즈: 에피소드 1－보이지 않는 위험〉(조지 루카스, 미국)에 등장하는 자 자 빙크스의 경우 이 기술이 사용된 지 얼마 되지 않아 미숙한 점이 드러났다. 서키스와 동료들의 작업에서 혁신은 서로 다른 두 가지, 즉 우리가 인간의 얼굴에서 읽을 수 있는 감정과 진화하는 디지털 이미지의 진실성을 연결하는 것이었다. 이 두 가지 요소가 온전히 결합하지 못하면 비슷하기는 하지만 완전히 인간 같지는 않은 기이한 결과물이 나올 수밖에 없었다. 〈혹성탈출〉 시리즈는 이러한 결점을 보완했다.

이후에 배우를 젊게 만드는 기술이 등장했다. 앞서 언급했듯이 리처드 링클레이터는 〈보이후드〉의 배우 엘라 콜트레인을 아이에서 성인이 될 때까지 긴 시간 동안 촬영했다. 편집은 이런 긴 시간을 넘나들게 했다. 마틴 스코세이지의 〈아이리시맨The Irishman〉(미국, 2019)에서는 이와 반대의 경우가 발생했다. 로버트 드 니로는 자신의 젊은 시절을 회상하는 장면에 직접 출연했다. 다른 젊은 배우를 캐스팅하지 않고 스코세이지의 기술팀은 최대한 전통적인 방법으로 촬영할 수 있도록 드 니로의 얼굴에 보이지 않는 적외선 점들을 칠했다. 그리고 젊은 시절의 회상 장면을 일반 카메라와 적외선 카메라로 촬영했다. 이후 드 니로가 젊었을 때 출연했던 많은 영화로부터 추출한 데이터를 이용해 적외선 카메라로 촬영한 이미지에 대한 작업을 수개월 동안 진행했다(381). 이 작업은 매우 유효했고, 마치 렘브란트의 자화상을 보는 것 같았다.

381. 효과를 넣기 전후의 모습. 마틴 스코세이지의 〈아이리시맨〉에 나오는 회상 장면에 진실성을 더해준 기술이다. 미국, 2019.

382. 눈에 띄게 숨기. 레니 에이브러햄슨의 〈프랭크〉에서 가짜 머리를 쓰고 연기한 마이클 패스벤더. 아일랜드 · 영국, 2014.

383. 〈프랭크〉의 마이클 패스벤더는 버스터 키튼의 무표정한 응시를 극대화했다.

인간과 기계, 과거와 현재 같은 반대되는 요소들이 새로운 형식의 연기를 요구하는 21세기 영화에 의해 융합되었다. 하지만 이 시기에 가장 잊지 못할 연기는 어떤 기술도 사용하지 않았고 온전히 지금, 여기 있는 것들로만 구성되었다. 이 작품의 핵심 장치는 배우가 작품 내내 쓰고 있던 탈과 같은 가짜 머리였다(382). 레니 에이브러햄슨의 영화 〈프랭크Frank〉(아일랜드 · 영국, 2014)는 영국의 괴짜 음악가인 프랭크 사이드보텀으로부터 영감을 받은 것이었지만, 에이브러햄슨, 작가인 존 론슨과 피터 스트로갠 그리고 배우인 마이클 패스벤더는 이 작품에서 눈에 띄게 숨는 방법을 이용했다. 프랭크는 내면적이고 변덕스럽고 섬세하고 폭발적이며 창의적이다. 이 중 일부 또는 모든 이유로 그는 우스워 보일 수 있는 커다란 가짜 머리를 쓰고 지낸다. 이 책의 서두에서 보았듯이 스타덤, 관객의 이입, 배우들의 얼굴 클로즈업은 쾌락과 욕망의 근간인 영화의 초석이 되었다. 〈프랭크〉는 이런 초석을 파냈다. 무성 영화 시기에 배우인 그레타 가르보와 버스터 키튼(383)은 관객이 중립성을 유지할 수 있도록 연기의 표현을 자제했다.

21세기 영화와 우리 자신

문화적 비관론자들이 틀렸다. 그들은 우리가 알고 있듯이 영화의 종말을 예견했지만, 이 장에서도 보았듯이 영화의 새로운 가지들이 생겨났고 새로운 씨앗들이 싹텄다. 새로운 참나무인 셈이다. 이 스트리밍 시기는 격변의 시기지만 영화 역사의 다른 순간들도 마찬가지였다. 영화는 흔히 시대를 반영하는 거울, 또는 시대에서 벗어나고자 하는 도피라고 말한다. 진실은 둘 다 틀렸거나 아니면 둘 다 조금씩 맞다. 레오스 카락스가 침실 벽에 있는 문을 열고 영화관 안에 있는 자신을 발견했던 것처럼, 영화는 문밖에 있는 평행 세계다. 현실 세계는 가까이에 있고 우리는 벽을 통해 그 소리를 들을 수 있지만, 영화 세계는 더 깜빡거리고 더 몽환적이며 가장 중요하게 우리는 그 세계에서 모두 동등한 입장으로 만날 수 있다.

21세기 영화 세계에서 우리는 누구인지를 생각해 보며 이 장을 마치도록 하자. 우리는 스크린을 통해 우리의 어떤 모습들을 보아왔을까?

우리 시대에 가장 기억에 남는 영화 캐릭터 중 하나가 스크린에서 키튼이나 프랭크의 표정 없는 얼굴로 우리를 응시한다(384). 〈행복한 라짜로Lazzaro felice〉(알리체 로르바케르, 이탈리아, 2018)에서 주인공인 라짜로는 농장에서 시키는 일을 하고 도울 수 있는 것을 도우며 사랑에 관대하다. 우리는 그를 1970년대에 만나지만 시간이 건너뛰며 라짜로를 제외한 모든 사람이 나이를 먹는다. 어쩌면 그는 미덕의 상징이거나 또는 사람은 친절해야 하고 애완동물 같은 충성심을 가져야 한다는 충고일 수도 있다. 이유야 어쨌건 시간을 비껴가는 젊은이에 관한 로르바케르의 영화는 차분하게 초월적이다.

라짜로는 역사로부터 자유로운 우리 최고의 모습이지만, 역사가 우리의 발을 묶

384. 〈행복한 라짜로〉에서 인간의 선함에 대한 상징인 표정 없는 얼굴의 아드리아노 타르디올로. 감독: 알리체 로르바케르, 이탈리아, 2018.

고 우리를 익사시키면 어떻게 될까? 파블로 라라인의 〈재키Jackie〉(미국·칠레, 2016)는 남편이 총에 맞아 사망한 후 비탄에 빠진 아내의 이야기로, 1960년대 사건을 그린 작품이다. 훌륭한 사운드 디자인과 음악, 영상은 우리가 느껴보았거나 혹은 느끼게 될, 그녀의 머릿속에 있는 폭풍우를 보고 들을 수 있게 한다. 우리가 살면서 접하게 되는 두 축과도 같이 라짜로는 부유하는 인물이고 재키는 가라앉는 인물이다.

21세기의 영화인들은 정체성을 안팎으로 들여다보았다. 라이언 쿠글러의 〈블랙 팬서Black Panther〉(미국, 2018)에서 우리는 새로운 유형의 슈퍼히어로와 새로운 유형의 신을 보았고 그것은 감동적이었지만 영화는 곧 가상의 아프리카 국가인 와칸다로 날아갔고 그 효과는 도취적이었다. 서양 영화나 텔레비전에서 아프리카는 언제나 과소 노출되고 종종 피해자 서사의 일부였다. 이 작품에서 우리는 건국 신화와 잃어버린 낙원을 볼 수 있다.

국가나 개인의 신화적 자아에 관한 생각은 수많은 이야기, 영웅 서사, 〈스타워즈〉 등의 블록버스터에 힘을 실어주었다. 하지만 그 신화에 그늘이 있다면? 만일 우리의 존재에 대해 혐오감이 생긴다면? 그래서 복수심이 생긴다면? 혐오스

385. 조던 필의 작품 〈어스〉에 등장하는 그림자 가족. 미국, 2019.

러운 게 우리 자신이라면? 이런 질문들이 바로 조던 필의 매혹적인 작품 〈어스Us〉(미국, 2019)의 주제다. 화목한 중산층 아프리카계 미국인 가족이 별장으로 간다. 그리고 밤에 그들은 어둠 속에서 그들과 닮은 듯 보이지만 빨간 작업복을 입은 그림자 가족이 진입로에 서 있는 것을 발견한다(385). 이미지는 끔찍하고도 시기적절하다. 이 이미지가 주는 충격과 공포 그리고 죄책감은 서양과 동양의 대립이나 흑백의 대립, 남녀의 대립, 동성애자와 이성애자의 대립에서 온 것이 아니다. 진입로에 서 있던 가족은 별장에 온 가족의 마음에서 나온 이들이다. 그들은 카를 융의 집단 무의식이자 우리 자아의 어두운 버전이다. 만일 우리가 노숙자가 되었거나 시리아에서 피난 왔다면 그런 모습이었을 것이다.

한 부유한 가족이 현대적으로 지어진 집에서 다른 가족에게 침범당한다는 〈어스〉의 기본 설정은 우리 시대 최고의 작품 중 하나인 봉준호의 〈기생충〉(한국, 2019)의 시작점을 가늠하게 한다. 조던 필의 영화 제목이 '기생충'이었어도 무방했을 것이다. 봉준호는 이야기를 더 많이 비틀고 굴곡을 만들었으며, 분위기를 창조해 내는 그의 역량은 탁월하다. 그는 앨프리드 히치콕처럼 조롱과 위협을 통합한다. 카메라

워크나 장면은 매번 옳다고 느껴지고 무언가 드러난다는 느낌이 계속해서 든다. 무엇이 드러날까? 계급 정체성의 격차가 너무 커서 부자가 가난한 사람의 냄새를 맡으면 거부감이 드러난다.

라두 주데의 〈나는 야만의 역사로 거슬러 가도 상관하지 않는다Îmi este indiferent dacă în istorie vom intra ca barbari〉(루마니아, 2018)도 이에 못지않게 고발적이다. 이 영화는 한 여성이 1941년 루마니아인들에 의해 유대인들이 불타 죽은 사건을 재연할 공개 행사의 책임자로 캐스팅되었다고 말하며 시작된다. 우리는 그녀가 자신이 맡은 역할에 대해 조사하는 모습과 그 행사를 목격한다. 그리고 재연 행사가 서서히 구축되면서 우리는 배우가 아니라 실제 루마니아인처럼 보이는 사람들이 연기하는 유대인들을 불태워야 한다고 말하는 것을 본다. 맹렬한 반유대주의가 반복된다. 주데의 카메라는 우리에게 놀라움과 부끄러움에 대한 여지를 남겨둔 채 그 모습을 씁쓸하게 지켜본다. 어쨌거나 이 영화는 코미디고 1960년대 고다르 영화에 어울릴 법한 장면들이 있지만, 무엇보다 오늘날의 유럽을 향한 처절한 손가락질이다.

마티 좁Mati Diop의 〈애틀랜틱스Atlantique〉(세네갈·프랑스·벨기에, 2019)에 유럽은 나오지 않지만, 거론과 상상은 한다. 젊고 아름다운 세네갈의 커플 중 남자가 사라진다. 남자는 더 나은 삶을 찾기 위해 스페인을 향해서 바다를 건넌다. 그는 이주를 한 것이고, 이는 일종의 스트리밍이다. 하지만 그는 사망하고 돌아올 수 없게 된다. 아니면 돌아올 수도 있을까? 마티 좁의 영화는 그녀의 삼촌인 지브릴 좁 맘베티(448쪽과 517쪽 참고)의 흙내 나는 시학을 일부 담고 있다. 젊은 남자는 돌아온다. 하지만 우리가 예상할 수 있는 모습은 아니다. 통상적인 이주민에 관한 갈등처럼 그는 동시대의 윤리와 정체성에 깊이 도전한다. 〈애틀랜틱스〉는 훌륭한 아일랜드의 애니메이션 〈바다의 노래: 벤과 셀키요정의 비밀Song of the Sea〉(톰 무어, 2014)의 흥미로운 메아리가 있다. 이 작품 또한 바다의 매력에 관한 것이지만 〈애틀랜틱스〉보다 좀 더 온화하고 순수하다. 이번에는 바다표범의 모습으로 나타나는 가상적인 존재, 셀키로 변하는 어린 소녀에 관한 내용이다.

이 작품들은 우리 안에 있는 것을 발견하는 변화에 대한 것이다. 그에 관한 보다 긍정적인 내용이 담긴 영화로는 〈판타스틱 우먼Una mujer fantástica / A Fantastic Woman〉(세바스티안 렐리오, 칠레, 2017)과 〈탠저린〉(숀 베이커, 미국, 2015)이 있다. 두 영화 모두 트랜스젠더 여성에 중점을 두고 있는데 이는 트랜스젠더의 권리에 대한 가시성이 높아진 시대의 징후다. 첫 번째 작품에서 트랜스젠더 여성인 마리나(다니엘라 베가)의 남성 연인이 죽자 트랜스젠더를 혐오하는 사회의 기관들은 그녀를 헐뜯고 죄를 덮어씌우려는 음모를 꾸민다. 어느 지점에서 마리나는 몸을 앞으로 기울이고 중력에 저항하는데(386), 이는 그녀에게 인생의 오르막이 얼마나 힘든지를 보여주는 훌륭한 시각적 방법이다. 법과 언론, 의사, 일반 대중이 모두 그녀를 잘못 명명하고 성별을 잘못 지정하며 헐뜯는다. 그럼에도 불구하고 베가의 결연한 연기에서 우리는 진정한 용기를 본다.

〈판타스틱 우먼〉에는 몽상적이고 평온한 순간들이 있지만 〈탠저린〉은 훨씬 더 거칠고 속어가 난무한다. 이 작품은 크리스마스이브에 트랜스젠더인 두 매춘부 여성 중 한 명이 다른 한 명에게 그녀의 남자 친구가 다른 여성과 바람을 피운다는 이야기를 전하면서 시작된다. 그들은 서로 치고 난동을 부리며 드라마는 없을 거라고 약속하지만 실상은 엄청나다. 트랜스젠더들이 화면에 이렇게 활력을 불어넣은 적은 거의 없었다. 〈탠저린〉은 흑인이 주연으로 나오는 영화에서나 볼 수 있는 에너지를 지녔으며 스크린에 새로운 정체성을 대담하게 올려놓았다. 또한 이 작품은 개조한

386. 칠레 영화 〈판타스틱 우먼〉에서 사회의 편견에 저항하는 다니엘라 베가. 감독: 세바스티안 렐리오. 2017.

아이폰 5s로 촬영해 공간은 깊고 색상은 활력 있게 만들었다. 기술이 시학을 만들어 낸 또 하나의 경우다.

〈행복한 라짜로〉의 친절함, 〈블랙 팬서〉의 천국, 〈어스〉의 어둠 속의 우리, 〈애틀랜틱스〉와 〈바다의 노래: 벤과 셀키요정의 비밀〉에서 다른 것으로 변하는 사람들, 〈판타스틱 우먼〉과 〈탠저린〉에서 보여주는 트랜스 정체성의 승리 등 우리가 본 정체성에 관한 묘사들이 얼마나 복잡한가. 하지만 최근에 제작된 스웨덴 영화는 이 영화들보다 더 예측할 수 없는 정체성을 묘사했다. 〈경계선Gräns/Border〉(알리 아바시, 2018)은 공항의 세관 직원에 대한 이야기로 시작된다. 마약 탐색견처럼 그녀는 금지된 물건의 냄새를 맡을 수 있는데, 이 경우에는 아동 음란물이다. 이 직원은 다른 사람들과 많이 다르고 염색체가 기형이라는 말을 듣는다. 그러던 중 그녀는 자신과 비슷한 사람을 만난다. 혼란과 외로움을 벗어날 수 있는 좋은 기회다. 마치 데이비드 린치의 〈이레이저헤드〉나 리들리 스콧의 〈에일리언〉의 아웃테이크 같은, 가장 주목할 만한 영화 속 섹스 장면 중 하나에서 갈고리 모양의 음경이 그녀의 몸으로부터 나온다. 그녀는 자신이 괴물이라는 사실을 발견하고 영화는 남성과 여성, 인간과 동물, 복수심과 배려심 등의 경계를 돋보이게 만든다. 이 장에서 소개된 많은 영화와 마찬가지로 〈경계선〉은 다름과 중간계를 환영하고 사람들이 정의한 백인, 이성애자, 남성 정체성 등에 도전한다.

이것은 21세기 영화의 가장 큰 주제가 되어왔다. 그리고 영화 탄생의 시점으로 돌아간다. 초창기부터 영화는 우리가 누구인지를 잊게 할 기회를 제공했고 자신을 잃는 것에 대한 환희를 느끼게 했다. 우리는 영화 역사상 그 어느 때보다 가장 최근의 세대에서 보다 많은 유형의 사람들을 영화 스크린에서 목격했다. 우리는 사랑에 빠진 누군가를, 〈찬란함의 무덤〉의 간호사 같은 누군가를, 〈언더 더 스킨〉의 외계인 같은 누군가를 보았다.

이 책에서 언급할 마지막 영화인 아난드 간디의 인도 영화 〈쉽 오브 테세우스Ship of Theseus〉(2012)는 고대의 철학적 사고를 바탕으로 제목을 지었다. 이 영화는 이런 것까지 묻는다. 만일 배의 선체나 돛대, 돛 등을 모두 교체한다면 교체가 끝났을 때 이 배는 같은 배인가? 간디는 이 영화에서 사람들, 특히 장기 이식을 받은 사람들에 대해 이러한 질문을 한다. 한 사진작가가 안구를 이식받는다. 한 자이나교 승려는 몸이 쇠약해지지만, 자신의 영혼은 살아남을 것이라고 주장한다. 한 증권 중개인은 신장을 이식받는다. 각각의 경우 그들은 신체의 일부를 잃거나 교체한다. 그들은 변한 걸까? 변이한 걸까?

영화도 그랬을까?

387. 영화 역사에서 가장 긴 숏의 순간. 모국인 러시아의 19세기 역사를 탐구한 알렉산드르 소쿠로프의 〈러시아 방주〉 후반부에 나오는 무도회 장면. 러시아, 2002.

마치며

나는 서두에서 혁신이 영화를 구동하는 연료이기에 이 책은 혁신에 관한 이야기라고 언급했다. 또한 이 책은 지적인 일반 영화 관객을 위한 것이라고도 말했다. 지적인 관객이 혁신적인 영화에 연료를 제공한다는 사실에는 의심의 여지가 없기에 나는 독자들이 이 책을 통해 관람 욕구가 샘솟는 영화를 발견했기를 바라며, 또한 영화 역사의 더 많은 부분을 탐구하고자 하는 마음이 생겼기를 바란다.

'들어가며'에서 나는 기존의 영화 역사에 대한 세 가지 방향 전환을 약속했다. 첫 번째로 이 책은 세계 영화에 관한 것이지 서양 영화에 국한된 것은 아니라고 했다. 두 번째로 나는 할리우드와 발리우드의 과잉된 감정의 작품부터 브레송 같은 감독들의 미니멀리즘적인 작품, 그리고 오즈의 영화처럼 특출하게 균형이 맞는 고전 작품까지 설명하겠다고 했다. 기존의 지식에 대한 나의 세 번째 도전은 1990년 이후로 키아로스타미, 루어만, 무라토바, 소쿠로프, 폰 트리에, 린치 등의 감독들은 세계 영화계가 영화 역사의 그 어느 때보다 건재하다는 점을 입증했다고 주장한 것이었다.

영화라는 매체는 19세기 말에 그 미래가 불투명한 채 갑자기 관심을 끌며 서양인들의 삶 속에 파고들었다. 그것은 역사도 없이 가슴이 터질 듯 아름다운 당당함으로 다가왔다. 영화인들은 갖가지 시행착오를 겪었고 통찰이 있었으며 그 통찰이 매체 속에 스며들거나 간과되는 과정을 목격했고, 그렇게 영화는 이 책의 내용인 고유의 역사를 쌓으며 1910년대 후반과 1920년대 그리고 1930년대가 지나갔다. 뒤돌아보면 이미 선구자들과 전설적인 인물들이 있었다는 사실을 발견하게 되고, 그런 과거에 대한 양가적 감정이 있었다. 일부 영화인들은 과거의 관습을 답습하고 신봉하기도 했고 1960년대나 1990년대의 영화인들은 카메라에서 1초에 24프레임이 돌아가는 매체의 습성을 케케묵은 것으로 생각하기도 했다. 영화는 개선이 필요했다. 브레송, 고다르, 폰 트리에는 개선을 시도한 영화인이지만 맘베티, 가탁, 로샤, 키아로스타미는 아니다. 영화 역사에는 여러 서사가 있다. 아프리카, 아시아, 남미, 중동의 영화들은 19세기의 보석 같은 작품들과는 직접적으로 연관 짓기가 어렵다. 그 영화들은 마치 어리고 소외된 형제 같은 후발 주자였으며 의식적으로 각자의 목소리를 찾아갔다. 그렇기는 해도 후발 주자들 역시 전 세대 영화인들에게 영감을 주었다. 남쪽과 동쪽의 새로운 형식은 서쪽으로 흘러 들어왔고 그 반대의 경우도 마찬가지였다.

영화의 이야기가 느리고 꾸준히 걸어가는 외길이 아닌 때도 있었다. 즉각 눈에 띄지는 않았던 오즈와 무라토바의 경우를 보자. 오즈는 서양 영화에서는 찾아보기 힘들었던, 미학적으로나 철학적으로 균형이 잡힌 영화를 추구했지만 그의 고전주의는 그가 뒤늦게 주목을 받은 1950년대 중반까지 대부분의 영화 문화에 영향을 주지 못했다. 오즈의 작품이 조금 더 일찍 알려졌더라면 서양의 폐쇄적인 낭만적 사실주의가 어떤 형태로 발전했을지에 대한 흥미로운 상상도 해볼 수 있다. 무라토바의 경우 소비에트 연방이 그녀의 작품이 노출되는 것을 차단했으며 뒤늦게 개봉된 이후에도 그녀는 저평가되었다. 많은 부분에서 여성 영화인들을 등한시해 왔던 영화 역사는 매체의 예술적인 부분에 손상을 입혔다.

영화 역사의 이런 뒤늦은 출발에서 비롯된 간과된 요소들이 이 책의 주요 내용이다. 그리고 밤에 침대에 누워 있고, 세트장에서 서성거리며, 컴퓨터 키보드 앞에 앉아 있고, 다른 영화인들과 담소를 나누며, 영감을 얻기 위해 영화를 보는 등의 영화 창작 활동이 그 기반이다. 내가 '스키마와 변이'로 바꿔 불렀던 곰브리치의 '스키마와 수정'이 형성되는 순간이다. 아이디어들이 매체 간 지그재그로 얽히고 과거의 것을 확장하거나 그로부터 거리를 두는 등 창작이 한 단계 올라서는 지점들은 영화 역사의 순간순간마다 있으며 곰브리치의 주장을 뒷받침한다. 내가 1920년대 소비에트 연방의 두뇌 집단에 대해 언급했던 부분을 살펴보기 바란다. 레프 쿨레쇼프의 지도로 영화를 접하게 된 열정에 불타는 청춘들이 머리를 맞대고 생각을 교환하기도 하고, 과거의 것을 거부하기도 하며, 자국에서 창조된 영화 형식의 흐름에 속도를 가하기도 했다. 1950년대 중후반에 『카이에 뒤 시네마』의 사무실에서도 비슷한 과정이 있었다. 영화에 대해 논하고 쓰다가 연출까지 하게 된 평론가 출신의 감독들은 기존 영화의 성장을 가속화했고 세계를 휩쓴 새로운 스타일을 소개하기도 했다. 이보다 여파는 작았지만 유사한 사건으로 1990년대 중반에 코펜하겐의 영화인 집단은 윤리적인 이유에서 영화의 특정한 스타일적 기법을 거부하는 선언문을 발표하기도 했다. 그들은 스키마의 변이를 통해 새로운 가능성을 창조했고 당대의 가장 영향력 있는 영화인이 되었다. 이런 상황마다 젊은이들의 자기주장에 관한 외침이 있었고 그 외침은 영화 속으로 흘러 들어갔다. 전 세계의 의지가 있는 기존 영화인들이나 공공 영화 기관들은 스스로 경각심을 부여하고 영화의 혁신을 가져오기 위해 이 책의 서두에 나온 질문을 스스로 해야 한다는 것을 자각하고 있었다. "어떻게 하면 다르게 만들 수 있을까?"

그러기 위해서는 위험 부담도 안아야 한다. 프레스턴 스터지스가 쓴 재치 있는 책 속의 최고 문장이 이 점을 잘 지적하고 있다. "영화를 연출하면서 막대한 위험 부담을 안았다. 낯선 영역의 끝까지 미끄러져 갔지만 훌륭한 보상이 있었다."[1] 이것은 독불장군인 신인 감독이 한 말이 아니고 삶의 마지막을 준비하는 한 영화인이 한 말이었다. 수프와 자유에 관한 쿨레쇼프의 편집 실험은 전문가들의 비판을 받을 수도 있는 위험 부담을 안았다(125쪽 참고). 민간 설화를 바로크 양식으로 촬영하며 순응주의적인 이데올로기에 도전한 파라자노프는 투옥이 되는 위험에 처하게 되었다. '형식 개방'이라는 스코세이지의 도전은 관객이 외면하는 위험 부담이 있었고, 미국의 형식을 '다른 영역에 적용'했던 파스빈더는 일이 자칫 엉망진창이 될 수도 있는 위험을 무릅썼다. 아케르만과 타르 영화의 느린 미학은 프로듀서와 배급업자의 인내심을 시험에 들게 했을 것이다. 어쨌거나 그들은 모두 새롭고 훌륭한 시도를 했다.

이 책에서 언급된 수많은 영화는 그 **사고**와 **용기** 때문에 모두 훌륭한 것들이다. 하지만 데이비드 린치가 언급한 그냥 우주에서 "튀어나온다"는 아이디어(477쪽 참고)는 다른 예술 매체처럼 영화라는 매체도 순수하고 계획되지 않은, 예상외의 영감으로 창조된다는 사실을 시사한다. 내가 아는 가장 순수하고 웃긴 예로 미국의 소설가이자 평론가인 제임스 에이지가 무성 영화 시기의 코미디 제작자 맥 세넷에 대해 이야기했던 에세이 「코미디의 전성기Comedy's Greatest Era」가 있다.

"세넷은 '본능적으로 떠오르는 것'만 이야기하는 '와일드 맨wild man'을 고용해 개그 회의에 참석시키곤 했다. 와일드 맨은 주로 아무 생각이 없고 말도 없으며 자신의 아이디어를 조리 있게 전달하지도 못했지만, 완전히 자유롭고 솔직한 상상력을 가지고 있었다. 그가 한 시간 동안 아무 말도 없다가 갑자기 '이건 어떨지…'라고 우물거리면 비교적 이성적인 다른 사람들은 입을 다물고 그의 말을 기다렸다. '그러니까 구름을 가지고…'라고 그가 말하면 고맙게도 마치 텔레파시처럼 이성적인 사람들은 구름으로 무언가를 만들어 냈다. 와일드 맨은 사실상 이 사람들의 잠재의식 같은 작용을 했다…."

388. 기상천외한 유머를 창조할 수 있는 기회. 가파른 협곡의 다리 위로 피아노를 운반하는 로렐과 하디에게 일어날 수 있는 가장 웃긴 일은 뭘까?

와일드 맨의 기여에 대한 에이지의 언급은 가파른 협곡의 좁은 다리 위로 피아노를 운반하는 로렐과 하디를 떠올리게 만든다. 어떤 웃긴 일이 벌어질 수 있을까? 와일드 맨은 그들이 다리 중간에서 고릴라를 마주치는 상황을 만들면 어떠냐고 제안했다(388).

이성적인 창작, 확고한 창작, 기상천외의 창작. 이런 요소들이야말로 위대한 영화를 이끄는 것이다. 그것들은 두 개의 축 사이에 존재한다. 한 축은 숏이 "이 사람은 배가 고프다." 또는 "이 사람은 자유를 느낀다."와 같은 단순한 것도 설명하지 못한다는 쿨레쇼프의 입증을 통해 알 수 있듯이 영화 제작의 어려움이다. 다른 축은 현실의 장관을 태생적으로 편안하고 성숙하게 담아낼 수 있는 영화의 장점이다. 세계적으로 위대한 두 배우, 장피에르 레오(389, 위)와 샤밀라 타고르(389, 아래)가 나오는 영화 속 장면을 보자. 그들의 눈에 담긴 지혜와 마음에 품고 있는 예리함을 보기 바란다. 영화는 이러한 점을 단번에 보여줄 수 있고 그것을 대형 스크린에 확대할 수 있다.

초창기의 영화 역사는 위대한 작품들이 매체의 요소인 편집, 초점, 구도, 조명, 카

389. 장피에르 레오(위)와 샤밀라 타고르(아래) 같은 훌륭한 배우의 생각과 아름다움을 포착할 수 있다는 것이 영화의 위대한 점이다. 프랑수아 트뤼포의 〈부부의 거처〉(프랑스, 1970)와 사티야지트 레이의 〈여신〉(인도, 1960) 속 장면.

메라 움직임 등을 최대한 확장한 것들이라고 주장했고, 이는 충분히 수긍할 수 있는 부분이다. 제2차 세계 대전 후에 앙드레 바쟁 등의 평론가는 그런 주장을 묵살하고 역사가 주도한 사실주의나 육감에 의해 윤리적으로 진중한 영화들이 가장 가치 있고 영화적이라고 강조했다. 그러다가 1950년대에 들어서서 영화의 가치는 삶에 대한 감독의 관점이 얼마나 밀접하게 묘사되었는지에 따라 평가해야 한다는 알렉상드르 아스트뤽의 주장이 있었다. 아스트뤽은 카메라를 소설가의 펜과 비교하면서 이 점을 강조했다. 그리고 1960년대와 1970년대에는 철학적으로 깊이 있게 접근하는 영화 작가들이 드레이어, 오즈, 브레송, 안토니오니 같은 감독들의 형이상학적이고 추상적인 영화 요소를 들여다보기 시작했다. 형식주의, 사실주의, 표현주의, 이상주의 등 영화의 네 가지 상호 배타적인 요소들을 사각 구도에 명확히 배치하는 것은 처음에는 어렵다. 하지만 모든 영화가 그것들이 형성한 사각 구도 안에 들어올 수 있다는 사실이 자각되기 시작했다. 이 네 가지 요소들 중 단 하나에만 속하는 작품은 극히 드물며, 사각 구도 밖에 위치하는 예도 마찬가지다. 대부분의 영화는 이 네 가지 꼭짓점 중 적어도 하나에는 속하게 된다.

영화라는 매체에 대해 염세적인 태도를 보이는 것은 일반적이다. 문화의 글로벌화에 편승해 비주류 영화들에 드문드문 기회를 제공하는 주류 영화 시장에 대한 논리는 영화 형식의 표준과 영화 관람을 약화할 수 있다. 할리우드가 숭배하는 해방, 자유, 성취, 경쟁, 자아실현, 확장은 협력, 균형, 반물질주의, 반박을 억누르며 스크린에서 승리하고 있다. 하지만 마지막 장에서 주장했던 것처럼 영화적 창작은 지구상에서 그 어느 때보다 더 동등하게 제공되고 있다.

그것이 사실이라면 이보다 더 좋은 상황은 없다. 1990년대 초반에 시작된 영화 매체의 디지털화는 이제 거의 완성 단계다. 이러한 디지털화는 기존의 기술적, 산업적 공정을 변화시켰다. 디지털화에 관한 가장 놀라운 통찰은 편집자이자 감독, 그리고 음향 디자이너인 월터 머치가 『뉴욕 타임스』에 기고한 「마음속의 디지털 시네마Digital Cinema of the Mind」에서 찾아볼 수 있다. 그는 21세기 시작점의 영화를 르네상스와 근대 초의 미술 작품에 비교했다. 회반죽에 섞은 물감을 사용해 프레스코 화법으로 그림을 그리던 방식이 캔버스에 오일로 그리는 방식으로 변하면서, 예술가들의 작업은 비용이 많이 들고 협력 및 후원이 요구되며 '대중적인' 주제를 다루어야 했던 것에서 비용이 적게 들고 개인적이며 그래서 사적인 상황과 주제를 담아낼 수 있는 것으로 변했다. 머치는 영화도 마찬가지라고 주장했다. 디지털 혁명은 도그마 선언이 "영화의 궁극적인 민주화"라고 부른 것에 문호를 개방하는 것을 가능하게 만들었으며, 이는 스코세이지가 꿈속에서나 상상할 수 있던 일이었다. 40명의 스태프와 수백만 달러의 예산 그리고 그 예산을 제공한 자들이 자격을 제한하는 일도 없어졌다.

****

이 책의 목적은 영화의 창의적인 하이라이트와 독특하고 매혹적인 요소를 기록하는 것이다. 일부는 소외감을 느꼈을 수도 있는 구식 요소도 있겠지만 그래도 상관없다. 이 책이 가치 있는 가장 단순한 이유는 이 매체에 대한 대부분의 연대기적 설명보다 더 많은 훌륭한 영화를 앞뒤 표지 사이에 정제해 넣었다는 것이다. 나를 끝까지 따라왔다면 영화인들과 현실 세계의 관계가 얼마나 모호했는지, 그런 공적인 매체에서 개인적인 표현을 하는 것이 얼마나 어려웠는지, 영화를 사랑하는 이들과 산업을 사랑하는 이들의 줄다리기가 얼마나 심했는지 등을 알게 되었을 것이다. 나도 로렌 바콜처럼 영화를 사랑하는 이들 중 하나이며, 이 위대한 깜빡이는 빛의 예술이 엘렌 식수가 말한 "즐거움과 현실이 포용하는 모순의 장"으로 들어설 때 나는 무척 자랑스럽다. 내가 중요한 영화를 간과했을 수도 있고 특정 영화나 나를 흥분하게 만드는 감독을 과대평가했을 수도 있지만, 결국 이 책은 영화가 그 어떤 예술 형식보다 포용을 묘사할 수 있는 역량이 더 크다는 사실을 말해주고 있다. 셜리 매클레인이 길을 달려가는 아름다운 영화 장면을 언급하지 않았음에도 불구하고 말이다.

감사의 말

이 책 『세계 영화 읽기』는 『인디펜던트 온 선데이』의 루스 메츠슈타인이 내가 연출한 TV 시리즈인 〈신 바이 신Scene by Scene〉에 대한 글을 의뢰하면서 시작되었다. 그 글에서 나는 지적인 일반 독자들이 접할 수 있는 세계 영화의 역사에 관한 책이 없다고 썼다. 파빌리온출판사의 비비언 제임스는 그렇다면 그런 책을 써보라고 내게 두 번이나 말했고, 지금 여러분이 읽고 있는 책은 내 마음과 같은 그녀의 아이디어에서 비롯된 것이다.

이후로 많은 사람이 도움을 주었다. 나의 최고 에이전트인 PBJ 기획사의 캐롤라인 시그넬은 내게 책의 세계에 대해서 많은 가르침을 주었다. 파빌리온출판사의 스튜어트 쿠퍼는 원고를 세심하게 검토했으며, 이후 리지 그레이가 편집을 맡으면서 이 작업의 중심이 되었고 그녀의 헌신 덕분에 이 책을 완성할 수 있었다. 사진 연구가 조이 홀터만은 우리에게 보물 창고를 제공하고 복잡한 과정을 통해 이미지의 사용 허가를 받아냈다. 원하는 사진이 없는 경우에는 앤드루 보스윅이 재빨리 적절한 사진을 찾아내 영화 클립에서 그것을 따왔다. 감사하게도 토니 레인즈는 필요한 테이프를 제공했고 알렉산더 볼링거는 잘못 표기된 영화 제목을 비롯해 다른 오류를 수정했다.

내가 원고를 건넸을 때 파빌리온출판사의 케이트 올드필드는 창의력을 발휘해 현재 상태로 만들었다. 그녀의 세심한 검토는 가치를 따질 수 없으며 나는 많은 혜택을 누렸다. 디자이너인 제이슨 고드프리는 책의 모든 요소를 명확하고 우아하게 표현했다. 로저 허드슨은 명석하고 재능 있는, 꿈의 편집자다. 데이비드 파킨슨은 여전히 터프하고 그의 세세한 조언은 이 책의 수준을 높여주었다. 케빈 맥도널드, 월터 도노호 그리고 그레이엄 스미스 교수의 현명한 답변에도 감사드린다.

이번 개정증보판은 데이비드 그레이엄, 케이티 코완, 루시 스미스, 케이티 휴윗, 이지 홀튼, 로라 러셀, 제임스 보스트, 마이클 첸 등 새로운 팀으로부터 많은 지원을 받았다. 그들과의 작업은 참으로 즐거웠다. 초판을 집필했을 때보다 나는 영화에 대해 좀 더 많이 알게 되었다. 그사이에 로즈 이사, 디나 로다노바, 톰 루디, 아이리스 엘레지, 토마스 로고레시, 티에리 프레모, 이언 크리스티, 나심 팩시라즈, 나스린 무니 카비르를 비롯한 많은 이들이 나를 이끌어주었다.

GLM은 작업 기간 내내 나와 함께했다. 그녀의 활력은 나의 원동력이다.

2020년 에든버러에서

마크 커즌스

주

들어가며: 위대함과 급격한 변화

1. Arthur Koestler, *The Act of Creation*, London: Hutchinson, 1969.
2. Lauren Bacall, *Scene by Scene*, BBC Television, 2000. Interview with the author.
3. Pier Paolo Pasolini, *Heretical Empiricism*, Bloomington: IUP, 1988. Translated by Ben Lawton and Louise Barnett. 다음의 문헌에서 나오미 그린은 파솔리니의 말을 직역이 아닌 보다 정확한 의역으로 전달한다. Naomi Green, *Pier Paolo Pasolini: Cinema as Heresy*, Princeton: PUP, 1993.
4. Gilles Deleuze, *The Logic of Sense*, London: Athlone, 1990. Translated by Mark Lester and Charles Stivale.
5. David Bordwell, *A Case for Cognitivism*, *Iris*, vol. 9, Spring 1989, pp. 11-40 참조.

1. 기술의 묘미(1895~1903): 돌풍을 몰고 온 초창기 영화

1. 키네토스코프에 몰두했던 에디슨은 상영되는 이미지가 관객 집단의 흥미를 살 수 있다는 점을 간과했기 때문에 영화 매체 개발 경쟁에서 뒤처졌다. 1997년에 훌륭한 해상도와 사운드를 갖춘 DVD가 발명되자 혹자는 사람들이 영화관을 버리고 키네토스코프를 이용하던 때처럼 개인적인 관람으로 돌아설 것이라고 예상했지만 지금까지는 그 예상이 빗나간 것으로 판단된다.
2. Quoted in *Kino* by Jay Leda.
3. Ibid. 독일, 벨기에, 오스트리아의 발명가들도 초창기 영화 발전에 공헌했다. 특히 막스 스클라다노프스키와 에밀 스클라다노프스키 형제는 1895년 11월 1일에 베를린에서 영화 상영 티켓을 판매하며 뤼미에르 형제보다 앞서갔다. 영화의 제목도 미상이고 상영의 형태도 영화였는지 확실치 않으며 뤼미에르 형제처럼 영화라는 매체의 개발에 꾸준히 매진하지도 않았지만 일부 학자는 그들이 영화 역사의 시발점이라고 주장하기도 한다. 스클라다노프스키 형제와 뤼미에르 형제 그리고 다른 발명가들은 환등기, 카메라 오브스쿠라, 조이트로프 등의 초창기 엔터테인먼트 기구를 개발했다. 로랑 마노니Laurent Mannoni와 데이비드 로빈슨David Robinson의 저서는 이러한 영화사 초기의 상황을 어떤 서적보다도 세세히 다룬다.
4. 1896년 지역 신문의 니즈니노브고로드 박람회에 대한 논평에서.
5. 배리 솔트Barry Salt의 『영화 스타일과 기술: 역사와 분석*Film Style and Technology: History and Analysis*』은 영화 스타일의 역사를 다룬 가치 높은 연대기다. 나는 솔트의 주장에 모두 동의하는 것은 아니지만, 그의 업적은 실로 대단하다.
6. 초창기 영화사에 제3의 프랑스인, 페르디낭 제카Ferdinand Zecca(1864~1947)도 언급할 가치가 충분하다. 1901년에서 1914년 사이에 영화를 연출했던 그는 1905년부터 1910년까지 파테 스튜디오에서 제작부 수장을 역임했다. 제카의 플래시백은 주목할 만하며 〈범죄의 계보Histoire d'un crime〉(1901)

와 〈알코올중독 피해자Les Victimes de l'alcoolisme〉(1902) 같은 작품의 제목에서 알 수 있듯이 그는 사회적 주제에 관심이 많았다. 제카는 추격 장면 구성의 선구자였지만 그의 작품은 멜리에스의 작품만큼 판타지나 시각 효과 면에서 독특함은 없었다.

7. Anthony Slide, ed., *The Memoirs of Alice Guy-Blache*, Scarecrow Press, 1986 참조.
8. 다음의 책에 실린 존 코발의 사진과 케빈 브라운로우의 주석이 이를 포함한 당시의 중요한 자료를 제공한다. Kevin Brownlow and John Kobal, *Hollywood: The Pioneers*, Book Club Associates, London, 1979.
9. Quoted in Terry Ramsaye, *A Million and One Nights*, Simon and Schuster, New York, 1926.
10. Ibid., p. 286.

2. 이야기의 힘(1903~1918): 서사로 발전한 기술적 묘미

1. 멜리에스와 윌리엄슨의 초창기 영화는 등장인물의 장소 이동에 관한 해법을 마련했지만 〈미국 소방수의 삶〉만큼 두드러지지는 않았다.
2. Noël Burch, *To the Distant Observer: Form and Meaning in the Japanese Cinema*, Scolar Press, 1979.
3. 실제 역사적 사건의 다큐멘터리를 부분적으로나 전체적으로 연출해서 관객에게 선보인 것은 이번이 처음은 아니었다. 가장 유명한 사례 중 하나는 J. 스튜어트 블랙턴과 A. E. 스미스의 〈스페인 국기 파괴하기Tearing Down the Spanish Flag〉(미국, 1898)로 뉴욕시에서 촬영했던 장면을 미국과 스페인의 실제 전쟁 장면이라고 속였던 사건이다. 비양심적이었던 블랙턴은 〈산티아고만 전투The Battle of Santiago Bay〉(미국, 1900)로 또다시 성공했는데 이 전투에서는 조각난 배를 커다란 욕조에서 촬영하고 아내가 담배를 피워 해군 군함 대포의 연기를 만들어 냈다.
4. Georges Sadoul, *Dictionary of Films*, University of California Press, English translation 1972.
5. Quoted in Jay Leyda, *Kino*, op. cit.
6. Salt, op. cit., p. 95.
7. Quoted in Karl Brown, *Adventures with D. W. Griffith*, Faber and Faber, 1973.
8. Kevin Brownlow in *Hollywood: The Pioneers*, op. cit.
9. 사운드는 스토리텔링에 있어 매우 중요한 요소로, 이에 대해서는 이후의 장에서 언급할 것이다. 한 이미지에서 다른 이미지로 넘어가는 와이프wipe 같은 전환 기법은 아직 널리 퍼지지 않았으며 순차 편집, 숏 크기, 시선 일치가 그것보다 더 기초적인 영화 문법이다.

3. 영화 스타일의 범세계적 확장(1918~1928): 영화사와 개인의 괴리

1. 전쟁을 주제로 삼은 영화로 채플린의 〈어깨총Shoulder Arms〉과 그리피스의 〈세계의 심장Hearts of the World〉이 있다. 정치적 주제를 펼친 영화 중에는 강스의 〈나는 고발한다J'accuse〉가 가장 강렬하다.
2. Henry Miller, *The Cosmopolitan Eye*, New Directions Publishing Corporation, 1939.
3. Walter Kerr, *The Silent Clowns*, Da Capo, 1980, p. 98.
4. Simon Louvish, *Keystone: The Life and Clowns of Mark Sennett*, Faber and Faber, pp. 100-101.

5. 프로듀서이자 감독인 핼 로치Hal Roach가 로이드에게 미쳤던 영향에 대해 언급할 필요가 있다. 로치는 롤린 영화사Rolin Film Company를 설립하고 맥 세넷의 키스톤에서 일하고 있던 로이드를 고용했다. 로치는 로이드가 그의 스크린 페르소나를 실험할 수 있도록 도와주었고, 세넷의 전매특허인 슬랩스틱 코미디를 버리고 로치 자신의 방식인 등장인물의 성격 묘사와 영화의 스토리를 강화하도록 하는 데 영향을 미쳤다. 로치는 무성 코미디의 생존자이자 카멜레온 같은 존재로, 로렐과 하디의 점진적으로 더해가는 코미디 기술을 유성 영화 시대의 요구에 맞게 적용했고, 서부극과 다른 장르도 다양화시켰으며, 그 후 텔레비전에서도 어느 정도 성공을 거뒀다. 그는 100세가 되던 1992년에 사망했다.
6. 오즈는 인터뷰에서 로이드를 언급하지 않았지만 그의 영화들은 명확하게 미국의 영향을 받았다. 오즈의 초기 현대극gendai-geki 장르의 난센스 코미디는 로이드와 흡사한 소품 조크를 활용했다. 로이드가 출연한 〈신입생The Freshman〉(1925)은 오즈의 초기 대학 코미디의 본보기가 된 작품이다. 데이비드 보드웰은 오즈의 영화 〈졸업은 했지만〉(1929)에서 〈스피디〉(1928)('스피디'는 〈신입생〉에서 로이드의 별명)의 포스터가 벽 한 면을 장식하고 있다고 언급했다(David Bordwell, *Ozu and the Poetics of Japanese Cinema*, BFI/Princeton, 1988, p. 152). 보드웰은 또한 오즈의 〈동경의 합창〉, 〈피안화〉, 〈초여름〉, 〈태어나기는 했지만〉에서 굴욕의 순간마다 로이드 영화의 당혹스러운 장면들이 메아리친다고 설득력 있게 주장한다.
7. Federico Garcia Lorca, *Buster Keaton Takes a Walk*.
8. Lois Weber, *Lecture to the Women's City Club of Los Angeles*, 1913.
9. Quoted in Georges Sadoul, *Dictionary of Films*, Editions du Seuil, 1965.
10. 랑과 루트만, 베르토프는 모두 도시와 영화 사이의 유사성을 보았지만, 표현은 매우 달랐다. 랑의 〈메트로폴리스〉는 오테 훈데, 에리히 케틀후트, 칼 볼브레히트의 디자인으로 도시 건축 미래의 급변성과 그 안의 인간 삶의 동질화를 상상했다. 〈베를린: 대도시 교향곡〉의 루트만은 세부적으로 관찰한 몽타주를 통해 독일 수도의 분위기와 시간을 포착하려고 시도했다. 베르토프의 〈카메라를 든 사나이〉는 다른 두 작품보다 더 독특하게 편집한 영화로, 그 주제는 도시 자체가 아니라 그러한 공간에서 영화를 촬영하는 상황이다.
11. A talk given to The Friends of Cinema, Paris 1924. Quoted in Sandy Flittermam-Lewis, *To Desire Differently: Feminism and the French Cinema*, University of Illinois Press, 1990, p. 56.
12. 독일 정부가 영화 산업에 관여하게 된 주요 매개체는 1917년 기존의 몇몇 회사를 공금으로 합병해 설립했던 영화사, 유니버섬 필름 악티엔 게젤샤프트Universum Film Aktien Gesellschaft/UFA였다. 전쟁이 끝날 무렵 독일 은행이 인수했지만 제작 책임자였던 에리히 포머의 취향과 비전에도 불구하고 영화사는 독일 시장에 할리우드 영화가 쏟아져 들어오는 것을 막지는 못했다. 1927년 궁지에 몰린 영화사는 한 나치 동조자의 투자로 상황이 나아지는 듯했으나 1933년 포머와 같은 유대인 제작자들이 해외로 도피하면서 예술적 방향성을 잃었다.
13. Noël Burch, op. cit., p. 127.
14. 버치는 기누가사가 〈미친 한 페이지〉를 연출하기 전에 〈칼리가리 박사의 밀실〉과 〈바퀴〉를 관람했다는 사실을 기억하지 못한다고 언급했는데, 대부분 일본 영화학자들은 기누가사가 그것을 기억한다고 믿고 있다.

15. 아이러니한 것은 마부제 박사가 당시의 독일을 비판했음에도 불구하고 이 영화의 시나리오를 공동으로 집필한 테아 폰 하르보우Thea von Harbou(1924년에 랑과 결혼했다가 1934년에 이혼했다)는 나치당원이 되며 극단적 보수주의자로 돌아섰다는 점이다. 전직 소설가였던 폰 하르보우는 〈메트로폴리스〉의 각본을 공동 집필했고 무르나우 및 드레이어와 함께 일하기도 했다.
16. Georges Sadoul, op. cit., p. 218 참조.
17. 『카이에 뒤 시네마*Cahiers du Cinema*』의 평론가들.
18. Mikhail Koltzov in *Pravda*.
19. Sergei Eisenstein, *Notes of a Film Director*, Moscow, 1958.
20. 서구 국가의 정부는 〈전함 포템킨〉의 선전 기능을 경계했고 그 국가들에서 이 영화는 종종 영화 클럽이나 노동조합 행사장에서 상영되었다

4. 일본의 고전주의와 할리우드의 로맨스(1928~1945): 영화의 황금기

1. Richard Dyer, "Entertainment and Utopia", *Movie*, no. 24, 1977.
2. Dyer, Ibid.
3. '유토피아'는 공간을 일컫는 단어이기는 하지만 나는 그보다 더 넓은 의미인 '이상'으로 사용했다. 이러한 유토피아주의는 할리우드뿐만 아니라 독일 뮤지컬, 부르주아의 통속 멜로드라마 장르를 일컫는 이탈리아의 '백색전화' 영화, 심지어 동유럽의 사회주의-사실주의 프로덕션에도 적용되었다.
4. 무성 영화 제작 기술에 막대한 투자를 한 만큼 할리우드는 유성 영화가 내심 못마땅했다. 게다가 동부의 은행가들은 영어로 녹음된 영화들은 비영어권의 해외 시장에서 참담한 결과를 낼 것이라고 믿었다. 하지만 워너는 이미 라디오와 축음기에 익숙한 관객이 무성 영화에 시들해졌다고 판단해 유성 영화에 도박을 걸었다.
5. 소리가 혁신적으로 사용된 예로는 사운드 기술이 소개되고 몇 년 뒤에 나온 르네 클레르의 〈파리의 지붕 밑Sous les toits de Paris〉(프랑스, 1930)을 비롯해 마물리안의 〈지킬 박사와 하이드 씨Dr. Jekyll and Mr. Hyde〉(미국, 1931) 등이 있다. 루이스 마일스톤의 〈서부 전선 이상 없다All Quiet on the Western Front〉(미국, 1930)는 무성 영화 후기의 역동적인 카메라 움직임과 새로운 사운드 기술이 접목된 몇 편의 영화 중 하나였다.
6. Tom Milne, *Mamoulian*, Thames and Hudson, 1969.
7. Rajadhyaksha and Willemen, op. cit., p. 54.
8. Audie Bock in *Japanese Film Directors*, Kodansha International, 1978. 그녀는 다음의 글에서 오즈를 언급했다. "The Flavour of Cinema, The Flavour of Life", *Kinema Junpo*, Feb 10, 1964.
9. Donald Richie, *Ozu: His Life and Films*, University of California Press, 1974.
10. Audie Bock, op. cit., p. 71.
11. 이와 같이 촬영 감독이 편집자이기도 한 것은 영화 역사에서 특이한 경우다.
12. Paul Schrader, *Transcendental Style in Film: Ozu, Bresson, Dreyer*, Da Capo Press, 1972.
13. Joseph Anderson and Donald Richie, *The Japanese Film: Art and Industry*, Grove Press, 1960,

p. 364. 이것은 서양에서 편찬된 일본 영화의 역사에 관한 최초의 중요한 서적이다.

14. 미조구치의 누이가 그를 지원하기 위해 게이샤가 되었으며 일부 사람들은 그가 작품 속에서 그린 (주로 희생하는) 여성상과 연관이 있다고 주장한다.
15. 1930년대에 다른 나라들의 영화에서도 사실주의의 징후가 있었다. 그중에서 중국이 가장 명확한 징후를 보였다.
16. 1991년 관금붕 감독의 영화 〈롼링위阮玲玉〉에서 장만옥이 롼링위의 일대기를 연기했다.
17. 거의 80년 후인 2001년에 배우인 로드 스테이거는 할리우드의 영화인들은 언제나 할리우드 힐스를 토스카나처럼 보이게 만들고 싶어 했다고 말했다(작가와의 대화 중).
18. 이 중 한 역은 거의 20년 전에 감독으로서 앞서갔던 랠프 인스가 연기했다. 기억하겠지만 그는 리버스 앵글 숏을 많이 사용해 〈그의 마지막 결투〉를 연출한 인물이다.
19. 프랜시스 코폴라는 〈대부〉 3부작에서 자신이 프랜시스 포드 코폴라로 명명되기를 원했다. 그가 특별히 그렇게 불리기를 원했던 작품이 아닌 한, 이 책에서 그는 프랜시스 코폴라로 언급될 것이다.
20. 메이블 노먼드와 마리 드레슬러는 웨스트, 헵번, 롬바드 이전에 상당한 코미디적 재능을 보였던 여배우들이다.
21. David Thomson, *A Biographical Dictionary of Film*, Andre Deutsch, 1994.
22. Andrew Sarris, *The American Cinema*, Da Capo, 1996.
23. Howard Hawks in Joseph McBride, *Hawks on Hawks*, Faber and Faber, p. 71.
24. Ibid.
25. Ibid.
26. Ibid.
27. 루이스와 마틴에게 마찬가지로 큰 영향을 주었던 것은 역시 코미디언과 남자 가수의 조합인 밥 호프와 빙 크로스비의 '로드 투Road to …' 시리즈의 영화들이었다.
28. 이 시기의 중앙 유럽과 동유럽의 다른 중요한 영화감독으로는 체코슬로바키아의 구스타프 마차티와 헝가리의 이스트반 쇼츠가 있다.
29. Alfred Hitchcock in *Hitchcock-Truffaut*, Simon and Schuster, 1983.
30. *Renoir on Renoir*, Cambridge University Press, 1989.
31. Ibid.
32. Source: http://en.wikipedia.org/wiki/List_of_highest-grossing_films
33. Raymond Durgnat, *Jean Renoir*, University of California Press, p. 192.
34. Lindsay Anderson in the BBC television programme *Ford on Omnibus*.
35. Robert Sklar, "Welles Before Kane: The Discourse on a 'Boy Genius'", *Persistence of Vision*, no. 7, pp. 63-73.
36. 이러한 변화에 대해 데이비드 보드웰이 정리한 다음의 글은 유사한 종류의 글 중 최고다. David Bordwell, "On Staging in Depth" in *On the History of Film Style*, Harvard University Press, 1997.

5. 전쟁의 상흔과 새로운 영화 언어(1945~1952): 사실주의 영화의 범세계적 확장

1. Cesare Zavattini, Reprinted in *Sight and Sound*, vol. 23, no. 2, Oct - Dec 1953.
2. Thompson and Bordwell, *Film History: An Introduction*, op. cit.
3. Ibid.
4. Ibid.
5. Quoted in *The Adventures of Roberto Rossellini* by Tag Gallagher, Da Capo Press, 1988.
6. Quoted in Marsha Kinder, *Blood Cinema*, op. cit., p. 32.
7. Barry Salt, op. cit.
8. Truffaut-Hitchcock, op. cit.
9. 〈폭군 이반 1부〉(1945)의 롱 테이크와 동적인 카메라는 에이젠슈테인이 점차 그의 선구적인 몽타주 기법을 거부했음을 보여준다.
10. 최초의 누아르 영화가 무엇인지는 명확하지 않다. 하지만 많은 사람이 〈말타의 매〉(1941)를 언급한다. 이 영화의 감독인 존 휴스턴은 토착 미국인으로 전쟁에 대한 경험으로 인해 할리우드가 보다 진중하고 어두운 영화를 만들어야 한다고 생각하게 되었다. 이 부류의 다른 예로는 윌리엄 와일러, 조지 스티븐스, 제임스 스튜어트 등이 있다.
11. Thomas Elsaesser, *Weimar Cinema and After: Germany's Historical Imagery*, Routledge, 2000, p. 374.
12. 〈웬트 더 데이 웰Went the Day Well?〉(알베르토 카발칸티, 1942)과 〈선봉에서The Way Ahead〉(캐럴 리드, 1944) 같은 영국의 전쟁 픽션 영화도 다큐멘터리 느낌이 있었으며, 당시의 할리우드 프로듀서와 감독도 이 작품들을 보았다.
13. Quoted in Roy Armes, *Third World Film Making and the West*, University of California Press.
14. Kobita Sankar, *Indian Cinema Today*, Sterling Publishers Private, 1975.
15. Rajadhyaksha and Willemen, op. cit.
16. Quoted in *Luis Buñuel: El Doble Arco de la Belleza y de la Rebeldia*, 2001, Downtown Book Center.
17. 켈리의 경우는 〈커버 걸Cover Girl〉(1944)과 〈닻을 올리고Anchors Aweigh〉(1945) 이후부터 '환상적인 발레'를 만들었다.

6. 비장한 이야기(1952~1959): 1950년대 영화의 분노와 상징

1. 예를 들어 미조구치의 〈무사시노 부인〉(일본, 1951)의 후반부에서 사랑하는 여인이 남긴 유서는 전쟁에서 돌아온 젊은 병사에게 그가 꿈꾸던 이상화된 시골은 더 이상 존재하지 않으며 산업화한 새로운 동경 교외에 희망을 걸어봐야 한다고 말한다.
2. 감독으로서 카잔은 반미활동조사위원회HUAC에서 증언을 해야 했다. 이 일은 일부 동료들 사이에서 그의 명성을 생애 마지막까지 실추시켰다. 일부는 〈워터프론트〉를 강경 좌파의 공격에 맞서기 위한 명분으로 해석하기도 했다.
3. Billy Wilder quoted in *Satyajit Ray: The Inner Eye*, Andrew Robinson, André Deutsch, 1989.
4. Andrzej Wajda, *Double Vision: My Life in Film*, Faber and Faber, 1989, p. 63.

5. Ibid., p. 64.

6. 〈제7의 봉인〉과 같은 해에 제작한 〈산딸기Smultronstället〉에서 베리만은 명예 학위를 받으러 가는 길에 기발하고 상징적인 백일몽을 꾸고 새로운 만남을 가지게 되는, 빅토르 셰스트룀이 연기한 나이 든 교수를 통해 자신의 실존주의적 관심사를 탐구했다.

7. Bresson quoted in Roy Armes, *French Cinema since 1946*, vol. 1, p. 130.

8. Robert Bresson, *Notes on Cinematography*, Urizen, 1977, p. 1.

9. Ibid. p. 32.

10. Interview with Robert Bresson, *Arts*, June 1959.

11. Francois Truffaut, *The Films of My Life*, op. cit.

12. 린과 거의 동시대 사람인 미켈란젤로 안토니오니(나중에 다시 언급할 것이다)의 작품은 인원이 줄어든 이미지가 반드시 여행기의 싱거움으로 이어지는 것은 아님을 보여준다. 공간과 풍경은 이탈리아인과 영국인에게 중요했지만 안토니오니의 이미지는 등장인물의 정신세계를 훨씬 더 복잡하게 반영했다. 이에 반해 린의 경우는 단순히 특정 공간의 아름다움을 표현하기 위한 경우가 많았다. 이러한 점이 문제가 되는 것은 물론 아니지만 진중한 예술가로서의 린의 위치에 대한 의문점을 남긴다.

13. Francois Truffaut, *The Films of My Life*, op. cit.

14. 모든 중요한 예술가의 변화와 마찬가지로 프랑스 누벨바그의 뿌리도 광범위하게 퍼져 있으며 조르주 루키에의 단편 및 장편 다큐멘터리 영화 그리고 조르주 프랑주의 다큐멘터리 영화와 드라마 등도 포함한다.

7. 파괴적인 이야기(1959~1969): 낭만주의 영화의 붕괴와 모더니즘의 시작

1. Truffaut, *The Films of My Life*, op. cit.

2. Ibid.

3. Francois Truffaut, "The Whiteness of Carl Dreyer" in *The Films of My Life*, op. cit., p. 48.

4. 제2차 세계 대전 시기의 뉴스릴 카메라맨들은 이처럼 자유롭게 영화를 촬영했던 최초의 인물들이라고 할 수 있으며, 캐나다 텔레비전의 선구적인 〈캔디드 아이Candid Eye〉(1958~1959)는 몰래카메라 장면을 놀랍도록 참신한 방식으로 촬영했다.

5. Alfred Hitchcock in *Hitchcock-Truffaut*, op. cit., p. 283.

6. Ibid., p. 268.

7. Pier Paolo Pasolini in *Pier Paolo Pasolini: A Future Life*, Associazione Fondo Pier Paolo Pasolini, 1989, pp. 19-20. 사실 〈아카토네〉에는 달리 숏이 있다.

8. Ibid., p. 20.

9. Ibid., p. 19.

10. 요한복음 18장 33~34절 "… 네가 유대인의 왕이냐? 예수께서 대답하시되 이는 네가 스스로 하는 말이냐 다른 사람들이 나에 대하여 네게 한 말이냐?"의 내용에서 따온 것이다.

11. Delli Colli quoted in *Pier Paolo Pasolini: Cinema and Heresy*, Naomi Greene, Princeton University

Press, 1990, p. 46.

12. Pier Paolo Pasolini, *A Future Life*, op. cit.
13. "Io, Luchino Visconti", *Aerilio di Sovico in Il Mundo*, quoted in *Luchino Visconti* by Claretta Tonetti, Boston University, Columbus Books.
14. Quoted in Noël Burch, *To the Distant Observer*, op. cit., p. 327.
15. 유고슬라비아의 '노비 필름Novi Film' 운동도 알렉산다르 페트로비치, 두샨 마카베예프, 지보인 파블로비치 등 걸출한 영화감독들을 배출했다.
16. Andrei Tarkovsky, *Sculpting in Time*, The Bodley Head Ltd., p. 42.
17. Ibid., p. 37.
18. Ibid., p. 37.
19. Paradjanov to Ron Holloway in the documentary film *Paradjanov, A Requiem*.
20. Quoted in Roy Armes, *Third World Filmmaking and the West*, op. cit., p. 264.
21. 매우 독창적인 철학적 에세이 스타일의 다큐멘터리 영화들을 연출하고 지가 베르토프로부터 영향을 받은 크리스 마커는 오를리 공항에서의 총격과 아름다운 소녀의 얼굴을 기억하며 과거를 여행하는 한 남자에 관한 놀라운 작품, 〈방파제La Jetée〉(프랑스, 1962)에서 사진을 사용했다. 쿠바의 영화인들이 그의 작품을 보고 공부했을 수도 있다.
22. 글과 그림이 영화에 영향을 준 것은 이번이 처음은 아니었다. 세르게이 에이젠슈테인은 일본의 그림 문자가 자신의 작품에 미친 영향에 대해서 언급했다.
23. S. Ray interviewed by Udayan Gupta, "The Politics of Humanism", *Cineaste* 12, 1984.
24. 당시 미국의 아방가르드 영화는 세계에서 가장 비옥한 영화라고 할 수 있다. 이 책에서는 코너와 워홀을 언급했지만, 많은 작품을 만든 스탠 브래키지 역시 중요한 인물이었다. 1951년부터 영화를 만들며 그는 마야 데렌의 암시적인 자전적 영화를 기반으로 이를 카메라 없이 추상적인 기법을 통해 확장하고 아내의 출산과 그들의 사랑에 관한 작품들을 연출했다. 오하이오 태생의 홀리스 프램튼 역시 매우 실험적이었고 〈파장Wavelength〉(1967)에서 숏의 시공간 특성을 탐구했던 캐나다의 전직 재즈 음악가 마이클 스노우처럼 영화 구조주의자로 여겨진다.
25. 트뤼포와 고다르도 이 작품의 연출 의뢰를 받았다고 전해진다.
26. Nestor Almendros in his memoir *A Man with a Camera*.

8. 자유와 갈망(1969~1979): 정치적 영화의 범세계적 확장과 미국 블록버스터의 비상

1. Pier Paolo Pasolini in *A Future Life*, op. cit., p. 159.
2. Interview used in Luchino Visconti, *Arena*, BBC Television, 2002.
3. Former Paramount executive Peter Bart, quoted in *Easy Riders, Raging Bulls*, Simon and Schuster, p. 20.
4. Martin Scorsese in an interview with Peter Biskind in *Easy Riders, Raging Bulls*, op. cit., p. 152.
5. Martin Scorsese in *Martin Scorsese: A Journey*, Mary Pat Kelly, Secker and Warburg, p. 71.
6. Paul Schrader in an interview with the author, *Scene by Scene*, BBC Television.

7. 〈팻 시티〉는 픽션 영화 중에 최초로 실외의 노출 과다나 실내의 노출 부족을 보완하지 않고 촬영했지만, 다이렉트 시네마의 다큐멘터리 영화 감독들은 이미 10여 년 전에 균형 잡힌 조명 설치의 관습을 버리고 이러한 촬영 방식을 선도했다.
8. Gordon Willis in *Easy Riders, Raging Bulls*, op. cit., p. 154.
9. Thomas Elsaesser, quoted in author's essay on New German Cinema, unpublished.
10. Quoted in "Forms of Address", Tony Rayns, *Sight and Sound* 44, vol. 1, pp. 2–7.
11. Christian Braad Thomsen, *Fassbinder*.
12. Richard Dyer, op. cit.
13. Werner Herzog in *Time* magazine, 20 March 1978, p. 57.
14. Rajadhyaksha and Willemen, op. cit.
15. Quoted in Rajadhyaksha and Willemen, op. cit.
16. 이 시기 필리핀의 가장 정치적인 영화인은 텔레비전 작가 출신의 리노 브로카Lino Brocka였다. 브로카는 1970년에 영화계에 데뷔했지만 1980년대의 작품들이 더 유명하다. 〈바얀 코〉(1984)는 자식의 병원비를 구하기 위해 사장을 대상으로 강도 짓을 벌이는 인쇄공에 관한 강렬한 사회적 드라마다. 〈마초 댄서〉(1988)는 필리핀 10대 청소년의 성 산업을 들여다보았지만, 일부는 묘사된 성행위의 양면성을 비난하기도 했다.
17. Youssef Chahine in the documentary *Camera Arabe*, BFI.
18. Ibid.
19. Manthia Diawara.
20. Hamod Dabash, *Close Up: Iranian Cinema Past, Present and Future*.
21. Quoted in Roy Armes, *Third World Filmmaking and the West*, op. cit.
22. William Friedkin, ibid., p. 203.
23. Howard Hawks, ibid., p. 203.
24. William Friedkin, ibid., p. 203.
25. William Friedkin, ibid., p. 203.
26. Steven Spielberg, ibid., p. 278.
27. George Lucas, ibid., p. 318.
28. Paul Schrader, ibid., p. 316

9. 엔터테인먼트의 팽창과 철학(1979~1990): 세계 영화의 극단

1. Denby David, "He's Gotta Have It", *New Yorker* magazine, 26 June 1989, pp. 52-54.
2. David Lynch, interview with the author, BBC *Scene by Scene*, 2000.
3. Ibid.
4. Ibid.
5. 다리오 아르젠토, 마리오 바바, 장 롤랭, 제스 프랑코, 요르그 부트게라이트 등의 유럽 영화감독들이

만든 공포 영화는 흥행에 성공하지 못했다.

6. 예를 들어 리오타르Lyotard의 저서 『라시네마*L'Acinéma*』를 참조하라. 여기서 그는 이 분류를 '언어적 영화'와 '묘사적 영화'로 불렀다.
7. "Dossier sur Beineix, Besson et Carax", *Revue du cinema/Image et Son*, no. 449, May 1989.
8. 데이비스의 3부작은 스코틀랜드 감독 빌 더글러스의 음침하면서도 찬란한 자전적 3부작 〈나의 어린 시절My Childhood〉(1972), 〈나의 가족My Ain Folk〉(1973), 〈집으로 가는 길My Way Home〉(1978)에 의해 예견되었다. 최소한의 대사와 대부분 스틸 이미지의 사용은 에이젠슈테인의 힘이 느껴진다. 더글러스는 몹시 수줍음을 타는 소년, 제이미(스티븐 아치볼드)의 삶에 가해지는 고통을 묘사했다. 더글러스의 3부작처럼 이 시기에 예술적으로 야심 찬 영국의 영화들은 브리티시 필름 인스티튜트에서 제작비를 지원받았다.
9. "나는 2년 동안 의사로 일했고 그중 6개월은 항상 처참하게 죽어가는 사람들을 보게 되는 응급실에서 일했다… 이러한 경험은 극단적인 상황이 많은 두 편의 〈매드 맥스〉 영화에 반영되었다." George Miller, quoted in *Ultra Violent Movies*, Laurent Bouzereau, Citadel Press, 1996, p. 178.
10. David Cronenberg, quoted in *Nightmare Movies*, Kim Newman, Harmony Books, New York, 1988.
11. 웹사이트 www.cinemaspace.berkeley.edu에 나와 있는 허우샤오셴의 미학에 관한 상세한 에세이에서 인용한 것이다.
12. Ibid.
13. 하지만 허우샤오셴은 〈밀레니엄 맘보〉(대만, 2001)에서 이 스타일을 버렸다.
14. Tenguiz Abuladze interviewed by David Remnick in *Lenin's Tomb*, Random House, New York, 1993.
15. *Kieslowski on Kieslowski*, Faber and Faber, ed. D. Stock, 1993.
16. Ibid.
17. 〈욤〉의 제작 노트에서 인용.
18. An Argos Films/BFI Production, released by Connoisseur/Academy Video.
19. Quoted on the website of the Harvard Film Archive, www.harvardfilmarchive.org
20. *Black African Cinema* by Nwachukwu Frank Ukadike, University of California Press, p. 290.
21. 여덟 개의 스튜디오 중 유일하게 RKO만 무너졌다.

10. 가시화(1990~2004): 기존의 영상을 뛰어넘는 컴퓨터 그래픽

1. 1974년에 세 명의 주요 영화감독이 수감 생활을 했다. 튀르키예의 일마즈 귀니(1972~1974), 소비에트 연방의 세르게이 파라자노프(1974~1978), 이란의 모흐센 마흐말바프(1974~1978)이다.
2. Martin Scorsese in *Scene by Scene*, BBC Television. Interview with the author.
3. Gavin Smith, "When You Know You're in Good Hands", Film Comment, July - Aug 1994.
4. www.dogme95.dk/menu/menuset.htm
5. Ibid.
6. *New York Times*.

7. 비타나게 이전에 가장 두드러졌던 스리랑카의 영화감독은 1956년에 〈레카바Rekava〉로 데뷔해서 〈호반저택Wekande Walauwa〉(2003)을 연출한 레스터 제임스 페리에스였다.
8. 헥터 바벤코의 〈피쇼테Pixote〉(1981)는 이 흐름을 따르지 않은 예외적인 작품이었다.

마치며

1. *Preston Sturges on Preston Sturges*, ed. Sandy Sturges, Faber and Faber, 1991, p. 294.

용어 설명

개퍼(Gaffer): 조명감독.

고전주의(Classicism): 예술 형식에서 균형과 질서를 유지하는 시기 또는 경향. 고전주의 영화는 흔히 고도로 장식되지도 스타일리시하지도 않고, 감정적으로 과도하지도 미니멀하지도 않은 작품을 말한다.

그립(Grip): 조명 스탠드를 설치하고 달리를 밀거나 당기며 조명기 앞에 고보 등을 설치하는 기술자.

깊은 화면 구성(Deep Staging): 액션이 렌즈로부터 다양한 거리에서 깊은 폭으로 일어날 수 있도록 하는 연출 기법.

누아르 영화(Film Noir): 범죄 소설이나 독일의 표현주의의 영향을 받은, 시각적으로나 윤리적으로 어두운 범죄 영화. 1940년대에 미국에서 처음 시작되었으며 주로 유럽에서 건너온 감독들이 연출했다.

뉴 아메리칸 시네마(New American Cinema): 1970년대 마틴 스코세이지, 프랜시스 코폴라 등의 감독들이 연출한 영화로, 가족적인 주제가 많았던 주류 스튜디오 영화보다 더 사적이고 스타일적으로 도전적이었다.

뉴 웨이브/누벨바그(New Wave/Nouvelle Vague): 용어 자체가 설명하듯 일반적으로 새로운 예술가들의 출현을 의미하며, 반체제적 인물이 많다. 영화 역사에서는 전 세계적으로 영화 언어를 확장하거나 정치적인 동기를 가졌던 1960년대의 감독들을 일컫는다.

다이렉트 시네마(Direct Cinema): 1950년대 후반에서 1960년대에 기존의 조명이나 인터뷰 방식을 거부했던 미국과 캐나다의 다큐멘터리 영화. 로버트 드류, 메이슬리스 형제, 돈 페니베이커 등이 주축 인물이다.

달리 숏(Dolly Shot): 카메라의 삼각대를 특수 설계된 이동차에 장착하고 이동하며 촬영하는 숏.

디프 포커스(Deep Focus): 밝은 조명과 감도가 높은 필름 등을 사용해서 전경과 배경이 모두 초점이 맞아 보이게 촬영하는 기법.

리버스 앵글 촬영(Reverse Angle Shooting): 어떤 인물과 그 인물이 바라보거나 말을 하는 대상을 번갈아 편집하는 것. 또는 장면에 사람이 없을 때, 예를 들어 가연성 액체가 불꽃을 향해 흐를 때 편집자는 액체와 불꽃 사이를 번갈아 편집할 수 있다.

마스터 숏(Master Shot): 장면의 모든 것을 보여주는 넓은 숏.

메소드 연기(Method Acting): 콘스탄틴 스타니슬랍스키의 이론을 바탕으로 뉴욕의 액터스 스튜디오에서 발전시킨 사실적이고 즉흥적인 연기법.

몽타주(Montage): 편집을 일컫는 프랑스 용어로, 주류 영화에서는 일련의 사건을 정리하거나 포착하는 시퀀스를 의미하기도 하고 전체 편집의 구성을 의미하기도 한다.

붐(Boom): 촬영 장면으로부터 멀리 떨어질 수 있도록 끝에 마이크를 장착한 긴 장대.

블림프(Blimp): 카메라에서 나는 소음을 줄이기 위해 카메라를 덮는 상자나 덮개.

설정 숏(Establishing Shot): 시퀀스의 시작에 공간을 소개하기 위한 숏. 주로 실외 숏으로 대사가 없으며 전체 로케이션을 보여줄 때가 많다.

소비에트 몽타주/편집(Soviet Montage/Editing): 1920년대 소비에트 연방에서 레프 쿨레쇼프, 세르게이 에이젠슈테인 등이 고안한 이론적이고 역동적이며 논쟁적인 편집 스타일. 편집의 목적이 보이지 않게 서사적 일관성을 만드는 것이라는 기존의 편집 개념에 도전하면서, 그들은 대신 두 개의 숏을 이어 붙였을 때 세 번째 의미가 도출된다고 주장했다.

숏(Shot): 현상 후 편집되지 않은 한 단위의 필름.

순차 편집(Continuity Editing): 주류 영화의 편집 방법으로 행동과 방향성이 일치하는 방식의 편집.

스키마/스키마타(Schema/Schemata): 기법

스키마와 변이(Schema Plus Variation): 영화인이 자신의 목적을 위해 기존의 기법을 변형하는 것.

시네마 노보(Cinema Nôvo): 1960년대에 글라우버 로샤를 주축으로 새로운 정치적 동기와 스타일 면에서 야심 찼던 브라질의 영화 운동.

시네마 베리테(Cinéma Vérité): 다이렉트 시네마와 평행인 프랑스 용어로, 다이렉트 시네마만큼 '보이지 않는' 카메라에 중점을 두기보다는 인터뷰와 영화 제작진의 존재가 주어진 상황에서 진실을 끌어내는 데 도움을 주는 방법에 더 중점을 두었다.

시네마스코프(CinemaScope): 상업적으로 성공한, 저작권이 있는 와이드 스크린 영화 제작 및 상영 방식으로 촬영 과정에서 파노라마 장면을 35mm 네거티브에 맞도록 수평으로 압축시킨 다음 상영 시에 프로젝터에서 다시 늘린다.

아방가르드(Avant-garde): 주류를 앞서가는 예술가, 아이디어, 개념 등

아카데미 비율(Academy Ratio): 1950년대 중반 이전에 보편적이었던 영화 스크린 비율. 가로가 세로보다 3분의 1 더 길다.

에른스트 곰브리치(Ernst H. Gombrich): 예술이 '스키마와 수정'을 통해 진화한다고 주장한 미술사가.

인상주의(Impressionism): 인간 인식의 순간적인 측면을 포착하기 위해 숏과 컷을 사용하는 것으로, 대부분 아벨 강스나 제르맨 뒬락과 같은 프랑스 영화감독들과 연관되어 있지만 이전과 이후 감독들에 의해 산발적으로 적용되었다.

자연주의(Naturalism): 일상적인 조명이나 스토리텔링에 가깝고 실제 사건을 지나치게 과장하지 않는 영화 촬영 스타일을 설명하기 위해 사용되는 일반적인 용어. 일부 작가들은 자연주의는 표면적이나 현실주의는 살아 있는 경험에 대한 더 깊은 진실을 포착한다고 주장한다.

점프 컷(Jump Cut): 순차 편집에 어긋나는 숏의 연결로, 유사한 앵글과 행동의 숏을 이어 붙이는 편집.

초현실주의(Surrealism): 특히 루이스 부뉴엘의 작품과 연관된 삶의 비합리적인 측면을 묘사하는 개념과 스타일.

촬영감독(Cinematographer): 감독의 지시하에 조명과 노출, 카메라 움직임 등을 계획하고 관장하는 사람.

클로즈업(Close-up): 강조하거나 상세한 묘사를 위해 사물을 확대해서 촬영하는 것.

키네토스코프(Kinetoscope): 영화가 생기기 이전 시기에 나온 기구로, 한 사람씩 뚫려 있는 구멍을 통해 움직이는 이미지를 보았다.

편집(Editing): 속도와 리듬, 서사의 흐름을 위해 숏들을 이어 붙이는 것.

폐쇄적인 낭만적 사실주의(Closed Romantic Realism): 할리우드와 그 외 국가의 주류 영화 스타일. '폐쇄'는 등장인물이 카메라를 보지 않고 평행 세계에 존재하는 듯하며 이야기는 열린 결말로 끝나는 경우가 거의 없다는 의미로 설명할 수 있다. '낭만'은 이러한 영화들에서는 감정이 과잉되며 주로 주인공이 영웅적임을 의미한다. '사실주의'는 이러한 점에도 불구하고 등장인물들은 공감이 가고 묘사된 사회는 우리 현실과 유사한 문제를 안고 있다는 것을 설명한다.

포커스 풀(Focus Pull): 카메라가 이동 중에 초점을 유지하거나 관객에게 특정 피사계를 강조하기 위해 초점 거리를 조정하는 것.

표현주의(Expressionism): 수면 아래의 꿈이나 악몽 또는 심리를 표현하기 위해 연기와 메이크업, 조명, 미술 등을 과장하는 기법. 독일의 〈칼리가리 박사의 밀실〉(1920)이 최초의 표현주의 영화였으며 독일의 다른 감독들이 10여 년간 꾸준히 이 기법을 사용했다.

품질의 전통(Tradition of Quality): 1950년대 프랑스 평론가들이 기술적으로 능숙하지만 비인간적인 영화를 깎아내리기 위해 사용한 용어.

필로우 숏(Pillow Shot): 일본 영화계의 일부 평론가들이 사용한 용어로, 공간이 반드시 주변의 사건과 관련 있는 것은 아니지만 명상적인 정체의 기능을 하는 오즈 영화에서의 이미지를 묘사하기 위한 것.

회화적인 고정 숏(Tableau Shot): 맨 앞줄에서 무대 연극을 촬영해 만든 듯한 넓고 정적인 정면 이미지. 영화 초창기에 널리 사용되었으며, 이 숏의 거리 두기와 구도적 잠재력은 후에 피터 그리너웨이, 허우샤오셴, 브루노 뒤몽 등 아방가르드 감독들의 관심을 끌었다.

참고 문헌

여기 소개된 다양한 문헌은 이 책에 가장 많은 정보를 제공해 준 것들은 아닐 수 있지만 영화를 보다 깊이 있게 공부하려는 이들을 위해 추천하는 자료다. 몇몇 경우를 제외하고 각 권마다 중요한 감독이 한 명은 소개가 되며, 모두 영문으로 출간되었다. 평론가와 역사학자, 이론가가 집필한 책뿐만 아니라 영화 제작 과정에 대한 설명, 인터뷰 모음, 회고록, 편지 등 그보다 선호도가 더 높은 일인칭 시점으로 기록된 자료도 다수 포함했다.

아프리카, 남미, 중동

Armes, Roy and Malkmus, Lizbeth. *Arab and African Film Making*. Zed Books, 1991.

Armes, Roy. *Third World Film Making and the West*. University of California Press, 1992.

Boughedir, Ferid. *African Cinema from A to Z* (*Cinemedia Collection: Cinemas of Black Africa*). OCIC Edition, 1992.

Cheshire, Godfrey. *Iranian Cinema*. Faber and Faber, 2007.

Dabashi, Hamid. *Close Up: Iranian Cinema, Past, Present and Future*. Verso Books, 2001.

Fawal, Ibrahim. *Youssef Chahine* (*BFI World Directors Series*). BFI Publishing, 2001.

Johnson, Randal and Stam, Robert (Editors). *Brazilian Cinema* (Morningside Books). Columbia University Press, 1995.

King, John. *Magical Reels: A History of Cinema in Latin America* (*Critical Studies in Latin American Culture*). Verso Books, 1990.

Kronish, Amy and Safirman, Costel. *Israeli Film: A Reference Guide* (*Reference Guide's to the World's Cinema*). Greenwood Pub Group, 2003.

Leaman, Oliver (Editor). *Companion Encyclopedia of Middle Eastern and North African Film*. Routledge, 2001.

Mainguard, Jacqueline. *South African National Cinema*. Routledge, 2007.

Paranagua, Paulo Antonio (Editor). *Mexican Cinema*. BFI Publishing, 1996.

Shafik, Viola. *Arab Cinema: History and Cultural Identity*. The American University in Cairo Press, 1998.

Ukadike, N. Frank. *Black African Cinema*. University of California Press, 1993.

Ukadike, N. Frank. *Questioning African Cinema: Conversations with Filmmakers*. University of Minnesota Press, 2002.

북미

Anderson, Lindsay. *About John Ford*. Plexus Publishing, 1999.

Beauchamp, Cari. *Without Lying Down: Frances Marion and the Powerful Women of Early Hollywood*. University of California Press, 1998.
Bogdanovich, Peter. *Who the Devil Made it*. Knopf, 1997.
Bogdanovich, Peter and Welles, Orson. *This is Orson Welles*. HarperCollins Publishers, 1993.
Carson, Diane (Editor). *John Sayles Interviews*. University Press of Mississippi, 1991.
Crowe, Cameron. *Conversations with Wilder*. Faber and Faber, 1999.
Eisenschitz, Bernard. *Nicholas Ray*. Faber and Faber, 1993.
Harvey, Stephen. *Vincente Minnelli*. Museum Of Modern Art (Harper & Row), 1989.
Hillier, Jim and Wollen, Peter (Editors). *Howard Hawks: American Artist*. BFI Publishing, 1997.
Jackson, Kevin. *Schrader on Schrader*. Faber and Faber, 1990.
Kelly, Mary Pat. *Scorsese, A Journey*. Pub Group West, 1991.
Kolker, Robert. *A Cinema of Loneliness*. Oxford University Press NY, 1980.
McBride, Joseph. *Steven Spielberg*. Faber and Faber, 1997.
Naramore, James. *The Magic World of Orson Welles*. Oxford University Press (NY), 1978.
Ondaatje, Michael. *The Conversations: Walter Murch and the Art of Editing Film*. Bloomsbury, 2003.
Phillips, Gene D. *Godfather: The Intimate Francis Ford Coppola*. University Press of Kentucky, 2004.
Pye, Michael and Myles, Linda. *The Movie Brats: How the Film Generation Took over Hollywood*. Smithmark Pub, 1984.
Rodley, Chris. *Lynch on Lynch*. Faber and Faber, 1997.
Sarris, Andrew. *The American Cinema: Directors and Directions 1929–1967*. Octagon, 1982.
Scorsese, Martin. *A Personal Journey With Martin Scorsese Through American Cinema*. Hyperion Books, 1997.
Truffaut, François. *Truffaut-Hitchcock*. Gallimard, 1993.
Weddle, David. *"If They Move ... KiIl 'Em!": The Life and Times of Sam Peckinpah*. Grove Press / Atlantic Monthly Press, 2000.

아시아

Berry, Chris (Editor). *Perspectives on Chinese Cinema*. BFI Publishing, 1991.
Bock, Audie. *Japanese Film Directors*. Kodansha Europe, 1995.
Bordwell, David. *Ozu and the Poetics of Cinema*. Princeton University Press, 1994.
Bordwell, David. *Planet Hong Kong: Popular Cinema and the Art of Entertainment*. Harvard University Press, 2000.
Burch, Noël. *To the Distant Observer: Form and Meaning in Japanese Cinema*. Scolar Press, 1979.
Ghatak, Ritwik Kumar. *Rows & Rows of Fences: Ritwik Ghatak on Cinema*. Seagull Ghatak Books, 2000.
Gonzalez-Lopez, Irene and Smith, Michael. *Tanaka Kinuyo*. Edinburgh University Press, 2018.
Hu, Jubin. *Chinese National Cinema Before 1949*. Hong Kong University Press, 2002.

Kabir, Nasreen Munni. *Guru Dutt: A Life in Cinema*. OUP, 2005.
Lent, John A. *The Asian Film Industry*. University of Texas Press, 1990.
Quandt, James (Editor). *Shohei Imamura*. Cinématheque Ontario. Toronto, 1997.
Rajadhyaksha, Ashish and Willemen, Paul. *Encyclopaedia of Indian Cinema*. BFI Publishing, 1995.
Rayns, Tony. *Seoul Stirring: 5 Korean Directors*. BFI Publishing, 1995.
Robinson, Andrew. *Satyajit Ray: The Inner Eye*. University of California Press, 1992.
Turim, Maureen. *The Films of Oshima Nagisa: Images of a Japanese Iconoclast*. University of California Press, 1998.

오스트랄라시아

McFarlane, Brian. *Australian Cinema, 1970–85*. Secker & Warburg, 1987.
Rayner, Jonathan. *Contemporary Australian Cinema: An Introduction*. Manchester University Press, 2000.
Stratton, David. *The Last New Wave*. Angus and Robertson, 1981.

유럽

Bertolucci, Bernardo, Ranvaud, Donald and Ungari, Enzo (Editors). *Bertolucci by Bertolucci*. Plexus Publishing, 1988.
Bjorkman, Stig. *Trier on Von Trier*. Faber and Faber, 2004.
Bondanella, Peter. *The Cinema of Federico Fellini*. Princeton University Press, 1992.
Bresson, Robert. *Notes on Cinematography*. Urizen Books, NY, 1977.
Durgnat, Raymond. *Jean Renoir*. Studio Vista, 1975.
Eisenstein, Sergei. *The Film Sense*. Harcourt Publishers Ltd., 1969.
Elsaesser, Thomas. *New German Cinema: A History*. BFI Cinema, Palgrave Macmillan, 1989.
Frayling, Christopher. *Sergio Leone: Something To Do With Death*. Faber and Faber, 2000.
Gallagher, Tag. *The Adventures of Roberto Rossellini*. Da Capo Press, 1998.
Gomes, Salles. *Jean Vigo*. Secker and Warburg, 1972.
Iordanova, Dina. *The Cinema of the Balkans*. Wallflower Press, 2016.
Kelly, Richard. *The Name of This Book Is Dogme 95*. Faber and Faber, 2000.
Kinder, Marsha. *Blood Cinema*. University of California Press, 1993.
Pasolini, Pier Paolo. *A Violent Life*. Cape, 1968.
Salazkina, Masha. *In Excess: Sergei Eisenstein's Mexico*. University of Chicago Press, 2009.
Skoller, Donald (Editor). *Dreyer in Double Reflection*. Da Capo Press, 1991.
Sterritt, David (Editor). *Jean-Luc Godard: Interviews (Conversations with Filmmakers Series)*. Roundhouse Publishing, 1998.
Tarkovsky, Andrei. *Sculpting in Time*. Random House Inc., 1987.

Tauman, Jane. *Kira Muratova*. I. B. Tauris, 2005.

Taylor, Richard; Wood, Nancy; Graffy, Julian and Iordanova, Dina. *The BFI Companion to Eastern European and Russian Cinema*. BFI, 2000.

Thomsen, Christian Braad. *Fassbinder*. Faber and Faber, 1999.

Truffaut, François. *The Films in My Life*. Simon and Schuster, 1978.

Wajda, Andrzej. *Double Vision: My life in Film*. Faber and Faber, 1989.

영화 역사 및 영화 가이드

Cook, Pam and Bernink, Mieke (Editors). *The Cinema Book*. Random House USA Inc., 1986.

Kuhn, Annette with Radstone, Susannah. *The Women's Companion to International Film*. Virago, 1990.

Nowell-Smith, Geoffrey (Editor). *The Oxford History of World Cinema*. Oxford University Press, 1996.

Thompson, Kristin and Bordwell, David. *Film History: An Introduction*. McGraw-Hill, 2003.

Thomson, David. *A Biographical Dictionary of Film*. André Deutsch Ltd., 1994.

Sadoul, Georges. *The Dictionary of Films*. University of California Press, 1992.

Sklar, Robert. *Film: A World History of Film*. Abrams Art History, 2001.

무성 영화

Beauchamp, Cari. *Without Lying Down: Frances Marion and the Powerful Women of Early Hollywood*. University of California Press, 1998.

Bitzer, Billy and Brown, Karl. *Adventures with D. W. Griffith*. Da Capo Press, 1976.

Brownlow, Kevin. *The Parade's Gone By*. Sphere, Abacus Books, 1973.

Cherchi Usai, Paolo. *Silent Cinema: An Introduction*. BFI Publishing, 1999.

Grieveson, Lee and Kramer, Peter. *The Silent Cinema Reader*. Routledge, 2003.

Guy Blaché, Alice. *Cinema Pioneer*. Yale University Press, 2009.

Hake, Sabine. *Passions and Deceptions: The Early Films of Ernst Lubitsch*. Princeton University Press, 1992.

Jacobs, Lewis. *The Rise of the American Film*. Teachers College Press, 1991.

Kerr, Walter. *The Silent Clowns*. Knopf, 1979.

Leyda, Jay. *Kino: A History of the Russian and Soviet Film*. Allen and Unwin, 1960.

Robinson, David. *Chaplin: His Life and Art*. Penguin Books, 2001.

Salt, Barry. *Film Style and Technology: History and Analysis*. Starword, 1983.

영화 장르

Barnouw, Erik. *Documentary: History of the Non-fiction Film*. Oxford University Press, 1993.

Buscombe, Edward. *The BFI Companion to the Western*. André Deutsch, 1988.

Cameron, Ian (Editor). *The Movie Book of Film Noir*. Cassell Illustrated, 1994.

Feuer, Jane. *The Hollywood Musical (BFI Cinema)*. Palgrave Macmillan, 1992.

Hardy, Phil. *Science Fiction (Aurum Film Encyclopedia)*. HarperCollins Publishers, 1984.

Kanfer, Stefan. *Serious Business: The Art and Commerce of Animation in America from Betty Boop to Toy Story*. Da Capo Press, 2000.

Lent, John A. (Editor). *Animation in Asia and the Pacific*. Indiana University Press, 2001.

Sitney, P. Adams. *Visionary Film: The American Avant-Garde, 1943–2000*. Oxford University Press, 2002.

Stephenson, Ralph. *The Animated Film*. Smithmark, 1973.

찾아보기

인명

영화명

사진 출처

사진을 사용하도록 허가해 준 영화 제작사와 배급사, 사진작가께 감사드린다. 본의 아니게 빠뜨렸거나 소홀한 부분이 있다면 미리 양해를 구하며 정정할 부분이 있을 경우 개정판에 반영하고자 한다.

Endpapers: Getty Images/Hulton; p. 4(1) Ronald Grant Archive; p. 4(2) Ronald Grant Archive; p. 4(3) BFI(British Film Institute)/Dulac/VandaI/Aubert; p. 4(4) Kobal Collection/MGM; p. 5(5) Joel Finler Collection; p. 5(6) Moviestore Collection/Columbia; p. 5(7) BFI/Paramount Pictures; p. 6(8) Ronald Grant Archive/Kestrel Films; p. 6(9) Ronald Grant Archive/Guangxi Film Studios; p. 6(10) Moviestore Collection/Carolco; p. 7(11) Tribeca Productions, Sikelia Productions, Winkler Films; p. 8 Moviestore Collection/Amblin/DreamWorks/Paramount Pictures; p. 13(위) *Odd Man Out*, Carol Reed, UK, 1947; p. 13(가운데) *Deux ou trois choses que je sais d'elle*, Jean-Luc Godard, France, 1967; p.13(아래) *Taxi Driver*, Martin Scorsese, USA, 1976; p. 14 BFI; p. 15(위) Joel Finler Collection; p. 15(아래) BFI; p. 17 Moviestore Collection/Mehboob Eros; p. 20 Science & Society Picture Library/National Museum of Photography, Film & Television; p. 25 Ronald Grant Archive/Mosfilm; p. 26 Ronald Grant Archive; p. 28 Joel Finler Collection; p. 30 Ronald Grant Archive/Lumière Brothers; p. 32(위) Barry Salt Collection; p. 32(아래) Kevin Brownlow Collection; p. 33 Joel Finler Collection; p. 34 Ronald Grant Archive/Méliès; p. 35 Kevin Brownlow Collection; p. 36 George Eastman House/Stills Collection-Motion Picture Department; p. 38 Ronald Grant Archive; p. 39(위) BFI; p. 39(아래) Ronald Grant Archive; 40(위) Ronald Grant Archive/Mosfilm; p. 40(아래) Ronald Grant Archive/Dino De Laurentiis; p. 42 Joel Finler Collection; p. 44 BFI; pp. 46–47 BFI/Edison Company; p. 48 Barry Salt Collection; p. 49 National Film Center/Courtesy of National Film Center, The National Museum of Modern Art, Tokyo; p. 52 BFI; p. 53 Barry Salt Collection; p. 55 Danish Film Institute/Stills & Posters Archive; p. 56 BFI/Phalke Films; p. 58 Kobal Collection/ltala Film Torino; p. 59 BFI/Associated British; p. 61(위) Barry Salt Collection; p. 61(아래) Barry Salt Collection; p. 62 Ronald Grant Archive; p. 64 Ronald Grant Archive; p. 65(위) Kobal Collection/ltala Film Torino; p. 65(아래) Joel Finler Collection; p. 66(위) Ronald Grant Archive; p. 66(아래) Mary Evans Picture Library; p. 67 BFI/Shochiku Films Ltd.; p. 68(위) Barry Salt Collection; p. 68(아래) Barry Salt Collection; p. 70 Kevin Brownlow Collection; p. 72 Ronald Grant Archive/UFA; p. 76(위) Ronald Grant Archive; p. 76(아래) Joel Finler Collection; p. 78 Kobal Collection/Paramount; p. 79 Ronald Grant Archive/MGM; p. 81 Ronald Grant Archive/MGM; p. 85 Kevin Brownlow Collection; p. 86 Motion Picture & Television Photo Archive/MPTV.net; p. 87 Kobal Collection/Ponti-De Laurentiis; p. 89 Kobal Collection/Roach/Pathé Exchange; p. 90 BFI/First National Pictures Inc.; p. 92 Ronald Grant Archive/Buster Keaton Productions; p. 93 Joel Finler Collection; p. 97 *The Girl with the Hat Box*, Boris Barnet, Soviet Union, 1927; p. 98 Kobal Collection;

p. 99(위) BFI/Pathé Exchange Inc.; p. 99(아래) Robert Flaherty Paper Collection, © The International Film Seminars, The Flaherty/ Columbia University Rare Book & Manuscript Library; p. 100 © 1924 AB Svensk Filmindustri; p. 101 Kobal Collection, The/Svensk Filmindustri; p. 102 Lebrecht Collection/Rue des Archives/ Lebrecht Music & Arts; p. 103 BFI; p. 104 Joel Finler Collection; p. 106(위) BFI/MGM; p. 106(가운데) Moviestore Collection/Mirisch/MGM; p. 106(아래) Joel Finler Collection; p. 109 BFI/Dulac/VandaI/ Aubert; pp. 110–111 BFI/Films Abel Gance; p. 112 Kevin Brownlow Collection; p. 113 Kobal Collection/UFA; p. 116 Ronald Grant Archive/ Decla-Bioscop AG.; p. 118 BFI/Gainsborough Pictures; p. 119 Joel Finler Collection; p. 120 Moviestore Collection/Universum; p. 122 Ronald Grant Archive/Fox Film; p. 125 Novosti (London, UK); p. 126(위) BFI/Goskino; p. 126(아래) BFI/ Goskino; p. 127(위) Ronald Grant Archive/Mosfilm; p. 127(가운데) Joel Finler Collection; p. 127(아래) Joel Finler Collection; p. 129 *Mother*, Vsevolod I Pudovkin, Soviet Union, 1926; p. 130 *Arsenal*, Alexander Dovzhenko, USSR, 1929; p. 131 Eva RiehI/Walter Ruttman; p. 132 Joel Finler Collection; p. 134 Ronald Grant Archive; p. 135 Ronald Grant Archive/Dino De Laurentiis; p. 136 Joel Finler Collection; p. 139 Kobal Collection/Paramount; p. 140 Kobal Collection/Warner Bros.; p. 143 George Eastman House/Stills Collection-Motion Picture Department; p. 146(A) Kobal Collection/ Paramount; p. 146(B) BFI/Paramount Publix Corporation; p. 149 BFI/New Theatres Ltd.; p. 153 Barry Salt Collection; p. 154 BFI/Shochiku Films Ltd.; p. 155 Corbis/Bettmann; p. 156 *I Was Born, But…*, Yasujiro Ozu, Japan, 1932; p. 158 BFI/ Paradise Films/Unite Trois; p. 159 BFI/P .C.L. Co. Ltd.; p. 160 *Osaka Elegy*, Kenji Mizoguchi, Japan, 1936.; p. 161 Photofest; p. 163 Joel Finler Collection; p. 165 Kobal Collection/Universal; p. 168(위) Kobal Collection/Warner Bros./First National; p. 168(아래) Ronald Grant Archive/Universal Pictures; p. 169(위) *Scarface Shame of the Nation*, Howard Hawks, USA, 1932; p. 169(가운데) *Scarface*, Brian De Palma, USA, 1983; p. 169(아래) *Scarface*, Brian De Palma, USA, 1983; p. 170 Ronald Grant Archive/ Dog Eat Dog; p. 173 Joel Finler Collection; p. 174 Motion Picture & Television Photo Archive/photo by MacJulian/MPTV.net; p. 176(위) Joel Finler Collection; p. 176(아래) Ronald Grant Archive/ RKO; p. 177 Ronald Grant Archive/Saticoy Productions; p. 178 Ronald Grant Archive/Hal Roach Studios; p. 179 BFI/MGM; p. 181 Ronald Grant Archive/Orion Pictures; p. 182 Ronald Grant Archive/Paramount Pictures; p. 184 Joel Finler Collection; p. 185 BFI/Cinedia; p. 186 BFI/ Themerson; p. 187 BFI; p. 188 BFI; p. 190 BFI/ Gaumont British Picture Corporation Ltd.; p. 192 Chrysalis Image Library/London Film Productions; p. 193 Ronald Grant Archive/GPO Film Unit; p. 195 Ronald Grant Archive/Mosfilm; p. 197 Joel Finler Collection; p. 199 Ronald Grant Archive/Cine-Alliance; p. 200 BFI/Paris Film; p. 202 © Disney Enterprises, Inc.; p. 203 Photofest/© Disney Enterprises, Inc.; p. 204 © Disney Enterprises, Inc.; p. 206(위) Moviestore Collection/MGM; p. 206(가운데) Kobal Collection/MGM; p. 206(아래) Moviestore Collection/MGM; p. 207 *The Wizard of Oz*, Victor Fleming et al, USA, 1939; p. 208 *Gone With the Wind*, Victor Fleming et AI, USA, 1939; p. 210 Joel Finler Collection; p. 212 Joel Finler Collection; p. 213 BFI/Copacabana Filmes; p. 214

Naniwa Elegy, Kenji Mizoguchi, Japan, 1936; p. 215 *Le Crime de Monsieur Lange*, Jean Renoir, France, 1935; p. 216 BFI/Alpine Films; p. 218 *Citizen Kane*, Orson Welles, USA, 1941; p. 219(위) *The Maltese Falcon*, John Huston, USA, 1941; p. 219(아래) Joel Finler Collection; p. 220 Ronald Grant Archive/Mafilm; p. 221 Ronald Grant Archive, The/Warner Bros.; p. 224 Ronald Grant Archive/Rank/Carlton International; p. 226 Ronald Grant Archive/DEFA; p. 228 BFI/Shochiku Films Ltd.; p. 231 Joel Finler Collection; p. 233 Joel Finler Collection; p. 237 Joel Finler Collection; p. 238 BFI/20th Century-Fox; p. 240 Kobal Collection/Warner Bros.; p. 241(위) Kobal Collection/RKO; p. 241(아래) Ronald Grant Archive/RKO; p. 242(위) *Citizen Kane*, Orson Welles, USA, 1941; p. 242(아래) Ronald Grant Archive/20th Century-Fox; p. 243 *It's a Wonderful Life*, Frank Capra, USA, 1946; p. 245 Ronald Grant Archive/20th Century Fox; p. 247 BFI/International Film Circuit; p. 249 Joel Finler Collection; p. 250 Joel Finler Collection; p. 251 BFI/Equipe Moacyr Fenelon; p. 252 BFI/IPTA Pictures; p. 253 Photofest; p. 254 BFI/Ritwick; p. 255 BFI/Atenea Films S.L; p. 257 Kobal Collection/Ultramar Films; p. 258 BFI/Daiei Motion Picture Co. Ltd.; p. 259 BFI/Daiei Motion Picture Co. Ltd.; p. 261 Ronald Grant Archive/Paramount Pictures; p. 264 Photofest; p. 266 Moviestore Collection/Daiei; p. 268 Ronald Grant Archive/Shochiku Films; p. 269 *Gate of Hell*, Teinosuke Kinugasa, Japan, 1953; p. 271 Ronald Grant Archive/Toho Co.; p. 272 BFI/20th Century Fox; p. 273 Ronald Grant Archive/20th Century Fox; p. 275 Kobal Collection/Warner Bros.; p. 277 Chrysalis Image Library/Columbia Pictures Corporation/Horizon Pictures; p. 279 Kobal Collection/Republic Pictures Corporation; p. 281 BFI/Universal International Pictures; p. 282 BFI/Clear Blue Sky Productions/John Wells Productions; p. 284 Moviestore Collection/Mehboob/Eros; p. 285 *Mother India*, Mehboob, India, 1957; p. 287 *Paper Flowers*, Guru Dutt, India, 1959; p. 288 Ronald Grant Archive/Run Run Shaw; p. 290 Joel Finler Collection/The Satyajit Ray Society/The Ray Family; p. 291(위) The Satyajit Ray Society/The Ray Family; p. 291(가운데) The Satyajit Ray Society/The Ray Family; p. 291(아래) BFI/The Satyajit Ray Society/The Ray Family; p. 294 BFI/Studios AI Ahram; p. 296 BFI; p. 298 Joel Finler Collection; p. 299(위) BFI; p. 299(아래) BFI; p. 300 BFI/Palladium Film; p. 302 Kobal Collection/Svensk Filmindustri; p. 304 Joel Finler Collection; p. 309 Lebrecht Collection/Rue des Archives/Lebrecht Music & Arts; p. 310(위) Ronald Grant Archive/Les Films du Carrosse; p. 310(아래) BFI/Documento; p. 312 BFI; p. 313 Moviestore Collection/Columbia; p. 315 Moviestore Collection/Warner Bros.; p. 316 Ronald Grant Archive/Universal International; p. 318 Moviestore Collection/Hitchcock/Paramount; p. 320 BFI/Florida Films/Oska-Film GmbH; p. 321 Ronald Grant Archive/Cocinor; p. 322 BFI/Cini-Tamaris; p. 324 BFI/Paramount Pictures; p. 328 Ronald Grant Archive/Imperia; p. 332 Image France/Raymond Cauchetier; p. 334 Ronald Grant Archive/Palladium Film; p. 335 Photofest; p. 338 Ronald Grant Archive/Lion International; p. 339 Kobal Collection/Paramount; p. 340 Ronald Grant Archive/Universal Pictures; p. 342 Andy Warhol Foundation/© The Andy Warhol Museum, Pittsburgh, A museum of Carnegie Institute. All rights reserved; p. 343 BFI/Arco Film S.r.L.; p. 344 Art Archive/Dagli Orti; p. 346 Ronald Grant Archive/Arco Film; p. 348 Ronald Grant Archive/Cineriz; p. 349 Photofest;

p. 350 Ronald Grant Archive/Warner Bros.; p. 351 Ronald Grant Archive/Titanus; p. 353(위) Ronald Grant Archive/Cineriz; p. 353(아래) *La Notte*, Michelangelo Antonioni, Italy, 1961; p. 355 Kobal Collection/Film 59; p. 356 Ronald Grant Archive/ Film 59; p. 357 Ronald Grant Archive/Elias Querejeta Producciones; p. 358 *Persona*, Ingmar Bergman, Sweden, 1966; p. 360 Photofest; p. 361 Photofest; p. 362 Kobal Collection/Woodfall/ Associated British; p. 363 Ronald Grant Archive/ Rank/Carlton International; p. 366 Kobal Collection/Film Polski; p. 367 Ronald Grant Archive/Paramount Pictures; p. 369(위) Photofest; p. 369(아래) Kobal Collection/Mafilm /Mosfilm; p. 370 Kobal Collection/Ceskoslovensky Film; p. 371 Kobal Collection/Filmove Studio Barrandov; p. 373 Ronald Grant Archive/Mosfilm; p. 375 Kobal Collection/Dovzhenko Films; p. 376 Ronald Grant Archive/Armenfilm; p. 377 Ronald Grant Archive/ Tianma Film; p. 379 Photofest; p. 381 BFI; p. 382 Kobal Collection/Cuban State Film; p. 383 BFI/ Studio Golestan; p. 385 BFI; p. 386 Kobal Collection/lnfrakino Film; p. 388 Kobal Collection; p. 390 Ronald Grant Archive/Saticoy Productions; p. 392 Ronald Grant Archive/Warner Bros.; p. 393 Ronald Grant Archive/Warner Bros.; pp. 394–395 Photofest; p. 398 Ronald Grant Archive/Columbia Pictures; p. 401 Kobal Collection/PEA/Artistes Associes; p. 402 Kobal Collection/Pegaso/ ltalnoleggio/Praesidens/Eichberg; p. 403(위) Kobal Collection/Mars/Marianne/Maran; p. 403(아래) Kobal Collection/Paramount; p. 404 Kobal Collection/Prod Europee Asso/Prods Artistes Association; p. 406 Kobal Collection/Universal; p. 407 Ronald Grant Archive/20th Century Fox; p. 409 Ronald Grant Archive/Paramount Pictures; p. 411 Ronald Grant Archive/Warner Bros.; p. 413 Kobal Collection/United Artists; p. 414 Ronald Grant Archive/Winger; p. 415 Kobal Collection/ YEAH; p. 417 Kobal Collection/United Artists; pp. 418–419 Kobal Collection/United Artists; p. 420 Photofest; p. 421 Kobal Collection/Columbia; p. 422 Kobal Collection/ABC/Allied Artists; p. 423 Photofest; p. 424 Ronald Grant Archive/Paramount Pictures; p. 428 Ronald Grant Archive/Tango Film; p. 429 Kobal Collection/Universal; p. 430 Kobal Collection/Filmverlag der Autoren; p. 431 Ronald Grant Archive/Helma Sanders-Brahms Filmproduktion; p. 433 Ronald Grant Archive/ Werner Herzog Filmproduktion; p. 434 Ronald Grant Archive/Kestrel Films; p. 435 *Women in Love*, Ken Russell, UK, 1969; p. 436 Ronald Grant Archive/Cinegate; p. 438 Ronald Grant Archive/ Warner Bros.; p. 439 Ronald Grant Archive/20th Century Fox; p. 440 Ronald Grant Archive, The/ Picnic Productions Pty.; p. 442 Ronald Grant Archive/Golden Harvest Company; p. 444 BFI/ lnternational Film Company; p. 445 Ronald Grant Archive/G P Sippy; p. 449 BFI/Cinegrit; p. 450 BFI; p. 451 Ronald Grant Archive/Films Domireew; p. 452 BFI/Halle Gerima; p. 453 Photofest; p. 455 Ronald Grant Archive; p. 459 Ronald Grant Archive/Warner Bros.; p. 462 Ronald Grant Archive/Universal Pictures; p. 464 Kobal Collection/ Lucas Film/20th Century Fox; p. 465 Ronald Grant Archive/Toho; p. 467 Kobal Collection/United Artists; p. 468 BFI/Anglo International Films; p. 471 Kobal Collection/United Artists; p. 472 Moviestore Collection/Chartoff-Winkler/UA; p. 473 Photofest; p. 474 Kobal Collection/Universal; p. 475 Kobal Collection/Paramount; p. 476(위) Kobal Collection/ De Laurentiis; p. 476(아래) Ronald Grant Archive/

De Laurentiis; p. 478 BFI/CIBY 2000/New Line Cinema; p. 480 Kobal Collection/Warner Bros.; p. 481 Ronald Grant Archive/Paramount Pictures; p. 482 BFI/Anabasis N.V/Carolco Entertainment; p. 483 BFI; p. 484(위) Ronald Grant Archive/Toho; p. 484(아래) HoriPro Inc./© Kurosawa Production Inc. Licensed exclusively by HoriPro Inc.; p. 486 BFI/Higashi Productions; p. 487 Ronald Grant Archive/Imamura Productions; p. 489 BFI; p. 490 Ronald Grant Archive/Les Films Galaxie/Studio Canal +; p. 491 Corbis/Camboulive Patrick; p. 492 Photofest; p. 493 Ronald Grant Archive/EI Deseo S.A.; p. 495(위) Ronald Grant Archive/STV/NFFC; p. 495(아래) Ronald Grant Archive/Goldcrest Films; p. 496 Kobal Collection/Working Title/ Channel 4; p. 498 Ronald Grant Archive/BFI/C4; p. 499 *Young at Heart*, Gordon Douglas, USA, 1954; p. 500 Ronald Grant Archive/Kennedy Miller Productions; p. 502 Ronald Grant Archive/ Brooksfilms; p. 503 Photofest; p. 506 Ronald Grant Archive /Guangxi Film Studio; p. 507 Ronald Grant Archive/Artificial Eye; p. 509 Ronald Grant Archive/ Mosfilm; p. 510 Ronald Grant Archive/Mosfilm; p. 512 Kobal Collection/Film Polski; pp. 514–515 Ronald Grant Archive/MK2; p. 516 BFI/Baobab Films; p. 517 BFI/California Newsreel; 519 Ronald Grant Archive/Les Films Soleil; p. 523 Kobal Collection/Globo Films; p. 524 Ronald Grant Archive/Maria Moreno P.C.; p. 526 BFI/ The Institute for the Intellectual Development of Children and Young Adults; p. 528 Ronald Grant Archive/IIDCYA; p. 529 Kobal Collection/Farabi Cinema/Kiarostami; p. 530 Kobal Collection/MK2/ Abbas Kiarostami Prod; p. 532 Moviestore Collection/Bac/Wildbunch/Makhmalbaf; p. 533 Photofest; p. 534 Photofest; p. 535 Photofest; p. 538 *Goodfellas*, Martin Scorsese, USA, 1990; p. 539 Ronald Grant Archive; p. 540 Moviestore Collection/A Band Apart/Jersey/Miramax; p. 543(위) Ronald Grant Archive/Warner Bros.; p. 543(아래) Ronald Grant Archive/Warner Bros.; p. 546 Ronald Grant Archive/New Line Cinema; p. 547(위) Moviestore Collection/Carolco; p. 547 (아래) Kobal Collection/MGM; p. 549 Kobal Collection/Dreamworks/Universal; p. 552 *The Matrix*, Lilly Wachowski Lana Wachowski, USA, 1999; p. 553 Moviestore Collection/Groucho/Silver Pictures/Village/Warner Bros.; p. 556 Kobal Collection/Zentropa Ents. p. 557 Ronald Grant Archive/Le Studio Canal +; p. 558 Funny Games, Michael Haneke, Austria/Switzerland, 1997; p. 559 Photofest; p. 562 Ronald Grant Archive/C4; p. 564 Ronald Grant Archive/In-Gear Film/Golden Network; p. 565 Photofest; p. 566 BFI/Central Motions Picture Corporation; p. 567 BFI; p. 570 Ronald Grant Archive/Kaijyu Theatre/Toshiba-EMI K.K.; p. 571 Moviestore Collection/Kadokawa Shoten/Omega; p. 573(위) Kobal Collection/ Kadokawa Shoten; p. 573(아래) Photofest; p. 574 Photofest; p. 575 Moviestore Collection/ Cinetelefilms/Mat Films/Capitol Films; p. 577 Photofest; p. 580(A) Photofest; p. 580(B) Photofest; p. 584 Rajkumar Hirani Films, Vinod Chopra Productions; p. 590 Rajkumar Hirani Films, Vinod Chopra Productions; p. 594 Warner Bros., Village Roadshow Pictures, Kennedy Miller Productions, RatPac-Dune Entertainment; p. 596 Bhansali Productions, Eros International; p. 597 Historias Cinematográficas Cinemania, Wanda Visión S.A., Pyramide Films, Ministerio de Cultura, Cinéfondation, Fonds Sud; p. 599 Screen Australia, Causeway Films, The South Australian Film

Corporation, Smoking Gun Productions, Entertainment One; p. 600 Ventura Film, Contracosta Produções, Les Film de L'Etranger, Radiotelevisão Portuguesa (RTP), Unlimited; p. 603 Ananda Patwardhan; p. 605 A24, PASTEL, Plan B Entertainment; p. 606 Kick the Machine, Anna Sanders Films, Match Factory Productions, Geißendörfer Film- und Fernsehproduktion (GFF), ZDF/Arte, Astro Shaw, Asia Culture Centre-Asian Arts Theatre, Detalle Films, Louverture Films, Tordenfilm AS, Centre Nationla du Cinéma et de l'Image Animée, Illumination Films, The Match Factory; p. 607 Elokuvayhtiö Testifilmi; p. 608(A) Pierre Grise Productions, Théo Films, Pandora Filmproduktion, Arte France Cinéma, WDR/Arte, Canal+, Centre National du Cinéma et de l'Image Animée, MEDIA Programme of the European Union, La Région Île-de-France, Procirep, Angoa-Agicoa, Medienboard Berlin-Brandenburg, Soficinéma 8, Wild Bunch; p. 608(B) Andre Paulve Film, Films du Palais Royal; p. 609 Film4, British Film Institute, Silver Reel, Creative Scotland, Sigma Films, FilmNation Entertainment, Nick Wechsler Productions, JW Films, Scottish Screen, UK Film Council; p. 610 Sony Pictures Entertainment, Columbia Pictures, Marvel Entertainment, Avi Arad Productions, Lord Miller, Pascal Pictures, Sony Pictures Animation; p. 611 Non-Stop Productions, A Company Russia, Russian Ministry of Culture, Fond Kino, RuArts Foundation; p. 612 Les Films Séville, Metafilms, Sons of Manual, Téléfilm Canada, Société de Développement des Entreprises Culturelles (SODEC), Quebec Film and Television Tax Credit, Canadian Film or Video Production Tax Credit (CPTC), Radio Canada, Super Écran, ARTV; p. 613 CG Cinéma, Dangmai Films (Shanghai), Huace Pictures, Zhejiang Huace Film & TV; p. 614 Tsai Ming-Liang, HTC Virtual Reality Content Centre, Jaunt China, Claude Wang; p. 618(위) Tribeca Productions, Sikelia Productions, Winkler Films; p. 618(가운데와 아래) Element Pictures, Runaway Fridge Productions, Film4; p. 620 Tempesta, Amka Films Productions, Ad Vitam Production, Pola Pandora Filmproduktions, Rai Cinema, RSI-Radiotelevisione Svizzera, Arte France Cinéma, ZDF/Arte, Ministero dei Beni e delle Attività Culturali e del Turismo(MiBACT), Centre National du Cinéma et de l'Image Animée, Medienboard Berlin-Brandenburg, Regione Lazio, Office Fédéral de la Culture, Fonds Eurimages du Conseil de l'Europe, Film Commission Torino-Piemonte; p. 621 Monkeypaw Productions, Dentsu, Fuji Televishion Network, Perfect World Pictures, Universal Pictures; p. 623 Participant Fabula, Komplizen Film, Muchas Gracias, Setembro Cine, Zweites Deutsches Fernsehen (ZDF), ARTE p. 626 Moviestore Collection/Egoli Tossell Film/Fora Film/Hermitage Films/Artificial Eye; p. 630 Ronald Grant Archive, The/Hal Roach; p. 631(위) Photofest; p. 631(아래) Kobal Collection/Satyajit Ray Films; p. 668 Ronald Grant Archive.

세계 영화 읽기
- 무성 영화부터 디지털 기술까지

초판 1쇄 인쇄 | 2025년 6월 05일
초판 1쇄 발행 | 2025년 6월 10일

지은이 | 마크 커즌스
옮긴이 | 윤용아
펴낸이 | 조승식
펴낸곳 | 도서출판 북스힐
등록 | 1998년 7월 28일 제22-457호
주소 | 서울시 강북구 한천로 153길 17
전화 | 02-994-0071
팩스 | 02-994-0073
인스타그램 | @bookshill_official
블로그 | blog.naver.com/booksgogo
이메일 | bookshill@bookshill.com

값 32,000원
ISBN 979-11-5971-673-7

* 잘못된 책은 구입하신 서점에서 교환해 드립니다.